国家文化产业资金支持媒体融合重大项目

会计专业岗位实操系列规划教材

U0648619

Introduction to the Application of Yonyou
ERP Supply Chain Management System

用友ERP供应链管理系统应用教程

（版本U8 V10.1）

（第二版）

宋红尔 赵越 冉祥梅 主编

东北财经大学出版社
Dongbei University of Finance & Economics Press

大连

图书在版编目（CIP）数据

用友ERP供应链管理系统应用教程（版本U8V10.1）/宋红尔，赵越，冉祥梅主编. —2版. —大连：东北财经大学出版社，2019.7（2021.12重印）
（会计专业岗位实操系列规划教材）
ISBN 978-7-5654-3509-6

Ⅰ. 用… Ⅱ. ①宋… ②赵… ③冉… Ⅲ. 企业管理-供应链管理-计算机管理系统-高等学校-教材 Ⅳ. F274-39

中国版本图书馆CIP数据核字（2019）第076395号

东北财经大学出版社出版
（大连市黑石礁尖山街217号　邮政编码　116025）
网　　址：http://www.dufep.cn
读者信箱：dufep@dufe.edu.cn

大连图腾彩色印刷有限公司印刷　东北财经大学出版社发行
幅面尺寸：185mm×260mm　字数：563千字　印张：23.25　插页：1
2019年7月第2版　　　　　　　　2021年12月第11次印刷
责任编辑：包利华　　　　　　责任校对：冯志慧　张爱华
封面设计：冀贵收　　　　　　版式设计：钟福建

定价：48.00元

教学支持　售后服务　联系电话：（0411）84710309
版权所有　侵权必究　举报电话：（0411）84710523
如有印装质量问题，请联系营销部：（0411）84710711

第二版前言

2016 年 10 月 8 日，财政部印发了《会计改革与发展"十三五"规划纲要》（财会〔2016〕19 号），纲要明确提出"不断提高单位会计信息化水平。推动基层单位会计信息系统与业务系统的有机融合，推动会计工作从传统核算型向现代管理型转变"。在此背景下，我们编写了这套会计信息化教材。

本套教材由四部教材构成。按照应用能力层次，第一部为财务篇（书名：《会计信息化——财务篇》）；第二部为供应链篇，即本教材；第三部为业财一体信息化应用（书名：《会计信息系统应用——基于业财融合》）；第四部为综合实训（书名：《会计信息化综合实训》）。其中，《会计信息化——财务篇》荣获辽宁省教材建设奖（高等教育类省级优秀教材），入选"十三五"职业教育国家规划教材；本教材所支撑的课程"会计信息化实训"被认定为省级一流本科课程。承蒙广大读者厚爱，截至 2021 年 6 月，本套教材已印刷 24 次，累计发行 7 万余册。

本教材以用友 ERP-U8 V10.1 软件为蓝本，以虚拟的辽宁恒通商贸有限公司 2019 年 7 月份的 48 笔经济业务为背景，全面介绍了总账、应收款管理、应付款管理、采购管理、销售管理、库存管理以及存货核算等 7 个子系统的应用方法和操作过程。

与同类教材比较，本教材具有如下特点：

1. 实务性。所有经济业务均以原始凭证呈现，辅之少量文字描述，以锻炼学生认知经济业务的能力。

2. 层次性。对经济业务进行分层编排。项目 1、2、3、6 为一般业务，项目 4、5 为特殊业务。这样编排一是使教材的逻辑体系更加清晰；二是便于教师根据授课学时进行取舍。

3. 及时性。一方面根据最新的财税政策及会计准则编写教材实验资料，另一方面将会计信息化在实际应用中的最新研究成果纳入教材。

4. 新颖性。引入二维码技术，所有经济业务操作过程均提供录屏视频，读者可通过微信"扫一扫"扫描教材中的二维码，进行收看学习。

5. 全面性。教材配套教学资源较全面，主要包括：①教案、电子课件；②三套过程考核试卷；③一套期末试卷；④教材正文的初始账套、结果账套。

6. 融入课程思政。本书提供了"课程思政"教学设计表供任课教师授课时参考，任课教师可以手机扫描右方二维码获取，或登陆东北财经大学出版社网站（www.dufep.cn）下载使用。

"课程思政"教学设计表

限于篇幅，本教材业务编排较为紧凑，建议读者严格按照经济业务发生日期进行处理。

本教材第一版由宋红尔、赵越、冉祥梅任主编，王宏阁、吴爽任副主编，参与编写的还有左继男、郭军两位老师。宋红尔负责拟定全书大纲及所有原始凭证的制作，并对全书进行总纂、修改和定稿。

本教材第二版由宋红尔负责修订，吴爽做了大量协助工作。本次修订在保留第一版特色的基础上，主要有以下变化：

1. 按照最新的增值税税率（13%、9%）对教材全部经济业务进行了“重述”，并对其中涉及的原始凭证进行了调整；

2. 对“卖方少发货的采购业务”给出更加合理的做法，并修改了操作过程；

3. 对代销业务（受托代销——收取手续费方式、委托代销——视同买断方式）补充退货环节，使之更加完整；

4. 在项目6中增加了“内部调拨”业务；

5. 每个项目的最后增加了若干复习思考题。

本教材在编写过程中参考了国内相关著述、教材和论文，在此对有关作者表示衷心的感谢。作为校企共建课程合作单位，锦州市鸿升科技有限公司高家怿总经理对教材内容提出了许多宝贵意见，也一并表示感谢。

虽然编者对会计信息系统应用一直在关注、追踪、学习，但因水平所限，对某些问题的认识和理解也不一定准确，书中难免有不足和不当之处，竭诚欢迎广大读者不吝指正。您的批评和建议将是本教材再次修订的重要依据。联系方式：

E-mail：137773528@qq.com 或 songhonger@163.com

教师QQ群：233163238（会计信息化教学与研究）

宋红尔

2021年6月于辽宁锦州

目 录

项目4   特殊业务类型业务

项目5   特殊购销类型业务

项目6   库存与存货系统业务

参考文献

项目1 供应链基础工作

1.企业基本情况

（1）公司注册资料

公司注册名称：辽宁恒通商贸有限公司（简称辽宁恒通）

公司统一社会信用代码：91210105206917583A

公司注册地址及电话：辽宁省沈阳市皇姑区人民路369号，电话：024-82681359

公司邮箱地址：hengtong@163.com

公司注册资本：人民币1 500万元

公司法定代表人：李成喜（兼任公司总经理）

公司经营范围：主要从事服装、手表、皮具等的批发和零售。

（2）公司银行资料

①基本存款账户

中国工商银行沈阳皇姑支行，账号：2107 0240 1589 0035 666

②一般存款账户

中国银行沈阳皇姑支行（人民币户），账号：2107 3817 6532 3431 951

中国银行沈阳皇姑支行（美元户），账号：2107 3817 6532 3431 982

（3）公司税务资料

国家税务总局沈阳市皇姑区税务局，纳税人识别号同公司统一社会信用代码，缴款账户：国家金库沈阳市皇姑区支库，账号：2107924538127058769。

2.会计核算要求

（1）会计凭证基本规定

录入或生成"记账凭证"均由指定的会计人员操作，含有"库存现金"和"银行存款"科目的记账凭证均需出纳签字。记账凭证采用单一的复式记账凭证格式。对已记账凭证的修改，采用红字冲销法。为保证财务与业务数据的一致性，能在业务系统生成的记账凭证不得在总账系统直接录入。根据原始单据生成记账凭证时，除收付款核销及特别规定外不采用合并制单。出库单与入库单原始凭证以软件系统生成的为准。无特别要求，在业务发生当日，收到发票并支付款项的业务使用现付功能处理，开出发票同时收到款项的业务使用现结功能处理。

（2）非往来科目辅助核算要求

日记账：库存现金、银行存款。

银行账：银行存款。

个人往来：其他应收款/职工个人往来。

项目核算：交易性金融资产、债权投资和其他权益工具投资，以及这三个总账科目的明细科目。

（3）往来科目辅助核算要求

往来科目的辅助账类型及受控系统见表 1-1。

表 1-1　　　　　　　　　往来科目辅助核算一览表

科目编码	科目名称	辅助账类型	受控系统	备注
112101	应收票据/人民币	客户往来	应收系统	
112102	应收票据/美元	客户往来	应收系统	
112201	应收账款/人民币	客户往来	应收系统	
112202	应收账款/美元	客户往来	应收系统	
112203	应收账款/资产处置应收款	客户往来		涉及固定资产减少的业务（盘点业务除外）
1123	预付账款	供应商往来	应付系统	
1531	长期应收款	客户往来		具有融资性质的分期收款业务
2201	应付票据	供应商往来	应付系统	
220201	应付账款/一般应付账款	供应商往来	应付系统	
220202	应付账款/暂估应付账款	供应商往来		
220203	应付账款/受托代销	供应商往来		收取手续费方式的受托代销业务
220301	预收账款/一般人民币预收账款	客户往来	应收系统	
220302	预收账款/一般美元预收账款	客户往来	应收系统	
220303	预收账款/销售定金	客户往来		销售定金业务
220304	预收账款/附条件销售款	客户往来		无法估计退货率的附退回条件销售业务
224105	其他应付款/应付售后回购款	供应商往来		售后回购业务
2314	受托代销商品款	供应商往来		受托代销业务

（4）货币资金业务的处理

公司采用的结算方式包括现金结算、支票、托收承付、委托收款、银行汇票、商业汇票、电汇等。收、付款业务由财务部门根据有关凭证进行处理，在系统中没有对应结算方式时，其结算方式为"其他"。

（5）坏账损失的处理

公司除应收账款外，其他预付及应收款项不计提坏账准备。期末按应收账款余额的 0.5% 计提坏账准备。

（6）存货业务的处理

公司存货主要包括服装、手表、皮具及应税劳务等，按存货分类进行存放及核算。各类存货按照实际成本核算，采用永续盘存制；发出存货成本采用"先进先出法"按仓库进行核算，采购入库存货对方科目全部使用"在途物资"科目，受托代销入库存货对方科目使用"受托代销商品款"科目，委托代销成本核算方式按发出商品核算。同一批出库或入库业务生成一张凭证；采购、销售必有订单，订单号为合同编号，到货必有到货单，发货必有发货单，存货按业务发生日期逐笔记账并制单，暂估业务除外。

除发生非合理损耗的采购业务外，存货核算系统制单时不允许勾选"已结算采购入库单自动选择全部结算单上单据，包括入库单、发票、付款单，非本月采购入库按蓝字报销单制单"选项。

（7）税费的处理

公司为增值税一般纳税人，增值税税率为13%，按月缴纳，按当期应交增值税的7%计算城市维护建设税、3%计算教育费附加和2%计算地方教育费附加；企业所得税采用资产负债表债务法，企业所得税的计税依据为应纳税所得额，税率为25%，按月预计，按季预缴，全年汇算清缴。交纳税费按银行开具的原始凭证编制记账凭证。

（8）财产清查的处理

公司每月月末对存货进行清查，每年年末对固定资产进行清查。根据盘点结果编制"盘点表"，并与账面数据进行比较，由库存管理员审核后进行处理。

（9）利润分配

根据《中华人民共和国公司法》及公司章程，公司税后利润按以下顺序分配：①弥补亏损；②按10%提取法定盈余公积；③按30%向投资者分配利润。

（10）损益类账户的结转

每月末将各损益类账户余额转入"本年利润"账户，结转时按收入和支出分别生成记账凭证。

任务2　系统管理

1.增加操作员

辽宁恒通的U8系统共有7位操作员，见表1-2。

表1-2　　　　　　　　　　软件应用操作员/用户

编号	姓名	用户类型	认证方式	口令	所属部门	角色	职务
A01	李成喜	普通用户	用户+口令（传统）		总经理办公室	账套主管	总经理
W01	王钰	普通用户	用户+口令（传统）		财务部	普通员工	财务经理
W02	赵凯	普通用户	用户+口令（传统）		财务部	普通员工	会计
W03	贺青	普通用户	用户+口令（传统）		财务部	普通员工	出纳
X01	刘晓明	普通用户	用户+口令（传统）		销售部	普通员工	销售员
G01	张宏亮	普通用户	用户+口令（传统）		采购部	普通员工	采购员
C01	李泽华	普通用户	用户+口令（传统）		仓储部	普通员工	库管员

【具体操作过程】

（1）由系统管理员（admin）登录系统管理。执行"开始→所有程序→用友U8V10.1→系统服务→系统管理"命令，打开"用友U8［系统管理］"窗口。在该窗口，选择"系统→注册"命令，打开"登录"窗口，如图1-1所示，单击"登录"，打开系统管理窗口。

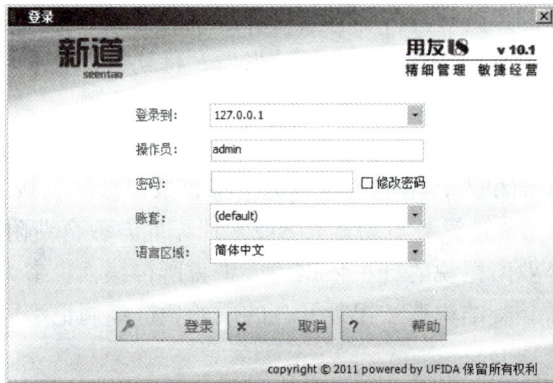

图1-1　系统管理登录窗口

【提示】

如果系统桌面存在"系统管理"图标，双击该图标也可登录系统管理。

（2）增加操作员。在系统管理窗口，点击"权限"菜单下的"用户"命令，打开"用户管理"窗口，单击"增加"，根据表1-2增加7位用户，结果如图1-2所示。

用户编码	用户全名	部门	Email地址	手机号	用户类型	认证方式	状态	创建时间
A01	李成喜	总经理办公室			普通用户	用户+口令（传统）	启用	2019-07-01 09:53:19
admin	admin				管理员用户	用户+口令（传统）	启用	
C01	李泽华	仓储部			普通用户	用户+口令（传统）	启用	2019-07-01 09:54:56
demo	demo				普通用户	用户+口令（传统）	启用	
G01	张宏亮	采购部			普通用户	用户+口令（传统）	启用	2019-07-01 09:54:47
SYSTEM	SYSTEM				普通用户	用户+口令（传统）	启用	
UFSOFT	UFSOFT				普通用户	用户+口令（传统）	启用	
W01	王红	财务部			普通用户	用户+口令（传统）	启用	2019-07-01 09:53:38
W02	赵凯	财务部			普通用户	用户+口令（传统）	启用	2019-07-01 09:53:57
W03	贺青	财务部			普通用户	用户+口令（传统）	启用	2019-07-01 09:54:11
X01	刘晓明	销售部			普通用户	用户+口令（传统）	启用	2019-07-01 09:54:31

图1-2　用户管理窗口

2. 建立账套

根据以下资料建立辽宁恒通的账套。

［账套信息］账套号：001；账套名称：辽宁恒通商贸有限公司；启用会计期：2019年7月。

［单位信息］单位名称：辽宁恒通商贸有限公司；单位简称：辽宁恒通；单位地址：辽宁省沈阳市皇姑区人民路369号；法人代表：李成喜；邮政编码：110000；联系电话/传真：024-82681359；电子邮件：hengtong@163.com；税号：91210105206917583A。

［核算类型］本币代码：RMB；本币名称：人民币；企业类型：商业；行业性质：2007年新会计制度科目；账套主管：李成喜。

［基础信息］该企业进行经济业务处理时，需要对存货、客户、供应商进行分类，有外币核算。

［编码方案］科目编码级次：4-2-2-2-2；客户分类编码级次：2-2-2；供应商分类编码级次：2-2-2；存货分类编码级次：1-2-2；部门编码级次：2-2；结算方式编码级次：1-1；收发类别编码级次：1-2-2。其他项默认。

［数据精度］该企业对存货数量、存货单价、开票单价、件数、换算率等小数位数约定为2位。

［启用系统］辽宁恒通的U8系统共使用七个子系统，见表1-3。

表1-3 　　　　　　　　　　　辽宁恒通001账套启用的子系统

系统编码	系统名称	启用会计期间	启用自然日期	启用人
GL	总账	2019-07	2019-07-01	admin
AR	应收款管理	2019-07	2019-07-01	admin
AP	应付款管理	2019-07	2019-07-01	admin
SA	销售管理	2019-07	2019-07-01	admin
PU	采购管理	2019-07	2019-07-01	admin
ST	库存管理	2019-07	2019-07-01	admin
IA	存货核算	2019-07	2019-07-01	admin

【具体操作过程】

（1）在"用友U8［系统管理］"窗口，选择"账套→建立"命令，打开"建账方式"对话框，如图1-3所示。

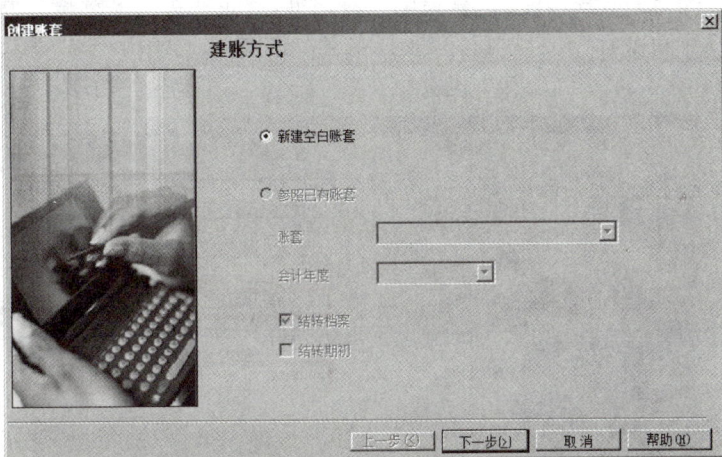

图1-3　建账方式

（2）单击"下一步"，打开"账套信息"对话框，"账套名称"输入"辽宁恒通商贸有限公司"，"启用会计期"设置为2019年7月，结果如图1-4所示。

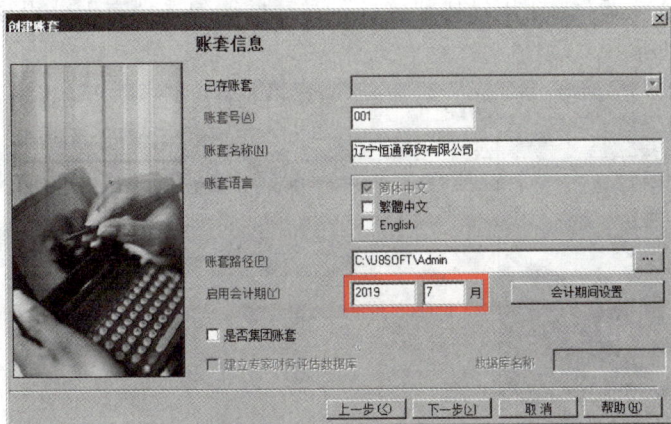

图1-4　账套信息

（3）单击"下一步"，打开"单位信息"对话框，根据资料输入相关信息，结果如图1-5所示。

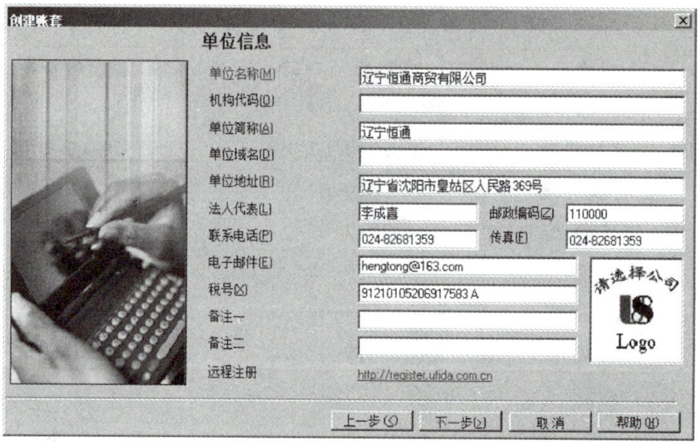

图 1-5　单位信息

（4）单击"下一步"，打开"核算类型"对话框，"企业类型"选择"商业"，"行业性质"选择"2007年新会计制度科目"，"账套主管"选择"［A01］李成喜"，其他项默认，结果如图1-6所示。

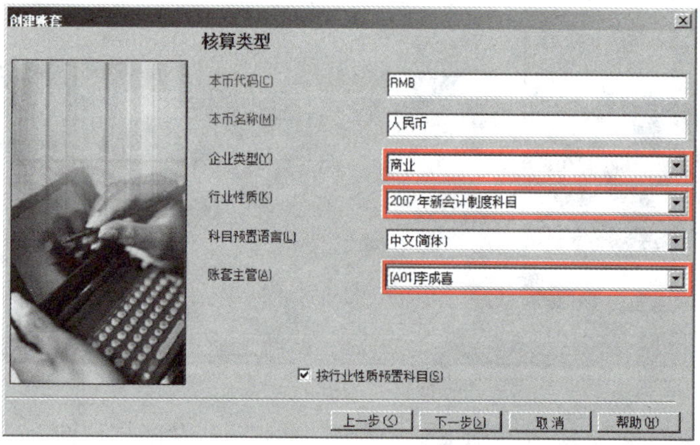

图 1-6　核算类型

（5）单击"下一步"，打开"基础信息"对话框，勾选"有无外币核算"，其他项默认，结果如图1-7所示。

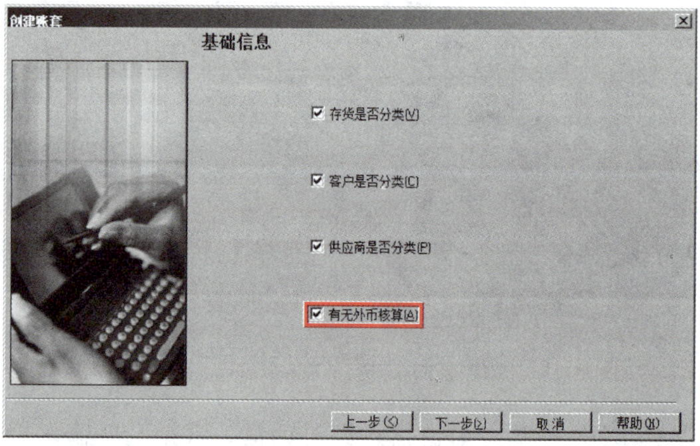

图 1-7　基础信息

（6）单击"下一步"，打开"开始"对话框，如图 1-8 所示，单击"完成"，系统提示"可以创建账套了么?"，单击"是"，系统开始建账。

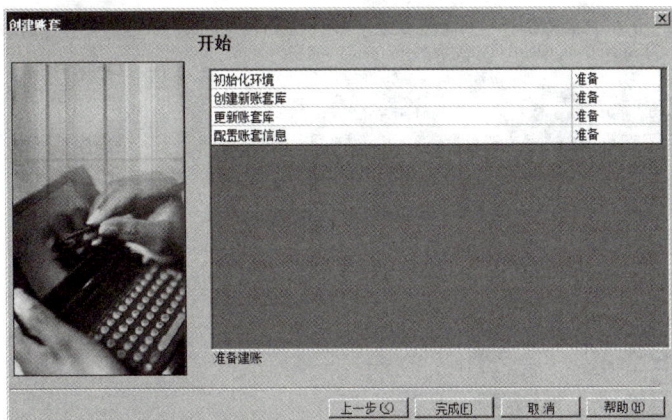

图 1-8 开始建账

（7）建账结束，系统弹出"编码方案"对话框，根据资料对相关编码级次进行调整，其他项默认，结果如图 1-9 所示。单击"确定"，再单击"取消"，系统弹出"数据精度"对话框，如图 1-10 所示，单击"确定"。

图 1-9 编码方案

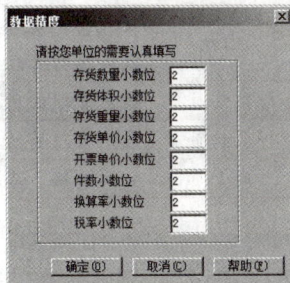

图 1-10 数据精度

（8）数据精度设置完毕，系统弹出"创建账套"对话框，单击"是"，打开"系统启用"窗口。根据表1-3启用总账等七个子系统，结果如图1-11所示。退出该窗口。

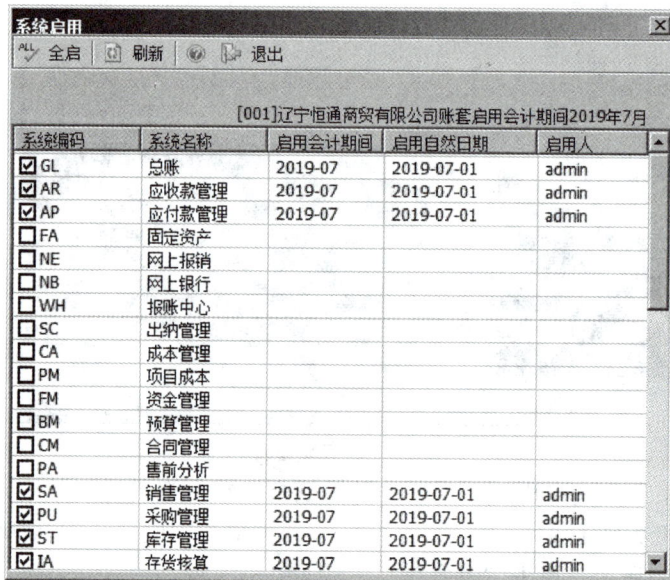

图1-11　系统启用

【提示】

启用系统有两种方法，一种是由系统管理员（admin）在建立账套时直接启用；另一种是由账套主管在企业应用平台的基本信息中启用。

3.设置操作员权限

根据表1-4设置操作员权限。

表1-4　　　　　　　　　　　软件系统操作员及权限分工

编码	姓名	隶属部门	职务	权限分工
A01	李成喜	总经理办公室	总经理	账套主管
W01	王钰	财务部	财务经理	审核凭证、查询凭证、对账、总账结账、编制UFO报表
W02	赵凯	财务部	会计	总账（填制凭证、查询凭证、记账、常用凭证、账表、期末处理）、应收款和应付款管理（不含收（付）款单填制、销售定金转出、选择收（付）款和票据管理）、存货核算的所有权限
W03	贺青	财务部	出纳	收（付）款单填制、销售定金转出、选择收（付）款、票据管理、出纳签字及出纳的所有权限
X01	刘晓明	销售部	销售员	销售管理的所有权限
G01	张宏亮	采购部	采购员	采购管理的所有权限
C01	李泽华	仓储部	库管员	公共单据、库存管理的所有权限

【具体操作过程】

在系统管理窗口，点击"权限"菜单下的"权限"命令，打开"操作员权限"窗口，根据表1-4设置王钰等六位操作员的权限，结果如图1-12所示。

设置操作员权限

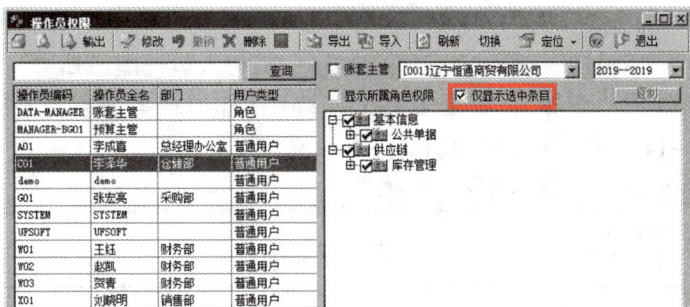

图 1-12　操作员权限

任务3　基础档案设置

由账套主管李成喜（A01）登录企业应用平台。执行"开始→所有程序→用友U8V10.1→企业应用平台"命令，打开"登录"窗口。在该窗口，"操作员"输入A01，"账套"选择"［001］（default）辽宁恒通商贸有限公司"，"操作日期"选择2019-07-01，结果如图1-13所示。单击"登录"，进入企业应用平台。

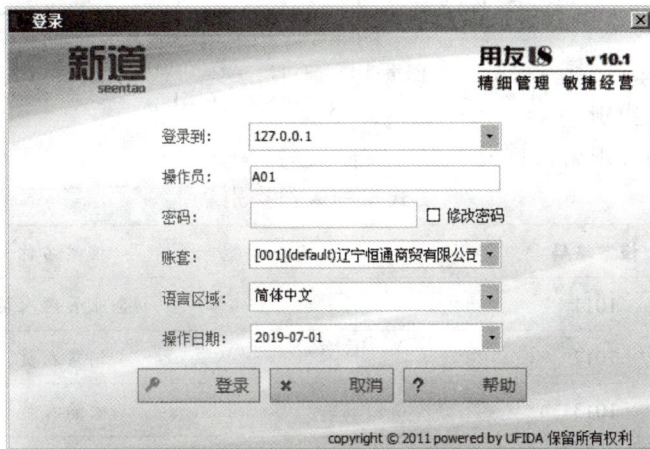

图 1-13　企业应用平台登录窗口

【提示】

如果系统桌面存在"企业应用平台"图标，双击该图标也可打开登录窗口。

1.机构人员

（1）设置部门档案

部门档案见表1-5。

表1-5　　　　　　　　　　部门档案

部门编码	部门名称
01	总经理办公室
02	财务部
03	销售部
04	采购部
05	仓储部

【具体操作过程】

依次双击"基础设置"页签中的"基础档案→机构人员→部门档案"菜单,打开"部门档案"窗口,单击"增加",根据表1-5逐个添加部门档案信息,添加完毕单击"刷新",结果如图1-14所示。关闭该窗口。

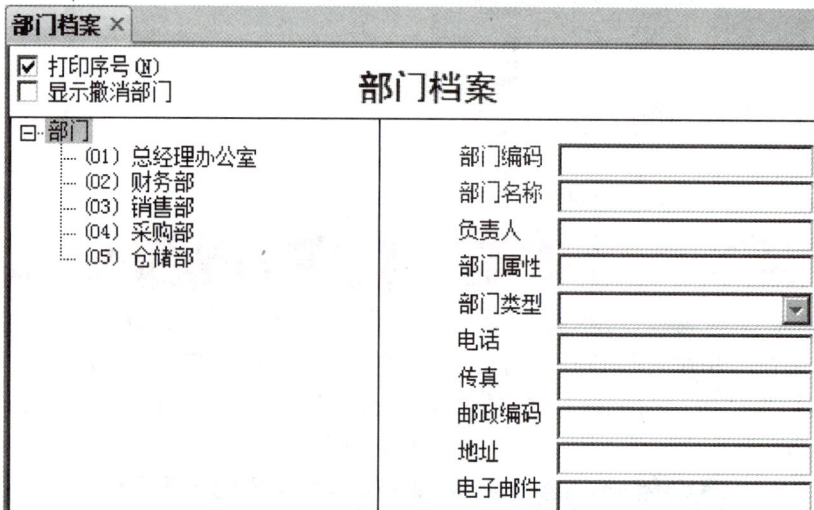

图1-14　部门档案

(2) 设置人员类别

正式工的人员类别见表1-6。

表1-6　　　　　　　　　　　　　正式工的人员类别

档案编码	档案名称
1011	企业管理人员
1012	销售人员
1013	采购人员

【具体操作过程】

依次双击"基础设置"页签中的"基础档案→机构人员→人员类别"菜单,打开"人员类别"窗口,单击"正式工",再单击"增加",根据表1-6逐个添加正式工的人员类别信息,结果如图1-15所示。退出该窗口。

图1-15　人员类别

(3) 设置人员档案

人员档案见表1-7。

表1-7　　　　　　　　　　　　　　　　　　人员档案

部门编码和名称	人员编码和姓名	性别	雇佣状态	人员类别	是否操作员	是否业务员
01 总经理办公室	A01 李成喜	男	在职	企业管理人员	是	是
02 财务部	W01 王钰	女	在职	企业管理人员	是	是
	W02 赵凯	男	在职	企业管理人员	是	是
	W03 贺青	女	在职	企业管理人员	是	是
03 销售部	X01 刘晓明	男	在职	销售人员	是	是
	X02 何丽	女	在职	销售人员		是
04 采购部	G01 张宏亮	男	在职	采购人员	是	是
	G02 徐辉	男	在职	采购人员		是
05 仓储部	C01 李泽华	女	在职	企业管理人员	是	是

【具体操作过程】

依次双击"基础设置"页签中的"基础档案→机构人员→人员档案"菜单，打开"人员档案"窗口，单击"增加"，根据表1-7逐个添加人员档案信息，结果如图1-16所示。退出该窗口。

图1-16　人员档案

2.客商信息

（1）设置地区分类

地区分类见表1-8。

表1-8　　　　　　　　　　　　　　　　　　地区分类

分类编码	分类名称
01	北京地区
02	上海地区
03	东北地区
04	华北地区
05	西北地区

【具体操作过程】

依次双击"基础设置"页签中的"基础档案→客商信息→地区分类"菜单，打开"地区分类"窗口，单击"增加"，根据表1-8逐个添加地区分类信息，结果如图1-17所示。退出该窗口。

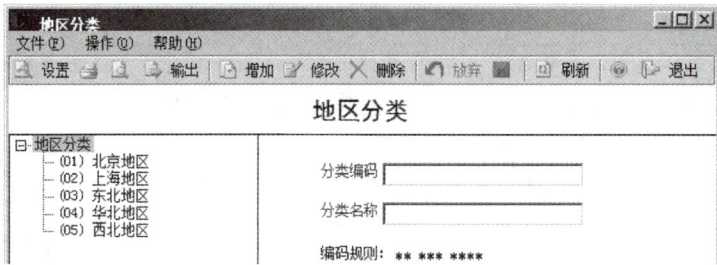

图1-17　地区分类

（2）设置客户分类、供应商分类

客户分类及供应商分类见表1-9。

表1-9　　　　　　　　　　　客户分类

类别名称	类别编码	名称
客户	01	一般类
	02	代销类
	09	共同类
供应商	01	服装商
	02	手表商
	03	皮具商
	08	综合类
	09	共同类

【具体操作过程】

依次双击"基础设置"页签中的"基础档案→客商信息→客户分类"菜单，打开"客户分类"窗口，单击"增加"，根据表1-9逐个添加客户分类信息，结果如图1-18所示。

图1-18　客户分类

退出该窗口。按此方法，双击"客商信息→供应商分类"菜单，打开"供应商分类"窗口，根据表1-9逐个添加供应商分类信息，结果如图1-19所示。

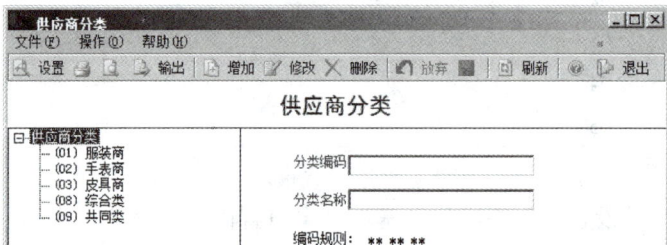

图1-19　供应商分类

（3）设置客户档案

客户档案见表1-10。

表1-10　　　　　　　　　　　　客户档案

客户名称、编码及简称	分类	地址、电话、税号	开户银行、账号
北京汇鑫百货有限公司 编码：101 简称：北京汇鑫	01	北京市顺义区常庄路992号 010-86218025 91110113578732690A	中国银行北京顺义常庄支行 2700322598914536398
广州华丰超市有限公司 编码：102 简称：广州华丰	01	广东省广州市北市区向阳路108号 020-52396012 91440100613815327A	中国工商银行广州向阳支行 2692006083025562331
上海乐淘贸易有限公司 编码：103 简称：上海乐淘	01	上海市闵行区北京路1号 021-65431789 91310112203203919A	交通银行闵行区北京路支行 8059209375023168063
大福贸易（中国）有限公司 编码：104 简称：大福贸易	01	吉林省长春市绿园区大顺路1206号 0431-3819395 91220106558728329A	中国建设银行长春绿园支行 2798372568980102952
零散客户 编码：109	01		
沈阳喜来商贸有限公司 编码：201 简称：沈阳喜来	02	辽宁省沈阳市沈河区万春路66号 024-65507283 91210103282819034A	中国农业银行沈阳万春支行 5830626920062662115
沈阳金泰商贸有限公司 编码：202 简称：沈阳金泰	02	辽宁省沈阳市铁西区百花路2号 024-65308833 91210103291938726A	中国农业银行沈阳百花支行 5830611580626927622
天津惠阳商贸有限公司 编码：901 简称：天津惠阳	09	天津市南开区中华路三段88号 022-81329367 91120104572036908A	中国农业银行天津南开支行 2806725046208670931
广西玉宝商贸有限公司 编码：902 简称：广西玉宝	09	广西玉林市成文路7号 0775-3890622 91450904342576849A	中国工商银行玉林市东门支行 2111702010422009265

【具体操作过程】

依次双击"基础设置"页签中的"基础档案→客商信息→客户档案"菜单，打开"客户档案"窗口，单击"增加"，根据表1-10逐个添加客户档案，结果如图1-20所示。

图1-20　客户档案

（4）设置供应商档案

供应商档案见表1-11。

表1-11 供应商档案

供应商名称、编码及简称	分类	地址、电话、税号	开户银行、账号
湖南百盛服装有限公司 编码：101 简称：湖南百盛	01	湖南省长沙市开福区林夕路100号 0731-8266319 914301052765318 95A	中国农业银行长沙开福支行 1012093710651047815
北京嘉伟服装有限公司 编码：102 简称：北京嘉伟	01	北京市宣武区长丰路六段360号 010-30453221 91110104759695583A	招商银行北京宣武分行 2590739805061504276
上海恒久表业有限公司 编码：201 简称：上海恒久	02	上海市静安区花园路甲7号 021-28386699 91310106896543287A	中国银行上海静安支行 9517205720902010400
大连博伦表业有限公司 编码：202 简称：大连博伦	02	大连市西岗区古塔路1029号 0411-87691203 91210203821392076A	交通银行大连西岗支行 3041309299285602525
山东顺达皮具有限公司 编码：301 简称：山东顺达	03	山东省青岛市崂山区李沧路90号 0536-5328912 91370212386932857A	中国工商银行青岛崂山支行 6800328250237723819
润家贸易（中国）有限公司 编码：801 简称：润家贸易	08	辽宁省沈阳市皇姑区东风路113号 024-87921576 91210105380972316A	中国工商银行沈阳皇姑支行 3602025308746041967
沈阳通达物流有限公司 编码：809 简称：沈阳通达	08	辽宁省沈阳市皇姑区振兴路968号 024-82961537 91210105357948262A	中国银行沈阳皇姑支行 8201141631 08091001
天津惠阳商贸有限公司 编码：901 简称：天津惠阳	09	天津市南开区中华路三段88号 022-81329367 91120104572036908A	中国农业银行天津南开支行 2806725046208670931
广西玉宝商贸有限公司 编码：902 简称：广西玉宝	09	广西玉林市成文路7号 0775-3890622 91450904342576849A	中国工商银行玉林市东门支行 2111702010422009265
沈阳金泰商贸有限公司 编码：903 简称：沈阳金泰	09	辽宁省沈阳市铁西区百花路2号 024-65308833 91210103291938726A	中国农业银行沈阳百花支行 5830611580626927622

【具体操作过程】

依次双击"基础设置"页签中的"基础档案→客商信息→供应商档案"菜单，打开"供应商档案"窗口，单击"增加"，根据表1-11逐个添加供应商档案，结果如图1-21所示。

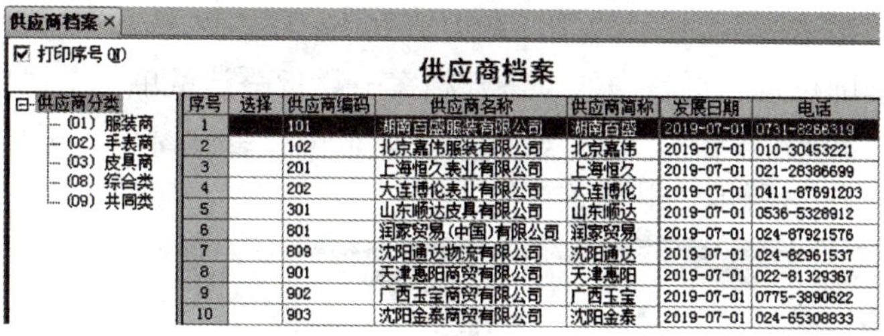

图 1-21　供应商档案

3.存货

（1）设置存货分类

存货分类见表 1-12。

表 1-12   存货分类

一级分类		二级分类	
编码	名称	编码	名称
1	商品	101	服装
		102	手表
		103	皮具
2	应税劳务		

【具体操作过程】

依次双击"基础设置"页签中的"基础档案→存货→存货分类"菜单，打开"存货分类"窗口，单击"增加"，根据表 1-12 逐个添加存货分类信息，结果如图 1-22 所示。

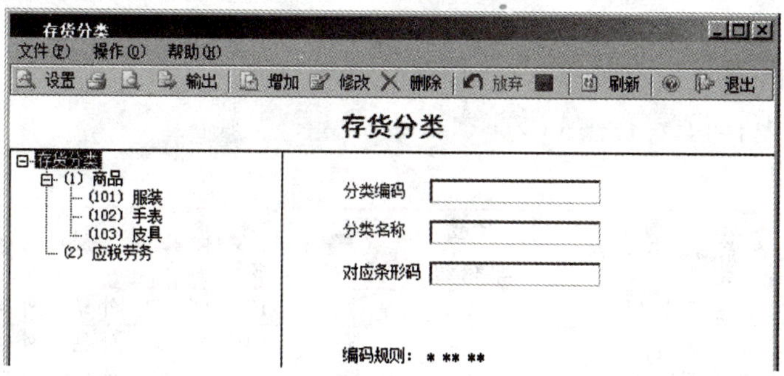

图 1-22　存货分类

（2）设置计量单位

计量单位见表 1-13。

表 1-13   计量单位

计量单位组			计量单位		
编码	名称	类别	编码	名称	备注
1	自然单位组	无换算率	101	件	
			102	条	
			103	套	
			104	只	
			105	对	
			106	个	
			107	台	
			108	千米	
			109	次	

【具体操作过程】

依次双击"基础设置"页签中的"基础档案→存货→计量单位"菜单,打开"计量单位-计量单位组"窗口,单击"分组",打开"计量单位组"窗口,根据表1-13添加计量单位组,结果如图1-23所示。退出该窗口。

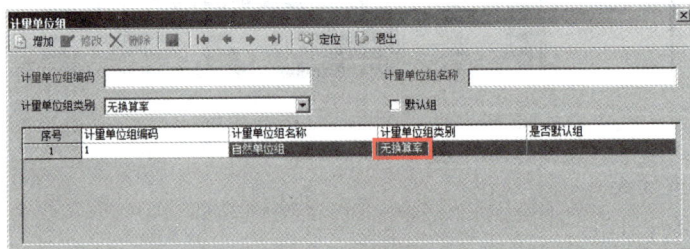

图1-23 计量单位组

单击"单位",打开"计量单位"窗口,根据表1-13添加计量单位信息,添加完毕退出"计量单位"窗口,结果如图1-24所示。退出该窗口。

图1-24 计量单位

（3）设置存货档案

存货档案见表1-14。

表1-14　　　　　　　　　　　　　存货档案

存货分类	存货编码及名称	计量单位组	计量单位	税率（%）	存货属性
101服装	1101百盛男夹克	1	件	13	内销、外销、外购
	1102百盛休闲裤	1	条	13	内销、外销、外购
	1103百盛牛仔裤	1	条	13	内销、外销、外购
	1104百盛男套装	1	套	13	内销、外销、外购
	1151嘉伟女风衣	1	件	13	内销、外销、外购
	1152嘉伟男风衣	1	件	13	内销、外销、外购
	1153嘉伟羽绒服	1	件	13	内销、外销、外购
	1154嘉伟儿童套装	1	套	13	内销、外销、外购
102手表	1201博伦女表	1	只	13	内销、外销、外购
	1202博伦男表	1	只	13	内销、外销、外购
	1203博伦情侣表	1	对	13	内销、外销、外购
	1251恒久女表	1	只	13	内销、外销、外购
	1252恒久男表	1	只	13	内销、外销、外购
	1253恒久情侣表	1	对	13	内销、外销、外购
103皮具	1301顺达女士箱包	1	个	13	内销、外销、外购、受托代销
	1302顺达男士箱包	1	个	13	内销、外销、外购、受托代销
	1303顺达情侣箱包	1	对	13	内销、外销、外购、受托代销
2应税劳务	2001运输费	1	千米	9	内销、外销、外购、应税劳务
	2002代销手续费	1	次	6	内销、外销、外购、应税劳务

【具体操作过程】

依次双击“基础设置”页签中的“基础档案→存货→存货档案”菜单，打开“存货档案”窗口，单击“增加”，打开“增加存货档案”窗口，根据表1-14添加存货档案信息，结果如图1-25所示。退出该窗口。

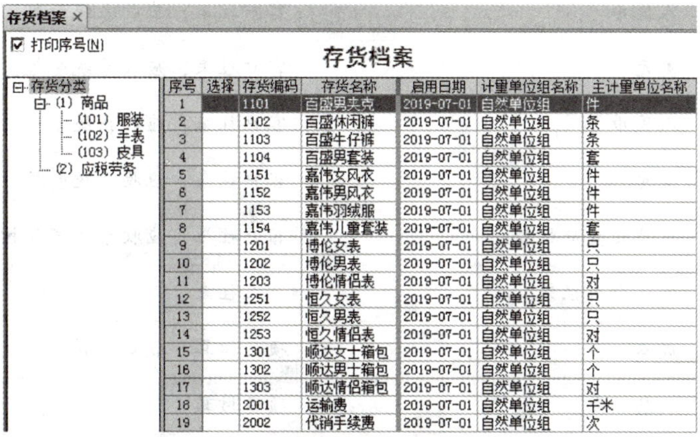

序号	选择	存货编码	存货名称	启用日期	计量单位组名称	主计量单位名称
1		1101	百盛男夹克	2019-07-01	自然单位组	件
2		1102	百盛休闲裤	2019-07-01	自然单位组	条
3		1103	百盛牛仔裤	2019-07-01	自然单位组	条
4		1104	百盛男套装	2019-07-01	自然单位组	套
5		1151	嘉伟女风衣	2019-07-01	自然单位组	件
6		1152	嘉伟男风衣	2019-07-01	自然单位组	件
7		1153	嘉伟羽绒服	2019-07-01	自然单位组	件
8		1154	嘉伟儿童套装	2019-07-01	自然单位组	套
9		1201	博伦女表	2019-07-01	自然单位组	只
10		1202	博伦男表	2019-07-01	自然单位组	只
11		1203	博伦情侣表	2019-07-01	自然单位组	对
12		1251	恒久女表	2019-07-01	自然单位组	只
13		1252	恒久男表	2019-07-01	自然单位组	只
14		1253	恒久情侣表	2019-07-01	自然单位组	对
15		1301	顺达女士箱包	2019-07-01	自然单位组	个
16		1302	顺达男士箱包	2019-07-01	自然单位组	个
17		1303	顺达情侣箱包	2019-07-01	自然单位组	对
18		2001	运输费	2019-07-01	自然单位组	千米
19		2002	代销手续费	2019-07-01	自然单位组	次

图1-25　存货档案

【提示】

存货属性中的“受托代销”，须在采购管理系统选项中勾选“启用受托代销”后，该属性才可用。

4. 财务

（1）维护会计科目

①指定会计科目。

指定“1001库存现金”为现金科目，“1002银行存款”为银行科目。

②增加会计科目。

会计科目见表1-15。

表1-15　会计科目表

科目编码	科目名称	辅助账类型
100201	中国工商银行	日记账 银行账
10020101	沈阳皇姑支行	日记账 银行账
100202	中国银行	日记账 银行账
10020201	沈阳皇姑支行	日记账 银行账
1002020101	人民币	日记账 银行账
1002020102	美元	日记账 银行账
101201	银行汇票存款	
101202	存出投资款	
110101	成本	项目核算，数量核算：股（份）

续表

科目编码	科目名称	辅助账类型
110102	公允价值变动	项目核算
112101	人民币	客户往来，应收系统受控
112102	美元	客户往来，应收系统受控
112201	人民币	客户往来，应收系统受控
112202	美元	客户往来，应收系统受控
112203	资产处置应收款	客户往来，应收系统不受控
122101	职工个人往来	个人往来
150101	成本	项目核算，数量核算：份
150102	利息调整	项目核算
150301	成本	项目核算，数量核算：股（份）
150302	公允价值变动	项目核算
170101	专利权	
170102	商标权	
170103	土地使用权	
190101	待处理流动资产损溢	
190102	待处理固定资产损溢	
220201	一般应付账款	供应商往来，应付系统受控
220202	暂估应付账款	供应商往来，应付系统不受控
220203	受托代销	供应商往来，应付系统不受控
220301	一般人民币预收账款	客户往来，应收系统受控
220302	一般美元预收账款	客户往来，应收系统受控
220303	销售定金	客户往来，应收系统不受控
220304	附条件销售款	客户往来，应收系统不受控
221101	工资	
221102	社会保险费	
22110201	基本医疗保险费	
22110202	工伤保险费	
22110203	生育保险费	

续表

科目编码	科目名称	辅助账类型
221103	设定提存计划	
22110301	基本养老保险费	
22110302	失业保险费	
221104	住房公积金	
221105	工会经费	
221106	职工教育经费	
221107	职工福利费	
221108	非货币性福利	
222101	应交增值税	
22210101	进项税额	
22210105	转出未交增值税	
22210106	销项税额	
22210108	进项税额转出	
22210109	转出多交增值税	
222102	未交增值税	
222103	待抵扣进项税额	
222104	应交企业所得税	
222105	应交个人所得税	
222106	应交城市维护建设税	
222107	应交教育费附加	
222108	应交地方教育费附加	
224101	代扣医疗保险	
224102	代扣养老保险	
224103	代扣失业保险	
224104	代扣住房公积金	
224105	应付售后回购款	供应商往来，应付系统不受控
410401	提取法定盈余公积	
410402	提取任意盈余公积	
410409	未分配利润	

续表

科目编码	科目名称	辅助账类型
605101	受托代销手续费	
630101	债务重组利得	
630102	非货币性资产交换利得	
660101	折旧费	部门核算
660102	职工薪酬	部门核算
660103	水电费	部门核算
660104	差旅费	部门核算
660105	办公费	部门核算
660106	业务招待费	部门核算
660107	运输费	
660108	广告宣传费	
660109	委托代销手续费	
660201	折旧费	部门核算
660202	职工薪酬	部门核算
660203	水电费	部门核算
660204	差旅费	部门核算
660205	办公费	部门核算
660206	业务招待费	部门核算
660207	修理费	
660208	无形资产摊销	
660209	存货盘点	
660301	利息支出	
660302	汇兑损益	
660303	手续费及工本费	
660304	现金折扣	
671101	债务重组损失	
671102	非货币性资产交换损失	
680101	当期所得税费用	
680102	递延所得税费用	

③修改会计科目。

修改会计科目"应收票据"辅助核算为"客户往来",受控于"应收系统";

修改会计科目"长期应收款"辅助核算为"客户往来",不受控于"应收系统";

修改会计科目"应付票据"和"预付账款"辅助核算为"供应商往来",受控于"应付系统";

将"1501持有至到期投资"和"1503可供出售金融资产"的科目名称分别改为"债权投资""其他权益工具投资"。

将"交易性金融资产""债权投资"和"其他权益工具投资"设置为项目核算;

将"1321代理业务资产"的科目名称改为"受托代销商品";

将"2314代理业务负债"的科目名称改为"受托代销商品款",辅助核算类型为"供应商往来"且应付系统不受控。

将"6403营业税金及附加"的科目名称改为"税金及附加"。

【具体操作过程】

①指定科目。依次双击"基础设置"页签中的"基础档案→财务→会计科目"菜单,打开"会计科目"窗口,点击"编辑"菜单的"指定科目",打开"指定科目"窗口。分别指定"现金科目"和"银行科目",如图1-26所示。指定完毕单击"确定"退出该窗口,返回"会计科目"窗口。

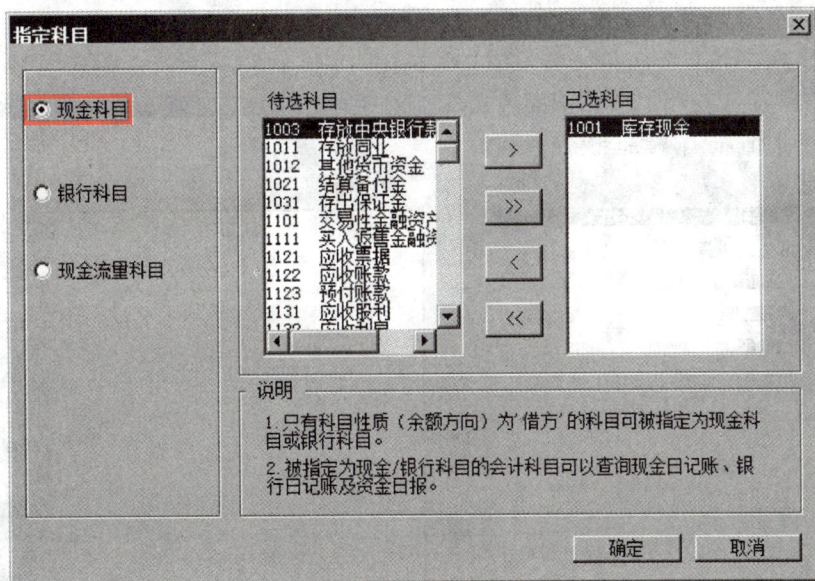

图1-26 指定科目

②增加会计科目。在"会计科目"窗口,单击"增加",根据表1-15添加会计科目。

③修改会计科目。在"会计科目"窗口,双击要修改的会计科目,单击"修改",根据资料修改相关会计科目。

(2) 设置项目目录

项目目录资料见表1-16。

表1-16 项目目录

1.项目大类	金融资产	
2.核算科目	1101交易性金融资产、110101成本、110102公允价值变动	
	1501债权投资、150101成本、150102利息调整	
	1503其他权益工具投资、150301成本、150302公允价值变动	
3.项目分类	1 股票	2 债券
4.项目目录	11 东旭光电	
	12 京东方	

【具体操作过程】

①新增项目大类。依次双击"基础设置"页签中的"基础档案→财务→项目目录"菜单，打开"项目档案"窗口。单击"增加"，系统打开"项目大类定义_增加"窗口，在"新项目大类名称"处输入"金融资产"，单击两次"下一步"，再单击"完成"，系统返回"项目档案"窗口。在该窗口的"项目大类"选择"金融资产"，如图1-27所示。

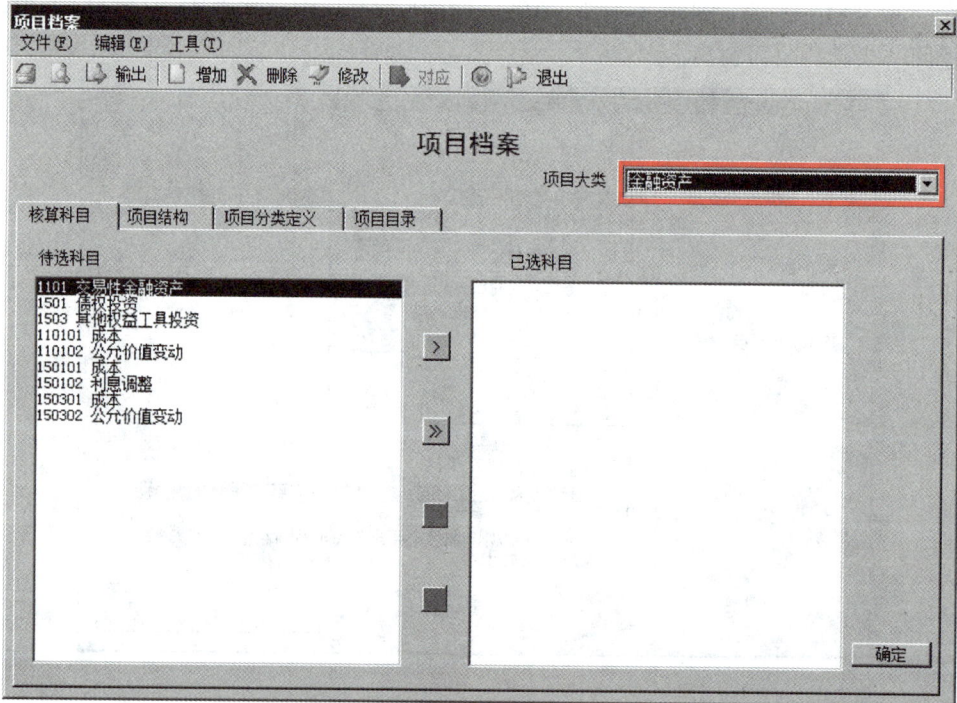

图1-27 增加项目大类

②指定核算科目。单击" ≫ "，将交易性金融资产等科目由待选科目区移动到已选科目区，如图1-28所示，单击"确定"。

③增加项目分类。单击"项目分类定义"选项卡，单击窗口右下角的"增加"，根据表1-16添加项目分类，结果如图1-29所示。

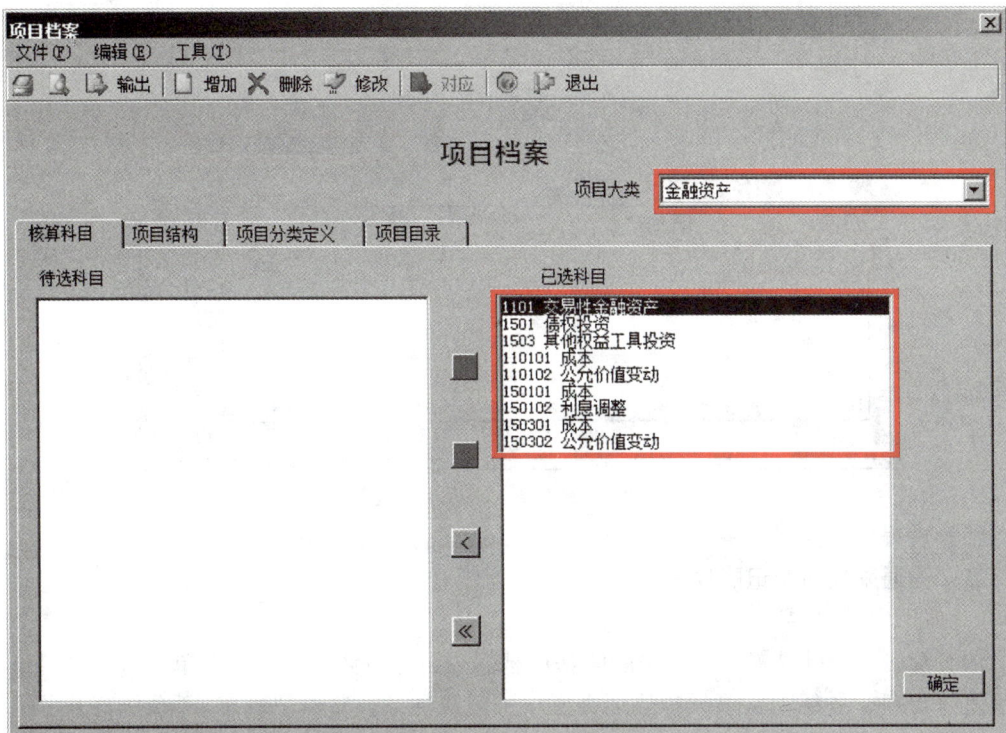

图1-28　指定核算科目

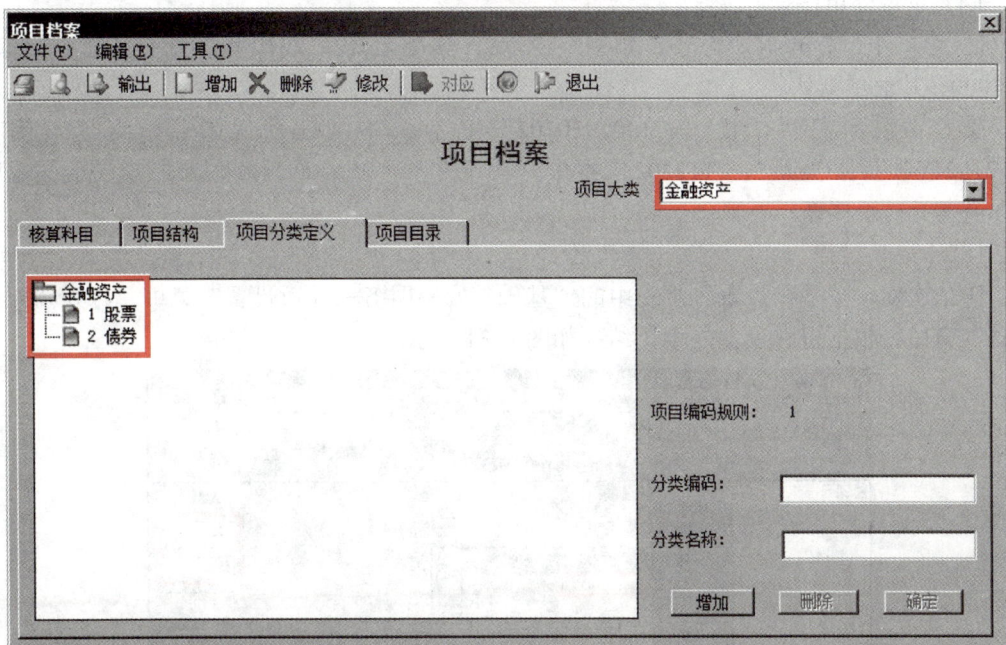

图1-29　增加项目分类

　　④增加项目目录。单击"项目目录"选项卡，单击窗口右下方的"维护"按钮，打开"项目目录维护"窗口，单击"增加"，根据表1-16添加项目目录，添加完毕退出该窗口，结果如图1-30所示。退出该窗口。

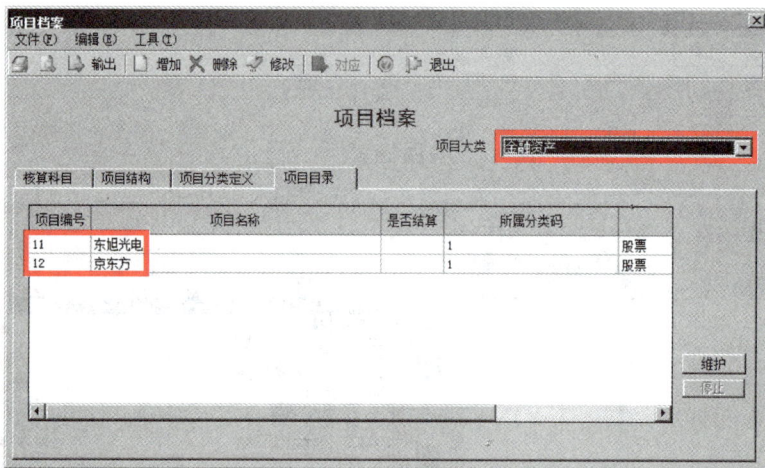

图 1-30　增加项目目录

（3）设置凭证类别

辽宁恒通采用通用记账凭证格式。

【具体操作过程】

依次双击"基础设置"页签中的"基础档案→财务→凭证类别"菜单，打开"凭证类别预置"窗口，系统默认第一种凭证类别——记账凭证，单击"确定"，系统打开"凭证类别"窗口，单击"退出"。

（4）设置外币核算

①定义外币：币符：USD；币名：美元；浮动汇率；2019 年 7 月 1 日记账汇率：6.83000；其他项默认。

②修改会计科目。设置"1002020102 银行存款/中国银行/沈阳皇姑支行/美元"、"112102 应收票据/美元"、"112202 应收账款/美元"和"220302 预收账款/一般美元预收账款"有美元外币核算。

【具体操作过程】

①依次双击"基础设置"页签中的"基础档案→财务→外币设置"菜单，打开"外币设置"窗口，根据资料设置外币，结果如图 1-31 所示。

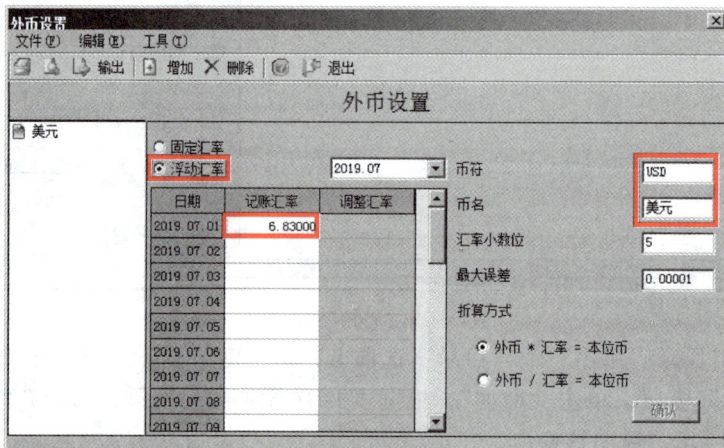

图 1-31　外币设置

②依次双击"基础设置"页签中的"基础档案→财务→会计科目"菜单，打开"会计科目"窗口，找到"1002020102 银行存款/中国银行/沈阳皇姑支行/美元"科目，双击该科目，打开"会计科目_修改"窗口，单击窗口下方的"修改"，勾选"外币核算"，如图1-32所示，单击"确定"。关闭该窗口。

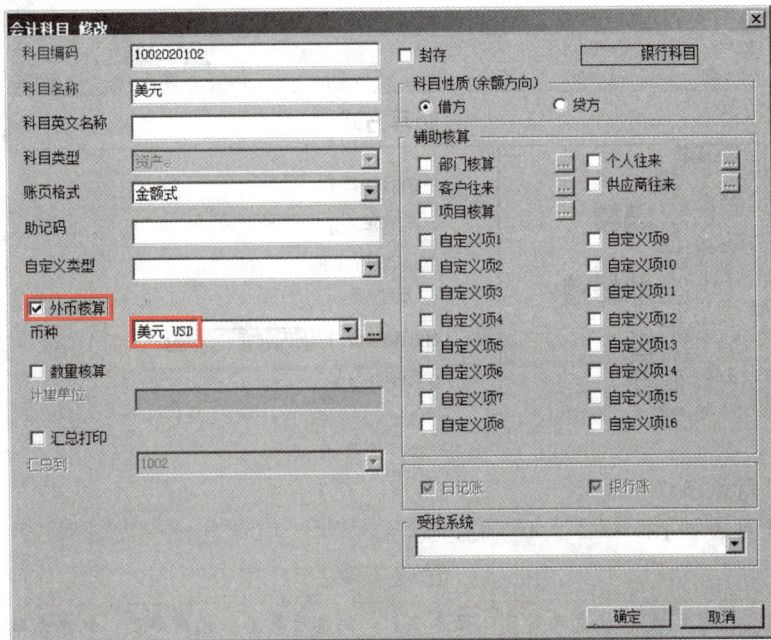

图1-32　修改会计科目

按此方法依次为"112102 应收票据/美元"、"112202 应收账款/美元"和"220302 预收账款/一般美元预收账款"设置美元外币核算。

5.收付结算

（1）设置结算方式

常用结算方式见表1-17。

表1-17　　　　　　　　　　　　常用结算方式

结算方式编码	结算方式名称
1	现金
2	支票
21	现金支票
22	转账支票
3	汇票
31	银行汇票
32	商业承兑汇票
33	银行承兑汇票
4	汇兑
41	电汇
42	信汇
5	委托收款
6	托收承付
9	其他

【具体操作过程】

依次双击"基础设置"页签中的"基础档案→收付结算→结算方式"菜单，打开"结算方式"窗口，单击"增加"，根据表1-17添加结算方式信息，结果如图1-33所示。关闭该窗口。

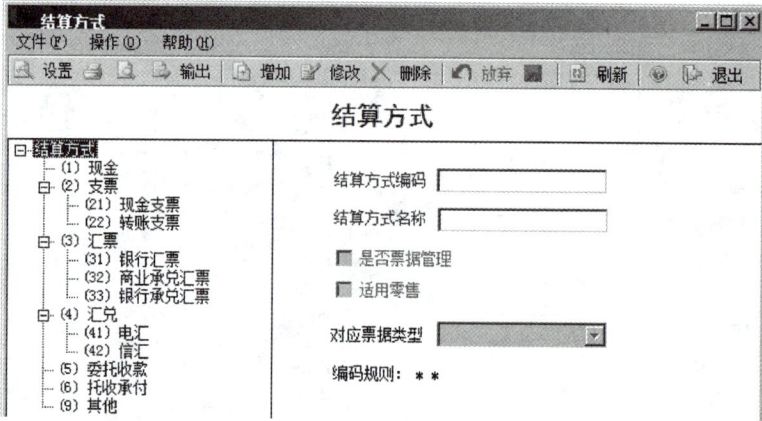

图1-33 结算方式

（2）设置付款条件

付款条件见表1-18。

表1-18   付款条件

付款条件编码	信用天数	优惠天数1	优惠率1	优惠天数2	优惠率2	优惠天数3	优惠率3
1	30	10	4	20	2	30	0
2	30	10	3	20	1.5	30	0

【具体操作过程】

依次双击"基础设置"页签中的"基础档案→收付结算→付款条件"菜单，打开"付款条件"窗口，单击"增加"，根据表1-18添加付款条件信息，结果如图1-34所示。关闭该窗口。

付款条件

序号	付款条件编码	付款条件名称	信用天数	优惠天数1	优惠率1	优惠天数2	优惠率2	优惠天数3	优惠率3	优惠天数4	优惠率4
1	1	4/10, 2/20, n/30	30	10	4.0000	20	2.0000	30	0.0000	0	0.0000
2	2	3/10, 1.5/20, n/30	30	10	3.0000	20	1.5000	30	0.0000	0	0.0000

图1-34 付款条件

（3）设置银行档案

①增加银行档案：银行编码为"05"，银行名称为"锦州银行"，账号（企业账户、个人账户）长度为19位（均定长），录入时自动带出的长度为15位。

②修改银行档案：将"01中国工商银行"的企业账户定长设为19。

【具体操作过程】

①依次双击"基础设置"页签中的"基础档案→收付结算→银行档案"菜单，打开"银行档案"窗口，单击"增加"，根据资料添加银行档案信息，结果如图1-35所示，保存后退出该窗口。

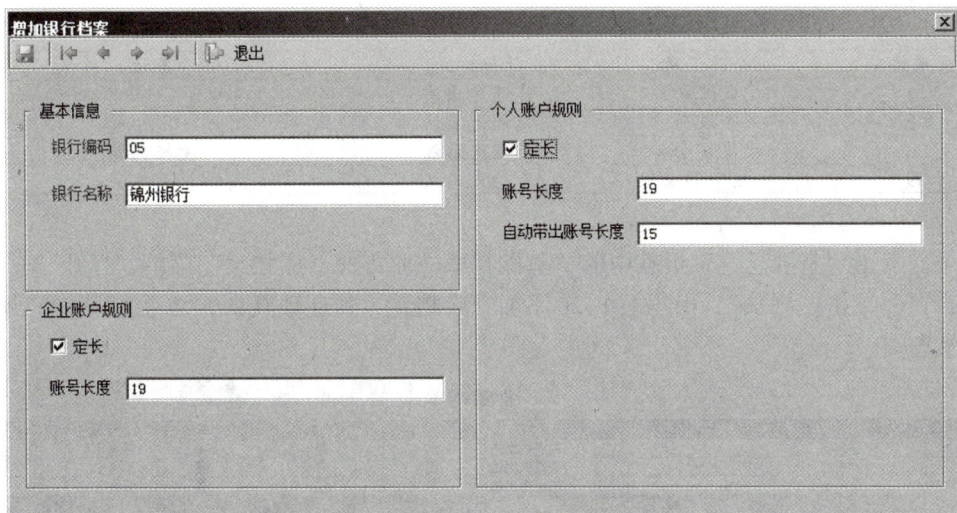

图1-35 增加银行档案

②在"银行档案"窗口，双击中国工商银行那一行，将企业账号长度改为19，保存后退出该窗口。

（4）设置本单位开户银行

辽宁恒通的开户银行资料见表1-19。

表1-19 本单位开户银行

编码	银行账号	账户名称	开户银行	币种	所属银行
1	2107 0240 1589 0035 666	辽宁恒通商贸有限公司	中国工商银行沈阳皇姑支行	人民币	01
2	2107 3817 6532 3431 951	辽宁恒通商贸有限公司	中国银行沈阳皇姑支行 机构号：10423 联行号：8002	人民币	00002
3	2107 3817 6532 3431 982	辽宁恒通商贸有限公司	中国银行沈阳皇姑支行 机构号：10423 联行号：8002	美元	00002

【具体操作过程】

依次双击"基础设置"页签中的"基础档案→收付结算→本单位开户银行"菜单，打开"本单位开户银行"窗口，单击"增加"，根据表1-19添加开户银行信息，结果如图1-36所示。退出该窗口。

图1-36 本单位开户银行

6.业务档案

（1）仓库档案

仓库档案见表1-20。

表1-20 仓库档案

仓库编码	仓库名称	计价方式	备注
1	服装仓	先进先出法	
2	手表仓	先进先出法	
3	皮具仓	先进先出法	受托代销
9	废旧品仓	先进先出法	以旧换新

【具体操作过程】

依次双击"基础设置"页签中的"基础档案→业务→仓库档案"菜单，打开"仓库档案"窗口，单击"增加"，根据表1-20添加仓库档案，其他项默认，结果如图1-37所示。关闭该窗口。

仓库档案

序号	仓库编码	仓库名称	部门名称	仓库地址	电话	负责人	计价方式	是否货位管理	是否参与MRP运算	是否参与ROP计算	仓库属性	资产仓
1	1	服装仓					先进先出法	否	是	是	普通仓	否
2	2	手表仓					先进先出法	否	是	是	普通仓	否
3	3	皮具仓					先进先出法	否	是	是	普通仓	否
4	9	废旧品仓					先进先出法	否	是	是	普通仓	否

图1-37　仓库档案

（2）收发类别

收发类别见表1-21。

表1-21 收发类别

一级类别		收发标志	二级类别		三级类别	
编码	名称		编码	名称	编码	名称
1	入库	收	101	采购入库		
			102	受托代销入库	10201	视同买断
					10202	收取手续费
			104	非货币性资产交换入库		
			105	债务重组入库		
			106	以旧换新入库		
			107	售后回购入库		
			109	盘盈入库		
			110	直运采购		
			112	调拨入库	11202	内部调拨入库
			113	代管入库		
			119	其他入库		
2	出库	发	201	销售出库		
			202	委托代销出库		
			203	受托代销出库	20301	视同买断
					20302	收取手续费
			204	非货币性资产交换出库		
			205	债务重组出库		
			206	以旧换新出库		
			207	售后回购出库		
			208	附退回条件销售出库	20801	可以估计退货率
					20802	无法估计退货率
			209	盘亏出库		
			210	直运销售		
			211	分期收款销售出库	21101	具有融资性质
					21102	不具有融资性质
			212	调拨出库	21201	销售调拨出库
					21202	内部调拨出库
			213	代管出库		
			219	其他出库		

【具体操作过程】

依次双击"基础设置"页签中的"基础档案→业务→收发类别"菜单，打开"收发类别"窗口，单击"增加"，根据表1-21添加收发类别信息，结果如图1-38所示。退出该窗口。

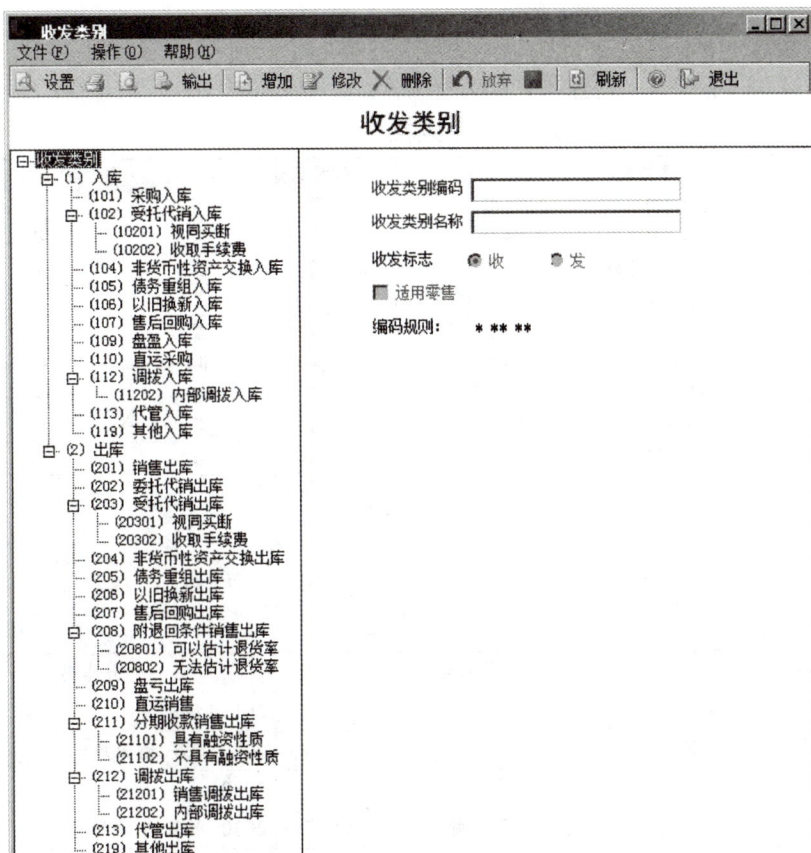

图1-38　收发类别

（3）采购类型

采购类型见表1-22。

表1-22　　　　　　　　　　　　　　　　　采购类型

采购类型编码	采购类型名称	入库类别
01	正常采购	101采购入库
02	受托代销（买断）	10201视同买断
03	受托代销（手续费）	10202收取手续费
05	非货币性资产交换	104非货币性资产交换入库
06	债务重组	105债务重组入库
07	以旧换新	106以旧换新入库
08	售后回购	107售后回购入库
12	直运采购	110直运采购
13	代管采购	113代管入库

【具体操作过程】

依次双击"基础设置"页签中的"基础档案→业务→采购类型"菜单，打开"采购类型"窗口，单击"增加"，根据表1-22添加采购类型信息，结果如图1-39所示。退出该窗口。

序号	采购类型编码	采购类型名称	入库类别	是否默认值	是否委外默认值	是否列入MPS/MRP计划
1	01	正常采购	采购入库	否	否	是
2	02	受托代销(买断)	视同买断	否	否	是
3	03	受托代销(手续费)	收取手续费	否	否	是
4	05	非货币性资产交换	非货币性资产交换入库	否	否	是
5	06	债务重组	债务重组入库	否	否	是
6	07	以旧换新	以旧换新入库	否	否	是
7	08	售后回购	售后回购入库	否	否	是
8	12	直运采购	直运采购	否	否	是
9	13	代管采购	代管入库	否	否	是

图1-39　采购类型

（4）销售类型

销售类型见表1-23。

表1-23　　　　　　　　　　　　　　　　销售类型

销售类型编码	销售类型名称	出库类别
01	正常销售	201销售出库
02	委托代销	202委托代销出库
03	销售受托代销货物（买断）	20301视同买断
04	销售受托代销货物（手续费）	20302收取手续费
05	非货币性资产交换	204非货币性资产交换出库
06	债务重组	205债务重组出库
07	以旧换新	206以旧换新出库
08	售后回购	207售后回购出库
09	附退回条件销售（可以估计退货率）	20801可以估计退货率
10	附退回条件销售（无法估计退货率）	20802无法估计退货率
11	分期收款（具有融资性质）	21101具有融资性质
12	分期收款（不具有融资性质）	21102不具有融资性质
13	直运销售	210直运销售
14	销售调拨	21201销售调拨出库
15	销售代管货物	213代管出库

【具体操作过程】

依次双击"基础设置"页签中的"基础档案→业务→销售类型"菜单，打开"销售类型"窗口，单击"增加"，根据表1-23添加销售类型信息，结果如图1-40所示。添加完毕退出该窗口。

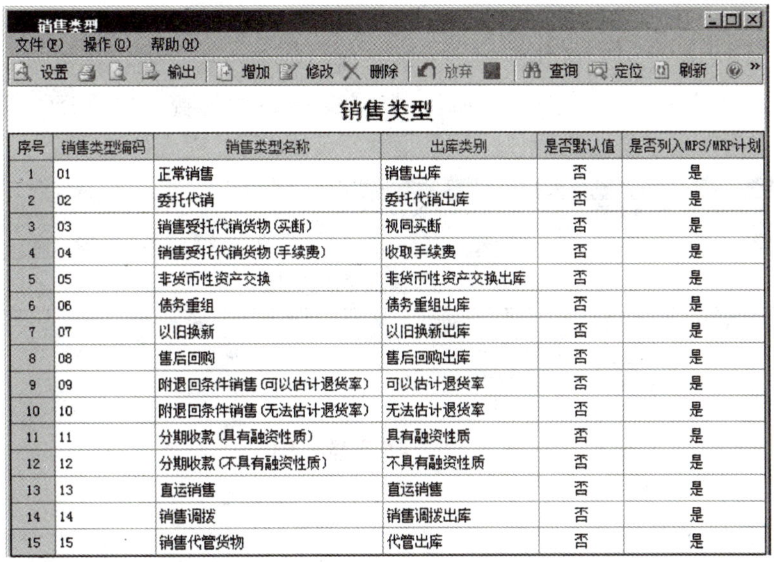

图 1-40 销售类型

（5）费用项目

费用项目见表 1-24。

表 1-24　　　　　　　　　　　　费用项目

费用项目编码	费用项目名称	费用项目分类编码	费用项目分类名称
1	代销手续费	1	日常费用
2	运输费	1	日常费用

【具体操作过程】

①依次双击"基础设置"页签中的"基础档案→业务→费用项目分类"菜单，打开"费用项目分类"窗口，单击"增加"，根据表 1-24 添加费用项目分类信息。添加完毕退出该窗口。

②依次双击"基础设置"页签中的"基础档案→业务→费用项目"菜单，打开"费用项目"窗口，单击"增加"，根据表 1-24 添加费用项目信息，结果如图 1-41 所示。添加完毕退出该窗口。

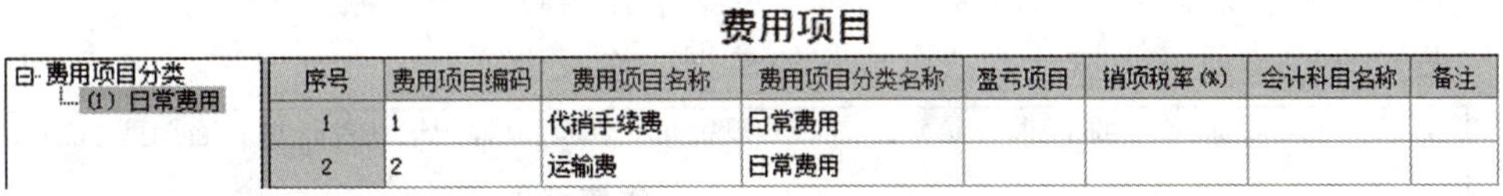

图 1-41　费用项目

（6）非合理损耗类型

非合理损耗类型见表 1-25。

表 1-25　　　　　　　　　　　非合理损耗类型

非合理损耗类型编码	非合理损耗类型名称	是否默认值
1	运输部门责任	否
2	保险公司责任	否
3	员工个人责任	否

【具体操作过程】

依次双击"基础设置"页签中的"基础档案→业务→非合理损耗类型"菜单，打开"非合理损耗类型"窗口，单击"增加"，根据表1-25添加费用项目分类信息，结果如图1-42所示。添加完毕退出该窗口。

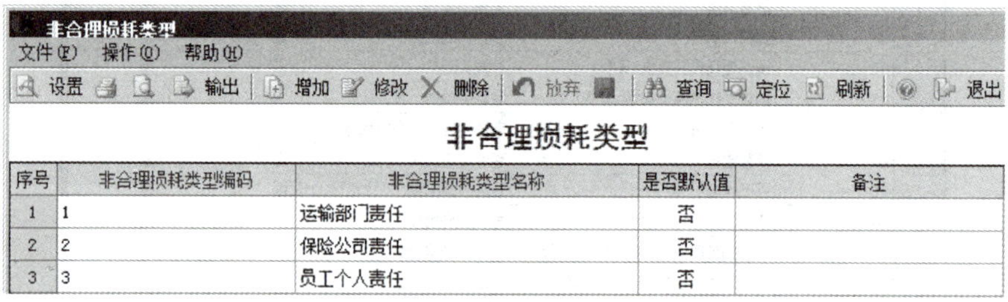

序号	非合理损耗类型编码	非合理损耗类型名称	是否默认值	备注
1	1	运输部门责任	否	
2	2	保险公司责任	否	
3	3	员工个人责任	否	

图1-42 非合理损耗类型

7.单据设置

（1）单据格式设置

①为销售订单表头增加"必有定金"、"定金比例"、"定金原币金额"、"定金本币金额"、"定金累计实收原币金额"和"定金累计实收本币金额"项目；

②为应收收款单表头增加"订单号"项目；

③为委托代销结算单表头增加"发票号"项目；

④为费用支出单表头增加"费用供货商名称"和"单据流向"项目；

⑤为到货单表体增加"拒收数量"和"已拒收数量"项目；

⑥为销售专用发票表体增加"退补标志"项目，将其表体"数量"项目改为非必输项；

⑦修改销售订单、发货单、销售专用发票表头的"汇率"项目，取消勾选"禁止编辑"。

【具体操作过程】

依次双击"基础设置"页签中的"单据设置→单据格式设置"菜单，打开"单据格式设置"窗口，在窗口左侧的销售管理中找到"销售订单"，根据资料为其表头项目增加"必有定金"、"定金比例（%）"、"定金原币金额"、"定金本币金额"、"定金累计实收原币金额"和"定金累计实收本币金额"等六个项目，结果如图1-43所示。按此方法完成其他单据的格式设置。

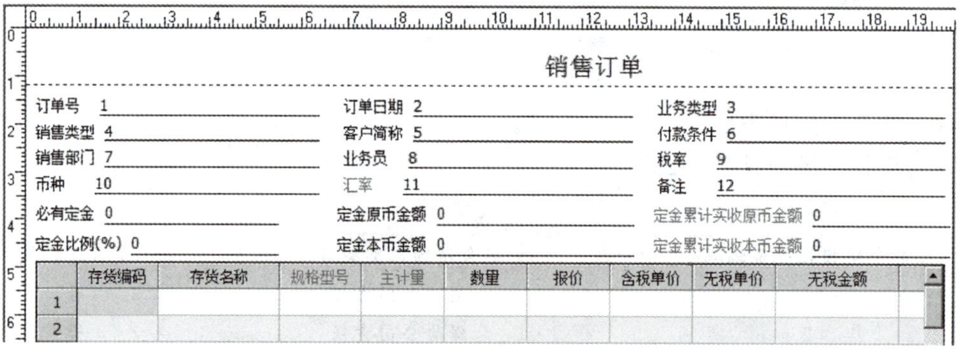

图1-43 单据格式设置

（2）单据编号设置

①将销售专用发票、销售普通发票、销售零售日报、采购专用发票、采购普通发票的编号方式设置为"完全手工编号"；

②将销售发货单、委托结算单、委托发货单、销售订单、采购到货单、采购订单、其他入库单、其他出库单、销售出库单、调拨单、采购入库单的编号方式设置为"手工改动，重号时自动重取"。

【具体操作过程】

依次双击"基础设置"页签中的"单据设置→单据编号设置"菜单，打开"单据编号设置"窗口，在窗口左侧的销售管理中找到销售专用发票，单击" "按钮，勾选"完全手工编号"，单击"保存"，结果如图1-44所示。按此方法完成其他单据的编号设置。

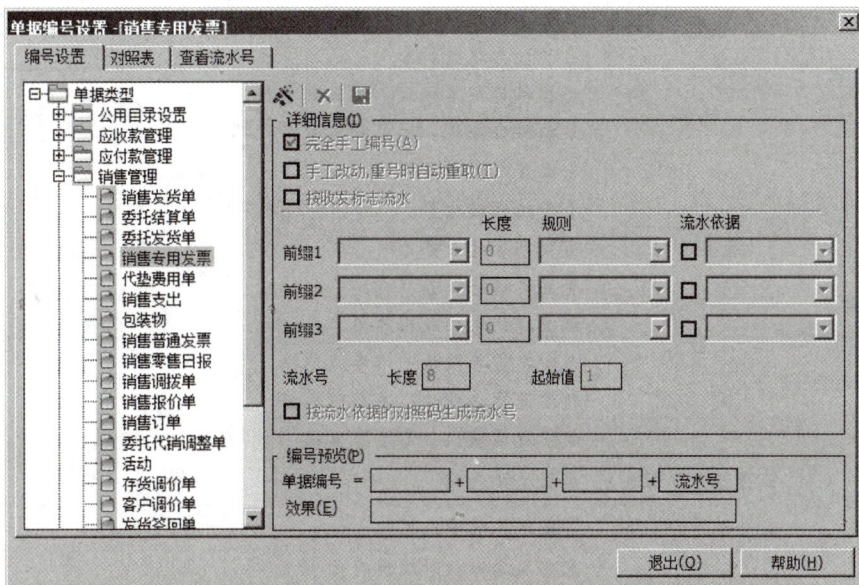

图1-44　单据编号设置

8.数据权限控制设置

取消对所有"记录级""字段级"业务对象的权限控制。

【具体操作过程】

依次双击"系统服务"页签中的"权限→数据权限控制设置"菜单，打开"数据权限控制设置"窗口，在"记录级"选项卡，单击窗口右下方的"全消"按钮。在"字段级"选项卡，单击窗口右下方的"全消"按钮。单击"确定"，系统自动关闭该窗口。

任务4　　　　系统初始化

2019年7月1日，由李成喜（A01）登录企业应用平台，完成本节任务。

1.设置系统参数

各系统参数见表1-26。

表1-26　　　　　　　　　　　　　系统参数表

系统	选项卡	参数设置
总账	凭证	取消"制单序时控制"
	权限	出纳凭证必须经由出纳签字
	其他	部门、个人及项目的排序方式均为"按编码排序" 外币核算的汇率方式：浮动汇率
应收款管理	常规	单据审核日期依据：单据日期 坏账处理方式：应收余额百分比法 自动计算现金折扣
	凭证	受控科目制单方式：明细到单据 销售科目依据：按销售类型
应付款管理	常规	单据审核日期依据：单据日期 自动计算现金折扣
	凭证	受控科目制单方式：明细到单据 采购科目依据：按采购类型
销售管理	业务控制	有零售日报业务 有委托代销业务 有分期收款业务 有直运销售业务 取消"销售生成出库单"
	其他控制	新增发货单默认：不参照单据 新增退货单默认：不参照单据 新增发票默认：不参照单据
采购管理	业务及权限控制	启用受托代销
	公共及参照控制	单据默认税率：13%
库存管理	通用设置	采购入库审核时改现存量 销售出库审核时改现存量 其他出入库审核时改现存量
	专用设置	允许超发货单出库 允许超采购到货单入库 自动带出单价的单据：其他出库单、盘点单
存货核算	核算方式	暂估方式：单到回冲 销售成本核算方式：销售发票 委托代销成本核算方式：按发出商品核算
	控制方式	进项税转出科目：22210108 勾选"结算单价与暂估单价不一致是否调整出库成本"

【具体操作过程】

①依次双击"基础设置"页签中的"业务参数→财务会计→总账"菜单，打开"选项"窗口，单击窗口下方的"编辑"按钮，根据表1-26进行总账系统选项设置，如图1-45所示。设置完毕关闭该窗口。按此方法完成其他系统的参数设置。

设置系统参数

②根据表1-14，到存货档案为受托代销的存货（顺达女士箱包、顺达男士箱包、顺达情侣箱包）勾选"受托代销"存货属性。

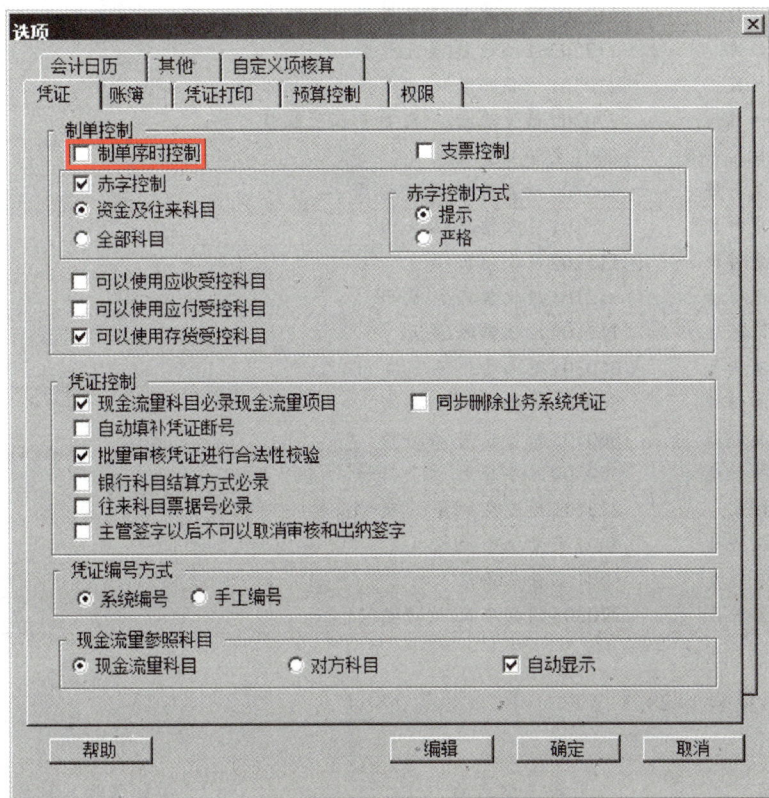

图1-45 总账系统选项设置

【提示】

关于销售管理系统的"销售生成出库单"参数与库存管理系统的"库存生成销售出库单"参数。

①两者的设置是互斥关系。即当勾选销售管理系统的"销售生成出库单"参数时，库存管理系统的"库存生成销售出库单"参数自动取消勾选。反之，当勾选库存管理系统的"库存生成销售出库单"参数时，销售管理系统的"销售生成出库单"参数自动取消勾选。

②两者生成销售出库单的方式不同。当勾选销售管理系统的"销售生成出库单"参数时，销售出库单根据已审核的发货单自动生成。该销售出库单处于未审核状态，但出库数量不可修改。当勾选库存管理系统的"库存生成销售出库单"参数时，销售出库单须手工参照已审核的发货单生成。此时，出库数量可以修改，常见于分批出库业务。

2.应收款管理

（1）初始设置

①基本科目设置。

基本科目见表1-27。

表1-27   基本科目

基础科目种类	科目	币种
应收科目	112201 应收账款/人民币	人民币
应收科目	112202 应收账款/美元	美元
预收科目	220301 预收账款/一般人民币预收账款	人民币
预收科目	220302 预收账款/一般美元预收账款	美元
出口销售收入科目	6001 主营业务收入	人民币
汇兑损益科目	660302 财务费用/汇兑损益	人民币
商业承兑科目	112101 应收票据/人民币	人民币
商业承兑科目	112102 应收票据/美元	美元
银行承兑科目	112101 应收票据/人民币	人民币
银行承兑科目	112102 应收票据/美元	美元
票据利息科目	660301 财务费用/利息支出	人民币
票据费用科目	660301 财务费用/利息支出	人民币
收支费用科目	660105 销售费用/办公费	人民币
现金折扣科目	660304 财务费用/现金折扣	人民币
税金科目	22210106 应交税费/应交增值税/销项税额	人民币
销售收入科目	6001 主营业务收入	人民币
销售退回科目	6001 主营业务收入	人民币
销售定金科目	220303 预收账款/销售定金	人民币

②产品科目设置。

产品科目见表1-28。

表1-28   产品科目

业务类型编码	业务类型名称	销售收入科目
04	销售受托代销货物（手续费）	220203 应付账款/受托代销
08	售后回购	224105 其他应付款/应付售后回购款
10	附退回条件销售（无法估计退货率）	220304 预收账款/附条件销售款

③结算方式科目设置。

结算方式科目见表1-29。

表1-29   结算方式科目

结算方式	币种	本单位账号	科目
现金	人民币	2107024015890035666	1001 库存现金
现金支票	人民币	2107024015890035666	10020101 沈阳皇姑支行
转账支票	人民币	2107024015890035666	10020101 沈阳皇姑支行
转账支票	美元	2107381765323431982	1002020102 美元
银行汇票	人民币	2107024015890035666	10020101 沈阳皇姑支行
电汇	人民币	2107024015890035666	10020101 沈阳皇姑支行
电汇	美元	2107381765323431982	1002020102 美元
信汇	人民币	2107024015890035666	10020101 沈阳皇姑支行
委托收款	人民币	2107024015890035666	10020101 沈阳皇姑支行
托收承付	人民币	2107024015890035666	10020101 沈阳皇姑支行
其他	人民币	2107024015890035666	10020101 沈阳皇姑支行

④坏账准备设置：提取比率0.5%，坏账准备期初余额为3 390元，坏账准备科目1231，对方科目6701。

【具体操作过程】

①依次双击"业务工作"页签中的"财务会计→应收款管理→设置→初始设置"菜单，打开"初始设置"窗口，单击窗口左侧的"基本科目设置"，单击工具栏的"增加"，根据表1-27进行基本科目设置，结果如图1-46所示。

基础科目种类	科目	币种
应收科目	112201	人民币
应收科目	112202	美元
预收科目	220301	人民币
预收科目	220302	美元
出口销售收入科目	6001	人民币
汇兑损益科目	660302	人民币
商业承兑科目	112101	人民币
商业承兑科目	112102	美元
银行承兑科目	112101	人民币
银行承兑科目	112102	美元
票据利息科目	660301	人民币
票据费用科目	660301	人民币
收支费用科目	660105	人民币
现金折扣科目	660304	人民币
税金科目	22210106	人民币
销售收入科目	6001	人民币
销售退回科目	6001	人民币
销售定金科目	220303	人民币

图1-46 基本科目设置

②在"初始设置"窗口，单击窗口左侧的"产品科目设置"，根据表1-28进行产品科目设置，结果如图1-47所示。

业务类型编码	业务类型名称	销售收入科目	应交增值税科目	销售退回科目
01	正常销售			
02	委托代销			
03	销售受托代销货物(买断)			
04	销售受托代销货物(手续费)	220203		
05	非货币性资产交换			
06	债务重组			
07	以旧换新			
08	售后回购	224105		
09	附退回条件销售(可以估计退货率)			
10	附退回条件销售(无法估计退货率)	220304		
11	分期收款(具有融资性质)			
12	分期收款(不具有融资性质)			
13	直运销售			
14	销售调拨			
15	销售代管货物			

图1-47 产品科目设置

③在"初始设置"窗口，单击窗口左侧的"结算方式科目设置"，根据表1-29进行结算方式科目设置，结果如图1-48所示。

图1-48 结算方式科目设置

④在"初始设置"窗口，单击窗口左侧的"坏账准备设置"，根据资料进行坏账准备设置，结果如图1-49所示。

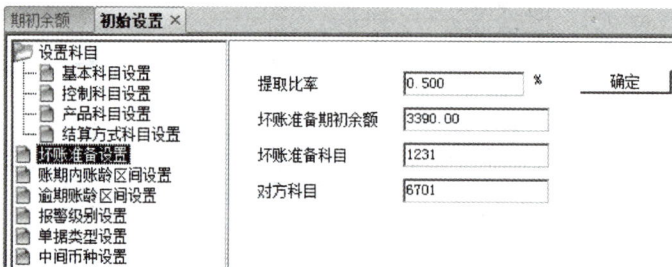

图1-49 坏账准备设置

【提示】

关于"基本科目设置"、"控制科目设置"及"产品科目设置"的关系。对销售发票制单时，系统首先判断"控制科目依据"参数，根据该参数取"控制科目设置"中对应的科目。同时，系统判断"销售科目依据"参数，根据该参数取"产品科目设置"中对应的科目。若"控制科目设置""产品科目设置"均未设置科目，则取"基本科目设置"中设置的应收科目、销售收入科目以及税金科目。若"基本科目设置"也未设置科目，则制单处理时系统弹出记账凭证的"科目名称"栏为空，需手工输入会计科目，否则记账凭证不能保存。

（2）期初余额

①根据表1-30录入期初应收账款对应的销售专用发票，业务员为销售部刘晓明。

表1-30　　　　　　　　　　　应收账款期初余额

开票日期	发票号	客户	科目	存货编码	数量	无税单价（元）	价税合计（元）
2019-06-17	21323501	广西玉宝	112201	1103	1 200	500.00	678 000.00

②根据表1-31录入期初应收票据，承兑银行为交通银行，业务员为销售部刘晓明。

表1-31　　　　　　　　　　　应收票据期初余额

单据类型	票据编号	开票单位	票据面值	科目	签发日期	收到日期	到期日
银行承兑汇票	35978808	上海乐淘	97 000.00	112101	2019-06-20	2019-06-23	2019-12-20

【具体操作过程】

依次双击"业务工作"页签中的"财务会计→应收款管理→设置→期初余额"菜单，系统弹出"期初余额-查询"对话框，单击"确定"，打开"期初余额"窗口，单击工具栏的"增加"，根据表1-30填制期初销售专用发票，根据表1-31填制期初应收票据，结果如图1-50、图1-51所示。

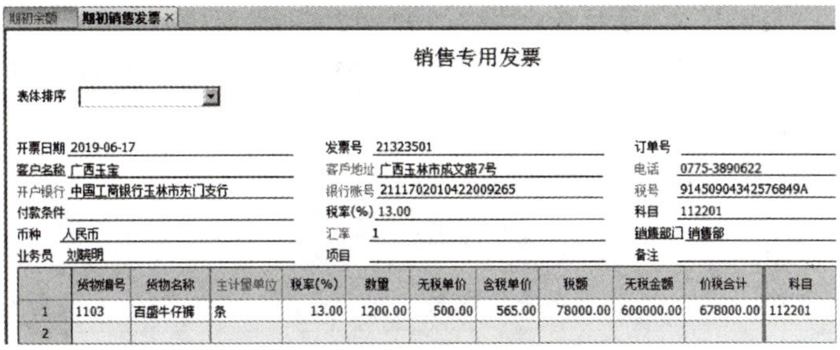

图1-50 期初销售专用发票

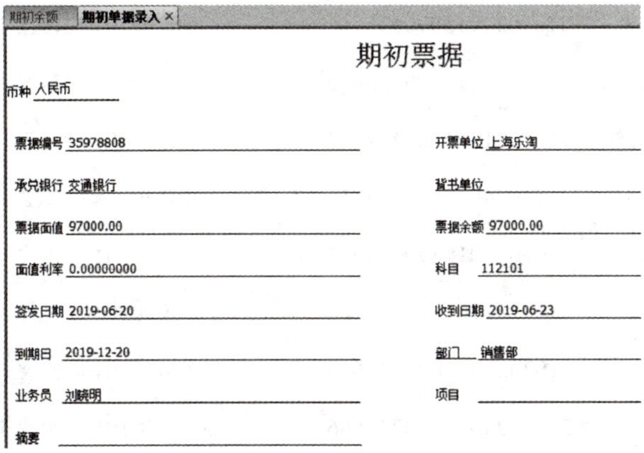

图1-51 期初应收票据

3.应付款管理

（1）初始设置

①设置基本科目。

基本科目见表1-32。

表1-32 基本科目

基础科目种类	科目	币种
应付科目	220201应付账款/一般应付账款	人民币
预付科目	1123预付账款	人民币
采购科目	1402在途物资	人民币
税金科目	22210101应交税费/应交增值税/进项税额	人民币
汇兑损益科目	660302财务费用/汇兑损益	人民币
商业承兑科目	2201应付票据	人民币
银行承兑科目	2201应付票据	人民币
票据利息科目	660301财务费用/利息支出	人民币
现金折扣科目	660304财务费用/现金折扣	人民币
固定资产采购科目	1601固定资产	人民币

②产品科目设置。

产品科目见表1-33。

表1-33　　　　　　　　　　　　　**产品科目**

业务类型编码	业务类型名称	采购科目
02	受托代销（买断）	2314受托代销商品款
03	受托代销（手续费）	220203应付账款/受托代销
08	售后回购	224105其他应付款/应付售后回购款

③设置结算方式科目。

结算方式科目见表1-34。

表1-34　　　　　　　　　　　　**结算方式科目**

结算方式	币种	本单位账号	科目
现金	人民币	2107024015890035666	1001库存现金
现金支票	人民币	2107024015890035666	10020101沈阳皇姑支行
转账支票	人民币	2107024015890035666	10020101沈阳皇姑支行
转账支票	美元	2107381765323431982	1002020102美元
银行汇票	人民币	2107024015890035666	101201银行汇票存款
电汇	人民币	2107024015890035666	10020101沈阳皇姑支行
电汇	美元	2107381765323431982	1002020102美元
信汇	人民币	2107024015890035666	10020101沈阳皇姑支行
委托收款	人民币	2107024015890035666	10020101沈阳皇姑支行
托收承付	人民币	2107024015890035666	10020101沈阳皇姑支行
其他	人民币	2107024015890035666	10020101沈阳皇姑支行

【具体操作过程】

①依次双击"业务工作"页签中的"财务会计→应付款管理→设置→初始设置"菜单，打开"初始设置"窗口，单击窗口左侧的"基本科目设置"，单击工具栏的"增加"，根据表1-32进行基本科目设置，结果如图1-52所示。

基础科目种类	科目	币种
应付科目	220201	人民币
预付科目	1123	人民币
采购科目	1402	人民币
税金科目	22210101	人民币
汇兑损益科目	660302	人民币
商业承兑科目	2201	人民币
银行承兑科目	2201	人民币
票据利息科目	660301	人民币
现金折扣科目	660304	人民币
固定资产采购科目	1601	人民币

图1-52　基本科目设置

②在"初始设置"窗口，单击窗口左侧的"产品科目设置"，根据表1-33进行产品科目设置，结果如图1-53所示。

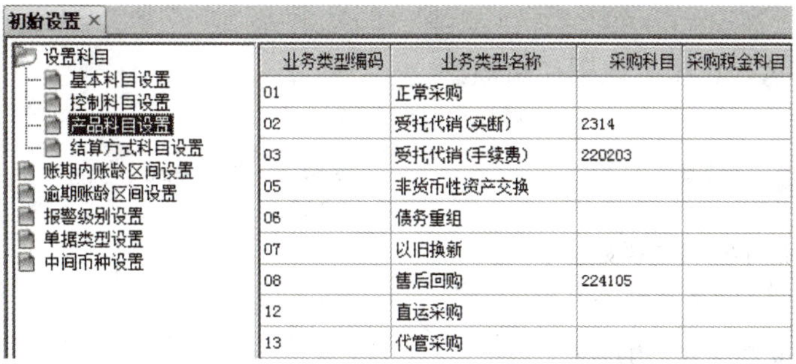

图1-53 产品科目设置

③在"初始设置"窗口，单击窗口左侧的"结算方式科目设置"，根据表1-34进行结算方式科目设置，结果如图1-54所示。

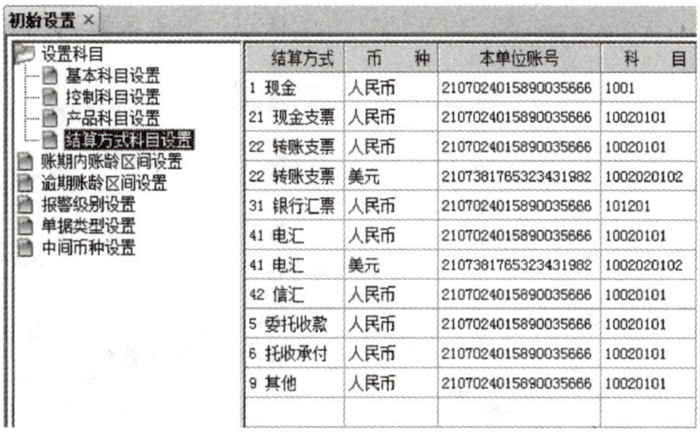

图1-54 结算方式科目设置

（2）录入应付账款期初余额

根据表1-35录入期初应付账款对应的采购专用发票，业务员为采购部张宏亮。

表1-35 应付账款期初余额

发票号	开票日期	供应商	科目	存货编码	数量	原币单价（元）	价税合计（元）
14035890	2019-06-15	天津惠阳	220201	1201	17 000	3 450.00	66 274 500.00

【具体操作过程】

依次双击"业务工作"页签中的"财务会计→应付款管理→设置→期初余额"菜单，系统弹出"期初余额-查询"对话框，单击"确定"，打开"期初余额"窗口，单击工具栏的"增加"，根据表1-35填制期初采购专用发票，结果如图1-55所示。

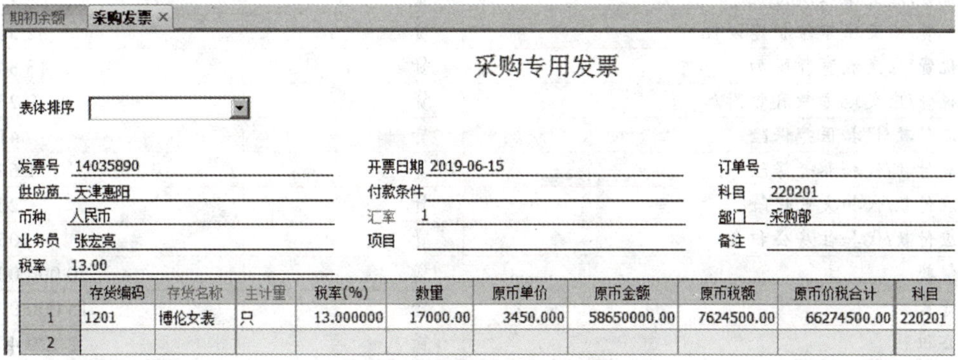

图1-55 期初采购专用发票

4.总账

根据表1-36录入总账系统期初余额。

表1-36　　　　　　　　　总账系统期初余额

科目	方向	受控系统	金额（元）
库存现金	借		8 532.00
银行存款/中国工商银行/沈阳皇姑支行	借		86 080 345.00
银行存款/中国银行/沈阳皇姑支行/人民币	借		69 613 501.00
银行存款/中国银行/沈阳皇姑支行/美元	借		5 805 500.00 USD 850 000.00
交易性金融资产/成本	借		230 000.00 东旭光电，20 000股
应收票据/人民币	借	应收系统	97 000.00
应收账款/人民币	借	应收系统	678 000.00
坏账准备	贷		3 390.00
库存商品	借		301 644 000.00
其他权益工具投资/成本	借		240 000.00 京东方，80 000股
固定资产	借		21 890 300.00
累计折旧	贷		1 785 153.68
短期借款	贷		5 000 000.00
应付账款/一般应付账款	贷	应付系统	66 274 500.00
应付账款/暂估应付账款	贷		12 525 000.00 2019-06-27，湖南百盛 采购部张宏亮
应付职工薪酬/工资	贷		38 952.69
应付职工薪酬/社会保险费/基本医疗保险费	贷		1 641.60
应付职工薪酬/社会保险费/工伤保险费	贷		102.60
应付职工薪酬/社会保险费/生育保险费	贷		174.42
应付职工薪酬/设定提存计划/基本养老保险费	贷		2 462.40
应付职工薪酬/设定提存计划/失业保险费	贷		410.40
应付职工薪酬/住房公积金	贷		2 052.00
应付职工薪酬/工会经费	贷		867.99
应交税费/未交增值税	贷		461 502.40
应交税费/应交企业所得税	贷		363 128.50
应交税费/应交个人所得税	贷		137.56
应交税费/应交城市维护建设税	贷		32 305.17
应交税费/应交教育费附加	贷		13 845.07
应交税费/应交地方教育费附加	贷		9 230.05
其他应付款/代扣医疗保险	贷		410.40
其他应付款/代扣养老保险	贷		1 641.60
其他应付款/代扣失业保险	贷		205.20
其他应付款/代扣住房公积金	贷		2052.00
长期借款	贷		50 000 000.00
实收资本	贷		15 000 000.00
盈余公积	贷		2 129 405.00
利润分配/未分配利润	贷		332 638 607.27

【具体操作过程】

①引入受控系统科目期初余额。依次双击"业务工作"页签中的"财务会计→总账→设置→期初余额"菜单，打开"期初余额录入"窗口。找到"应收票据/人民币"科目，双击该科目，系统打开"辅助期初余额"窗口，单击"往来明细"，打开"期初往来明细"窗口。单击"引入"，系统提示"确定要引入期初吗？"，单击"是"，系统从应收系统引入上海乐淘的期初往来明细，结果如图1-56所示。单击"汇总"，系统弹出图1-57所示的对话框，单击"是"，单击"确定"。依次退出"期初往来明细"窗口、"辅助期初余额"窗口。

图1-56　期初往来明细

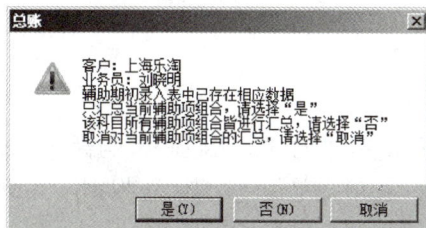

图1-57　总账汇总提示

按此方法引入"应收账款/人民币"和"应付账款/一般应付账款"的期初余额。

②直接录入总账系统期初余额。在"期初余额录入"窗口，双击每个末级会计科目的"期初余额"栏，根据表1-36手工录入该科目的期初余额。

录入完毕，单击工具栏的"试算"按钮，结果如图1-58所示。单击"确定"，退出"期初余额录入"窗口。

图1-58　试算结果

【提示】

灰色单元格对应会计科目的期初余额无需录入。部分设置辅助核算但不受控于应收或应付系统的会计科目，双击该科目到"辅助期初余额"窗口或"期初往来明细"窗口录入期初余额。

5．采购管理

（1）录入期初采购入库单

2019年6月27日，采购部张宏亮从湖南百盛购入男夹克等商品，如图1-59所示，商品全部验收合格并已入库，合同约定2019年7月9日开具增值税专用发票。采购类型为"正常采购"。

入 库 单

供应商：湖南百盛　　　　　　　　　　2019年6月27日　　　　　　　　　　单号：RK06089

验收仓库	存货编码	存货名称	单位	数量		单价	金额
				应收	实收		
服装仓	1101	百盛男夹克	件	10 000	10 000	298.00	2 980 000.00
服装仓	1102	百盛休闲裤	条	15 000	15 000	199.00	2 985 000.00
服装仓	1104	百盛男套装	套	20 000	20 000	328.00	6 560 000.00
合 计							12 525 000.00

部门经理：略　　　　会计：略　　　　仓库：略　　　　经办人：略

图1-59　入库单

（2）采购系统期初记账

【具体操作过程】

①依次双击"业务工作"页签中的"供应链→采购管理→采购入库→采购入库单"菜单，打开"期初采购入库单"窗口。单击"增加"，根据图1-59填制期初采购入库单，录入完毕单击"保存"，结果如图1-60所示。关闭该窗口。

图1-60　期初采购入库单

②依次双击"业务工作"页签中的"供应链→采购管理→设置→采购期初记账"菜单，打开"期初记账"窗口，如图1-61所示。单击"记账"，系统提示"期初记账完毕！"，单击"确定"。退出该窗口。

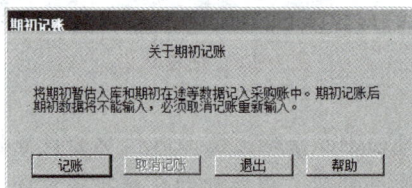

图1-61　采购系统期初记账

6.库存管理

根据表1-37录入库存管理系统期初数据，入库类别为"采购入库"，部门为"采购部"。

表1-37　　　　　　　　　　　库存商品期初结存

仓库名称	存货编码及名称	数量	单位	单价（元）	金额（元）	存货科目
服装仓	1101百盛男夹克	10 000	件	298.00	2 980 000.00	1405库存商品
	1102百盛休闲裤	15 000	条	199.00	2 985 000.00	1405库存商品
	1103百盛牛仔裤	8 000	条	120.00	960 000.00	1405库存商品
	1104百盛男套装	20 000	套	328.00	6 560 000.00	1405库存商品
	1151嘉伟女风衣	16 000	件	498.00	7 968 000.00	1405库存商品
	1152嘉伟男风衣	20 000	件	648.00	12 960 000.00	1405库存商品
	1153嘉伟羽绒服	9 000	件	590.00	5 310 000.00	1405库存商品
小　计		98 000			39 723 000.00	
手表仓	1201博伦女表	17 000	只	3 450.00	58 650 000.00	1405库存商品
	1202博伦男表	10 000	只	2 835.00	28 350 000.00	1405库存商品
	1203博伦情侣表	5 000	对	6 666.00	33 330 000.00	1405库存商品
	1251恒久女表	6 300	只	2 900.00	18 270 000.00	1405库存商品
	1252恒久男表	3 000	只	5 555.00	16 665 000.00	1405库存商品
	1253恒久情侣表	12 000	对	8 888.00	106 656 000.00	1405库存商品
小　计		53 300			261 921 000.00	
合　计		151 300			301 644 000.00	

【具体操作过程】

①依次双击"业务工作"页签中的"供应链→库存管理→初始设置→期初结存"菜单，打开"库存期初数据录入"窗口。在窗口右上方选择"服装仓"，单击工具栏的"修改"按钮，根据表1-37录入服装仓的期初库存，录入完毕单击"保存"，再单击"批审"，结果如图1-62所示。

库存期初数据录入

图1-62　服装仓期初库存

②将"库存期初数据录入"窗口右上角的仓库改为"手表仓"，单击工具栏的"修改"按钮，根据表1-37录入手表仓的期初库存，录入完毕保存并批审，结果如图1-63所示。

图1-63　手表仓期初库存

【提示】

库存管理系统的期初结存数据可从存货核算系统取数。

7.存货核算

（1）设置科目

①存货科目设置。

存货科目见表1-38。

表1-38

存货科目

存货分类	存货科目	分期收款发出商品科目	委托代销发出商品科目	直运科目
101服装	1405库存商品	1406发出商品	1406发出商品	1402在途物资
102手表	1405库存商品	1406发出商品	1406发出商品	1402在途物资
103皮具	1321受托代销商品			

②对方科目设置。

对方科目见表1-39。

表1-39

对方科目

收发类别	对方科目	暂估科目
101采购入库	1402在途物资	220202暂估应付账款
10201视同买断	2314受托代销商品款	2314受托代销商品款
10202收取手续费	2314受托代销商品款	2314受托代销商品款
104非货币性资产交换入库	1402在途物资	
105债务重组入库	1402在途物资	
106以旧换新入库	1402在途物资	
107售后回购入库	1406发出商品	
109盘盈入库	190101待处理流动资产损溢	
110直运采购	1402在途物资	
201销售出库	6401主营业务成本	
202委托代销出库	6401主营业务成本	
20301视同买断	6401主营业务成本	
20302收取手续费	2314受托代销商品款	
204非货币性资产交换出库	6401主营业务成本	
205债务重组出库	6401主营业务成本	
206以旧换新出库	6401主营业务成本	
207售后回购出库	1406发出商品	
20801可以估计退货率	6401主营业务成本	
20802无法估计退货率	1406发出商品	
209盘亏出库	190101待处理流动资产损溢	
210直运销售	6401主营业务成本	
21102不具有融资性质	6401主营业务成本	

【具体操作过程】

①依次双击"业务工作"页签中的"供应链→存货核算→初始设置→科目设置→存货科目"菜单，打开"存货科目"窗口。单击"增加"，根据表1-38录入存货科目，录入完毕单击"保存"，结果如图1-64所示。

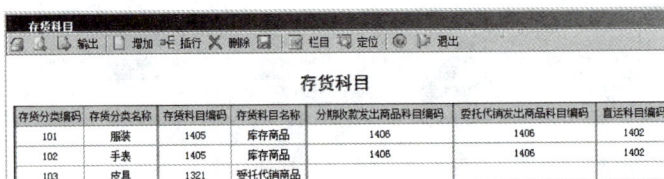

图1-64　存货科目

②在存货核算系统，执行"初始设置→科目设置→对方科目"菜单，打开"对方科目"窗口。单击"增加"，根据表1-39录入对方科目，录入完毕单击"保存"，结果如图1-65所示。

收发类别编码	收发类别名称	对方科目编码	对方科目名称	暂估科目编码	暂估科目名称
101	采购入库	1402	在途物资	220202	暂估应付账款
10201	视同买断	2314	受托代销商品款	2314	受托代销商品款
10202	收取手续费	2314	受托代销商品款	2314	受托代销商品款
104	非货币性资产交换入库	1402	在途物资		
105	债务重组入库	1402	在途物资		
106	以旧换新入库	1402	在途物资		
107	售后回购入库	1406	发出商品		
109	盘盈入库	190101	待处理流动资产损溢		
110	直运采购	1402	在途物资		
201	销售出库	6401	主营业务成本		
202	委托代销出库	6401	主营业务成本		
20301	视同买断	6401	主营业务成本		
20302	收取手续费	2314	受托代销商品款		
204	非货币性资产交换出库	6401	主营业务成本		
205	债务重组出库	6401	主营业务成本		
206	以旧换新出库	6401	主营业务成本		
207	售后回购出库	1406	发出商品		
20801	可以估计退货率	6401	主营业务成本		
20802	无法估计退货率	1406	发出商品		
209	盘亏出库	190101	待处理流动资产损溢		
210	直运销售	6401	主营业务成本		
21102	不具有融资性质	6401	主营业务成本		

图1-65 对方科目

【提示】

此功能用于设置本系统中生成凭证所需要的存货对方科目（即收发类别）所对应的会计科目，因此用户在制单之前应先在本系统中将存货对方科目设置正确、完整，否则无法生成科目完整的凭证。

直运采购发票制单时，借方科目取用户在存货科目设置中设置的直运科目。

直运销售发票制单时，贷方科目取用户在存货科目设置中设置的直运科目。

发出商品发货单制单时，借方科目取发出商品对应的科目，贷方取存货对应的科目。

发出商品发票制单时，借方科目取收发类别对应的科目，贷方取发出商品对应的科目。

（2）录入期初余额并记账

期初余额与库存管理系统期初结存数据一致，从库存管理系统取数至存货核算系统。

【具体操作过程】

①依次双击"业务工作"页签中的"供应链→存货核算→初始设置→期初数据→期初余额"菜单，打开"期初余额"窗口。仓库选择"服装仓"，单击"取数"，从库存管理系统取期初库存至存货核算系统，结果如图1-66所示。

存货编码	存货名称	计量单位	数量	单价	金额	售价	售价金额	存货科目编码	分类科目
1101	百盟男夹克	件	10,000.00	298.00	2,980,000.00			1405	库存商品
1102	百盟休闲裤	条	15,000.00	199.00	2,985,000.00			1405	库存商品
1103	百盟牛仔裤	条	8,000.00	120.00	960,000.00			1405	库存商品
1104	百盟男套装	套	20,000.00	328.00	6,560,000.00			1405	库存商品
1151	嘉伟女风衣	件	16,000.00	498.00	7,968,000.00			1405	库存商品
1152	嘉伟男风衣	件	20,000.00	648.00	12,960,000.00			1405	库存商品
1153	嘉伟羽绒服	件	9,000.00	590.00	5,310,000.00			1405	库存商品
合计：			96,000.00		39,723,000.00				

图1-66 服装仓期初余额

②仓库选择"手表仓",单击"取数",从库存管理系统取期初库存至存货核算系统,结果如图1-67所示。单击"记账",系统提示"期初记账成功!",单击"确定"。

期初余额

存货编码	存货名称	计量单位	数量	单价	金额	售价	售价金额	存货科目编码	存货科目
1201	博伦女表	只	17,000.00	3,450.00	58,650,000.00			1405	库存商品
1202	博伦男表	只	10,000.00	2,835.00	28,350,000.00			1405	库存商品
1203	博伦情侣表	对	5,000.00	6,666.00	33,330,000.00			1405	库存商品
1251	恒久女表	只	6,300.00	2,900.00	18,270,000.00			1405	库存商品
1252	恒久男表	只	3,000.00	5,555.00	16,665,000.00			1405	库存商品
1253	恒久情侣表	对	12,000.00	8,888.00	106,656,000.00			1405	库存商品
合计:			53,300.00		261,921,000.00				

图 1-67　手表仓期初余额

(3)跌价准备设置

设置第一大类存货的跌价准备科目为"1471存货跌价准备",计提费用科目为"6701资产减值损失"。

【具体操作过程】

在存货核算系统,执行"跌价准备→跌价准备设置"菜单,打开"跌价准备设置"窗口。单击"增加",设置第一大类存货的跌价准备科目和计提费用科目,结果如图1-68所示。

跌价准备设置

存货分类编码	存货分类名称	跌价准备科目编码	跌价准备科目名称	计提费用科目编码	计提费用科目名称
1	商品	1471	存货跌价准备	6701	资产减值损失

图 1-68　跌价准备设置

【复习思考题】

1.简述账套主管与系统管理员的区别与联系。

2.举例说明系统参数对后续日常业务处理的重要影响。

3.试述应收系统、应付系统与存货核算系统中科目设置的关系。

4.简述存货核算系统期初记账的作用。

5.简述收发类别、采购类型与销售类型在供应链管理系统中的重要作用。

6.简述单据格式设置的重要性。

7.简述总账系统与供应链管理系统集成使用时的对账关系。

8.简述库存管理系统与存货核算系统的关系。

项目 2　一般采购业务

任务 1　普通采购业务

业务 1 典型采购业务

2019 年 7 月 1 日，采购部张宏亮与北京嘉伟服装有限公司（简称北京嘉伟）签订购销合同。相关凭证如图 2-1 至图 2-4 所示。

购销合同

合同编号：CG07001

卖方：北京嘉伟服装有限公司

买方：辽宁恒通商贸有限公司

为保护买卖双方的合法权益，根据《中华人民共和国合同法》的有关规定，买卖双方经友好协商，一致同意签订本合同，并共同遵守合同约定。

一、货物的名称、数量及金额：

货物名称	规格型号	计量单位	数量	单价（不含税）	金额（不含税）	税率	税额
嘉伟女风衣		件	1 000	518.00	518 000.00	13%	67 340.00
嘉伟羽绒服		件	1 200	668.00	801 600.00	13%	104 208.00
嘉伟男风衣		件	1 300	580.00	754 000.00	13%	98 020.00
合　计					￥2 073 600.00		￥269 568.00

二、合同总金额：人民币贰佰叁拾肆万叁仟壹佰陆拾捌元整（￥2 343 168.00）。

三、签订合同当日，卖方交付货物并开具增值税专用发票，买方以电汇方式支付全部货款。

四、交货地点：辽宁恒通商贸有限公司。

五、发运方式与运输费用承担方式：由卖方发货，运输费用由买方承担。

卖　方：北京嘉伟服装有限公司　　　　买　方：辽宁恒通商贸有限公司

授权代表：赵　芳　　　　　　　　　　授权代表：张宏亮

日　　期：2019 年 7 月 1 日　　　　　日　　期：2019 年 7 月 1 日

图 2-1　购销合同

入库单

供应商：北京嘉伟　　　　　　　2019 年 7 月 1 日　　　　　　　单号：RK07001

验收仓库	存货编码	存货名称	单位	数量		单价	金额
				应收	实收		
服装仓	1151	嘉伟女风衣	件	1 000	1 000		
服装仓	1153	嘉伟羽绒服	件	1 200	1 200		
服装仓	1152	嘉伟男风衣	件	1 300	1 300		
合　计							

部门经理：略　　　　会计：略　　　　仓库：略　　　　经办人：略

图 2-2　入库单

011001900105 **北京增值税专用发票** № 69861152 011001900105 69861152

发票联

开票日期：2019年7月1日

购买方	名　　称：辽宁恒通商贸有限公司 纳税人识别号：91210105206917583A 地 址、电 话：辽宁省沈阳市皇姑区人民路369号 024-82681359 开户行及账号：中国工商银行沈阳皇姑支行 2107024015890035666	密码区	<+<347133/076-8>465<3>44546 <>324-4674278623+/*27*/65>0 74->>42*939851>1/*419+5>+24 198527*018897<5352*12-02411

货物或应税劳务、服务名称	规格型号	单位	数量	单价	金额	税率	税额
*服装*嘉伟女风衣		件	1 000	518.00	518 000.00	13%	67 340.00
*服装*嘉伟羽绒服		件	1 200	668.00	801 600.00	13%	104 208.00
*服装*嘉伟男风衣		件	1 300	580.00	754 000.00	13%	98 020.00
合　计					¥2 073 600.00		¥269 568.00
价税合计（大写）	⊗贰佰叁拾肆万叁仟壹佰陆拾捌元整				（小写）¥2 343 168.00		

销售方	名　　称：北京嘉伟服装有限公司 纳税人识别号：91110104759695583A 地 址、电 话：北京市宣武区长丰路六段360号 010-30453221 开户行及账号：招商银行北京宣武分行 2590739805061504276	备注	（印章：北京嘉伟服装有限公司 91110104759695583A 发票专用章）

收款人：米思颖　　复核：齐琴　　开票人：岂俏　　销售方：（章）

税总函〔2019〕335号北京印钞厂

第三联：发票联 购买方记账凭证

图2-3　增值税专用发票

中国工商银行　电汇凭证（回单）　1　36257058

☑普通　☐加急　　委托日期　2019年7月1日

汇款人	全称	辽宁恒通商贸有限公司	收款人	全称	北京嘉伟服装有限公司
	账号	2107024015890035666		账号	2590739805061504276
	开户银行	中国工商银行沈阳皇姑支行		开户银行	招商银行北京宣武分行
金额	人民币（大写）	贰佰叁拾肆万叁仟壹佰陆拾捌元整		亿千百十万千百十元角分	¥234316800
		（印章：中国工商银行沈阳皇姑支行 2019.07.01 转讫 (7)）		支付密码	
				附加信息及用途：货款	
				复核　　记账	

此联为汇出行给汇款人的回单

图2-4　电汇付款凭证

【操作过程概览】

本业务的操作过程概览见表2-1。

表2-1　**操作过程概览**

序号	操作日期	操作员	系统	操作内容
1	2019-07-01	G01 张宏亮	采购管理	填制采购订单
2	2019-07-01	G01 张宏亮	采购管理	参照采购订单生成到货单
3	2019-07-01	C01 李泽华	库存管理	参照到货单生成采购入库单
4	2019-07-01	G01 张宏亮	采购管理	参照入库单生成采购专用发票
5	2019-07-01	W02 赵凯	应付款管理	审核发票并制单处理
6	2019-07-01	W02 赵凯	存货核算	正常单据记账并生成凭证

【具体操作过程】

1.填制采购订单

2019年7月1日，由张宏亮（G01）登录企业应用平台。

（1）依次双击"业务工作"页签中的"供应链→采购管理→采购订货→采购订单"菜单，打开"采购订单"窗口。单击工具栏的"增加"按钮，根据图2-1填制采购订单。

①填制表头信息。修改表头的"订单编号"（即合同编号）为"CG07001"、"采购类型"为"正常采购"，"供应商"为"北京嘉伟"，"业务员"为"张宏亮"，其他项默认。

【提示】

当一张单据需要同时选择"部门"和"业务员"信息时，可直接选择"业务员"，则系统自动将该业务员所在"部门"的信息带出。

②填制表体信息。在第1行，选择"存货编码"为"1151"（嘉伟女风衣），输入"数量"为"1000"，"原币单价"为"518"，"计划到货日期"为当日；按此方法录入第2行、第3行的货物信息。

（2）单击工具栏的"保存"按钮，保存该单据。单击工具栏的"审核"按钮，审核该订单，结果如图2-5所示。关闭并退出"采购订单"窗口。

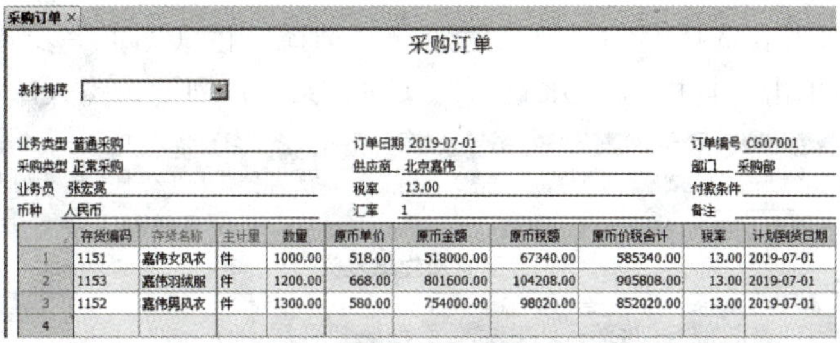

图2-5　采购订单

说明：为了完整显示关键信息，本教材对部分单据或窗口的单元格所在列进行了隐藏。下同。

2.参照采购订单生成到货单

说明：若无特别提示，本步骤无需重新登录，仍由上一步操作员完成。下同。

（1）在"采购管理"子系统，双击"采购到货→到货单"菜单，打开"到货单"窗口。单击工具栏的"增加"按钮，再执行工具栏的"生单"|"采购订单"命令，打开"查询条件选择-采购订单列表过滤"对话框，单击"确定"按钮，系统弹出"拷贝并执行"窗口。双击"到货单拷贝订单表头列表"中CG07001号订单最左侧的"选择"单元格，选中该订单，如图2-6所示。单击"OK确定"按钮，系统返回"到货单"窗口，生成一张到货单。

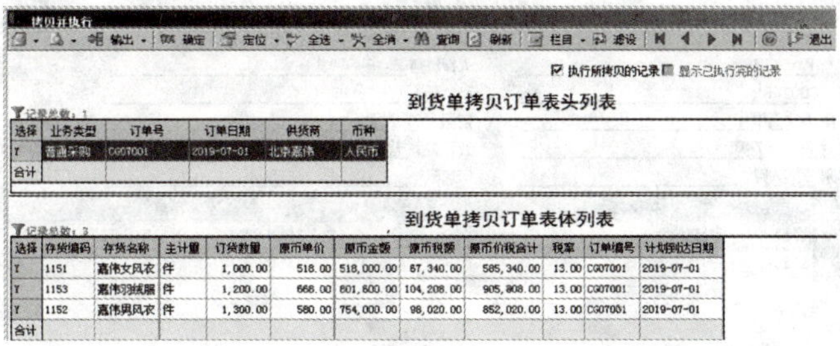

图2-6　"拷贝并执行"窗口

（2）单击工具栏的“保存”按钮，保存该单据。单击工具栏的“审核”按钮，审核该单据，结果如图2-7所示。关闭并退出该窗口。

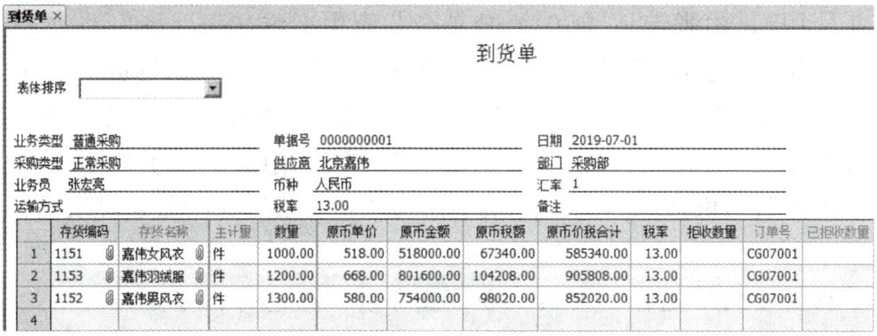
到货单

表体排序

业务类型 普通采购　单据号 0000000001　日期 2019-07-01

采购类型 正常采购　供应商 北京嘉伟　部门 采购部

业务员 张宏亮　币种 人民币　汇率 1

运输方式　税率 13.00　备注

	存货编码	存货名称	主计量	数量	原币单价	原币金额	原币税额	原币价税合计	税率	拒收数量	订单号	已拒收数量
1	1151	嘉伟女风衣	件	1000.00	518.00	518000.00	67340.00	585340.00	13.00		CG07001	
2	1153	嘉伟羽绒服	件	1200.00	668.00	801600.00	104208.00	905808.00	13.00		CG07001	
3	1152	嘉伟男风衣	件	1300.00	580.00	754000.00	98020.00	852020.00	13.00		CG07001	
4												

图2-7　到货单

3.参照到货单生成采购入库单

2019年7月1日，由李泽华（C01）登录企业应用平台。

（1）依次双击“业务工作”页签中的“供应链→库存管理→入库业务→采购入库单”菜单，系统打开“采购入库单”窗口。执行“生单”|“采购到货单（蓝字）”命令，打开“查询条件选择-采购到货单列表”对话框，单击“确定”按钮，系统打开“到货单生单列表”窗口。双击要选择的到货单所对应的“选择”栏（即上一步骤完成的到货单），如图2-8所示，再单击工具栏的“OK确定”按钮，系统返回“采购入库单”窗口。

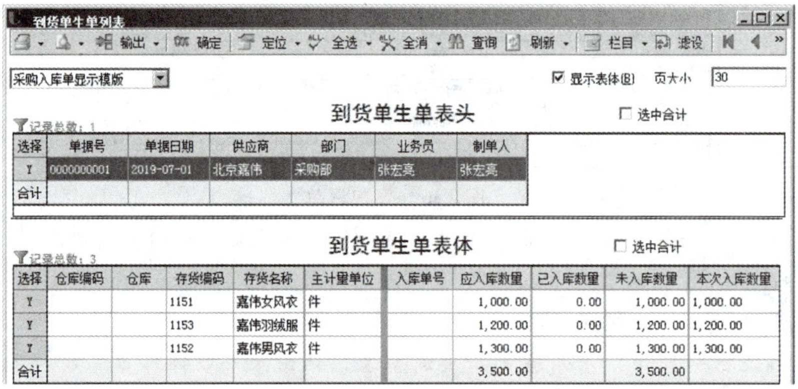
到货单生单列表

输出　确定　定位　全选　全消　查询　刷新　栏目　滤设

采购入库单显示模版　显示表体(B)　页大小 30

到货单生单表头　选中合计

记录总数：1

选择	单据号	单据日期	供应商	部门	业务员	制单人
Y	0000000001	2019-07-01	北京嘉伟	采购部	张宏亮	张宏亮
合计						

到货单生单表体　选中合计

记录总数：3

选择	仓库编码	仓库	存货编码	存货名称	主计量单位	入库单号	应入库数量	已入库数量	未入库数量	本次入库数量
Y			1151	嘉伟女风衣	件		1,000.00	0.00	1,000.00	1,000.00
Y			1153	嘉伟羽绒服	件		1,200.00	0.00	1,200.00	1,200.00
Y			1152	嘉伟男风衣	件		1,300.00	0.00	1,300.00	1,300.00
合计							3,500.00		3,500.00	

图2-8　“到货单生单列表”窗口

根据图2-2修改采购入库单表头中的“入库单号”为“RK07001”，“仓库”选择为“服装仓”，其他项默认，结果如图2-9所示。

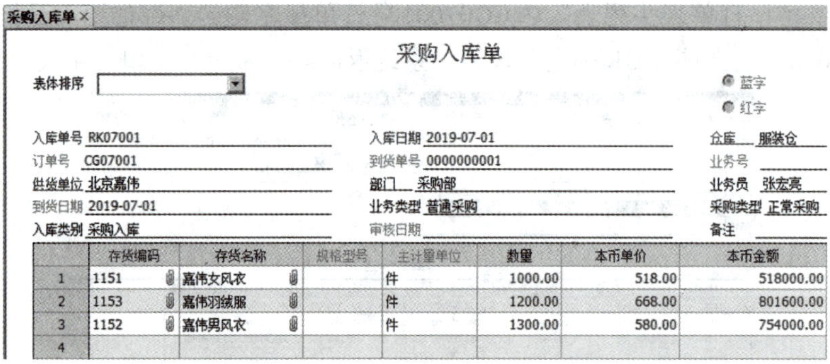
采购入库单

表体排序　蓝字　红字

入库单号 RK07001　入库日期 2019-07-01　仓库 服装仓

订单号 CG07001　到货单号 0000000001　业务号

供货单位 北京嘉伟　部门 采购部　业务员 张宏亮

到货日期 2019-07-01　业务类型 普通采购　采购类型 正常采购

入库类别 采购入库　审核日期　备注

	存货编码	存货名称	规格型号	主计量单位	数量	本币单价	本币金额
1	1151	嘉伟女风衣		件	1000.00	518.00	518000.00
2	1153	嘉伟羽绒服		件	1200.00	668.00	801600.00
3	1152	嘉伟男风衣		件	1300.00	580.00	754000.00
4							

图2-9　采购入库单

（2）单击工具栏的"保存"按钮，再单击"审核"按钮，系统提示"该单据审核成功!"，单击"确定"按钮。关闭并退出该窗口。

4.参照入库单生成采购专用发票

2019年7月1日，由张宏亮（G01）登录企业应用平台。

（1）依次双击"业务工作"页签中的"供应链→采购管理→采购发票→专用采购发票"菜单，打开"专用发票"窗口。单击工具栏的"增加"按钮，再执行工具栏的"生单"|"入库单"命令，打开"查询条件选择-采购入库单列表过滤"对话框，单击"确定"按钮。在"拷贝并执行"窗口，双击选择RK07001号入库单对应的"选择"栏，如图2-10所示，然后单击工具栏的"OK确定"按钮，返回"专用发票"窗口。根据图2-3修改表头项目"发票号"为"69861152"，其他项默认。单击工具栏的"保存"按钮。

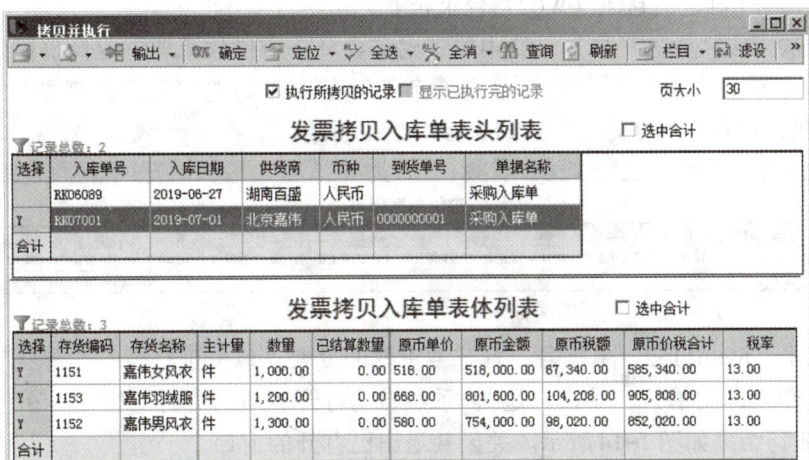

图2-10　"拷贝并执行"窗口

（2）现付。单击工具栏的"现付"按钮，打开"采购现付"窗口。根据图2-4电汇凭证回单，"结算方式"选择"电汇"，"原币金额"输入"2343168"，"票据号"输入"36257058"，结果如图2-11所示。单击"确定"按钮。

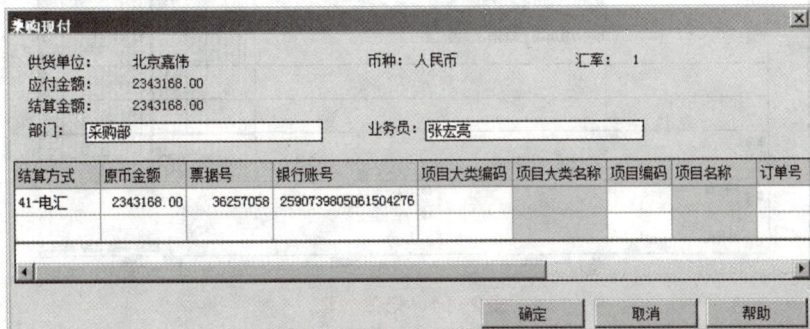

图2-11　"采购现付"窗口

（3）结算后关闭。单击工具栏的"结算"按钮，完成采购专用发票结算处理。结果如图2-12所示。关闭并退出该窗口。

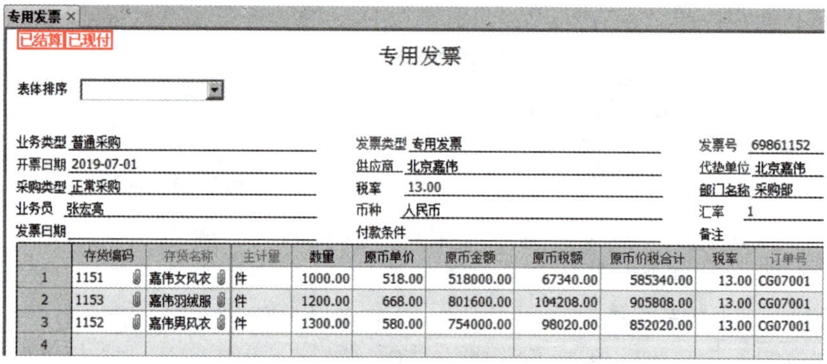
专用发票 ×

已结算 已现付

专用发票

表体排序

业务类型 普通采购	发票类型 专用发票	发票号 69861152
开票日期 2019-07-01	供应商 北京嘉伟	代垫单位 北京嘉伟
采购类型 正常采购	税率 13.00	部门名称 采购部
业务员 张宏亮	币种 人民币	汇率 1
发票日期	付款条件	备注

	存货编码	存货名称	主计量	数量	原币单价	原币金额	原币税额	原币价税合计	税率	订单号
1	1151	嘉伟女风衣	件	1000.00	518.00	518000.00	67340.00	585340.00	13.00	CG07001
2	1153	嘉伟羽绒服	件	1200.00	668.00	801600.00	104208.00	905808.00	13.00	CG07001
3	1152	嘉伟男风衣	件	1300.00	580.00	754000.00	98020.00	852020.00	13.00	CG07001
4										

图2-12　采购专用发票

5.审核发票并制单处理

2019年7月1日，由赵凯（W02）登录企业应用平台。

（1）依次双击“业务工作”页签中的“财务会计→应付款管理→应付单据处理→应付单据审核”菜单，系统打开“应付单查询条件”窗口。勾选“包含已现结发票”，单击“确定”按钮，打开“单据处理”窗口，如图2-13所示。

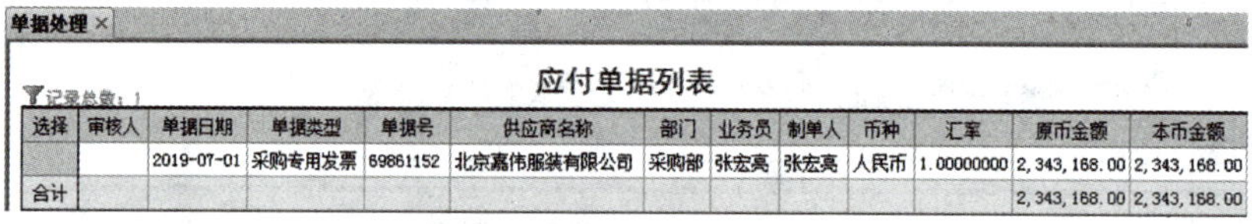
单据处理 ×

应付单据列表

记录总数：1

选择	审核人	单据日期	单据类型	单据号	供应商名称	部门	业务员	制单人	币种	汇率	原币金额	本币金额
		2019-07-01	采购专用发票	69861152	北京嘉伟服装有限公司	采购部	张宏亮	张宏亮	人民币	1.00000000	2,343,168.00	2,343,168.00
合计											2,343,168.00	2,343,168.00

图2-13　应付单据列表

（2）双击“69861152”单据号，打开要审核的发票，单击工具栏的“审核”按钮，系统提示“是否立即制单?”，单击“是”，系统自动打开“填制凭证”窗口，单击工具栏的“保存”按钮，结果如图2-14所示。关闭并退出已打开的窗口。

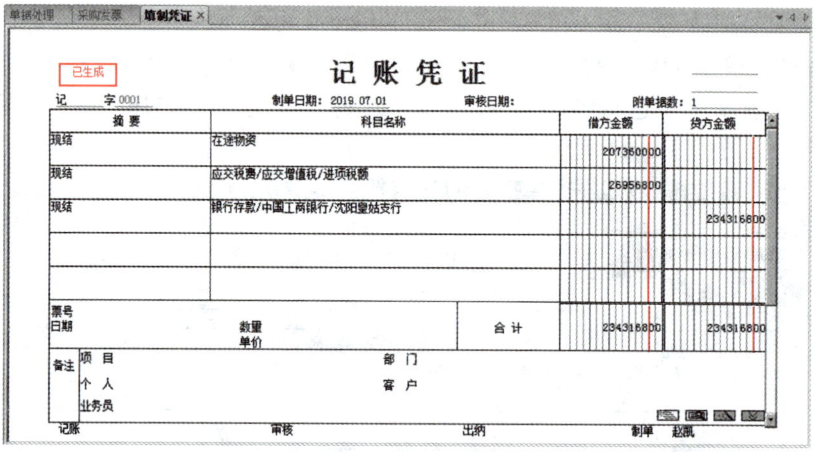
单据处理　采购发票　填制凭证 ×

已生成

记账凭证

记　字 0001　制单日期：2019.07.01　审核日期：　附单据数：1

摘要	科目名称	借方金额	贷方金额
现结	在途物资	207360000	
现结	应交税费/应交增值税/进项税额	26956800	
现结	银行存款/中国工商银行/沈阳皇姑支行		234316800
票号 日期	数量 单价　合计	234316800	234316800

备注　项目　部门　个人　客户　业务员

记账　审核　出纳　制单 赵凯

图2-14　记账凭证

6.正常单据记账并生成凭证

（1）正常单据记账。在供应链的“存货核算”子系统，依次执行“业务核算→正常单据记账”命令，系统打开“查询条件选择”窗口，直接单击其“确定”按钮，系统打开“未记账单据一览表”窗口，如图2-15所示。双击入库单RK07001的“选择”栏或者单击工具栏的“全选”按钮，使其显示“Y”字样。单击工具栏的“记账”按钮，系统弹出信息框提示记账成功，单击其"确定"按钮，完成记账工作。关闭并退出当前窗口。

正常单据记账列表

选择	日期	单据号	存货编码	存货名称	单据类型	仓库名称	收发类别	数量	单价	金额
	2019-07-01	RK07001	1151	嘉伟女风衣	采购入库单	服装仓	采购入库	1,000.00	518.00	518,000.00
	2019-07-01	RK07001	1153	嘉伟羽绒服	采购入库单	服装仓	采购入库	1,200.00	668.00	801,600.00
	2019-07-01	RK07001	1152	嘉伟男风衣	采购入库单	服装仓	采购入库	1,300.00	580.00	754,000.00
小计								3,500.00		2,073,600.00

图2-15 正常单据记账列表

（2）生成凭证。依次双击"存货核算"子系统的"财务核算→生成凭证"菜单，系统打开"生成凭证"窗口。单击工具栏的"选择"按钮，系统弹出"查询条件"对话框，单击"确定"按钮，系统打开"选择单据"窗口，如图2-16所示。

未生成凭证单据一览表

选择	记账日期	单据日期	单据类型	单据号	仓库	收发类别	记账人	部门	业务类型	计价方式	摘要	供应商
	2019-07-01	2019-07-01	采购入库单	RK07001	服装仓	采购入库	赵凯	采购	普通采购	先进先出法	采购入库单	北京嘉伟

图2-16 "选择单据"窗口

单击工具栏的"全选"按钮，选中已记账的采购入库单，再单击工具栏的"确定"按钮，系统自动关闭"选择单据"窗口打开"生成凭证"窗口，如图2-17所示。单击工具栏的"生成"按钮，系统打开"填制凭证"窗口并自动生成凭证。单击工具栏的"保存"按钮，保存此凭证，如图2-18所示。关闭并退出窗口。

凭证类别 记 记账凭证

选择	单据类型	单据号	摘要	科目类型	科目编码	科目名称	借方金额	贷方金额	借方数量	贷方数量	科目方向	存货编码
1	采购入库单	RK07001	采购入库单	存货	1405	库存商品	518,000.00		1,000.00		1	1151
				对方	1402	在途物资		518,000.00		1,000.00	2	1151
				存货	1405	库存商品	801,600.00		1,200.00		1	1153
				对方	1402	在途物资		801,600.00		1,200.00	2	1153
				存货	1405	库存商品	754,000.00		1,300.00		1	1152
				对方	1402	在途物资		754,000.00		1,300.00	2	1152
合计							2,073,600.00	2,073,600.00				

图2-17 "生成凭证"窗口

图2-18 记账凭证

【提示】

关于本业务中使用的"现付"和"结算"功能的说明。

1.若收到发票的同时支付货款（除"商业汇票"外），则可以直接单击发票上的"现付"按钮，完成款项支付；若不同时，付款业务到应付款管理系统的"付款单据处理"或"选择付款"中处理。通过"商业汇票"付款的，到应付款管理系统或应收款管理系统中的"票据管理"去处理。该功能支持全额现付和部分现付。"现付"自动生成未审核、未核销的付款单，现付的发票审核后自动核销。

2.结算，即采购结算，也称采购报账，是指采购核算人员根据采购发票、采购入库单核算采购入库成本的过程。当采购发票是参照"入库单"生成的，且发票数量等于入库单数量，同时没有费用单据，则可以直接单击采购发票上的"结算"按钮，完成"采购结算"。否则到采购管理系统"采购结算"下进行手工结算或自动结算。采购结算的结果是生成采购结算单。

3.普通采购业务中"现付"与"采购结算"之间没有先后顺序。但是，在受托代销业务中必须先"受托代销结算"才可以"现付"。普通销售业务中必须先"现结"后"复核"。

业务2 有代垫运费的采购业务

2019年7月1日，采购部徐辉与大连博伦表业有限公司（简称大连博伦）签订购销合同。

2019年7月2日，收到大连博伦发来货物及增值税专用发票，全部验收合格并办理入库。（按数量分摊，不合并制单）

2019年7月3日，支付大连博伦货款及代垫运费。（付款单）

相关凭证如图2-19至图2-23所示。

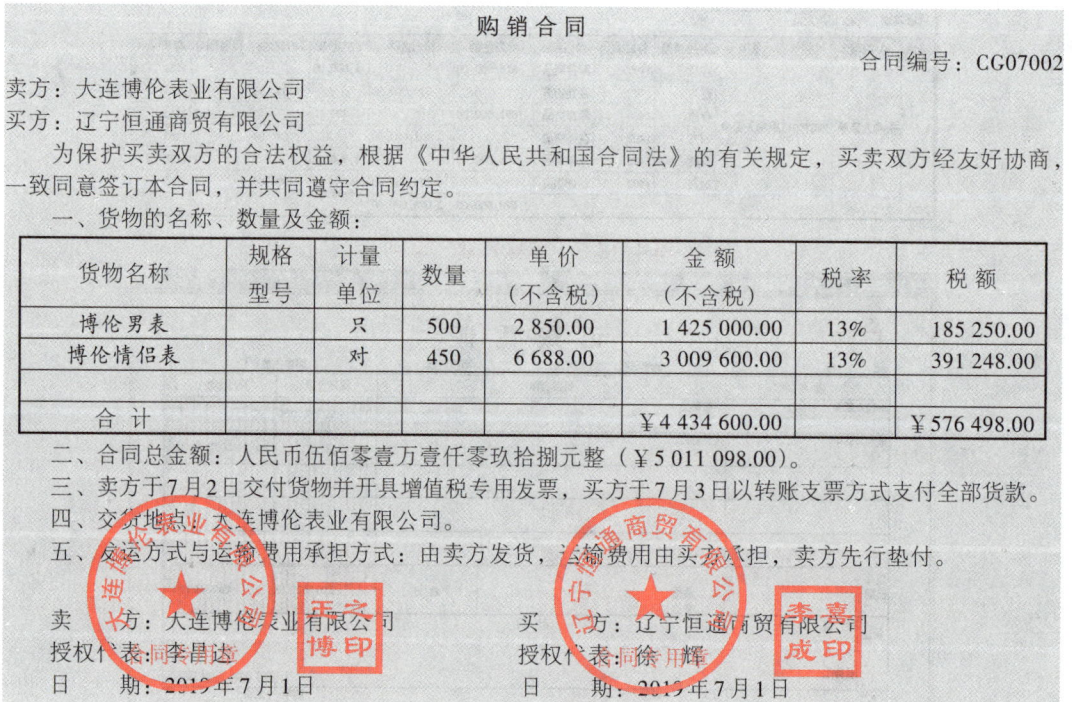

购销合同

合同编号：CG07002

卖方：大连博伦表业有限公司
买方：辽宁恒通商贸有限公司

为保护买卖双方的合法权益，根据《中华人民共和国合同法》的有关规定，买卖双方经友好协商，一致同意签订本合同，并共同遵守合同约定。

一、货物的名称、数量及金额：

货物名称	规格型号	计量单位	数量	单价（不含税）	金额（不含税）	税率	税额
博伦男表		只	500	2 850.00	1 425 000.00	13%	185 250.00
博伦情侣表		对	450	6 688.00	3 009 600.00	13%	391 248.00
合　计					￥4 434 600.00		￥576 498.00

二、合同总金额：人民币伍佰零壹万壹仟零玖拾捌元整（￥5 011 098.00）。
三、卖方于7月2日交付货物并开具增值税专用发票，买方于7月3日以转账支票方式支付全部货款。
四、交货地点：大连博伦表业有限公司。
五、交运方式与运输费用承担方式：由卖方发货，运输费用由买方承担，卖方先行垫付。

卖　方：大连博伦表业有限公司　　买　方：辽宁恒通商贸有限公司
授权代表：同李昌达　　　　　　　授权代表：同徐　辉
日　期：2019年7月1日　　　　　日　期：2019年7月1日

图2-19　购销合同

入库单

供应商：大连博伦　　　　2019年7月2日　　　　单号：RK07002

验收仓库	存货编码	存货名称	单位	数量		单价	金额
				应收	实收		
手表仓	1202	博伦男表	只	500	500		
手表仓	1203	博伦情侣表	对	450	450		
合　计							

部门经理：略　　会计：略　　仓库：略　　经办人：略

图2-20　入库单

021001900105　　**大连增值税专用发票**　　№ 62163891　　021001900105 62163891

发票联

开票日期：2019年7月2日

购买方	名　　称：辽宁恒通商贸有限公司 纳税人识别号：91210105206917583A 地 址、电 话：辽宁省沈阳市皇姑区人民路369号 024-82681359 开户行及账号：中国工商银行沈阳皇姑支行 2107024015890035666	密码区	289*7+*24041-/<499643>5<114 44*6<3311>0//2112098--31+7/ 43+6437>61*3319-+>*>5274*7< 246517824>65><>669869360042

货物或应税劳务、服务名称	规格型号	单位	数量	单价	金额	税率	税额
*手表*博伦男表		只	500	2 850.00	1 425 000.00	13%	185 250.00
*手表*博伦情侣表		对	450	6 688.00	3 009 600.00	13%	391 248.00
合　计					¥4 434 600.00		¥576 498.00
价税合计（大写）	⊗伍佰零壹万壹仟零玖拾捌元整				（小写）¥ 5 011 098.00		

销售方	名　　称：大连博伦表业有限公司 纳税人识别号：91210203821392076A 地 址、电 话：大连市西岗区古塔路1029号 0411-87691203 开户行及账号：交通银行大连西岗支行 3041309299285602525	备注	大连博伦表业有限公司 91210203821392076A 发票专用章

收款人：刘信瑜　　复核：苗惠　　开票人：巴春鹏　　销售方：（章）

税总函〔2019〕335号北京印钞厂

第三联：发票联　购买方记账凭证

图2-21　增值税专用发票

021001900105　　**辽宁增值税专用发票**　　№ 17208220　　021001900105 17208220

发票联

开票日期：2019年7月2日

购买方	名　　称：辽宁恒通商贸有限公司 纳税人识别号：91210105206917583A 地 址、电 话：辽宁省沈阳市皇姑区人民路369号 024-82681359 开户行及账号：中国工商银行沈阳皇姑支行 2107024015890035666	密码区	280>4+073>104095-9/822--987 7-8<7>824+2/40>*305941*3762 1169+>9</6414*3584<271>7472 1973<1<**/3*431>9555+>60716

货物或应税劳务、服务名称	规格型号	单位	数量	单价	金额	税率	税额
*应税劳务*运输费		千米	500	2.00	1 000.00	9%	90.00
合　计					¥1 000.00		¥90.00
价税合计（大写）	⊗壹仟零玖拾元整				（小写）¥ 1 090.00		

销售方	名　　称：沈阳通达物流有限公司 纳税人识别号：91210105357948262A 地 址、电 话：辽宁省沈阳市皇姑区振兴路968号 024-82961537 开户行及账号：中国银行沈阳皇姑支行 820114163108091001	备注	沈阳通达物流有限公司 91210105357948262A 发票专用章

收款人：张译文　　复核：朱梓嘉　　开票人：解冰　　销售方：（章）

税总函〔2019〕335号北京印钞厂

第三联：发票联　购买方记账凭证

图2-22　运费增值税专用发票

图2-23 转账支票存根

【操作过程概览】

本业务的操作过程概览见表2-2。

表2-2 操作过程概览

序号	操作日期	操作员	系统	操作内容
1	2019-07-01	G01张宏亮	采购管理	填制采购订单
2	2019-07-02	G01张宏亮	采购管理	参照采购订单生成到货单
3	2019-07-02	C01李泽华	库存管理	参照到货单生成采购入库单
4	2019-07-02	G01张宏亮	采购管理	参照采购入库单生成采购专用发票
5	2019-07-02	G01张宏亮	采购管理	手工填制运费专用发票
6	2019-07-02	G01张宏亮	采购管理	手工采购结算
7	2019-07-02	W02赵凯	应付款管理	审核发票并制单处理（不合并制单）
8	2019-07-02	W02赵凯	存货核算	正常单据记账并生成凭证
9	2019-07-03	W03贺青	应付款管理	填制付款单
10	2019-07-03	W02赵凯	应付款管理	审核付款单、核销，合并制单

【具体操作过程】

1.填制采购订单

2019年7月1日，由张宏亮（G01）登录企业应用平台。

（1）依次双击"业务工作"页签中的"供应链→采购管理→采购订货→采购订单"菜单，打开"采购订单"窗口。单击工具栏的"增加"按钮，根据图2-19填制采购订单。

①填制表头信息。修改表头的"订单编号"为"CG07002"，"供应商"为"大连博伦"，"业务员"为"徐辉"，"采购类型"为"正常采购"，其他项默认。

②填制表体信息。在第1行，选择"存货编码"为1202（博伦男表）、输入"数量"为"500"，"原币单价"为"2850"，"计划到货日期"为"2019-07-02"；按此方法录入

第2行的货物信息。

（2）单击工具栏的“保存”按钮，保存该单据。单击工具栏的“审核”按钮，审核该订单，结果如图2-24所示。关闭并退出“采购订单”窗口。

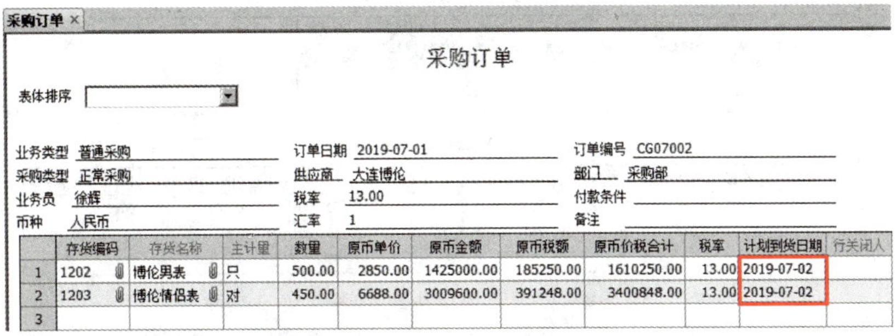
采购订单 ×

采购订单

表体排序

业务类型 普通采购　订单日期 2019-07-01　订单编号 CG07002
采购类型 正常采购　供应商 大连博伦　部门 采购部
业务员 徐辉　税率 13.00　付款条件
币种 人民币　汇率 1　备注

	存货编码	存货名称	主计量	数量	原币单价	原币金额	原币税额	原币价税合计	税率	计划到货日期	行关闭人
1	1202	博伦男表	只	500.00	2850.00	1425000.00	185250.00	1610250.00	13.00	2019-07-02	
2	1203	博伦情侣表	对	450.00	6688.00	3009600.00	391248.00	3400848.00	13.00	2019-07-02	
3											

图2-24　采购订单

2.参照采购订单生成到货单

2019年7月2日，由张宏亮（G01）登录企业应用平台。在“采购管理”子系统，双击“采购到货→到货单”菜单，打开“到货单”窗口。单击工具栏的“增加”按钮，再执行工具栏的“生单”|“采购订单”命令，打开“查询条件选择-采购订单列表过滤”对话框，单击“确定”按钮，系统弹出“拷贝并执行”窗口。双击“到货单拷贝订单表头列表”中CG07002号订单最左侧的“选择”单元格，选中该订单，单击“OK确定”按钮。系统返回“到货单”窗口，生成一张到货单。单击工具栏的“保存”按钮，保存该单据。单击工具栏的“审核”按钮，审核该单据，结果如图2-25所示。关闭并退出该窗口。

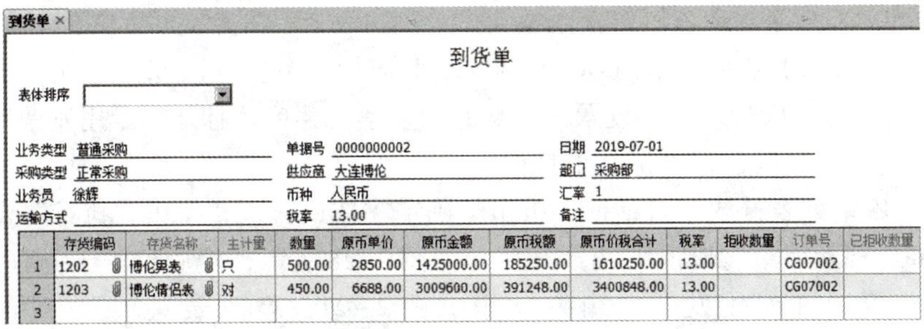
到货单 ×

到货单

表体排序

业务类型 普通采购　单据号 0000000002　日期 2019-07-01
采购类型 正常采购　供应商 大连博伦　部门 采购部
业务员 徐辉　币种 人民币　汇率 1
运输方式　税率 13.00　备注

	存货编码	存货名称	主计量	数量	原币单价	原币金额	原币税额	原币价税合计	税率	拒收数量	订单号	已拒收数量
1	1202	博伦男表	只	500.00	2850.00	1425000.00	185250.00	1610250.00	13.00		CG07002	
2	1203	博伦情侣表	对	450.00	6688.00	3009600.00	391248.00	3400848.00	13.00		CG07002	
3												

图2-25　到货单

3.参照到货单生成采购入库单

2019年7月2日，由李泽华（C01）登录企业应用平台。

（1）依次双击“业务工作”页签中的“供应链→库存管理→入库业务→采购入库单”菜单，系统打开“采购入库单”窗口。执行“生单”|“采购到货单（蓝字）”命令，打开“查询条件选择-采购到货单列表”对话框，单击“确定”按钮，系统打开“到货单生单列表”窗口。双击要选择的到货单所对应的“选择”栏（即上一步骤完成的到货单），如图2-26所示，再单击工具栏的“OK确定”按钮，系统返回“采购入库单”窗口。

根据图2-20修改采购入库单表头中的“入库单号”为“RK07002”，“仓库”选择为“手表仓”，其他项默认，结果如图2-27所示。

（2）单击工具栏的“保存”按钮，保存该单据。再单击工具栏的“审核”按钮，系统提示“该单据审核成功!”，单击“确定”按钮，该单据审核通过。关闭并退出该窗口。

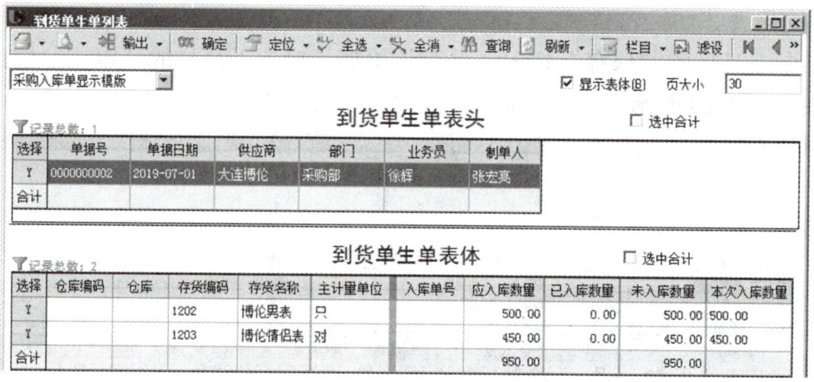

选择	单据号	单据日期	供应商	部门	业务员	制单人
Y	0000000002	2019-07-01	大连博伦	采购部	徐辉	张宏亮
合计						

选择	仓库编码	仓库	存货编码	存货名称	主计量单位	入库单号	应入库数量	已入库数量	未入库数量	本次入库数量
Y			1202	博伦男表	只		500.00	0.00	500.00	500.00
Y			1203	博伦情侣表	对		450.00	0.00	450.00	450.00
合计							950.00		950.00	

图2-26　“到货单生单列表”窗口

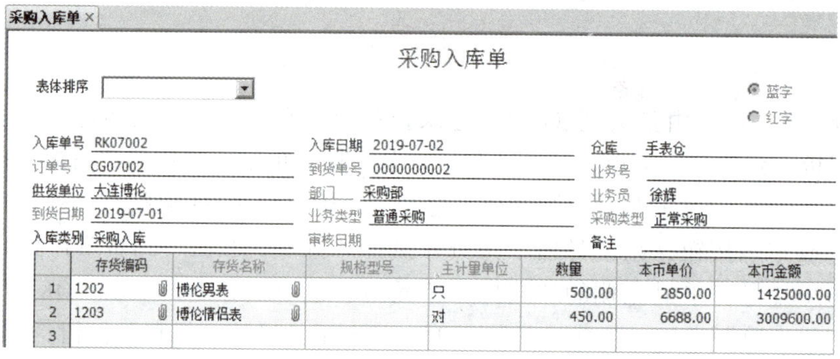

	存货编码	存货名称	规格型号	主计量单位	数量	本币单价	本币金额
1	1202	博伦男表		只	500.00	2850.00	1425000.00
2	1203	博伦情侣表		对	450.00	6688.00	3009600.00
3							

图2-27　采购入库单

4.参照采购入库单生成采购专用发票

2019年7月2日，由张宏亮（G01）登录企业应用平台。依次双击“业务工作”页签中的“供应链→采购管理→采购发票→采购专用发票”菜单，打开“专用发票”窗口。单击工具栏的“增加”按钮，再执行工具栏的“生单”|“入库单”命令，打开“查询条件选择-采购入库单列表过滤”对话框，单击“确定”按钮。在“拷贝并执行”窗口，双击选择RK07002号入库单对应的“选择”栏，如图2-28所示，然后单击工具栏的“OK确定”按钮，返回“专用发票”窗口。根据图2-21，修改表头项目“发票号”为“62163891”，其他项默认。单击工具栏的“保存”按钮，如图2-29所示。

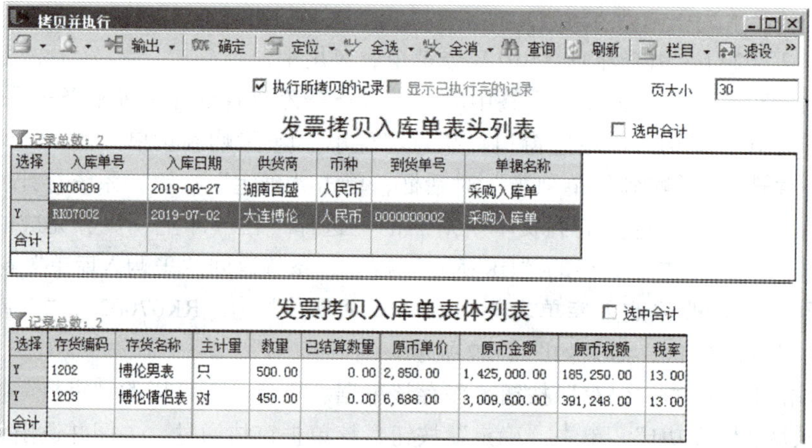

选择	入库单号	入库日期	供货商	币种	到货单号	单据名称
	RK06089	2019-06-27	湖南百盛	人民币		采购入库单
Y	RK07002	2019-07-02	大连博伦	人民币	0000000002	采购入库单
合计						

选择	存货编码	存货名称	主计量	数量	已结算数量	原币单价	原币金额	原币税额	税率
Y	1202	博伦男表	只	500.00	0.00	2,850.00	1,425,000.00	185,250.00	13.00
Y	1203	博伦情侣表	对	450.00	0.00	6,688.00	3,009,600.00	391,248.00	13.00
合计									

图2-28　“拷贝并执行”窗口

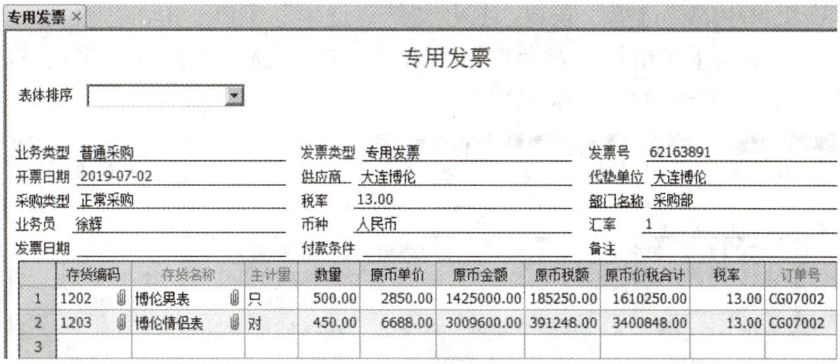
专用发票×

专用发票

表体排序

业务类型 普通采购	发票类型 专用发票	发票号 62163891
开票日期 2019-07-02	供应商 大连博伦	代垫单位 大连博伦
采购类型 正常采购	税率 13.00	部门名称 采购部
业务员 徐辉	币种 人民币	汇率 1
发票日期	付款条件	备注

	存货编码	存货名称	主计量	数量	原币单价	原币金额	原币税额	原币价税合计	税率	订单号
1	1202	博伦男表	只	500.00	2850.00	1425000.00	185250.00	1610250.00	13.00	CG07002
2	1203	博伦情侣表	对	450.00	6688.00	3009600.00	391248.00	3400848.00	13.00	CG07002
3										

图2-29 采购专用发票

5.手工填制运费专用发票

依次双击“业务工作”页签中的“供应链→采购管理→采购发票→采购专用发票”菜单，打开“专用发票”窗口。单击工具栏的“增加”按钮，根据图2-22输入发票号“17208220”，供应商“沈阳通达”，代垫单位“大连博伦”，采购类型“正常采购”，部门“采购部”，业务员“徐辉”，税率“9%”。表体的存货名称“运输费”，数量“500”，单价“2”，原币金额“1000”。单击“保存”，结果如图2-30所示。关闭并退出“专用发票”窗口。

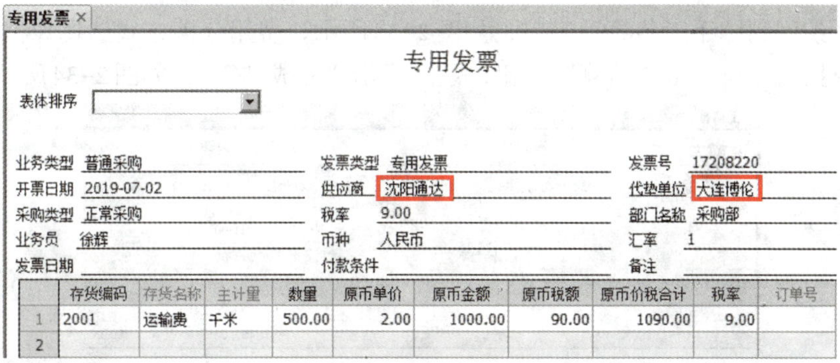
专用发票×

专用发票

表体排序

业务类型 普通采购	发票类型 专用发票	发票号 17208220
开票日期 2019-07-02	供应商 沈阳通达	代垫单位 大连博伦
采购类型 正常采购	税率 9.00	部门名称 采购部
业务员 徐辉	币种 人民币	汇率 1
发票日期	付款条件	备注

	存货编码	存货名称	主计量	数量	原币单价	原币金额	原币税额	原币价税合计	税率	订单号
1	2001	运输费	千米	500.00	2.00	1000.00	90.00	1090.00	9.00	
2										

图2-30 采购专用发票

6.手工采购结算

（1）双击“采购管理→采购结算→手工结算”，打开手工结算窗口，如图2-31所示。

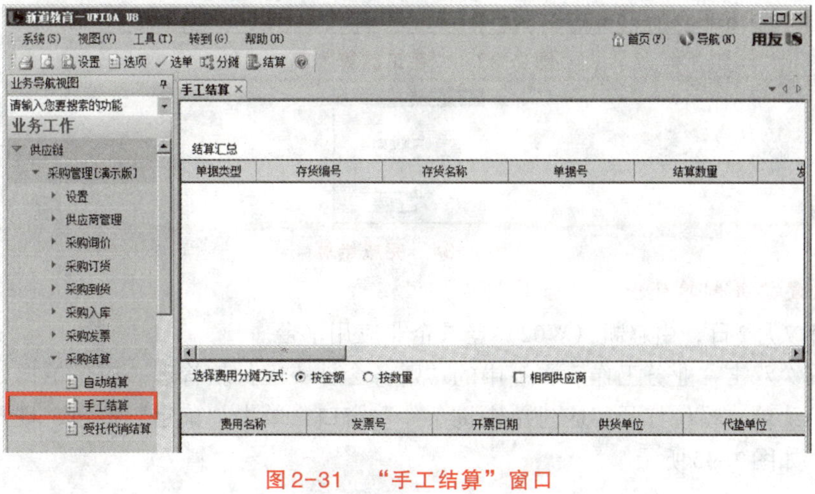

图2-31 “手工结算”窗口

（2）单击工具栏的"选单"按钮，打开"结算选单"窗口。单击"查询"按钮，打开"查询条件选择-采购手工结算"对话框，点击"确定"，选择相应的"采购发票"和"入库单"，如图2-32所示，单击"OK确定"按钮。

图2-32 "结算选单"窗口

（3）系统回到"手工结算"窗口，如图2-33所示，费用分摊方式选择"按数量"，单击"分摊"按钮，再单击"结算"按钮，系统显示"完成结算"，如图2-34所示。

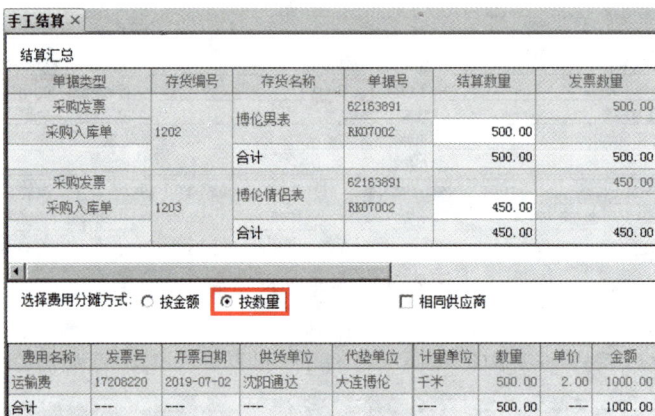

图2-33 "手工结算"窗口

图2-34 完成结算

7.审核发票并制单处理（不合并制单）

2019年7月2日，由赵凯（W02）登录企业应用平台。

（1）依次双击"业务工作"页签中的"财务会计→应付款管理→应付单据处理→应付单据审核"菜单，系统打开"应付单查询条件"窗口，单击"确定"按钮，打开"单据处理"窗口，如图2-35所示。

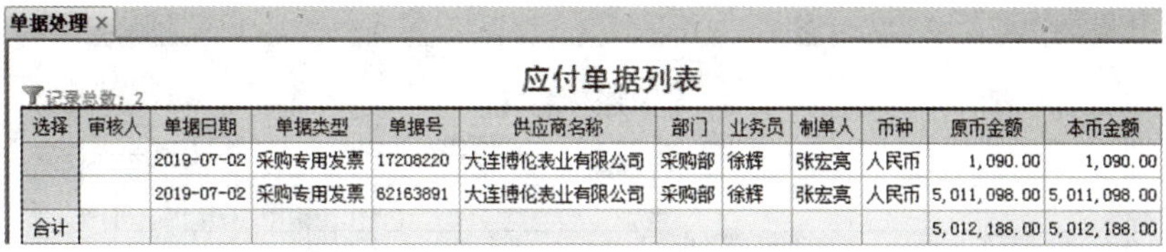

单据处理 ×

应付单据列表

记录总数：2

选择	审核人	单据日期	单据类型	单据号	供应商名称	部门	业务员	制单人	币种	原币金额	本币金额
		2019-07-02	采购专用发票	17208220	大连博伦表业有限公司	采购部	徐辉	张宏亮	人民币	1,090.00	1,090.00
		2019-07-02	采购专用发票	62163891	大连博伦表业有限公司	采购部	徐辉	张宏亮	人民币	5,011,098.00	5,011,098.00
合计										5,012,188.00	5,012,188.00

图2-35 “单据处理”窗口

（2）双击“选择”栏，或单击“全选”按钮，再单击“审核”按钮，系统完成审核并给出审核报告，单击“确定”按钮后退出。

（3）双击“制单处理”菜单，打开“制单查询”对话框，选择“发票制单”，如图2-36所示。

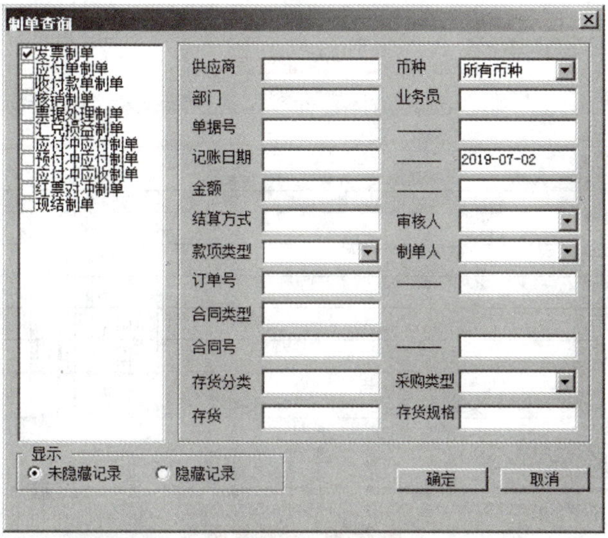

图2-36 “制单查询”窗口

（4）单击“确定”按钮，打开“采购发票制单”窗口。单击“全选”按钮，选中要制单的采购专用发票，如图2-37所示。

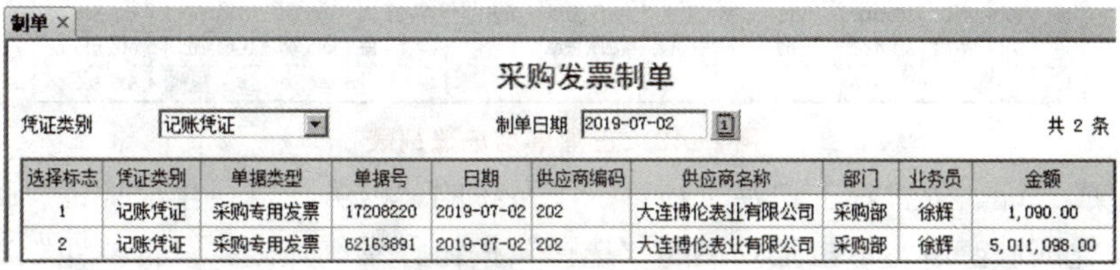

制单 ×

采购发票制单

凭证类别 记账凭证　　制单日期 2019-07-02　　共 2 条

选择标志	凭证类别	单据类型	单据号	日期	供应商编码	供应商名称	部门	业务员	金额
1	记账凭证	采购专用发票	17208220	2019-07-02	202	大连博伦表业有限公司	采购部	徐辉	1,090.00
2	记账凭证	采购专用发票	62163891	2019-07-02	202	大连博伦表业有限公司	采购部	徐辉	5,011,098.00

图2-37 采购发票制单

（5）单击“制单”，生成两张记账凭证，单击“保存”按钮，如图2-38、图2-39所示。关闭当前已打开的窗口。

8.正常单据记账并生成凭证

（1）正常单据记账。在供应链的“存货核算”子系统，依次双击“业务核算→正常单据记账”菜单，系统打开“查询条件选择”窗口，直接单击其“确定”按钮，系统打开“未记账单据一览表”窗口，双击入库单RK07002的“选择”栏，或单击工具栏的“全选”按钮，使其显示“Y”字样，如图2-40所示。单击工具栏的“记账”按钮，系统弹出信息框提示记账成功，单击其“确定”按钮，完成记账工作，关闭并退出该窗口。

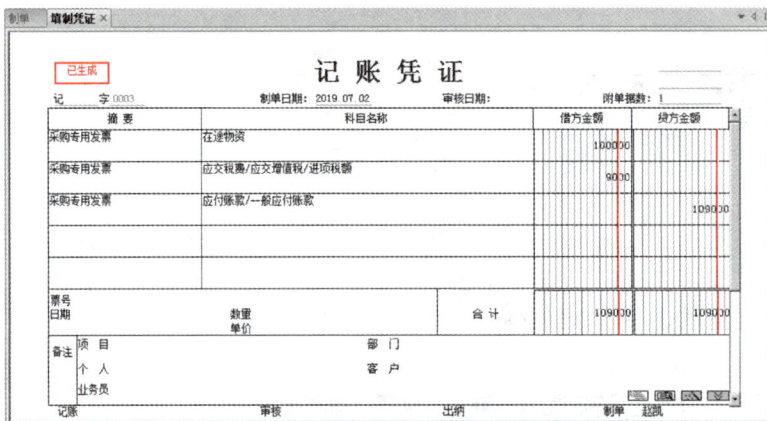

图2-38　记账凭证

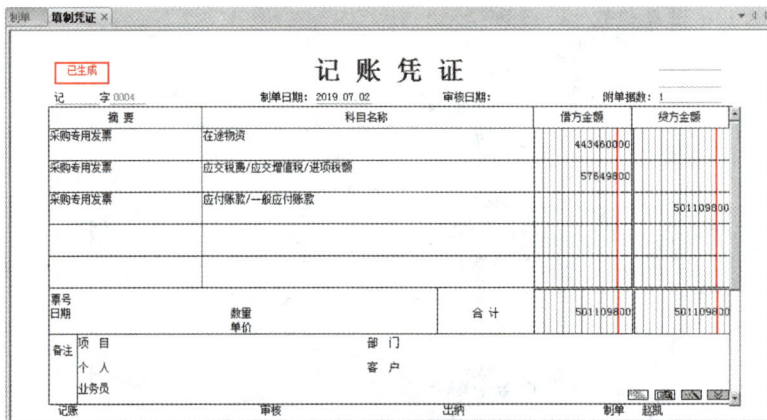

图2-39　记账凭证

图2-40　正常单据记账列表

（2）生成凭证。依次双击"存货核算"子系统的"财务核算→生成凭证"菜单，系统打开"生成凭证"窗口。单击工具栏的"选择"按钮，系统弹出"查询条件"对话框，单击"确定"按钮，系统打开"选择单据"窗口。单击工具栏的"全选"按钮，选中已记账的采购入库单，再单击工具栏的"确定"按钮，系统自动关闭"选择单据"窗口打开"生成凭证"窗口，如图2-41所示。

图2-41　"生成凭证"窗口

单击工具栏的"生成"按钮，系统打开"填制凭证"窗口并自动生成凭证。单击工具栏的"保存"按钮，保存此凭证，如图2-42所示。关闭并退出窗口。

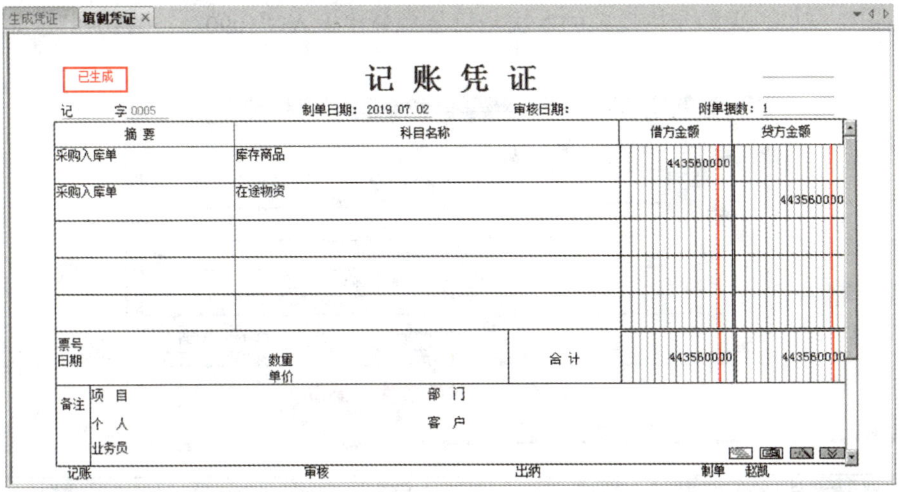

图2-42　记账凭证

9.填制付款单

2019年7月3日，由贺青（W03）登录企业应用平台。依次双击"业务工作"页签中的"财务会计→应付款管理→付款单据处理→付款单据录入"菜单，根据图2-23填制付款单，填制完毕单击"保存"按钮，结果如图2-43所示。

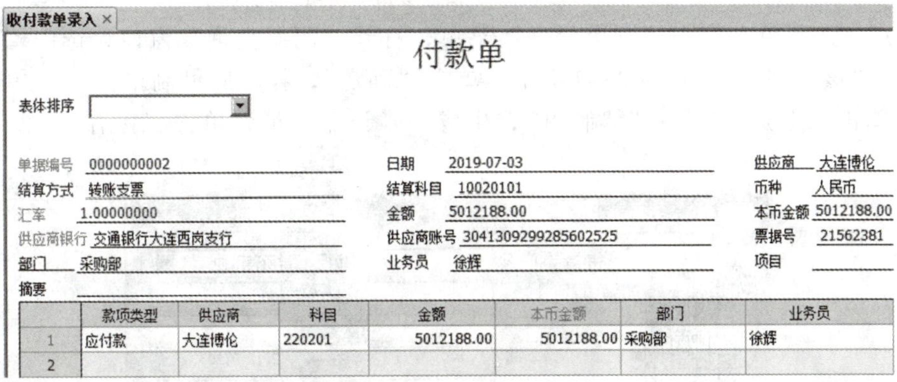

图2-43　付款单

10.审核付款单、核销，合并制单

2019年7月3日，由赵凯（W02）登录企业应用平台。

（1）审核付款。依次双击"业务工作"页签中的"财务会计→应付款管理→付款单据处理→付款单据审核"菜单，打开"付款单查询条件"窗口，单击"确定"，选中需审核的付款单，单击"审核"，退出，如图2-44所示。关闭该窗口。

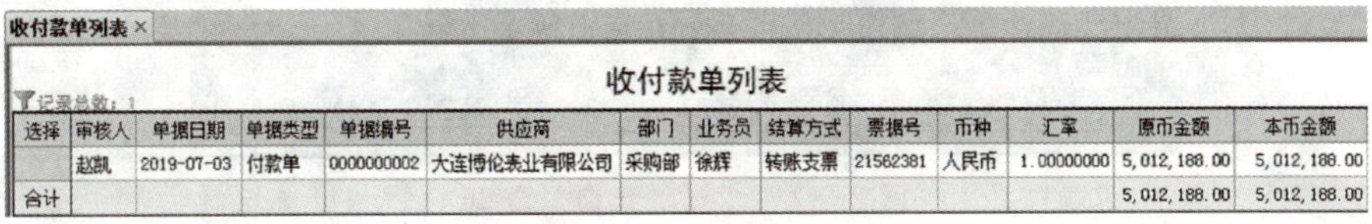

图2-44　收付款单列表

（2）手工核销。双击"核销处理→手工核销"菜单，打开"核销条件"窗口，选择供应商"大连博伦表业有限公司"，即供应商编码202，如图2-45所示。单击"确定"，打开"单据核销"窗口，采购专用发票的本次结算金额分别输入"1090""5011098"，如图2-46所示，单击"保存"，退出。

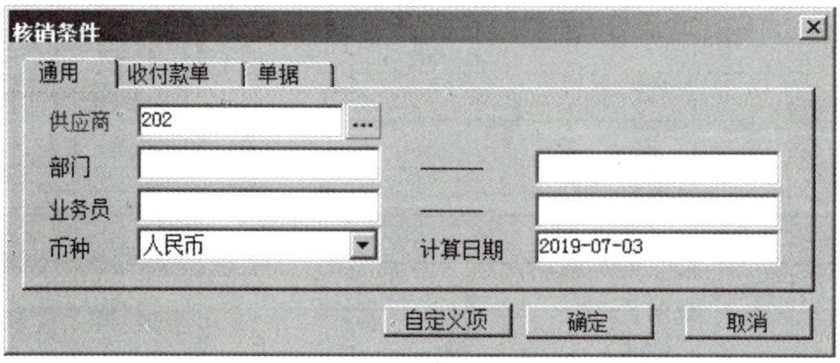

图2-45　"核销条件"窗口

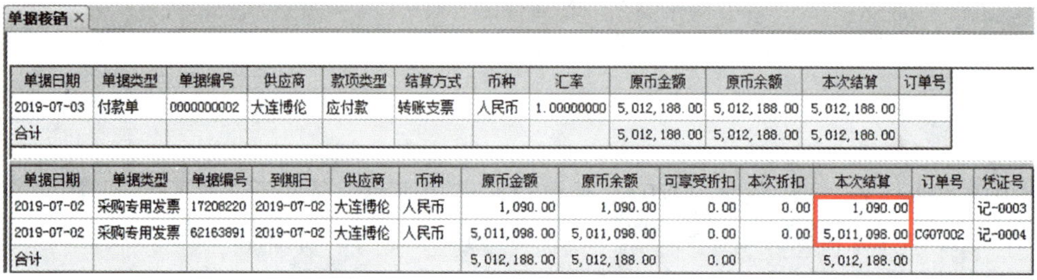

单据日期	单据类型	单据编号	供应商	款项类型	结算方式	币种	汇率	原币金额	原币余额	本次结算	订单号
2019-07-03	付款单	0000000002	大连博伦	应付款	转账支票	人民币	1.00000000	5,012,188.00	5,012,188.00	5,012,188.00	
合计								5,012,188.00	5,012,188.00	5,012,188.00	

单据日期	单据类型	单据编号	到期日	供应商	币种	原币金额	原币余额	可享受折扣	本次折扣	本次结算	订单号	凭证号
2019-07-02	采购专用发票	17208220	2019-07-02	大连博伦	人民币	1,090.00	1,090.00	0.00	0.00	1,090.00		记-0003
2019-07-02	采购专用发票	62163891	2019-07-02	大连博伦	人民币	5,011,098.00	5,011,098.00	0.00	0.00	5,011,098.00	CG07002	记-0004
合计						5,012,188.00	5,012,188.00	0.00		5,012,188.00		

图2-46　"单据核销"窗口

（3）合并制单。双击"制单处理"菜单，打开"制单查询"窗口，选中"收付款单制单""核销制单"，如图2-47所示，单击"确定"，打开应付制单窗口，如图2-48所示。单击"全选""合并""制单"，生成一张记账凭证，单击"保存"，如图2-49所示。

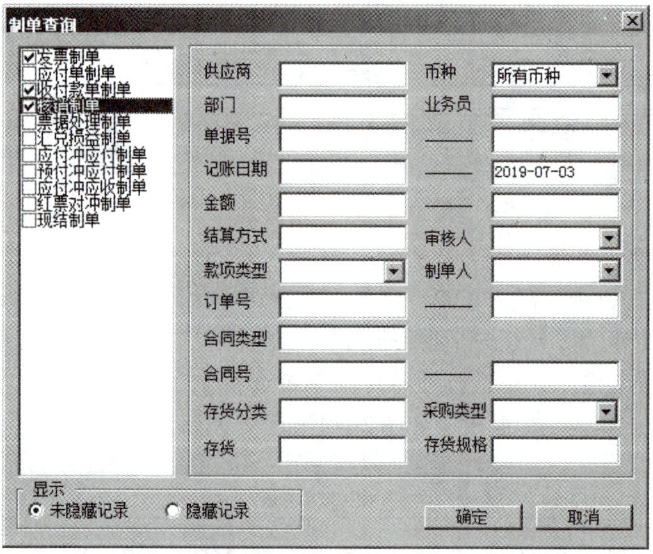

图2-47　"制单查询"窗口

图2-48 应付制单

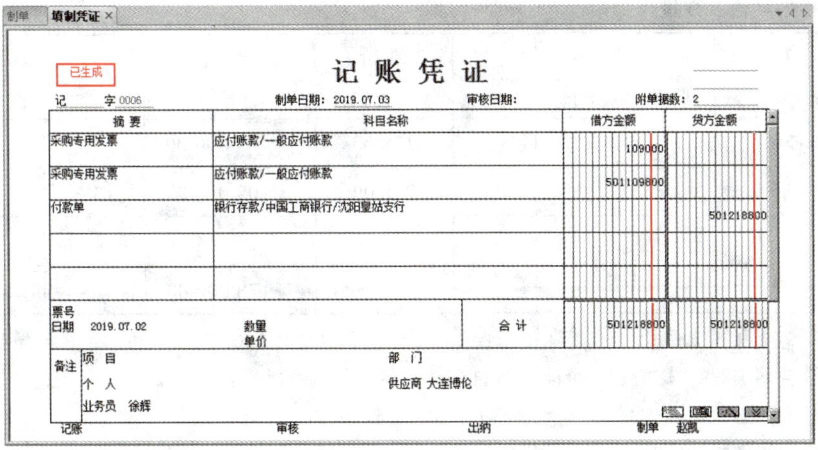

图2-49 记账凭证

【提示】

1.关于采购结算的进一步说明。

通过删除采购结算单能够实现取消采购结算的操作，但是以下两种情况不允许取消结算：①结算的采购入库单已被存货核算系统记账；②先暂估再结算的入库单，已在存货核算系统做暂估处理。

采购如果没有期初记账，则不能进行采购结算。只有进行期初记账后，才能进行采购结算。本月已做月末结账后，不能再做本月的采购结算，只能在下个月做。如果采购结算确实应核算在已结账的会计月内，那么可以先取消该月的月末结账后再做采购结算。

采购结算不限制业务发生日期，可以进行跨月采购结算。

2.购货过程中发生的代垫运费。

对于运费发票，由货物供应单位（本例中"大连博伦"）先代垫运输费用，然后再收到运输单位（本例中"沈阳通达"）开具的运费发票，在填制发票时，"供应商"填运输单位"沈阳通达"，"代垫单位"填货物供应单位"大连博伦"。发票制单时贷方应付账款的辅助明细就是代垫单位。

业务3 通过承兑背书预付货款的分批入库采购业务

2019年7月1日，采购部张宏亮与湖南百盛服装有限公司（简称湖南百盛）签订购销合同。当日，恒通公司收到第一批货物，并通过银行承兑背书方式支付97 000元。

2019年7月2日，收到第二批货物，全部办理入库，取得对方开具的增值税专用发票。恒通公司通过电汇方式支付剩余货款。

相关凭证如图2-50至图2-56所示。

购销合同

合同编号：CG07003

卖方：湖南百盛服装有限公司
买方：辽宁恒通商贸有限公司

为保护买卖双方的合法权益，根据《中华人民共和国合同法》的有关规定，买卖双方经友好协商，一致同意签订本合同，并共同遵守合同约定。

一、货物的名称、数量及金额：

货物名称	规格型号	计量单位	数量	单价（不含税）	金额（不含税）	税率	税额
百盛牛仔裤		条	500	138.00	69 000.00	13%	8 970.00
百盛休闲裤		条	500	218.00	109 000.00	13%	14 170.00
合 计					￥178 000.00		￥23 140.00

二、合同总金额：人民币贰拾万零壹仟壹佰肆拾元整（￥201 140.00）。

三、签订合同当日，卖方发出两种商品的50%，买方以银行承兑汇票支付97 000元。7月2日，卖方发出剩余商品，买方以电汇方式支付全部尾款。

四、交货地点：湖南百盛服装有限公司。

五、发运方式与运输费用承担方式：由卖方发货，运输费用由买方承担。

卖　　方：湖南百盛服装有限公司　　买　　方：辽宁恒通商贸有限公司
授权代表：王志广　　　　　　　　　授权代表：张宏亮
日　　期：2019年7月1日　　　　　日　　期：2019年7月1日

图2-50　购销合同

入库单

供应商：湖南百盛　　　　　　2019年7月1日　　　　　　单号：RK07003

验收仓库	存货编码	存货名称	单位	数量 应收	数量 实收	单价	金额
服装仓	1103	百盛牛仔裤	条	250	250		
服装仓	1102	百盛休闲裤	条	250	250		
合 计							

部门经理：略　　　会计：略　　　仓库：略　　　经办人：略

图2-51　入库单

银行承兑汇票 2 26003895 35978808

出票日期（大写） 贰零壹玖年零陆月零贰拾日

出票人全称	上海乐淘贸易有限公司	收款人	全称	辽宁恒通商贸有限公司
出票人账号	8059209375023168063		账号	2107024015890035666
付款行全称	交通银行闵行区北京路支行		开户银行	中国工商银行沈阳皇姑支行
出票金额	人民币（大写） 玖万柒仟元整		亿千百十万千百十元角分	¥9700000
汇票到期日（大写）	贰零壹玖年壹拾贰月零贰拾日	付款行	行号	
承兑协议编号	87?458777027509		地址	
本汇票请你行承兑，到期无条件付款。 （上海乐淘贸易有限公司财务专用章）（赵淘乐章） 出票人签章	本汇票已经承兑，到期日由本行付款。 （交通银行闵行区北京路支行 568837892 业务专用章） 承兑行签章 承兑日期 2019年6月20日		密押 复核 记账	
	备注			

此联收款人开户行随托收凭证寄付款行作借方凭证附件

图2-52 银行承兑汇票正面

被背书人 湖南百盛服装有限公司	被背书人
（辽宁恒通商贸有限公司财务专用章）（李喜成印） 背书人签章 2019年7月1日	背书人签章 年 月 日

（粘贴单处）

西安西钞证券印制有限公司·2019年印制

图2-53 银行承兑汇票背面

入库单

供应商：湖南百盛　　2019年7月2日　　单号：RK07004

验收仓库	存货编码	存货名称	单位	数量		单价	金额
				应收	实收		
服装仓	1103	百盛牛仔裤	条	250	250		
服装仓	1102	百盛休闲裤	条	250	250		
合计							

部门经理：略　　会计：略　　仓库：略　　经办人：略

图2-54 入库单

043001900105　　　湖南增值税专用发票　　№ 83051433　　043001900105
　　　　　　　　　　　　　　　　　　　　　　　　　　　　　　　　83051433
　　　　　　　　　　　发票联　　　　　　　开票日期：2019年7月2日

购买方	名　称：辽宁恒通商贸有限公司 纳税人识别号：91210105206917583A 地址、电话：辽宁省沈阳市皇姑区人民路369号 024-82681359 开户行及账号：中国工商银行沈阳皇姑支行 2107024015890035666	密码区	26638*>9*/59>+3-312>2481->1 >5363**4+/5191/4/7173252*77 783<-2+>970+<275<130875068> 22*6112755719>2<857-49<9609

货物或应税劳务、服务名称	规格型号	单位	数量	单价	金额	税率	税额
*服装*百盛牛仔裤		条	500	138.00	69 000.00	13%	8 970.00
*服装*百盛休闲裤		条	500	218.00	109 000.00	13%	14 170.00
合　　计					¥178 000.00		¥23 140.00

价税合计（大写）	⊗贰拾万零壹仟壹佰肆拾元整	（小写）¥ 201 140.00

销售方	名　称：湖南百盛服装有限公司 纳税人识别号：91430105276531895A 地址、电话：湖南省长沙市开福区林夕路100号 0731-8266319 开户行及账号：中国农业银行长沙开福支行 1012093710651047815	备注	

收款人：段丹雷　　复核：孙绍雪　　开票人：温艳　　销售方：（章）

第三联：发票联 购买方记账凭证

税总函〔2019〕335号北京印制

图2-55　增值税专用发票

🏦 中国工商银行　电汇凭证（回单）　1　36257059

☑普通　□加急　　　　委托日期　2019年7月2日

汇款人	全　称	辽宁恒通商贸有限公司	收款人	全　称	湖南百盛服装有限公司
	账　号	2107024015890035666		账　号	1012093710651047815
	开户银行	中国工商银行沈阳皇姑支行		开户银行	中国农业银行长沙开福支行

金额	人民币 （大写）	壹拾万零肆仟壹佰肆拾元整	亿千百十万千百十元角分 ¥ 1 0 4 1 4 0 0 0

支付密码

附加信息及用途：货款

复核　　　记账

此联为汇出行给汇款人的回单

中国工商银行
沈阳皇姑支行
2019.07.02
转讫
（7）

图2-56　电汇付款凭证

【操作过程概览】

本业务的操作过程概览见表2-3。

表2-3　　　　　　　　　　操作过程概览

序号	操作日期	操作员	系统	操作内容
1	2019-07-01	G01张宏亮	采购管理	填制采购订单
2	2019-07-01	G01张宏亮	采购管理	参照采购订单生成第一批货物的到货单
3	2019-07-01	C01李泽华	库存管理	参照到货单生成第一批货物的采购入库单
4	2019-07-01	W03贺青	应收款管理	银行承兑汇票背书作预付款
5	2019-07-01	W02赵凯	应收款管理	制单处理
6	2019-07-02	G01张宏亮	采购管理	参照采购订单生成第二批货物的到货单
7	2019-07-02	C01李泽华	库存管理	参照到货单生成第二批货物的采购入库单
8	2019-07-02	G01张宏亮	采购管理	参照入库单生成采购专用发票（现付）
9	2019-07-02	W02赵凯	应付款管理	审核发票并制单处理
10	2019-07-02	W02赵凯	应付款管理	预付冲应付
11	2019-07-02	W02赵凯	存货核算	正常单据记账并生成凭证

【具体操作过程】

1.填制采购订单

通过承兑背书预付货款的分批入库采购业务

2019年7月1日，由张宏亮（G01）登录企业应用平台。

（1）依次双击“业务工作”页签中的“供应链→采购管理→采购订货→采购订单”菜单，打开“采购订单”窗口。单击工具栏的“增加”按钮，根据图2-50填制采购订单。

①填制表头信息。修改表头的“订单编号”（即合同编号）为CG07003、“供应商”为“湖南百盛”，“业务员”为“张宏亮”，“采购类型”为“正常采购”，其他项默认。

②填制表体信息。在第1行，选择“存货编码”为“1103”（百盛牛仔裤）、输入“数量”为“250”，“原币单价”为“138”，“计划到货日期”为当日；按此方法录入第2行、第3行、第4行的货物信息。

（2）单击工具栏的“保存”按钮，保存该单据。单击工具栏的“审核”按钮，审核该订单，结果如图2-57所示。关闭并退出该窗口。

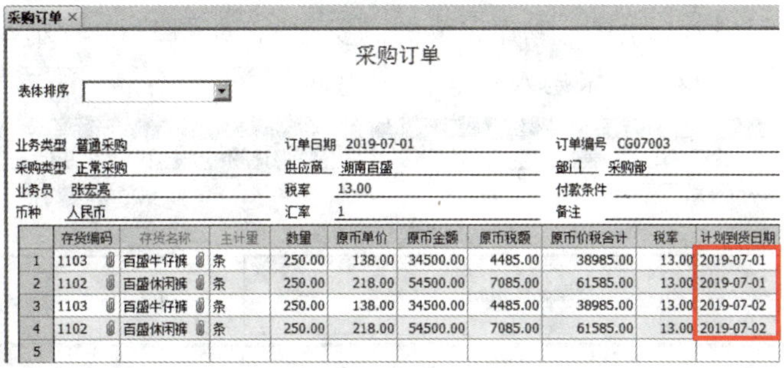
采购订单 ×

采购订单

表体排序

业务类型 普通采购　订单日期 2019-07-01　订单编号 CG07003
采购类型 正常采购　供应商 湖南百盛　部门 采购部
业务员 张宏亮　税率 13.00　付款条件
币种 人民币　汇率 1　备注

	存货编码	存货名称	主计量	数量	原币单价	原币金额	原币税额	原币价税合计	税率	计划到货日期
1	1103	百盛牛仔裤	条	250.00	138.00	34500.00	4485.00	38985.00	13.00	2019-07-01
2	1102	百盛休闲裤	条	250.00	218.00	54500.00	7085.00	61585.00	13.00	2019-07-01
3	1103	百盛牛仔裤	条	250.00	138.00	34500.00	4485.00	38985.00	13.00	2019-07-02
4	1102	百盛休闲裤	条	250.00	218.00	54500.00	7085.00	61585.00	13.00	2019-07-02
5										

图2-57　采购订单

2.参照采购订单生成第一批货物的到货单

在“采购管理”子系统，双击“采购到货→到货单”菜单，打开“到货单”窗口。单击工具栏的“增加”按钮，再执行工具栏的“生单”|“采购订单”命令，打开“查询条件选择-采购订单列表过滤”对话框，单击“确定”按钮，系统弹出“拷贝并执行”窗口。双击“到货单拷贝订单表头列表”中订单号“CG07003”最左侧的“选择”单元格，然后选中“到货单拷贝订单表体列表”中的前两行，如图2-58所示。单击“OK确定”按钮，系统返回“到货单”窗口，生成一张到货单。单击工具栏的“保存”按钮，保存该单据。单击工具栏的“审核”按钮，审核该单据，结果如图2-59所示，关闭并退出该窗口。

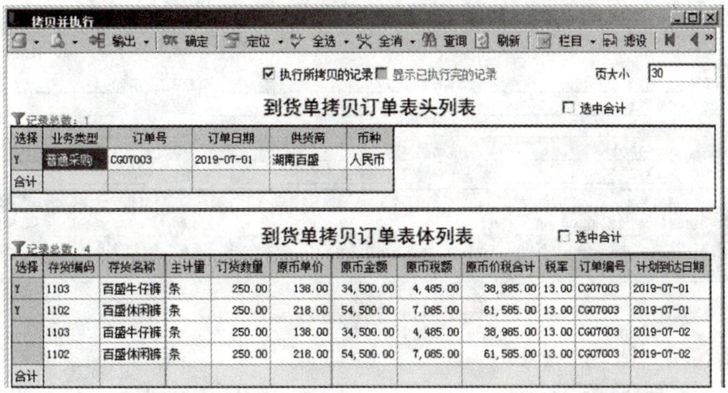
拷贝并执行

输出　确定　定位　全选　全消　查询　刷新　栏目　滤设

☑ 执行所拷贝的记录　显示已执行完的记录　页大小 30

到货单拷贝订单表头列表　☐ 选中合计

记录总数：1

选择	业务类型	订单号	订单日期	供货商	币种
Y	普通采购	CG07003	2019-07-01	湖南百盛	人民币
合计					

到货单拷贝订单表体列表　☐ 选中合计

记录总数：4

选择	存货编码	存货名称	主计量	订货数量	原币单价	原币金额	原币税额	原币价税合计	税率	订单编号	计划到达日期
Y	1103	百盛牛仔裤	条	250.00	138.00	34,500.00	4,485.00	38,985.00	13.00	CG07003	2019-07-01
Y	1102	百盛休闲裤	条	250.00	218.00	54,500.00	7,085.00	61,585.00	13.00	CG07003	2019-07-01
	1103	百盛牛仔裤	条	250.00	138.00	34,500.00	4,485.00	38,985.00	13.00	CG07003	2019-07-02
	1102	百盛休闲裤	条	250.00	218.00	54,500.00	7,085.00	61,585.00	13.00	CG07003	2019-07-02
合计											

图2-58　“拷贝并执行”窗口

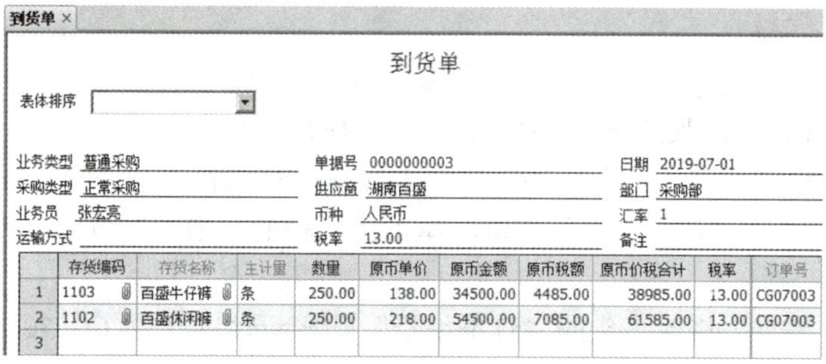
到货单 ×

到货单

表体排序

业务类型 普通采购　单据号 0000000003　日期 2019-07-01
采购类型 正常采购　供应商 湖南百盛　部门 采购部
业务员 张宏亮　币种 人民币　汇率 1
运输方式　税率 13.00　备注

	存货编码	存货名称	主计量	数量	原币单价	原币金额	原币税额	原币价税合计	税率	订单号
1	1103	百盛牛仔裤	条	250.00	138.00	34500.00	4485.00	38985.00	13.00	CG07003
2	1102	百盛休闲裤	条	250.00	218.00	54500.00	7085.00	61585.00	13.00	CG07003
3										

图2-59　到货单

3.参照到货单生成第一批货物的采购入库单

2019年7月1日，由李泽华（C01）登录企业应用平台。依次双击"业务工作"页签中的"供应链→库存管理→入库业务→采购入库单"菜单，系统打开"采购入库单"窗口。执行"生单"|"采购到货单（蓝字）"命令，打开"查询条件选择-采购到货单列表"对话框，单击"确定"按钮，系统打开"到货单生单列表"窗口。双击要选择的到货单所对应的"选择"栏（即上一步骤完成的到货单），如图2-60所示，再单击工具栏的"OK确定"按钮，系统返回"采购入库单"窗口。

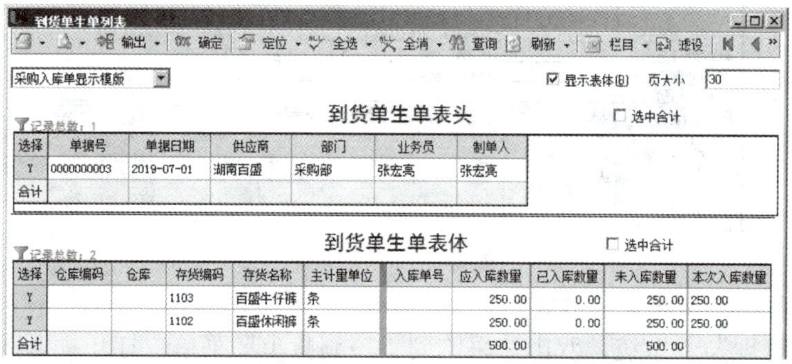
到货单生单列表

输出　确定　定位　全选　全消　查询　刷新　栏目　滤设

采购入库单显示模版　☑ 显示表体(B)　页大小 30

到货单生单表头　☐ 选中合计

记录总数：1

选择	单据号	单据日期	供应商	部门	业务员	制单人
Y	0000000003	2019-07-01	湖南百盛	采购部	张宏亮	张宏亮
合计						

到货单生单表体　☐ 选中合计

记录总数：2

选择	仓库编码	仓库	存货编码	存货名称	主计量单位	入库单号	应入库数量	已入库数量	未入库数量	本次入库数量
Y			1103	百盛牛仔裤	条		250.00	0.00	250.00	250.00
Y			1102	百盛休闲裤	条		250.00	0.00	250.00	250.00
合计							500.00		500.00	

图2-60　"到货单生单列表"窗口

根据图2-51修改采购入库单表头中的"入库单号"为"RK07003"，"仓库"选择为"服装仓"，其他项默认。单击工具栏的"保存"按钮，保存该单据。再单击工具栏的"审核"按钮，系统提示"该单据审核成功!"，单击"确定"按钮，该单据审核通过，结果如图2-61所示。关闭并退出该窗口。

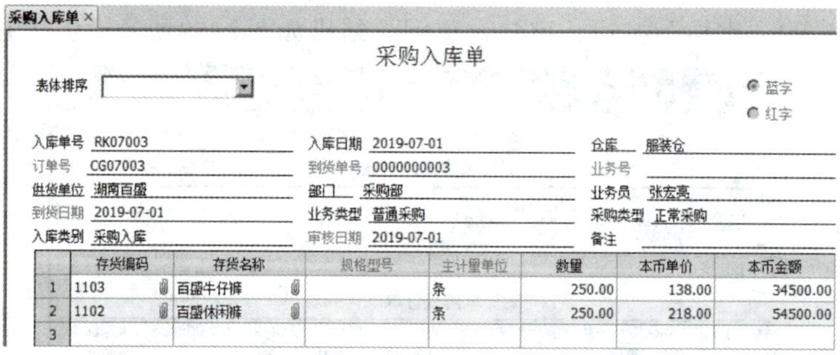
采购入库单 ×

采购入库单

表体排序　◉ 蓝字　○ 红字

入库单号 RK07003　入库日期 2019-07-01　仓库 服装仓
订单号 CG07003　到货单号 0000000003　业务号
供货单位 湖南百盛　部门 采购部　业务员 张宏亮
到货日期 2019-07-01　业务类型 普通采购　采购类型 正常采购
入库类别 采购入库　审核日期 2019-07-01　备注

	存货编码	存货名称	规格型号	主计量单位	数量	本币单价	本币金额
1	1103	百盛牛仔裤		条	250.00	138.00	34500.00
2	1102	百盛休闲裤		条	250.00	218.00	54500.00
3							

图2-61　采购入库单

4.银行承兑汇票背书作预付款

2019年7月1日，由贺青（W03）登录企业应用平台。依次双击"业务工作"页签中的

"财务会计→应收款管理→票据管理"菜单，打开"票据管理"窗口，双击"35978808"号银行承兑汇票最左侧的"选择"栏，如图2-62所示。单击工具栏的"背书"按钮，打开"票据背书"窗口，被背书人选择"101"（湖南百盛），如图2-63所示，单击"确定"，提示"是否将背书金额作为预付款处理"，单击"是"，提示"是否立即制单"，单击"否"，退出。

票据管理 ×

票据总数：1
记录总数：1

票据管理

选择	序号	方向	票据类型	收到日期	票据编号	币种	出票日期	背书金额	金额	票面余额
Y	1	收款	银行承兑汇票	2019-06-23	35978808	人民币	2019-06-20	0.00	97,000.00	97,000.00
合计								0.00	97,000.00	97,000.00

图2-62　票据管理

票据背书

背书方式
◉ 冲消应付账款　　○ 其他

背书日期	2019-07-01
背书金额	97,000.00
被背书人	101
利息	0.00
费用	0.00
对应科目	
汇率	1

确定　　取消

图2-63　票据背书

5.制单处理

2019年7月1日，由赵凯（W02）登录企业应用平台。依次双击"业务工作"页签中的"财务会计→应收款管理→制单处理"菜单，打开"制单查询"窗口，选择"票据处理制单"，如图2-64所示，单击"确定"，打开"制单"窗口，如图2-65所示，单击"全选"，单击"制单"，生成一张记账凭证，单击"保存"，如图2-66所示。

制单查询

☑发票制单
□应收单制单
□收付款单制单
□核销制单
☑票据处理制单
□汇兑损益制单
□预收冲应收制单
□应收冲应付制单
□订票对冲制单
□预结制单
□坏账处理制单

客户		币种	所有币种
部门		业务员	
单据号			
记账日期		—	2019-07-01
金额			
结算方式		审核人	
款项类型		制单人	
订单号			
合同类型			
合同号			
存货分类		销售类型	
存货		存货规格	

显示
◉ 未隐藏记录　　○ 隐藏记录

确定　　取消

图2-64　"制单查询"窗口

制单 ×

应收制单

凭证类别　记账凭证　　制单日期　2019-07-01

选择标志	凭证类别	单据类型	单据号	日期	客户编码	客户名称	部门	业务员	金额
	记账凭证	票据背书	35978808	2019-07-01	103	上海乐淘贸易有限公司	销售部	刘晓明	97,000.00

图2-65　应收制单

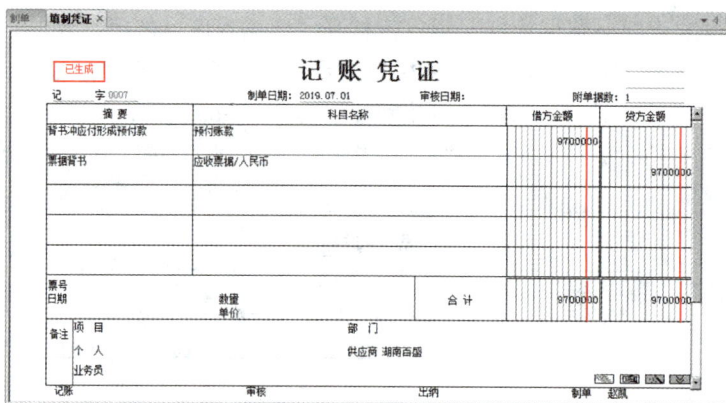

图2-66　记账凭证

6.参照采购订单生成第二批货物的到货单

2019年7月2日，由采购部张宏亮（G01）登录企业应用平台。在"采购管理"子系统，双击"采购到货→到货单"菜单，打开"到货单"窗口。单击工具栏的"增加"按钮，再执行工具栏的"生单"|"采购订单"命令，打开"查询条件选择–采购订单列表过滤"对话框，单击"确定"按钮，系统弹出"拷贝并执行"窗口。双击"到货单拷贝订单表头列表"中订单号"CG07003"最左侧的"选择"单元格，选中该订单，如图2-67所示，单击"OK确定"按钮，系统返回"到货单"窗口，生成一张到货单。单击"保存"按钮，保存该单据。单击"审核"按钮，审核该单据，结果如图2-68所示，关闭并退出该窗口。

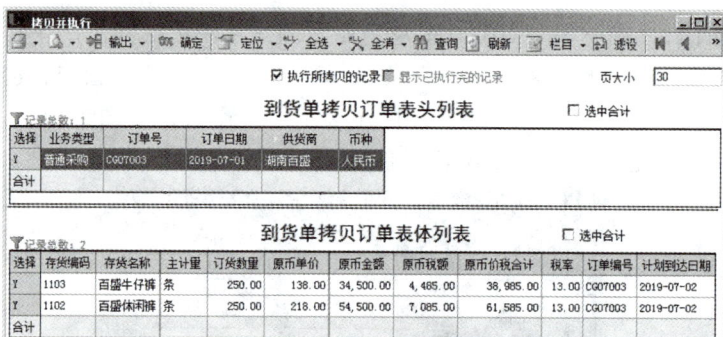

图2-67　"拷贝并执行"窗口

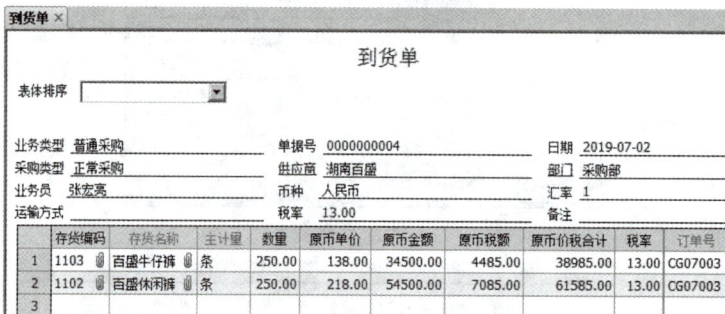

图2-68　到货单

7.参照到货单生成第二批货物的采购入库单

2019年7月2日，由李泽华（C01）登录企业应用平台。依次双击"业务工作"页签

中的"供应链→库存管理→入库业务→采购入库单"菜单，系统打开"采购入库单"窗口。执行"生单"|"采购到货单（蓝字）"命令，打开"查询条件选择-采购到货单列表"对话框，单击"确定"按钮，系统打开"到货单生单列表"窗口。双击要选择的到货单所对应的"选择"栏（即上一步骤完成的到货单），如图2-69所示，再单击工具栏的"OK确定"按钮，系统返回"采购入库单"窗口。

图2-69　"到货单生单列表"窗口

　　根据图2-54修改采购入库单表头中的"入库单号"为"RK07004"，"仓库"选择"服装仓"，其他项默认，结果如图2-70所示。单击工具栏的"保存"按钮，保存该单据。单击工具栏的"审核"按钮，系统提示"该单据审核成功！"，单击"确定"，该单据审核通过。关闭并退出该窗口。

图2-70　采购入库单

8.参照入库单生成采购专用发票（现付）

　　（1）2019年7月2日，由张宏亮（G01）登录企业应用平台。依次双击"业务工作"页签中的"供应链→采购管理→采购发票→采购专用发票"菜单，打开"专用发票"窗口。单击工具栏的"增加"按钮，再执行工具栏的"生单"|"入库单"命令，打开"查询条件选择-采购入库单列表过滤"对话框，单击"确定"按钮。在"拷贝并执行"窗口，双击选择RK07003号、RK07004号入库单对应的"选择"栏，如图2-71所示，再单击工具栏的"OK确定"按钮，返回"采购专用发票"窗口，修改表头项目"发票号"为"83051433"，其他项默认。单击工具栏的"保存""结算"，结果如图2-72所示。

　　（2）现结。单击工具栏的"现付"按钮，打开"采购现付"窗口。根据图2-56，"结算方式"选择"电汇"，"原币金额"输入"104140"，"票据号"输入"36257059"，结果如图2-73所示。单击"确定"按钮，返回专用发票窗口。关闭该窗口。

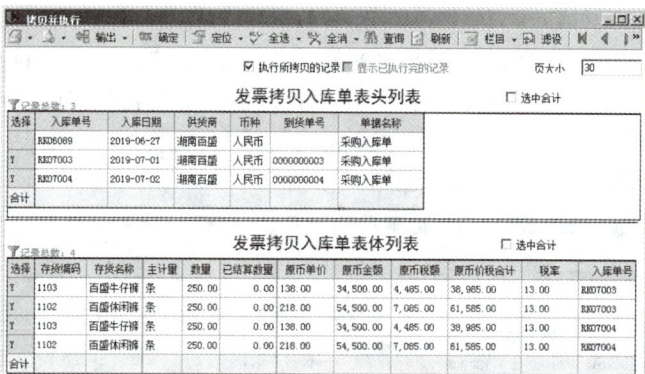

图2-71　"拷贝并执行"窗口

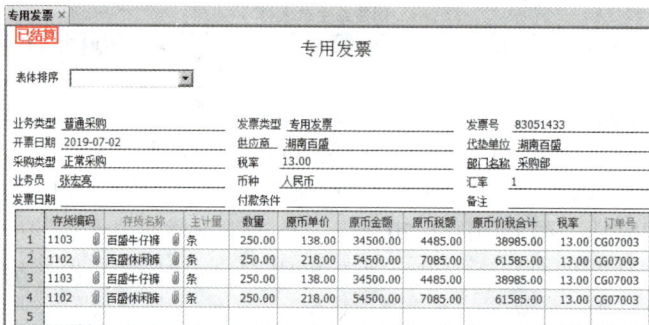

图2-72　采购专用发票

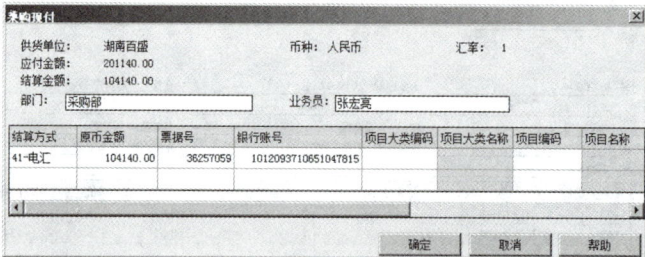

图2-73　"采购现付"窗口

9.审核发票并制单处理

（1）2019年7月2日，由赵凯（W02）登录企业应用平台。依次双击"业务工作"页签中的"财务会计→应付款管理→应付单据处理→应付单据审核"菜单，系统打开"应付单查询条件"窗口。选中"包含已现结发票"，单击"确定"按钮，打开"单据处理"窗口。单击"全选"按钮，单击"审核"按钮，系统完成审核并给出审核报告，单击"确定"按钮后退出。

（2）双击"制单处理"菜单，打开"制单查询"对话框，选择"现结制单"，单击"确定"按钮，打开"制单"窗口。单击"全选"按钮，选中要制单的采购专用发票，单击"制单"，生成一张记账凭证，单击"保存"按钮，如图2-74所示。关闭当前已打开的窗口。

10.预付冲应付

依次双击"业务工作"页签中的"财务会计→应付款管理→转账→预付冲应付"菜单，打开"预付冲应付"对话框，供应商选择"湖南百盛"，单击"过滤"，转账金额输入"97000"，如图2-75所示。

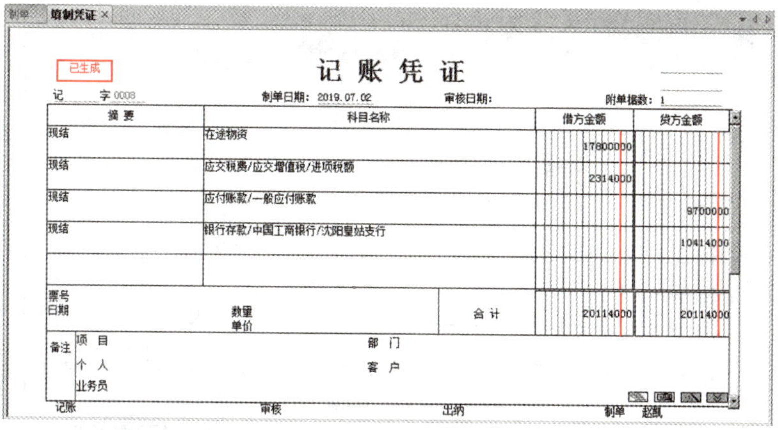

图2-74 记账凭证

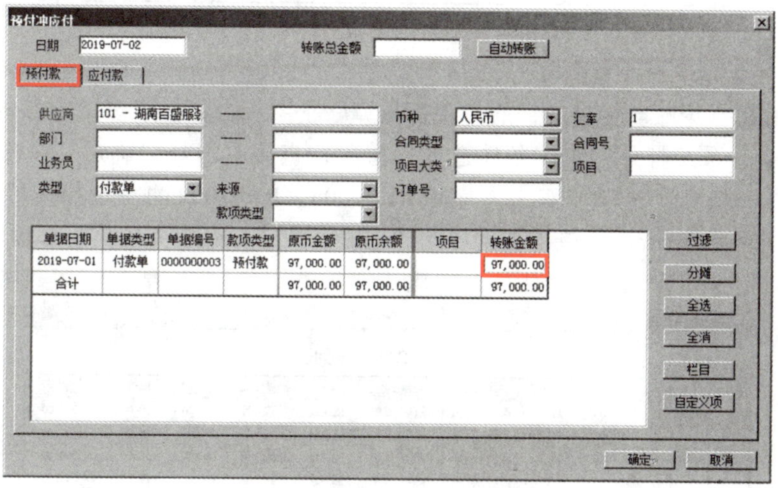

图2-75 预付冲应付——预付款

　　再单击"应付款"选项卡，单击"过滤"，转账金额输入"97000"，如图2-76所示，单击"确定"，系统提示"是否立即制单?"，单击"是"，系统生成一张记账凭证，单击"保存"，结果如图2-77所示。关闭当前窗口。

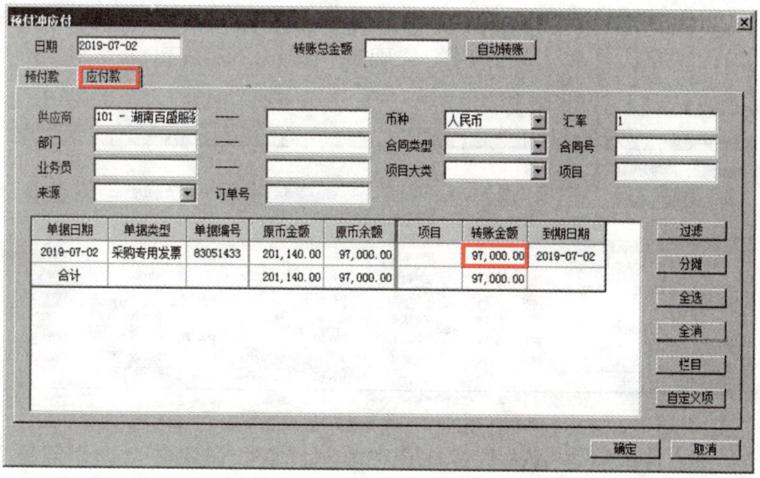

图2-76 预付冲应付——应付款

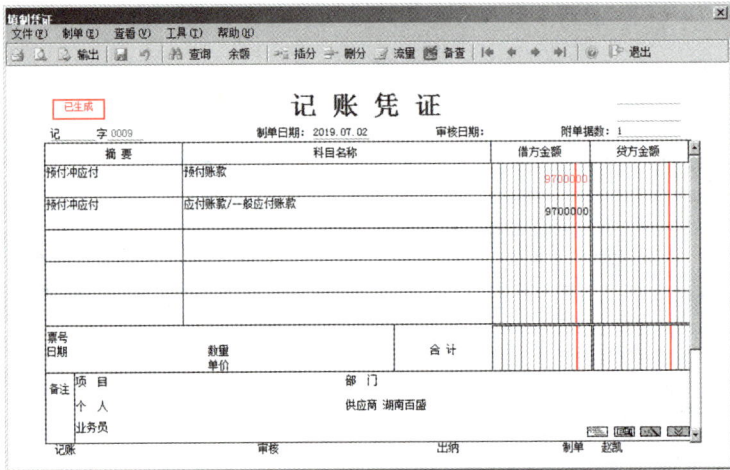

图2-77 记账凭证

11.正常单据记账并生成凭证

（1）正常单据记账。在供应链的"存货核算"子系统，依次双击"业务核算→正常单据记账"菜单，系统打开"查询条件选择"窗口，直接单击其"确定"按钮，系统打开"未记账单据一览表"窗口。双击入库单RK07003、RK07004的"选择"栏，使其显示"Y"字样，如图2-78所示。单击工具栏的"记账"按钮，系统弹出信息框提示记账成功，单击其"确定"按钮，完成记账工作，退出该窗口。

正常单据记账列表

选择	日期	单据号	存货编码	存货名称	单据类型	仓库名称	收发类别	数量	单价	金额
Y	2019-07-01	RK07003	1103	百盛牛仔裤	采购入库单	服装仓	采购入库	250.00	138.00	34,500.00
Y	2019-07-01	RK07003	1102	百盛休闲裤	采购入库单	服装仓	采购入库	250.00	218.00	54,500.00
Y	2019-07-02	RK07004	1103	百盛牛仔裤	采购入库单	服装仓	采购入库	250.00	138.00	34,500.00
Y	2019-07-02	RK07004	1102	百盛休闲裤	采购入库单	服装仓	采购入库	250.00	218.00	54,500.00
小计								1,000.00		178,000.00

图2-78 正常单据记账列表

（2）生成凭证（合成）。依次双击"存货核算"子系统的"财务核算→生成凭证"菜单，系统打开"生成凭证"窗口。单击工具栏的"选择"按钮，系统弹出"查询条件"对话框，单击"确定"按钮，系统打开"选择单据"窗口，单击工具栏的"全选"按钮，选中已记账的采购入库单，再单击工具栏的"确定"按钮，系统自动关闭"选择单据"窗口返回"生成凭证"窗口，如图2-79所示。

图2-79 "生成凭证"窗口

单击工具栏的"合成"按钮，系统打开"填制凭证"窗口并自动生成凭证。单击工具栏的"保存"按钮，生成一张记账凭证，保存此凭证，如图2-80所示。

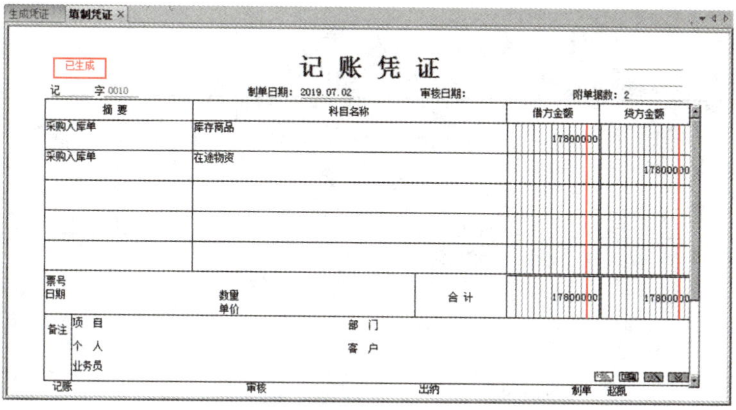

图 2-80　记账凭证

【提示】

关于票据背书操作的说明。系统提供"冲销应付账款"和"其他"两种背书方式，默认值为前者。当背书方式为"冲销应付账款"时，如果背书金额大于应付账款，则将剩余金额记为供应商的预付款，并结清该张票据。本例就是这种情况，背书时辽宁恒通没有湖南百盛的应付账款。当背书方式为"其他"时，对应科目为应付系统不受控的相关科目。票据背书后，将不能再对其进行其他处理。

业务4　分仓库入库的现金折扣业务

2019年7月2日，采购部徐辉与天津惠阳商贸有限公司（简称天津惠阳）签订购销合同。当日，收到对方发来的全部商品及增值税专用发票，货物均已办理入库。

2019年7月3日，支付天津惠阳货款。（付款单）

相关凭证如图2-81至图2-85所示。

购销合同

合同编号：CG07004

卖方：天津惠阳商贸有限公司
买方：辽宁恒通商贸有限公司

为保护买卖双方的合法权益，根据《中华人民共和国合同法》的有关规定，买卖双方经友好协商，一致同意签订本合同，并共同遵守合同约定。

一、货物的名称、数量及金额：

货物名称	规格型号	计量单位	数量	单价（不含税）	金额（不含税）	税率	税额
嘉伟羽绒服		件	200	600.00	120 000.00	13%	15 600.00
恒久情侣表		对	100	8 000.00	800 000.00	13%	104 000.00
合　计					￥920 000.00		￥119 600.00

二、合同总金额：人民币壹佰零叁万玖仟陆佰元整（￥1 039 600.00）。

三、签订合同当日，卖方发出全部商品并开具增值税专用发票。信用条件：3/10，1.5/20，n/30（按不含税价款计算）。结算方式：电汇。

四、交货地点：辽宁恒通商贸有限公司。

五、发运方式与运输费用承担方式：由卖方发货并承担运输费用。

卖　　方：天津惠阳商贸有限公司　　买　　方：辽宁恒通商贸有限公司
授权代表：张进　　　　　　　　　　授权代表：徐辉
日　　期：2019年7月2日　　　　　日　　期：2019年7月2日

图 2-81　购销合同

入库单

供应商：天津惠阳　　　　　　　　2019年7月2日　　　　　　　　单号：RK07005

验收仓库	存货编码	存货名称	单位	数量		单价	金额
				应收	实收		
服装仓	1153	嘉伟羽绒服	件	200	200		
合　计							

部门经理：略　　　　　会计：略　　　　　仓库：略　　　　　经办人：略

图2-82　入库单

入库单

供应商：天津惠阳　　　　　　　　2019年7月2日　　　　　　　　单号：RK07006

验收仓库	存货编码	存货名称	单位	数量		单价	金额
				应收	实收		
手表仓	1253	恒久情侣表	对	100	100		
合　计							

部门经理：略　　　　　会计：略　　　　　仓库：略　　　　　经办人：略

图2-83　入库单

012001900105　　天津增值税专用发票　　№ 32307931　　012001900105
32307931

发票联　　　　　　　开票日期：2019年7月2日

购买方	名　称：辽宁恒通商贸有限公司 纳税人识别号：91210105206917583A 地址、电话：辽宁省沈阳市皇姑区人民路369号 024-82681359 开户行及账号：中国工商银行沈阳皇姑支行 2107024015890035666	密码区	<236>*3315<07632/*7+4<43*26 2+1>51284650*>5>2-91766-03 >/1+3-0*2185028152380-528<5 <1598/938>35531*/3+05>10765

货物或应税劳务、服务名称	规格型号	单位	数量	单价	金额	税率	税额
*服装*嘉伟羽绒服		件	200	600.00	120 000.00	13%	15 600.00
*手表*恒久情侣表		对	100	8 000.00	800 000.00	13%	104 000.00
合　　计					¥920 000.00		¥119 600.00

价税合计（大写）	⊗壹佰零叁万玖仟陆佰元整	（小写）¥ 1 039 600.00

销售方	名　称：天津惠阳商贸有限公司 纳税人识别号：91120104572036908A 地址、电话：天津市南开区中华路三段88号 022-81329367 开户行及账号：中国农业银行天津南开支行 2806725046208670931	备注

收款人：许嘉麒　　　复核：胡婉萱　　　开票人：李丹　　　销售方：（章）

图2-84　增值税专用发票

图2-85 电汇付款凭证

【操作过程概览】

本业务的操作过程概览见表2-4。

表2-4 操作过程概览

序号	操作日期	操作员	系统	操作内容
1	2019-07-02	G01张宏亮	采购管理	填制采购订单
2	2019-07-02	G01张宏亮	采购管理	参照采购订单生成到货单
3	2019-07-02	C01李泽华	库存管理	参照到货单批量生成采购入库单
4	2019-07-02	G01张宏亮	采购管理	参照采购入库单生成采购专用发票
5	2019-07-02	W02赵凯	应付款管理	审核发票并制单处理
6	2019-07-02	W02赵凯	存货核算	正常单据记账并生成凭证
7	2019-07-03	W03贺青	应付款管理	填制付款单
8	2019-07-03	W02赵凯	应付款管理	审核付款单、核销、合并制单

【具体操作过程】

1.填制采购订单

2019年7月2日，由张宏亮（G01）登录企业应用平台。

（1）依次双击"业务工作"页签中的"供应链→采购管理→采购订货→采购订单"菜单，打开"采购订单"窗口。单击工具栏的"增加"按钮，根据图2-81填制采购订单。

①填制表头信息。修改表头的"订单编号"（即合同编号）为"CG07004"，"供应商"为"天津惠阳"，"业务员"为"徐辉"，付款条件为"3/10，1.5/20，n/30"，"采购类型"为"正常采购"，其他项默认。

②填制表体信息。在第1行，选择"存货编码"为"1153"（嘉伟羽绒服），输入"数量"为"200"，"原币单价"为"600"，"计划到货日期"为当日；按此方法录入第2行的货物信息。

（2）单击工具栏的"保存"按钮，保存该单据。单击工具栏的"审核"按钮，审核该订单，结果如图2-86所示。关闭并退出该窗口。

图2-86　采购订单

2.参照采购订单生成到货单

在"采购管理"子系统，双击"采购到货→到货单"菜单，打开"到货单"窗口。单击工具栏的"增加"按钮，再执行工具栏的"生单"|"采购订单"命令，打开"查询条件选择-采购订单列表过滤"对话框，单击"确定"按钮，系统弹出"拷贝并执行"窗口。双击"到货单拷贝订单表头列表"中订单号"CG07004"最左侧的"选择"单元格，选中该订单，单击"OK确定"按钮，系统返回"到货单"窗口，生成一张到货单。单击工具栏的"保存"按钮，保存该单据。单击工具栏的"审核"按钮，审核该单据，结果如图2-87所示，关闭并退出该窗口。

图2-87　到货单

3.参照到货单批量生成采购入库单

2019年7月2日，由李泽华（C01）登录企业应用平台。依次双击"业务工作"页签中的"供应链→库存管理→入库业务→采购入库单"菜单，系统打开"采购入库单"窗口。执行"生单"|"采购到货（批量）"命令，打开"查询条件选择-采购到货单列表"对话框，单击"确定"按钮，系统打开"到货单生单列表"窗口。双击要选择的到货单所对应的"选择"栏（即上一步骤完成的到货单）。在窗口下方嘉伟羽绒服那一行的仓库选择"服装仓"，恒久情侣表那一行的仓库选择"手表仓"，如图2-88所示。再单击工具栏的"OK确定"按钮，系统返回"采购入库单"窗口。

根据图2-83，单击"修改"按钮，将手表仓采购入库单表头中的"入库单号"改为"RK07006"，保存并审核该入库单，结果如图2-89所示。

单击工具栏的"←上张"按钮，根据图2-82，单击"修改"，将服装仓采购入库单表头中的"入库单号"改为"RK07005"，保存并审核该入库单，结果如图2-90所示。

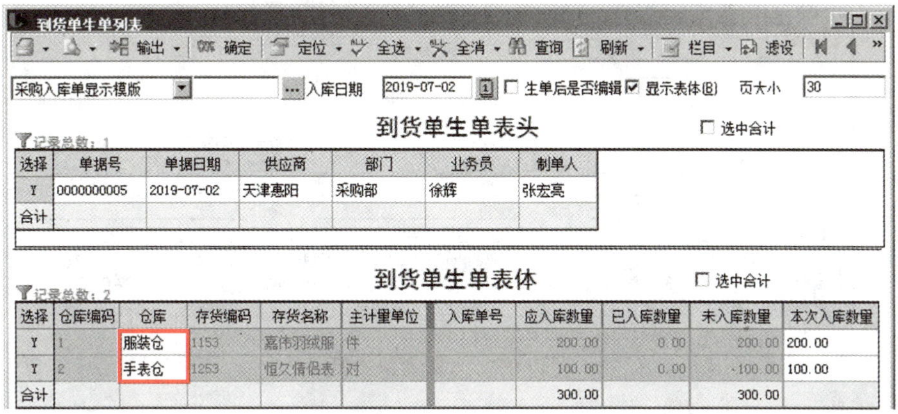

图2-88 "到货单生单列表"窗口

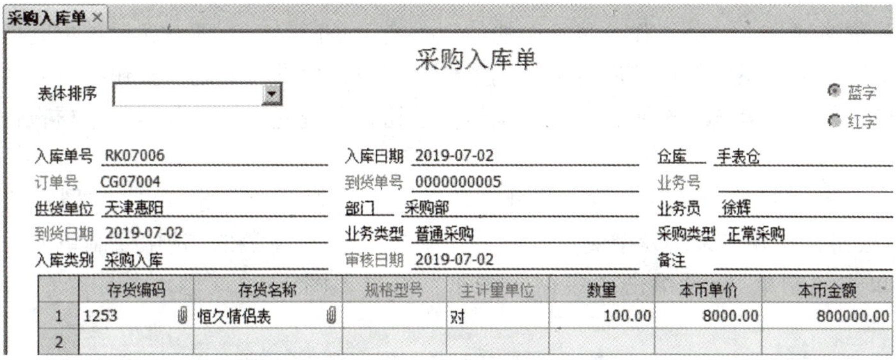

图2-89 采购入库单

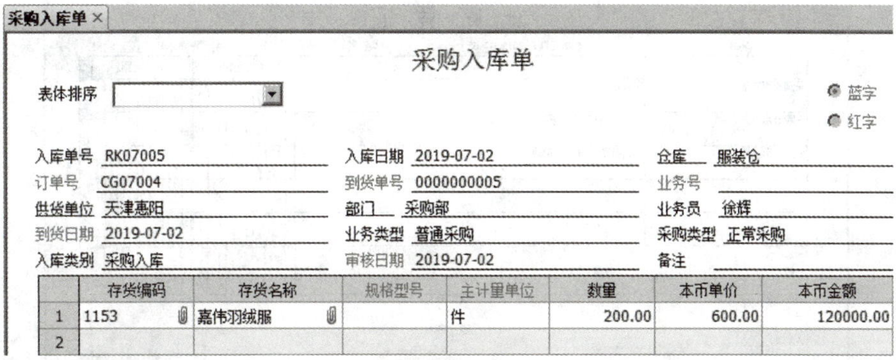

图2-90 采购入库单

4.参照采购入库单生成采购专用发票

2019年7月2日，由张宏亮（G01）登录企业应用平台。依次双击"业务工作"页签中的"供应链→采购管理→采购发票→采购专用发票"菜单，打开"专用发票"窗口。单击工具栏的"增加"按钮，再执行工具栏的"生单"|"入库单"命令，打开"查询条件选择-采购入库单列表过滤"对话框，单击"确定"按钮。在"拷贝并执行"窗口，双击选择RK07005号、RK07006号入库单对应的"选择"栏，再单击工具栏的"OK确定"按钮，返回"采购专用发票"窗口，修改表头项目"发票号"为"32307931"，其他项默认。单击工具栏的"保存"按钮，再单击"结算"，如图2-91所示。

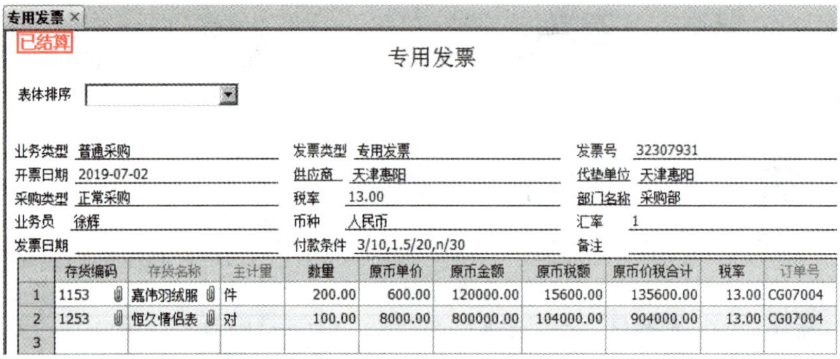
专用发票 ×

已结算

专用发票

表体排序

业务类型	普通采购	发票类型	专用发票	发票号	32307931
开票日期	2019-07-02	供应商	天津惠阳	代垫单位	天津惠阳
采购类型	正常采购	税率	13.00	部门名称	采购部
业务员	徐辉	币种	人民币	汇率	1
发票日期		付款条件	3/10,1.5/20,n/30	备注	

	存货编码	存货名称	主计量	数量	原币单价	原币金额	原币税额	原币价税合计	税率	订单号
1	1153	嘉伟羽绒服	件	200.00	600.00	120000.00	15600.00	135600.00	13.00	CG07004
2	1253	恒久情侣表	对	100.00	8000.00	800000.00	104000.00	904000.00	13.00	CG07004
3										

图2-91 采购专用发票

5.审核发票并制单处理

2019年7月2日，由赵凯（W02）登录企业应用平台。

（1）依次双击“业务工作”页签中的“财务会计→应付款管理→应付单据处理→应付单据审核”菜单，系统打开“应付单查询条件”窗口，单击“确定”按钮，打开“单据处理”窗口，单击“全选”按钮，单击“审核”按钮，系统完成审核并给出审核报告，单击“确定”按钮后退出。

（2）双击“制单处理”菜单，打开“制单查询”对话框，选择“发票制单”，单击“确定”按钮，打开“采购发票制单”窗口。单击“全选”按钮，选中要制单的采购专用发票，单击“制单”，再单击“保存”按钮，结果如图2-92所示。关闭当前已打开的窗口。

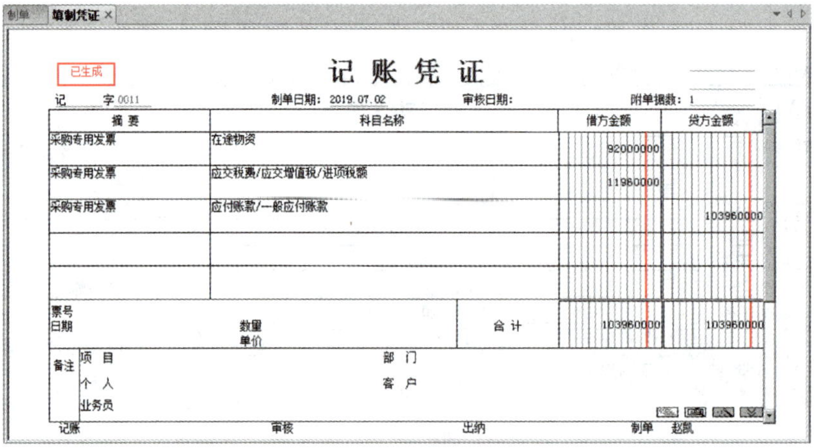
制单 填制凭证 ×

已生成

记 账 凭 证

记 字 0011 制单日期：2019.07.02 审核日期： 附单据数：1

摘要	科目名称	借方金额	贷方金额
采购专用发票	在途物资	92000000	
采购专用发票	应交税费/应交增值税/进项税额	11960000	
采购专用发票	应付账款/一般应付账款		103960000
票号 日期 数量 单价	合计	103960000	103960000

备注 项目 部门
个人 客户
业务员

记账 审核 出纳 制单 赵凯

图2-92 记账凭证

6.正常单据记账并生成凭证

（1）正常单据记账。在供应链的“存货核算”子系统，依次双击“业务核算→正常单据记账”菜单，系统打开“查询条件选择”窗口，直接单击其“确定”按钮，系统打开“未记账单据一览表”窗口，双击入库单RK07005、RK07006的“选择”栏，使其显示“Y”字样，此时单击工具栏的“记账”按钮，系统弹出信息框提示记账成功，单击其“确定”按钮，完成记账工作，退出该窗口。

（2）生成凭证。依次双击“存货核算”子系统的“财务核算→生成凭证”菜单，系统打开“生成凭证”窗口。单击工具栏的“选择”按钮，系统弹出“查询条件”对话框，单击“确定”按钮，系统打开“选择单据”窗口，单击工具栏的“全选”按钮，选中已记账的采购入库单，再单击工具栏的“确定”按钮，系统自动关闭“选择单据”窗口返回“生成凭证”窗口，如图2-93所示。

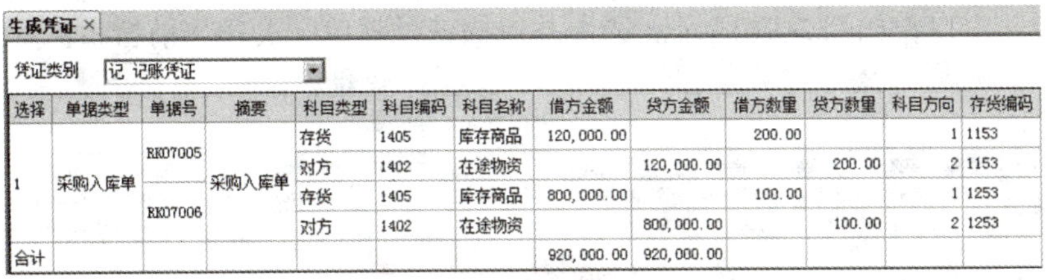
生成凭证 ×

凭证类别　记 记账凭证

选择	单据类型	单据号	摘要	科目类型	科目编码	科目名称	借方金额	贷方金额	借方数量	贷方数量	科目方向	存货编码
1	采购入库单	RK07005	采购入库单	存货	1405	库存商品	120,000.00		200.00		1	1153
				对方	1402	在途物资		120,000.00		200.00	2	1153
		RK07006		存货	1405	库存商品	800,000.00		100.00		1	1253
				对方	1402	在途物资		800,000.00		100.00	2	1253
合计							920,000.00	920,000.00				

图2-93　“生成凭证”窗口

单击工具栏的“合成”按钮，系统打开“填制凭证”窗口并自动生成凭证。单击工具栏的“保存”按钮，生成一张记账凭证，保存此凭证，如图2-94所示，关闭并退出窗口。

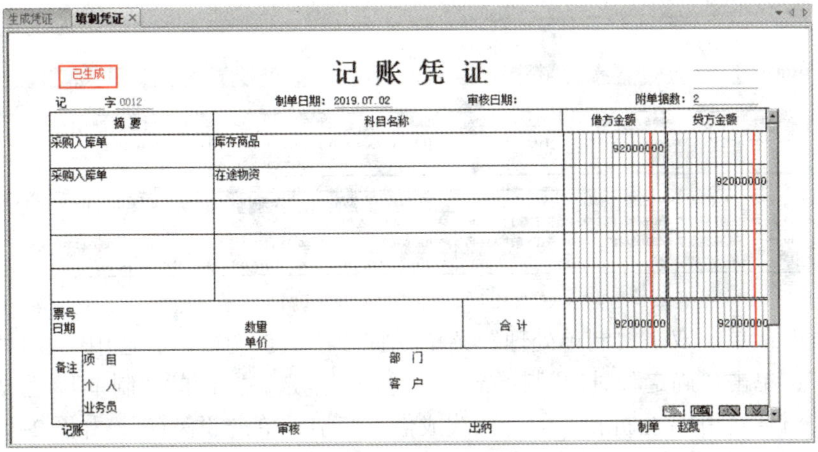

图2-94　记账凭证

7.填制付款单

2019年7月3日，由贺青（W03）登录企业应用平台。依次双击“业务工作”页签中的“财务会计→应付款管理→付款单据处理→付款单据录入”菜单，打开“收付款单录入”窗口，根据图2-85填制一张付款单，填制完毕单击“保存”按钮，结果如图2-95所示。

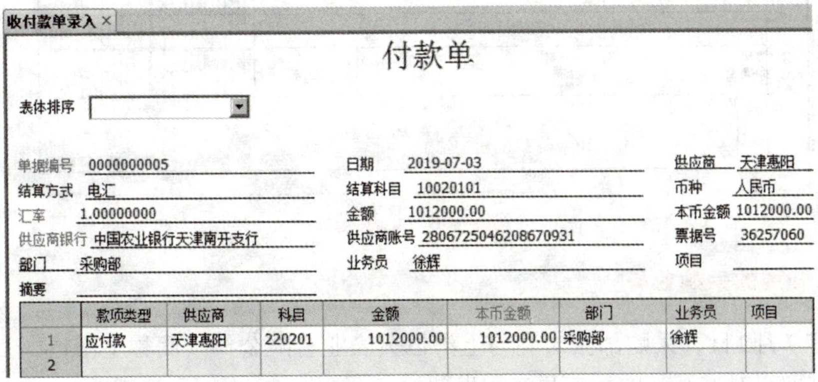

	款项类型	供应商	科目	金额	本币金额	部门	业务员	项目
1	应付款	天津惠阳	220201	1012000.00	1012000.00	采购部	徐辉	
2								

图2-95　付款单

8.审核付款单、核销，合并制单

2019年7月3日，由赵凯（W02）登录企业应用平台。

（1）付款单审核。依次双击"业务工作"页签中的"财务会计→应付款管理→付款单据处理→付款单据审核"菜单，打开"付款单查询条件"窗口，单击"确定"，打开"收付款单列表"窗口，如图2-96所示。选中并审核该付款单。关闭当前窗口。

选择	审核人	单据日期	单据类型	单据编号	供应商	部门	业务员	结算方式	票据号	币种	汇率	原币金额
	赵凯	2019-07-03	付款单	0000000005	天津惠阳商贸有限公司	采购部	徐辉	电汇	36257060	人民币	1.00000000	1,012,000.00
合计												1,012,000.00

图2-96　收付款单列表

（2）手工核销。双击"核销处理→手工核销"菜单，打开"核销条件"窗口，供应商选择"天津惠阳"，单击"确定"，打开"单据核销"窗口，在采购专用发票的"本次折扣"栏输入"27600"，"本次结算"栏输入"1012000"，如图2-97所示，单击"保存"，退出。

单据日期	单据类型	单据编号	供应商	款项类型	结算方式	币种	汇率	原币金额	原币余额	本次结算	订单号
2019-07-03	付款单	0000000005	天津惠阳	应付款	电汇	人民币	1.00000000	1,012,000.00	1,012,000.00	1,012,000.00	
合计								1,012,000.00	1,012,000.00	1,012,000.00	

单据日期	单据类型	单据编号	到期日	供应商	币种	原币金额	原币余额	可享受折扣	本次折扣	本次结算	订单号	凭证号
2019-06-15	采购专用发票	14035890	2019-06-15	天津惠阳	人民币	66,274,500.00	66,274,500.00	0.00				
2019-07-02	采购专用发票	32307931	2019-08-01	天津惠阳	人民币	1,039,600.00	1,039,600.00	31,188.00	27,600.00	1,012,000.00	CG07004	记-0011
合计						67,314,100.00	67,314,100.00	31,188.00	27,600.00	1,012,000.00		

图2-97　"单据核销"窗口

（3）合并制单。双击"制单处理"菜单，打开单据查询窗口，选中"收付款单制单""核销制单"，单击"确定"，打开制单窗口，单击"全选""合并""制单"，生成一张记账凭证，将"财务费用/现金折扣"的金额改成借方红字，单击"保存"，如图2-98所示。

记 账 凭 证

记　字 0013　　　制单日期：2019.07.03　　　审核日期：　　　　　附单据数：2

摘　要	科目名称	借方金额	贷方金额
核销	应付账款/一般应付账款	103960000	
付款单	银行存款/中国工商银行/沈阳皇姑支行		101200000
现金折扣	财务费用/现金折扣	2760000	
	合　计	101200000	101200000

记账　　　　　审核　　　　　出纳　　　　　制单 赵凯

图2-98　记账凭证

业务5　先开票的采购业务

2019年7月2日，采购部张宏亮与上海恒久表业有限公司（简称上海恒久）签订购销合同。当日取得对方开具的增值税专用发票。

2019年7月3日，收到上海恒久发来的货物，均已办理入库，恒通公司支付全部货款。（选择付款）

相关凭证如图2-99至图2-102所示。

购销合同

合同编号：CG07005

卖方：上海恒久表业有限公司
买方：辽宁恒通商贸有限公司

为保护买卖双方的合法权益，根据《中华人民共和国合同法》的有关规定，买卖双方经友好协商，一致同意签订本合同，并共同遵守合同约定。

一、货物的名称、数量及金额：

货物名称	规格型号	计量单位	数量	单价（不含税）	金额（不含税）	税率	税额
恒久男表		只	100	5 188.00	518 800.00	13%	67 444.00
恒久女表		只	150	2 880.00	432 000.00	13%	56 160.00
合　计					¥950 800.00		¥123 604.00

二、合同总金额：人民币壹佰零柒万肆仟肆佰零肆元整（¥1 074 404.00）。

三、签订合同当日，卖方开具增值税专用发票。7月3日，卖方发出全部商品，买方支付货款。

四、交货地点：辽宁恒通商贸有限公司。

五、发运方式与运输费用承担方式：由卖方发货并承担运输费用。

卖　方：上海恒久表业有限公司　　　　买　方：辽宁恒通商贸有限公司
授权代表：张运久　　　　　　　　　　授权代表：张宏亮
日　　期：2019年7月2日　　　　　　　日　　期：2019年7月2日

图2-99　购销合同

上海增值税专用发票

031001900105　　　　　　　　　　　　　　№ 23108941

发票联

开票日期：2019年7月2日

购买方	名　称：辽宁恒通商贸有限公司 纳税人识别号：91210105206917583A 地址、电话：辽宁省沈阳市皇姑区人民路369号 024-82681359 开户行及账号：中国工商银行沈阳皇姑支行 2107024015890035666	密码区	0375893<279>77>3859<9771-08 04263>93*+-952*/4-6+448507+ 362019652*2858*<73>2>8047*/ *769489>11<+>5>69/2/921-9<0

货物或应税劳务、服务名称	规格型号	单位	数量	单价	金额	税率	税额
*手表*恒久男表		只	100	5 188.00	518 800.00	13%	67 444.00
*手表*恒久女表		只	150	2 880.00	432 000.00	13%	56 160.00
合　　计					¥950 800.00		¥123 604.00

价税合计（大写）　⊗壹佰零柒万肆仟肆佰零肆元整　（小写）¥1 074 404.00

销售方	名　称：上海恒久表业有限公司 纳税人识别号：91310106896543287A 地址、电话：上海市静安区花园路甲7号 021-28386699 开户行及账号：中国银行上海静安支行 9517205720902010400	备注	

收款人：周宏伟　　复核：陈雅婧　　开票人：张茜钰　　销售方：（章）

图2-100　增值税专用发票

入库单

供应商：上海恒久　　　　　　　　2019年7月3日　　　　　　　　单号：RK07007

验收仓库	存货编码	存货名称	单位	数量 应收	数量 实收	单价	金额
手表仓	1252	恒久男表	只	100	100		
手表仓	1251	恒久女表	只	150	150		
合　计							

部门经理：略　　　　会计：略　　　　仓库：略　　　　经办人：略

图2-101　入库单

中国工商银行 电汇凭证（回单）　1　36257061

☑普通　□加急　　　委托日期　2019年7月3日

汇款人	全称	辽宁恒通商贸有限公司	收款人	全称	上海恒久表业有限公司
	账号	2107024015890035666		账号	9517205720902010400
	开户银行	中国工商银行沈阳皇姑支行		开户银行	中国银行上海静安支行

金额　人民币（大写）　壹佰零柒万肆仟肆佰零肆元整　　亿千百十万千百十元角分　¥1 0 7 4 4 0 4 0 0

中国工商银行沈阳皇姑支行

支付密码

附加信息及用途：货款　　　　复核　　记账

此联为汇出行给汇款人的回单

图2-102　电汇付款凭证

【操作过程概览】

本业务的操作过程概览见表2-5。

表2-5　　　　　　　　操作过程概览

序号	操作日期	操作员	系统	操作内容
1	2019-07-02	G01张宏亮	采购管理	填制采购订单
2	2019-07-02	G01张宏亮	采购管理	参照采购订单生成采购专用发票
3	2019-07-02	W02赵凯	应付款管理	审核发票并制单处理
4	2019-07-03	G01张宏亮	采购管理	参照采购订单生成到货单
5	2019-07-03	C01李泽华	库存管理	参照到货单生成采购入库单
6	2019-07-03	G01张宏亮	采购管理	手工采购结算
7	2019-07-03	W03贺青	应付款管理	选择付款
8	2019-07-03	W02赵凯	应付款管理	合并制单
9	2019-07-03	W02赵凯	存货核算	正常单据记账并生成凭证

【具体操作过程】

1.填制采购订单

2019年7月2日，由张宏亮（G01）登录企业应用平台。依次双击"业务工作"页签中的"供应链→采购管理→采购订货→采购订单"菜单，打开"采购订单"窗口。在"采购订单"窗口，单击工具栏的"增加"按钮，根据图2-99填制采购订单，结果如图2-103所示。单击工具栏的"保存"按钮，单击"审核"按钮。关闭并退出该窗口。

	存货编码	存货名称	主计量	数量	原币单价	原币金额	原币税额	原币价税合计	税率	计划到货日期
1	1252	恒久男表	只	100.00	5188.00	518800.00	67444.00	586244.00	13.00	2019-07-03
2	1251	恒久女表	只	150.00	2880.00	432000.00	56160.00	488160.00	13.00	2019-07-03
3										

图2-103　采购订单

2.参照采购订单生成采购专用发票

依次双击"业务工作"页签中的"供应链→采购管理→采购发票→采购专用发票"菜单，打开"专用发票"窗口。单击工具栏的"增加"按钮，再执行工具栏的"生单"|"采购订单"命令，打开"查询条件选择-采购订单列表过滤"对话框，单击"确定"按钮。在"拷贝并执行"窗口，双击选择CG07005号采购订单对应的"选择"栏，再单击工具栏的"OK确定"按钮，返回"采购专用发票"窗口。根据图2-100，修改表头项目"发票号"为"23108941"，其他项默认。单击工具栏的"保存"按钮，结果如图2-104所示。

	存货编码	存货名称	主计量	数量	原币单价	原币金额	原币税额	原币价税合计	税率	订单号
1	1252	恒久男表	只	100.00	5188.00	518800.00	67444.00	586244.00	13.00	CG07005
2	1251	恒久女表	只	150.00	2880.00	432000.00	56160.00	488160.00	13.00	CG07005
3										

图2-104　采购专用发票

3.审核发票并制单处理

2019年7月2日，由赵凯（W02）登录企业应用平台。

（1）依次双击"业务工作"页签中的"财务会计→应付款管理→应付单据处理→应付单据审核"菜单，系统打开"应付单查询条件"窗口，勾选"未完全报销"，单击"确定"按钮，打开"单据处理"窗口，单击"全选"按钮，单击"审核"按钮，系统完成审核并给出审核报告，单击"确定"按钮后退出。关闭当前窗口。

（2）双击"制单处理"菜单，打开"制单查询"对话框，选择"发票制单"，单击"确定"按钮，打开"制单"窗口。单击"全选"按钮，选中要制单的采购专用发票，单击"制单"，生成一张记账凭证，单击"保存"按钮，如图2-105所示。

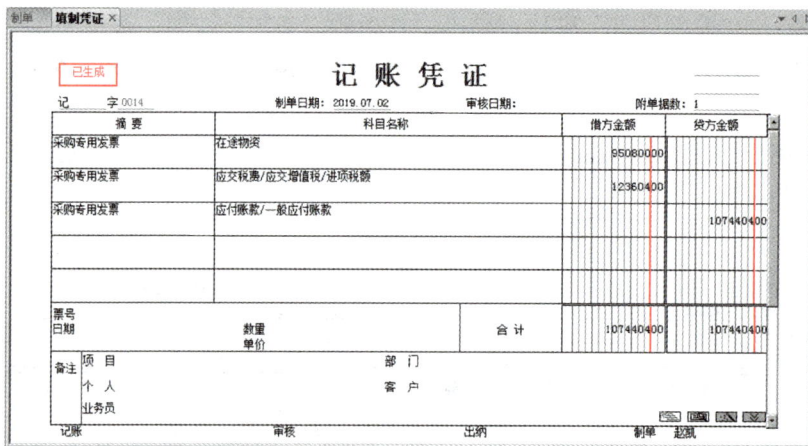

图2-105　记账凭证

4.参照采购订单生成到货单

2019年7月3日，由张宏亮（G01）登录企业应用平台。在"采购管理"子系统，双击"采购到货→到货单"菜单，打开"到货单"窗口。单击工具栏的"增加"按钮，再执行工具栏的"生单"|"采购订单"命令，打开"查询条件选择-采购订单列表过滤"对话框，单击"确定"按钮，系统弹出"拷贝并执行"窗口。双击"到货单拷贝订单表头列表"中订单号"CG07005"最左侧的"选择"单元格，选中该订单，单击"OK确定"按钮，系统返回"到货单"窗口，生成一张到货单。单击工具栏的"保存"按钮，保存该单据。单击工具栏的"审核"按钮，审核该单据，结果如图2-106所示，关闭并退出该窗口。

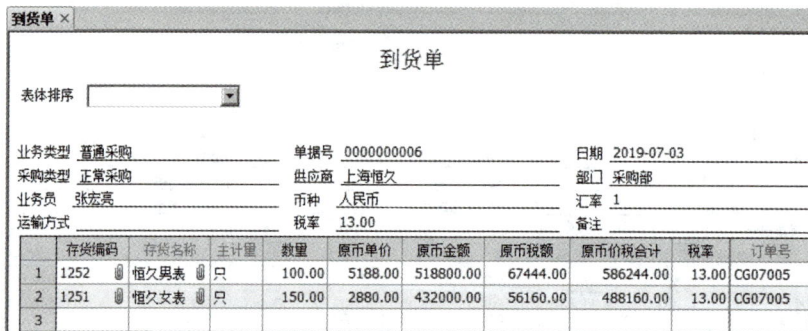

图2-106　到货单

5.参照到货单生成采购入库单

2019年7月3日，由李泽华（C01）登录企业应用平台。

（1）依次双击"业务工作"页签中的"供应链→库存管理→入库业务→采购入库单"菜单，系统打开"采购入库单"窗口。执行"生单"|"采购到货单（蓝字）"命令，打开"查询条件选择-采购到货单列表"对话框，单击"确定"按钮，系统打开"到货单生

单列表”窗口。双击要选择的到货单所对应的“选择”栏（即上一步骤完成的到货单），再单击工具栏的“OK确定”按钮，系统返回“采购入库单”窗口。根据图2-101，修改采购入库单表头中的“入库单号”为“RK07007”，“仓库”选择为“手表仓”，其他项默认。

（2）单击工具栏的“保存”按钮，保存该单据。单击工具栏的“审核”按钮，系统提示“该单据审核成功!”，单击“确定”按钮，该单据审核通过，结果如图2-107所示。关闭并退出该窗口。

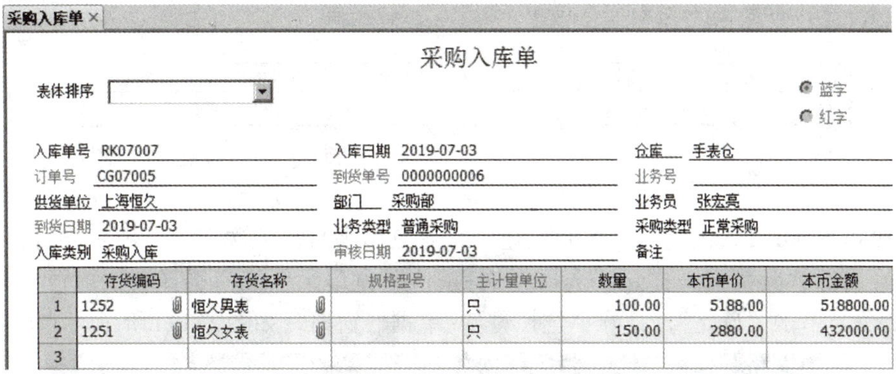
采购入库单 ×

采购入库单

表体排序 ◉ 蓝字 ○ 红字

入库单号 RK07007　入库日期 2019-07-03　仓库 手表仓
订单号 CG07005　到货单号 0000000006　业务号
供货单位 上海恒久　部门 采购部　业务员 张宏亮
到货日期 2019-07-03　业务类型 普通采购　采购类型 正常采购
入库类别 采购入库　审核日期 2019-07-03　备注

	存货编码	存货名称	规格型号	主计量单位	数量	本币单价	本币金额
1	1252	恒久男表		只	100.00	5188.00	518800.00
2	1251	恒久女表		只	150.00	2880.00	432000.00
3							

图2-107 采购入库单

6.手工采购结算

2019年7月3日，由张宏亮（G01）登录企业应用平台。

（1）双击“采购管理→采购结算→手工结算”菜单，打开“手工结算”窗口。单击“选单”按钮，打开“结算选单”窗口。

（2）单击“查询”按钮，打开“查询条件选择-采购手工结算”对话框，点击“确定”，选择相应的“采购发票”和“入库单”，如图2-108所示，单击“OK确定”按钮。

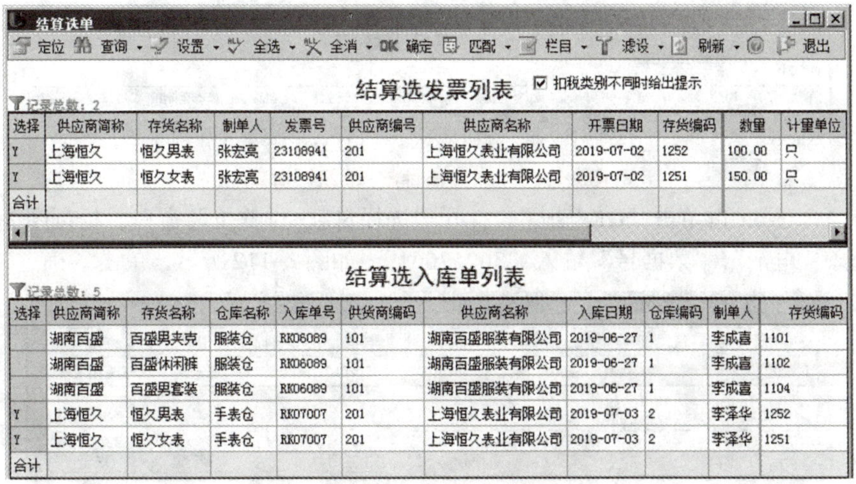
结算选单

定位 查询 设置 全选 全消 OK 确定 匹配 栏目 滤设 刷新 退出

结算选发票列表 ☑ 扣税类别不同时给出提示

记录总数：2

选择	供应商简称	存货名称	制单人	发票号	供应商编号	供应商名称	开票日期	存货编码	数量	计量单位
Y	上海恒久	恒久男表	张宏亮	23108941	201	上海恒久表业有限公司	2019-07-02	1252	100.00	只
Y	上海恒久	恒久女表	张宏亮	23108941	201	上海恒久表业有限公司	2019-07-02	1251	150.00	只
合计										

结算选入库单列表

记录总数：5

选择	供应商简称	存货名称	仓库名称	入库单号	供货商编码	供应商名称	入库日期	仓库编码	制单人	存货编码
	湖南百盛	百盛男夹克	服装仓	RK06089	101	湖南百盛服装有限公司	2019-06-27	1	李成喜	1101
	湖南百盛	百盛休闲裤	服装仓	RK06089	101	湖南百盛服装有限公司	2019-06-27	1	李成喜	1102
	湖南百盛	百盛男套装	服装仓	RK06089	101	湖南百盛服装有限公司	2019-06-27	1	李成喜	1104
Y	上海恒久	恒久男表	手表仓	RK07007	201	上海恒久表业有限公司	2019-07-03	2	李泽华	1252
Y	上海恒久	恒久女表	手表仓	RK07007	201	上海恒久表业有限公司	2019-07-03	2	李泽华	1251
合计										

图2-108 “结算选单”窗口

（3）系统回到“手工结算”窗口，如图2-109所示，单击“结算”按钮，系统显示“完成结算!”，关闭该窗口。

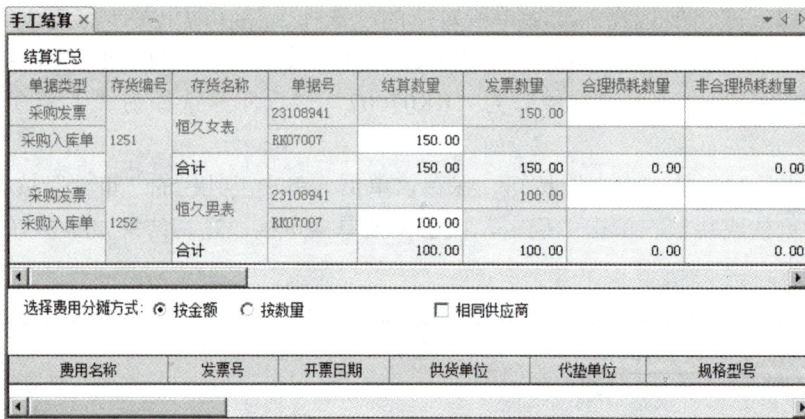

图2-109 "手工结算"窗口

7.选择付款

2019年7月3日，由贺青（W03）登录企业应用平台。依次双击"财务会计→应付款管理→选择付款"菜单，打开"选择付款-条件"窗口，供应商选择"上海恒久"，如图2-110所示，单击"确定"，打开"选择付款-单据"窗口，如图2-111所示。

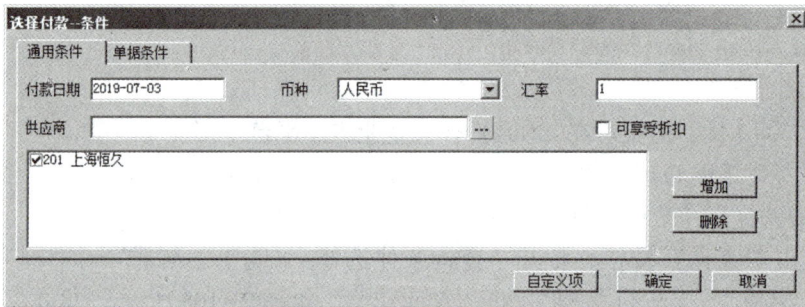

图2-110 "选择付款-条件"窗口

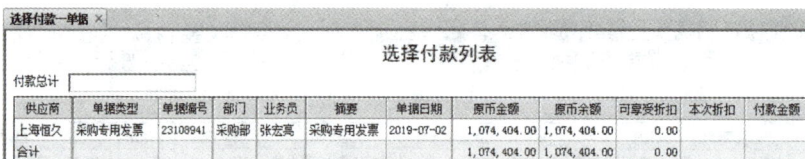

图2-111 "选择付款-单据"窗口

单击"全选"，再单击"OK确认"，打开"选择付款-付款单"窗口，根据图2-102，结算方式选择"电汇"，"票据号"输入"36257061"，如图2-112所示，单击"确定"，退出。

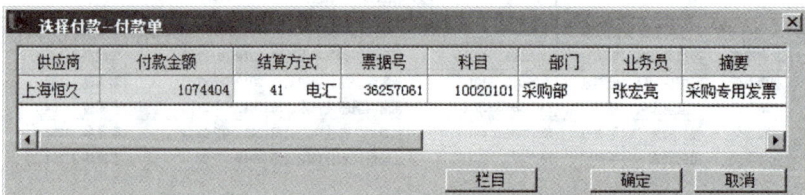

图2-112 "选择付款-付款单"窗口

【提示】

选择付款功能可以实现一次对单个或多个供应商的单笔或多笔款项的付款核销处理。

选择付款后系统自动生成已审核、已核销的付款单，该付款单的制单人、审核人和核销人均为同一人（本例为W03贺青）。该功能也可以处理有现金折扣的付款业务。如果只支付某单据的部分金额，可手工输入"付款金额"。

8.合并制单

2019年7月3日，由赵凯（W02）登录企业应用平台。依次双击"财务会计→应付款管理→制单处理"菜单，依次勾选"收付款单制单""核销制单"，单击"确定"，打开"制单"窗口，如图2-113所示。依次单击"合并""制单"，生成一张记账凭证，单击"保存"，结果如图2-114所示。关闭当前已打开窗口。

应付制单

凭证类别 记账凭证   制单日期 2019-07-03

选择标志	凭证类别	单据类型	单据号	日期	供应商编码	供应商名称	部门	业务员	金额
	记账凭证	付款单	0000000006	2019-07-03	201	上海恒久表业有限公司	采购部	张宏亮	1,074,404.00
	记账凭证	核销	0000000006	2019-07-03	201	上海恒久表业有限公司	采购部	张宏亮	1,074,404.00

图2-113 应付制单

记 账 凭 证

已生成

记   字 0015   制单日期：2019.07.03   审核日期：   附单据数：2

摘 要	科目名称	借方金额	贷方金额
采购专用发票	应付账款/一般应付账款	107440400	
采购专用发票	银行存款/中国工商银行/沈阳皇姑支行		107440400

票号 CG07005
日期 2019.07.02   数量   合 计   107440400   107440400
                     单价

备注 项 目   部门
      个 人   供应商 上海恒久
      业务员 张宏亮

记账   审核   出纳   制单 赵凯

图2-114 记账凭证

9.正常单据记账并生成凭证

（1）正常单据记账。在供应链的"存货核算"子系统，依次双击"业务核算→正常单据记账"菜单，系统打开"查询条件选择"窗口，直接单击其"确定"按钮，系统打开"未记账单据一览表"窗口。双击入库单RK07007的"选择"栏，使其显示"Y"字样，此时单击工具栏的"记账"按钮，系统弹出信息框提示记账成功，如图2-115所示，单击"确定"按钮，完成记账工作，退出该窗口。

正常单据记账列表

记录总数：2

选择	日期	单据号	存货编码	存货名称	单据类型	仓库名称	收发类别	数量	单价	金额
Y	2019-07-03	RK07007	1252	恒久男表	采购入库单	手表仓	采购入库	100.00	5,188.00	518,800.00
Y	2019-07-03	RK07007	1251	恒久女表	采购入库单	手表仓	采购入库	150.00	2,880.00	432,000.00
小计								250.00		950,800.00

存货核算

记账成功。

确定

图2-115 正常单据记账列表

（2）生成凭证。依次双击"存货核算"子系统的"财务核算→生成凭证"菜单，系统打开"生成凭证"窗口。单击工具栏的"选择"按钮，系统弹出"查询条件"对话框，单击"确定"按钮，系统打开"选择单据"窗口，单击工具栏的"全选"按钮，选中已记账的采购入库单，再单击工具栏的"确定"按钮，系统自动关闭"选择单据"窗口返回"生成凭证"窗口，单击工具栏的"生成"按钮，系统打开"填制凭证"窗口并自动生成凭证。单击工具栏的"保存"按钮，保存此凭证，如图2-116所示。关闭并退出窗口。

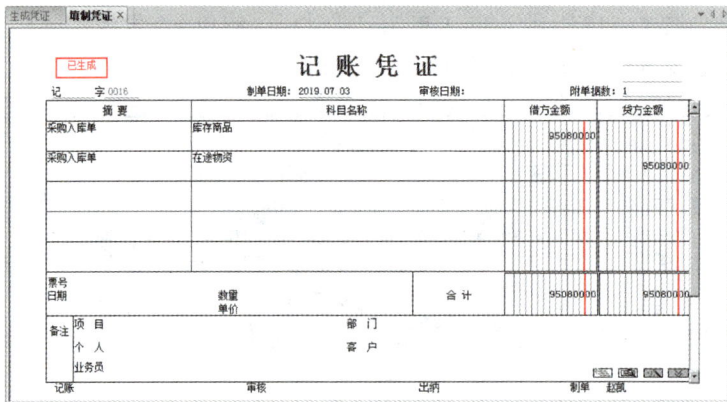

图2-116 记账凭证

业务6 外币采购业务

2019年7月3日，采购部张宏亮与润家贸易（中国）有限公司（简称润家贸易）签订购销合同。当日收到对方发来的货物及发票，均已办理入库，恒通公司支付全部货款。假定当日美元汇率为1：6.5。暂不考虑关税。

相关凭证如图2-117至图2-120所示。

购销合同

合同编号：CG07006

卖方：润家贸易（中国）有限公司
买方：辽宁恒通商贸有限公司

为保护买卖双方的合法权益，根据《中华人民共和国合同法》的有关规定，买卖双方经友好协商，一致同意签订本合同，并共同遵守合同约定。

一、货物的名称、数量及金额：

货物名称	规格型号	计量单位	数量	单价（不含税）	金额（不含税）	税率	税额
百盛男套装		套	100	$50.00	$5 000.00	13%	$650.00
嘉伟羽绒服		件	140	$90.00	$12 600.00	13%	$1 638.00
合 计					$17 600.00		$2 288.00

二、合同总金额：美元壹万玖仟捌佰捌拾捌元整（$19 888.00）。
三、签订合同当日，卖方发出全部货物并开具增值税专用发票，买方以电汇支付全部货款。
四、交货地点：辽宁恒通商贸有限公司。
五、运输方式与运输费用承担方式：由卖方发货并承担运输费用。

卖方：润家贸易（中国）有限公司　　　　买方：辽宁恒通商贸有限公司
授权代表：孙用润　　　　　　　　　　　授权代表：张宏亮
日　期：2019年7月3日　　　　　　　　日　期：2019年7月3日

图2-117 购销合同

入库单

供应商：润家贸易　　　　　　　　2019年7月3日　　　　　　　　单号：RK07008

验收仓库	存货编码	存货名称	单位	数量		单价	金额
				应收	实收		
服装仓	1104	百盛男套装	套	100	100		
服装仓	1153	嘉伟羽绒服	件	140	140		
合　计							

部门经理：略　　　　会计：略　　　　仓库：略　　　　经办人：略

图 2-118　入库单

021001900105　　　　辽宁增值税专用发票　　　№ 38208395　　021001900105
发票联　　　　　　　　　　　　　38208395

开票日期：2019年7月3日

购买方	名　　称：辽宁恒通商贸有限公司 纳税人识别号：91210105206917583A 地址、电话：辽宁省沈阳市皇姑区人民路369号 024-82681359 开户行及账号：中国工商银行沈阳皇姑支行 2107024015890035666	密码区	<8/496797-2><*96<686->5+270 7075*40552>*1311-/061064+>7 1007*-77*44<4521/<214>>+*05 5920>42+739330421/41226241>

货物或应税劳务、服务名称	规格型号	单位	数量	单价	金　额	税率	税　额
*服装*百盛男套装		套	100	325.00	32 500.00	13%	4 225.00
*服装*嘉伟羽绒服		件	140	585.00	81 900.00	13%	10 647.00
合　计					¥114 400.00		¥14 872.00

价税合计（大写）	⊗壹拾贰万玖仟贰佰柒拾贰元整	（小写）¥129 272.00

销售方	名　　称：润家贸易(中国)有限公司 纳税人识别号：91210105380972316A 地址、电话：辽宁省沈阳市皇姑区东风路113号 024-87921576 开户行及账号：中国工商银行沈阳皇姑支行 3602025308746041967	备注	结算金额$19 889.00 折算汇率1:6.5

收款人：张妍　　　复核：于春英　　　开票人：张晓坤　　　销售方：（章）

图 2-119　增值税专用发票

中国银行　电汇凭证（回单）　1　56320782

☑普通　□加急　　　　委托日期　2019年7月3日

汇款人	全　称	辽宁恒通商贸有限公司	收款人	全　称	润家贸易(中国)有限公司
	账　号	2107381765323431982		账　号	3602025308746041967
	开户银行	中国银行沈阳皇姑支行		开户银行	中国工商银行沈阳皇姑支行

金额	美元（大写）	壹万玖仟捌佰捌拾捌元整	亿千百十万千百十元角分
			$1988800

支付密码

附加信息及用途：货款

复核　　　记账

图 2-120　电汇付款凭证

【操作过程概览】

本业务的操作过程概览见表2-6。

表2-6 操作过程概览

序号	操作日期	操作员	系统	操作内容
1	2019-07-03	G01张宏亮	采购管理	填制采购订单
2	2019-07-03	G01张宏亮	采购管理	参照采购订单生成到货单
3	2019-07-03	C01李泽华	库存管理	参照到货单生成采购入库单
4	2019-07-03	G01张宏亮	采购管理	参照采购入库单生成采购专用发票（现付）
5	2019-07-03	W02赵凯	应付款管理	审核发票并制单处理
6	2019-07-03	W02赵凯	存货核算	正常单据记账并生成凭证

【具体操作过程】

外币采购业务

1.填制采购订单

2019年7月3日，由张宏亮（G01）登录企业应用平台。依次双击“业务工作”页签中的“供应链→采购管理→采购订货→采购订单”菜单，打开“采购订单”窗口。单击工具栏的“增加”按钮，根据图2-117填制采购订单。填制完毕单击工具栏的“保存”按钮，再单击“审核”按钮，结果如图2-121所示。关闭并退出该窗口。

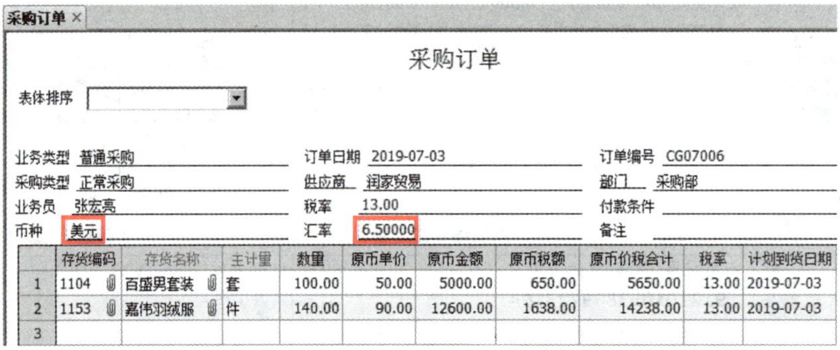

采购订单 ×

采购订单

表体排序

业务类型 普通采购　订单日期 2019-07-03　订单编号 CG07006

采购类型 正常采购　供应商 润家贸易　部门 采购部

业务员 张宏亮　税率 13.00　付款条件

币种 美元　汇率 6.50000　备注

	存货编码	存货名称	主计量	数量	原币单价	原币金额	原币税额	原币价税合计	税率	计划到货日期
1	1104	百盛男套装	套	100.00	50.00	5000.00	650.00	5650.00	13.00	2019-07-03
2	1153	嘉伟羽绒服	件	140.00	90.00	12600.00	1638.00	14238.00	13.00	2019-07-03
3										

图2-121 采购订单

2.参照采购订单生成到货单

在“采购管理”子系统，双击“采购到货→到货单”菜单，打开“到货单”窗口。单击工具栏的“增加”按钮，再执行工具栏的“生单”|“采购订单”命令，打开“查询条件选择-采购订单列表过滤”对话框，单击“确定”按钮，系统弹出“拷贝并执行”窗口。双击“到货单拷贝订单表头列表”中订单号“CG07006”最左侧的“选择”单元格，选中该订单，单击“OK确定”按钮，系统返回“到货单”窗口，生成一张到货单。单击工具栏的“保存”按钮，保存该单据。单击工具栏的“审核”按钮，审核该单据，结果如图2-122所示，关闭并退出该窗口。

3.参照到货单生成采购入库单

2019年7月3日，由李泽华（C01）登录企业应用平台。依次双击“业务工作”页签中的“供应链→库存管理→入库业务→采购入库单”菜单，系统打开“采购入库单”窗口。执行“生单”|“采购到货单（蓝字）”命令，打开“查询条件选择-采购到货单列表”对话框，单击“确定”按钮，系统打开“到货单生单列表”窗口。双击要选择的到货单所对应的“选择”栏（即上一步骤完成的到货单），再单击工具栏的“OK确定”，系统返回“采购入库单”窗口。

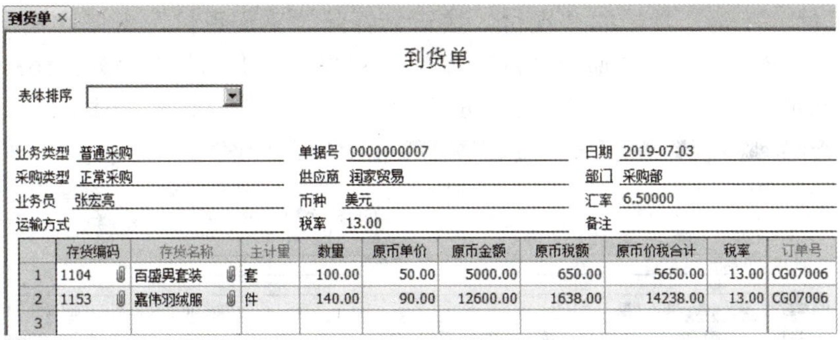

到货单 ×

到货单

表体排序

业务类型	普通采购	单据号	0000000007	日期	2019-07-03
采购类型	正常采购	供应商	润家贸易	部门	采购部
业务员	张宏亮	币种	美元	汇率	6.50000
运输方式		税率	13.00	备注	

	存货编码	存货名称	主计量	数量	原币单价	原币金额	原币税额	原币价税合计	税率	订单号
1	1104	百盛男套装	套	100.00	50.00	5000.00	650.00	5650.00	13.00	CG07006
2	1153	嘉伟羽绒服	件	140.00	90.00	12600.00	1638.00	14238.00	13.00	CG07006
3										

图2-122 到货单

根据图2-118，修改采购入库单表头“入库单号”为“RK07008”，“仓库”选择“服装仓”，其他项默认。保存并审核该采购入库单，结果如图2-123所示。关闭并退出该窗口。

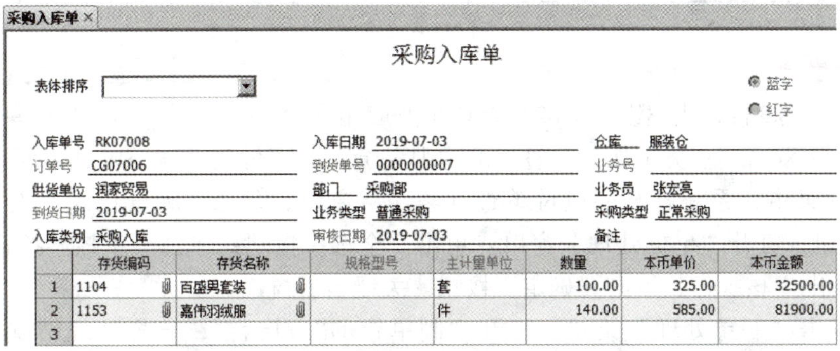

采购入库单 ×

采购入库单

表体排序

蓝字
红字

入库单号	RK07008	入库日期	2019-07-03	仓库	服装仓
订单号	CG07006	到货单号	0000000007	业务号	
供货单位	润家贸易	部门	采购部	业务员	张宏亮
到货日期	2019-07-03	业务类型	普通采购	采购类型	正常采购
入库类别	采购入库	审核日期	2019-07-03	备注	

	存货编码	存货名称	规格型号	主计量单位	数量	本币单价	本币金额
1	1104	百盛男套装		套	100.00	325.00	32500.00
2	1153	嘉伟羽绒服		件	140.00	585.00	81900.00
3							

图2-123 采购入库单

4.参照采购入库单生成采购专用发票（现付）

2019年7月3日，由张宏亮（G01）登录企业应用平台。

（1）依次双击“业务工作”页签中的“供应链→采购管理→采购发票→采购专用发票”菜单，打开“专用发票”窗口。单击工具栏的“增加”按钮，再执行工具栏的“生单”|“入库单”命令，打开“查询条件选择-采购入库单列表过滤”对话框，单击“确定”按钮。在“拷贝并执行”窗口，双击选择RK07008号入库单对应的“选择”栏，然后单击工具栏的“OK确定”按钮，返回“采购专用发票”窗口。

根据图2-119，修改表头项目“发票号”为“38208395”，汇率为“6.5”，其他项默认。单击工具栏的“保存”按钮，再单击“结算”，结果如图2-124所示。

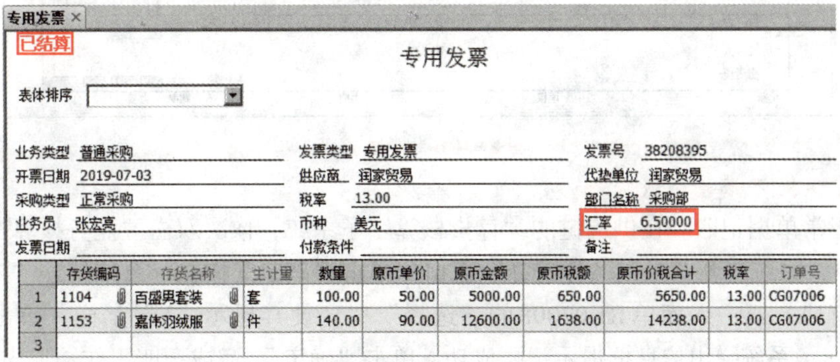

专用发票 ×

已结算

专用发票

表体排序

业务类型	普通采购	发票类型	专用发票	发票号	38208395
开票日期	2019-07-03	供应商	润家贸易	代垫单位	润家贸易
采购类型	正常采购	税率	13.00	部门名称	采购部
业务员	张宏亮	币种	美元	汇率	6.50000
发票日期		付款条件		备注	

	存货编码	存货名称	主计量	数量	原币单价	原币金额	原币税额	原币价税合计	税率	订单号
1	1104	百盛男套装	套	100.00	50.00	5000.00	650.00	5650.00	13.00	CG07006
2	1153	嘉伟羽绒服	件	140.00	90.00	12600.00	1638.00	14238.00	13.00	CG07006
3										

图2-124 采购专用发票

（2）现付。单击工具栏的"现付"按钮，打开"采购现付"窗口。根据图2-120，"结算方式"选择"电汇"，"原币金额"输入"19888"，"票据号"输入"56320782"，结果如图2-125所示。单击"确定"按钮，返回"专用发票"窗口。关闭该窗口。

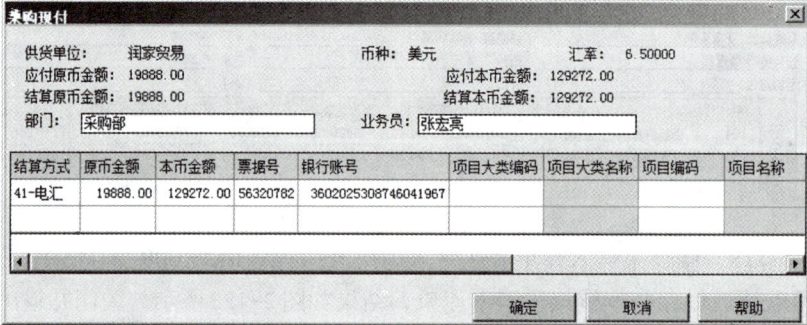

图2-125 "采购现付"窗口

5.审核发票并制单处理

2019年7月3日，由赵凯（W02）登录企业应用平台。

（1）依次双击"业务工作"页签中的"财务会计→应付款管理→应付单据处理→应付单据审核"菜单，系统打开"应付单查询条件"窗口，勾选"包含已现结发票"，单击"确定"按钮，打开"单据处理"窗口。单击"全选"按钮，单击"审核"按钮，系统完成审核并给出审核报告，单击"确定"按钮。关闭当前窗口。

（2）双击"制单处理"菜单，打开"制单查询"对话框，选择"现结制单"，单击"确定"按钮，打开"制单"窗口。依次单击"全选""制单"按钮，生成一张记账凭证，单击"保存"按钮，结果如图2-126所示。关闭当前已打开窗口。

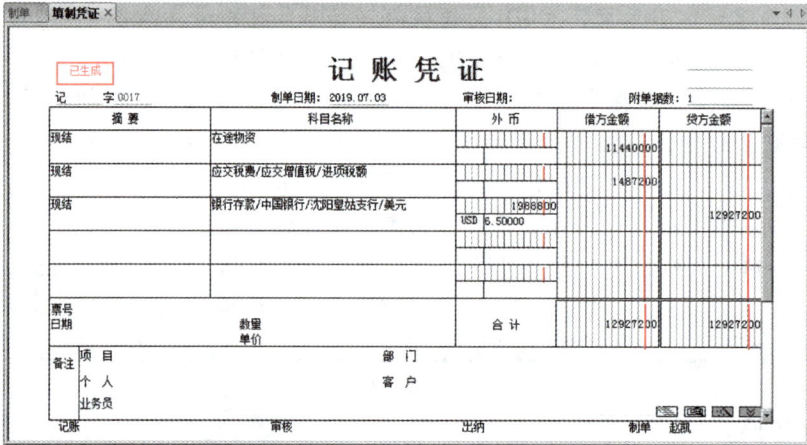

图2-126 记账凭证

6.正常单据记账并生成凭证

（1）正常单据记账。在供应链的"存货核算"子系统，依次双击"业务核算→正常单据记账"菜单，系统打开"查询条件选择"窗口，单击"确定"按钮，系统打开"未记账单据一览表"窗口。双击入库单RK07008的"选择"栏，使其显示"Y"字样，单击工具栏的"记账"按钮，系统弹出信息框提示记账成功，单击"确定"，完成记账工作，退出该窗口。

（2）生成凭证。依次双击"存货核算"子系统的"财务核算→生成凭证"菜单，系统打开"生成凭证"窗口。单击工具栏的"选择"按钮，系统弹出"查询条件"对话框，单击"确定"按钮，系统打开"选择单据"窗口，单击工具栏的"全选"按钮，选中已记账的采购入库单，再单击工具栏的"确定"按钮，系统自动关闭"选择单据"窗口返回"生成凭证"窗口，单击工具栏的"生成"按钮，系统打开"填制凭证"窗口并自动生成凭证。单击工具栏的"保存"按钮，结果如图2-127所示。关闭并退出窗口。

图 2-127　记账凭证

【提示】

外币采购业务的处理，在订单、发货单、发票、收款单的表头项目"外币"栏选相应外币，汇率根据业务资料输入当日汇率。其他处理与本币业务相同。原币指的是外币，本币指的是记账本位币。

业务7 已结算业务费用分摊

2019年7月4日，收到CG07003号合同的运输费发票。（按数量分摊，不合并制单）

相关凭证如图2-128所示。

辽宁增值税专用发票　№ 17208223

021001900105
发票联

021001900105
17208223

开票日期：2019年7月4日

| 购买方 | 名　称：辽宁恒通商贸有限公司
纳税人识别号：91210105206917583A
地址、电话：辽宁省沈阳市皇姑区人民路369号 024-82681359
开户行及账号：中国工商银行沈阳皇姑支行 2107024015890035666 | 密码区 | 9+54<<+289>-*24>6870+01/3*/
2718789695*7*2804>890<89757
8>47*9/>*6>5749663-448983/9
85+030249>8092-1<<45-79508> |

税总函〔2019〕335号北京印钞厂

货物或应税劳务、服务名称	规格型号	单位	数量	单价	金　额	税率	税　额
*应税劳务*运输费		千米	600	2.00	1 200.00	9%	108.00
合　　计					¥1 200.00		¥108.00

| 价税合计（大写） | ⊗壹仟叁佰零捌元整 | （小写）¥1 308.00 |

| 销售方 | 名　称：沈阳通达物流有限公司
纳税人识别号：91210105357948262A
地址、电话：辽宁省沈阳市皇姑区振兴路968号 024-82961537
开户行及账号：中国银行沈阳皇姑支行 820114163108091001 | 备注 | |

收款人：张译文　　复核：朱梓嘉　　开票人：解冰　　销售方：（章）

第三联：发票联　购买方记账凭证

图 2-128　增值税专用发票

【操作过程概览】

本业务的操作过程概览见表2-7。

表2-7　　　　　　　　　　　操作过程概览

序号	操作日期	操作员	系统	操作内容
1	2019-07-04	G01张宏亮	采购管理	填制采购专用发票
2	2019-07-04	G01张宏亮	采购管理	费用折扣结算
3	2019-07-04	W02赵凯	应付款管理	审核发票并制单处理
4	2019-07-04	W02赵凯	存货核算	结算成本处理
5	2019-07-04	W02赵凯	存货核算	生成凭证

【具体操作过程】

1.填制采购专用发票

2019年7月4日，由张宏亮（G01）登录企业应用平台。依次双击"业务工作"页签中的"供应链→采购管理→采购发票→采购专用发票"菜单，打开"专用发票"窗口。单击工具栏的"增加"按钮，根据图2-128填制采购专用发票。填制完毕并保存，结果如图2-129所示。关闭"专用发票"窗口。

图2-129　采购专用发票

2.费用折扣结算

（1）在采购管理系统，双击"采购结算→费用折扣结算"菜单，打开"费用折扣结算"窗口。单击工具栏上的"查询"按钮，再单击"确定"，如图2-130所示。

图2-130　"费用折扣结算"窗口

（2）单击工具栏的"入库"按钮，打开"入库单选择"窗口。选中入库单RK07003、RK07004，如图2-131所示。单击"确定"按钮。再单击工具栏的"发票"按钮，打开"发票选择"窗口，选中17208223号发票，如图2-132所示。

图2-131 "入库单选择"窗口

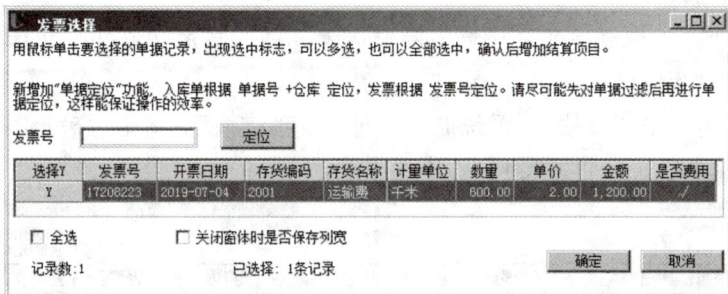

图2-132 "发票选择"窗口

（3）单击"确定"，返回"费用折扣结算"窗口。费用分摊方式选择"按数量"，如图2-133所示，单击"分摊"，再单击"结算"，结算成功。关闭该窗口。

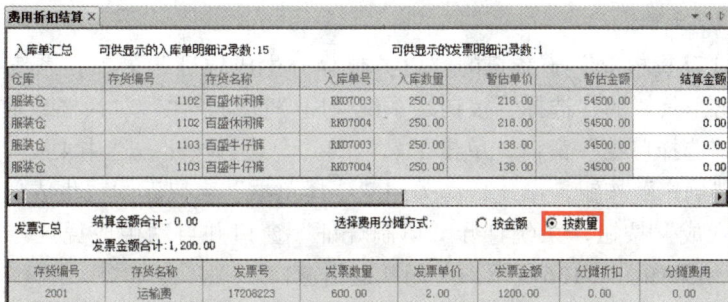

图2-133 "费用折扣结算"窗口

3.审核发票并制单处理

2019年7月4日，由赵凯（W02）登录企业应用平台。

（1）依次双击"业务工作"页签中的"财务会计→应付款管理→应付单据处理→应付单据审核"菜单，系统打开"应付单查询条件"窗口，单击"确定"按钮，打开"单据处理"窗口，单击"全选"按钮，单击"审核"按钮，系统完成审核并给出审核报告，单击"确定"按钮。关闭当前窗口。

（2）双击"制单处理"菜单，打开"制单查询"对话框，选择"发票制单"，单击"确定"按钮，打开"制单"窗口。依次单击"全选""制单"按钮，生成一张记账凭证，单击"保存"按钮，结果如图2-134所示。关闭当前已打开窗口。

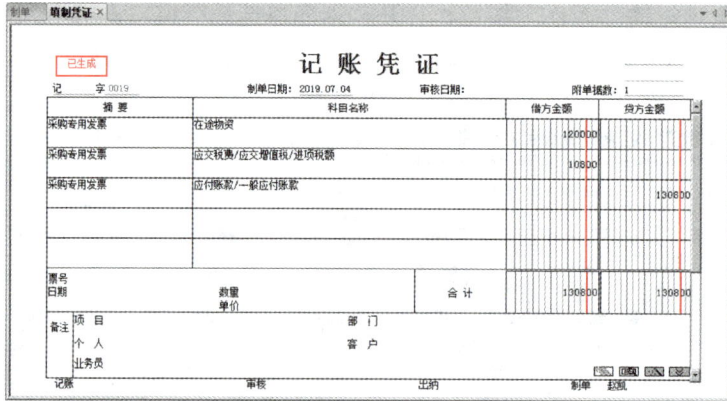

图2-134 记账凭证

4.结算成本处理

依次双击"存货核算→业务核算→结算成本处理"菜单，打开"暂估处理查询"窗口。仓库选择"服装仓"，单击"确定"，打开"结算成本处理"窗口，如图2-135所示。单击"全选"，再单击"暂估"，系统提示"暂估处理完成"。单击"确定"。关闭该窗口。结算成本处理结束后，自动生成4张入库调整单。

图2-135 结算成本处理

5.生成凭证

依次双击"存货核算"子系统的"财务核算→生成凭证"菜单，系统打开"生成凭证"窗口。单击工具栏的"选择"按钮，系统弹出"查询条件"对话框，单击"确定"按钮，系统打开"选择单据"窗口，单击工具栏的"全选"按钮，选中4张入库调整单，再单击工具栏的"确定"按钮，系统自动关闭"选择单据"窗口返回"生成凭证"窗口，单击工具栏的"合成"按钮，系统打开"填制凭证"窗口并自动生成凭证。单击工具栏的"保存"按钮，结果如图2-136所示。关闭并退出窗口。

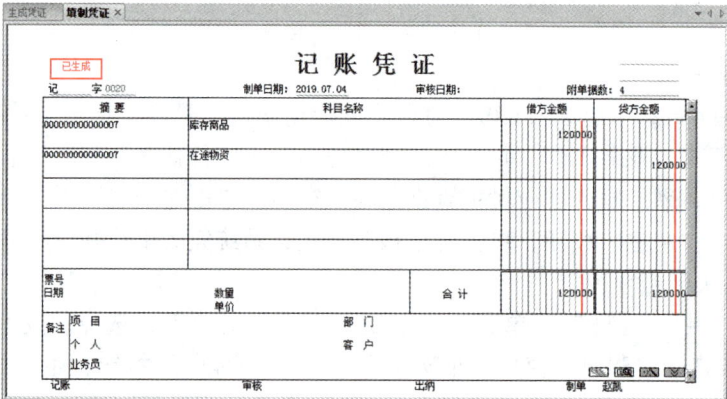

图2-136 记账凭证

【提示】

费用包括专用发票、普通发票上的应税劳务存货记录、折扣存货记录，以及运费发票上的应税劳务存货记录。费用可以在手工结算时进行费用分摊（本节业务2），运费发票记录也可以单独进行费用结算（本业务）。

运费发票可以与已结算、未结算或部分结算的入库单同时结算，也可以与存货直接结算。

可以将一张或多张运费发票分摊到多个仓库多张入库单的多个存货上。一张入库单可以多次分摊费用。

任务2　采购溢缺业务

业务1　有合理损耗的采购业务

2019年7月2日，采购部徐辉与北京嘉伟签订购销合同。

2019年7月4日，收到北京嘉伟发来的货物及增值税专用发票，验收过程中发现有2件嘉伟羽绒服毁损，属于合理损耗。

2019年7月5日，支付北京嘉伟货款。同时，支付CG07003号合同运输费。（一次性选择付款）

相关凭证如图2-137至图2-141所示。

购销合同

合同编号：CG07007

卖方：北京嘉伟服装有限公司
买方：辽宁恒通商贸有限公司

为保护买卖双方的合法权益，根据《中华人民共和国合同法》的有关规定，买卖双方经友好协商，一致同意签订本合同，并共同遵守合同约定。

一、货物的名称、数量及金额：

货物名称	规格型号	计量单位	数量	单价（不含税）	金额（不含税）	税率	税额
嘉伟女风衣		件	250	518.00	129 500.00	13%	16 835.00
嘉伟羽绒服		件	150	550.00	82 500.00	13%	10 725.00
合　计					￥212 000.00		￥27 560.00

二、合同总金额：人民币贰拾叁万玖仟伍佰陆拾元整（￥239 560.00）。

三、卖方于7月4日发出全部货物并开具增值税专用发票，买方于7月5日以电汇支付全部货款。

四、交货地点：辽宁恒通商贸有限公司。

五、发运方式及运输费用承担方式：由卖方发货并承担运输费用。

卖　方：北京嘉伟服装有限公司
授权代表：赵　芳
日　期：2019年7月2日

买　方：辽宁恒通商贸有限公司
授权代表：徐　辉
日　期：2019年7月2日

图2-137　购销合同

入库单

供应商：北京嘉伟　　　　　　　　　2019年7月4日　　　　　　　　　单号：RK07009

验收仓库	存货编码	存货名称	单位	数量		单价	金额
				应收	实收		
服装仓	1151	嘉伟女风衣	件	250	250		
服装仓	1153	嘉伟羽绒服	件	150	148		
合　计							

部门经理：略　　　　会计：略　　　　仓库：略　　　　经办人：略

图2-138　入库单

011001900105　　北京增值税专用发票　　№ 69861157　　011001900105
发票联　　　　　　　　　　　　　　　　　　69861157

开票日期：2019年7月4日

购买方	名　　称：辽宁恒通商贸有限公司 纳税人识别号：91210105206917583A 地址、电话：辽宁省沈阳市皇姑区人民路369号 024-82681359 开户行及账号：中国工商银行沈阳皇姑支行 2107024015890035666	密码区	7<>>7><6<1>4539521708813738 86>3/605-203/-/1>6+5/74+*33 6<29131486450588497*+441733 80-34>*9*347162>204-9*3+*<7

货物或应税劳务、服务名称	规格型号	单位	数量	单价	金　额	税率	税　额
*服装*嘉伟女风衣		件	250	518.00	129 500.00	13%	16 835.00
*服装*嘉伟羽绒服		件	150	550.00	82 500.00	13%	10 725.00
合　　计					¥212 000.00		¥27 560.00

价税合计（大写）　⊗贰拾叁万玖仟伍佰陆拾元整　　　　　　（小写）¥239 560.00

销售方	名　　称：北京嘉伟服装有限公司 纳税人识别号：91110104759695583A 地址、电话：北京市宣武区长丰路六段360号 010-30453221 开户行及账号：招商银行北京宣武分行 2590739805061504276	备注	

收款人：米思颖　　　复核：齐琴　　　开票人：岂俏　　　销售方：（章）

图2-139　增值税专用发票

中国工商银行　电汇凭证（回单）　1　36257063

☑普通　□加急　　　　委托日期　2019年7月5日

汇款人	全　　称	辽宁恒通商贸有限公司	收款人	全　　称	北京嘉伟服装有限公司
	账　　号	2107024015890035666		账　　号	2590739805061504276
	开户银行	中国工商银行沈阳皇姑支行		开户银行	招商银行北京宣武分行

金额	人民币 （大写）	贰拾叁万玖仟伍佰陆拾元整	亿	千	百	十	万	千	百	十	元	角	分
				¥	2	3	9	5	6	0	0	0

支付密码

附加信息及用途：货款

复核　　　记账

图2-140　电汇付款凭证

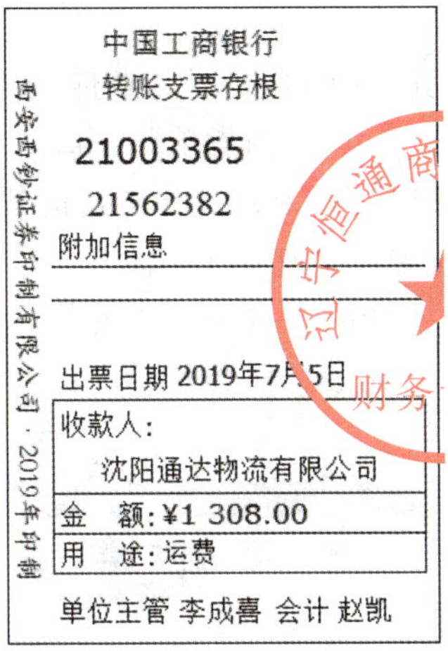

图2-141 转账支票存根

【操作过程概览】

本业务的操作过程概览见表2-8。

表2-8   操作过程概览

序号	操作日期	操作员	系统	操作内容
1	2019-07-02	G01张宏亮	采购管理	填制采购订单
2	2019-07-04	G01张宏亮	采购管理	参照采购订单生成到货单
3	2019-07-04	C01李泽华	库存管理	参照到货单生成采购入库单
4	2019-07-04	G01张宏亮	采购管理	参照采购订单生成采购专用发票
5	2019-07-04	G01张宏亮	采购管理	手工采购结算
6	2019-07-04	W02赵凯	应付款管理	审核发票并制单处理
7	2019-07-04	W02赵凯	存货核算	正常单据记账并生成凭证
8	2019-07-05	W03贺青	应付款管理	选择付款
9	2019-07-05	W02赵凯	应付款管理	制单处理（生成两张凭证）

【具体操作过程】

1.填制采购订单

2019年7月2日，由张宏亮（G01）登录企业应用平台。依次双击"业务工作"页签中的"供应链→采购管理→采购订货→采购订单"菜单，打开"采购订单"窗口。单击工具栏的"增加"按钮，根据图2-137填制采购订单。填制完毕保存并审核该采购订单，结果如图2-142所示。

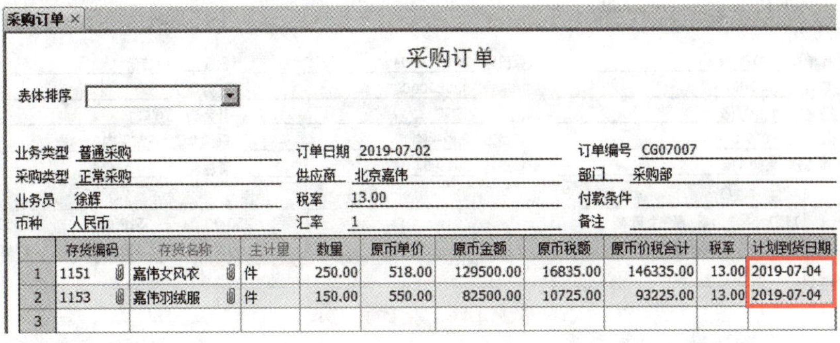

图2-142 采购订单

2.参照采购订单生成到货单

2019年7月4日，由张宏亮（G01）登录企业应用平台。在"采购管理"子系统，双击"采购到货→到货单"菜单，打开"到货单"窗口。单击工具栏的"增加"按钮，再执行工具栏的"生单"|"采购订单"命令，打开"查询条件选择-采购订单列表过滤"对话框，单击"确定"按钮，系统弹出"拷贝并执行"窗口。双击"到货单拷贝订单表头列表"中订单号"CG07007"最左侧的"选择"单元格，选中该订单，单击"OK确定"按钮，系统返回"到货单"窗口，生成一张到货单。保存并审核该到货单，结果如图2-143所示。

到货单

表体排序

业务类型	普通采购		单据号	0000000008		日期	2019-07-04	
采购类型	正常采购		供应商	北京嘉伟		部门	采购部	
业务员	徐辉		币种	人民币		汇率	1	
运输方式			税率	13.00		备注		

	存货编码	存货名称	主计量	数量	原币单价	原币金额	原币税额	原币价税合计	税率	订单号
1	1151	嘉伟女风衣	件	250.00	518.00	129500.00	16835.00	146335.00	13.00	CG07007
2	1153	嘉伟羽绒服	件	150.00	550.00	82500.00	10725.00	93225.00	13.00	CG07007
3										

图2-143 到货单

3.参照到货单生成采购入库单

2019年7月4日，由李泽华（C01）登录企业应用平台。

依次双击"业务工作"页签中的"供应链→库存管理→入库业务→采购入库单"菜单，系统打开"采购入库单"窗口。执行"生单"|"采购到货单（蓝字）"命令，打开"查询条件选择-采购到货单列表"对话框，单击"确定"按钮，系统打开"到货单生单列表"窗口。双击要选择的到货单所对应的"选择"栏（即上一步骤完成的到货单），系统自动选中窗口下方"到货单生单表体"中"嘉伟女风衣""嘉伟羽绒服"那两行，再单击工具栏的"OK确定"按钮，系统返回"采购入库单"窗口。

根据图2-138，修改采购入库单表头中的"入库单号"为"RK07009"，"仓库"为"服装仓"。保存并审核该入库单，结果如图2-144所示。

采购入库单

表体排序

○ 蓝字
○ 红字

入库单号	RK07009		入库日期	2019-07-04		仓库	服装仓	
订单号	CG07007		到货单号	0000000008		业务号		
供货单位	北京嘉伟		部门	采购部		业务员	徐辉	
到货日期	2019-07-04		业务类型	普通采购		采购类型	正常采购	
入库类别	采购入库		审核日期	2019-07-04		备注		

	存货编码	存货名称	规格型号	主计量单位	数量	本币单价	本币金额
1	1151	嘉伟女风衣		件	250.00	518.00	129500.00
2	1153	嘉伟羽绒服		件	148.00	550.00	81400.00
3							

图2-144 采购入库单

4.参照采购订单生成采购专用发票

2019年7月4日，由张宏亮（G01）登录企业应用平台。依次双击"业务工作"页签中的"供应链→采购管理→采购发票→采购专用发票"菜单，打开"专用发票"窗口。单击工具栏的"增加"按钮，再执行工具栏的"生单"|"采购订单"命令，打开"查询条件选择–采购订单列表过滤"对话框，单击"确定"按钮。在"拷贝并执行"窗口，双击选择CG07007号采购订单对应的"选择"栏，然后单击工具栏的"OK确定"按钮，返回"采购专用发票"窗口。根据图2-139，修改表头"发票号"为"69861157"，其他项默认。保存该发票，结果如图2-145所示。关闭"专用发票"窗口。

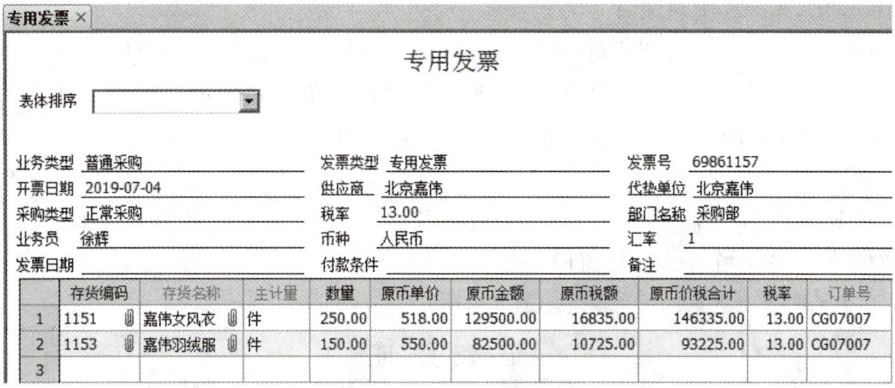

图2-145　采购专用发票

5.手工采购结算

（1）双击"采购管理→采购结算→手工结算"菜单，打开"手工结算"窗口。单击"选单"按钮，打开"结算选单"窗口。

（2）在"结算选单"窗口，单击"查询"按钮，打开"查询条件选择–采购手工结算"对话框，点击"确定"，选择相应的"采购发票"和"入库单"，如图2-146所示。

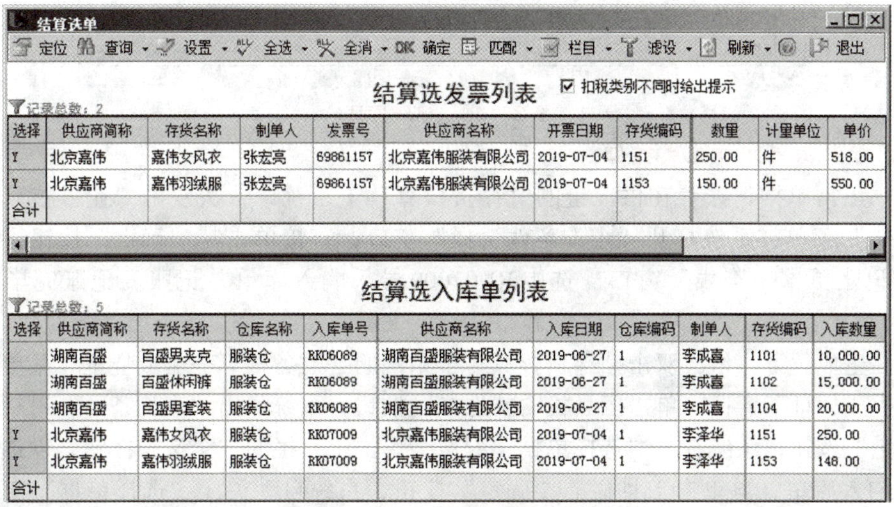

图2-146　"结算选单"窗口

（3）单击"OK确定"按钮，系统回到"手工结算"窗口，输入嘉伟羽绒服的"合理损耗数量"为"2"，如图2-147所示，单击"结算"按钮，系统显示"完成结算"。

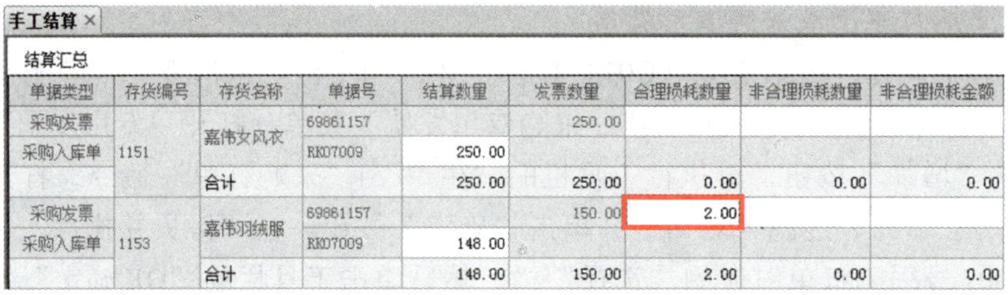
手工结算

结算汇总

单据类型	存货编号	存货名称	单据号	结算数量	发票数量	合理损耗数量	非合理损耗数量	非合理损耗金额
采购发票	1151	嘉伟女风衣	69861157		250.00			
采购入库单			RK07009	250.00				
		合计		250.00	250.00	0.00	0.00	0.00
采购发票	1153	嘉伟羽绒服	69861157		150.00	2.00		
采购入库单			RK07009	148.00				
		合计		148.00	150.00	2.00	0.00	0.00

图2-147 “手工结算”窗口

6.审核发票并制单处理

2019年7月4日，由赵凯（W02）登录企业应用平台。

（1）依次双击“业务工作”页签中的“财务会计→应付款管理→应付单据处理→应付单据审核”菜单，系统打开“应付单查询条件”窗口，单击“确定”按钮，打开“单据处理”窗口。选中69861157号发票并审核。关闭当前窗口。

（2）双击“制单处理”菜单，打开“制单查询”对话框，选择“发票制单”，单击“确定”按钮，打开“制单”窗口。对69861157号采购专用发票制单并保存，结果如图2-148所示。关闭当前已打开窗口。

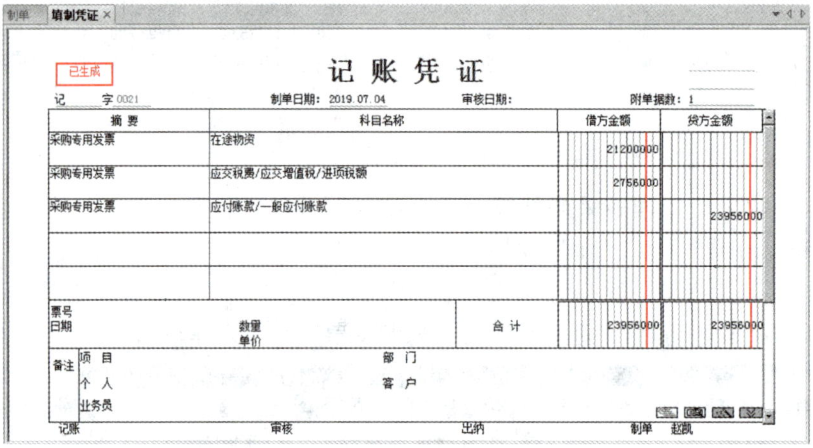

图2-148 记账凭证

7.正常单据记账并生成凭证

（1）正常单据记账。在供应链的“存货核算”子系统，依次双击“业务核算→正常单据记账”菜单，系统打开“查询条件选择”窗口，直接单击其“确定”按钮，系统打开“未记账单据一览表”窗口。选中RK07009号采购入库单并记账。记账完毕退出该窗口。

（2）生成凭证。依次双击“存货核算”子系统的“财务核算→生成凭证”菜单，系统打开“生成凭证”窗口。单击工具栏的“选择”按钮，系统弹出“查询条件”对话框，单击“确定”按钮，系统打开“选择单据”窗口，单击工具栏的“全选”按钮，以选中已记账的采购入库单，再单击工具栏的“确定”按钮，系统自动关闭“选择单据”窗口打开“生成凭证”窗口，单击工具栏的“合成”按钮，系统打开“填制凭证”窗口并自动生成凭证。单击工具栏的“保存”按钮，保存此凭证，结果如图2-149所示，关闭并退出窗口。

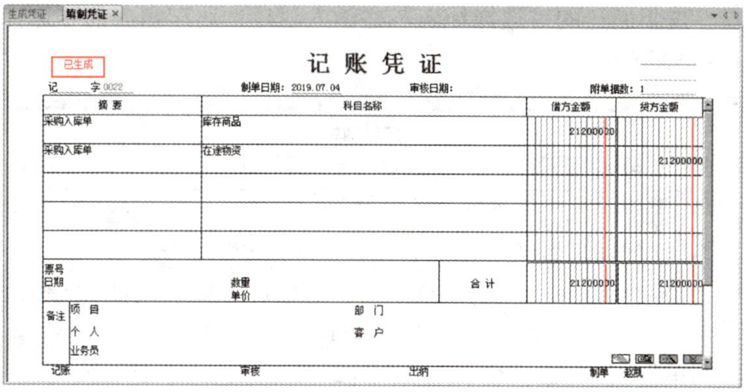

图2-149　记账凭证

8.选择付款

2019年7月5日，由贺青（W03）登录企业应用平台。

（1）双击“业务工作→财务会计→应付款管理→选择付款”菜单，打开“选择付款-条件”窗口，供应商选择“北京嘉伟”“沈阳通达”，如图2-150所示。

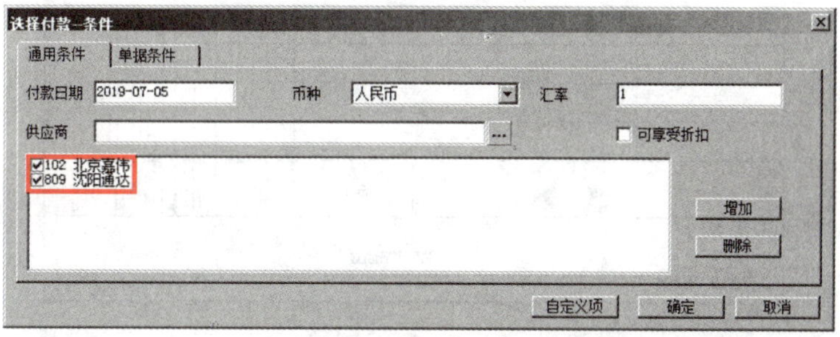

图2-150　“选择付款-条件”窗口

（2）单击“确认”，打开“选择付款-单据”窗口，如图2-151所示。单击“全选”，再单击“OK确认”，系统弹出“选择付款-付款单”窗口。根据图2-140、图2-141输入结算方式和票据号，结果如图2-152所示。单击“确定”，完成选择付款并退出该窗口。

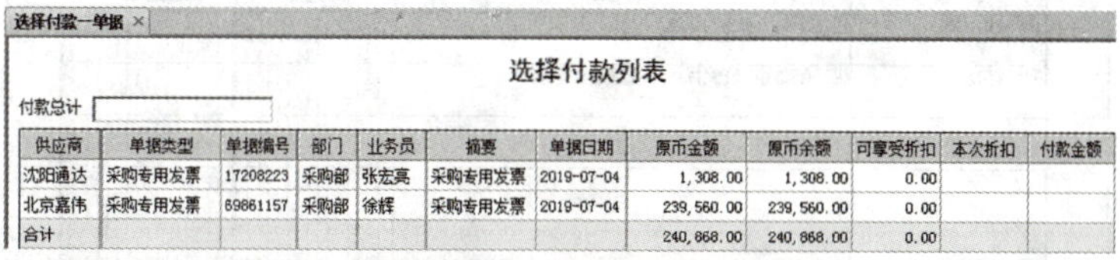

供应商	单据类型	单据编号	部门	业务员	摘要	单据日期	原币金额	原币余额	可享受折扣	本次折扣	付款金额
沈阳通达	采购专用发票	17208223	采购部	张宏亮	采购专用发票	2019-07-04	1,308.00	1,308.00	0.00		
北京嘉伟	采购专用发票	69861157	采购部	徐辉	采购专用发票	2019-07-04	239,560.00	239,560.00	0.00		
合计							240,868.00	240,868.00	0.00		

图2-151　选择付款列表

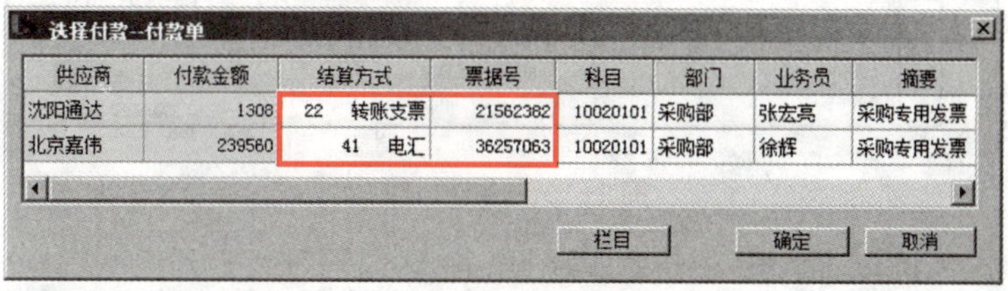

供应商	付款金额	结算方式	票据号	科目	部门	业务员	摘要
沈阳通达	1308	22　转账支票	21562382	10020101	采购部	张宏亮	采购专用发票
北京嘉伟	239560	41　电汇	36257063	10020101	采购部	徐辉	采购专用发票

图2-152　“选择付款-付款单”窗口

9.制单处理（生成两张凭证）

2019年7月5日，由赵凯（W02）登录企业应用平台。

（1）双击“业务工作→财务会计→应付款管理→制单处理”菜单，单击“确定”，打开"制单"窗口。沈阳通达的"选择标志"栏输入"1"，北京嘉伟的"选择标志"栏输入"2"，结果如图2-153所示。

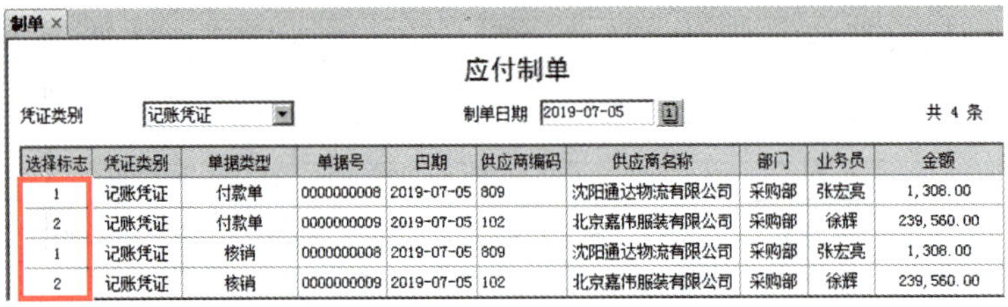

图2-153　应付制单

（2）单击"制单"，再单击"保存"，如图2-154所示。单击工具栏的"➡下张"，再单击"保存"，结果如图2-155所示。

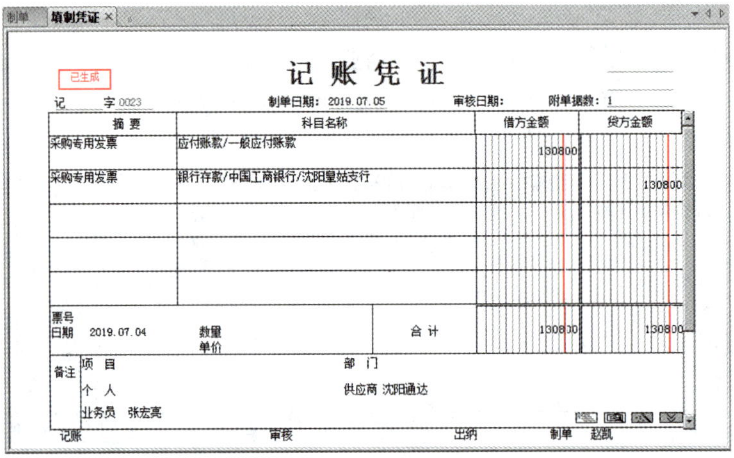

图2-154　记账凭证

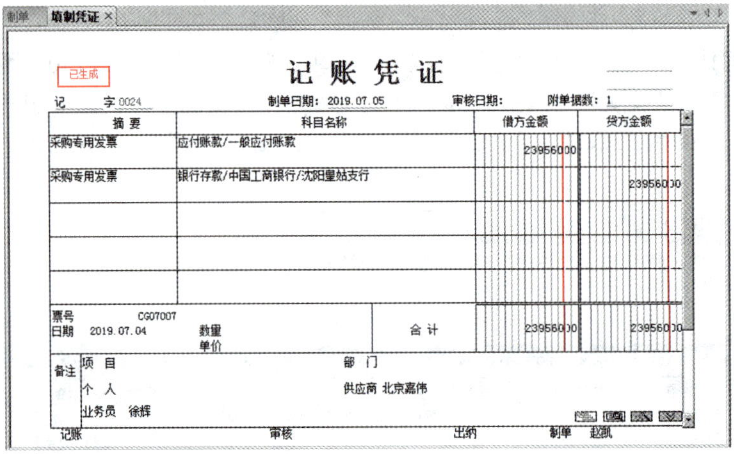

图2-155　记账凭证

【提示】

企业购进货物在运输途中发生的短缺或溢余，也要分别情况进行处理。发生的溢余按不含税的价款记入"待处理财产损溢"科目的贷方，查明原因后进行转销，待处理财产溢余的处理一般不考虑增值税的问题。采购材料在途中发生短缺和毁损，应根据造成短缺或毁损的原因分别处理，不能全部计入外购材料的采购成本。

1.定额内合理的途中损耗，计入材料的采购成本。

2.能确定由供应单位、运输单位、保险公司或其他过失人赔偿的，应向有关单位或责任人索赔，自"在途物资"科目转入"应付账款"或"其他应收款"科目。

3.凡尚待查明原因和需要报经批准才能转销处理的损失，应将其损失从"在途物资"科目转入"待处理财产损溢"科目，查明原因后再分别处理：

①属于应由供货单位、运输单位、保险公司或其他过失人负责赔偿的，将其损失从"待处理财产损溢"科目转入"应付账款"或"其他应收款"科目；

②属于自然灾害造成的损失，应按扣除残料价值和保险公司赔偿后的净损失，从"待处理财产损溢"科目转入"营业外支出——非常损失"科目；

③属于无法收回的其他损失，报经批准后，将其从"待处理财产损溢"科目转入"管理费用"科目。

4.在上述2和3两种情况下，短缺和毁损的材料所负担的增值税额自"应交税费——应交增值税（进项税额）"科目随同"在途物资"科目转入相对应科目。

此外，假如本例所购商品全部验收合格，供应商另赠与恒通公司2件嘉伟羽绒服。此时嘉伟女风衣入库250件，嘉伟羽绒服入库152件。手工采购结算时，嘉伟羽绒服的"合理损耗数量"填入"-2"，其他处理无变化。

业务2 有非合理损耗的采购业务

2019年7月3日，采购部张宏亮与湖南百盛签订购销合同。

2019年7月4日，收到湖南百盛发来的牛仔裤和增值税专用发票。验收过程中发现5条牛仔裤毁损，属于非合理损耗，经批准由采购部张宏亮赔偿。

2019年7月5日，签发并承兑银行承兑汇票向湖南百盛支付货款。

相关凭证如图2-156至图2-159所示。

购销合同

合同编号：CG07008

卖方：湖南百盛服装有限公司
买方：辽宁恒通商贸有限公司

为保护买卖双方的合法权益，根据《中华人民共和国合同法》的有关规定，买卖双方经友好协商，一致同意签订本合同，并共同遵守合同约定。

一、货物的名称、数量及金额：

货物名称	规格型号	计量单位	数量	单价（不含税）	金额（不含税）	税率	税额
百盛牛仔裤		条	150	140.00	21 000.00	13%	2 730.00
合　计					￥21 000.00		￥2 730.00

二、合同总金额：人民币贰万叁仟柒佰叁拾元整（￥23 730.00）。
三、卖方于7月4日交付全部商品并开具增值税专用发票。买方于7月5日以银行承兑汇票支付全部货款。
四、交货地点：辽宁恒通商贸有限公司。
五、发运方式与运输费用承担方式：由卖方发货并承担运输费用。

卖　　方：湖南百盛服装有限公司　　买　　方：辽宁恒通商贸有限公司
授权代表：王志　　　　　　　　　　授权代表：张宏亮
日　　期：2019年7月3日　　　　　日　　期：2019年7月3日

图2-156 购销合同

入 库 单

供应商：湖南百盛　　　　　　　　2019年7月4日　　　　　　　　单号：RK07010

验收仓库	存货编码	存货名称	单位	数量		单价	金额
				应收	实收		
服装仓	1103	百盛牛仔裤	条	150	145		
合　计							

部门经理：略　　　　会计：略　　　　仓库：略　　　　经办人：略

图2-157　入库单

043001900105　　**湖南增值税专用发票**　　№ 83051437　　043001900105
83051437

开票日期：2019年7月4日

购买方	名　　称：辽宁恒通商贸有限公司 纳税人识别号：91210105206917583A 地址、电话：辽宁省沈阳市皇姑区人民路369号 024-82681359 开户行及账号：中国工商银行沈阳皇姑支行 2107024015890035666	密码区	1884>9*>704-1226+86*<71/005 94*03>55295*208191><6066<-0 >/1>09302-129125811571617>2 >30710/0*59+<5+-/2422+*<131

货物或应税劳务、服务名称	规格型号	单位	数量	单价	金　额	税率	税　额
*服装*百盛牛仔裤		条	150	140.00	21 000.00	13%	2 730.00
合　　计					¥21 000.00		¥2 730.00

价税合计（大写）	⊗贰万叁仟柒佰叁拾元整	（小写）¥ 23 730.00

销售方	名　　称：湖南百盛服装有限公司 纳税人识别号：91430105276531895A 地址、电话：湖南省长沙市开福区林夕路100号 0731-8266319 开户行及账号：中国农业银行长沙开福支行 1012093710651047815	备注	

收款人：段丹雪　　复核：孙绍雪　　开票人：温艳　　　　销售方：（章）

图2-158　增值税专用发票

银行承兑汇票（存根）　21003695
3　16489025

出票日期　贰零壹玖年零柒月零伍日（大写）

出票人全称	辽宁恒通商贸有限公司	收款人	全　称	湖南百盛服装有限公司
出票人账号	2107024015890035666		账　号	1012093710651047815
付款行全称	中国工商银行沈阳皇姑支行		开户银行	中国农业银行长沙开福支行

出票金额	人民币（大写）　贰万叁仟柒佰叁拾元整	亿千百十万千百十元角分
		¥2 3 7 3 0 0 0

汇票到期日（大写）	贰零贰零年零壹月零伍日	付款行	行号	
承兑协议编号	608729401077506		地址	

本汇票请你行承兑，到期无条件付款。	本汇票已经承兑，到期日由本行付款。 承兑日期　2019年7月5日	密押	
出票人签章	承兑行签章	复核　记账	

此联由出票人存查

图2-159　银行承兑汇票

【操作过程概览】

本业务的操作过程概览见表2-9。

表2-9 操作过程概览

序号	操作日期	操作员	系统	操作内容
1	2019-07-03	G01张宏亮	采购管理	填制采购订单
2	2019-07-04	G01张宏亮	采购管理	参照采购订单生成到货单
3	2019-07-04	C01李泽华	库存管理	参照到货单生成采购入库单
4	2019-07-04	G01张宏亮	采购管理	参照采购订单生成采购专用发票
5	2019-07-04	G01张宏亮	采购管理	手工采购结算
6	2019-07-04	W02赵凯	应付款管理	审核采购专用发票
7	2019-07-04	W02赵凯	存货核算	正常单据记账并生成凭证（采购结算单制单）
8	2019-07-04	W02赵凯	总账	填制记账凭证
9	2019-07-05	W03贺青	应付款管理	填制银行承兑汇票
10	2019-07-05	W02赵凯	应付款管理	审核付款单
11	2019-07-05	W02赵凯	应付款管理	核销操作并制单处理

【具体操作过程】

1.填制采购订单

2019年7月3日，由张宏亮（G01）登录企业应用平台。依次双击"业务工作"页签中的"供应链→采购管理→采购订货→采购订单"菜单，打开"采购订单"窗口。填制采购订单。在"采购订单"窗口，单击工具栏的"增加"按钮，根据图2-156填制采购订单。填制完毕保存并审核该采购订单，结果如图2-160所示。关闭并退出"采购订单"窗口。

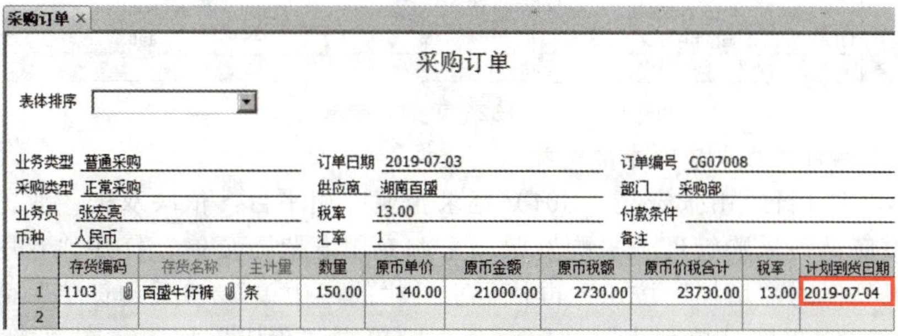

图2-160 采购订单

2.参照采购订单生成到货单

2019年7月4日，由张宏亮（G01）登录企业应用平台。在"采购管理"子系统，双击"采购到货→到货单"菜单，打开"到货单"窗口。单击工具栏的"增加"按钮，再执行工具栏的"生单"|"采购订单"命令，参照订单"CG07008"生成一张到货单。保存并审核该到货单，结果如图2-161所示。

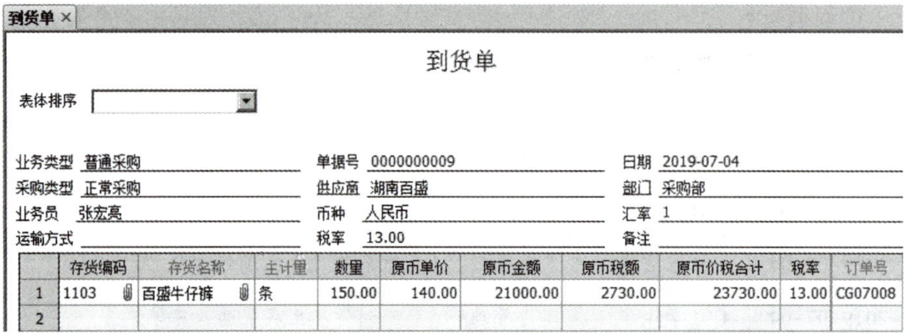

到货单 ×

到货单

表体排序

业务类型 普通采购　单据号 0000000009　日期 2019-07-04

采购类型 正常采购　供应商 湖南百盛　部门 采购部

业务员 张宏亮　币种 人民币　汇率 1

运输方式　税率 13.00　备注

	存货编码	存货名称	主计量	数量	原币单价	原币金额	原币税额	原币价税合计	税率	订单号
1	1103	百盛牛仔裤	条	150.00	140.00	21000.00	2730.00	23730.00	13.00	CG07008
2										

图2-161　到货单

3.参照到货单生成采购入库单

2019年7月4日，由李泽华（C01）登录企业应用平台。

依次双击“业务工作”页签中的“供应链→库存管理→入库业务→采购入库单”菜单，系统打开“采购入库单”窗口。执行“生单”|“采购到货单（蓝字）”命令，打开“查询条件选择-采购到货单列表”对话框，单击“确定”按钮，系统打开“到货单生单列表”窗口。双击湖南百盛的到货单所对应的“选择”栏（即上一步骤完成的到货单），再单击工具栏的“OK确定”按钮，系统返回“采购入库单”窗口。

根据图2-157，修改采购入库单表头“入库单号”为“RK07010”，“仓库”选择“服装仓”。修改表体百盛牛仔裤的“数量”为145，其他项默认，保存并审核该入库单，结果如图2-162所示。

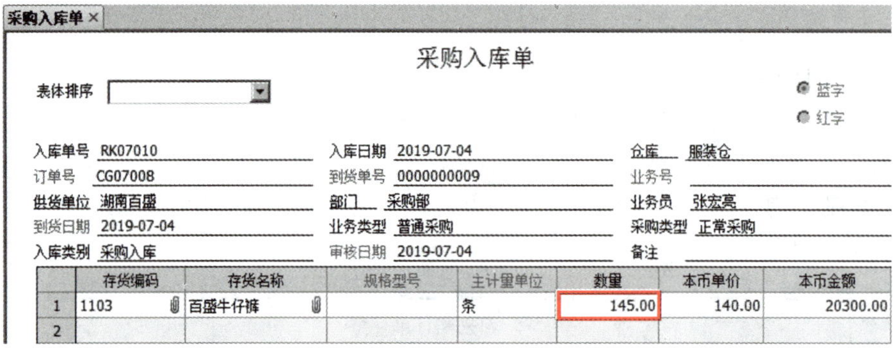

采购入库单 ×

采购入库单

表体排序

蓝字

红字

入库单号 RK07010　入库日期 2019-07-04　仓库 服装仓

订单号 CG07008　到货单号 0000000009　业务号

供货单位 湖南百盛　部门 采购部　业务员 张宏亮

到货日期 2019-07-04　业务类型 普通采购　采购类型 正常采购

入库类别 采购入库　审核日期 2019-07-04　备注

	存货编码	存货名称	规格型号	主计量单位	数量	本币单价	本币金额
1	1103	百盛牛仔裤		条	145.00	140.00	20300.00
2							

图2-162　采购入库单

4.参照采购订单生成采购专用发票

2019年7月4日，由张宏亮（G01）登录企业应用平台。依次双击“业务工作”页签中的“供应链→采购管理→采购发票→采购专用发票”菜单，打开“专用发票”窗口。单击工具栏的“增加”按钮，再执行工具栏的“生单”|“采购订单”命令，打开“查询条件选择-采购订单列表过滤”对话框，单击“确定”按钮。在“拷贝并执行”窗口，双击选择CG07008号采购订单对应的“选择”栏，然后单击工具栏的“OK确定”按钮，返回“专用发票”窗口。根据图2-158，修改表头项目“发票号”为“83051437”，其他项默认。单击工具栏的“保存”按钮。结果如图2-163所示。关闭“专用发票”窗口。

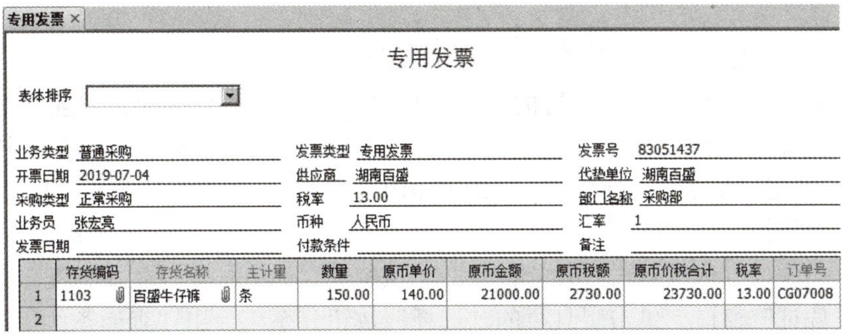

专用发票 ×

专用发票

表体排序

业务类型 普通采购　发票类型 专用发票　发票号 83051437
开票日期 2019-07-04　供应商 湖南百盛　代垫单位 湖南百盛
采购类型 正常采购　税率 13.00　部门名称 采购部
业务员 张宏亮　币种 人民币　汇率 1
发票日期　付款条件　备注

	存货编码	存货名称	主计量	数量	原币单价	原币金额	原币税额	原币价税合计	税率	订单号
1	1103	百盛牛仔裤	条	150.00	140.00	21000.00	2730.00	23730.00	13.00	CG07008
2										

图2-163　采购专用发票

5.手工采购结算

（1）双击“采购管理→采购结算→手工结算”菜单，打开“手工结算”窗口。单击“选单”，打开“结算选单”窗口。

（2）在“结算选单”窗口，单击“查询”按钮，打开“查询条件选择-采购手工结算”对话框，点击“确定”，选择4日湖南百盛的“采购发票”和“入库单”，如图2-164所示。

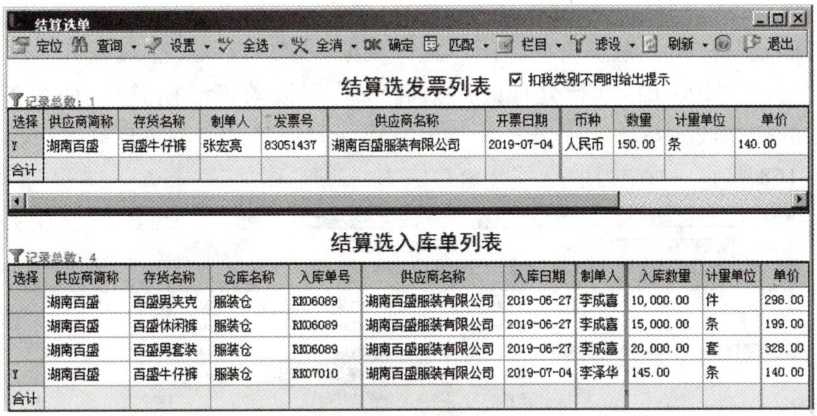

结算选单

定位　查询　设置　全选　全消　OK 确定　匹配　栏目　滤设　刷新　退出

结算选发票列表　☑ 扣税类别不同时给出提示

记录总数：1

选择	供应商简称	存货名称	制单人	发票号	供应商名称	开票日期	币种	数量	计量单位	单价
Y	湖南百盛	百盛牛仔裤	张宏亮	83051437	湖南百盛服装有限公司	2019-07-04	人民币	150.00	条	140.00
合计										

结算选入库单列表

记录总数：4

选择	供应商简称	存货名称	仓库名称	入库单号	供应商名称	入库日期	制单人	入库数量	计量单位	单价
	湖南百盛	百盛男夹克	服装仓	RK06089	湖南百盛服装有限公司	2019-06-27	李成喜	10,000.00	件	298.00
	湖南百盛	百盛休闲裤	服装仓	RK06089	湖南百盛服装有限公司	2019-06-27	李成喜	15,000.00	条	199.00
	湖南百盛	百盛男套装	服装仓	RK06089	湖南百盛服装有限公司	2019-06-27	李成喜	20,000.00	套	328.00
Y	湖南百盛	百盛牛仔裤	服装仓	RK07010	湖南百盛服装有限公司	2019-07-04	李泽华	145.00	条	140.00
合计										

图2-164　“结算选单”窗口

（3）单击“OK确定”按钮，系统返回“手工结算”窗口，百盛牛仔裤的“非合理损耗数量”输入“5”，“非合理损耗金额”输入“700”，“非合理损耗类型”选择“员工个人责任”（即非合理损耗类型编码3），如图2-165所示，单击“结算”按钮，系统显示“完成结算”。

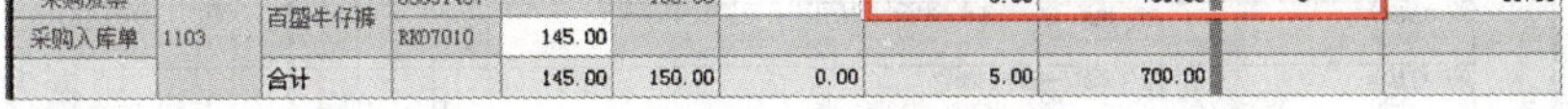

手工结算 ×

结算汇总

单据类型	存货编号	存货名称	单据号	结算数量	发票数量	合理损耗数量	非合理损耗数量	非合理损耗金额	非合理损耗类型	进项税转出金额
采购发票	1103	百盛牛仔裤	83051437		150.00		5.00	700.00	3	91.00
采购入库单			RK07010	145.00						
		合计		145.00	150.00	0.00	5.00	700.00		

图2-165　“手工结算”窗口

6.审核采购专用发票

2019年7月4日，由赵凯（W02）登录企业应用平台。依次双击“业务工作”页签中的“财务会计→应付款管理→应付单据处理→应付单据审核”菜单，系统打开“应付单查询条件”窗口，单击“确定”按钮，打开“单据处理”窗口，审核83051437号发票。关闭该窗口。

7.正常单据记账并生成凭证（采购结算单制单）

（1）正常单据记账。在供应链的"存货核算"子系统，依次双击"业务核算→正常单据记账"菜单，系统打开"查询条件选择"窗口，直接单击其"确定"按钮，系统打开"未记账单据一览表"窗口。选中RK07010号采购入库单并记账。记账完毕退出该窗口。

（2）生成凭证。依次双击"存货核算"子系统的"财务核算→生成凭证"菜单，系统打开"生成凭证"窗口。单击工具栏的"选择"按钮，系统弹出"查询条件"对话框，单击"确定"按钮，系统打开"选择单据"窗口。单击工具栏的"全选"按钮，勾选"已结算采购入库单自动选择全部结算单上单据（包括入库单、发票、付款单），非本月采购入库单按蓝字报销单制单"，如图2-166所示。

图2-166 "选择单据"窗口

单击"确定"按钮，系统自动关闭"选择单据"窗口返回"生成凭证"窗口，在第4行科目编码输入"190101"（待处理财产损溢/待处理流动资产损溢），如图2-167所示。单击工具栏的"生成"按钮，系统打开"填制凭证"窗口并自动生成凭证。保存该凭证，结果如图2-168所示。关闭当前已打开窗口。

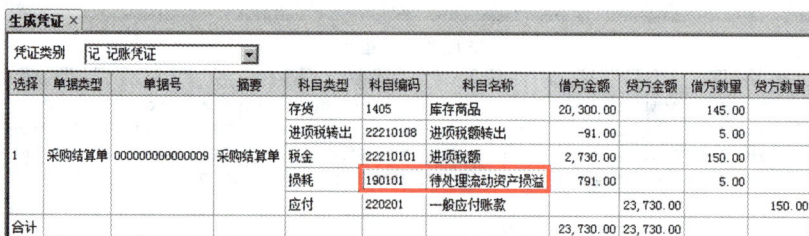

图2-167 "生成凭证"窗口

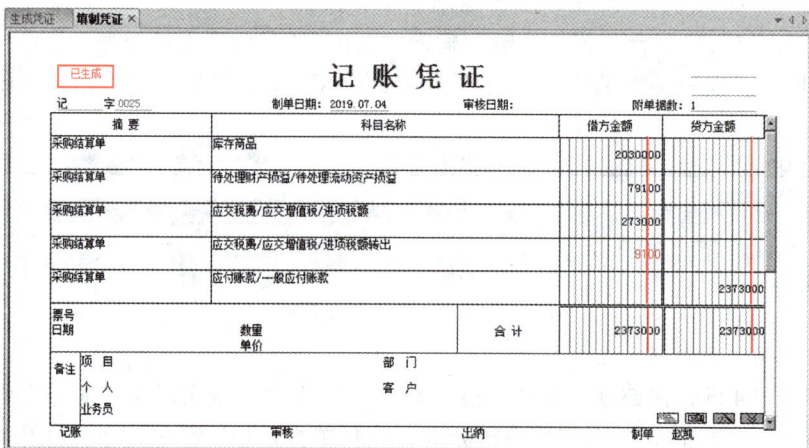

图2-168 记账凭证

8.填制记账凭证

依次双击"业务工作"页签中的"财务会计→总账→凭证→填制凭证"菜单，填制一张记账凭证，结果如图2-169所示。

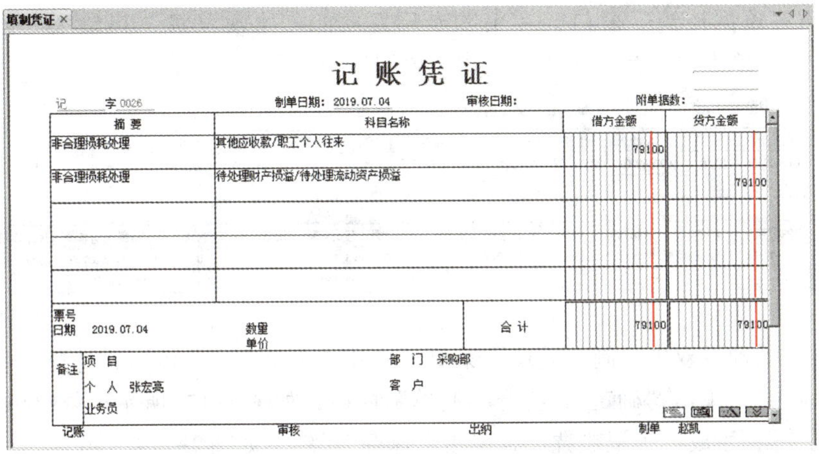

图2-169　记账凭证

9.填制银行承兑汇票

2019年7月5日，由贺青（W03）登录企业应用平台。依次双击"业务工作"页签中的"财务会计→应付款管理→票据管理"菜单，打开"查询条件选择"窗口，单击"确定"，打开"票据管理"窗口。单击"增加"，打开"应付票据"窗口，根据图2-159填制银行承兑汇票并保存，结果如图2-170所示。商业汇票保存后，系统自动生成未审核的付款单。

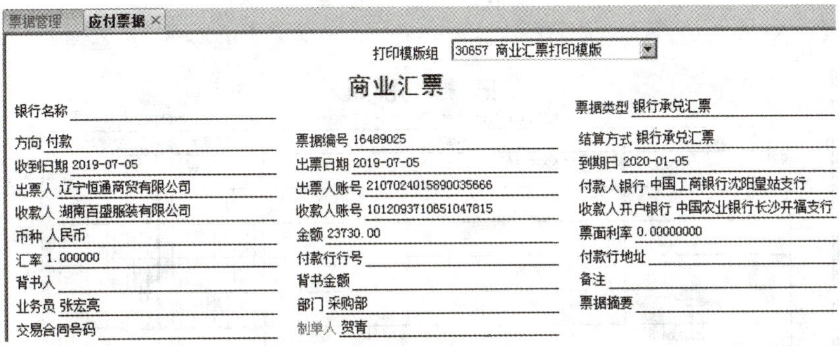

图2-170　商业汇票

10.审核付款单

2019年7月5日，由赵凯（W02）登录企业应用平台。依次双击"业务工作"页签中的"财务会计→应付款管理→付款单据处理→付款单据审核"菜单，打开"付款单查询条件"窗口，单击"确定"按钮，系统打开"收付款单列表"窗口，如图2-171所示。选中16489025号商业汇票自动生成的付款单并审核，然后关闭该窗口。

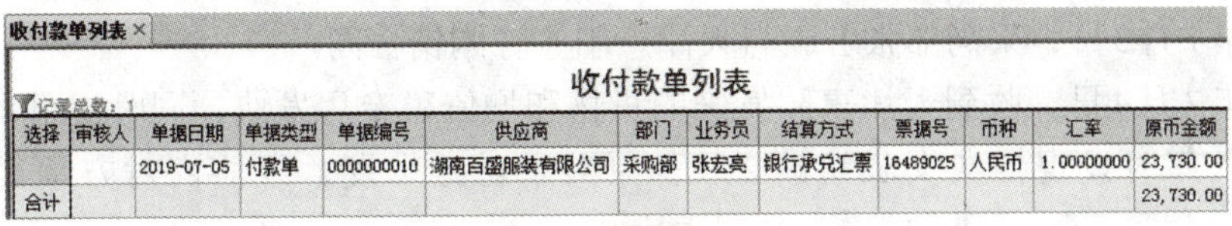

图2-171　收付款单列表

11.核销操作并制单处理

（1）核销操作。依次双击"业务工作"页签中的"财务会计→应付款管理→核销处理→手工核销"菜单，打开"核销条件"窗口，供应商选择"湖南百盛"，单击"确定"按钮，打开"单据核销"窗口，在采购专用发票的"本次结算"栏输入"23730"，如图2-172所示，单击"保存"按钮。关闭"单据核销"窗口。

单据日期	单据类型	单据编号	供应商	款项类型	结算方式	币种	汇率	原币金额	原币余额	本次结算	订单号
2019-07-05	付款单	0000000010	湖南百盛	应付款	银行承兑汇票	人民币	1.00000000	23,730.00	23,730.00	23,730.00	
合计								23,730.00	23,730.00	23,730.00	

单据日期	单据类型	单据编号	到期日	供应商	币种	原币金额	原币余额	可享受折扣	本次折扣	本次结算	订单号	凭证号
2019-07-04	采购专用发票	63051437	2019-07-04	湖南百盛	人民币	23,730.00	23,730.00	0.00	0.00	23,730.00	CG07008	记-0025
合计						23,730.00	23,730.00			23,730.00		

图2-172　"单据核销"窗口

（2）制单处理。双击"制单处理"菜单，打开"制单查询"窗口，选择"收付款单制单""核销制单"，单击"确定"，打开"制单"窗口，如图2-173所示，依次单击"全选""合并""制单"，生成一张记账凭证，单击"保存"，结果如图2-174所示。

应付制单

凭证类别　记账凭证　　　制单日期 2019-07-05

选择标志	凭证类别	单据类型	单据号	日期	供应商编码	供应商名称	部门	业务员	金额
	记账凭证	付款单	0000000010	2019-07-05	101	湖南百盛服装有限公司	采购部	张宏亮	23,730.00
	记账凭证	核销	0000000010	2019-07-05	101	湖南百盛服装有限公司	采购部	张宏亮	23,730.00

图2-173　应付制单

记 账 凭 证

已生成

记 字 0027　　制单日期：2019.07.05　　审核日期：　　　　附单据数：2

摘 要	科目名称	借方金额	贷方金额
核销	应付账款/一般应付账款	2373000	
付款单	应付票据		2373000

票号　CG07008

日期　2019.07.04　　数量
　　　　　　　　　　单价　　　　　　合计　　2373000　　2373000

备注　项　目　　　　　　　　　部门
　　　个　人　　　　　　　　　供应商 湖南百盛
　　　业务员　张宏亮

记账　　　　　审核　　　　　出纳　　　　　制单　赵飘

图2-174　记账凭证

业务3　卖方少发货的采购业务

2019年7月3日，采购部张宏亮与天津惠阳签订购销合同。

2019年7月4日，收到天津惠阳发来的货物和增值税专用发票，同时支付了货款。货物在验收入库时发现恒久女表短缺2只，原因系对方少发，经协商对方承诺下月补发货物。

相关凭证如图2-175至图2-179所示。

购 销 合 同

合同编号：CG07009

卖方：天津惠阳商贸有限公司

买方：辽宁恒通商贸有限公司

为保护买卖双方的合法权益，根据《中华人民共和国合同法》的有关规定，买卖双方经友好协商，一致同意签订本合同，并共同遵守合同约定。

一、货物的名称、数量及金额：

货物名称	规格型号	计量单位	数量	单价（不含税）	金额（不含税）	税率	税额
百盛牛仔裤		条	100	120.00	12 000.00	13%	1 560.00
恒久女表		只	100	2800.00	280 000.00	13%	36 400.00
合　计					￥292 000.00		￥37 960.00

二、合同总金额：人民币叁拾贰万玖仟玖佰陆拾元整（￥329 960.00）。

三、卖方于7月4日交付全部商品并开具增值税专用发票；采方于3日以电汇支付全部货款。

四、交货地点：辽宁恒通商贸有限公司。

五、发运方式、运输费用承担方式：由卖方发货并承担运输费用。

卖　方：天津惠阳商贸有限公司　　　　　买　方：辽宁恒通商贸有限公司

授权代表：张　进　　　　　　　　　　　授权代表：张宏亮

日　　期：2019年7月3日　　　　　　　日　　期：2019年7月3日

图 2-175　购销合同

入 库 单

供应商：天津惠阳　　　　　　　　2019年7月4日　　　　　　　　单号：RK07011

验收仓库	存货编码	存货名称	单位	数量		单价	金额
				应收	实收		
服装仓	1103	百盛牛仔裤	条	100	100		
合　计							

部门经理：略　　　　会计：略　　　　仓库：略　　　　经办人：略

图 2-176　入库单

入 库 单

供应商：天津惠阳　　　　　　　　2019年7月4日　　　　　　　　单号：RK07012

验收仓库	存货编码	存货名称	单位	数量		单价	金额
				应收	实收		
手表仓	1251	恒久女表	只	100	98		
合　计							

部门经理：略　　　　会计：略　　　　仓库：略　　　　经办人：略

图 2-177　入库单

012001900105　天津增值税专用发票　№ 32307938　012001900105
32307938

发票联

开票日期：2019年7月4日

购买方	名称：辽宁恒通商贸有限公司							
	纳税人识别号：91210105206917583A							
	地址、电话：辽宁省沈阳市皇姑区人民路369号 024-82681359							
	开户行及账号：中国工商银行沈阳皇姑支行 2107024015890035666							

密码区 0++0->*7852682720*+746055*1
2732/2>3>835>3<44/<39*/>72>
1*87404-318-68*4706/>9>926<
<174953217<+8-4101415220795

货物或应税劳务、服务名称	规格型号	单位	数量	单价	金额	税率	税额
*服装*百盛牛仔裤		条	100	120.00	12 000.00	13%	1 560.00
*手表*恒久女表		只	100	2 800.00	280 000.00	13%	36 400.00
合　计					¥292 000.00		¥37 960.00

价税合计（大写）　⊗叁拾贰万玖仟玖佰陆拾元整　（小写）¥329 960.00

销售方	名称：天津惠阳商贸有限公司	
	纳税人识别号：91120104572036908A	
	地址、电话：天津市南开区中华路三段88号 022-81329367	备注
	开户行及账号：中国农业银行天津南开支行 2806725046208670931	

收款人：许嘉麒　复核：胡婉营　开票人：李丹　销售方：（章）

第三联：发票联 购买方记账凭证

税总函[2019]335号北方印钞厂

图2-178　增值税专用发票

中国工商银行　电汇凭证（回单）　1　36257064

☑普通　□加急　委托日期　2019年7月4日

汇款人	全称	辽宁恒通商贸有限公司	收款人	全称	天津惠阳商贸有限公司
	账号	2107024015890035666		账号	2806725046208670931
	开户银行	中国工商银行沈阳皇姑支行		开户银行	中国农业银行天津南开支行

金额	人民币（大写）　叁拾贰万玖仟玖佰陆拾元整	亿	千	百	十	万	千	百	十	元	角	分
				¥	3	2	9	9	6	0	0	0

支付密码

附加信息及用途：货款

复核　记账

此联为汇出行给汇款人的回单

中国工商银行沈阳皇姑支行
2019.07.04
转讫
（7）

图2-179　电汇付款凭证

【操作过程概览】

本业务的操作过程概览见表2-10。

表2-10　　　　　操作过程概览

序号	操作日期	操作员	系统	操作内容
1	2019-07-03	G01张宏亮	采购管理	填制采购订单
2	2019-07-04	G01张宏亮	采购管理	参照采购订单生成到货单
3	2019-07-04	G01张宏亮	采购管理	参照到货单生成到货拒收单
4	2019-07-04	C01李泽华	库存管理	参照到货单批量生成采购入库单
5	2019-07-04	G01张宏亮	采购管理	参照采购订单生成采购专用发票（现付）
6	2019-07-04	G01张宏亮	采购管理	手工采购结算
7	2019-07-04	W02赵凯	应付款管理	审核发票并制单处理
8	2019-07-04	W02赵凯	存货核算	正常单据记账并生成凭证

【具体操作过程】

1.填制采购订单

2019年7月3日,由张宏亮(G01)登录企业应用平台。依次双击"业务工作"页签中的"供应链→采购管理→采购订货→采购订单"菜单,打开"采购订单"窗口。单击工具栏的"增加"按钮,根据图2-175填制采购订单。填制完毕保存并审核该采购订单,结果如图2-180所示。关闭并退出该窗口。

卖方少发货的采购业务

图2-180 采购订单

2.参照采购订单生成到货单

2019年7月4日,由张宏亮(G01)登录企业应用平台。在"采购管理"子系统,双击"采购到货→到货单"菜单,打开"到货单"窗口。单击工具栏的"增加"按钮,再执行工具栏的"生单"|"采购订单"命令,打开"查询条件选择-采购订单列表过滤"对话框,单击"确定"按钮,系统弹出"拷贝并执行"窗口。双击"到货单拷贝订单表头列表"中订单号"CG07009"最左侧的"选择"单元格,选中该订单,单击"OK确定"按钮,系统返回"到货单"窗口。

在到货单表体第2行的"拒收数量"栏输入"2",其他项默认。保存并审核该到货单,结果如图2-181所示。关闭并退出"到货单"窗口。

图2-181 到货单

3.参照到货单生成到货拒收单

在"采购管理"子系统,双击"采购到货→到货拒收单"菜单,打开"到货拒收单"窗口。单击"增加",执行"生单"|"到货单"命令,打开"查询条件选择-采购退货单列表过滤"窗口,单击"确定",打开"拷贝并执行"窗口。

在窗口上方选中"天津惠阳"的到货单,下方只选中"恒久女表"那一行,如图2-182所示,单击"OK确定",生成到货拒收单,保存并审核该单据,结果如图2-183所示。

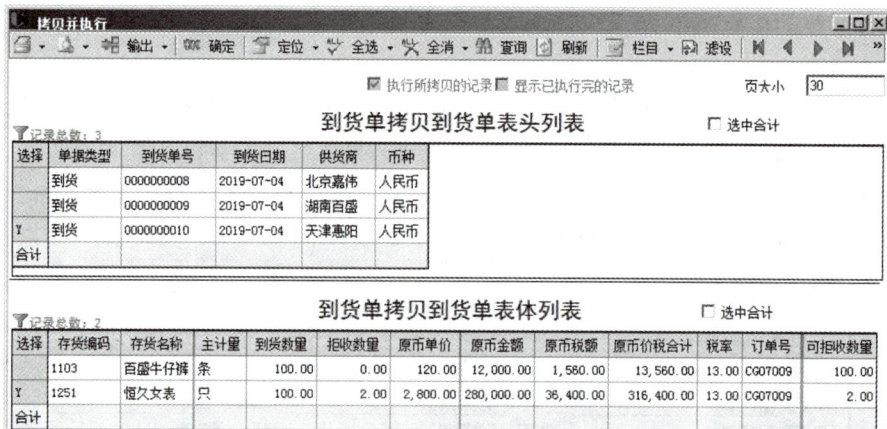

图2-182　"拷贝并执行"窗口

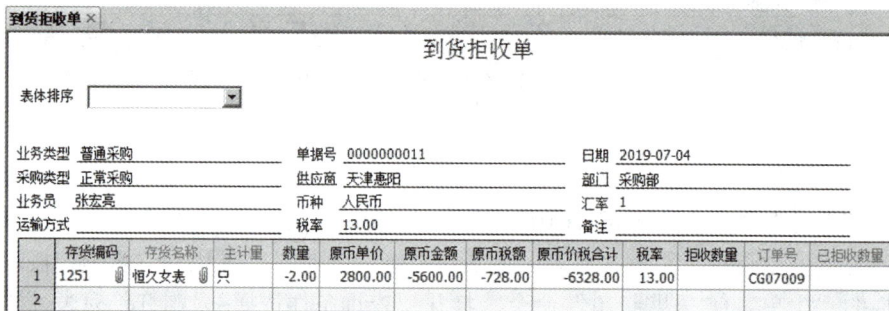

图2-183　到货拒收单

【提示】

采购到货拒收单只能参照到货单生成。到货拒收单保存时，向到货单填写"已拒收数量"。一张到货单，允许多次进行拒收。在到货时如果能够直接确定是否拒收，将拒收数量填到到货单的"拒收数量"中，参照到货单的拒收数量生成到货拒收单；如果不能够确定是否拒收，则不录入拒收数量，参照到货单（到货数量-已入库数量）生成到货拒收单。

4.参照到货单批量生成采购入库单

2019年7月4日，由李泽华（C01）登录企业应用平台。依次双击"业务工作"页签中的"供应链→库存管理→入库业务→采购入库单"菜单，系统打开"采购入库单"窗口。执行"生单"|"采购到货单（批量）"命令，打开"查询条件选择-采购到货单列表"对话框，单击"确定"按钮，系统打开"到货单生单列表"窗口。双击天津惠阳的到货单所对应的"选择"栏（即上一步骤完成的到货单）。在窗口下方百盛牛仔裤那一行的仓库选择"服装仓"，恒久女表那一行的仓库选择"手表仓"，如图2-184所示。再单击工具栏的"OK确定"按钮，系统返回"采购入库单"窗口。

根据图2-177，单击工具栏的"修改"按钮，将手表仓采购入库单表头中的"入库单号"改为"RK07012"，保存并审核该入库单，结果如图2-185所示。

单击工具栏的"　上张"按钮，根据图2-176，单击"修改"，将服装仓采购入库单表头的"入库单号"改为"RK07011"，保存并审核该入库单，结果如图2-186所示。

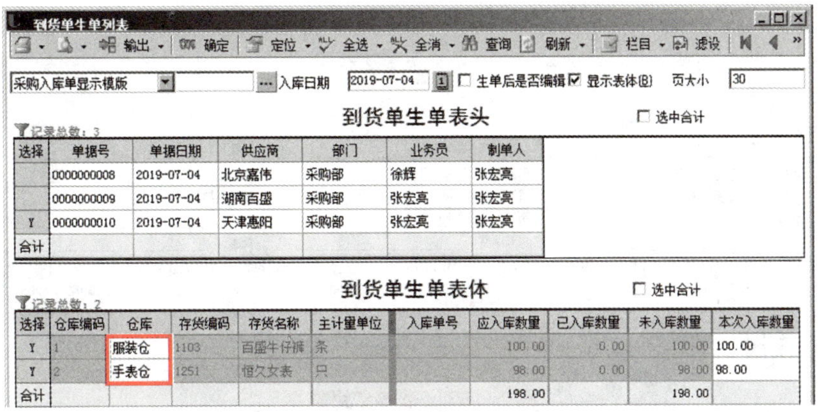

图2-184　"到货单生单列表"窗口

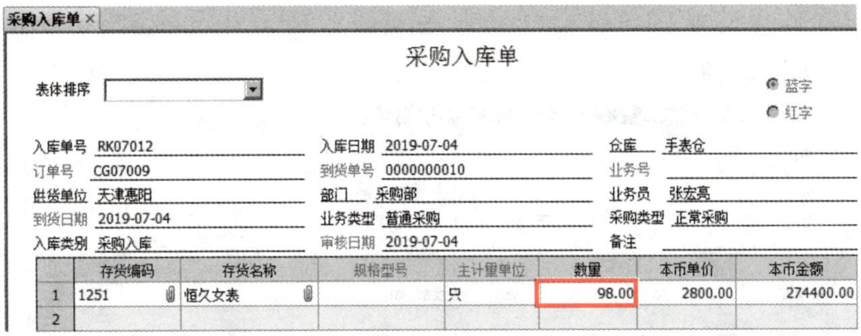

图2-185　采购入库单

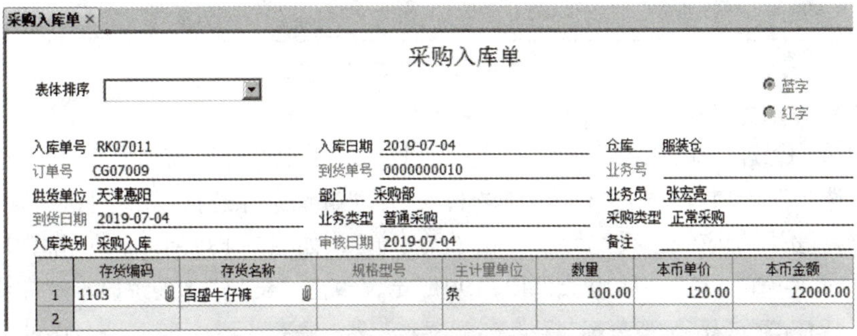

图2-186　采购入库单

5.参照采购订单生成采购专用发票（现付）

2019年7月4日，由张宏亮（G01）登录企业应用平台。

（1）依次双击"业务工作"页签中的"供应链→采购管理→采购发票→采购专用发票"菜单，打开"专用发票"窗口。单击工具栏的"增加"按钮，再执行工具栏的"生单"|"采购订单"命令，打开"查询条件选择-采购订单列表过滤"对话框，单击"确定"按钮。在"拷贝并执行"窗口，双击选中CG07009号采购订单对应的"选择"栏，然后单击"OK确定"按钮，返回"专用发票"窗口。

根据图2-178，修改表头项目"发票号"为"32307938"，其他表头项默认。将表体恒久女表的"数量"栏拆分为"98"和"2"两行。单击"保存"按钮，结果如图2-187所示。

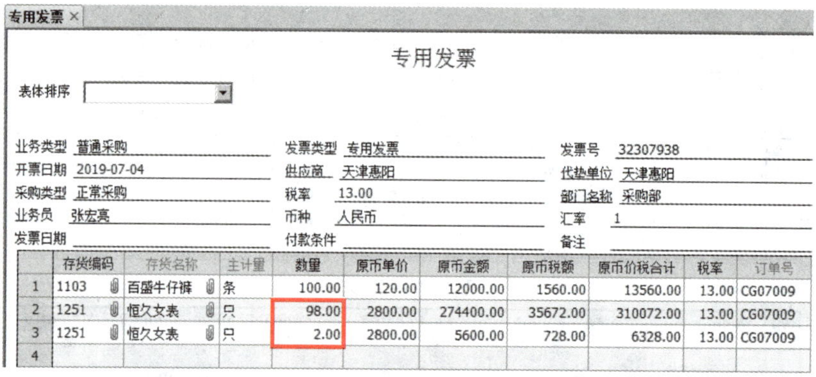

专用发票

表体排序

业务类型 普通采购　发票类型 专用发票　发票号 32307938
开票日期 2019-07-04　供应商 天津惠阳　代垫单位 天津惠阳
采购类型 正常采购　税率 13.00　部门名称 采购部
业务员 张宏亮　币种 人民币　汇率 1
发票日期　付款条件　备注

	存货编码	存货名称	主计量	数量	原币单价	原币金额	原币税额	原币价税合计	税率	订单号
1	1103	百盛牛仔裤	条	100.00	120.00	12000.00	1560.00	13560.00	13.00	CG07009
2	1251	恒久女表	只	98.00	2800.00	274400.00	35672.00	310072.00	13.00	CG07009
3	1251	恒久女表	只	2.00	2800.00	5600.00	728.00	6328.00	13.00	CG07009
4										

图2-187　采购专用发票

（2）现付。单击工具栏的“现付”按钮，打开“采购现付”窗口。根据图2-179电汇凭证，“结算方式”选择“电汇”，“原币金额”输入“329960”，“票据号”输入“36257064”，如图2-188所示。单击“确定”按钮。关闭“专用发票”窗口。

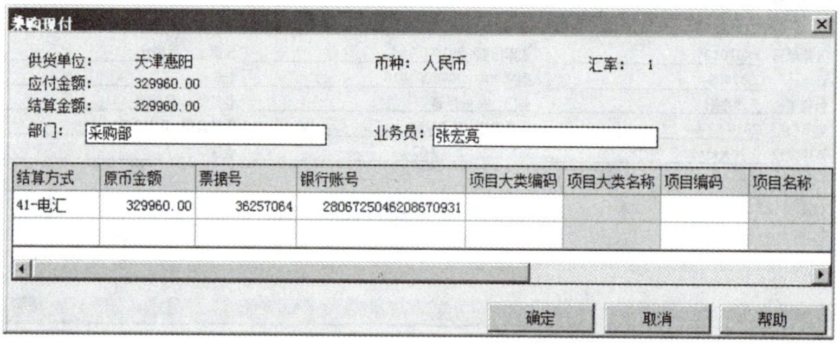

采购现付

供货单位：天津惠阳　币种：人民币　汇率：1
应付金额：329960.00
结算金额：329960.00
部门：采购部　业务员：张宏亮

结算方式	原币金额	票据号	银行账号	项目大类编码	项目大类名称	项目编码	项目名称
41-电汇	329960.00	36257064	2806725046208670931				

确定　取消　帮助

图2-188　“采购现付”窗口

6.手工采购结算

双击“采购管理→采购结算→手工结算”，打开“手工结算”窗口，单击“选单”按钮，打开“结算选单”窗口。单击“查询”按钮，打开“查询条件选择-采购手工结算”对话框，点击“确定”。选择相应的“采购发票”和“入库单”，如图2-189所示，单击“OK确定”按钮，系统回到“手工结算”窗口，如图2-190所示，单击“结算”，系统显示“完成结算”。

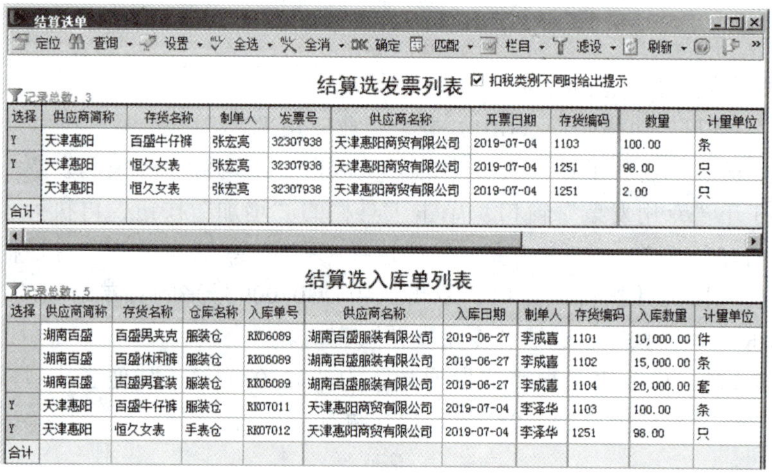

结算选单

定位　查询　设置　全选　全消　OK 确定　匹配　栏目　滤设　刷新

结算选发票列表　☑ 扣税类别不同时给出提示

记录总数：3

选择	供应商简称	存货名称	制单人	发票号	供应商名称	开票日期	存货编码	数量	计量单位
Y	天津惠阳	百盛牛仔裤	张宏亮	32307938	天津惠阳商贸有限公司	2019-07-04	1103	100.00	条
Y	天津惠阳	恒久女表	张宏亮	32307938	天津惠阳商贸有限公司	2019-07-04	1251	98.00	只
	天津惠阳	恒久女表	张宏亮	32307938	天津惠阳商贸有限公司	2019-07-04	1251	2.00	只
合计									

结算选入库单列表

记录总数：5

选择	供应商简称	存货名称	仓库名称	入库单号	供应商名称	入库日期	制单人	存货编码	入库数量	计量单位
	湖南百盛	百盛男夹克	服装仓	RK06089	湖南百盛服装有限公司	2019-06-27	李成喜	1101	10,000.00	件
	湖南百盛	百盛休闲裤	服装仓	RK06089	湖南百盛服装有限公司	2019-06-27	李成喜	1102	15,000.00	条
	湖南百盛	百盛男套装	服装仓	RK06089	湖南百盛服装有限公司	2019-06-27	李成喜	1104	20,000.00	套
Y	天津惠阳	百盛牛仔裤	服装仓	RK07011	天津惠阳商贸有限公司	2019-07-04	李泽华	1103	100.00	条
Y	天津惠阳	恒久女表	手表仓	RK07012	天津惠阳商贸有限公司	2019-07-04	李泽华	1251	98.00	只
合计										

图2-189　“结算选单”窗口

单据类型	存货编号	存货名称	单据号	结算数量	发票数量	合理损耗数量	非合理损耗数量	非合理损耗金额
采购发票		百盛牛仔裤	32307938		100.00			
采购入库单	1103		RK07011	100.00				
		合计		100.00	100.00	0.00	0.00	0.00
采购发票		恒久女表	32307938		98.00			
采购入库单	1251		RK07012	98.00				
		合计		98.00	98.00	0.00	0.00	0.00

图2-190　"手工结算"窗口

7.审核发票并制单处理

2019年7月4日，由赵凯（W02）登录企业应用平台。

（1）依次双击"业务工作"页签中的"财务会计→应付款管理→应付单据处理→应付单据审核"菜单，系统打开"应付单查询条件"窗口，勾选"已包含现结发票""未完全报销"，单击"确定"按钮，打开"单据处理"窗口。选中32307938号专用发票并对其进行审核。审核完毕关闭当前窗口。

（2）双击"制单处理"菜单，打开"制单查询"对话框，勾选"现结制单"，单击"确定"按钮，打开"制单"窗口。依次单击"全选""制单"按钮，生成一张记账凭证，单击"保存"按钮，如图2-191所示。关闭当前已打开窗口。

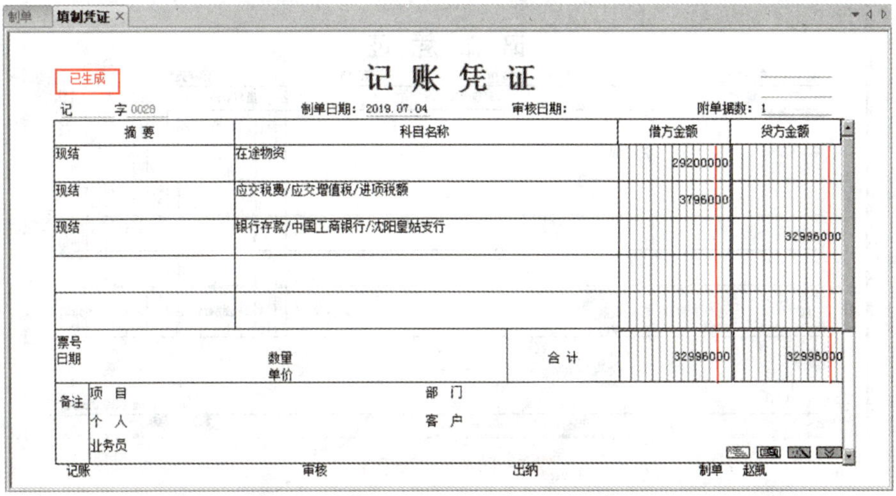

图2-191　记账凭证

8.正常单据记账并生成凭证

（1）正常单据记账。在供应链的"存货核算"子系统，依次双击"业务核算→正常单据记账"菜单，系统打开"查询条件选择"窗口，直接单击其"确定"按钮，系统打开"未记账单据一览表"窗口。双击RK07011、RK07012号入库单的"选择"栏，使其显示"Y"字样，如图2-192所示，单击工具栏的"记账"按钮，系统弹出信息框提示记账成功，单击其"确定"按钮，完成记账工作。关闭当前窗口。

（2）生成凭证。依次双击"存货核算"子系统的"财务核算→生成凭证"菜单，系统打开"生成凭证"窗口。单击工具栏的"选择"按钮，系统弹出"查询条件"对话框，单击"确定"按钮，系统打开"选择单据"窗口，单击工具栏的"全选"按钮，以选中

未记账单据一览表

正常单据记账列表

记录总数：2

选择	日期	单据号	存货编码	存货名称	单据类型	仓库名称	收发类别	数量	单价	金额	供应商简称
Y	2019-07-04	RK07011	1103	百盛牛仔裤	采购入库单	服装仓	采购入库	100.00	120.00	12,000.00	天津惠阳
Y	2019-07-04	RK07012	1251	恒久女表	采购入库单	手表仓	采购入库	98.00	2,800.00	274,400.00	天津惠阳
小计								198.00		286,400.00	

图 2-192 正常单据记账列表

RK07011、RK07012号入库单，再单击“确定”按钮，系统自动关闭“选择单据”窗口返回“生成凭证”窗口，如图2-193所示。单击工具栏的“合成”按钮，系统生成一张记账凭证，保存此凭证，结果如图2-194所示。

生成凭证

凭证类别 记 记账凭证

选择	单据类型	单据号	摘要	科目类型	科目编码	科目名称	借方金额	贷方金额	借方数量	贷方数量	存货名称
1	采购入库单	RK07011	采购入库单	存货	1405	库存商品	12,000.00		100.00		百盛牛仔裤
				对方	1402	在途物资		12,000.00		100.00	百盛牛仔裤
		RK07012		存货	1405	库存商品	274,400.00		98.00		恒久女表
				对方	1402	在途物资		274,400.00		98.00	恒久女表
合计							286,400.00	286,400.00			

图 2-193 “生成凭证”窗口

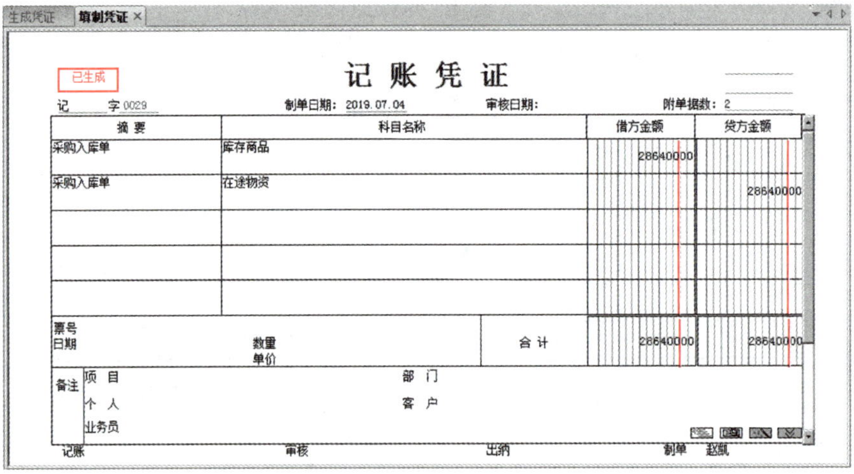

图 2-194 记账凭证

任务3 采购退货业务

业务1 入库前退货业务

2019年7月4日，采购部徐辉与上海恒久签订购销合同。收到对方开具的增值税专用发票，恒通公司支付了全部货款。

2019年7月5日，收到上海恒久发来的货物，经检验有部分产品质量存在问题，上海恒久已按合同承担损失。

相关凭证如图2-195至图2-201所示。

购销合同

合同编号：CG07010

卖方：上海恒久表业有限公司

买方：辽宁恒通商贸有限公司

为保护买卖双方的合法权益，根据《中华人民共和国合同法》的有关规定，买卖双方经友好协商，一致同意签订本合同，并共同遵守合同约定。

一、货物的名称、数量及金额：

货物名称	规格型号	计量单位	数量	单价（不含税）	金额（不含税）	税率	税额
恒久情侣表		对	50	9 000.00	450 000.00	13%	58 500.00
合计					￥450 000.00		￥58 500.00

二、合同总金额：人民币伍拾万零捌仟伍佰元整（￥508 500.00）。

三、签订合同当日，卖方开具增值税专用发票，买方以电汇方式支付全部货款。卖方于7月5日发出全部货物。若货物出现质量问题，卖方应承担损失。

四、交货地点：辽宁恒通商贸有限公司。

五、发运方式与运输费用承担方式：由卖方发货并承担运输费用。

卖　　方：上海恒久表业有限公司　　　　买　　方：辽宁恒通商贸有限公司

授权代表：张运久　　　　　　　　　　　　授权代表：徐辉

日　　期：2019年7月4日　　　　　　　　日　　期：2019年7月4日

图2-195 购销合同

上海增值税专用发票

031001900105　　　　　　　　　　　　　　　№ 23108959

开票日期：2019年7月4日

	名称：辽宁恒通商贸有限公司	密	4>8875>*7406>+4<2<02/>>*/91
购买方	纳税人识别号：91210105206917583A		7075-56524654/7-792928<5+04
	地址、电话：辽宁省沈阳市皇姑区人民路369号 024-82681359	码区	67756*90<9>11060365-40+58/7
	开户行及账号：中国工商银行沈阳皇姑支行 2107024015890035666		12*2+-24>14><31*482531*7627

货物或应税劳务、服务名称	规格型号	单位	数量	单价	金额	税率	税额
*手表*恒久情侣表		对	50	9 000.00	450 000.00	13%	58 500.00
合计					￥450 000.00		￥58 500.00

价税合计（大写）：⊗伍拾万零捌仟伍佰元整　　　　　　　（小写）￥508 500.00

	名称：上海恒久表业有限公司	备	
销售方	纳税人识别号：91310106896543287A		
	地址、电话：上海市静安区花园路甲7号 021-28386699	注	
	开户行及账号：中国银行上海静安支行 9517205720902010400		

收款人：周宏伟　　复核：陈雅婧　　开票人：张茜钰　　　　销售方：（章）

图2-196 增值税专用发票

中国工商银行 电汇凭证（回单）   1   36257065

☑普通　□加急　　　　委托日期　2019年7月4日

汇款人	全称	辽宁恒通商贸有限公司	收款人	全称	上海恒久表业有限公司
	账号	2107024015890035666		账号	9517205720902010400
	开户银行	中国工商银行沈阳皇姑支行		开户银行	中国银行上海静安支行

金额	人民币（大写）伍拾万零捌仟伍佰元整	亿 千 百 十 万 千 百 十 元 角 分 ¥ 5 0 8 5 0 0 0 0

中国工商银行
沈阳皇姑支行
2019.07.04
转讫
（7）

支付密码

附加信息及用途：货款

复核　　　记账

此联为汇出行给汇款人的回单

图2-197　电汇付款凭证

商品（入库）验收报告单

供货单位：上海恒久表业有限公司

发票或送货号：23108959　　　　　制单日期：2019年7月5日　　　　　　第1号

收货单位：辽宁恒通商贸有限公司　仓库：手表仓　运输工具：汽车　车（船）号：辽A35790
原发数量：50对　　　　　　　　　实收数量：48对
溢余数量：　　　　　　　　　　　短缺数量：
质检情况：手表质量存在问题　负责人：李成喜　　　经办人：徐辉
公司：辽宁恒通商贸有限公司　处理意见：退货并收回退货款　负责人：李成喜　经办人：徐辉

验收：略　　　　　审核：略　　　　　　　　制单：略

图2-198　商品（入库）验收报告单

入库单

供应商：上海恒久　　　　　　2019年7月5日　　　　　单号：RK07013

验收仓库	存货编码	存货名称	单位	数量		单价	金额
				应收	实收		
手表仓	1253	恒久情侣表	对	50	48		
合　计							

部门经理：略　　　　　会计：略　　　　　仓库：略　　　　　经办人：略

图2-199　入库单

031001900105

上海增值税专用发票　　№ 23108962

031001900105
23108962

销项负数

发票联

开票日期：2019年7月5日

购买方	名　称：	辽宁恒通商贸有限公司	密码区	2+13060-67+65>27**<-0-3732>
	纳税人识别号：	91210105206917583A		*998102/<>65+0450<678594</
	地址、电话：	辽宁省沈阳市皇姑区人民路369号　024-82681359		4*818239>>834>09765029->366
	开户行及账号：	中国工商银行沈阳皇姑支行　2107024015890035666		151*>6764474691474/5108+<4*

货物或应税劳务、服务名称	规格型号	单位	数量	单价	金　额	税率	税　额
*手表*恒久情侣表		对	-2	9 000.00	-18 000.00	13%	-2 340.00
合　　　计					¥-18 000.00		¥-2 340.00

价税合计（大写）	⊗（负数）贰万零叁佰肆拾元整	（小写）¥-20 340.00

销售方	名　称：	上海恒久表业有限公司	备注	
	纳税人识别号：	91310106896543287A		
	地址、电话：	上海市静安区花园路甲7号　021-28386699		
	开户行及账号：	中国银行上海静安支行　9517205720902010400		

收款人：周宏伟　　复核：陈雅婧　　开票人：张茜钰　　销售方：（章）

图2-200　负数增值税专用发票

中国工商银行　电汇凭证（收账通知）　4　11672832

☑普通　□加急　　　委托日期　2019年7月5日

汇款人	全　称	上海恒久表业有限公司	收款人	全　称	辽宁恒通商贸有限公司
	账　号	9517205720902010400		账　号	2107024015890035666
	开户银行	中国银行上海静安支行		开户银行	中国工商银行沈阳皇姑支行

金额	人民币（大写）	贰万零叁佰肆拾元整	亿	千	百	十	万	千	百	十	元	角	分
						¥	2	0	3	4	0	0	0

此汇款已收入收款人账户。

支付密码

附加信息及用途：退货款

汇入行签章　　复核　　记账

此联为开户行给收款人的收账通知

中国工商银行沈阳皇姑支行　2019.07.05　转讫（8）

图2-201　电汇收款凭证

【操作过程概览】

本业务的操作过程概览见表2-11。

表2-11　　　　　　　　　操作过程概览

序号	操作日期	操作员	系统	操作内容
1	2019-07-04	G01张宏亮	采购管理	填制采购订单
2	2019-07-04	G01张宏亮	采购管理	参照采购订单生成采购专用发票（现付）
3	2019-07-04	W02赵凯	应付款管理	审核发票并制单处理
4	2019-07-05	G01张宏亮	采购管理	参照采购订单生成到货单
5	2019-07-05	G01张宏亮	采购管理	参照到货单生成到货拒收单
6	2019-07-05	C01李泽华	库存管理	参照到货单生成采购入库单
7	2019-07-05	G01张宏亮	采购管理	参照采购订单生成红字采购专用发票（现付）
8	2019-07-05	G01张宏亮	采购管理	手工采购结算
9	2019-07-05	W02赵凯	应付款管理	审核发票并制单处理
10	2019-07-05	W02赵凯	存货核算	正常单据记账并生成凭证

【具体操作过程】

1. 填制采购订单

2019年7月4日，由张宏亮（G01）登录企业应用平台。依次双击"业务工作"页签中的"供应链→采购管理→采购订货→采购订单"菜单，打开"采购订单"窗口。单击工具栏的"增加"按钮，根据图2-195填制采购订单。填制完毕保存并审核该采购订单，结果如图2-202所示。关闭并退出"采购订单"窗口。

业务类型 普通采购		订单日期 2019-07-04			订单编号 CG07010			
采购类型 正常采购		供应商 上海恒久			部门 采购部			
业务员 徐辉		税率 13.00			付款条件			
币种 人民币		汇率 1			备注			

	存货编码	存货名称	主计量	数量	原币单价	原币金额	原币税额	原币价税合计	税率	计划到货日期
1	1253	恒久情侣表	对	50.00	9000.00	450000.00	58500.00	508500.00	13.00	2019-07-05
2										

图2-202 采购订单

2. 参照采购订单生成采购专用发票（现付）

（1）依次双击"业务工作"页签中的"供应链→采购管理→采购发票→采购专用发票"菜单，打开"专用发票"窗口。单击工具栏的"增加"按钮，再执行工具栏的"生单"|"采购订单"命令，打开"查询条件选择-采购订单列表过滤"对话框，单击"确定"按钮。在"拷贝并执行"窗口，双击CG07010号采购订单对应的"选择"栏，然后单击"OK确定"按钮，返回"专用发票"窗口。根据图2-196，修改表头项目"发票号"为"23108959"，其他项默认。保存该发票，结果如图2-203所示。

业务类型 普通采购		发票类型 专用发票			发票号 23108959			
开票日期 2019-07-04		供应商 上海恒久			代垫单位 上海恒久			
采购类型 正常采购		税率 13.00			部门名称 采购部			
业务员 徐辉		币种 人民币			汇率 1			
发票日期		付款条件			备注			

	存货编码	存货名称	主计量	数量	原币单价	原币金额	原币税额	原币价税合计	税率	订单号
1	1253	恒久情侣表	对	50.00	9000.00	450000.00	58500.00	508500.00	13.00	CG07010
2										

图2-203 采购专用发票

（2）现付。单击工具栏的"现付"按钮，打开"采购现付"窗口。根据图2-197，"结算方式"选择"电汇"，"原币金额"输入"508500"，"票据号"输入"36257065"，如图2-204所示。单击"确定"按钮。

3. 审核发票并制单处理

2019年7月4日，由赵凯（W02）登录企业应用平台。

（1）依次双击"业务工作"页签中的"财务会计→应付款管理→应付单据处理→应付单据审核"菜单，系统打开"应付单查询条件"窗口，勾选"已包含现结发票""未完全报销"，单击"确定"按钮，打开"单据处理"窗口。选中并审核23108959号发票。

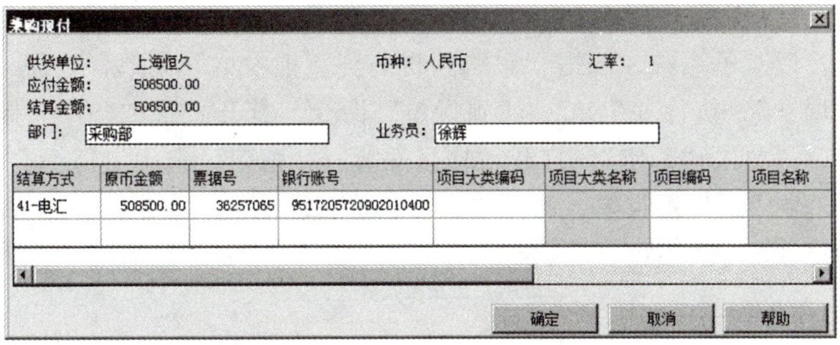

图 2-204 "采购现付"窗口

（2）双击"制单处理"菜单，打开"制单查询"对话框，勾选"现结制单"，单击"确定"按钮，打开"制单"窗口。依次单击"全选""制单"按钮，生成一张记账凭证，单击"保存"，结果如图 2-205 所示。

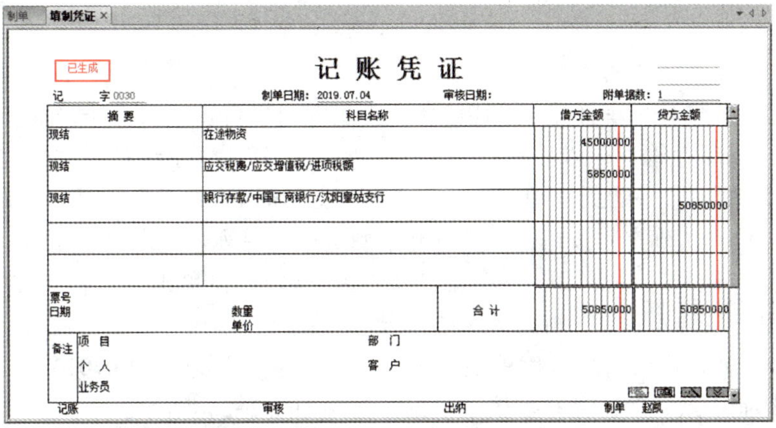

图 2-205 记账凭证

4.参照采购订单生成到货单

2019 年 7 月 5 日，由张宏亮（G01）登录企业应用平台。在"采购管理"子系统，双击"采购到货→到货单"菜单，打开"到货单"窗口。单击工具栏的"增加"按钮，再执行工具栏的"生单"|"采购订单"命令，打开"查询条件选择-采购订单列表过滤"对话框，单击"确定"按钮，系统弹出"拷贝并执行"窗口。双击"到货单拷贝订单表头列表"中订单号"CG07010"最左侧的"选择"单元格，选中该订单，单击"OK确定"按钮，系统返回"到货单"窗口。

在到货单表体的"拒收数量"栏输入"2"，其他项默认。保存并审核该到货单，结果如图 2-206 所示。关闭并退出"到货单"窗口。

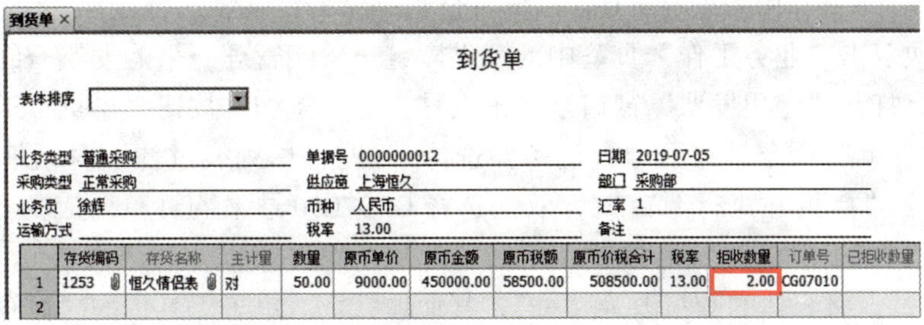

图 2-206 到货单

5.参照到货单生成到货拒收单

在"采购管理"子系统，双击"采购到货→到货拒收单"菜单，打开"到货拒收单"窗口。单击"增加"，执行"生单"|"到货单"命令，打开"查询条件选择-采购退货单列表过滤"窗口，单击"确定"，打开"拷贝并执行"窗口。选中上海恒久的到货单，单击"OK确定"，生成到货拒收单，保存并审核该单据，结果如图2-207所示。

到货拒收单

	存货编码	存货名称	主计量	数量	原币单价	原币金额	原币税额	原币价税合计	税率	拒收数量	订单号	已拒收数量
1	1253	恒久情侣表	对	-2.00	9000.00	-18000.00	-2340.00	-20340.00	13.00		CG07010	
2												

业务类型 普通采购　单据号 0000000013　日期 2019-07-05
采购类型 正常采购　供应商 上海恒久　部门 采购部
业务员 徐辉　币种 人民币　汇率 1
运输方式　税率 13.00　备注

图2-207　到货拒收单

6.参照到货单生成采购入库单

2019年7月5日，由李泽华（C01）登录企业应用平台。依次双击"业务工作"页签中的"供应链→库存管理→入库业务→采购入库单"菜单，系统打开"采购入库单"窗口。执行"生单"|"采购到货单（蓝字）"命令，打开"查询条件选择-采购到货单列表"对话框，单击"确定"按钮，系统打开"到货单生单列表"窗口。双击上海恒久的到货单所对应的"选择"栏（即上一步骤完成的到货单），再单击工具栏的"OK确定"按钮，系统返回"采购入库单"窗口。

根据图2-199，修改采购入库单表头中的"入库单号"为"RK07013"，"仓库"选择"手表仓"，其他项默认。保存并审核该单据，结果如图2-208所示。

采购入库单

☉ 蓝字
☉ 红字

入库单号 RK07013　入库日期 2019-07-05　仓库 手表仓
订单号 CG07010　到货单号 0000000012　业务号
供货单位 上海恒久　部门 采购部　业务员 徐辉
到货日期 2019-07-05　业务类型 普通采购　采购类型 正常采购
入库类别 采购入库　审核日期 2019-07-05　备注

	存货编码	存货名称	规格型号	主计量单位	数量	本币单价	本币金额
1	1253	恒久情侣表		对	48.00	9000.00	432000.00
2							

图2-208　采购入库单

7.参照采购订单生成红字采购专用发票（现付）

2019年7月5日，由张宏亮（G01）登录企业应用平台。

（1）依次双击"业务工作"页签中的"供应链→采购管理→采购发票→红字专用采购发票"菜单，打开"专用发票"窗口。单击工具栏的"增加"按钮，再执行工具栏的"生单"|"采购订单"命令，打开"查询条件选择-采购订单列表过滤"对话框，单击"确定"按钮。在"拷贝并执行"窗口，双击选择CG07010号采购订单对应的"选择"栏，然后单击工具栏的"OK确定"按钮，返回"专用发票"窗口。修改表头项目"发票号"为"23108962"，将表体的数量改为"-2"，其他项默认。单击工具栏的"保存"按钮。

（2）现付。单击工具栏的“现付”按钮，打开“采购现付”窗口。根据图2-201，“结算方式”选择“电汇”，“原币金额”输入“-20340”，“票据号”输入“11672832”，单击“确定”按钮，结果如图2-209所示。关闭“专用发票”窗口。

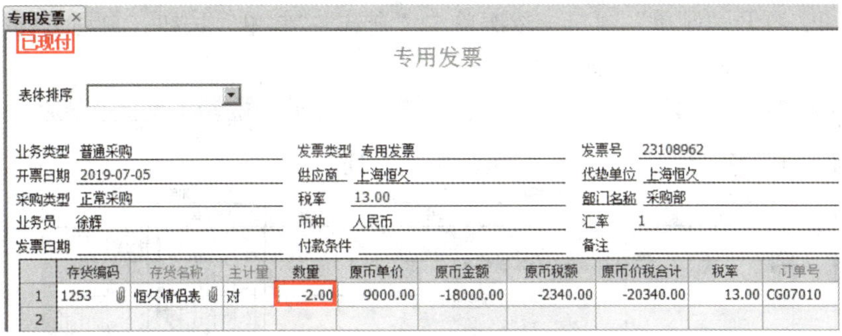

	存货编码	存货名称	主计量	数量	原币单价	原币金额	原币税额	原币价税合计	税率	订单号
1	1253	恒久情侣表	对	-2.00	9000.00	-18000.00	-2340.00	-20340.00	13.00	CG07010
2										

图2-209 红字采购专用发票

8.手工采购结算

双击“采购管理→采购结算→手工结算”，打开“手工结算”窗口，单击“选单”按钮，打开“结算选单”窗口。单击“查询”按钮，打开“查询条件选择-采购手工结算”对话框，点击“确定”。选择相应的“采购发票”和“入库单”，如图2-210所示。单击“确定”按钮，系统回到“手工结算”窗口，如图2-211所示，单击“结算”，系统显示“完成结算”。

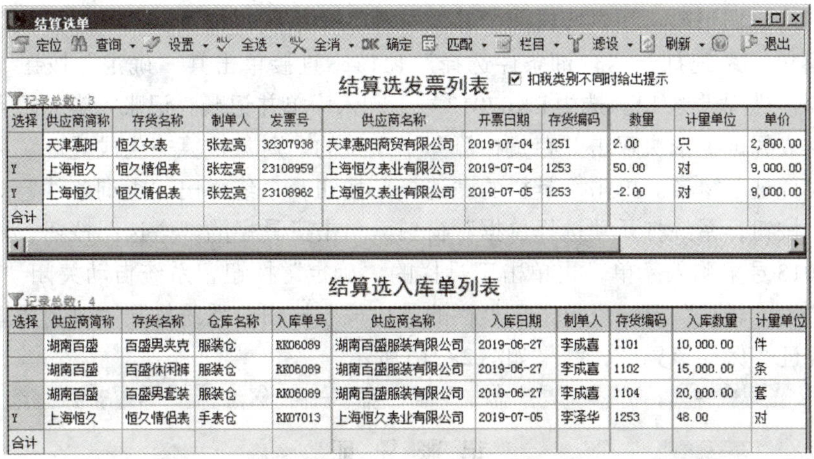

选择	供应商简称	存货名称	制单人	发票号	供应商名称	开票日期	存货编码	数量	计量单位	单价
	天津惠阳	恒久女表	张宏亮	32307938	天津惠阳商贸有限公司	2019-07-04	1251	2.00	只	2,800.00
Y	上海恒久	恒久情侣表	张宏亮	23108959	上海恒久表业有限公司	2019-07-04	1253	50.00	对	9,000.00
Y	上海恒久	恒久情侣表	张宏亮	23108962	上海恒久表业有限公司	2019-07-05	1253	-2.00	对	9,000.00
合计										

选择	供应商简称	存货名称	仓库名称	入库单号	供应商名称	入库日期	制单人	存货编码	入库数量	计量单位
	湖南百盛	百盛男夹克	服装仓	RK06089	湖南百盛服装有限公司	2019-06-27	李成喜	1101	10,000.00	件
	湖南百盛	百盛休闲裤	服装仓	RK06089	湖南百盛服装有限公司	2019-06-27	李成喜	1102	15,000.00	条
	湖南百盛	百盛男套装	服装仓	RK06089	湖南百盛服装有限公司	2019-06-27	李成喜	1104	20,000.00	套
Y	上海恒久	恒久情侣表	手表仓	RK07013	上海恒久表业有限公司	2019-07-05	李泽华	1253	48.00	对
合计										

图2-210 “结算选单”窗口

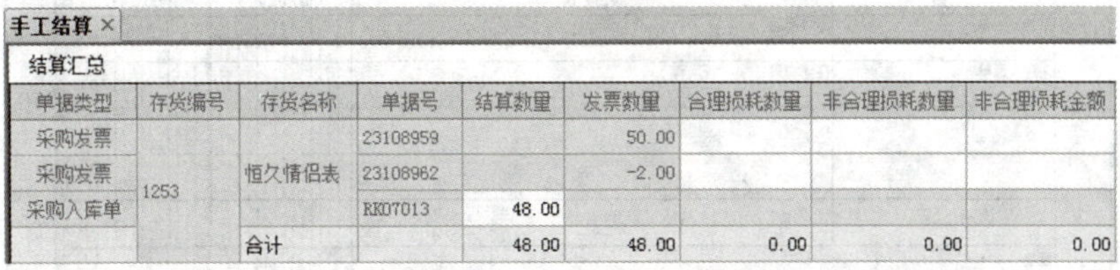

单据类型	存货编号	存货名称	单据号	结算数量	发票数量	合理损耗数量	非合理损耗数量	非合理损耗金额
采购发票	1253	恒久情侣表	23108959		50.00			
采购发票			23108962		-2.00			
采购入库单			RK07013	48.00				
		合计		48.00	48.00	0.00	0.00	0.00

图2-211 “手工结算”窗口

9.审核发票并制单处理

（1）2019年7月5日，由赵凯（W02）登录企业应用平台。依次双击“业务工作”页签中的“财务会计→应付款管理→应付单据处理→应付单据审核”菜单，系统打开“应付单查询条件"窗口，选择"已包含现结发票"，单击"确定"按钮，打开"单据处理"窗口。选中并审核23108962号发票。关闭该窗口。

（2）双击"制单处理"菜单，打开"制单查询"对话框，选择"现结制单"，单击"确定"按钮，打开"制单"窗口。依次单击"全选""制单"按钮，自动生成一张记账凭证，单击"保存"按钮，结果如图2-212所示。

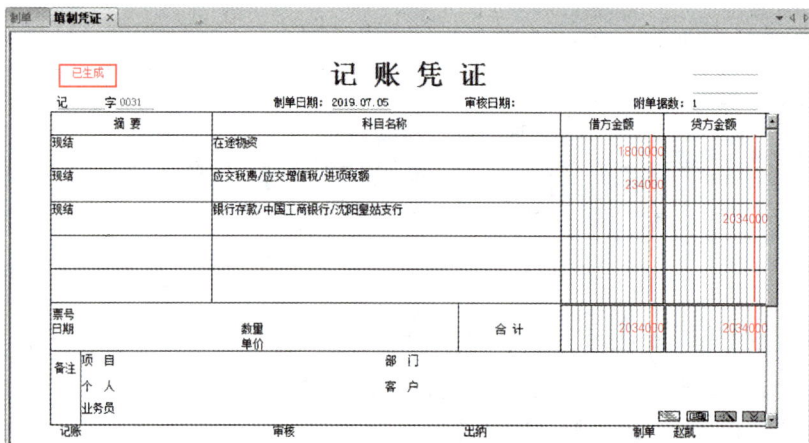

图2-212　记账凭证

10.正常单据记账并生成凭证

（1）正常单据记账。在供应链的"存货核算"子系统，依次双击"业务核算→正常单据记账"菜单，系统打开"查询条件选择"窗口，直接单击其"确定"按钮，系统打开"未记账单据一览表"窗口。选中RK07013号采购入库单并记账。记账完毕关闭当前窗口。

（2）生成凭证。依次双击"存货核算"子系统的"财务核算→生成凭证"菜单，系统打开"生成凭证"窗口。单击工具栏的"选择"按钮，系统弹出"查询条件"对话框，单击"确定"按钮，系统打开"选择单据"窗口，单击工具栏的"全选"按钮，以选中已记账的RK07013号采购入库单，再单击工具栏的"确定"按钮，系统自动关闭"选择单据"窗口返回"生成凭证"窗口。单击工具栏的"生成"按钮，系统打开"填制凭证"窗口并自动生成凭证。保存该凭证，结果如图2-213所示。

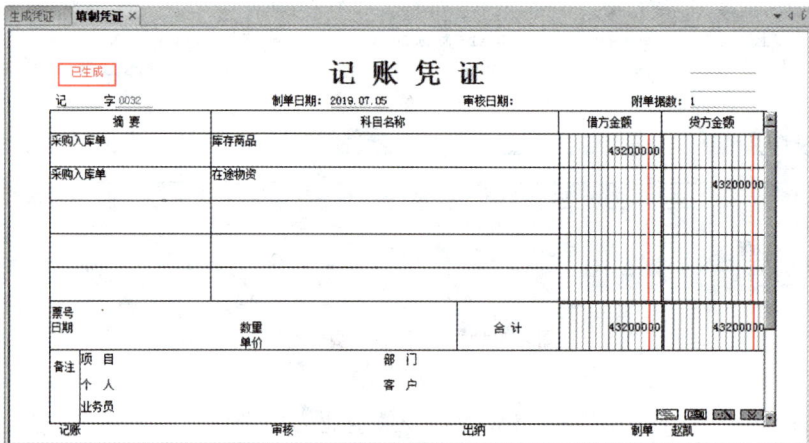

图2-213　记账凭证

业务2 入库后退货业务

2019年7月5日，采购部张宏亮与大连博伦签订购销合同。签订合同当日，收到大连博伦发来的商品，全部办理入库。

2019年7月6日，对CG07011号合同的货物进行复检，发现有5只博伦男表存在隐蔽瑕疵，经与对方协商当日办理退货。当日支付剩余货款。

相关凭证如图2-214至图2-218所示。

购 销 合 同

合同编号：CG07011

卖方：大连博伦表业有限公司
买方：辽宁恒通商贸有限公司

为保护买卖双方的合法权益，根据《中华人民共和国合同法》的有关规定，买卖双方经友好协商，一致同意签订本合同，并共同遵守合同约定。

一、货物的名称、数量及金额：

货物名称	规格型号	计量单位	数量	单价（不含税）	金额（不含税）	税率	税额
博伦男表		只	100	2 880.00	288 000.00	13%	37 440.00
合 计					¥288 000.00		¥37 440.00

二、合同总金额：人民币叁拾贰万伍仟肆佰肆拾元整（¥325 440.00）。
三、签订合同当日卖方发出全部货物，买方验收合格后以电汇方式支付货款。
四、交货地点：辽宁恒通商贸有限公司。
五、发运方式与运输费用承担方式：由卖方发货并承担运输费用。

卖　　方：大连博伦表业有限公司　　　　买　　方：辽宁恒通商贸有限公司
授权代表：李昌迪　　　　　　　　　　　　授权代表：张宏亮
日　　期：2019年7月5日　　　　　　　　日　　期：2019年7月5日

图 2-214　购销合同

入 库 单

供应商：大连博伦　　　　　　　2019年7月5日　　　　　　　单号：RK07014

验收仓库	存货编码	存货名称	单位	数量		单价	金额
				应收	实收		
手表仓	1202	博伦男表	只	100	100		
合　计							

部门经理：略　　　　会计：略　　　　仓库：略　　　　经办人：略

图 2-215　入库单

入库单

供应商：大连博伦　　　　　　2019年7月6日　　　　　　单号：RK07015

验收仓库	存货编码	存货名称	单位	数量		单价	金额
				应收	实收		
手表仓	1202	博伦男表	只	-5	-5		
合　计							

部门经理：略　　　　会计：略　　　　仓库：略　　　　经办人：略

图 2-216　入库单

021001900105　　大连增值税专用发票　　№ 62163899　　021001900105
　　　　　　　　　　发票联　　　　　　　　　　　　　　　　62163899

开票日期：2019年7月6日

购买方	名　称：辽宁恒通商贸有限公司 纳税人识别号：91210105206917583A 地址、电话：辽宁省沈阳市皇姑区人民路369号 024-82681359 开户行及账号：中国工商银行沈阳皇姑支行 2107024015890035666	密码区	0491>*->7154<0>222292541851 >5*8851**4/1756579*2-52+5<8 78/39>015>*+5883/4+2-559>23 <6<50/78>-6+8943307651670<9

货物或应税劳务、服务名称	规格型号	单位	数量	单价	金　额	税率	税　额
*手表*博伦男表		只	95	2 880.00	273 600.00	13%	35 568.00
合　计					¥273 600.00		¥35 568.00

价税合计（大写）　⊗叁拾万零玖仟壹佰陆拾捌元整　　　　（小写）¥ 309 168.00

销售方	名　称：大连博伦表业有限公司 纳税人识别号：91210203821392076A 地址、电话：大连市西岗区古塔路1029号 0411-87691203 开户行及账号：交通银行大连西岗支行 3041309299285602525	备注	

收款人：刘信瑜　　复核：苗惠　　开票人：巴春鹏　　销售方：(章)

第三联：发票联 购买方记账凭证

税总函 [2019] 335号北京印刷厂

图 2-217　增值税专用发票

中国工商银行　电汇凭证（回单）　1　36257066

☑普通　☐加急　　　　委托日期　2019年7月6日

汇款人	全　称	辽宁恒通商贸有限公司	收款人	全　称	大连博伦表业有限公司
	账　号	2107024015890035666		账　号	3041309299285602525
	开户银行	中国工商银行沈阳皇姑支行		开户银行	交通银行大连西岗支行

金额 人民币（大写）　叁拾万零玖仟壹佰陆拾捌元整　　亿千百十万千百十元角分 ¥309168 00

中国工商银行 沈阳皇姑支行 2019.07.06

转讫付密码　　　附加信息及用途：货款

复核　　记账

此联为汇出行给汇款人的回单

图 2-218　电汇付款凭证

【操作过程概览】

本业务的操作过程概览见表2-12。

表2-12　　操作过程概览

序号	操作日期	操作员	系统	操作内容
1	2019-07-05	G01张宏亮	采购管理	填制采购订单
2	2019-07-05	G01张宏亮	采购管理	参照采购订单生成到货单
3	2019-07-05	C01李泽华	库存管理	参照到货单生成采购入库单
4	2019-07-06	G01张宏亮	采购管理	参照采购订单生成采购退货单
5	2019-07-06	C01李泽华	库存管理	参照采购退货单生成负数采购入库单
6	2019-07-06	G01张宏亮	采购管理	参照采购入库单生成采购专用发票（现付）
7	2019-07-06	G01张宏亮	采购管理	手工采购结算
8	2019-07-06	W02赵凯	应付款管理	审核发票并制单处理
9	2019-07-06	W02赵凯	存货核算	正常单据记账并生成凭证

【具体操作过程】

入库后退货业务

1.填制采购订单

2019年7月5日，由张宏亮（G01）登录企业应用平台。依次双击“业务工作”页签中的“供应链→采购管理→采购订货→采购订单”菜单，打开“采购订单”窗口。单击工具栏的“增加”按钮，根据图2-214购销合同填制采购订单。填制完毕保存并审核该订单，结果如图2-219所示。关闭并退出“采购订单”窗口。

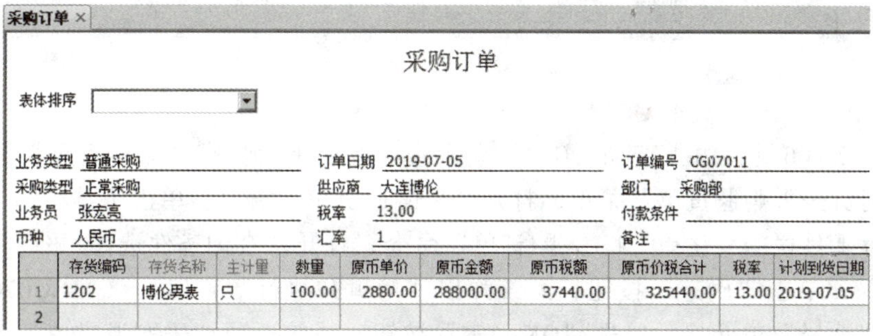
采购订单 ×

采购订单

表体排序

业务类型　普通采购　　订单日期　2019-07-05　　订单编号　CG07011
采购类型　正常采购　　供应商　大连博伦　　部门　采购部
业务员　张宏亮　　税率　13.00　　付款条件
币种　人民币　　汇率　1　　备注

	存货编码	存货名称	主计量	数量	原币单价	原币金额	原币税额	原币价税合计	税率	计划到货日期
1	1202	博伦男表	只	100.00	2880.00	288000.00	37440.00	325440.00	13.00	2019-07-05
2										

图2-219　采购订单

2.参照采购订单生成到货单

在“采购管理”子系统，双击“采购到货→到货单”菜单，打开“到货单”窗口。单击工具栏的“增加”按钮，再执行“生单”|“采购订单”命令，打开“查询条件选择-采购订单列表过滤”对话框，单击“确定”按钮，系统弹出“拷贝并执行”窗口。双击CG07011号订单最左侧的“选择”单元格，单击“OK确定”按钮，系统返回“到货单”窗口，生成一张到货单。保存并审核该到货单，结果如图2-220所示。

3.参照到货单生成采购入库单

2019年7月5日，由李泽华（C01）登录企业应用平台。依次双击“业务工作”页签中的“供应链→库存管理→入库业务→采购入库单”菜单，系统打开“采购入库单”窗口。执行“生单”|“采购到货单（蓝字）”命令，打开“查询条件选择-采购到货单列表”对话框，单击“确定”按钮，系统打开“到货单生单列表”窗口。双击大连博伦的到

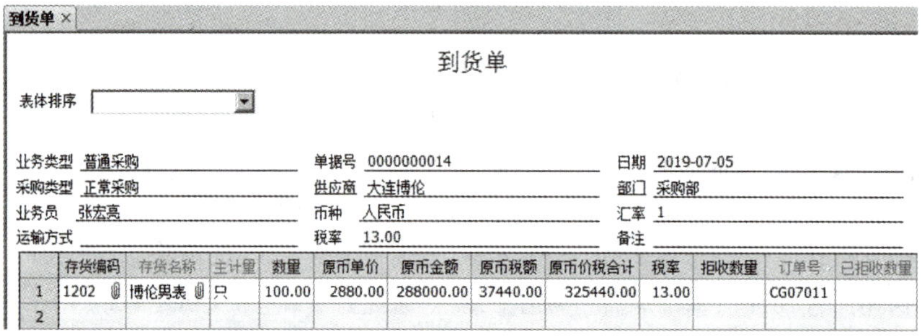

到货单

表体排序

业务类型 普通采购	单据号 0000000014	日期 2019-07-05
采购类型 正常采购	供应商 大连博伦	部门 采购部
业务员 张宏亮	币种 人民币	汇率 1
运输方式	税率 13.00	备注

	存货编码	存货名称	主计量	数量	原币单价	原币金额	原币税额	原币价税合计	税率	拒收数量	订单号	已拒收数量
1	1202	博伦男表	只	100.00	2880.00	288000.00	37440.00	325440.00	13.00		CG07011	
2												

图2-220 到货单

货单所对应的“选择”栏（即上一步骤完成的到货单），再单击工具栏的“OK确定”按钮，系统返回“采购入库单”窗口。

根据图2-215，修改采购入库单表头中的“入库单号”为“RK07014”，“仓库”选择为“手表仓”，其他项默认。保存并审核该入库单，结果如图2-221所示。

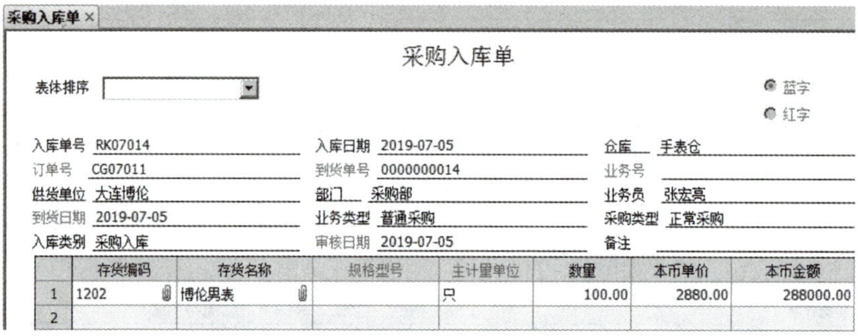

采购入库单

表体排序　　◉ 蓝字　◎ 红字

入库单号 RK07014	入库日期 2019-07-05	仓库 手表仓
订单号 CG07011	到货单号 0000000014	业务号
供货单位 大连博伦	部门 采购部	业务员 张宏亮
到货日期 2019-07-05	业务类型 普通采购	采购类型 正常采购
入库类别 采购入库	审核日期 2019-07-05	备注

	存货编码	存货名称	规格型号	主计量单位	数量	本币单价	本币金额
1	1202	博伦男表		只	100.00	2880.00	288000.00
2							

图2-221 采购入库单

4.参照采购订单生成采购退货单

2019年7月6日，由张宏亮（G01）登录企业应用平台。在“采购管理”子系统，双击“采购到货→采购退货单”菜单，打开“采购退货单”窗口。单击工具栏的“增加”按钮，再执行工具栏的“生单”|“采购订单”命令，打开“查询条件选择-采购订单列表过滤”对话框，单击“确定”按钮，系统弹出“拷贝并执行”窗口。双击CG07011号订单最左侧的“选择”单元格，单击“OK确定”按钮，系统返回“采购退货单”窗口。修改采购退货单表体“数量”为“-5”，其他项默认。保存并审核该单据，结果如图2-222所示。

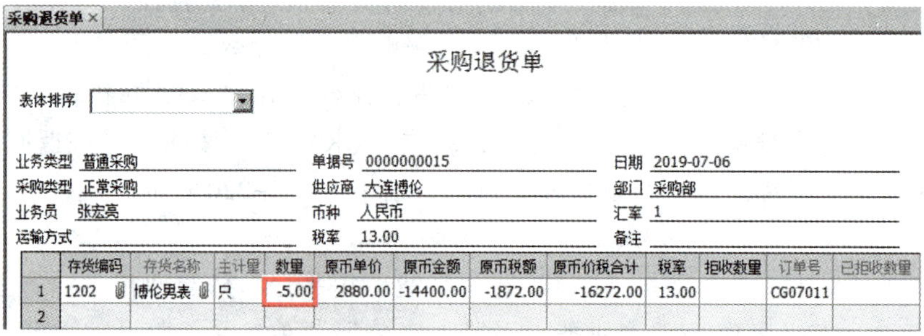

采购退货单

表体排序

业务类型 普通采购	单据号 0000000015	日期 2019-07-06
采购类型 正常采购	供应商 大连博伦	部门 采购部
业务员 张宏亮	币种 人民币	汇率 1
运输方式	税率 13.00	备注

	存货编码	存货名称	主计量	数量	原币单价	原币金额	原币税额	原币价税合计	税率	拒收数量	订单号	已拒收数量
1	1202	博伦男表	只	-5.00	2880.00	-14400.00	-1872.00	-16272.00	13.00		CG07011	
2												

图2-222 采购退货单

5.参照采购退货单生成负数采购入库单

2019年7月6日，由李泽华（C01）登录企业应用平台。依次双击“业务工作”页签中的

“供应链→库存管理→入库业务→采购入库单”菜单，打开“采购入库单”窗口。执行“生单”|“采购到货单（红字）”命令，打开“查询条件选择-采购到货单列表”对话框，单击“确定”按钮，系统打开“到货单生单列表”窗口。双击大连博伦的退货单所对应的“选择”栏（即上一步骤完成的到货单），再单击工具栏的“OK确定”按钮，系统返回“采购入库单”窗口。

根据图2-216，修改采购入库单表头中的“入库单号”为“RK07015”，“仓库”选择为“手表仓”，其他项默认，保存并审核该入库单，结果如图2-223所示。

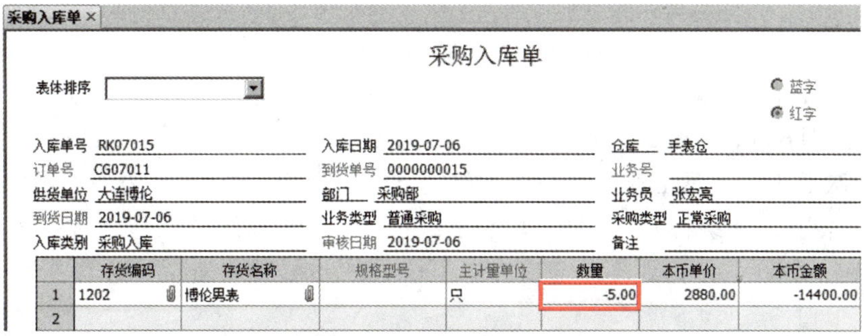
采购入库单×

采购入库单

表体排序　　○蓝字　◉红字

入库单号 RK07015　入库日期 2019-07-06　仓库 手表仓
订单号 CG07011　到货单号 0000000015　业务号
供货单位 大连博伦　部门 采购部　业务员 张宏亮
到货日期 2019-07-06　业务类型 普通采购　采购类型 正常采购
入库类别 采购入库　审核日期 2019-07-06　备注

	存货编码	存货名称	规格型号	主计量单位	数量	本币单价	本币金额
1	1202	博伦男表		只	-5.00	2880.00	-14400.00
2							

图2-223　（负数）采购入库单

6.参照采购入库单生成采购专用发票（现付）

2019年7月6日，由张宏亮（G01）登录企业应用平台。

（1）依次双击“业务工作”页签中的“供应链→采购管理→采购发票→专用采购发票”菜单，打开“专用发票”窗口。单击工具栏的“增加”按钮，再执行“生单”|“采购入库单”命令，打开“查询条件选择-采购入库单列表过滤”对话框，单击“确定”按钮。在“拷贝并执行”窗口，双击RK07014号入库单对应的“选择”栏，然后单击“OK确定”按钮，返回“专用发票”窗口。根据2-217，修改表头项目“发票号”为“62163899”，将采购专用发票表体的“数量”改为“95”，其他项默认。保存该发票。

（2）现付。单击工具栏的“现付”按钮，打开“采购现付”窗口。根据图2-218，“结算方式”选择“电汇”，“原币金额”输入“309168”，“票据号”输入“36257066”，单击“确定”按钮，返回“专用发票”窗口，结果如图2-224所示。关闭“专用发票”窗口。

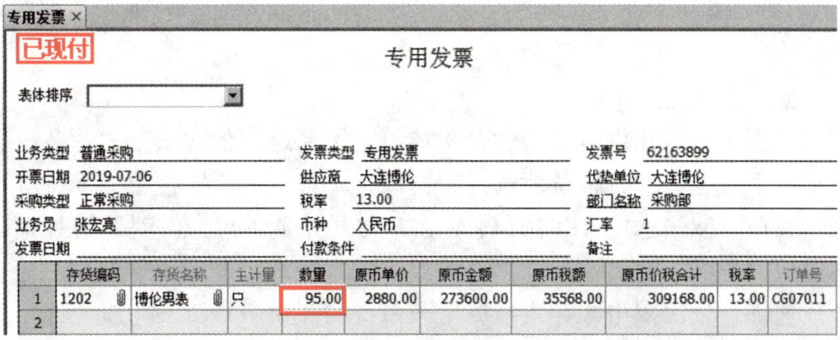
专用发票×

已现付

专用发票

表体排序

业务类型 普通采购　发票类型 专用发票　发票号 62163899
开票日期 2019-07-06　供应商 大连博伦　代垫单位 大连博伦
采购类型 正常采购　税率 13.00　部门名称 采购部
业务员 张宏亮　币种 人民币　汇率 1
发票日期　付款条件　备注

	存货编码	存货名称	主计量	数量	原币单价	原币金额	原币税额	原币价税合计	税率	订单号
1	1202	博伦男表	只	95.00	2880.00	273600.00	35568.00	309168.00	13.00	CG07011
2										

图2-224　采购专用发票

7.手工采购结算

双击“采购管理→采购结算→手工结算”，打开“手工结算”窗口，单击“选单”按钮，打开“结算选单”窗口。单击“查询”按钮，打开“查询条件选择-采购手工结算”对话框，点击"确定",选中62163899号采购发票和RK07014、RK07015号入库单,单击"OK确定"按钮。系统回到"手工结算"窗口,如图2-225所示,单击"结算",系统显示"完成结算"。

单据类型	存货编号	存货名称	单据号	结算数量	发票数量	合理损耗数量	非合理损耗数量	非合理损耗金额
采购发票			62163899		95.00			
采购入库单	1202	博伦男表	RK07014	100.00				
采购入库单			RK07015	-5.00				
合计				95.00	95.00	0.00	0.00	0.00

图2-225 "手工结算"窗口

8.审核发票并制单处理

2019年7月6日,由赵凯(W02)登录企业应用平台。

(1)依次双击"业务工作"页签中的"财务会计→应付款管理→应付单据处理→应付单据审核"菜单,系统打开"应付单查询条件"窗口,勾选"已包含现结发票",单击"确定"按钮,打开"单据处理"窗口。选中62163899号采购发票并对其进行审核。审核完毕退出该窗口。

(2)双击"制单处理"菜单,打开"制单查询"对话框,选择"现结制单",单击"确定"按钮,打开"制单"窗口。依次单击"全选""制单"按钮,生成一张记账凭证,单击"保存"按钮,结果如图2-226所示。关闭当前已打开窗口。

图2-226 记账凭证

9.正常单据记账并生成凭证

(1)正常单据记账。在供应链的"存货核算"子系统,依次双击"业务核算→正常单据记账"菜单,系统打开"查询条件选择"窗口,单击"确定"按钮,系统打开"未记账单据一览表"窗口。双击选中RK07014、RK07015号采购入库单并对其进行记账。记账完毕退出当前窗口。

(2)生成凭证。依次双击"存货核算"子系统的"财务核算→生成凭证"菜单,系统打开"生成凭证"窗口。单击工具栏的"选择"按钮,系统弹出"查询条件"对话框,单击"确定"按钮,系统打开"选择单据"窗口,单击工具栏的"全选"按钮,以选中已记账的RK07014、RK07015号采购入库单,再单击工具栏的"确定"按钮,系统自动关闭"选择单据"窗口打开"生成凭证"窗口,单击工具栏的"合成"按钮,系统打开"填制凭证”窗口并自动生成凭证。保存该凭证，结果如图2-227所示。

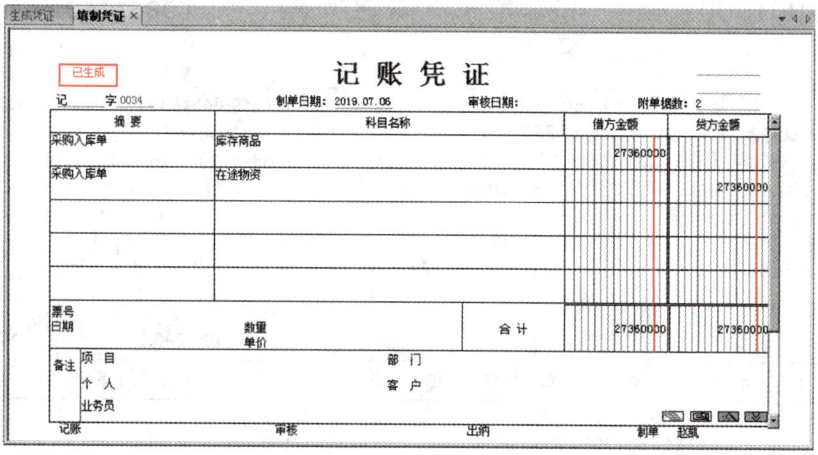
生成凭证　填制凭证 ×

已生成

记账凭证

记　字 0034　制单日期：2019.07.06　审核日期：　附单据数：2

摘要	科目名称	借方金额	贷方金额
采购入库单	库存商品	27360000	
采购入库单	在途物资		27360000
票号 日期	数量 单价 合计	27360000	27360000

备注　项目　部门

个人　客户

业务员

记账　审核　出纳　制单　赵凯

图2-227　记账凭证

业务3　结算前折让业务

2019年7月5日，采购部张宏亮与北京嘉伟签订购销合同，当日收到对方开具的增值税专用发票。

2019年7月6日，收到北京嘉伟发来的货物，质检时发现该批货物质量存在瑕疵，经协商对方给予销售折让。

相关凭证如图2-228至图2-233所示。

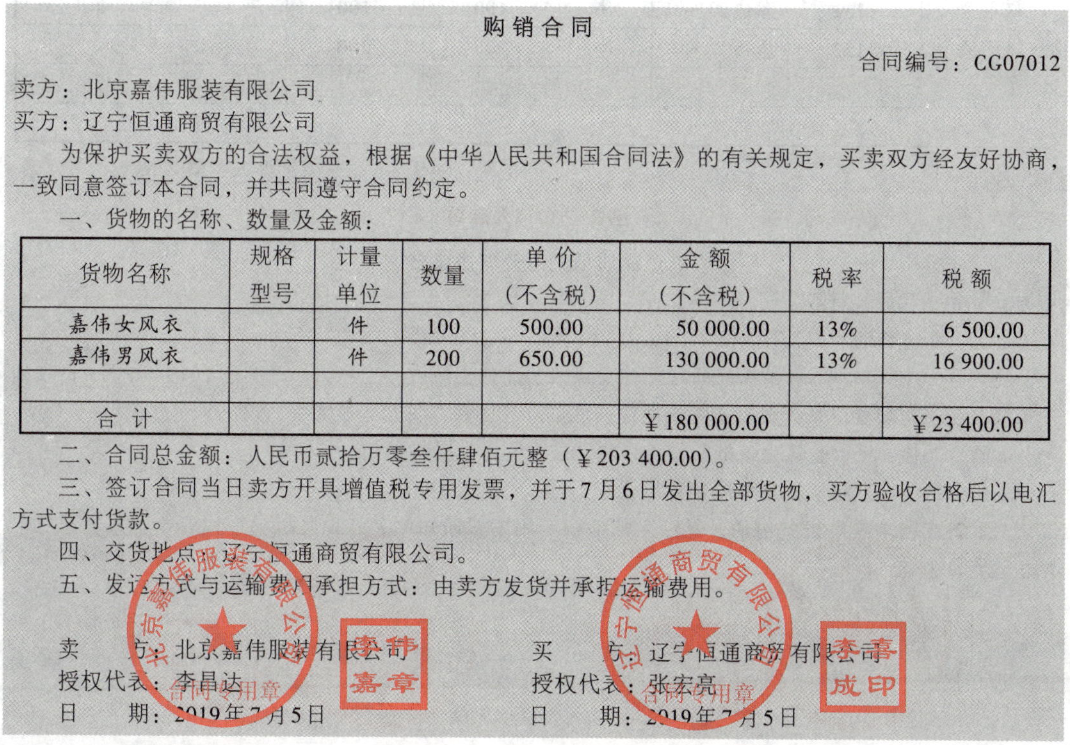
购销合同

合同编号：CG07012

卖方：北京嘉伟服装有限公司

买方：辽宁恒通商贸有限公司

为保护买卖双方的合法权益，根据《中华人民共和国合同法》的有关规定，买卖双方经友好协商，一致同意签订本合同，并共同遵守合同约定。

一、货物的名称、数量及金额：

货物名称	规格型号	计量单位	数量	单价（不含税）	金额（不含税）	税率	税额
嘉伟女风衣		件	100	500.00	50 000.00	13%	6 500.00
嘉伟男风衣		件	200	650.00	130 000.00	13%	16 900.00
合计					￥180 000.00		￥23 400.00

二、合同总金额：人民币贰拾万零叁仟肆佰元整（￥203 400.00）。

三、签订合同当日卖方开具增值税专用发票，并于7月6日发出全部货物，买方验收合格后以电汇方式支付货款。

四、交货地点：辽宁恒通商贸有限公司。

五、发运方式与运输费用承担方式：由卖方发货并承担运输费用。

卖　方：北京嘉伟服装有限公司　　买　方：辽宁恒通商贸有限公司

授权代表：李昌达　　授权代表：张宏亮

日　期：2019年7月5日　　日　期：2019年7月5日

图2-228　购销合同

011001900105 　　北京增值税专用发票　　№ 69861162　　011001900105
69861162

发票联

开票日期：2019年7月5日

购买方	名　称：辽宁恒通商贸有限公司 纳税人识别号：91210105206917583A 地址、电话：辽宁省沈阳市皇姑区人民路369号 024-82681359 开户行及账号：中国工商银行沈阳皇姑支行 2107024015890035666	密码区	</*9-645183>2552085+/725137 7131538>87>6**>6267+-8084>3 6594*2367-16*0*7218<65>16+7 +101<2/>54204<39/9071>762<-

货物或应税劳务、服务名称	规格型号	单位	数量	单价	金额	税率	税额
*服装*嘉伟女风衣		件	100	500.00	50 000.00	13%	6 500.00
*服装*嘉伟男风衣		件	200	650.00	130 000.00	13%	16 900.00
合　计					¥180 000.00		¥23 400.00

价税合计（大写）　⊗贰拾万零叁仟肆佰元整　　（小写）¥203 400.00

销售方	名　称：北京嘉伟服装有限公司 纳税人识别号：91110104759695583A 地址、电话：北京市宣武区长丰路六段360号 010-30453221 开户行及账号：招商银行北京宣武分行 2590739805061504276	备注	

收款人：米思颖　　复核：齐琴　　开票人：岂俏　　销售方：（章）

图2-229　增值税专用发票

入库单

供应商：北京嘉伟　　　　2019年7月6日　　　　单号：RK07016

验收仓库	存货编码	存货名称	单位	数量 应收	数量 实收	单价	金额
服装仓	1151	嘉伟女风衣	件	100	100		
服装仓	1152	嘉伟男风衣	件	200	200		
合　计							

部门经理：略　　会计：略　　仓库：略　　经办人：略

图2-230　入库单

产品质量问题处理协议书

甲方：北京嘉伟服装有限公司

乙方：辽宁恒通商贸有限公司

甲方于2019年7月5日销售产品（嘉伟女风衣、嘉伟男风衣）至乙方，乙方于2019年7月6日收到全部货物后进行质检，认为该批货物质量存在瑕疵。经协商，双方达成如下协议：

1.乙方质检部经检验认为该批服装存在包装破损问题，影响销售。

2.甲方给予乙方总货款10%的销售折让。

3.乙方向当地税务机关申请开具红字增值税专用发票通知单，经税务机关审核后，甲方填开红字增值税专用发票。

甲　方：北京嘉伟服装有限公司　　　　乙　方：辽宁恒通商贸有限公司

授权代表：赵若　　　　　　　　　　　授权代表：张宏亮

日　期：2019年7月6日　　　　　　　日　期：2019年7月6日

图2-231　产品质量协议书

011001900105 北京增值税专用发票 № 69861167 011001900105 69861167

发票联

销项负数

开票日期：2019年7月6日

购买方	名　　称：辽宁恒通商贸有限公司	密码区	*<1>+/-*31656+41-798953>31 8939+753>72/4253<569951<88->70>018*>5929<2*/8736491986 028326+1<42>0575/-5720*87*8
	纳税人识别号：91210105206917583A		
	地址、电话：辽宁省沈阳市皇姑区人民路369号 024-82681359		
	开户行及账号：中国工商银行沈阳皇姑支行 2107024015890035666		

货物或应税劳务、服务名称	规格型号	单位	数量	单价	金　额	税率	税　额
*服装*嘉伟女风衣		件			-5 000.00	13%	-650.00
*服装*嘉伟男风衣		件			-13 000.00	13%	-1 690.00
合　　计					¥-18 000.00		¥-2 340.00

价税合计（大写） ⊗（负数）贰万零叁佰肆拾元整 （小写）¥ -20 340.00

销售方	名　　称：北京嘉伟服装有限公司	备注
	纳税人识别号：91110104759695583A	
	地址、电话：北京市宣武区长丰路六段360号 010-30453221	
	开户行及账号：招商银行北京宣武分行 2590739805061504276	

收款人：米思颖　　复核：齐琴　　开票人：岂俏　　销售方：（章）

第三联：发票联 购买方记账凭证

税总函〔2019〕335号北京印制厂

图2-232 红字增值税专用发票

中国工商银行 电汇凭证（回单） 1 36257067

☑普通　□加急　　　委托日期　2019年7月6日

汇款人	全　称	辽宁恒通商贸有限公司	收款人	全　称	北京嘉伟服装有限公司
	账　号	2107024015890035666		账　号	2590739805061504276
	开户银行	中国工商银行沈阳皇姑支行		开户银行	招商银行北京宣武分行

金额	人民币（大写）	壹拾捌万叁仟零陆拾元整	千	百	十	万	千	百	十	元	角	分
				1	8	3	0	6	0	0	0	

支付密码

附加信息及用途：货款

复核　　　记账

此联为汇出行给汇款人的回单

图2-233 电汇付款凭证

【操作过程概览】

本业务的操作过程概览见表2-13。

表2-13　　　　　　　　　　　　操作过程概览

序号	操作日期	操作员	系统	操作内容
1	2019-07-05	G01张宏亮	采购管理	填制采购订单
2	2019-07-05	G01张宏亮	采购管理	参照采购订单生成采购专用发票
3	2019-07-05	W02赵凯	应付款管理	审核发票并制单处理
4	2019-07-06	G01张宏亮	采购管理	参照采购订单生成到货单
5	2019-07-06	C01李泽华	库存管理	参照到货单生成采购入库单
6	2019-07-06	G01张宏亮	采购管理	参照采购订单生成销售折让的红字专用发票
7	2019-07-06	G01张宏亮	采购管理	手工采购结算
8	2019-07-06	W02赵凯	应付款管理	审核发票并制单处理
9	2019-07-06	W02赵凯	应付款管理	红票对冲
10	2019-07-06	W02赵凯	存货核算	正常单据记账并生成凭证
11	2019-07-06	W03贺青	应付款管理	填制付款单
12	2019-07-06	W02赵凯	应付款管理	审核付款单、核销，合并制单

【具体操作过程】

1. 填制采购订单

2019年7月5日，由张宏亮（G01）登录企业应用平台。依次双击"业务工作"页签中的"供应链→采购管理→采购订货→采购订单"菜单，打开"采购订单"窗口。单击工具栏的"增加"按钮，根据图2-228填制采购订单。填制完毕保存并审核该订单，结果如图2-234所示。关闭并退出"采购订单"窗口。

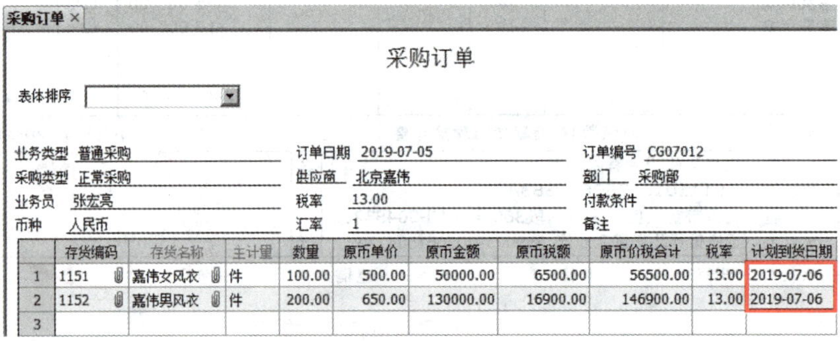

图2-234 采购订单

2. 参照采购订单生成采购专用发票

依次双击"业务工作"页签中的"供应链→采购管理→采购发票→专用采购发票"菜单，打开"专用发票"窗口。单击工具栏的"增加"按钮，再执行工具栏的"生单"|"采购订单"命令，打开"查询条件选择-采购订单列表过滤"对话框，单击"确定"按钮。在"拷贝并执行"窗口，双击选择CG07012号采购订单对应的"选择"栏，然后单击工具栏的"OK确定"按钮，返回"专用发票"窗口。根据图2-229，修改表头项目"发票号"为"69861162"，其他项默认。单击工具栏的"保存"按钮，结果如图2-235所示。

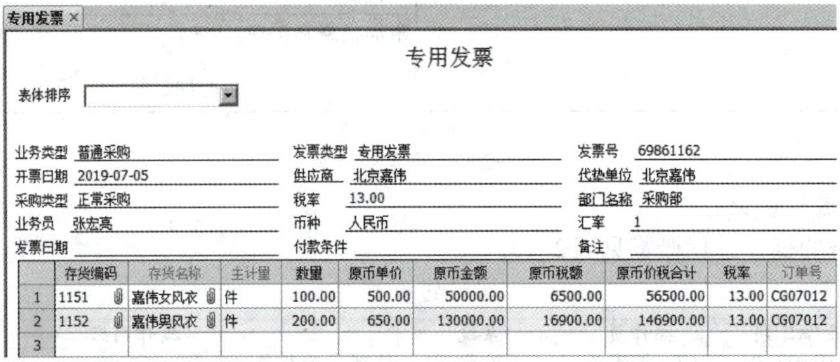

图2-235 采购专用发票

3. 审核发票并制单处理

（1）2019年7月5日，由赵凯（W02）登录企业应用平台。依次双击"业务工作"页签中的"财务会计→应付款管理→应付单据处理→应付单据审核"菜单，系统打开"应付单查询条件"窗口，勾选"未完全报销"，单击"确定"按钮，打开"单据处理"窗口。选中69861162号采购发票并对其进行审核，审核完毕关闭该窗口。

（2）双击"制单处理"菜单，打开"制单查询"对话框，选择"发票制单"，单击

“确定”按钮，打开“制单”窗口。依次单击“全选”“制单”按钮，生成一张记账凭证，单击“保存”按钮，结果如图2-236所示

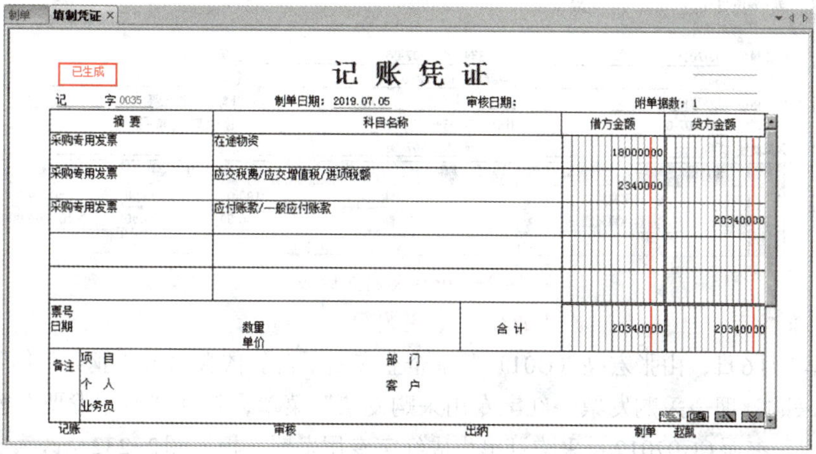
记账凭证

已生成

记 字 0035 制单日期：2019.07.05 审核日期： 附单据数：1

摘要	科目名称	借方金额	贷方金额
采购专用发票	在途物资	18000000	
采购专用发票	应交税费/应交增值税/进项税额	2340000	
采购专用发票	应付账款/一般应付账款		20340000
票号 日期	数量 单价 合计	20340000	20340000

备注 项目 部门 个人 客户 业务员

记账 审核 出纳 制单 赵凯

图2-236 记账凭证

4.参照采购订单生成到货单

2019年7月6日，由张宏亮（G01）登录企业应用平台。在“采购管理”子系统，双击“采购到货→到货单”菜单，打开“到货单”窗口。单击“增加”按钮，再执行工具栏的“生单”|“采购订单”命令，打开“查询条件选择-采购订单列表过滤”对话框，单击“确定”按钮，系统弹出“拷贝并执行”窗口。

双击CG07012号采购订单最左侧的“选择”单元格，单击“OK确定”按钮，系统返回“到货单”窗口，生成一张到货单，保存并审核到货单，结果如图2-237所示。

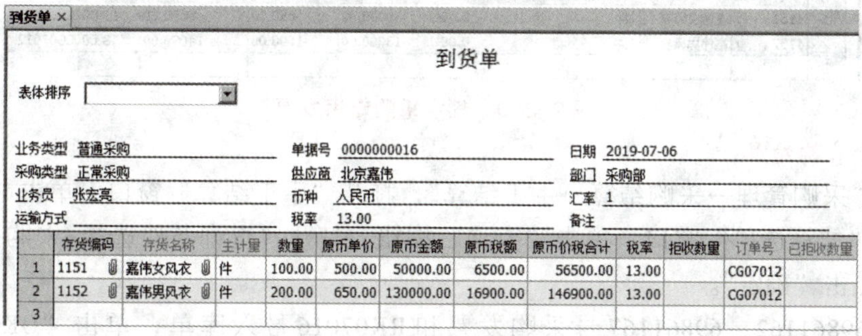
到货单

表体排序

业务类型 普通采购 单据号 0000000016 日期 2019-07-06

采购类型 正常采购 供应商 北京嘉伟 部门 采购部

业务员 张宏亮 币种 人民币 汇率 1

运输方式 税率 13.00 备注

	存货编码	存货名称	主计量	数量	原币单价	原币金额	原币税额	原币价税合计	税率	拒收数量	订单号	已拒收数量
1	1151	嘉伟女风衣	件	100.00	500.00	50000.00	6500.00	56500.00	13.00		CG07012	
2	1152	嘉伟男风衣	件	200.00	650.00	130000.00	16900.00	146900.00	13.00		CG07012	
3												

图2-237 到货单

5.参照到货单生成采购入库单

2019年7月6日，由李泽华（C01）登录企业应用平台。依次双击“业务工作”页签中的“供应链→库存管理→入库业务→采购入库单”菜单，系统打开“采购入库单”窗口。执行“生单”|“采购到货单（蓝字）”命令，打开“查询条件选择-采购到货单列表”对话框，单击“确定”按钮，系统打开“到货单生单列表”窗口。双击6日北京嘉伟的到货单所对应的“选择”栏（即上一步骤完成的到货单），再单击“OK确定”按钮，系统返回“采购入库单”窗口。

根据图2-230，修改采购入库单表头“入库单号”为“RK07016”，“仓库”选择“服装仓”，其他项默认。保存并审核该入库单，结果如图2-238所示。

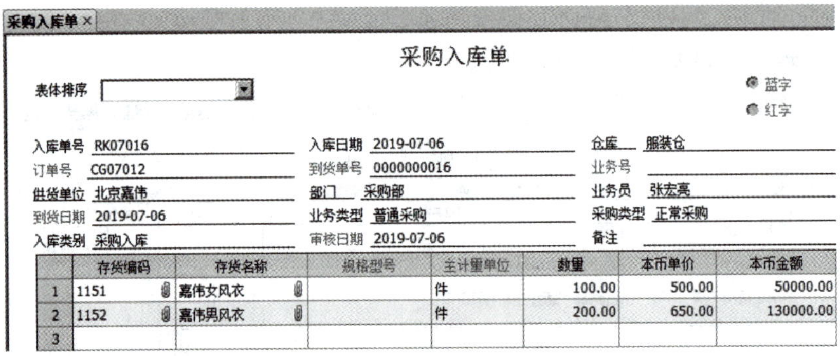
采购入库单×

采购入库单

表体排序

蓝字 红字

入库单号 RK07016　入库日期 2019-07-06　仓库 服装仓
订单号 CG07012　到货单号 0000000016　业务号
供货单位 北京嘉伟　部门 采购部　业务员 张宏亮
到货日期 2019-07-06　业务类型 普通采购　采购类型 正常采购
入库类别 采购入库　审核日期 2019-07-06　备注

	存货编码	存货名称	规格型号	主计量单位	数量	本币单价	本币金额
1	1151	嘉伟女风衣		件	100.00	500.00	50000.00
2	1152	嘉伟男风衣		件	200.00	650.00	130000.00
3							

图 2-238　采购入库单

6.参照采购订单生成销售折让的红字专用发票

2019年7月6日，由张宏亮（G01）登录企业应用平台。依次双击“业务工作”页签中的“供应链→采购管理→采购发票→红字专用采购发票”菜单，打开“专用发票”窗口。单击“增加”按钮，参照CG07012号采购订单生成红字专用发票，根据图2-232修改表头的“发票号”为“69861167”，保存该发票，结果如图2-239所示。关闭“专用发票”窗口。

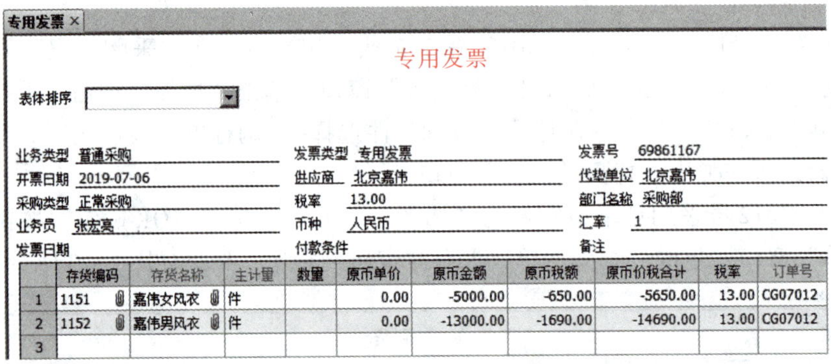
专用发票×

专用发票

表体排序

业务类型 普通采购　发票类型 专用发票　发票号 69861167
开票日期 2019-07-06　供应商 北京嘉伟　代垫单位 北京嘉伟
采购类型 正常采购　税率 13.00　部门名称 采购部
业务员 张宏亮　币种 人民币　汇率 1
发票日期　付款条件　备注

	存货编码	存货名称	主计量	数量	原币单价	原币金额	原币税额	原币价税合计	税率	订单号
1	1151	嘉伟女风衣	件		0.00	-5000.00	-650.00	-5650.00	13.00	CG07012
2	1152	嘉伟男风衣	件		0.00	-13000.00	-1690.00	-14690.00	13.00	CG07012
3										

图 2-239　红字采购专用发票

7.手工采购结算

双击“采购管理→采购结算→手工结算”，打开“手工结算”窗口，单击“选单”按钮，打开“结算选单”窗口。单击“查询”按钮，打开“查询条件选择-采购手工结算”对话框，点击“确定”。

选中69861162、69861167号采购发票和RK07016号入库单，单击“OK确定”按钮，系统回到“手工结算”窗口，如图2-240所示，单击“结算”按钮，系统显示“完成结算”。

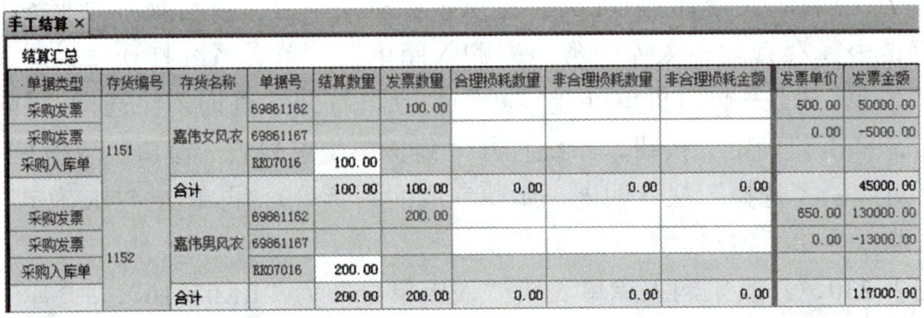
手工结算×

结算汇总

单据类型	存货编号	存货名称	单据号	结算数量	发票数量	合理损耗数量	非合理损耗数量	非合理损耗金额	发票单价	发票金额
采购发票	1151	嘉伟女风衣	69861162		100.00				500.00	50000.00
采购发票			69861167						0.00	-5000.00
采购入库单			RK07016	100.00						
		合计		100.00	100.00	0.00	0.00	0.00		45000.00
采购发票	1152	嘉伟男风衣	69861162		200.00				650.00	130000.00
采购发票			69861167						0.00	-13000.00
采购入库单			RK07016	200.00						
		合计		200.00	200.00	0.00	0.00	0.00		117000.00

图 2-240　“手工结算”窗口

8.审核发票并制单处理

（1）2019年7月6日，由赵凯（W02）登录企业应用平台。依次双击"业务工作"页签中的"财务会计→应付款管理→应付单据处理→应付单据审核"菜单，打开"应付单查询条件"窗口，单击"确定"按钮，打开"单据处理"窗口。选中69861167号采购发票并对其进行审核，审核完毕关闭该窗口。

（2）双击"制单处理"菜单，打开"制单查询"对话框，选择"发票制单"，单击"确定"按钮，打开"制单"窗口。依次单击"全选""制单"按钮，生成一张记账凭证，单击"保存"按钮，结果如图2-241所示。关闭当前已打开窗口。

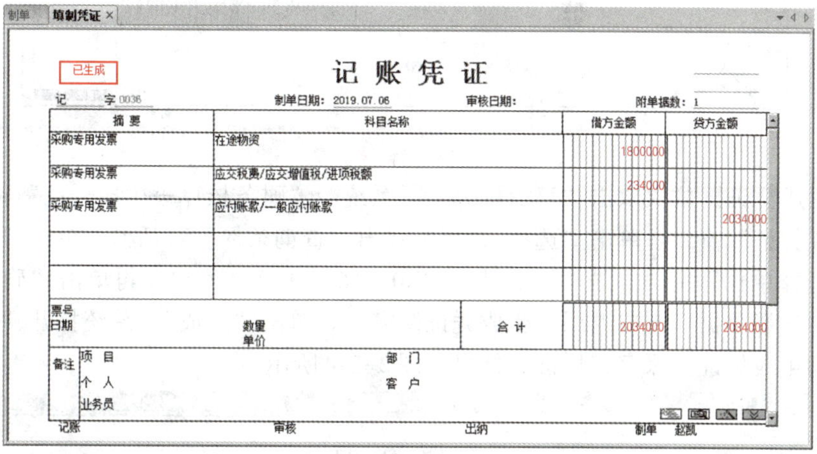

图2-241 记账凭证

9.红票对冲

依次双击"业务工作"页签中的"财务会计→应付款管理→转账→红票对冲→手工对冲"菜单，系统打开"红票对冲条件"窗口，供应商选择"北京嘉伟"，单击"确定"，打开"红票对冲"窗口。

在69861162号蓝字采购专用发票的"对冲金额"栏输入"20340"，如图2-242所示。单击"保存"，系统提示是否立即制单？单击"是"，系统自动生成一张记账凭证，单击"保存"，结果如图2-243所示。关闭当前已打开窗口。

单据日期	单据类型	单据编号	供应商	币种	原币金额	原币余额	对冲金额
2019-07-06	采购专用发票	69861167	北京嘉伟	人民币	20,340.00	20,340.00	20,340.00
合计					20,340.00	20,340.00	20,340.00

单据日期	单据类型	单据编号	供应商	币种	原币金额	原币余额	对冲金额
2019-07-05	采购专用发票	69861162	北京嘉伟	人民币	203,400.00	203,400.00	20,340.00
合计					203,400.00	203,400.00	20,340.00

图2-242 "红票对冲"窗口

10.正常单据记账并生成凭证

（1）正常单据记账。在供应链的"存货核算"子系统，依次双击"业务核算→正常单据记账"菜单，系统打开"查询条件选择"窗口，单击"确定"按钮，系统打开"未记账单据一览表"窗口。选中RK07016号入库单并对其进行记账。记账完毕关闭该窗口。

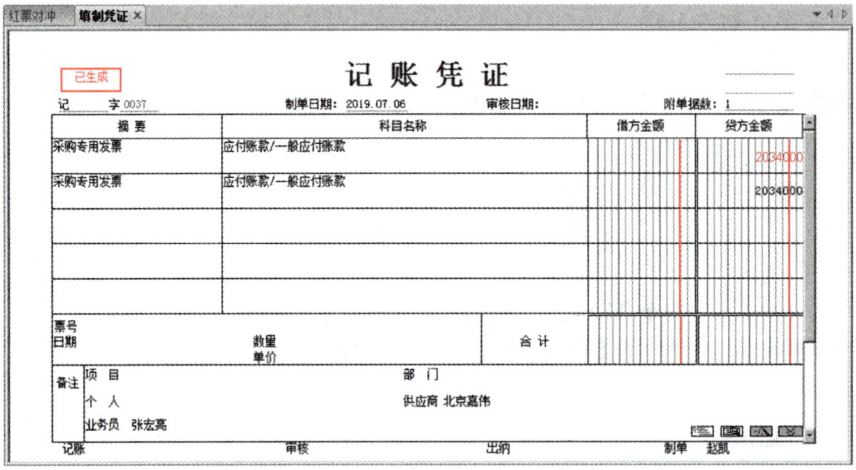

图2-243　记账凭证

（2）生成凭证。依次双击"存货核算"子系统的"财务核算→生成凭证"菜单，系统打开"生成凭证"窗口。单击"选择"，系统弹出"查询条件"对话框，单击"确定"，系统打开"选择单据"窗口，选中已记账的RK07016号采购入库单，再单击"确定"，系统自动关闭"选择单据"窗口返回"生成凭证"窗口，单击"生成"，系统打开"填制凭证"窗口并自动生成凭证。保存该凭证，结果如图2-244所示。

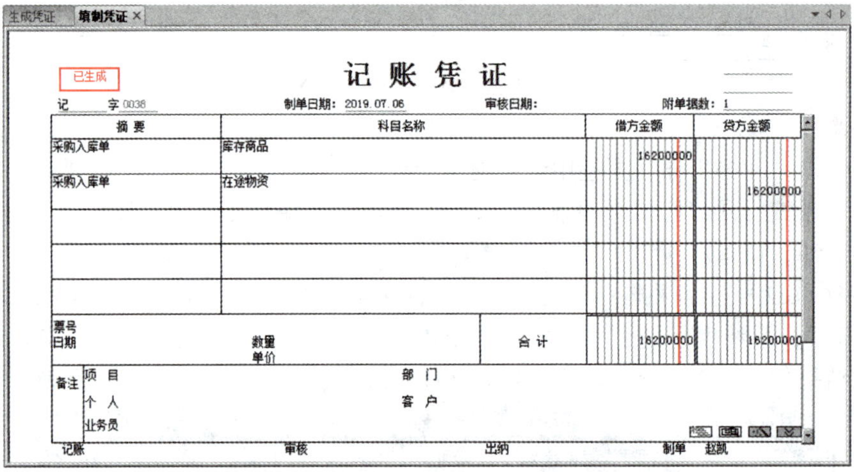

图2-244　记账凭证

11.填制付款单

2019年7月6日，由贺青（W03）登录企业应用平台。依次双击"业务工作"页签中的"财务会计→应付款管理→付款单据处理→付款单据录入"菜单，打开"收付款单录入"窗口。单击"增加"，根据图2-233填制并保存一张付款单，结果如图2-245所示。

12.审核付款单、核销，合并制单

2019年7月6日，由赵凯（W02）登录企业应用平台。

（1）审核付款单。在应付款管理系统，双击"付款单据处理→付款单据审核"菜单，打开"付款单查询条件"窗口，单击"确定"，系统弹出"收付款单列表"窗口。选中6日支付北京嘉伟货款的付款单并审核，审核完毕关闭该窗口。

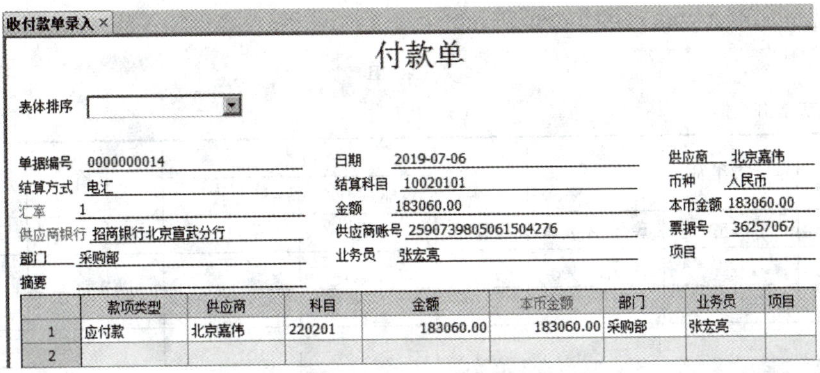
收付款单录入 ×

付款单

表体排序

单据编号 0000000014　日期 2019-07-06　供应商 北京嘉伟

结算方式 电汇　结算科目 10020101　币种 人民币

汇率 1　金额 183060.00　本币金额 183060.00

供应商银行 招商银行北京宣武分行　供应商账号 2590739805061504276　票据号 36257067

部门 采购部　业务员 张宏亮　项目

摘要

	款项类型	供应商	科目	金额	本币金额	部门	业务员	项目
1	应付款	北京嘉伟	220201	183060.00	183060.00	采购部	张宏亮	
2								

图2-245　付款单

（2）核销处理。双击“核销处理→手工核销”菜单，打开“核销条件”窗口，供应商选择“北京嘉伟”，单击“确定”按钮，打开“单据核销”窗口。在69861162号采购专用发票的“本次结算”栏输入“183060”，如图2-246所示，单击“保存”。退出该窗口。

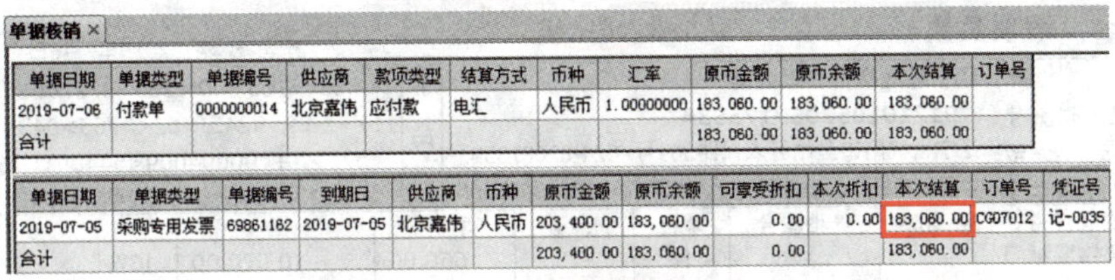
单据核销 ×

单据日期	单据类型	单据编号	供应商	款项类型	结算方式	币种	汇率	原币金额	原币余额	本次结算	订单号
2019-07-06	付款单	0000000014	北京嘉伟	应付款	电汇	人民币	1.00000000	183,060.00	183,060.00	183,060.00	
合计								183,060.00	183,060.00	183,060.00	

单据日期	单据类型	单据编号	到期日	供应商	币种	原币金额	原币余额	可享受折扣	本次折扣	本次结算	订单号	凭证号
2019-07-05	采购专用发票	69861162	2019-07-05	北京嘉伟	人民币	203,400.00	183,060.00	0.00	0.00	183,060.00	CG07012	记-0035
合计						203,400.00	183,060.00	0.00		183,060.00		

图2-246　“单据核销”窗口

（3）双击“制单处理”菜单，打开“制单查询”窗口，勾选“收付款单制单”“核销制单”，单击“确定”，打开“制单”窗口。依次单击“全选”“合并”“制单”，生成一张记账凭证，单击“保存”，结果如图2-247所示。

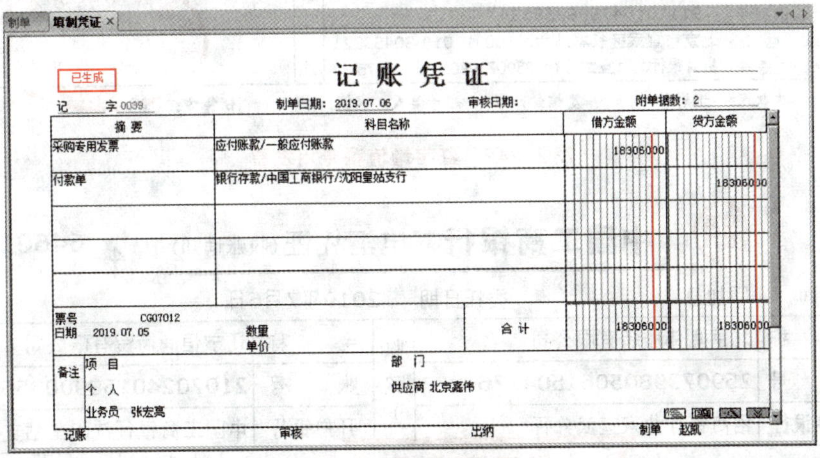
制单　填制凭证 ×

已生成

记账凭证

记 字 0039　制单日期：2019.07.06　审核日期：　附单据数：2

摘要	科目名称	借方金额	贷方金额
采购专用发票	应付账款/一般应付账款	18306000	
付款单	银行存款/中国工商银行/沈阳皇姑支行		18306000
票号 CG07012 日期 2019.07.05	数量 单价 合计	18306000	18306000

备注　项目　部门

个人　供应商 北京嘉伟

业务员 张宏亮

记账　审核　出纳　制单 赵凯

图2-247　记账凭证

业务4　结算后退货业务

2019年7月6日，对合同编号为CG07001的货物进行抽检，发现15件嘉伟羽绒服存在隐蔽瑕疵。经与对方协商后即日办理退货，当日收到对方开具的负数增值税专用发票及货款。

相关凭证如图2-248至图2-250所示。

入库单

供应商：北京嘉伟　　2019年7月6日　　单号：RK07017

验收仓库	存货编码	存货名称	单位	数量		单价	金额
				应收	实收		
服装仓	1153	嘉伟羽绒服	件	-15	-15		
合计							

部门经理：略　　会计：略　　仓库：略　　经办人：略

图2-248　入库单

011001900105　　**北京增值税专用发票**　　№ 69861173　　011001900105　69861173

发票联

销项负数　　开票日期：2019年7月6日

购买方	名称：辽宁恒通商贸有限公司 纳税人识别号：91210105206917583A 地址、电话：辽宁省沈阳市皇姑区人民路369号 024-82681359 开户行及账号：中国工商银行沈阳皇姑支行 2107024015890035666	密码区：+<6386168-917<589>872796853 57+*-89>9245/>62<*765>04355 *571>>+*90094009<544801/-/6 >-+1230786560*53224*42/3>3<

货物或应税劳务、服务名称	规格型号	单位	数量	单价	金额	税率	税额
*服装*嘉伟羽绒服		件	-15	668.00	-10 020.00	13%	-1 302.60
合计					¥-10 020.00		¥-1 302.60
价税合计（大写）	⊗(负数)壹万壹仟叁佰贰拾贰元陆角整				（小写）¥ -11 322.60		

销售方	名称：北京嘉伟服装有限公司 纳税人识别号：91110104759695583A 地址、电话：北京市宣武区长丰路六段360号 010-30453221 开户行及账号：招商银行北京宣武分行 2590739805061504276	备注：北京嘉伟服装有限公司 91110104759695583A 发票专用章

收款人：米思颖　　复核：齐琴　　开票人：岂俏　　销售方：（章）

税总函〔2019〕335号北京印钞厂

第三联：发票联　购买方记账凭证

图2-249　红字增值税专用发票

中国工商银行　电汇凭证（收账通知）　4　64601125

☑普通　□加急　　委托日期　2019年7月6日

汇款人	全称	北京嘉伟服装有限公司	收款人	全称	辽宁恒通商贸有限公司
	账号	2590739805061504276		账号	2107024015890035666
	开户银行	招商银行北京宣武分行		开户银行	中国工商银行沈阳皇姑支行
金额	人民币（大写）	壹万壹仟叁佰贰拾贰元陆角整		亿千百十万千百十元角分	¥1132260
此汇款已收入收款人账户。 中国工商银行沈阳皇姑支行 2019.07.06 转讫(8) 汇入行签章			支付密码		
			附加信息及用途：退货款		
			复核　　记账		

此联为开户行给收款人的收账通知

图2-250　电汇收款凭证

【操作过程概览】

本业务的操作过程概览见表2-14。

表2-14 操作过程概览

序号	操作日期	操作员	系统	操作内容
1	2019-07-06	G01张宏亮	采购管理	参照采购订单生成采购退货单
2	2019-07-06	C01李泽华	库存管理	参照采购退货单生成负数采购入库单
3	2019-07-06	G01张宏亮	采购管理	参照负数采购入库单生成红字采购专用发票（现付）
4	2019-07-06	W02赵凯	应付款管理	审核发票并制单处理
5	2019-07-06	W02赵凯	应付款管理	正常单据记账并生成凭证

【具体操作过程】

1.参照采购订单生成采购退货单

2019年7月6日，由张宏亮（G01）登录企业应用平台。在"采购管理"子系统，双击"采购到货→采购退货单"菜单，打开"采购退货单"窗口。单击"增加"，再执行工具栏的"生单"|"采购订单"命令，打开"查询条件选择-采购订单列表过滤"对话框，"订单号"栏选择"CG07001"，单击"确定"按钮，系统弹出"拷贝并执行"窗口。窗口上方选中CG07001号采购订单最左侧的"选择"单元格，选中该订单，窗口下方只选中嘉伟羽绒服，如图2-251所示，单击"OK确定"按钮，系统返回"采购退货单"窗口。将表体嘉伟羽绒服的"数量"改为"-15"，保存并审核该退货单，结果如图2-252所示。

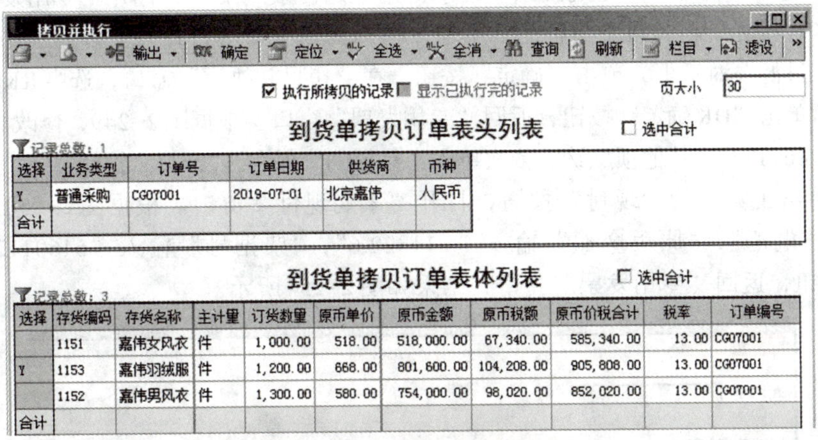

图2-251 "拷贝并执行"窗口

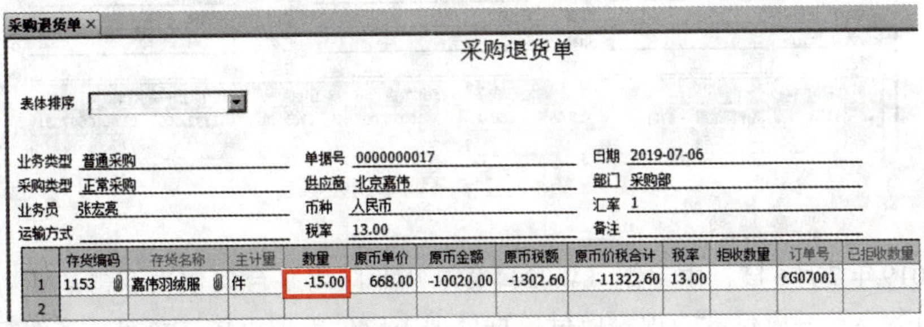

图2-252 采购退货单

2.参照采购退货单生成负数采购入库单

2019年7月6日，由李泽华（C01）登录企业应用平台。依次双击“业务工作”页签中的“供应链→库存管理→入库业务→采购入库单”菜单，系统打开“采购入库单”窗口。执行“生单”|“采购到货单（红字）”命令，打开“查询条件选择-采购到货单列表”对话框，单击“确定”按钮，系统打开“到货单生单列表”窗口。选中6日北京嘉伟的退货单，再单击“OK确定”按钮，系统返回“采购入库单”窗口。

根据图2-248，修改采购入库单表头中的“入库单号”为“RK07017”，“仓库”选择“服装仓”，其他项默认。保存并审核该入库单，结果如图2-253所示。

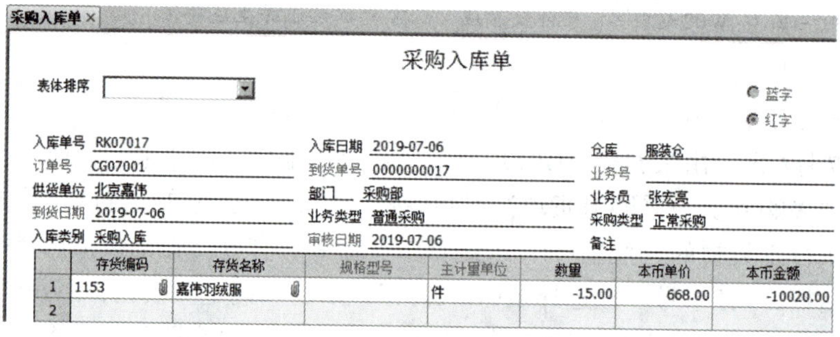

采购入库单 ×

采购入库单

表体排序

蓝字 红字

入库单号 RK07017　入库日期 2019-07-06　仓库 服装仓
订单号 CG07001　到货单号 0000000017　业务号
供货单位 北京嘉伟　部门 采购部　业务员 张宏亮
到货日期 2019-07-06　业务类型 普通采购　采购类型 正常采购
入库类别 采购入库　审核日期 2019-07-06　备注

	存货编码	存货名称	规格型号	主计量单位	数量	本币单价	本币金额
1	1153	嘉伟羽绒服		件	-15.00	668.00	-10020.00
2							

图2-253　（负数）采购入库单

3.参照负数采购入库单生成红字采购专用发票（现付）

（1）2019年7月6日，由张宏亮（G01）登录企业应用平台。依次双击“业务工作”页签中的“供应链→采购管理→采购发票→红字专用采购发票”菜单，打开“专用发票”窗口。单击“增加”按钮，再执行工具栏的“生单”|“入库单”命令，打开“查询条件选择-采购入库单列表过滤”对话框，单击“确定”按钮。在“拷贝并执行”窗口，选中RK07017号入库单，然后单击“OK确定”按钮，返回“专用发票”窗口。根据图2-249，修改表头“发票号”为“69861173”，其他项默认。依次单击工具栏的“保存”“结算”按钮。

（2）单击工具栏的“现付”按钮，打开“采购现付”窗口。根据图2-250，“结算方式”选择“电汇”，“原币金额”输入“-11322.6”，“票据号”输入“64601125”，单击“确定”按钮，返回“专用发票”窗口，结果如图2-254所示。

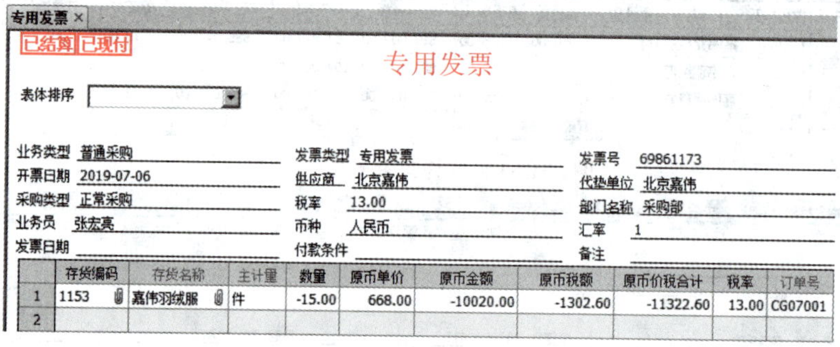

专用发票 ×

已结算 已现付

专用发票

表体排序

业务类型 普通采购　发票类型 专用发票　发票号 69861173
开票日期 2019-07-06　供应商 北京嘉伟　代垫单位 北京嘉伟
采购类型 正常采购　税率 13.00　部门名称 采购部
业务员 张宏亮　币种 人民币　汇率 1
发票日期　付款条件　备注

	存货编码	存货名称	主计量	数量	原币单价	原币金额	原币税额	原币价税合计	税率	订单号
1	1153	嘉伟羽绒服	件	-15.00	668.00	-10020.00	-1302.60	-11322.60	13.00	CG07001
2										

图2-254　红字采购专用发票

4.审核发票并制单处理

（1）2019年7月6日，由赵凯（W02）登录企业应用平台。依次双击“业务工作”页签中的“财务会计→应付款管理→应付单据处理→应付单据审核”菜单，系统打开“应付单查询条件”窗口，勾选“包含已现结发票”，单击“确定”按钮，打开“单据处理”窗口。选中69861173号采购发票并对其进行审核。审核完毕退出该窗口。

（2）双击"制单处理"菜单，打开"制单查询"对话框，勾选"现结制单"，单击"确定"按钮，打开"制单"窗口。依次单击"全选""制单"，生成一张记账凭证，单击"保存"按钮，结果如图2-255所示。关闭当前已打开窗口。

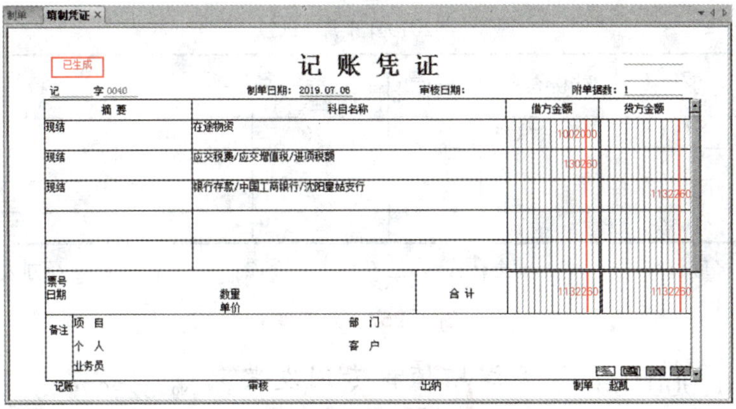

图2-255　记账凭证

5.正常单据记账并生成凭证

（1）正常单据记账。在供应链的"存货核算"子系统，依次双击"业务核算→正常单据记账"菜单，系统打开"查询条件选择"窗口，单击"确定"按钮，系统打开"未记账单据一览表"窗口。选中RK07017号入库单并对其进行记账。记账完毕退出该窗口。

（2）生成凭证。依次双击"存货核算"子系统的"财务核算→生成凭证"菜单，系统打开"生成凭证"窗口。单击"选择"按钮，系统弹出"查询条件"对话框，单击"确定"按钮，系统打开"选择单据"窗口，单击工具栏的"全选"按钮，以选中已记账的RK07017号采购入库单，再单击"确定"按钮，系统自动关闭"选择单据"窗口返回"生成凭证"窗口，单击工具栏的"生成"按钮，系统打开"填制凭证"窗口并自动生成凭证。保存该凭证，结果如图2-256所示。

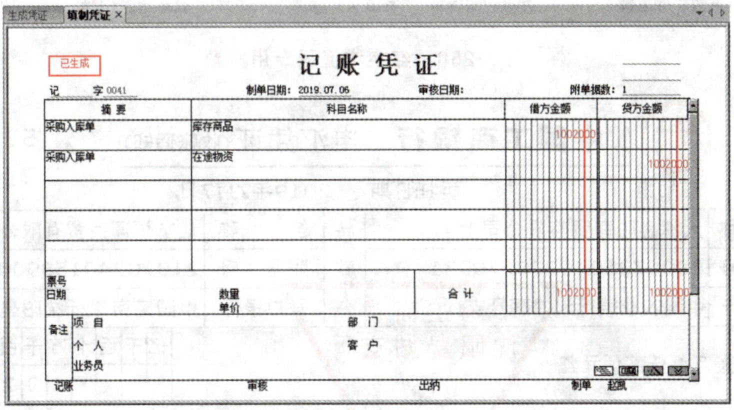

图2-256　记账凭证

业务5 带信用条件的退货业务

2019年7月7日，对合同编号为CG07004的货物进行复检，发现有20件嘉伟羽绒服存在隐蔽瑕疵。经与对方协商后即日办理退货，当日收到天津惠阳开具的负数增值税专用发票及货款。（退货款要求通过应付系统收款单处理）

相关凭证如图2-257至图2-259所示。

入库单

供应商：天津惠阳　　2019年7月7日　　单号：RK07018

验收仓库	存货编码	存货名称	单位	数量		单价	金额
				应收	实收		
服装仓	1153	嘉伟羽绒服	件	-20	-20		
合计							

部门经理：略　　会计：略　　仓库：略　　经办人：略

图2-257　入库单

012001900105　　**天津增值税专用发票**　　№ 32307946　　012001900105

32307946

发票联

销项负数　　开票日期：2019年7月7日

购买方	名　　称：辽宁恒通商贸有限公司 纳税人识别号：91210105206917583A 地 址、电 话：辽宁省沈阳市皇姑区人民路369号 024-82681359 开户行及账号：中国工商银行沈阳皇姑支行 2107024015890035666	密码区	4576549984564*+/940<64/3/<8 08>611884->3*2*<9>+04551077 5328150>843944223>-1644+703 >4+6<1/05*>1*5-01-9*<2221>2

货物或应税劳务、服务名称	规格型号	单位	数量	单价	金额	税率	税额
*服装*嘉伟羽绒服		件	-20	600.00	-12 000.00	13%	-1 560.00
合计					¥-12 000.00		¥-1 560.00
价税合计（大写）	⊗(负数)壹万叁仟伍佰陆拾元整				（小写）¥ -13 560.00		

销售方	名　　称：天津惠阳商贸有限公司 纳税人识别号：91120104572036908A 地 址、电 话：天津市南开区中华路三段88号 022-81329367 开户行及账号：中国农业银行天津南开支行 2806725046208670931	备注	天津惠阳商贸有限公司 91120104572036908A 发票专用章

收款人：许嘉麒　　复核：胡婉萱　　开票人：李丹　　销售方：（章）

税总函〔2019〕335号北京印钞厂

第三联：发票联　购买方记账凭证

图2-258　红字增值税专用发票

中国工商银行　电汇凭证（收账通知）　4　52966921

☑普通　☐加急　　委托日期　2019年7月7日

汇款人		收款人	
全　　称	天津惠阳商贸有限公司	全　　称	辽宁恒通商贸有限公司
账　　号	2806725046208670931	账　　号	2107024015890035666
开户银行	中国农业银行天津南开支行	开户银行	中国工商银行沈阳皇姑支行
金额	人民币（大写）壹万叁仟贰佰元整	亿千百十万千百十元角分	¥1320000
此汇款已收入收款人账户。 汇入行签章		支付密码 附加信息及用途：退货款 复核　记账	

中国工商银行沈阳皇姑支行 2019.07.07 转讫 (8)

此联为开户行给收款人的收账通知

图2-259　电汇收款凭证

【操作过程概览】

本业务的操作过程概览见表2-15。

表2-15　　　　　　　　　　　　　　操作过程概览

序号	操作日期	操作员	系统	操作内容
1	2019-07-07	G01张宏亮	采购管理	参照采购订单生成采购退货单
2	2019-07-07	C01李泽华	库存管理	参照采购退货单生成负数采购入库单
3	2019-07-07	G01张宏亮	采购管理	参照负数采购入库单生成红字采购专用发票
4	2019-07-07	W02赵凯	应付款管理	审核发票并制单处理
5	2019-07-07	W02赵凯	存货核算	正常单据记账并生成凭证
6	2019-07-07	W03贺青	应付款管理	填制应付系统收款单
7	2019-07-07	W02赵凯	应付款管理	审核付款单、核销，合并制单

【具体操作过程】

1. 参照采购订单生成采购退货单

2019年7月7日，由张宏亮（G01）登录企业应用平台。在"采购管理"子系统，双击"采购到货→采购退货单"菜单，打开"采购退货单"窗口。单击"增加"，再执行工具栏的"生单"|"采购订单"命令，打开"查询条件选择-采购订单列表过滤"对话框，单击"确定"按钮，系统弹出"拷贝并执行"窗口。窗口上方选中CG07004号采购订单最左侧的"选择"单元格，窗口下方只选中嘉伟羽绒服，单击"OK确定"，系统返回"采购退货单"窗口。将嘉伟羽绒服的"数量"改为"-20"，保存并审核该采购退货单，结果如图2-260所示。

图2-260　采购退货单

2. 参照采购退货单生成负数采购入库单

2019年7月7日，由李泽华（C01）登录企业应用平台。依次双击"业务工作"页签中的"供应链→库存管理→入库业务→采购入库单"菜单，系统打开"采购入库单"窗口。执行"生单"|"采购到货单（红字）"命令，打开"查询条件选择-采购到货单列表"对话框，单击"确定"按钮，系统打开"到货单生单列表"窗口。选中7日天津惠阳的退货单，再单击"OK确定"按钮，系统返回"采购入库单"窗口。

根据图2-257，修改采购入库单表头中的"入库单号"为"RK07018"，"仓库"选择"服装仓"，其他项默认。保存并审核该入库单，结果如图2-261所示。

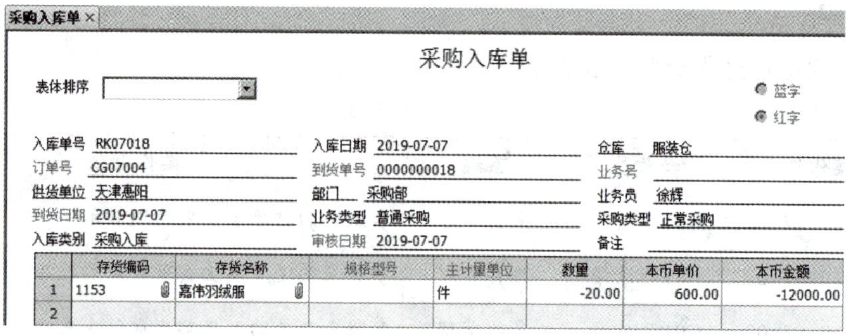

采购入库单 ×

采购入库单

表体排序

蓝字
红字

入库单号 RK07018　　入库日期 2019-07-07　　仓库 服装仓
订单号 CG07004　　到货单号 0000000018　　业务号
供货单位 天津惠阳　　部门 采购部　　业务员 徐辉
到货日期 2019-07-07　　业务类型 普通采购　　采购类型 正常采购
入库类别 采购入库　　审核日期 2019-07-07　　备注

	存货编码	存货名称	规格型号	主计量单位	数量	本币单价	本币金额
1	1153	嘉伟羽绒服		件	-20.00	600.00	-12000.00
2							

图2-261　（负数）采购入库单

3.参照负数采购入库单生成红字采购专用发票

2019年7月7日，由张宏亮（G01）登录企业应用平台。依次双击“业务工作”页签中的“供应链→采购管理→采购发票→红字专用采购发票”菜单，打开“专用发票”窗口。单击“增加”按钮，再执行工具栏的“生单”|“入库单”命令，打开“查询条件选择-采购入库单列表过滤”对话框，单击“确定”按钮。在“拷贝并执行”窗口，选中RK07018号入库单，然后单击“OK确定”按钮，返回“红字专用采购发票”窗口。

根据图2-258，修改表头项目“发票号”为“32307946”，其他项默认。依次单击工具栏的“保存”“结算”按钮，结果如图2-262所示。

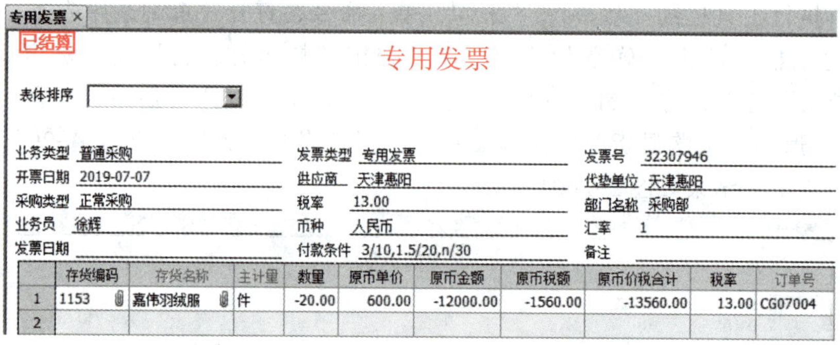

专用发票 ×

已结算

专用发票

表体排序

业务类型 普通采购　　发票类型 专用发票　　发票号 32307946
开票日期 2019-07-07　　供应商 天津惠阳　　代垫单位 天津惠阳
采购类型 正常采购　　税率 13.00　　部门名称 采购部
业务员 徐辉　　币种 人民币　　汇率 1
发票日期　　付款条件 3/10,1.5/20,n/30　　备注

	存货编码	存货名称	主计量	数量	原币单价	原币金额	原币税额	原币价税合计	税率	订单号
1	1153	嘉伟羽绒服	件	-20.00	600.00	-12000.00	-1560.00	-13560.00	13.00	CG07004
2										

图2-262　红字采购专用发票

4.审核发票并制单处理

（1）2019年7月7日，由赵凯（W02）登录企业应用平台。依次双击“业务工作”页签中的“财务会计→应付款管理→应付单据处理→应付单据审核”菜单，系统打开“应付单查询条件”窗口，单击“确定”按钮，打开“单据处理”窗口。选中32307946号采购发票并对其进行审核。审核完毕退出该窗口。

（2）双击“制单处理”菜单，打开“制单查询”对话框，单击“确定”按钮，打开“制单”窗口。依次单击“全选”“制单”按钮，生成一张记账凭证，单击“保存”按钮，结果如图2-263所示。关闭当前已打开窗口。

5.正常单据记账并生成凭证

（1）正常单据记账。在供应链的“存货核算”子系统，依次双击“业务核算→正常单据记账”菜单，系统打开“查询条件选择”窗口，单击“确定”按钮，系统打开“未记账单据一览表”窗口。选中RK07018号入库单并对其进行记账。记账完毕退出该窗口。

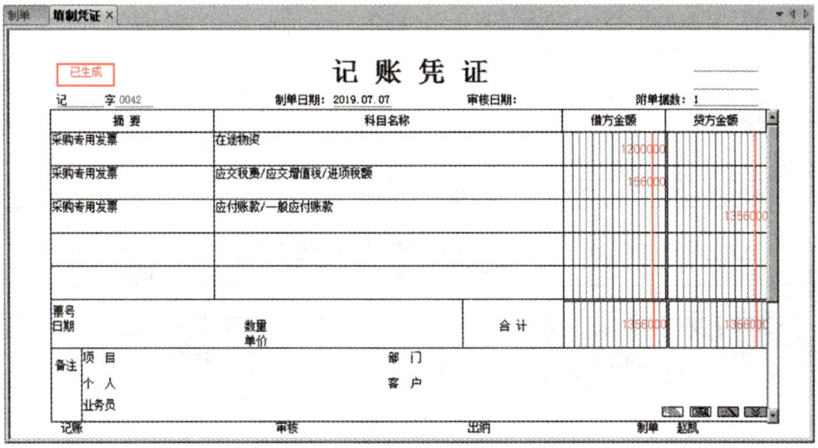
制单 填制凭证

已生成

记账凭证

记 字 0042 制单日期：2019.07.07 审核日期： 附单据数：1

摘要	科目名称	借方金额	贷方金额
采购专用发票	在途物资	1200000	
采购专用发票	应交税费/应交增值税/进项税额	156000	
采购专用发票	应付账款/一般应付账款		1356000
票号 日期	数量 单价 合计	1356000	1356000

备注 项目 部门 个人 客户 业务员

记账 审核 出纳 制单 赵凯

图2-263 记账凭证

（2）生成凭证。依次双击“存货核算”子系统的“财务核算→生成凭证”菜单，系统打开“生成凭证”窗口。单击“选择”按钮，系统弹出“查询条件”对话框，单击“确定”按钮，系统打开“选择单据”窗口，单击工具栏的“全选”按钮，以选中已记账的RK07018号采购入库单，再单击“确定”按钮，系统自动关闭“选择单据”窗口返回“生成凭证”窗口，单击工具栏的“生成”按钮，系统打开“填制凭证”窗口并自动生成凭证。保存该凭证，结果如图2-264所示。

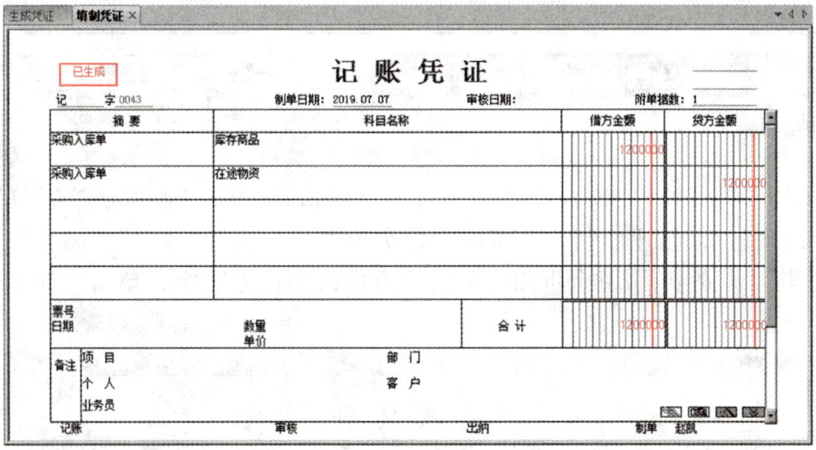
生成凭证 填制凭证

已生成

记账凭证

记 字 0043 制单日期：2019.07.07 审核日期： 附单据数：1

摘要	科目名称	借方金额	贷方金额
采购入库单	库存商品	1200000	
采购入库单	在途物资		1200000
票号 日期	数量 单价 合计	1200000	1200000

备注 项目 部门 个人 客户 业务员

记账 审核 出纳 制单 赵凯

图2-264 记账凭证

6. 填制应付系统收款单

2019年7月7日，由贺青（W03）登录企业应用平台。依次双击“业务工作”页签中的“财务会计→应付款管理→付款单据处理→付款单据录入”菜单，打开“收付款单录入”窗口。单击“切换”，再单击“增加”，根据图2-259填制一张收款单并保存，结果如图2-265所示。

7. 审核付款单、核销，合并制单

2019年7月7日，由赵凯（W02）登录企业应用平台。

（1）审核付款单。在应付款管理系统，双击“付款单据处理→付款单据审核”菜单，打开“付款单查询条件”窗口，单击“确定”，系统弹出“收付款单列表”窗口。选中7

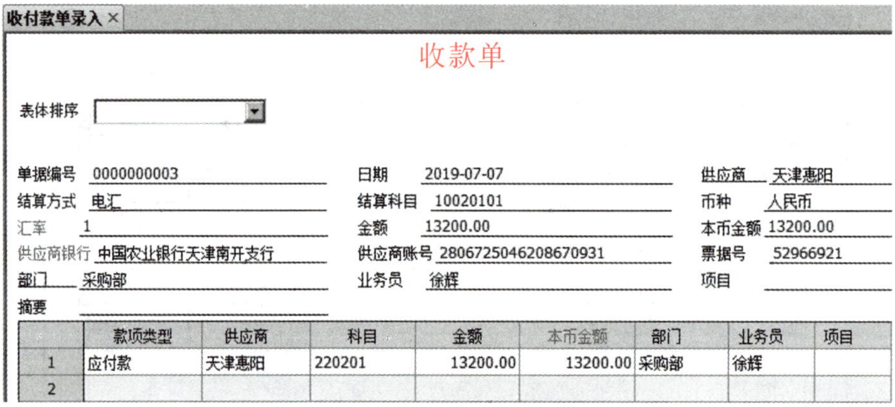

收付款单录入

收款单

表体排序

单据编号	0000000003	日期	2019-07-07	供应商	天津惠阳
结算方式	电汇	结算科目	10020101	币种	人民币
汇率	1	金额	13200.00	本币金额	13200.00
供应商银行	中国农业银行天津南开支行	供应商账号	2806725046208670931	票据号	52966921
部门	采购部	业务员	徐辉	项目	
摘要					

	款项类型	供应商	科目	金额	本币金额	部门	业务员	项目
1	应付款	天津惠阳	220201	13200.00	13200.00	采购部	徐辉	
2								

图2-265 应付系统收款单

日收取天津惠阳退货款的收款单并审核，审核完毕关闭该窗口。

（2）核销处理。双击“核销处理→手工核销”菜单，打开“核销条件”窗口，供应商选择“天津惠阳”，单击“收付款单”选项卡，单据类型选择“收款单”，单击“确定”按钮，打开“单据核销”窗口。在采购专用发票的“本次折扣”栏输入“360”，“本次结算”栏输入“13200”，如图2-266所示，单击“保存”。退出该窗口。

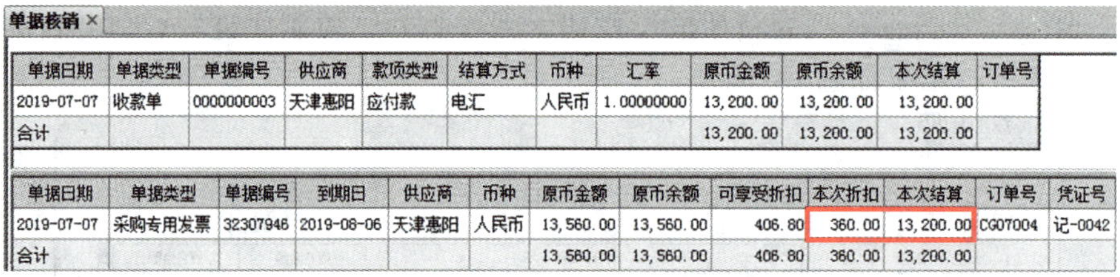

单据核销

单据日期	单据类型	单据编号	供应商	款项类型	结算方式	币种	汇率	原币金额	原币余额	本次结算	订单号
2019-07-07	收款单	0000000003	天津惠阳	应付款	电汇	人民币	1.00000000	13,200.00	13,200.00	13,200.00	
合计								13,200.00	13,200.00	13,200.00	

单据日期	单据类型	单据编号	到期日	供应商	币种	原币金额	原币余额	可享受折扣	本次折扣	本次结算	订单号	凭证号
2019-07-07	采购专用发票	32307946	2019-08-06	天津惠阳	人民币	13,560.00	13,560.00	406.80	360.00	13,200.00	CG07004	记-0042
合计						13,560.00	13,560.00	406.80	360.00	13,200.00		

图2-266 “单据核销”窗口

（3）双击“制单处理”，打开“制单查询”窗口，勾选“收付款单制单”“核销制单”，单击“确定”，打开“制单”窗口，依次单击“全选”“合并”“制单”，生成一张记账凭证，将“财务费用/现金折扣”科目的方向改为借方蓝字，单击“保存”，结果如图2-267所示。

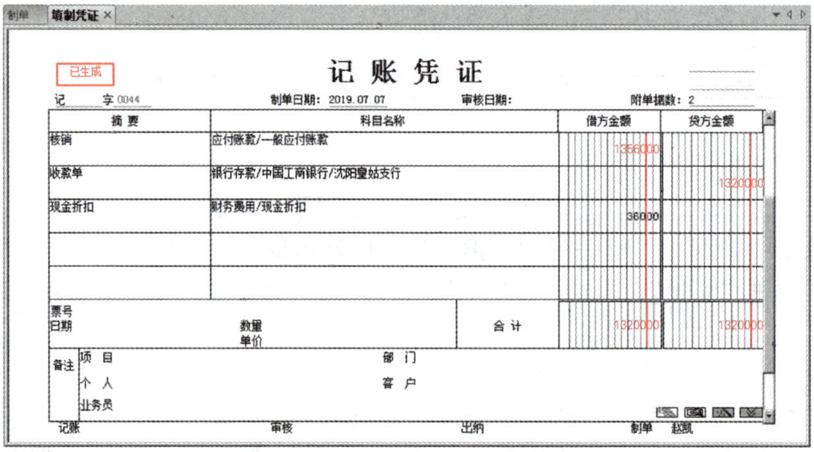

制单 填制凭证

已生成

记账凭证

记 字 0044 制单日期：2019.07.07 审核日期： 附单据数：2

摘要	科目名称	借方金额	贷方金额
核销	应付账款/一般应付账款	1356000	
收款单	银行存款/中国工商银行/沈阳皇姑支行		1320000
现金折扣	财务费用/现金折扣	36000	
票号 日期 数量 单价	合计	1320000	1320000

备注 项目 部门 个人 客户 业务员

记账 审核 出纳 制单 赵凯

图2-267 记账凭证

任务4　暂估业务

业务1 暂估入库

2019年7月7日，采购部张宏亮与上海恒久签订购销合同，当日预付40%订金。

2019年7月8日，收到上海恒久发来的货物，全部验收合格并入库。

2019年7月8日（视同月末），处理本月暂估入库业务。

相关凭证如图2-268至图2-270所示。

购销合同

合同编号：CG07013

卖方：上海恒久表业有限公司
买方：辽宁恒通商贸有限公司

为保护买卖双方的合法权益，根据《中华人民共和国合同法》的有关规定，买卖双方经友好协商，一致同意签订本合同，并共同遵守合同约定。

一、货物的名称、数量及金额：

货物名称	规格型号	计量单位	数量	单价（不含税）	金额（不含税）	税率	税额
恒久情侣表		对	100	9 000.00	900 000.00	13%	117 000.00
合计					￥900 000.00		￥117 000.00

二、合同总金额：人民币壹佰零壹万柒仟元整（￥1 017 000.00）。

三、签订合同当日买方预付40%订金。卖方于7月8日发出全部货物。8月8日卖方开具增值税专用发票，买方以银行承兑汇票方式支付剩余款项。

四、交货地点：辽宁恒通商贸有限公司。

五、发货方式与运输费用承担方式：由卖方发货并承担运输费用。

卖　　方：上海恒久表业有限公司　　　　　　买　　方：辽宁恒通商贸有限公司
授权代表：张运久　　　　　　　　　　　　　　授权代表：张宏亮
日　　期：2019年7月7日　　　　　　　　　　日　　期：2019年7月7日

图2-268　购销合同

中国工商银行　电汇凭证（回单）　1　36257068

☑普通　□加急　委托日期　2019年7月7日

汇款人	全称	辽宁恒通商贸有限公司	收款人	全称	上海恒久表业有限公司
	账号	2107024015890035666		账号	9517205720902010400
	开户银行	中国工商银行沈阳皇姑支行		开户银行	中国银行上海静安支行

金额　人民币（大写）　肆拾万零陆仟捌佰元整　　￥406 800 00

附加信息及用途：订金

复核　　记账

图2-269　电汇付款凭证

入库单

供应商：上海恒久　　　　　　　　2019年7月8日　　　　　　　　单号：RK07019

验收仓库	存货编码	存货名称	单位	数量		单价	金额
				应收	实收		
手表仓	1253	恒久情侣表	对	100	100		
合　计							

部门经理：略　　　　会计：略　　　　仓库：略　　　　经办人：略

图2-270　入库单

【操作过程概览】

本业务的操作过程概览见表2-16。

表2-16　　　　　　　　　　操作过程概览

序号	操作日期	操作员	系统	操作内容
1	2019-07-07	G01张宏亮	采购管理	填制采购订单
2	2019-07-07	W03贺青	应付款管理	填制预付款单
3	2019-07-07	W02赵凯	应付款管理	审核付款单并制单处理
4	2019-07-08	G01张宏亮	采购管理	参照采购订单生成到货单
5	2019-07-08	C01李泽华	库存管理	参照到货单生成采购入库单
6	2019-07-08	W02赵凯	存货核算	正常单据记账并生成凭证

【具体操作过程】

1.填制采购订单

2019年7月7日，由张宏亮（G01）登录企业应用平台。依次双击"业务工作"页签中的"供应链→采购管理→采购订货→采购订单"菜单，打开"采购订单"窗口。单击工具栏的"增加"按钮，根据图2-268填制采购订单。填制完毕保存并审核该订单，如图2-271所示。

采购订单

表体排序　_____

业务类型	普通采购		订单日期	2019-07-07		订单编号	CG07013
采购类型	正常采购		供应商	上海恒久		部门	采购部
业务员	张宏亮		税率	13.00		付款条件	
币种	人民币		汇率			备注	

	存货编码	存货名称	主计量	数量	原币单价	原币金额	原币税额	原币价税合计	税率	计划到货日期
1	1253	恒久情侣表	对	100.00	9000.00	900000.00	117000.00	1017000.00	13.00	2019-07-08
2										

图2-271　采购订单

2.填制预付款单

2019年7月7日，由贺青（W03）登录企业应用平台。依次双击"业务工作"页签中的"财务会计→应付款管理→付款单据处理→付款单据录入"菜单,打开"收付款单录入"窗口。单击"增加",根据图2-269填制付款单,并将表体第1行的"款项类型"改为"预付款"。单击"保存",结果如图2-272所示。

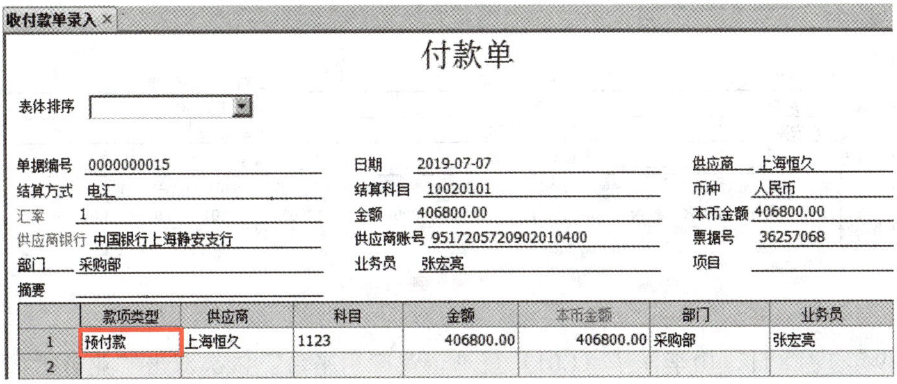

图2-272   付款单

3.审核付款单并制单处理

2019年7月7日,由赵凯(W02)登录企业应用平台。依次双击"业务工作"页签中的"财务会计→应付款管理→付款单据处理→付款单据审核"菜单,打开"付款单查询条件"窗口,单击"确定"按钮,系统弹出"收付款单列表"窗口。双击上海恒久那一行"选择"栏右侧任意单元格,打开"收付款单录入"窗口,单击工具栏的"审核"按钮,系统提示"是否立即制单?",单击"是",生成一张记账凭证,单击"保存",结果如图2-273所示。

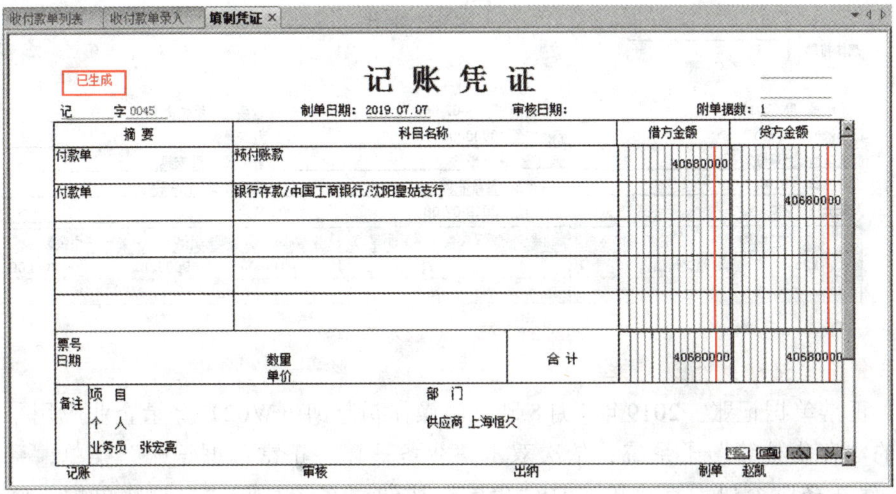

图2-273   记账凭证

4.参照采购订单生成到货单

2019年7月8日,由张宏亮(G01)登录企业应用平台。在"采购管理"子系统,双击"采购到货→到货单"菜单,打开"到货单"窗口。单击工具栏的"增加"按钮,再执行工具栏的"生单"|"采购订单"命令,打开"查询条件选择-采购订单列表过滤"对话框,单击"确定"按钮,系统弹出"拷贝并执行"窗口。双击选中CG07013号订单最左侧的"选择"单元格,单击"OK确定"按钮,系统返回"到货单"窗口,生成一张到货

单。保存并审核该到货单，结果如图2-274所示。

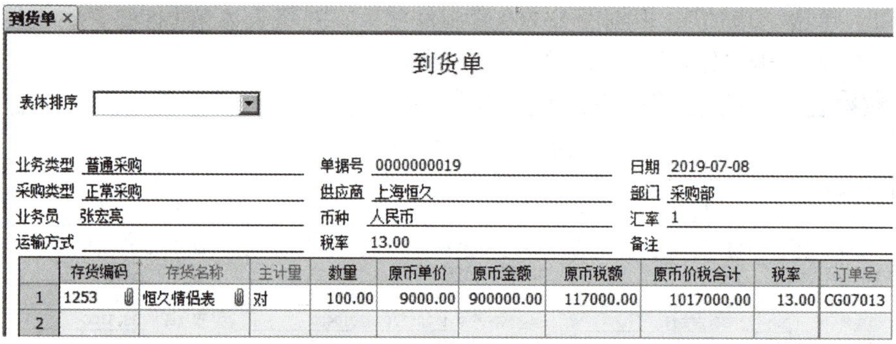

图2-274　到货单

5.参照到货单生成采购入库单

2019年7月8日，由李泽华（C01）登录企业应用平台。依次双击"业务工作"页签中的"供应链→库存管理→入库业务→采购入库单"菜单，打开"采购入库单"窗口。执行"生单"|"采购到货单（蓝字）"命令，打开"查询条件选择-采购到货单列表"对话框，单击"确定"按钮，系统打开"到货单生单列表"窗口。双击上海恒久的到货单所对应的"选择"栏（即上一步骤完成的到货单），再单击"OK确定"按钮，系统返回"采购入库单"窗口。

根据图2-270，修改采购入库单表头中的"入库单号"为"RK07019"，"仓库"选择为"手表仓"，其他项默认，保存并审核该入库单，结果如图2-275所示。

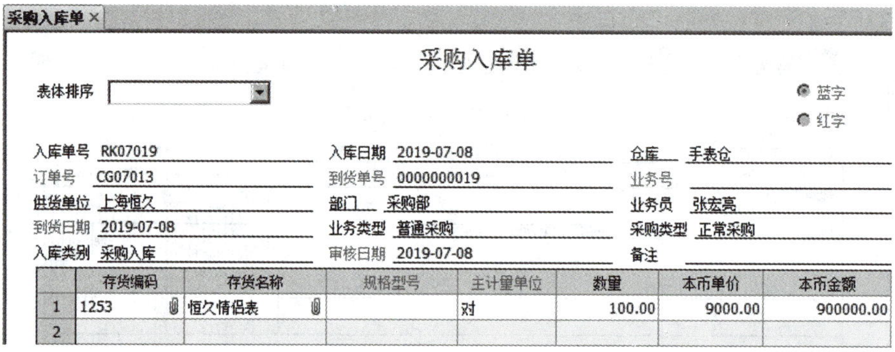

图2-275　采购入库单

6.正常单据记账并生成凭证

（1）正常单据记账。2019年7月8日，由操作员赵凯（W02）登录企业应用平台。在供应链的"存货核算"子系统，依次双击"业务核算→正常单据记账"菜单，系统打开"查询条件选择"窗口，直接单击其"确定"按钮，系统打开"未记账单据一览表"窗口，双击选中RK07019号入库单并对其进行记账。记账完毕关闭该窗口。

（2）生成凭证。依次双击"存货核算"子系统的"财务核算→生成凭证"菜单，系统打开"生成凭证"窗口。单击"选择"按钮，系统弹出"查询条件"对话框，单击"确定"按钮，系统打开"选择单据"窗口，单击工具栏的"全选"按钮，以选中已记账的RK07019号采购入库单，再单击"确定"按钮，系统自动关闭"选择单据"窗口返回"生成凭证"窗口，单击工具栏的"生成"按钮，系统打开"填制凭证"窗口并自动生成记账凭证，保存该凭证，结果如图2-276所示。

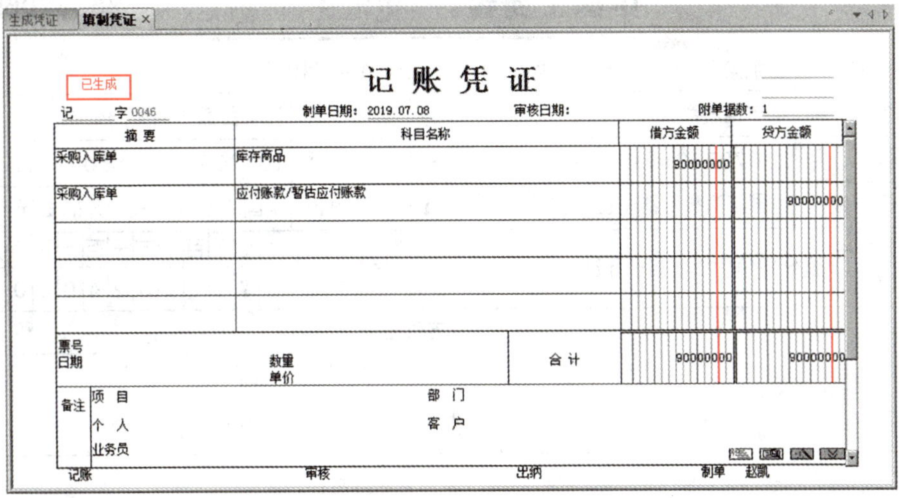

生成凭证 | 填制凭证 ×

已生成

记账凭证

记 字 0046 制单日期：2019.07.08 审核日期： 附单据数：1

摘要	科目名称	借方金额	贷方金额
采购入库单	库存商品	90000000	
采购入库单	应付账款/暂估应付账款		90000000
票号 日期	数量 单价 合计	90000000	90000000

备注 项目 部门

个人 客户

业务员

记账 审核 出纳 制单 赵凯

图2-276 记账凭证

【提示】

对于没有成本价或成本价与合同价不一致的采购入库单，可以在存货核算系统的“业务核算→暂估成本录入”中或“日常业务→采购入库单”中录入、修改成本价。

业务2 单到回冲

2019年7月9日，收到上月27日从湖南百盛购买商品的增值税专用发票，当日以电汇方式支付全部货款。

相关凭证如图2-277至图2-278所示。

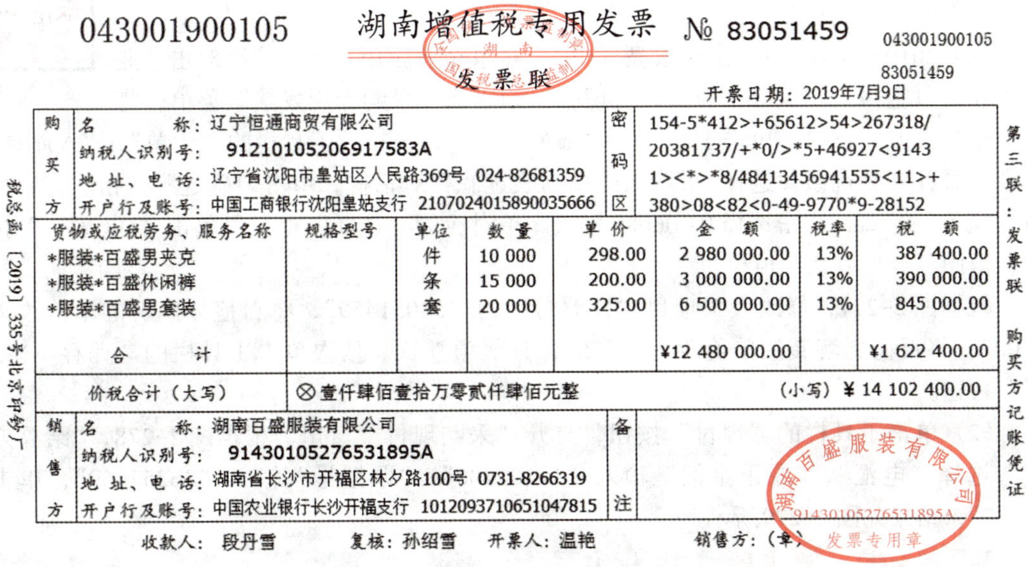

043001900105 湖南增值税专用发票 № 83051459 043001900105

发票联 83051459

开票日期：2019年7月9日

购买方	名称：辽宁恒通商贸有限公司 纳税人识别号：91210105206917583A 地址、电话：辽宁省沈阳市皇姑区人民路369号 024-82681359 开户行及账号：中国工商银行沈阳皇姑支行 2107024015890035666			密码区	154-5*412>+65612>54>267318/ 20381737/+*0/>*5+46927<9143 1><*>*8/48413456941555<11>+ 380>08<82<0-49-9770*9-28152		
货物或应税劳务、服务名称	规格型号	单位	数量	单价	金额	税率	税额
*服装*百盛男夹克		件	10 000	298.00	2 980 000.00	13%	387 400.00
*服装*百盛休闲裤		条	15 000	200.00	3 000 000.00	13%	390 000.00
*服装*百盛男套装		套	20 000	325.00	6 500 000.00	13%	845 000.00
合计					¥12 480 000.00		¥1 622 400.00
价税合计（大写）	⊗壹仟肆佰壹拾万零贰仟肆佰元整				（小写）¥14 102 400.00		
销售方	名称：湖南百盛服装有限公司 纳税人识别号：91430105276531895A 地址、电话：湖南省长沙市开福区林夕路100号 0731-8266319 开户行及账号：中国农业银行长沙开福支行 101209371065104781 5			备注			

收款人：段丹雪 复核：孙绍雪 开票人：温艳 销售方：（章）

湖南百盛服装有限公司 91430105276531895A 发票专用章

税总函〔2019〕335号北京印钞厂

第三联：发票联 购买方记账凭证

图2-277 增值税专用发票

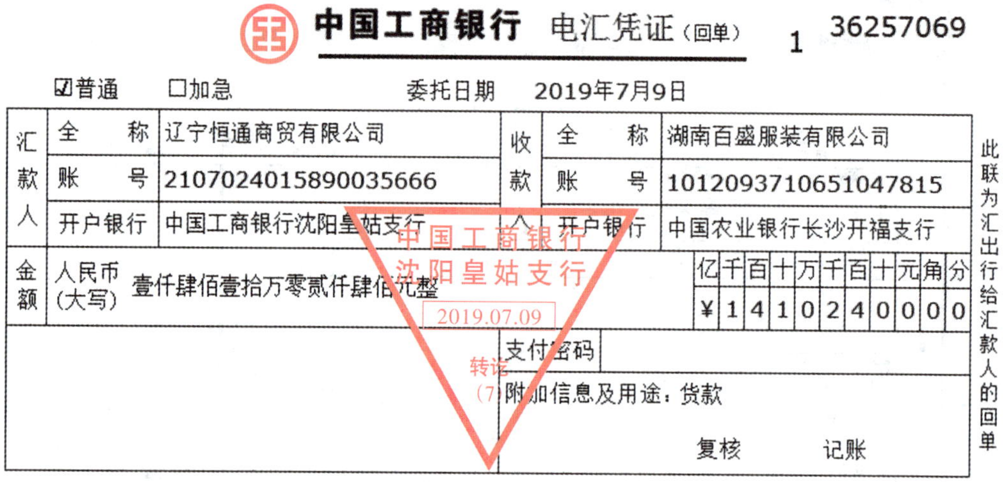

中国工商银行 电汇凭证（回单） 1 36257069

☑普通 ☐加急 委托日期 2019年7月9日

汇款人	全称	辽宁恒通商贸有限公司	收款人	全称	湖南百盛服装有限公司
	账号	2107024015890035666		账号	1012093710651047815
	开户银行	中国工商银行沈阳皇姑支行		开户银行	中国农业银行长沙开福支行
金额	人民币（大写）	壹仟肆佰壹拾万零贰仟肆佰元整		亿千百十万千百十元角分	￥1410240000
			支付密码		
			附加信息及用途：货款		
			复核	记账	

中国工商银行 沈阳皇姑支行 2019.07.09 转讫 (7)

此联为汇出行给汇款人的回单

图2-278 电汇付款凭证

【操作过程概览】

本业务的操作过程概览见表2-17。

表2-17 操作过程概览

序号	操作日期	操作员	系统	操作内容
1	2019-07-09	G01张宏亮	采购管理	参照期初入库单生成采购专用发票（现付）
2	2019-07-09	W02赵凯	应付款管理	审核发票并制单处理
3	2019-07-09	W02赵凯	存货核算	结算成本处理
4	2019-07-09	W02赵凯	存货核算	生成凭证

【具体操作过程】

单到回冲

1.参照期初入库单生成采购专用发票（现付）

（1）2019年7月9日，由张宏亮（G01）登录企业应用平台。依次双击“业务工作”页签中的“供应链→采购管理→采购发票→采购专用发票”菜单，打开“专用发票”窗口。单击工具栏的“增加”按钮，再执行工具栏的“生单”|“入库单”命令，打开“查询条件选择-采购入库单列表过滤”对话框，单击“确定”按钮。在“拷贝并执行”窗口，双击选择RK06089号入库单对应的“选择”栏，再单击“OK确定”按钮，返回“专用发票”窗口。

根据图2-277，修改表头项目“发票号”为“83051459”，将百盛休闲裤的单价改为“200”，将百盛男套装的单价改为“325”，其他项默认。依次单击工具栏的“保存”“结算”按钮。

（2）单击工具栏的“现付”按钮，打开“采购现付”窗口。根据图2-278，“结算方式”选择“电汇”，“原币金额”输入“14102400”，“票据号”输入“36257069”，单击“确定”，结果如图2-279所示。

2.审核发票并制单处理

2019年7月9日，由赵凯（W02）登录企业应用平台。依次双击“业务工作”页签中的“财务会计→应付款管理→应付单据处理→应付单据审核”菜单，打开“应付单查询条件”窗口，勾选“包含已现结发票”，单击“确定”按钮，系统打开“单据处理”窗口。

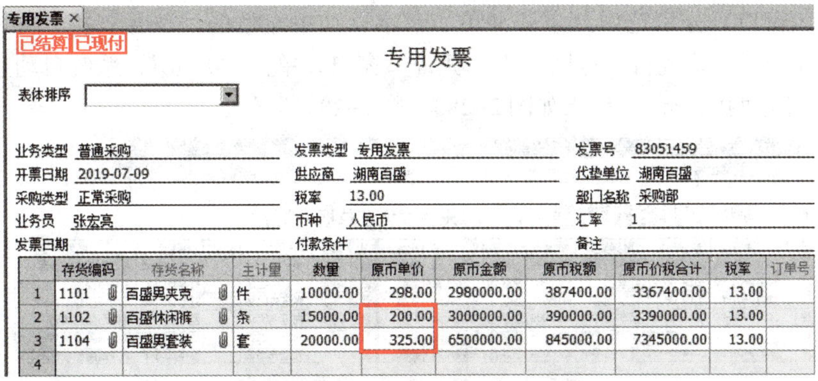

已结算 已现付

专用发票

表体排序

业务类型 普通采购　发票类型 专用发票　发票号 83051459
开票日期 2019-07-09　供应商 湖南百盛　代垫单位 湖南百盛
采购类型 正常采购　税率 13.00　部门名称 采购部
业务员 张宏亮　币种 人民币　汇率 1
发票日期　付款条件　备注

	存货编码	存货名称	主计量	数量	原币单价	原币金额	原币税额	原币价税合计	税率	订单号
1	1101	百盛男夹克	件	10000.00	298.00	2980000.00	387400.00	3367400.00	13.00	
2	1102	百盛休闲裤	条	15000.00	200.00	3000000.00	390000.00	3390000.00	13.00	
3	1104	百盛男套装	套	20000.00	325.00	6500000.00	845000.00	7345000.00	13.00	
4										

图2-279　采购专用发票

双击湖南百盛那一行“选择”栏右侧任意单元格，打开“采购发票”窗口，单击工具栏的“审核”按钮，系统提示“是否立即制单?”，单击“是”，生成一张记账凭证，单击“保存”，结果如图2-280所示。关闭当前已打开窗口。

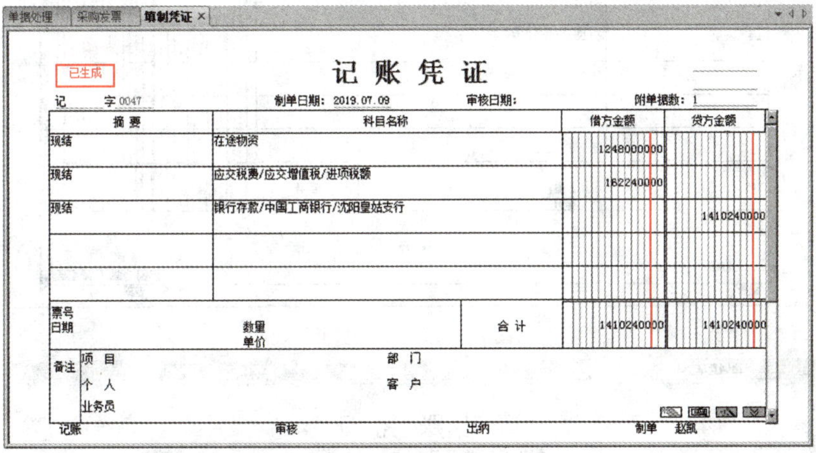

单据处理　采购发票　填制凭证

已生成

记 账 凭 证

记　字 0047　制单日期：2019.07.09　审核日期：　附单据数：1

摘要	科目名称	借方金额	贷方金额
现结	在途物资	1248000000	
现结	应交税费/应交增值税/进项税额	162240000	
现结	银行存款/中国工商银行/沈阳皇姑支行		1410240000
票号 日期	数量 单价 合计	1410240000	1410240000

备注　项目　部门
个人　客户
业务员

记账　审核　出纳　制单　赵凯

图2-280　记账凭证

3.结算成本处理

依次双击“业务工作”页签中的“供应链→存货核算→业务核算→结算成本处理”菜单，系统打开“暂估处理查询”界面，仓库勾选“服装仓”，单击“确定”，打开“结算成本处理”窗口，如图2-281所示。单击“全选”，再单击“暂估”，完成暂估处理。关闭当前窗口。

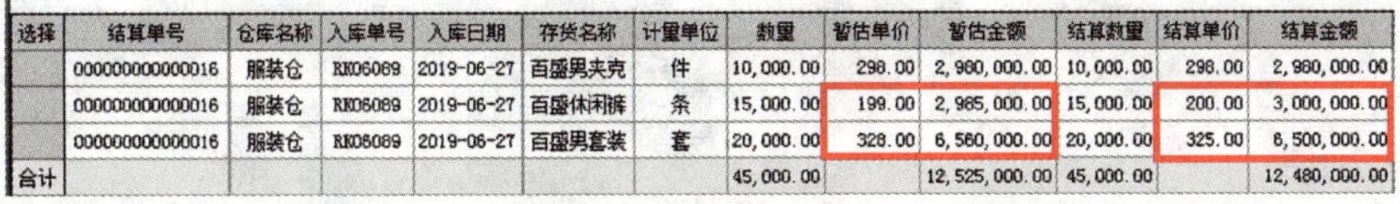

结算成本处理

◉ 按数量分摊
○ 按金额分摊

选择	结算单号	仓库名称	入库单号	入库日期	存货名称	计量单位	数量	暂估单价	暂估金额	结算数量	结算单价	结算金额
	00000000000016	服装仓	RK06089	2019-06-27	百盛男夹克	件	10,000.00	298.00	2,980,000.00	10,000.00	298.00	2,980,000.00
	00000000000016	服装仓	RK06089	2019-06-27	百盛休闲裤	条	15,000.00	199.00	2,985,000.00	15,000.00	200.00	3,000,000.00
	00000000000016	服装仓	RK06089	2019-06-27	百盛男套装	套	20,000.00	328.00	6,560,000.00	20,000.00	325.00	6,500,000.00
合计							45,000.00		12,525,000.00	45,000.00		12,480,000.00

图2-281　结算成本处理

4.生成凭证

依次双击“业务工作”页签中的“供应链→存货核算→财务核算→生成凭证”菜单，打开“生成凭证”窗口。单击“选择”，打开“查询条件”窗口，再单击“确定”，打开

“选择单据”窗口。分别选中红字回冲单、蓝字回冲单左侧的“选择”栏，如图2-282所示，单击“确定”，系统自动返回“生成凭证”窗口，单击“合成”，系统自动生成两张记账凭证，保存这两张凭证，结果如图2-283、图2-284所示。

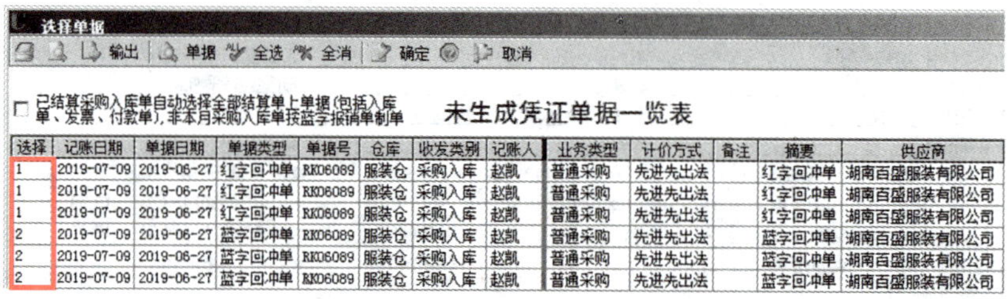

选择	记账日期	单据日期	单据类型	单据号	仓库	收发类别	记账人	业务类型	计价方式	备注	摘要	供应商
1	2019-07-09	2019-06-27	红字回冲单	RK06089	服装仓	采购入库	赵凯	普通采购	先进先出法		红字回冲单	湖南百盛服装有限公司
1	2019-07-09	2019-06-27	红字回冲单	RK06089	服装仓	采购入库	赵凯	普通采购	先进先出法		红字回冲单	湖南百盛服装有限公司
1	2019-07-09	2019-06-27	红字回冲单	RK06089	服装仓	采购入库	赵凯	普通采购	先进先出法		红字回冲单	湖南百盛服装有限公司
2	2019-07-09	2019-06-27	蓝字回冲单	RK06089	服装仓	采购入库	赵凯	普通采购	先进先出法		蓝字回冲单	湖南百盛服装有限公司
2	2019-07-09	2019-06-27	蓝字回冲单	RK06089	服装仓	采购入库	赵凯	普通采购	先进先出法		蓝字回冲单	湖南百盛服装有限公司
2	2019-07-09	2019-06-27	蓝字回冲单	RK06089	服装仓	采购入库	赵凯	普通采购	先进先出法		蓝字回冲单	湖南百盛服装有限公司

图2-282 未生成凭证单据一览表

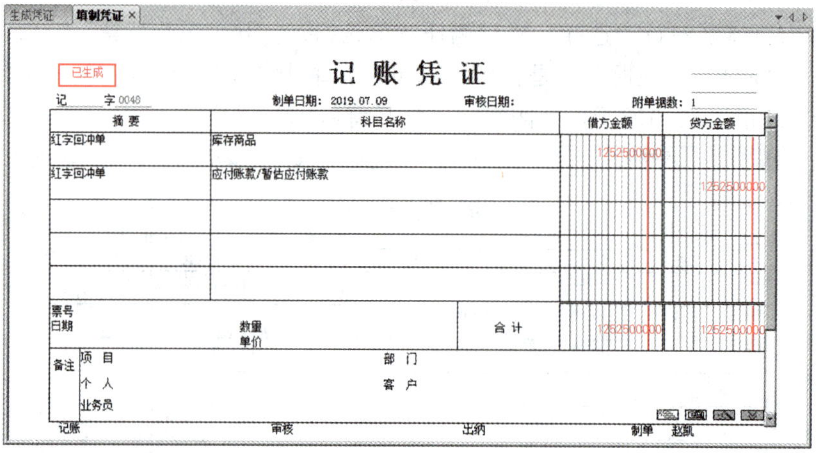

图2-283 记账凭证

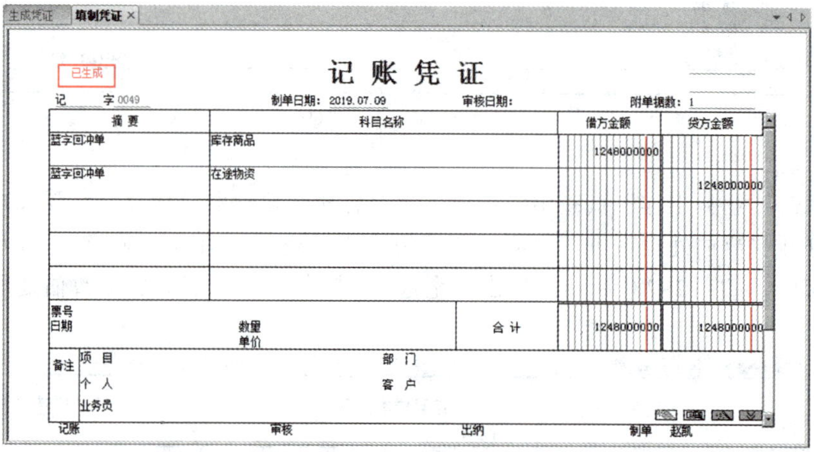

图2-284 记账凭证

业务3 月初回冲

2019年7月1日，将上月暂估入账的采购业务红冲。

2019年7月9日，收到上月27日从湖南百盛购买商品的增值税专用发票，当日以电汇方式支付全部货款。相关原始凭证与业务2（图2-277和图2-278）相同。

注：使用教材配套的"2-4-3月初回冲初始账套"完成本业务。

【操作过程概览】

本业务的操作过程概览见表2-18。

表2-18 操作过程概览

序号	操作日期	操作员	系统	操作内容
1	2019-07-01	W02赵凯	存货核算	月初红字回冲单生成凭证
2	2019-07-09	G01张宏亮	采购管理	参照期初采购入库单生成采购专用发票（现付）
3	2019-07-09	W02赵凯	应付款管理	审核发票并制单处理
4	2019-07-09	W02赵凯	应付款管理	结算成本处理
5	2019-07-09	W02赵凯	应付款管理	蓝字回冲单生成凭证

【具体操作过程】

1.月初红字回冲单生成凭证

2019年7月1日，由赵凯（W02）登录企业应用平台。依次双击"存货核算"子系统的"财务核算→生成凭证"菜单，系统打开"生成凭证"窗口。单击工具栏的"选择"按钮，系统弹出"查询条件"对话框，单击"确定"按钮，系统打开"选择单据"窗口，如图2-285所示。单击工具栏的"全选"按钮，再单击"确定"按钮，系统自动关闭"选择单据"窗口返回"生成凭证"窗口。单击工具栏的"合成"按钮，系统打开"填制凭证"窗口并自动生成凭证。保存该凭证，结果如图2-286所示。

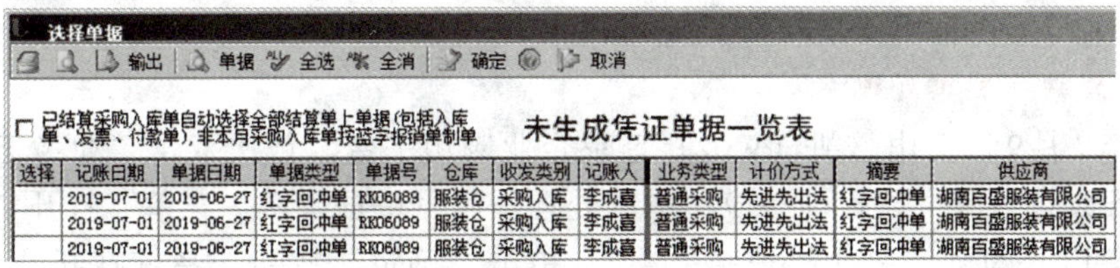

图2-285 未生成凭证单据一览表

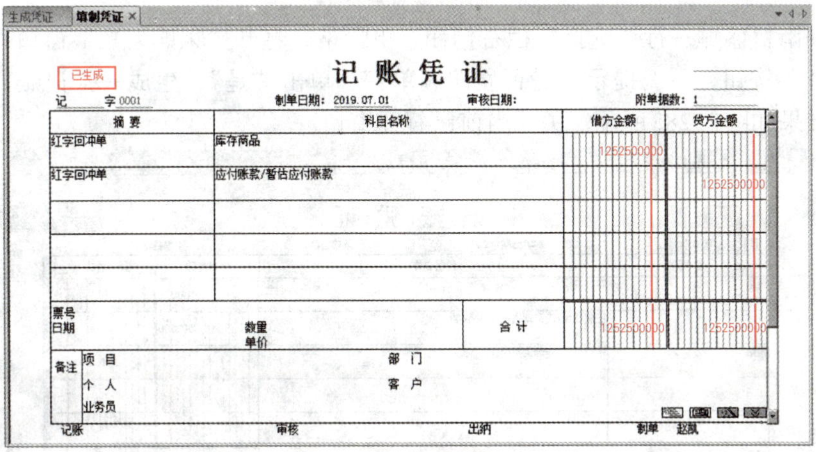

图2-286 记账凭证

2.参照期初采购入库单生成采购专用发票（现付）

（1）2019年7月9日，由张宏亮（G01）登录企业应用平台。依次双击"业务工作"页签中的"供应链→采购管理→采购发票→采购专用发票"菜单，打开"专用发票"窗

口。单击工具栏的"增加"按钮，再执行工具栏的"生单"|"入库单"命令，打开"查询条件选择-采购入库单列表过滤"对话框，单击"确定"按钮。在"拷贝并执行"窗口，双击选择 RK06089 号入库单对应的"选择"栏，再单击工具栏的"OK确定"按钮，返回"采购专用发票"窗口。根据图2-277修改表头"发票号"为"83051459"，将百盛休闲裤的单价改为"200"，将百盛男套装的单价改为"325"，其他项默认。依次单击工具栏的"保存""结算"按钮。

（2）单击工具栏的"现付"按钮，打开"采购现付"窗口。根据图2-278，"结算方式"选择"电汇"，"原币金额"输入"14102400"，"票据号"输入"36257069"，单击"确定"，结果如图2-287所示。

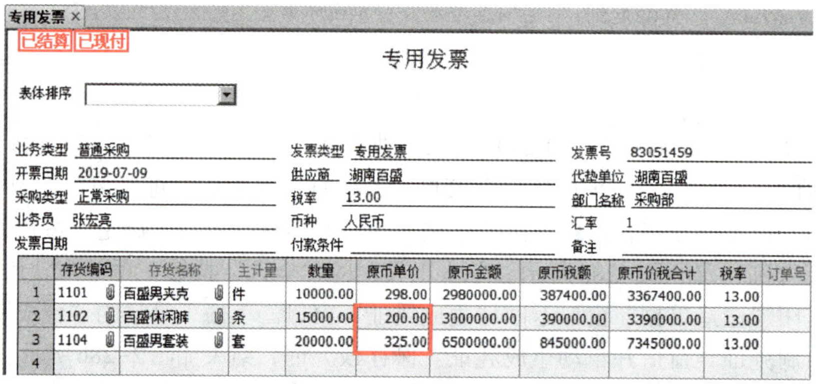

图2-287 采购专用发票

3.审核发票并制单处理

2019年7月9日，由赵凯（W02）登录企业应用平台。依次双击"业务工作"页签中的"财务会计→应付款管理→应付单据处理→应付单据审核"菜单，打开"应付单查询条件"窗口，勾选"包含已现结发票"，单击"确定"按钮，系统打开"单据处理"窗口。

双击湖南百盛那一行"选择"栏右侧任意单元格，打开"采购发票"窗口，单击工具栏的"审核"按钮，系统提示"是否立即制单？"，单击"是"，生成一张记账凭证，单击"保存"，结果如图2-288所示。关闭当前已打开窗口。

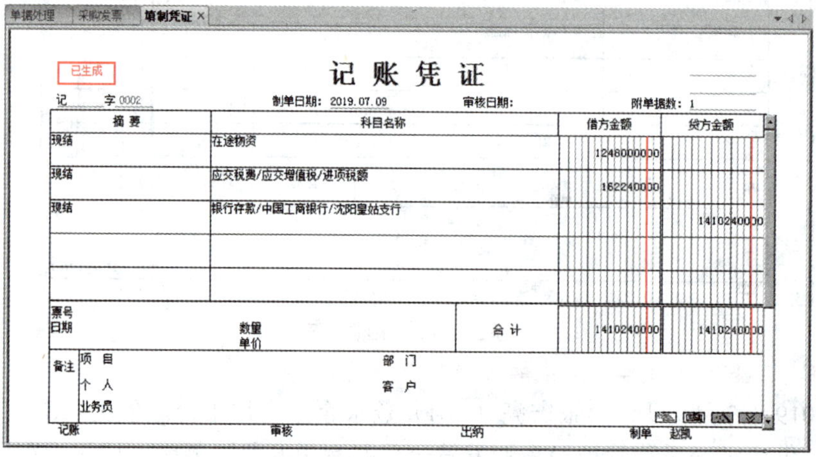

图2-288 记账凭证

4.结算成本处理

依次双击"业务工作"页签中的"供应链→存货核算→业务核算→结算成本处理"菜单，系统打开"暂估处理查询"界面，仓库勾选"服装仓"，单击"确定"，打开"结算成本处理"窗口，如图2-289所示。单击"全选"，再单击"暂估"，完成暂估处理。关闭当前窗口。

选择	结算单号	仓库名称	入库单号	入库日期	存货名称	计量单位	数量	暂估单价	暂估金额	结算数量	结算单价	结算金额
	000000000000001	服装仓	RK06089	2019-06-27	百盛男夹克	件	10,000.00	298.00	2,980,000.00	10,000.00	298.00	2,980,000.00
	000000000000001	服装仓	RK06089	2019-06-27	百盛休闲裤	条	15,000.00	199.00	2,985,000.00	15,000.00	200.00	3,000,000.00
	000000000000001	服装仓	RK06089	2019-06-27	百盛男套装	套	20,000.00	328.00	6,560,000.00	20,000.00	325.00	6,500,000.00
合计							45,000.00		12,525,000.00	45,000.00		12,480,000.00

图2-289　结算成本处理

5.蓝字回冲单生成凭证

依次双击"存货核算"子系统的"财务核算→生成凭证"菜单，系统打开"生成凭证"窗口。单击工具栏的"选择"按钮，系统弹出"查询条件"对话框，单击"确定"按钮，系统打开"选择单据"窗口，如图2-290所示。单击工具栏的"全选"按钮，再单击"确定"按钮，系统自动关闭"选择单据"窗口返回"生成凭证"窗口。单击工具栏的"合成"按钮，系统打开"填制凭证"窗口并自动生成凭证，保存该凭证，结果如图2-291所示。

选择	记账日期	单据日期	单据类型	单据号	仓库	收发类别	记账人	业务类型	计价方式	摘要	供应商
	2019-07-09	2019-06-27	蓝字回冲单	RK06089	服装仓	采购入库	赵凯	普通采购	先进先出法	蓝字回冲单	湖南百盛服装有限公司
	2019-07-09	2019-06-27	蓝字回冲单	RK06089	服装仓	采购入库	赵凯	普通采购	先进先出法	蓝字回冲单	湖南百盛服装有限公司
	2019-07-09	2019-06-27	蓝字回冲单	RK06089	服装仓	采购入库	赵凯	普通采购	先进先出法	蓝字回冲单	湖南百盛服装有限公司

图2-290　未生成凭证单据一览表

图2-291　记账凭证

业务4 单到补差

2019年7月9日，收到上月27日从湖南百盛购买商品的增值税专用发票，当日以电汇方式支付全部货款。相关原始凭证与业务2（图2-277和图2-278）相同。

注：使用教材配套的"2-4-4单到补差初始账套"完成本业务。

【操作过程概览】

本业务的操作过程概览见表2-19。

表2-19　　　　　　　　操作过程概览

序号	操作日期	操作员	系统	操作内容
1	2019-07-09	G01张宏亮	采购管理	参照期初采购入库单生成采购专用发票（现付）
2	2019-07-09	W02赵凯	应付款管理	审核发票并制单处理
3	2019-07-09	W02赵凯	存货核算	结算成本处理
4	2019-07-09	W02赵凯	存货核算	入库调整单生成凭证

【具体操作过程】

1.参照期初采购入库单生成采购专用发票（现付）

（1）2019年7月9日，由张宏亮（G01）登录企业应用平台。依次双击"业务工作"页签中的"供应链→采购管理→采购发票→采购专用发票"菜单，打开"专用发票"窗口。单击工具栏的"增加"按钮，再执行工具栏的"生单"|"入库单"命令，打开"查询条件选择-采购入库单列表过滤"对话框，单击"确定"按钮。在"拷贝并执行"窗口，双击选择RK06089号入库单对应的"选择"栏，再单击工具栏的"OK确定"按钮，返回"采购专用发票"窗口。根据图2-277修改表头项目"发票号"为"83051459"，将百盛休闲裤的单价改为"200"，将百盛男套装的单价改为"325"，其他项默认。依次单击工具栏的"保存""结算"按钮。

（2）单击工具栏的"现付"按钮，打开"采购现付"窗口。根据图2-278，"结算方式"选择"电汇"，"原币金额"输入"14102400"，"票据号"输入"36257069"，单击"确定"，结果如图2-292所示。

图2-292　采购专用发票

2.审核发票并制单处理

2019年7月9日，由赵凯（W02）登录企业应用平台。依次双击"业务工作"页签中的"财务会计→应付款管理→应付单据处理→应付单据审核"菜单，打开"应付单查询条件"窗口，勾选"包含已现结发票"，单击"确定"按钮，系统打开"单据处理"窗口。

双击湖南百盛那一行"选择"栏右侧任意单元格，打开"采购发票"窗口，单击工具栏的“审核”按钮，系统提示“是否立即制单?”，单击“是”，生成一张记账凭证，将凭证第1行的会计科目改为“应付账款/暂估应付账款”，单击“保存”按钮，结果如图2-293所示。关闭当前已打开窗口。

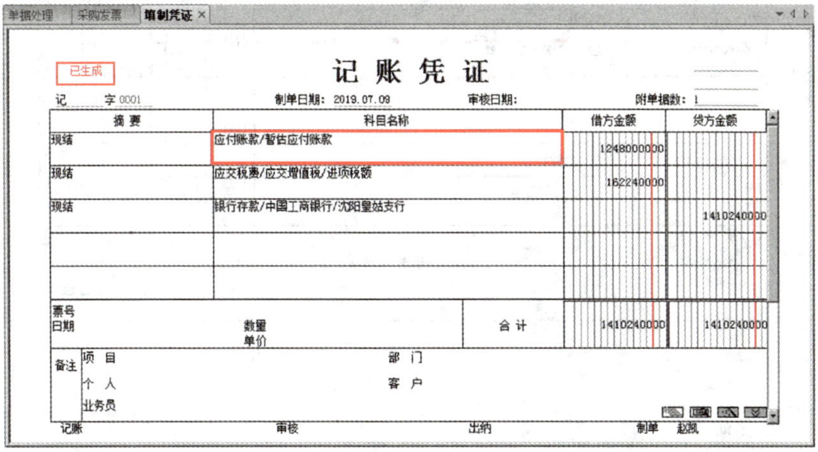

图2-293 记账凭证

3.结算成本处理

依次双击“业务工作”页签中的“供应链→存货核算→业务核算→结算成本处理”菜单，系统打开“暂估处理查询”界面，仓库勾选“服装仓”，单击“确定”，打开“结算成本处理”窗口，如图2-294所示。单击“全选”，再单击“暂估”，完成暂估处理。关闭当前窗口。在“单到补差”暂估方式下，结算成本处理后系统自动生成入库调整单。

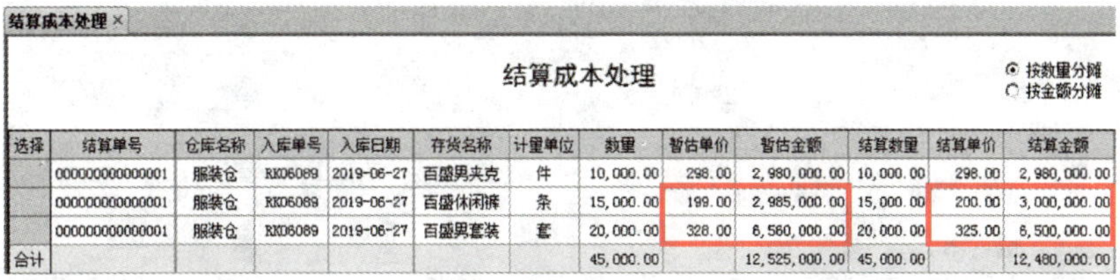
结算成本处理

◉ 按数量分摊 ○ 按金额分摊

选择	结算单号	仓库名称	入库单号	入库日期	存货名称	计量单位	数量	暂估单价	暂估金额	结算数量	结算单价	结算金额
	00000000000001	服装仓	RK06089	2019-06-27	百盛男夹克	件	10,000.00	298.00	2,980,000.00	10,000.00	298.00	2,980,000.00
	00000000000001	服装仓	RK06089	2019-06-27	百盛休闲裤	条	15,000.00	199.00	2,985,000.00	15,000.00	200.00	3,000,000.00
	00000000000001	服装仓	RK06089	2019-06-27	百盛男套装	套	20,000.00	328.00	6,560,000.00	20,000.00	325.00	6,500,000.00
合计							45,000.00		12,525,000.00	45,000.00		12,480,000.00

图2-294 结算成本处理

4.入库调整单生成凭证

依次双击“存货核算”子系统的“财务核算→生成凭证”菜单，系统打开“生成凭证”窗口。单击工具栏的“选择”按钮，系统弹出“查询条件”对话框，单击“确定”按钮，系统打开“选择单据”窗口，如图2-295所示。单击工具栏的“全选”按钮，再单击“确定”按钮，系统自动关闭“选择单据”窗口返回“生成凭证”窗口。单击工具栏的“合成”按钮，系统打开“填制凭证”窗口并自动生成凭证，将凭证第2行的会计科目修改为“应付账款/暂估应付账款”，保存该凭证，结果如图2-296所示。

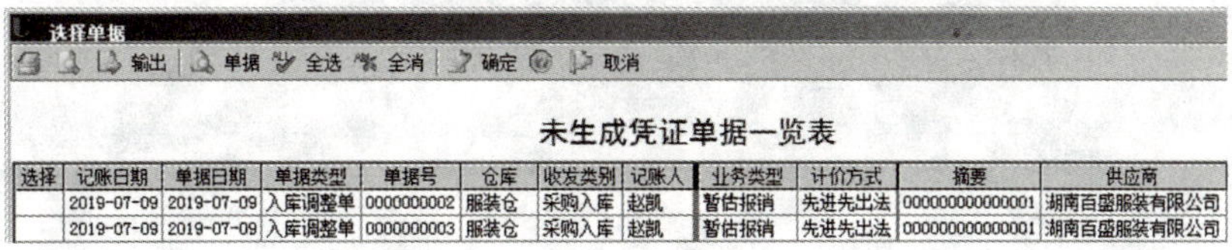
选择单据

输出 单据 全选 全消 确定 取消

未生成凭证单据一览表

选择	记账日期	单据日期	单据类型	单据号	仓库	收发类别	记账人	业务类型	计价方式	摘要	供应商
	2019-07-09	2019-07-09	入库调整单	0000000002	服装仓	采购入库	赵凯	暂估报销	先进先出法	00000000000001	湖南百盛服装有限公司
	2019-07-09	2019-07-09	入库调整单	0000000003	服装仓	采购入库	赵凯	暂估报销	先进先出法	00000000000001	湖南百盛服装有限公司

图2-295 未生成凭证单据一览表

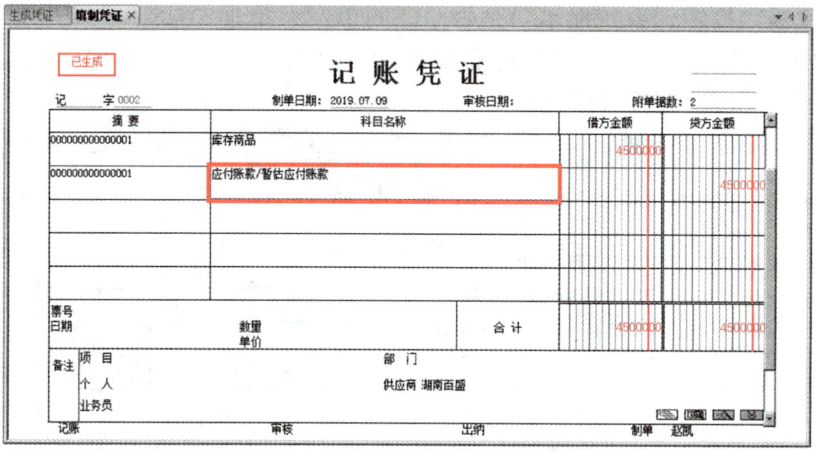

图2-296　记账凭证

【复习思考题】

1. 简述采购结算的重要作用。

2. 如何正确理解多次结算与跨期结算。

3. 试述采购结算、结算成本处理与暂估成本录入的关系。

4. 试比较三种暂估方式。

5. 请问采购订单有几种生成方式？

6. 请问采购付款时有几种处理方式，各有什么不同？

7. 简述采购过程中发生运输费的处理思路？

8. 结合任务2的业务3，下月收到对方补发的货物，应如何处理？

9. 结合任务2的业务3，如果对方同意退回少发货物的款项，应如何处理？

项目 3　一般销售业务

任务 1　普通销售业务

业务 1　先发货后开票业务

2019 年 7 月 10 日，销售部刘晓明与上海乐淘贸易有限公司（简称上海乐淘）签订购销合同，发出货物。

2019 年 7 月 11 日，收到上海乐淘货款，恒通公司全额开具增值税专用发票。

相关凭证如图 3-1 至图 3-4 所示。

购销合同

合同编号：XS07001

卖方：辽宁恒通商贸有限公司
买方：上海乐淘贸易有限公司

为保护买卖双方的合法权益，根据《中华人民共和国合同法》的有关规定，买卖双方经友好协商，一致同意签订本合同，并共同遵守合同约定。

一、货物的名称、数量及金额：

货物名称	规格型号	计量单位	数量	单价（不含税）	金额（不含税）	税率	税额
博伦女表		只	300	3 880.00	1 164 000.00	13%	151 320.00
博伦男表		只	200	2 980.00	596 000.00	13%	77 480.00
合　计					¥1 760 000.00		¥228 800.00

二、合同总金额：人民币壹佰玖拾捌万捌仟捌佰元整（¥1 988 800.00）。
三、签订合同当日卖方发出全部货物。7 月 11 日，卖方开具增值税专用发票，买方以电汇方式支付全部货款。
四、交货地点：辽宁恒通商贸有限公司。
五、发运方式与运输费用承担方式：由卖方发货，买方承担运输费用。

卖　方：辽宁恒通商贸有限公司　　　　买　方：上海乐淘贸易有限公司
授权代表：刘晓明　　　　　　　　　　授权代表：刘乐乐
日　期：2019 年 7 月 10 日　　　　　日　期：2019 年 7 月 10 日

图 3-1　购销合同

出库单

客户：上海乐淘　　　　　　　　　2019 年 7 月 10 日　　　　　　单号：CK07001

发货仓库	存货编码	存货名称	单位	数量		单价	金额
				应发	实发		
手表仓	1201	博伦女表	只	300	300		
手表仓	1202	博伦男表	只	200	200		
合　计							

部门经理：略　　　　　会计：略　　　　　仓库：略　　　　　经办人：略

图 3-2　出库单

021001900105　　辽宁增值税专用发票　　№ 21327501　　021001900105

此联不作报销、扣税凭证使用　　21327501

开票日期：2019年7月11日

购买方	名　　称：上海乐淘贸易有限公司 纳税人识别号：91310112203203919A 地 址、电 话：上海市闵行区北京路1号 021-65431789 开户行及账号：交通银行闵行区北京路支行 805920937502316806 3				密码区	4>65983325+-0517>>591-29920 0<988+-678*<8/>3*61>71+310> 2393<<7*+61767/6/8790325244 0><736693/-3*6974*6>469*499	
货物或应税劳务、服务名称	规格型号	单位	数量	单价	金额	税率	税额
*手表*博伦女表		只	300	3 880.00	1 164 000.00	13%	151 320.00
*手表*博伦男表		只	200	2 980.00	596 000.00	13%	77 480.00
合　　计					¥1 760 000.00		228 800.00
价税合计（大写）	⊗壹佰玖拾捌万捌仟捌佰元整				（小写）¥1 988 800.00		
销售方	名　　称：辽宁恒通商贸有限公司 纳税人识别号：91210105206917583A 地 址、电 话：辽宁省沈阳市皇姑区人民路369号 024-82681359 开户行及账号：中国工商银行沈阳皇姑支行 2107024015890035666				备注	辽宁恒通商贸有限公司 91210105206917583A 发票专用章	

收款人：贺青　　复核：王钰　　开票人：赵凯　　销售方：（章）

税总函〔2019〕335号北京印钞厂

第一联：记账联　销售方记账凭证

图 3-3　增值税专用发票

中国工商银行　电汇凭证（收账通知）　4　56136752

☑普通　□加急　　委托日期　2019年7月11日

汇款人	全　称	上海乐淘贸易有限公司	收款人	全　称	辽宁恒通商贸有限公司
	账　号	805920937502316806 3		账　号	2107024015890035666
	开户银行	交通银行闵行区北京路支行		开户银行	中国工商银行沈阳皇姑支行
金额	人民币（大写）	壹佰玖拾捌万捌仟捌佰元整		亿千百十万千百十元角分	¥198880000
此汇款已收入收款人账户。 汇入行签章			支付密码		
			附加信息及用途：货款 复核　记账		

中国工商银行沈阳皇姑支行 2019.07.11 转讫 (8)

此联为开户行给收款人的收账通知

图 3-4　电汇收款凭证

【操作过程概览】

本业务的操作过程概览见表 3-1。

表 3-1　操作过程概览

序号	操作日期	操作员	系统	操作内容
1	2019-07-10	X01 刘晓明	销售管理	填制销售订单
2	2019-07-10	X01 刘晓明	销售管理	参照销售订单生成发货单
3	2019-07-10	C01 李泽华	库存管理	参照发货单生成销售出库单
4	2019-07-11	X01 刘晓明	销售管理	参照发货单生成销售专用发票（现结）
5	2019-07-11	W02 赵凯	应收款管理	审核发票并制单处理
6	2019-07-11	W02 赵凯	存货核算	正常单据记账并生成凭证

【具体操作过程】

1.填制销售订单

（1）2019年7月10日，由刘晓明（X01）登录企业应用平台。依次双击"业务工作"页签中的"供应链→销售管理→销售订货→销售订单"菜单，打开"销售订单"窗口。单击工具栏的"增加"按钮，根据图3-1填制销售订单。

① 填制表头信息。修改表头的"订单编号"（即合同编号）为"XS07001"、"销售类型"为"正常销售"，"客户简称"为"上海乐淘"，"业务员"为"刘晓明"，其他项默认。

② 填制表体信息。在第1行，选择"存货编码"为"1201"（博伦女表）、输入"数量"为"300"，"无税单价"为"3880"，"预发货日期"为当日；在第2行，选择"存货编码"为"1202"（博伦男表），输入"数量"为"200"，"原币单价"为"2980"，"预发货日期"为当日，其他项默认。

（2）单击工具栏的"保存"按钮，保存该单据。单击工具栏的"审核"按钮，审核该订单。结果如图3-5所示。关闭并退出"销售订单"窗口。

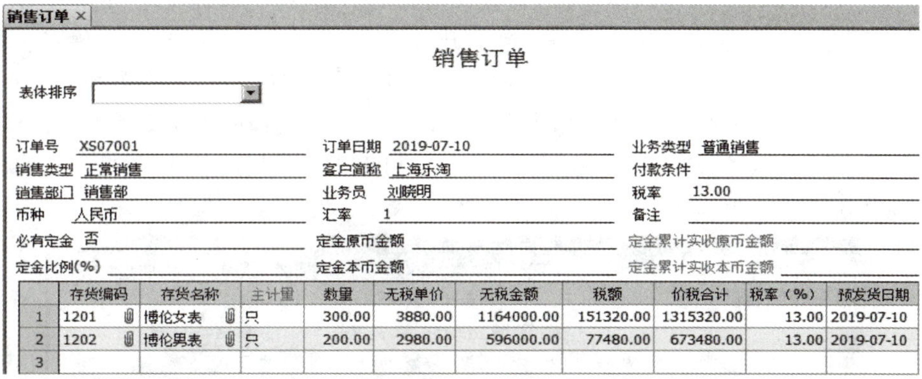

图3-5　销售订单

2.参照销售订单生成发货单

（1）在"销售管理"子系统，依次双击"销售发货→发货单"菜单，打开"发货单"窗口。单击工具栏的"增加"按钮，单击"订单"按钮，打开"查询条件选择-参照订单"窗口，单击"确定"按钮。在"参照生单"窗口，双击上窗格中"订单号"为XS07001的销售订单所在行的"选择"单元格，如图3-6所示，再单击工具栏的"OK确定"按钮，系统返回"发货单"窗口。发货单表体第1行、第2行的"仓库名称"选择"手表仓"。

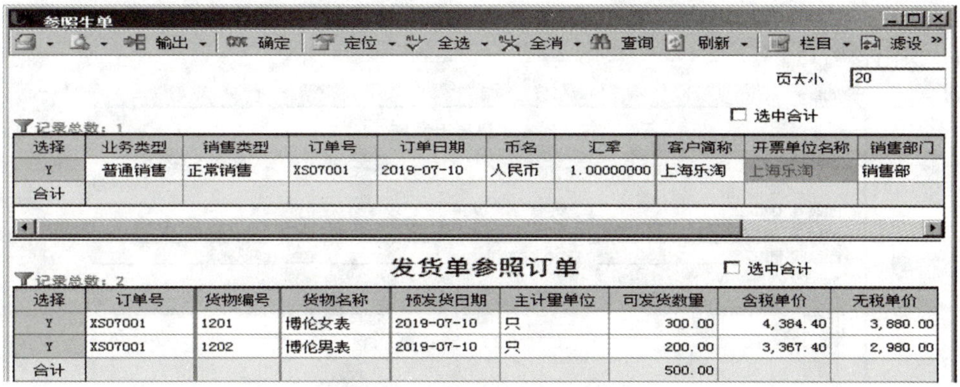

图3-6　"参照生单"窗口

（2）单击工具栏的“保存”按钮，保存该单据。单击工具栏的“审核”按钮，审核该单据，结果如图3-7所示。关闭并退出该窗口。

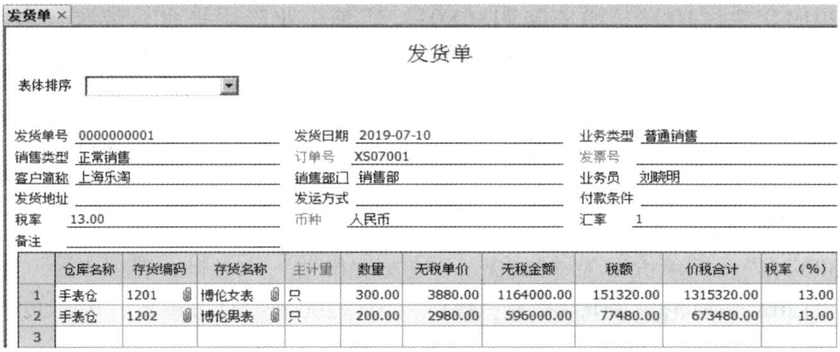
发货单 ×

发货单

表体排序

发货单号 0000000001　发货日期 2019-07-10　业务类型 普通销售
销售类型 正常销售　订单号 XS07001　发票号
客户简称 上海乐淘　销售部门 销售部　业务员 刘晓明
发货地址　发运方式　付款条件
税率 13.00　币种 人民币　汇率 1
备注

	仓库名称	存货编码	存货名称	主计量	数量	无税单价	无税金额	税额	价税合计	税率（%）
1	手表仓	1201	博伦女表	只	300.00	3880.00	1164000.00	151320.00	1315320.00	13.00
2	手表仓	1202	博伦男表	只	200.00	2980.00	596000.00	77480.00	673480.00	13.00
3										

图3-7　发货单

3.参照发货单生成销售出库单

2019年7月10日，由李泽华（C01）登录企业应用平台。依次双击“业务工作”页签中的“供应链→库存管理→出库业务→销售出库单”菜单，系统打开“销售出库单”窗口。执行“生单”|“销售生单”命令，打开“查询条件选择-销售发货单列表”对话框，单击“确定”按钮，系统打开“销售生单”窗口。双击要选择的发货单所对应的“选择”栏（即上一步骤完成的发货单），如图3-8所示，再单击工具栏的“OK确定”按钮，系统返回“销售出库单”窗口。

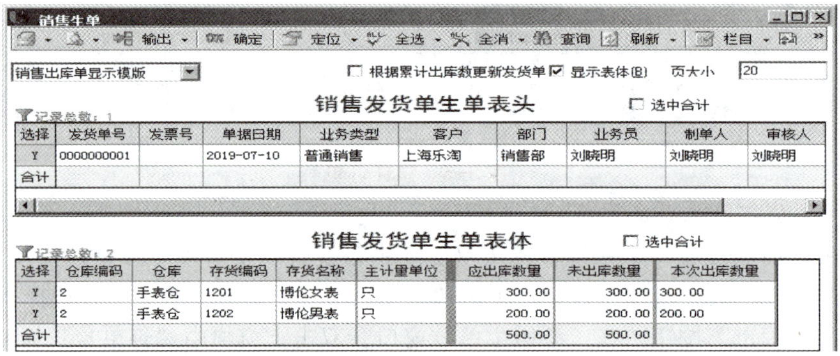
销售生单

输出　确定　定位　全选　全消　查询　刷新　栏目

销售出库单显示模版　根据累计出库数更新发货单　显示表体(B)　页大小 20

销售发货单生单表头　选中合计

记录总数：1

选择	发货单号	发票号	单据日期	业务类型	客户	部门	业务员	制单人	审核人
Y	0000000001		2019-07-10	普通销售	上海乐淘	销售部	刘晓明	刘晓明	刘晓明
合计									

销售发货单生单表体　选中合计

记录总数：2

选择	仓库编码	仓库	存货编码	存货名称	主计量单位	应出库数量	未出库数量	本次出库数量
Y	2	手表仓	1201	博伦女表	只	300.00	300.00	300.00
Y	2	手表仓	1202	博伦男表	只	200.00	200.00	200.00
合计						500.00	500.00	

图3-8　“销售生单”窗口

根据图3-2，修改表头出库单号为“CK07001”，其他项默认。单击工具栏的“保存”按钮，保存该出库单。单击工具栏的“审核”按钮，审核该出库单，结果如图3-9所示。关闭并退出该窗口。

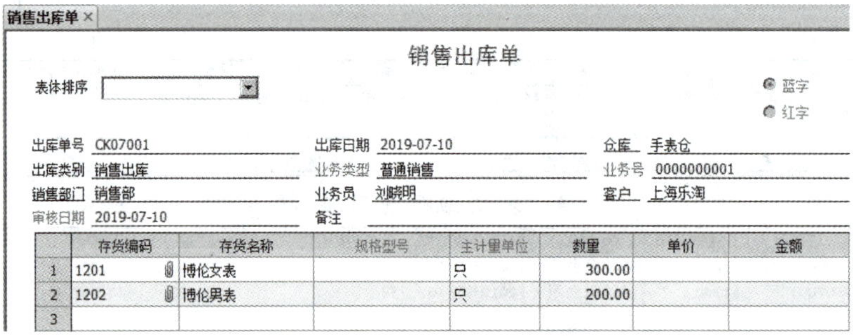
销售出库单 ×

销售出库单

表体排序　蓝字　红字

出库单号 CK07001　出库日期 2019-07-10　仓库 手表仓
出库类别 销售出库　业务类型 普通销售　业务号 0000000001
销售部门 销售部　业务员 刘晓明　客户 上海乐淘
审核日期 2019-07-10　备注

	存货编码	存货名称	规格型号	主计量单位	数量	单价	金额
1	1201	博伦女表		只	300.00		
2	1202	博伦男表		只	200.00		
3							

图3-9　销售出库单

4.参照发货单生成销售专用发票（现结）

（1）2019 年 7 月 11 日，由刘晓明（X01）登录企业应用平台。依次双击"业务工作"页签中的"供应链→销售管理→销售发票→销售专用发票"菜单，系统打开"销售专用发票"窗口。单击工具栏的"增加"按钮，再执行工具栏的"生单"|"参照发货单"命令，打开"查询条件选择-发票参照发货单"对话框，单击"确定"按钮，系统打开"参照生单"窗口。双击要选择的发货单所对应的"选择"栏，结果如图 3-10 所示，然后单击工具栏的"OK 确定"按钮，返回"销售专用发票"窗口。根据图 3-3，修改表头项目"发票号"为"21327501"，其他项默认。单击工具栏的"保存"按钮，保存该单据。

参照生单

页大小　20

☐ 选中合计

记录总数：1

选择	税率（%）	业务类型	销售类型	发货单号	发货日期	币名	汇率	客户简称	开票单位名称
Y	16.00	普通销售	正常销售	0000000001	2019-07-10	人民币	1.00000000	上海乐淘	上海乐淘
合计									

发票参照发货单　☐ 选中合计

记录总数：2

选择	订单号	仓库	货物编号	货物名称	未开票数量	数量	无税金额	税额	价税合计
Y	XS07001	手表仓	1201	博伦女表	300.00	300.00	1,164,000.00	151,320.00	1,315,320.00
Y	XS07001	手表仓	1202	博伦男表	200.00	200.00	596,000.00	77,480.00	673,480.00
合计					500.00	500.00	1,760,000.00	228,800.00	1,988,800.00

图 3-10　"参照生单"窗口

（2）现结。单击工具栏的"现结"按钮，打开"现结"窗口。根据图 3-4，"结算方式"选择"电汇"，"原币金额"输入"1988800"，"票据号"输入"56136752"，结果如图 3-11 所示。单击"确定"按钮。

现结

客户名称：上海乐淘　　　　币种：人民币　　　汇率：1
应收金额：1988800.00
结算金额：1988800.00
部门：销售部　　　　　　　业务员：刘晓明

结算方式	原币金额	票据号	银行账号	项目大类编码	项目大类名称	项目编码	项目名称	订单号
41-电汇	1988800.00	56136752	8059209375023168063					

确定　　取消　　帮助

图 3-11　"现结"窗口

（3）单击工具栏的"复核"按钮，完成销售专用发票处理，结果如图 3-12 所示。

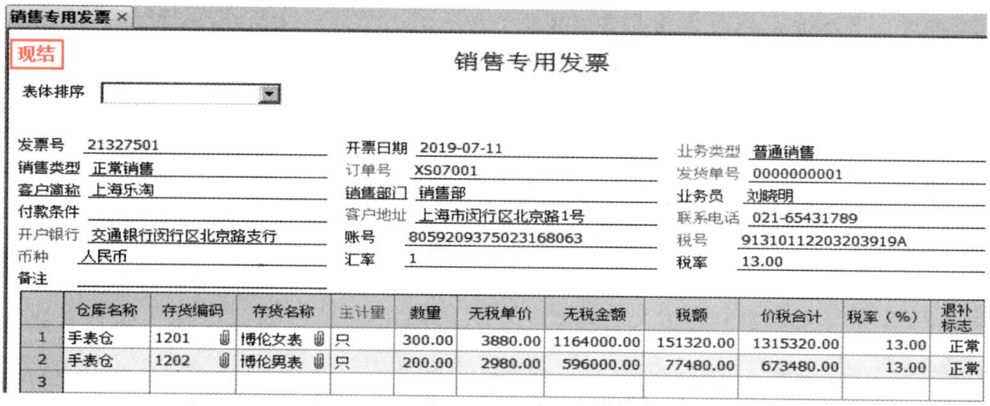

图3-12 销售专用发票

5.审核发票并制单处理

2019年7月11日，由赵凯（W02）登录企业应用平台。依次双击"业务工作"页签中的"财务会计→应收款管理→应收单据处理→应收单据审核"菜单，打开"应收单查询条件"窗口，勾选"包含已现结发票"，单击"确定"按钮，系统打开"单据处理"窗口，如图3-13所示。

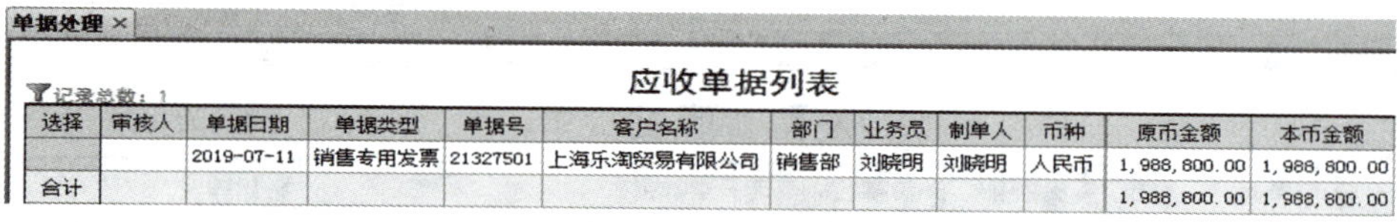

图3-13 应收单据列表

双击上海乐淘那一行"选择"栏右侧任意单元格，打开"销售发票"窗口，单击工具栏的"审核"按钮，系统提示"是否立即制单?"，单击"是"，生成一张记账凭证，单击"保存"，结果如图3-14所示。关闭当前已打开窗口。

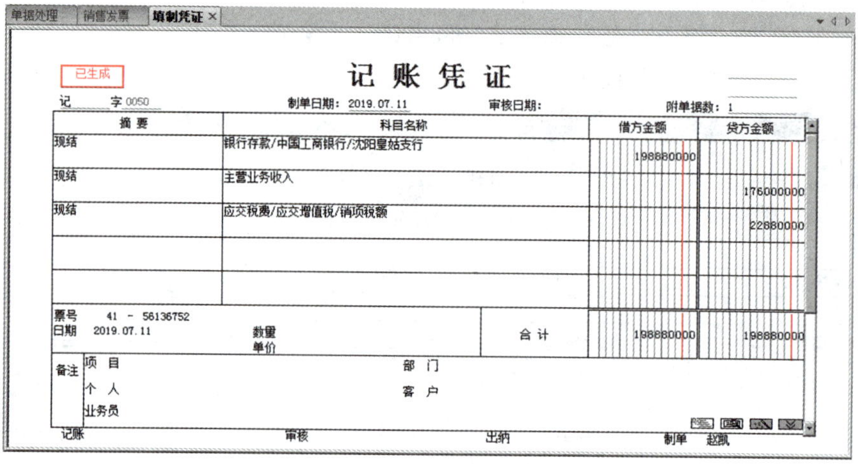

图3-14 记账凭证

6.正常单据记账并生成凭证

（1）正常单据记账。在供应链的"存货核算"子系统，依次双击"业务核算→正常单据记账"菜单，系统打开"查询条件选择"窗口，直接单击其"确定"按钮，系统打开"未记账单据一览表"窗口，如图3-15所示。单击工具栏的"全选"按钮，使其显示"Y"

字样，再单击工具栏的"记账"按钮，系统弹出信息框提示记账成功，单击其"确定"按钮，完成记账工作。关闭当前窗口。

正常单据记账列表

记录总数：2

选择	日期	单据号	存货编码	存货名称	单据类型	仓库名称	收发类别	数量	单价	金额
	2019-07-11	21327501	1201	博伦女表	专用发票	手表仓	销售出库	300.00		
	2019-07-11	21327501	1202	博伦男表	专用发票	手表仓	销售出库	200.00		
小计								500.00		

图3-15 正常单据记账列表

（2）生成凭证。依次双击"存货核算"子系统的"财务核算→生成凭证"菜单，系统打开"生成凭证"窗口。单击工具栏的"选择"按钮，系统弹出"查询条件"对话框，单击"确定"按钮，系统打开"选择单据"窗口，如图3-16所示。

选择单据
输出 单据 全选 全消 确定 取消

☐ 已结算采购入库单自动选择全部结算单上单据(包括入库单、发票、付款单)，非本月采购入库单按蓝字销售制单

未生成凭证单据一览表

选择	记账日期	单据日期	单据类型	单据号	仓库	收发类别	记账人	部门	业务类型	计价方式	摘要	客户
	2019-07-11	2019-07-11	专用发票	21327501	手表仓	销售出库	赵凯	销售部	普通销售	先进先出法	专用发票	上海乐淘贸易有限公司

图3-16 未生成凭证单据一览表

单击工具栏的"全选"按钮，再单击工具栏的"确定"按钮，系统自动关闭"选择单据"窗口打开"生成凭证"窗口，如图3-17所示。单击工具栏的"生成"按钮，打开"填制凭证"窗口并自动生成凭证。单击工具栏的"保存"按钮，结果如图3-18所示。

生成凭证

凭证类别 记 记账凭证

选择	单据类型	单据号	摘要	科目类型	科目编码	科目名称	借方金额	贷方金额	借方数量	贷方数量	存货名称
1	专用发票	21327501	专用发票	对方	6401	主营业务成本	1,035,000.00		300.00		博伦女表
				存货	1405	库存商品		1,035,000.00		300.00	博伦女表
				对方	6401	主营业务成本	567,000.00		200.00		博伦男表
				存货	1405	库存商品		567,000.00		200.00	博伦男表
合计							1,602,000.00	1,602,000.00			

图3-17 "生成凭证"窗口

记 账 凭 证

已生成

记 字 0051　　制单日期：2019.07.11　　审核日期：　　附单据数：1

摘 要	科 目 名 称	借方金额	贷方金额
专用发票	主营业务成本	160200000	
专用发票	库存商品		160200000

| 票号 日期 | 数量 单价 | | 合 计 | 160200000 | 160200000 |

备注　项目　　　　　　　部门
　　　个人　　　　　　　客户
　　　业务员

记账　　　　审核　　　　出纳　　　　制单 赵凯

图3-18 记账凭证

【提示】

在用友U8供应链管理系统的普通销售业务中，并存两种处理流程不同的业务模式，即先发货后开票模式和开票直接发货模式。先发货后开票模式，是根据销售订单或其他销售合同，向客户发出货物，发货之后根据发货单开票并结算。该模式除了适用于普通销售业务，还适用于分期收款业务、委托代销业务。

处理销售发票使用"现结"功能的前提条件：① 开具发票（销售专用发票、销售普通发票、零售日报等）的同时收取款项；② 所收款项为商业汇票以外的其他结算方式。

库存管理系统中销售出库单的审核与存货核算系统中的"正常单据记账"无先后顺序。

发货单参照订单，一张订单可多次发货，多张订单也可一次发货。发票参照发货单，多张发货单可以汇总开票，一张发货单也可拆单生成多张销售发票。一张发票可以多次收款，同时多张发票也可以一次收款。发货单生成出库单，一张发货单可以分仓库生成多张销售出库单。

业务2 开票直接发货业务

2019年7月11日，销售部何丽与北京汇鑫百货有限公司（简称北京汇鑫）签订购销合同。当日，恒通公司开具增值税专用发票并发出全部货物，同时收到货款。

相关凭证如图3-19至图3-23所示。

购销合同

合同编号：XS07002

卖方：辽宁恒通商贸有限公司
买方：北京汇鑫百货有限公司

为保护买卖双方的合法权益，根据《中华人民共和国合同法》的有关规定，买卖双方经友好协商，一致同意签订本合同，并共同遵守合同约定。

一、货物的名称、数量及金额：

货物名称	规格型号	计量单位	数量	单价（不含税）	金额（不含税）	税率	税额
百盛休闲裤		条	500	399.00	199 500.00	13%	25 935.00
博伦情侣表		对	300	6 888.00	2 066 400.00	13%	268 632.00
合　计					￥2 265 900.00		￥294 567.00

二、合同总金额：人民币贰佰伍拾陆万零肆佰陆拾柒元整（￥2 560 467.00）。
三、签订合同当日卖方开具增值税专用发票并发出全部货物，买方以电汇方式支付全部货款。
四、交货地点：辽宁恒通商贸有限公司。
五、发运方式与运输费用承担方式：由卖方发货，买方承担运输费用。

卖　方：辽宁恒通商贸有限公司　　　　　买　方：北京汇鑫百货有限公司
授权代表：何丽　　　　　　　　　　　　授权代表：王三
日　　期：2019年7月11日　　　　　　　日　　期：2019年7月11日

图3-19　购销合同

辽宁增值税专用发票

021001900105

№ 21327502

021001900105
21327502

此联不作报销 抵税凭证使用

开票日期: 2019年7月11日

购买方	名称: 北京汇鑫百货有限公司 纳税人识别号: 91110113578732690A 地址、电话: 北京市顺义区常庄路992号 010-86218025 开户行及账号: 中国银行北京顺义常庄支行 2700322598914536398	密码区	776>9379>3>270*<913**5695*+ 28+1256382/997-10-8911*67-1 736175>05>2<933+859894>1/-7 89</<+9*/67194>7851><150201

货物或应税劳务、服务名称	规格型号	单位	数量	单价	金 额	税率	税 额
*服装*百盛休闲裤		条	500	399.00	199 500.00	13%	25 935.00
*手表*博伦情侣表		对	300	6 888.00	2 066 400.00	13%	268 632.00
合 计					¥2 265 900.00		¥294 567.00

价税合计 (大写)	⊗贰佰伍拾陆万零肆佰陆拾柒元整	(小写) ¥2 560 467.00

销售方	名称: 辽宁恒通商贸有限公司 纳税人识别号: 91210105206917583A 地址、电话: 辽宁省沈阳市皇姑区人民路369号 024-82681359 开户行及账号: 中国工商银行沈阳皇姑支行 2107024015890035666	备注	

收款人: 贺青　　复核: 王钰　　开票人: 赵凯　　销售方: (章)

图3-20　增值税专用发票

中国工商银行　电汇凭证 (收账通知)

4　16381730

☑普通　□加急　　委托日期　2019年7月11日

汇款人	全 称	北京汇鑫百货有限公司	收款人	全 称	辽宁恒通商贸有限公司
	账 号	2700322598914536398		账 号	2107024015890035666
	开户银行	中国银行北京顺义常庄支行		开户银行	中国工商银行沈阳皇姑支行

金额	人民币 (大写)	贰佰伍拾陆万零肆佰陆拾柒元整	亿 千 百 十 万 千 百 十 元 角 分 ¥ 2 5 6 0 4 6 7 0 0

此汇款已收入收款人账户。

支付密码

附加信息及用途: 货款

汇入行签章　　　　　复核　　记账

此联为开户行给收款人的收账通知

图3-21　电汇收款凭证

出库单

客户: 北京汇鑫　　　　　2019年7月11日　　　　　单号: CK07002

发货仓库	存货编码	存货名称	单位	数量		单价	金额
				应发	实发		
服装仓	1102	百盛休闲裤	条	500	500		
合 计							

部门经理: 略　　　　会计: 略　　　　仓库: 略　　　　经办人: 略

图3-22　出库单

出 库 单

客户：北京汇鑫　　　　　　　　2019年7月11日　　　　　　　单号：CK07003

发货仓库	存货编码	存货名称	单位	数量		单价	金额
				应发	实发		
手表仓	1203	博伦情侣表	对	300	300		
合　计							

部门经理：略　　　　　　会计：略　　　　　　仓库：略　　　　　　经办人：略

图3-23　出库单

【操作过程概览】

本业务的操作过程概览见表3-2。

表3-2　　　　　　　　　　　　　　　　操作过程概览

序号	操作日期	操作员	系统	操作内容
1	2019-07-11	X01刘晓明	销售管理	填制销售订单
2	2019-07-11	X01刘晓明	销售管理	参照销售订单生成销售专用发票（现结）
3	2019-07-11	X01刘晓明	销售管理	查看系统自动生成的已审核的发货单
4	2019-07-11	C01李泽华	库存管理	参照发货单批量生成销售出库单
5	2019-07-11	W02赵凯	应收款管理	审核发票并制单处理
6	2019-07-11	W02赵凯	存货核算	正常单据记账并生成凭证

【具体操作过程】

1.填制销售订单

（1）2019年7月11日，由刘晓明（X01）登录企业应用平台。依次双击"业务工作"页签中的"供应链→销售管理→销售订货→销售订单"菜单，打开"销售订单"窗口。单击工具栏的"增加"按钮，根据图3-19填制销售订单。

① 填制表头信息。修改表头的"订单编号"（即合同编号）为"XS07002"、"销售类型"为"正常销售"，"客户简称"为"北京汇鑫"，"业务员"为"何丽"，其他项默认。

② 填制表体信息。在第1行，选择"存货编码"为"1102"（百盛休闲裤）、输入"数量"为"500"，"无税单价"为"399"，"预发货日期"为当日；在第2行，选择"存货编码"为"1203"，输入"数量"为"300"，"无税单价"为"6888"，"预发货日期"为当日，其他项默认。结果如图3-24所示。

（2）单击工具栏的"保存"按钮，保存该单据。单击工具栏的"审核"按钮，审核该订单。关闭并退出"销售订单"窗口。

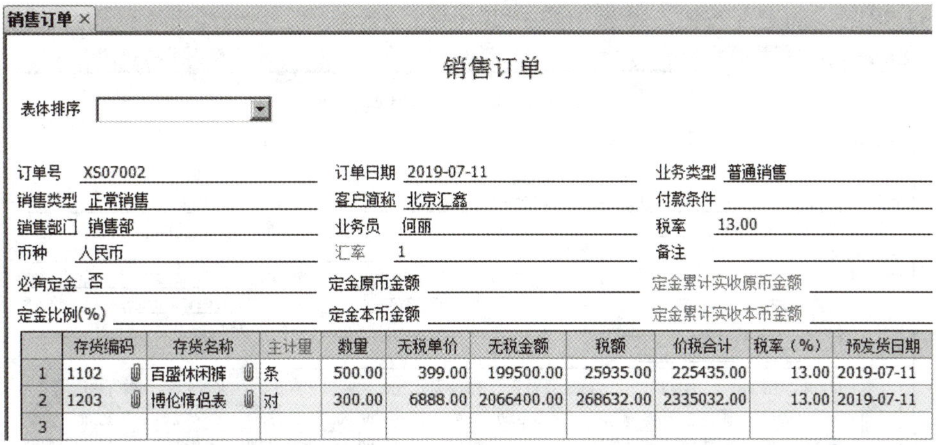
销售订单 ×

销售订单

表体排序

订单号	XS07002	订单日期	2019-07-11	业务类型	普通销售
销售类型	正常销售	客户简称	北京汇鑫	付款条件	
销售部门	销售部	业务员	何丽	税率	13.00
币种	人民币	汇率	1	备注	
必有定金	否	定金原币金额		定金累计实收原币金额	
定金比例(%)		定金本币金额		定金累计实收本币金额	

	存货编码	存货名称	主计量	数量	无税单价	无税金额	税额	价税合计	税率(%)	预发货日期
1	1102	百盛休闲裤	条	500.00	399.00	199500.00	25935.00	225435.00	13.00	2019-07-11
2	1203	博伦情侣表	对	300.00	6888.00	2066400.00	268632.00	2335032.00	13.00	2019-07-11
3										

图3-24 销售订单

2. 参照销售订单生成销售专用发票（现结）

（1）在“销售管理”子系统，依次双击“销售开票→销售专用发票”菜单，打开“销售专用发票”窗口。单击工具栏的“增加”按钮，执行“生单”|“销售订单”命令，打开“查询条件选择-参照订单”窗口，单击“确定”按钮。在“参照生单”窗口，双击上窗格中“订单号”为XS07002的销售订单所在行的“选择”单元格，如图3-25所示，再单击工具栏的“OK确定”按钮。根据图3-20修改“发票号”为“21327502”，修改表体“仓库名称”第1行为“服装仓”，第2行为“手表仓”，单击“保存”按钮。

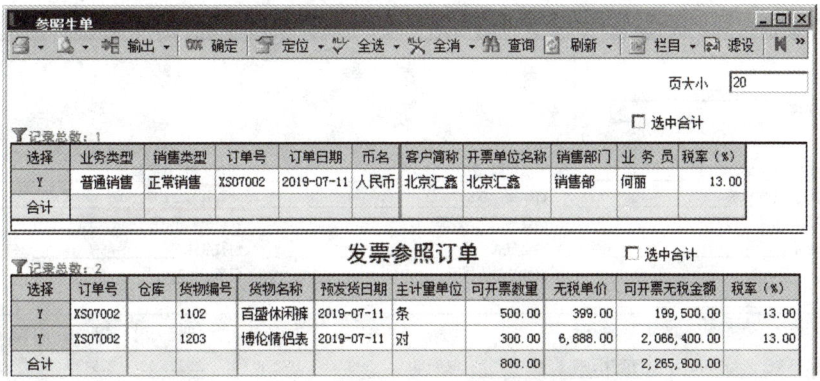
参照生单

输出 确定 定位 全选 全消 查询 刷新 栏目 滤设

页大小 20

选中合计

记录总数：1

选择	业务类型	销售类型	订单号	订单日期	币名	客户简称	开票单位名称	销售部门	业务员	税率(%)
Y	普通销售	正常销售	XS07002	2019-07-11	人民币	北京汇鑫	北京汇鑫	销售部	何丽	13.00
合计										

发票参照订单

选中合计

记录总数：2

选择	订单号	仓库	货物编号	货物名称	预发货日期	主计量单位	可开票数量	无税单价	可开票无税金额	税率(%)
Y	XS07002		1102	百盛休闲裤	2019-07-11	条	500.00	399.00	199,500.00	13.00
Y	XS07002		1203	博伦情侣表	2019-07-11	对	300.00	6,888.00	2,066,400.00	13.00
合计							800.00		2,265,900.00	

图3-25 “参照生单”窗口

（2）单击“现结”按钮，打开“现结”窗口。根据图3-21录入“结算方式”“原币金额”“票据号”等信息，如图3-26所示。

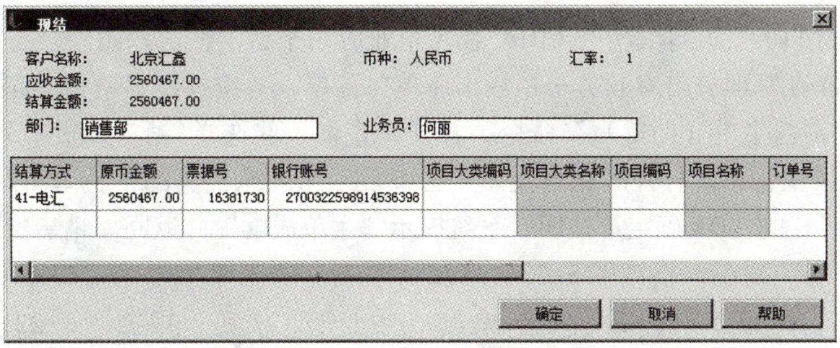
现结

客户名称：北京汇鑫 币种：人民币 汇率：1

应收金额：2560467.00

结算金额：2560467.00

部门：销售部 业务员：何丽

结算方式	原币金额	票据号	银行账号	项目大类编码	项目大类名称	项目编码	项目名称	订单号
41-电汇	2560467.00	16381730	2700322598914536398					

确定 取消 帮助

图3-26 “现结”窗口

（3）单击“确定”按钮，结果如图3-27所示。

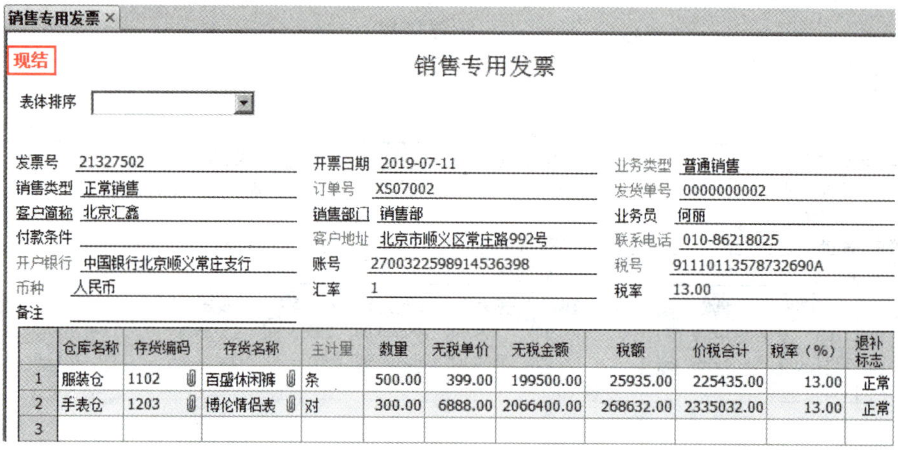
销售专用发票×

现结

销售专用发票

表体排序

发票号	21327502	开票日期	2019-07-11	业务类型	普通销售
销售类型	正常销售	订单号	XS07002	发货单号	0000000002
客户简称	北京汇鑫	销售部门	销售部	业务员	何丽
付款条件		客户地址	北京市顺义区常庄路992号	联系电话	010-86218025
开户银行	中国银行北京顺义常庄支行	账号	270032259891453639 8	税号	91110113578732690A
币种	人民币	汇率	1	税率	13.00
备注					

	仓库名称	存货编码	存货名称	主计量	数量	无税单价	无税金额	税额	价税合计	税率（%）	退补标志
1	服装仓	1102	百盛休闲裤	条	500.00	399.00	199500.00	25935.00	225435.00	13.00	正常
2	手表仓	1203	博伦情侣表	对	300.00	6888.00	2066400.00	268632.00	2335032.00	13.00	正常
3											

图3-27　销售专用发票

（4）单击“复核”按钮，复核已现结的销售专用发票。关闭“销售专用发票”窗口。在开票直接发货模式下，销售发票复核后系统自动生成已审核的发货单。

3.查看系统自动生成的已审核的发货单

双击“业务工作→供应链→销售管理→销售发货→发货单”菜单，打开“发货单”窗口。单击“末张”按钮，可以查看系统根据销售专用发票自动生成且已审核的发货单，如图3-28所示。

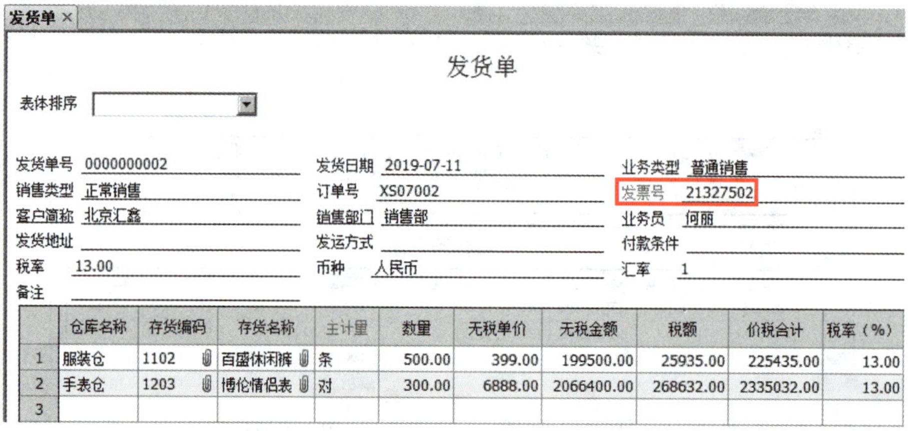
发货单×

发货单

表体排序

发货单号	0000000002	发货日期	2019-07-11	业务类型	普通销售
销售类型	正常销售	订单号	XS07002	发票号	21327502
客户简称	北京汇鑫	销售部门	销售部	业务员	何丽
发货地址		发运方式		付款条件	
税率	13.00	币种	人民币	汇率	1
备注					

	仓库名称	存货编码	存货名称	主计量	数量	无税单价	无税金额	税额	价税合计	税率（%）
1	服装仓	1102	百盛休闲裤	条	500.00	399.00	199500.00	25935.00	225435.00	13.00
2	手表仓	1203	博伦情侣表	对	300.00	6888.00	2066400.00	268632.00	2335032.00	13.00
3										

图3-28　发货单

4.参照发货单批量生成销售出库单

2019年7月11日，由李泽华（C01）登录企业应用平台。依次双击“业务工作”页签中的“供应链→库存管理→出库业务→销售出库单”菜单，系统打开“销售出库单”窗口。执行“生单”|“销售生单（批量）”命令，打开“查询条件选择-销售发货单列表”对话框，单击“确定”按钮，系统打开“销售生单”窗口。双击北京汇鑫的发货单所对应的“选择”栏，再单击工具栏的“OK确定”按钮，系统提示“生单成功”并返回“销售出库单”窗口。

单击“修改”按钮，根据图3-23，修改“手表仓”出库单号为“CK07003”，保存并审核该出库单，结果如图3-29所示。单击“上张”按钮，根据图3-22，修改“服装仓”出库单号为“CK07002”，保存并审核该出库单，结果如图3-30所示。

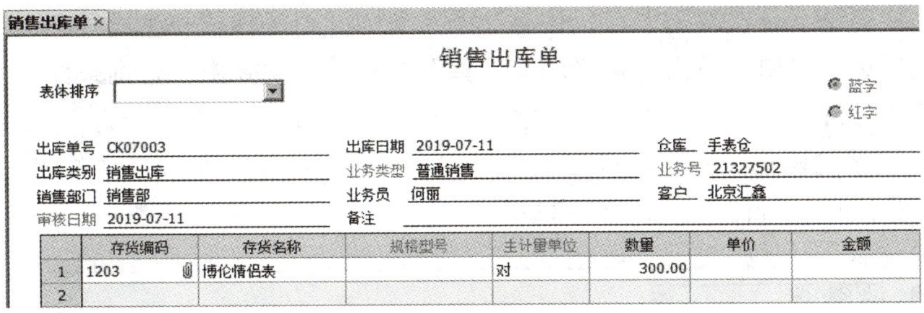

图3-29 销售出库单

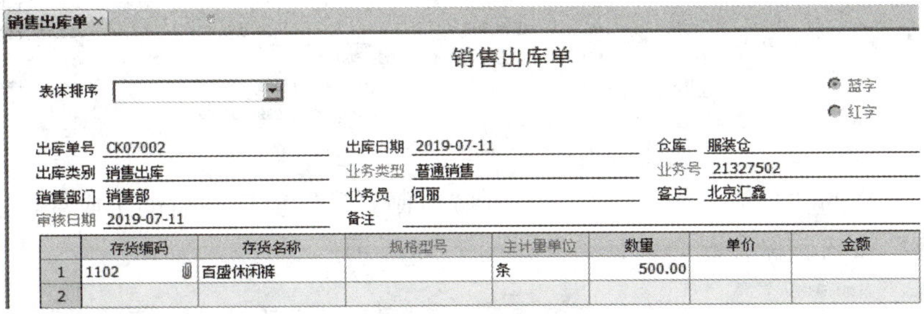

图3-30 销售出库单

5.审核发票并制单处理

2019年7月11日，由赵凯（W02）登录企业应用平台。依次双击"业务工作"页签中的"财务会计→应收款管理→应收单据处理→应收单据审核"菜单，打开"应收单查询条件"窗口，勾选"包含已现结发票"，单击"确定"按钮，系统打开"单据处理"窗口。

双击北京汇鑫那一行"选择"栏右侧任意单元格，打开"销售发票"窗口，单击工具栏的"审核"按钮，系统提示"是否立即制单？"，单击"是"，生成一张记账凭证，单击"保存"，结果如图3-31所示。关闭当前已打开窗口。

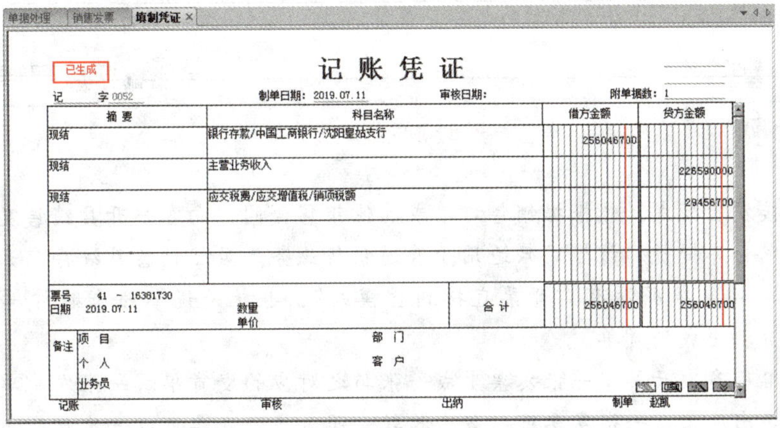

图3-31 记账凭证

6.正常单据记账并生成凭证

（1）正常单据记账。在供应链的"存货核算"子系统，依次双击"业务核算→正常单据记账"菜单，系统打开"查询条件选择"窗口，直接单击其"确定"按钮，系统打开"未记账单据一览表"窗口。单击工具栏的"全选"按钮，以选中21327502号发票的两行记录，使其显示"Y"字样，再单击工具栏的"记账"按钮，系统弹出信息框提示记账成功，单击其"确定"按钮，完成记账工作。退出该窗口。

（2）生成凭证。依次双击“存货核算”子系统的“财务核算→生成凭证”菜单，系统打开“生成凭证”窗口。单击工具栏的“选择”按钮，系统弹出“查询条件”对话框，单击“确定”按钮，系统打开“选择单据”窗口。单击工具栏的“全选”按钮，以选中21327502号发票的两行记录，再单击工具栏的“确定”按钮，系统自动关闭“选择单据”窗口打开“生成凭证”窗口，如图3-32所示。

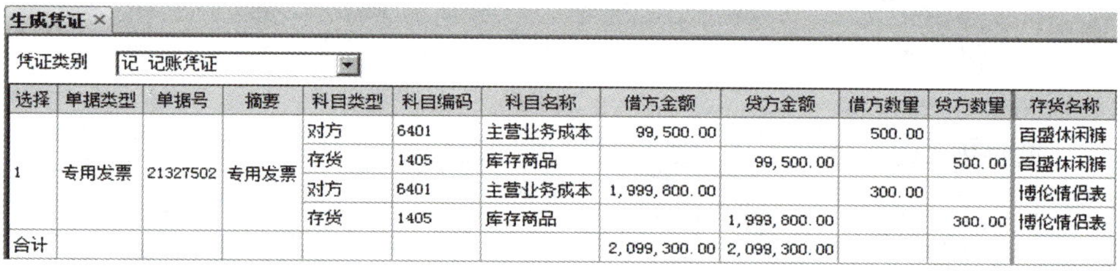

选择	单据类型	单据号	摘要	科目类型	科目编码	科目名称	借方金额	贷方金额	借方数量	贷方数量	存货名称
1	专用发票	21327502	专用发票	对方	6401	主营业务成本	99,500.00		500.00		百盛休闲裤
				存货	1405	库存商品		99,500.00		500.00	百盛休闲裤
				对方	6401	主营业务成本	1,999,800.00		300.00		博伦情侣表
				存货	1405	库存商品		1,999,800.00		300.00	博伦情侣表
合计							2,099,300.00	2,099,300.00			

图3-32 “生成凭证”窗口

单击工具栏的“合成”按钮，系统打开“填制凭证”窗口并自动生成凭证。单击工具栏的“保存”按钮，保存此凭证，结果如图3-33所示。

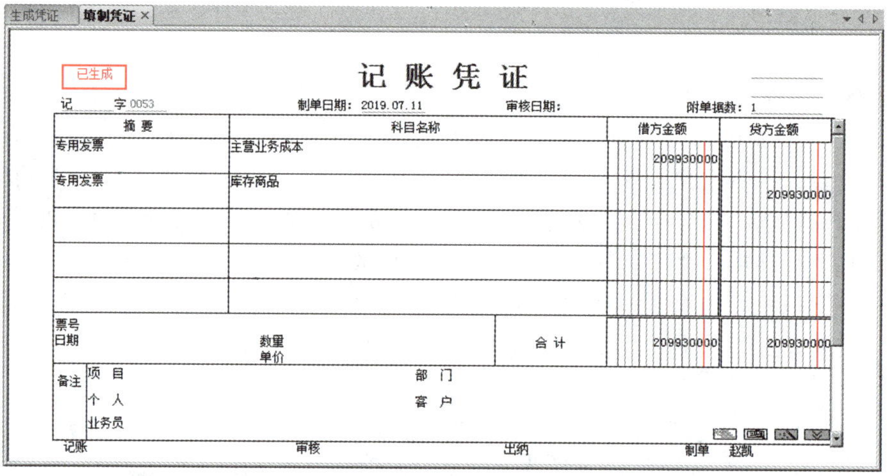

图3-33 记账凭证

【提示】

开票直接发货模式，是根据销售订单或其他销售合同，向客户开具销售发票，客户根据发票到指定仓库提货。该模式只适用于普通销售业务。虽然销售系统存在开票直接发货模式，但是采购系统并没有“开票直接到货模式”，也就是说参照采购订单生成采购发票，并不能自动生成到货单。

一张订单可多次开票。一张发票生成一张与之对应的发货单。一张发货单可以分仓库生成多张销售出库单。一张发票可以多次收款，同时多张发票可以一次收款。

先发货后开票模式与开票直接发货模式比较见表3-3。

表3-3 先发货后开票模式与开票直接发货模式比较

选项	模式	发货单	发票	出库单
销售生成出库单	先发货后开票	参照生成，未审核	参照（发货单）生成	自动生成，未审核
	开票直接发货	自动生成，已审核	参照（订单）生成	自动生成，未审核
库存生成销售出库单	先发货后开票	参照生成，未审核	参照（发货单）生成	销售生单，未审核
	开票直接发货	自动生成，已审核	参照（订单）生成	销售生单，未审核

总结：先发货后开票模式与开票直接发货模式的关键区别是先生成发货单还是先生成销售发票。销售出库单是自动生成还是手工参照生成由销售系统或库存系统参数设置决定。

业务3 有代垫运费与销售定金的销售业务

2019年7月10日，销售部刘晓明与广州华丰超市有限公司（简称广州华丰）签订购销合同。当日收取20%销售定金。

2019年7月11日，恒通公司开具增值税专用发票并发出货物，发生代垫运费一笔。

2019年7月12日，收到广州华丰的货款及代垫运费。（选择收款）

相关凭证如图3-34至图3-39所示。

购销合同

合同编号：XS07003

卖方：辽宁恒通商贸有限公司
买方：广州华丰超市有限公司
为保护买卖双方的合法权益，根据《中华人民共和国合同法》的有关规定，买卖双方经友好协商，一致同意签订本合同，并共同遵守合同约定。
一、货物的名称、数量及金额：

货物名称	规格型号	计量单位	数量	单价（不含税）	金额（不含税）	税率	税额
嘉伟男风衣		件	750	698.00	523 500.00	13%	68 055.00
百盛男夹克		件	600	368.00	220 800.00	13%	28 704.00
合　计					¥744 300.00		¥96 759.00

二、合同总金额：人民币捌拾肆万壹仟零伍拾玖元整（¥841 059.00）。
三、签订合同当日买方以电汇支付20%定金（¥168 211.80），卖方收到定金3日内开具增值税专用发票并发出货物，买方验收合格后以电汇方式支付全部剩余货款及代垫运输费用。
四、交货地点：辽宁恒通商贸有限公司。
五、发运方式与运输费用承担方式：由卖方发货并垫付运输费用。

卖　方：辽宁恒通商贸有限公司　　买　方：广州华丰超市有限公司
授权代表：刘晓明　　　　　　　　授权代表：李桐
日　期：2019年7月10日　　　　日　期：2019年7月10日

图3-34 购销合同

图3-35 电汇收款凭证

出库单

客户：广州华丰　　　　　　2019 年 7 月 11 日　　　　　　单号：CK07004

发货仓库	存货编码	存货名称	单位	数量		单价	金额
				应发	实发		
服装仓	1152	嘉伟男风衣	件	750	750		
服装仓	1101	百盛男夹克	件	600	600		
合　计							

部门经理：略　　　　　会计：略　　　　　仓库：略　　　　　经办人：略

图 3-36　出库单

021001900105　　**辽宁增值税专用发票**　　№ 21327503　　021001900105
21327503

此联不作报销、扣税凭证使用

开票日期：2019年7月11日

购买方	名　　称：广州华丰超市有限公司 纳税人识别号：91440100613815327A 地址、电话：广东省广州市北市区向阳路108号 020-52396012 开户行及账号：中国工商银行广州向阳支行 2692006083025562331	密码区	88<737076/7-0324867<17396/< >+918*732+/72*9318456>0316* 9>52>8644877+*83839*857>5>5 24>3/48<-62720-4*>26-+48<18

税总函〔2019〕335号 北京印钞厂

第一联：记账联 销售方记账凭证

货物或应税劳务、服务名称	规格型号	单位	数量	单价	金　额	税率	税　额
*服装*嘉伟男风衣		件	750	698.00	523 500.00	13%	68 055.00
*服装*百盛男夹克		件	600	368.00	220 800.00	13%	28 704.00
合　　计					¥744 300.00		¥96 759.00

价税合计（大写）　　⊗捌拾肆万壹仟零伍拾玖元整　　　　（小写）¥ 841 059.00

销售方	名　　称：辽宁恒通商贸有限公司 纳税人识别号：91210105206917583A 地址、电话：辽宁省沈阳市皇姑区人民路369号 024-82681359 开户行及账号：中国工商银行沈阳皇姑支行 2107024015890035666	备注	

收款人：贺青　　　复核：王钰　　　开票人：赵凯　　　销售方：（章）

图 3-37　增值税专用发票

中国工商银行
转账支票存根

21003365

21562385

附加信息
_____
_____

出票日期 2019 年 7 月 11 日

收款人：

沈阳通达物流有限公司

金　额：¥3 270.00

用　途：代垫运费

单位主管 李成喜　会计 赵凯

图 3-38　转账支票存根

图 3-39 电汇收款凭证

【操作过程概览】

本业务的操作过程概览见表 3-4。

表 3-4   操作过程概览

序号	操作日期	操作员	系统	操作内容
1	2019-07-10	X01 刘晓明	销售管理	填制销售订单
2	2019-07-10	W03 贺青	应收款管理	填制款项类型为"销售定金"的收款单
3	2019-07-10	W02 赵凯	应收款管理	审核收款单并制单处理
4	2019-07-10	X01 刘晓明	销售管理	审核销售订单
5	2019-07-11	X01 刘晓明	销售管理	参照销售订单生成发货单
6	2019-07-11	C01 李泽华	库存管理	参照发货单生成销售出库单
7	2019-07-11	X01 刘晓明	销售管理	参照发货单生成销售专用发票,填制代垫费用单
8	2019-07-11	W02 赵凯	应收款管理	补充其他应收单表体科目后审核并制单
9	2019-07-11	W02 赵凯	应收款管理	审核发票并制单处理
10	2019-07-11	W03 贺青	应收款管理	定金转货款,生成款项类型为"应收款"的收款单
11	2019-07-11	W02 赵凯	应收款管理	审核收款单、核销,合并制单
12	2019-07-11	W02 赵凯	存货核算	正常单据记账并生成凭证
13	2019-07-12	W03 贺青	应收款管理	选择收款
14	2019-07-12	W02 赵凯	应收款管理	合并制单

【具体操作过程】

1. 填制销售订单

2019 年 7 月 10 日,由刘晓明(X01)登录企业应用平台。依次双击"业务工作"页签中的"供应链→销售管理→销售订货→销售订单"菜单,打开"销售订单"窗口。单击工具栏的"增加"按钮,根据图 3-34 填制销售订单,填制完毕保存该订单,结果如图 3-40 所示。

有代垫运费与销售
定金的销售业务

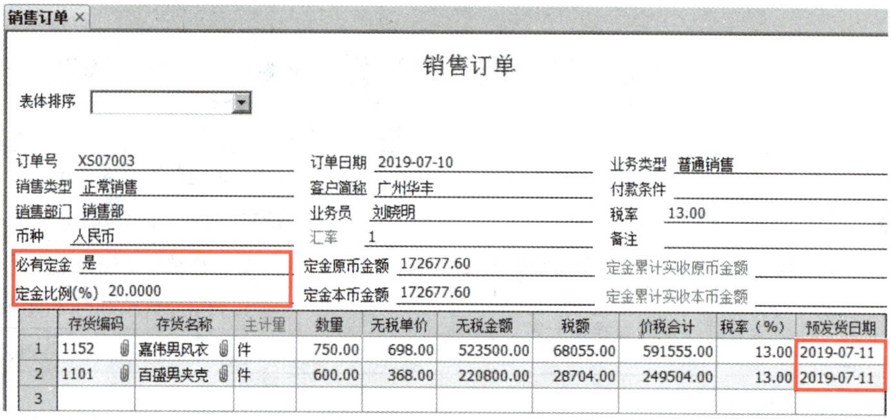
销售订单 ×

销售订单

表体排序

订单号 XS07003　订单日期 2019-07-10　业务类型 普通销售
销售类型 正常销售　客户简称 广州华丰　付款条件
销售部门 销售部　业务员 刘晓明　税率 13.00
币种 人民币　汇率 1　备注
必有定金 是　定金原币金额 172677.60　定金累计实收原币金额
定金比例(%) 20.0000　定金本币金额 172677.60　定金累计实收本币金额

	存货编码	存货名称	主计量	数量	无税单价	无税金额	税额	价税合计	税率（%）	预发货日期
1	1152	嘉伟男风衣	件	750.00	698.00	523500.00	68055.00	591555.00	13.00	2019-07-11
2	1101	百盛男夹克	件	600.00	368.00	220800.00	28704.00	249504.00	13.00	2019-07-11
3										

图3-40　销售订单

【提示】

如果订单表头"定金累计实收原币金额"小于销售订单上的"定金原币金额"，系统在审核时给予提示：定金收款不足，不允许审核。

2.填制款项类型为"销售定金"的收款单

2019年7月10日，由贺青（W03）登录企业应用平台。执行"业务工作→财务会计→应收款管理→收款单据处理→收款单据录入"命令，打开"收款单据录入"窗口，执行"增加"|"销售定金"命令，如图3-41所示。系统弹出"查询条件选择-参照订单"对话框，单击"确定"按钮，打开"拷贝并执行"窗口，如图3-42所示。双击选中XS07003号订单最左侧的"选择"栏，单击"OK确定"，返回"收付款单录入"窗口。

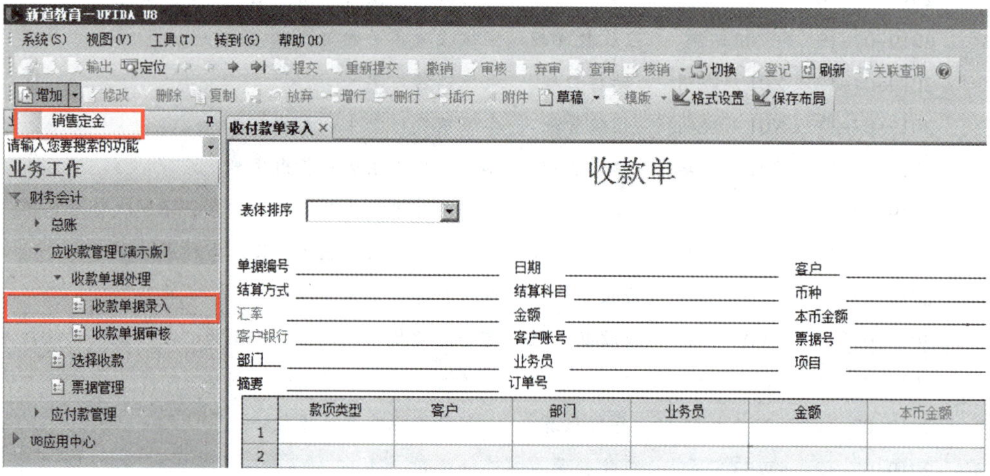

图3-41　"收付款单录入"窗口

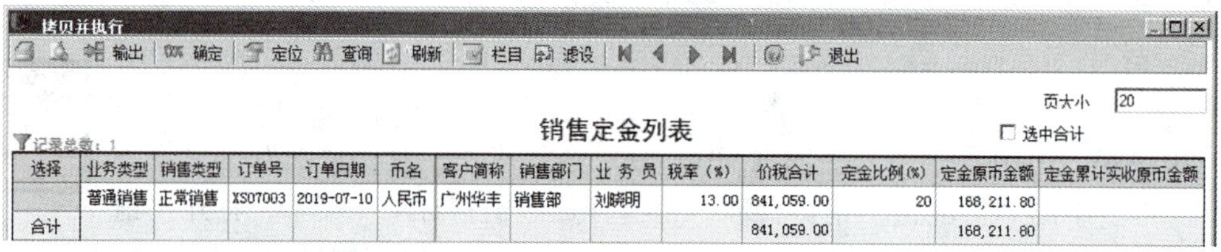
拷贝并执行

输出　确定　定位　查询　刷新　栏目　滤设　退出

页大小 20　选中合计

销售定金列表

记录总数：1

选择	业务类型	销售类型	订单号	订单日期	币名	客户简称	销售部门	业务员	税率（%）	价税合计	定金比例(%)	定金原币金额	定金累计实收原币金额
	普通销售	正常销售	XS07003	2019-07-10	人民币	广州华丰	销售部	刘晓明	13.00	841,059.00	20	168,211.80	
合计										841,059.00		168,211.80	

图3-42　"拷贝并执行"窗口

根据图3-35，补充收款单表头"结算方式"为"电汇"，"票据号"为"96707293"，单击"保存",结果如图3-43所示。

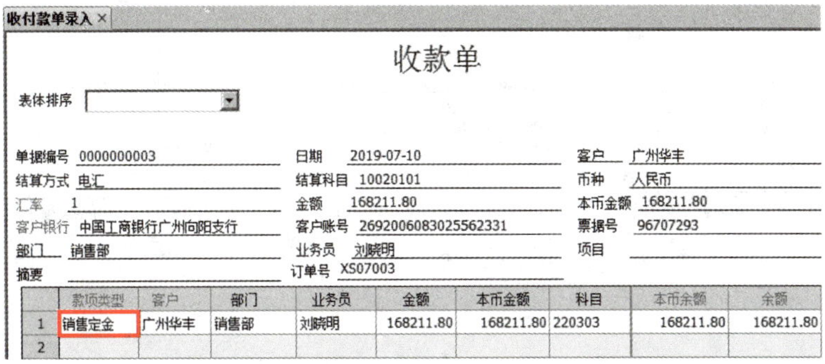

图3-43 款项类型为"销售定金"的收款单

3. 审核收款单并制单处理

2019年7月10日,由赵凯（W02）登录企业应用平台。双击"业务工作→财务会计→应收款管理→收款数据处理→收款单据审核"菜单,打开"收付款单列表"窗口。

双击广州华丰那一行的"选择"栏右侧任意单元格,打开"收付款单录入"窗口,单击"审核"按钮,提示"是否立即制单?",点击"是",生成一张记账凭证,保存该凭证,结果如图3-44所示。

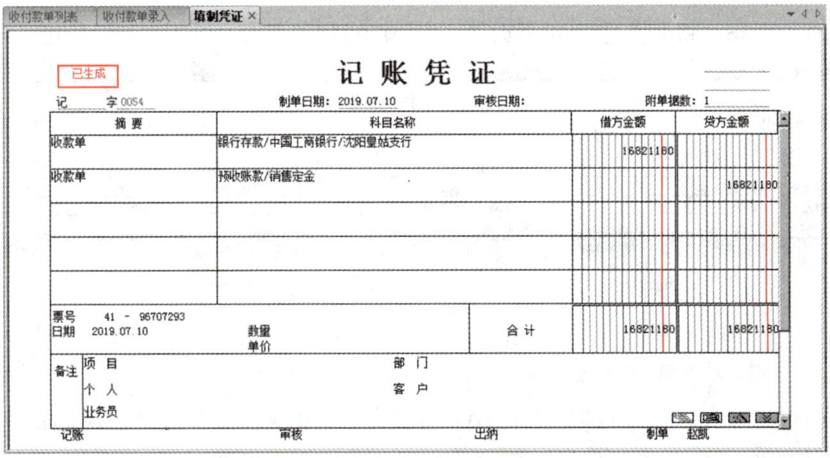

图3-44 记账凭证

4. 审核销售订单

2019年7月10日,由刘晓明（X01）登录企业应用平台。依次双击"业务工作"页签中的"供应链→销售管理→销售订货→销售订单"菜单,打开"销售订单"窗口,单击"➡末张"按钮,找到"XS07003"号订单,单击"审核"按钮。关闭"销售订单"窗口。

5. 参照销售订单生成发货单

2019年7月11日,由刘晓明（X01）登录企业应用平台。在"销售管理"子系统,依次双击"销售发货→发货单"菜单,打开"发货单"窗口。单击工具栏的"增加"按钮,再单击"订单"按钮,打开"查询条件选择-参照订单"窗口,单击"确定"按钮。在"参照生单"窗口,选中XS07003号销售订单,单击工具栏的"OK确定"按钮,系统返回"发货单"窗口。发货单表体第1行、第2行的"仓库名称"选择"服装仓"。保存并审核该发货单,结果如图3-45所示。

发货单 ×

发货单

表体排序

发货单号	0000000003	发货日期	2019-07-11	业务类型	普通销售
销售类型	正常销售	订单号	XS07003	发票号	
客户简称	广州华丰	销售部门	销售部	业务员	刘晓明
发货地址		发运方式		付款条件	
税率	13.00	币种	人民币	汇率	1
备注					

	仓库名称	存货编码	存货名称	主计量	数量	无税单价	无税金额	税额	价税合计	税率（%）
1	服装仓	1152	嘉伟男风衣	件	750.00	698.00	523500.00	68055.00	591555.00	13.00
2	服装仓	1101	百盛男夹克	件	600.00	368.00	220800.00	28704.00	249504.00	13.00
3										

图3-45　发货单

【提示】

发货单在参照订单生单时，如果选择多张订单生单，则只能参照“必有定金”的值相同的订单生成一张发货单。

6.参照发货单生成销售出库单

2019年7月11日，由李泽华（C01）登录企业应用平台。双击“业务工作→供应链→库存管理→出库业务→销售出库单”菜单，打开“销售出库单”窗口。执行“生单|“销售生单”命令，打开“查询条件选择-销售发货单列表”对话框，单击“确定”按钮。打开“销售生单”窗口，选择广州华丰的“发货单”，单击“确定”按钮，系统自动生成销售出库单，根据图3-36，将表头出库单号改为“CK07004”，保存并审核，结果如图3-46所示。

销售出库单 ×

销售出库单

表体排序　　　　蓝字　红字

出库单号	CK07004	出库日期	2019-07-11	仓库	服装仓
出库类别	销售出库	业务类型	普通销售	业务号	0000000003
销售部门	销售部	业务员	刘晓明	客户	广州华丰
审核日期	2019-07-11	备注			

	存货编码	存货名称	规格型号	主计量单位	数量	单价	金额
1	1152	嘉伟男风衣		件	750.00		
2	1101	百盛男夹克		件	600.00		
3							

图3-46　销售出库单

7.参照发货单生成销售专用发票，填制代垫费用单

（1）2019年7月11日，由刘晓明（X01）登录企业应用平台。双击“业务工作→供应链→销售管理→销售开票→销售专用发票”菜单，打开“销售专用发票”窗口。单击“增加”按钮，执行工具栏的“生单”|“参照发货单”命令，打开“查询条件选择-发票参照发货单”对话框，单击“确定”按钮，系统打开“参照生单”窗口。双击广州华丰的发货单所对应的“选择”栏，然后单击工具栏的“OK确定”按钮，返回“销售专用发票”窗口。根据图3-37，修改“发票号”为“21327503”，其他项默认。保存该销售专用发票，结果如图3-47所示。

销售专用发票 ×

销售专用发票

表体排序

发票号	21327503	开票日期	2019-07-11	业务类型	普通销售
销售类型	正常销售	订单号	XS07003	发货单号	0000000003
客户简称	广州华丰	销售部门	销售部	业务员	刘晓明
付款条件		客户地址	广东省广州市北市区向阳路108号	联系电话	020-52396012
开户银行	中国工商银行广州向阳支行	账号	2692006083025562331	税号	91440100613815327A
币种	人民币	汇率	1	税率	13.00
备注					

	仓库名称	存货编码	存货名称	主计量	数量	无税单价	无税金额	税额	价税合计	税率（%）	退补标志
1	服装仓	1152	嘉伟男风衣	件	750.00	698.00	523500.00	68055.00	591555.00	13.00	正常
2	服装仓	1101	百盛男夹克	件	600.00	368.00	220800.00	28704.00	249504.00	13.00	正常
3											

图3-47　销售专用发票

（2）点击“代垫”按钮，根据图3-38在“代垫费用单”表体输入费用项目和金额，保存并审核该代垫费用单，结果如图3-48所示。关闭该窗口返回“销售专用发票”窗口，单击“复核”按钮。代垫费用单审核后自动生成其他应收单。

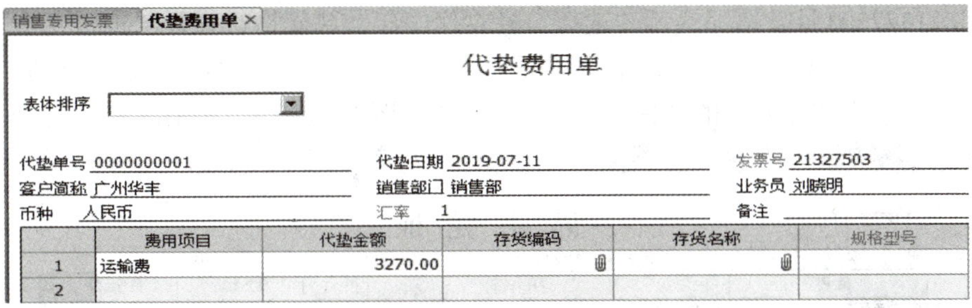

销售专用发票　代垫费用单 ×

代垫费用单

表体排序

代垫单号 0000000001　代垫日期 2019-07-11　发票号 21327503
客户简称 广州华丰　销售部门 销售部　业务员 刘晓明
币种 人民币　汇率 1　备注

	费用项目	代垫金额	存货编码	存货名称	规格型号
1	运输费	3270.00			
2					

图3-48　代垫费用单

8.补充其他应收单表体科目后审核并制单

2019年7月11日，由赵凯（W02）登录企业应用平台。

（1）双击“业务工作→财务会计→应收款管理→应收单据处理→应收单据审核”菜单，打开“单据处理”窗口，双击“其他应收单”那一行“选择”栏右侧任意单元格，打开“应收单”窗口。单击“修改”按钮，在表体“科目”中输入会计科目“10020101”，单击“保存”按钮，如图3-49所示。

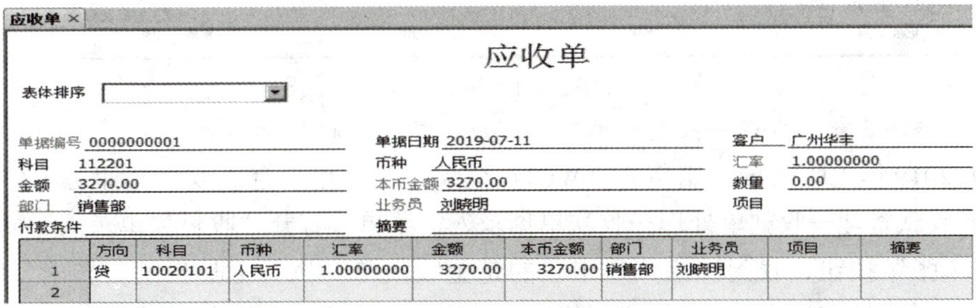

应收单 ×

应收单

表体排序

单据编号 0000000001　单据日期 2019-07-11　客户 广州华丰
科目 112201　币种 人民币　汇率 1.00000000
金额 3270.00　本币金额 3270.00　数量 0.00
部门 销售部　业务员 刘晓明　项目
付款条件　摘要

	方向	科目	币种	汇率	金额	本币金额	部门	业务员	项目	摘要
1	贷	10020101	人民币	1.00000000	3270.00	3270.00	销售部	刘晓明		
2										

图3-49　其他应收单

（2）单击“审核”按钮，提示“是否立即制单？”，点击“是”，生成记账凭证。根据图3-38输入第2行银行存款的辅助项，单击“确定”按钮。保存该记账凭证，结果如图3-50所示。关闭当前已打开窗口。

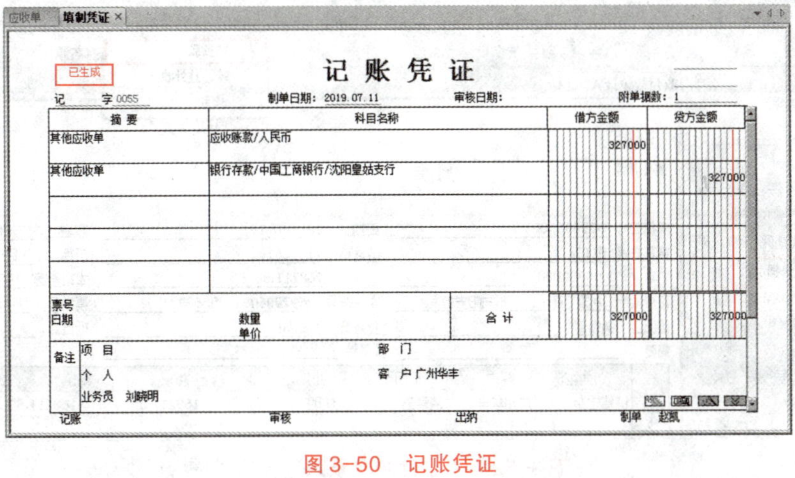

应收单　填制凭证 ×

已生成

记账凭证

记　字 0055　制单日期：2019.07.11　审核日期：　附单据数：1

摘要	科目名称	借方金额	贷方金额
其他应收单	应收账款/人民币	327000	
其他应收单	银行存款/中国工商银行/沈阳皇姑支行		327000
票号 日期	数量 单价 合计	327000	327000

备注　项目　部门
个人　客户 广州华丰
业务员 刘晓明

记账　审核　出纳　制单 赵凯

图3-50　记账凭证

9.审核发票并制单处理

依次双击"业务工作"页签中的"财务会计→应收款管理→应收单据处理→应收单据审核"菜单，系统打开"应收单查询条件"窗口，单击"确定"按钮，打开"单据处理"窗口。

双击21327503号发票那一行"选择"栏右侧的任意单元格，打开"销售发票"窗口，单击工具栏的"审核"按钮，系统提示"是否立即制单?"，单击"是"，系统自动打开"填制凭证"窗口，单击工具栏的"保存"按钮，结果如图3-51所示。关闭当前已打开窗口。

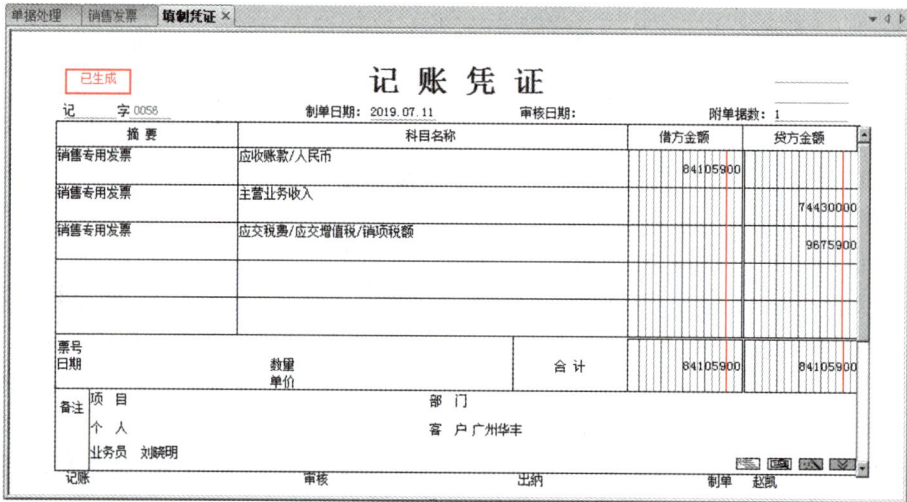

图3-51　记账凭证

10.定金转货款，生成一张款项类型为"应收款"的收款单

（1）2019年7月11日，由贺青（W03）登录企业应用平台。双击"业务工作→财务会计→应收款管理→收款单处理→收款单据录入"菜单，打开"收付款单录入"窗口。单击"末张"按钮，找到"广州华丰"的定金收款单。执行工具栏的"转出"|"转货款"命令，如图3-52所示，打开"销售定金转出"对话框，"款项类型"选择"应收款"，如图3-53所示。单击"确定"按钮，系统提示"转出成功生成1张收款单"，单击"确定"按钮。

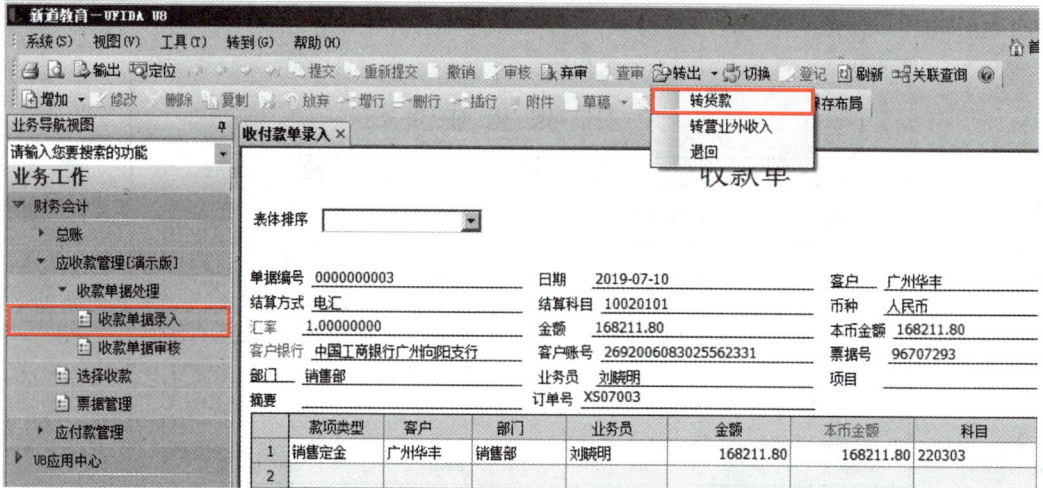

图3-52　"收付款单录入"窗口

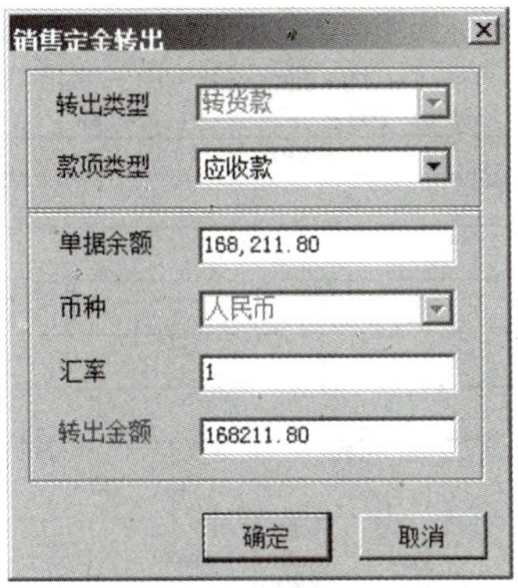

图3-53 销售定金转出

（2）在“收付款单录入”窗口，单击“刷新”按钮，再单击“末张”按钮，可查看已生成的款项类型为“应收款”的收款单，如图3-54所示。

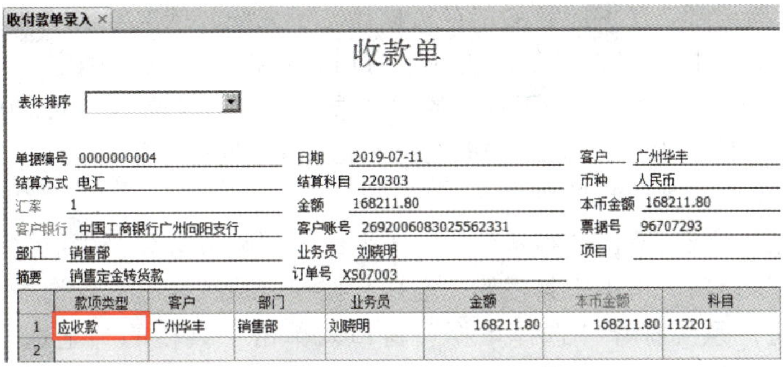

图3-54 款项类型为“应收款”的收款单

11.审核收款单、核销，合并制单

2019年7月11日，由赵凯（W02）登录企业应用平台。

（1）审核收款单。双击“业务工作→财务会计→应收款管理→收款单处理→收款单据审核”菜单，打开“收款单查询条件”对话框，单击“确定”按钮，打开“收付款单列表”窗口。选中广州华丰的收款单并对其审核，审核完毕关闭该窗口。

（2）手工核销。双击“业务工作→财务会计→应收款管理→核销处理→手工核销”菜单，弹出“核销条件”窗口，客户选择“广州华丰”，单击“确定”，打开“单据核销”窗口。输入本次结算金额，如图3-55所示，单击“保存”按钮。关闭“单据核销”窗口。

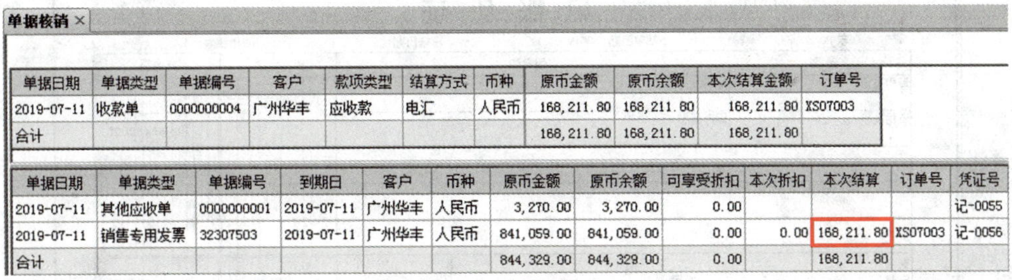
单据核销

单据日期	单据类型	单据编号	客户	款项类型	结算方式	币种	原币金额	原币余额	本次结算金额	订单号
2019-07-11	收款单	0000000004	广州华丰	应收款	电汇	人民币	168,211.80	168,211.80	168,211.80	XS07003
合计							168,211.80	168,211.80	168,211.80	

单据日期	单据类型	单据编号	到期日	客户	币种	原币金额	原币余额	可享受折扣	本次折扣	本次结算	订单号	凭证号
2019-07-11	其他应收单	0000000001	2019-07-11	广州华丰	人民币	3,270.00	3,270.00	0.00				记-0055
2019-07-11	销售专用发票	32307503	2019-07-11	广州华丰	人民币	841,059.00	841,059.00	0.00	0.00	168,211.80	XS07003	记-0056
合计						844,329.00	844,329.00	0.00		168,211.80		

图3-55 “单据核销”窗口

（3）收款单、核销合并制单。双击“业务工作→财务会计→应收款管理→制单处理”菜单，选择“收付款单制单”和“核销制单”，单击“确定”，选择需要制单的记录，单击“合并”按钮，单击“制单”，系统生成记账凭证，单击“保存”按钮，结果如图3-56所示。关闭当前已打开窗口。

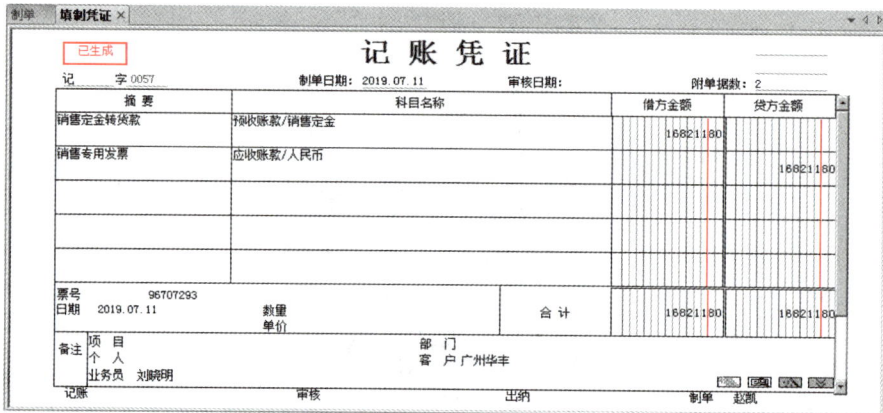

图 3-56　记账凭证

12.正常单据记账并生成凭证

（1）正常单据记账。在供应链的"存货核算"子系统，依次双击"业务核算→正常单据记账"菜单，系统打开"查询条件选择"窗口，直接单击其"确定"按钮，系统打开"未记账单据一览表"窗口。单击工具栏的"全选"按钮，以选中21327503号发票的两行记录，此时单击工具栏的"记账"按钮，系统弹出信息框提示记账成功，单击其"确定"按钮，完成记账工作。关闭当前窗口。

（2）生成凭证。依次双击"存货核算"子系统的"财务核算→生成凭证"菜单，系统打开"生成凭证"窗口。单击工具栏的"选择"按钮，系统弹出"查询条件"对话框，单击"确定"按钮，系统打开"选择单据"窗口。单击工具栏的"全选"按钮，以选中21327503号发票，再单击工具栏的"确定"按钮，系统自动关闭"选择单据"窗口打开"生成凭证"窗口，如图3-57所示。单击工具栏的"生成"按钮，系统打开"填制凭证"窗口并自动生成凭证。单击工具栏的"保存"按钮，保存此凭证，结果如图3-58所示。

选择	单据类型	单据号	摘要	科目类型	科目编码	科目名称	借方金额	贷方金额	借方数量	贷方数量	存货名称
1	专用发票	32307503	专用发票	对方	6401	主营业务成本	486,000.00		750.00		嘉伟男风衣
				存货	1405	库存商品		486,000.00		750.00	嘉伟男风衣
				对方	6401	主营业务成本	178,800.00		600.00		百盛男夹克
				存货	1405	库存商品		178,800.00		600.00	百盛男夹克
合计							664,800.00	664,800.00			

图 3-57　"生成凭证"窗口

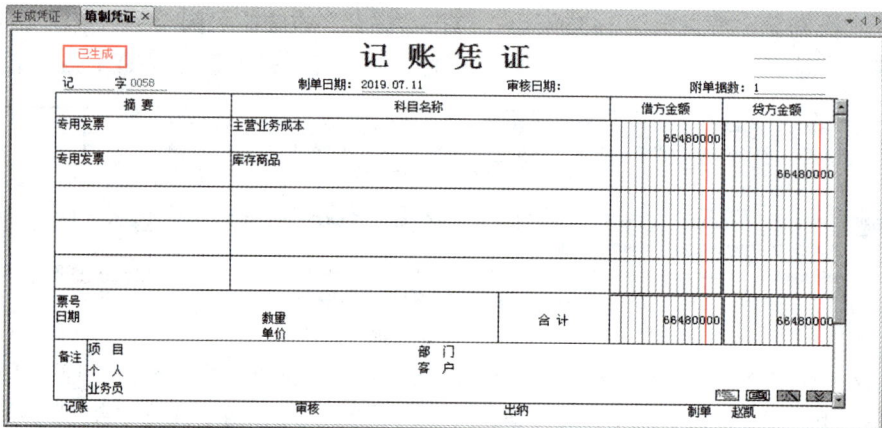

图 3-58　记账凭证

13.选择收款

2019年7月12日，由贺青（W03）登录企业应用平台。双击"业务工作→财务会计→应收款管理→选择收款"菜单，打开"选择收款-条件"窗口，选择客户"广州华丰"，单击"确定"，打开"选择收款-单据"窗口。单击"全选"按钮，再单击"OK确认"按钮，弹出"选择收款-收款单"对话框。根据图3-39输入"结算方式""票据号"，如图3-59所示，单击"确定"按钮。

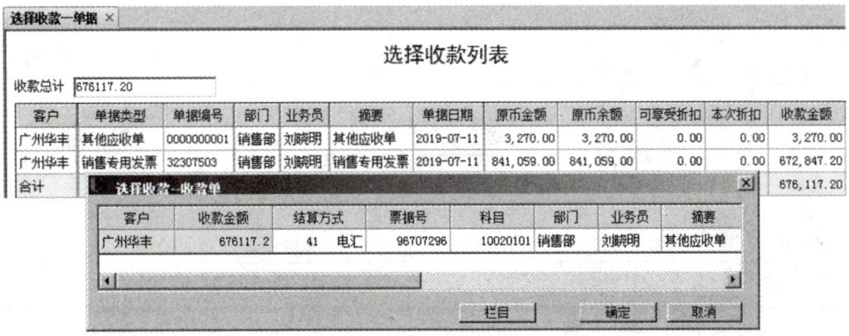

图3-59 选择收款列表

【提示】

选择收款功能可以实现一次对单个或多个客户的单笔或多笔款项的收款核销处理。选择收款后系统自动生成已审核、已核销的收款单，该收款单的制单人、审核人和核销人均为同一人（本例为W03贺青）。该功能也可以处理有现金折扣的收款业务（详见本节业务7）。如果只收取某单据的部分金额，可手工输入"收款金额"。

14.合并制单

2019年7月12日，由赵凯（W02）登录企业应用平台。双击"业务工作→财务会计→应收款管理→制单处理"菜单，打开"制单查询"窗口，选择"收付款单制单"和"核销制单"，单击"确定"，打开"制单"窗口。依次单击"全选""合并""制单"按钮，系统生成相关的记账凭证，单击"保存"按钮，结果如图3-60所示。

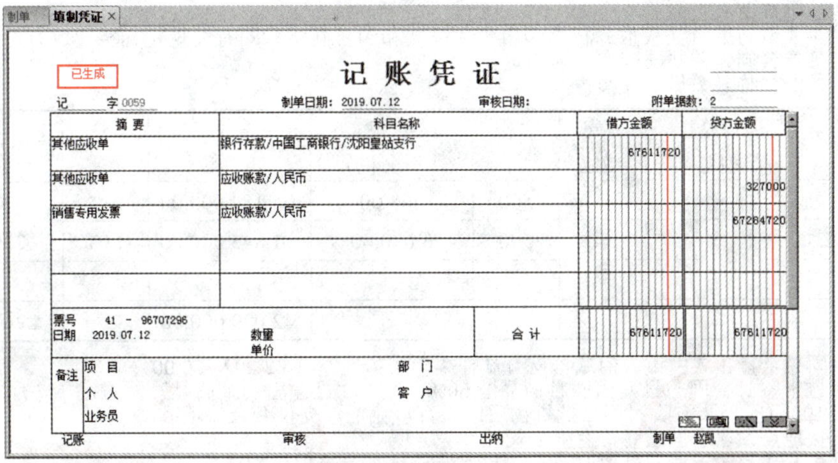

图3-60 记账凭证

【提示】

必有定金的订单，暂不支持先开票后发货业务。销售定金不参与客户信用余额的计算，款项类型为定金的收款单记录，不参与信用计算。

业务4 先发货后开票的分批且分仓库出库业务

2019年7月8日，预收广西玉宝商贸有限公司（简称广西玉宝）商业汇票1 000 000元。

2019年7月9日，销售部何丽与广西玉宝签订购销合同。签订合同当日，我公司发出第一批货物。

2019年7月11日，恒通公司发出第二批货物并开具全额增值税专用发票。当日收到对方用于支付尾款的银行承兑汇票。

相关凭证如图3-61至图3-68所示。

银行承兑汇票 2

35003826
52833952

出票日期（大写） 贰零壹玖年零柒月零陆日

出票人全称	广西玉宝商贸有限公司	收款人	全　称	辽宁恒通商贸有限公司
出票人账号	2111702010422009265		账　号	2107024015890035666
付款行全称	中国工商银行玉林市东门支行		开户银行	中国工商银行沈阳皇姑支行
出票金额	人民币（大写）壹佰万元整		亿千百十万千百十元角分	¥100000000
汇票到期日（大写）	贰零贰零年零壹月零陆日	付款行	行号	
承兑协议编号	246733060777903		地址	
本汇票请你行承兑，到期无条件付款。 出票人签章		本汇票已经承兑，到期日由本行付款。 承兑行签章 承兑日期 2019年7月6日 备注：		密押 复核　记账

此联收款人开户行随托收凭证寄付款行作借方凭证附件

图3-61 银行承兑汇票

购 销 合 同

合同编号：XS07004

卖方：辽宁恒通商贸有限公司
买方：广西玉宝商贸有限公司

为保护买卖双方的合法权益，根据《中华人民共和国合同法》的有关规定，买卖双方经友好协商，一致同意签订本合同，并共同遵守合同约定。

一、货物的名称、数量及金额：

货物名称	规格型号	计量单位	数量	单价（不含税）	金额（不含税）	税率	税额
百盛男夹克		件	500	368.00	184 000.00	13%	23 920.00
博伦女表		只	500	3 690.00	1 845 000.00	13%	239 850.00
合　计					¥2 029 000.00		¥263 770.00

二、合同总金额：人民币贰佰贰拾玖万贰仟柒佰柒拾元整（¥2 292 770.00）。

三、卖方于签订合同当日发出两种商品的60%，7月11日发出剩余商品。买方已于7月8日预付银行承兑汇票100万元。买方收到第二批货物后以银行承兑汇票支付剩余款项。

四、交货地点：辽宁恒通商贸有限公司。

五、发运方式与运输费用承担方式：由卖方发货，买方承担运输费用。

卖　　方：辽宁恒通商贸有限公司　　买　　方：广西玉宝商贸有限公司
授权代表：何　丽　　授权代表：王　强
日　　期：2019年7月9日　　日　　期：2019年7月9日

图3-62 购销合同

出 库 单

客户：广西玉宝　　　　　　　　　2019年7月9日　　　　　　　　　单号：CK07005

发货仓库	存货编码	存货名称	单位	数量		单价	金额
				应发	实发		
服装仓	1101	百盛男夹克	件	300	300		
合　计							

部门经理：略　　　　会计：略　　　　仓库：略　　　　经办人：略

图3-63　出库单

出 库 单

客户：广西玉宝　　　　　　　　　2019年7月9日　　　　　　　　　单号：CK07006

发货仓库	存货编码	存货名称	单位	数量		单价	金额
				应发	实发		
手表仓	1201	博伦女表	只	300	300		
合　计							

部门经理：略　　　　会计：略　　　　仓库：略　　　　经办人：略

图3-64　出库单

出 库 单

客户：广西玉宝　　　　　　　　　2019年7月11日　　　　　　　　单号：CK07007

发货仓库	存货编码	存货名称	单位	数量		单价	金额
				应发	实发		
服装仓	1101	百盛男夹克	件	200	200		
合　计							

部门经理：略　　　　会计：略　　　　仓库：略　　　　经办人：略

图3-65　出库单

出 库 单

客户：广西玉宝　　　　　　　　　2019年7月11日　　　　　　　　单号：CK07008

发货仓库	存货编码	存货名称	单位	数量		单价	金额
				应发	实发		
手表仓	1201	博伦女表	只	200	200		
合　计							

部门经理：略　　　　会计：略　　　　仓库：略　　　　经办人：略

图3-66　出库单

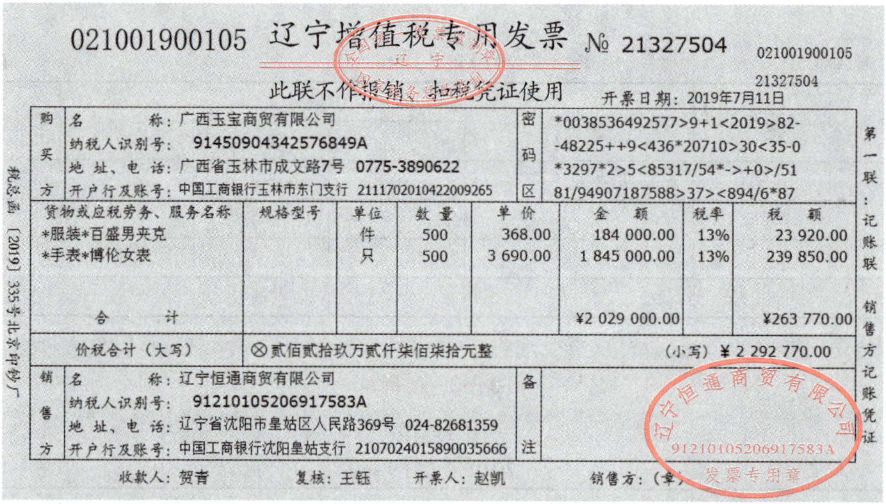

图3-67　增值税专用发票

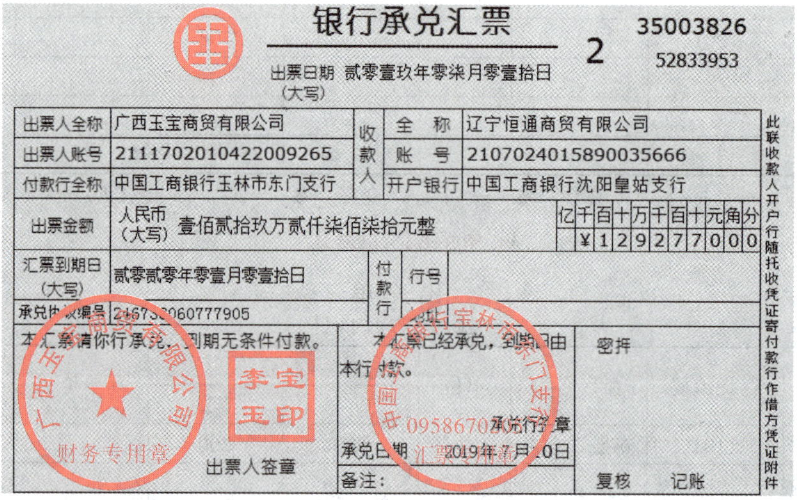

图3-68　银行承兑汇票

【操作过程概览】

本业务的操作过程概览见表3-5。

表3-5　　　　　　　　　　　　操作过程概览

序号	操作日期	操作员	系统	操作内容
1	2019-07-08	W03贺青	应收款管理	填制银行承兑汇票
2	2019-07-08	W02赵凯	应收款管理	审核收款单并制单处理
3	2019-07-09	X01刘晓明	销售管理	填制销售订单
4	2019-07-09	X01刘晓明	销售管理	参照销售订单生成第一张发货单
5	2019-07-09	C01李泽华	库存管理	参照发货单批量生成销售出库单
6	2019-07-11	X01刘晓明	销售管理	参照销售订单生成第二张发货单
7	2019-07-11	C01李泽华	库存管理	参照发货单批量生成销售出库单
8	2019-07-11	X01刘晓明	销售管理	参照发货单生成销售发票
9	2019-07-11	W02赵凯	应收款管理	审核发票并制单处理
10	2019-07-11	W02赵凯	应收款管理	预收冲应收
11	2019-07-11	W02赵凯	存货核算	正常单据记账并生成凭证
12	2019-07-11	W03贺青	应收款管理	填制银行承兑汇票
13	2019-07-11	W02赵凯	应收款管理	审核收款单、核销，合并制单

【具体操作过程】

1.填制银行承兑汇票

（1）2019年7月8日，由贺青（W03）登录企业应用平台。双击"业务工作→财务会计→应收款管理→票据管理"菜单，打开"查询条件选择"对话框，单击"确定"按钮，系统弹出"票据管理"窗口。单击"增加"按钮，系统打开"应收票据"窗口，根据图3-61填制银行承兑汇票，单击"保存"按钮，结果如图3-69所示。商业汇票保存后，系统自动生成未审核的收款单。

商业汇票

| 打印模版组 | 30657 商业汇票打印模版 |

银行名称 ＿＿＿＿＿＿＿＿＿＿　　　　票据类型 银行承兑汇票

方向 收款　　票据编号 52833952　　结算方式 银行承兑汇票

收到日期 2019-07-08　　出票日期 2019-07-06　　到期日 2020-01-06

出票人 广西玉宝商贸有限公司　　票据编号 52833952　　付款人银行 中国工商银行玉林市东门支行

收款人 辽宁恒通商贸有限公司　　收款人账号 2107024015890035666　　收款人开户银行 中国工商银行沈阳皇姑支行

币种 人民币　　金额 1000000.00　　票面利率 0.00000000

汇率 1.000000　　付款行行号 ＿＿＿　　付款行地址 ＿＿＿

背书人 ＿＿＿　　背书金额 ＿＿＿　　备注 ＿＿＿

业务员 何丽　　部门 销售部　　票据摘要 ＿＿＿

交易合同号码 ＿＿＿　　制单人 贺青

图3-69　商业汇票

（2）修改收款单表体"款项类型"。双击"应收款管理→收款单据录入"菜单，打开"收付款单录入"窗口，单击工具栏的" ➡ 末张"按钮，再单击"修改"按钮，将表体的"款项类型"修改为"预收款"，单击"保存"按钮，结果如图3-70所示。

收款单

表体排序 ＿＿＿

单据编号 0000000006　　日期 2019-07-08　　客户 广西玉宝

结算方式 银行承兑汇票　　结算科目 ＿＿＿　　币种 人民币

汇率 1　　金额 1000000.00　　本币金额 1000000.00

客户银行 中国工商银行玉林市东门支行　　客户账号 2111702010422009265　　票据号 52833952

部门 销售部　　业务员 何丽　　项目 ＿＿＿

摘要 ＿＿＿　　订单号 ＿＿＿

	款项类型	客户	部门	业务员	金额	本币金额	科目
1	预收款	广西玉宝	销售部	何丽	1000000.00	1000000.00	220301
2							

图3-70　款项类型为"预收款"的收款单

2.审核收款单并制单处理

2019年7月8日，由赵凯（W02）登录企业应用平台。双击"业务工作→财务会计→应收款管理→收款单据处理→收款单据审核"菜单，打开"收款单查询条件"对话框，单击"确定"按钮，打开"收款单列表"窗口。双击广西玉宝那一行"选择"栏右侧任意单元格，打开"收付款单录入"窗口，单击"审核"按钮，系统提示"是否立即制单？"，点击"是"，生成记账凭证，单击"保存"按钮，结果如图3-71所示。

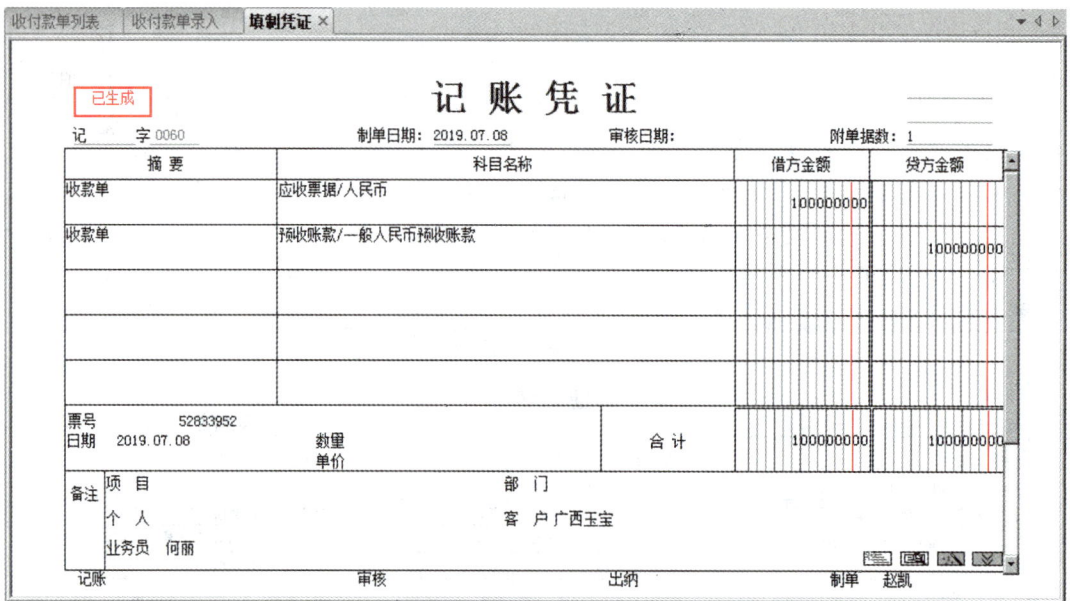

图3-71 记账凭证

3. 填制销售订单

2019年7月9日，由刘晓明（X01）登录企业应用平台。依次双击"业务工作"页签中的"供应链→销售管理→销售订货→销售订单"菜单，打开"销售订单"窗口。单击工具栏的"增加"按钮，根据图3-62填制销售订单，填制完毕保存并审核该订单，结果如图3-72所示。关闭并退出"销售订单"窗口。

图3-72 销售订单

4. 参照销售订单生成第一张发货单

（1）在"销售管理"子系统，依次双击"销售发货→发货单"菜单，打开"发货单"窗口。单击工具栏的"增加"按钮，再单击"订单"按钮，打开"查询条件选择-参照订单"窗口，单击"确定"按钮，打开"参照生单"窗口。选中上面的销售订单和下面窗口"发货单参照订单"中的预发货日期为2019年7月9日的两行记录，如图3-73所示。

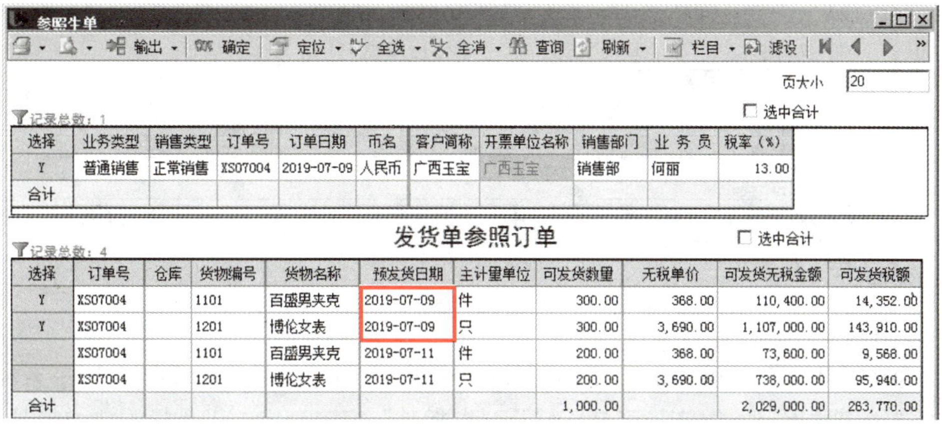

参照生单

输出 确定 定位 全选 全消 查询 刷新 栏目 滤设

页大小 20

记录总数：1　　选中合计

选择	业务类型	销售类型	订单号	订单日期	币名	客户简称	开票单位名称	销售部门	业务员	税率（%）
Y	普通销售	正常销售	XS07004	2019-07-09	人民币	广西玉宝	广西玉宝	销售部	何丽	13.00
合计										

发货单参照订单

记录总数：4　　选中合计

选择	订单号	仓库	货物编号	货物名称	预发货日期	主计量单位	可发货数量	无税单价	可发货无税金额	可发货税额
Y	XS07004		1101	百盛男夹克	2019-07-09	件	300.00	368.00	110,400.00	14,352.00
Y	XS07004		1201	博伦女表	2019-07-09	只	300.00	3,690.00	1,107,000.00	143,910.00
	XS07004		1101	百盛男夹克	2019-07-11	件	200.00	368.00	73,600.00	9,568.00
	XS07004		1201	博伦女表	2019-07-11	只	200.00	3,690.00	738,000.00	95,940.00
合计							1,000.00		2,029,000.00	263,770.00

图3-73 “参照生单”窗口

（2）单击工具栏的“OK确定”按钮，系统返回“发货单”窗口。发货单表体第1行“仓库名称”选择“服装仓”，第2行选择“手表仓”。保存并审核该发货单，如图3-74所示。

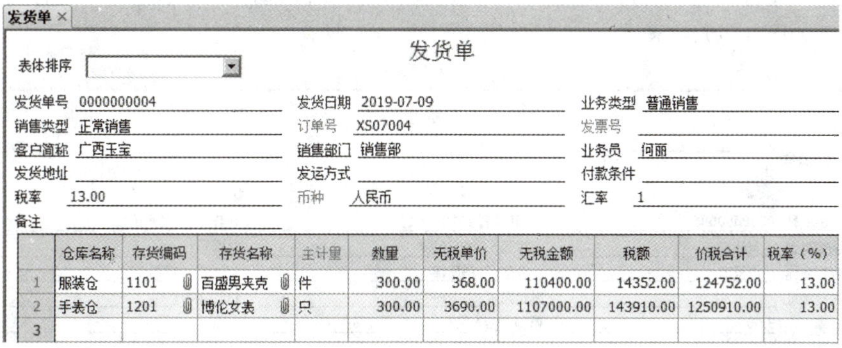

发货单

表体排序

发货单号 0000000004　发货日期 2019-07-09　业务类型 普通销售

销售类型 正常销售　订单号 XS07004　发票号

客户简称 广西玉宝　销售部门 销售部　业务员 何丽

发货地址　发运方式　付款条件

税率 13.00　币种 人民币　汇率 1

备注

	仓库名称	存货编码	存货名称	主计量	数量	无税单价	无税金额	税额	价税合计	税率（%）
1	服装仓	1101	百盛男夹克	件	300.00	368.00	110400.00	14352.00	124752.00	13.00
2	手表仓	1201	博伦女表	只	300.00	3690.00	1107000.00	143910.00	1250910.00	13.00
3										

图3-74 发货单

5.参照发货单批量生成销售出库单

2019年7月9日，由李泽华（C01）登录企业应用平台。依次双击“业务工作”页签中的“供应链→库存管理→出库业务→销售出库单”菜单，系统打开“销售出库单”窗口。执行“生单”|“销售生单（批量）”命令，打开“查询条件选择-销售发货单列表”对话框，单击“确定”按钮，系统打开“销售生单”窗口。双击9日广西玉宝的发货单所对应的“选择”栏，再单击工具栏的“OK确定”按钮，系统提示“生单成功!”并返回“销售出库单”窗口。

单击“修改”按钮，根据图3-64修改“手表仓”出库单号为“CK07006”，保存并审核该出库单，结果如图3-75所示。单击“上张”按钮，再单击“修改”，根据图3-63修改“服装仓”出库单号为“CK07005”，保存并审核该出库单，结果如图3-76所示。

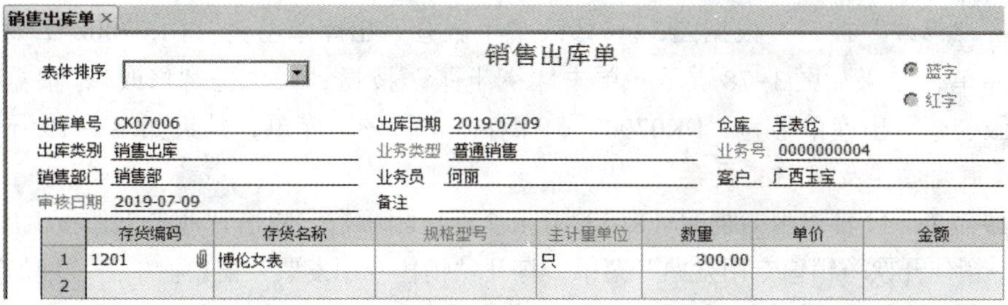

销售出库单

表体排序　　蓝字　红字

出库单号 CK07006　出库日期 2019-07-09　仓库 手表仓

出库类别 销售出库　业务类型 普通销售　业务号 0000000004

销售部门 销售部　业务员 何丽　客户 广西玉宝

审核日期 2019-07-09　备注

	存货编码	存货名称	规格型号	主计量单位	数量	单价	金额
1	1201	博伦女表		只	300.00		
2							

图3-75 销售出库单

图3-76　销售出库单

6.参照销售订单生成第二张发货单

2019年7月11日，由刘晓明（X01）登录企业应用平台。在"销售管理"子系统，依次双击"销售发货→发货单"菜单，打开"发货单"窗口。单击工具栏的"增加"按钮，再单击"订单"按钮，打开"查询条件选择-参照订单"窗口，单击"确定"按钮，打开"参照生单"窗口。单击"全选"，再单击"OK确定"按钮，系统返回"发货单"窗口。发货单表体第1行"仓库名称"选择"服装仓"，第2行选择"手表仓"。保存并审核该发货单，结果如图3-77所示。

图3-77　发货单

7.参照发货单批量生成销售出库单

2019年7月11日，由李泽华（C01）登录企业应用平台。依次双击"业务工作"页签中的"供应链→库存管理→出库业务→销售出库单"菜单，系统打开"销售出库单"窗口。执行"生单"|"销售生单（批量）"命令，打开"查询条件选择-销售发货单列表"对话框，单击"确定"按钮，系统打开"销售生单"窗口。双击11日广西玉宝的发货单所对应的"选择"栏，再单击工具栏的"OK确定"按钮，系统提示"生单成功！"并返回"销售出库单"窗口。

单击"修改"按钮，根据图3-66修改"手表仓"出库单号为"CK07008"，保存并审核该出库单，结果如图3-78所示。单击" ⬅ 上张"按钮，再单击"修改"，根据图3-65修改"服装仓"出库单号为"CK07007"，保存并审核该出库单，结果如图3-79所示。

8.参照发货单生成销售发票

2019年7月11日，由刘晓明（X01）登录企业应用平台。双击"业务工作→供应链→销售管理→销售开票→销售专用发票"菜单，打开"销售专用发票"窗口。单击"增加"按钮，再执行工具栏的"生单"|"参照发货单"命令，打开"查询条件选择-发票参照发货单"

销售出库单 ×

销售出库单

表体排序

◉ 蓝字 ○ 红字

出库单号	CK07008	出库日期	2019-07-11	仓库	手表仓
出库类别	销售出库	业务类型	普通销售	业务号	0000000005
销售部门	销售部	业务员	何丽	客户	广西玉宝
审核日期	2019-07-11	备注			

	存货编码	存货名称	规格型号	主计量单位	数量	单价	金额
1	1201	博伦女表		只	200.00		
2							

图3-78 销售出库单

销售出库单 ×

销售出库单

表体排序

◉ 蓝字 ○ 红字

出库单号	CK07007	出库日期	2019-07-11	仓库	服装仓
出库类别	销售出库	业务类型	普通销售	业务号	0000000005
销售部门	销售部	业务员	何丽	客户	广西玉宝
审核日期	2019-07-11	备注			

	存货编码	存货名称	规格型号	主计量单位	数量	单价	金额
1	1101	百盛男夹克		件	200.00		
2							

图3-79 销售出库单

对话框，单击“确定”按钮，系统打开“参照生单”窗口。双击9日、11日广西玉宝的发货单所对应的“选择”栏，然后单击工具栏的“OK确定”按钮，返回“销售专用发票”窗口。根据图3-67，修改表头“发票号”为“21327504”，其他项默认。保存并复核该销售专用发票，结果如图3-80所示。

销售专用发票 ×

销售专用发票

表体排序

发票号	21327504	开票日期	2019-07-11	业务类型	普通销售
销售类型	正常销售	订单号	XS07004	发货单号	0000000004，0000000005
客户简称	广西玉宝	销售部门	销售部	业务员	何丽
付款条件		客户地址	广西玉林市成文路7号	联系电话	0775-3890622
开户银行	中国工商银行玉林市东门支行	账号	2111702010422009265	税号	91450904342576849A
币种	人民币	汇率	1	税率	13.00
备注					

	仓库名称	存货编码	存货名称	主计量	数量	无税单价	无税金额	税额	价税合计	税率（%）	退补标志
1	服装仓	1101	百盛男夹克	件	300.00	368.00	110400.00	14352.00	124752.00	13.00	正常
2	手表仓	1201	博伦女表	只	300.00	3690.00	1107000.00	143910.00	1250910.00	13.00	正常
3	服装仓	1101	百盛男夹克	件	200.00	368.00	73600.00	9568.00	83168.00	13.00	正常
4	手表仓	1201	博伦女表	只	200.00	3690.00	738000.00	95940.00	833940.00	13.00	正常
5											

图3-80 销售专用发票

9.审核发票并制单处理

2019年7月11日，由赵凯（W02）登录企业应用平台。双击“业务工作→财务会计→应收款管理→应收单据处理→应收单据审核”菜单，打开“应收单查询条件”对话框，单击“确定”按钮，打开“单据处理”窗口。双击广西玉宝那一行“选择”栏右侧任意单元格，打开“销售发票”窗口。单击“审核”按钮，系统提示“是否立即制单？”，点击“是”，生成记账凭证，单击“保存”，结果如图3-81所示。关闭并退出当前已打开窗口。

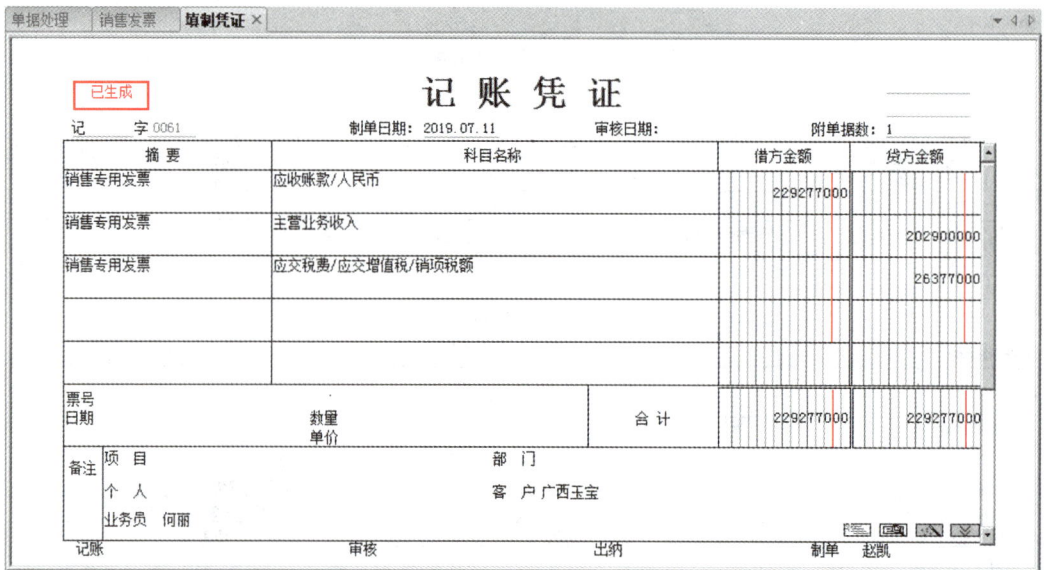

图3-81 记账凭证

10.预收冲应收

（1）双击"业务工作→财务会计→应收款管理→转账→预收冲应收"菜单，打开"预收冲应收"对话框，选择客户"广西玉宝"，单击"过滤"按钮，"转账金额"栏录入"1000000"，如图3-82所示。

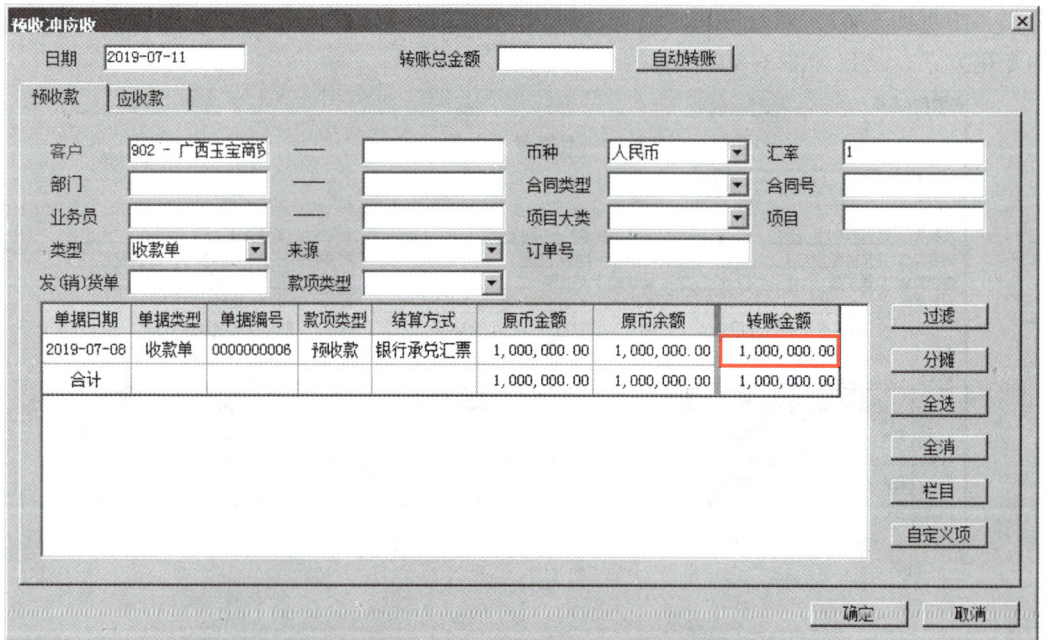

图3-82 预收冲应收——预收款

（2）单击"应收款"选项卡，单击"过滤"按钮，在"转账金额"栏录入"1000000"，如图3-83所示。

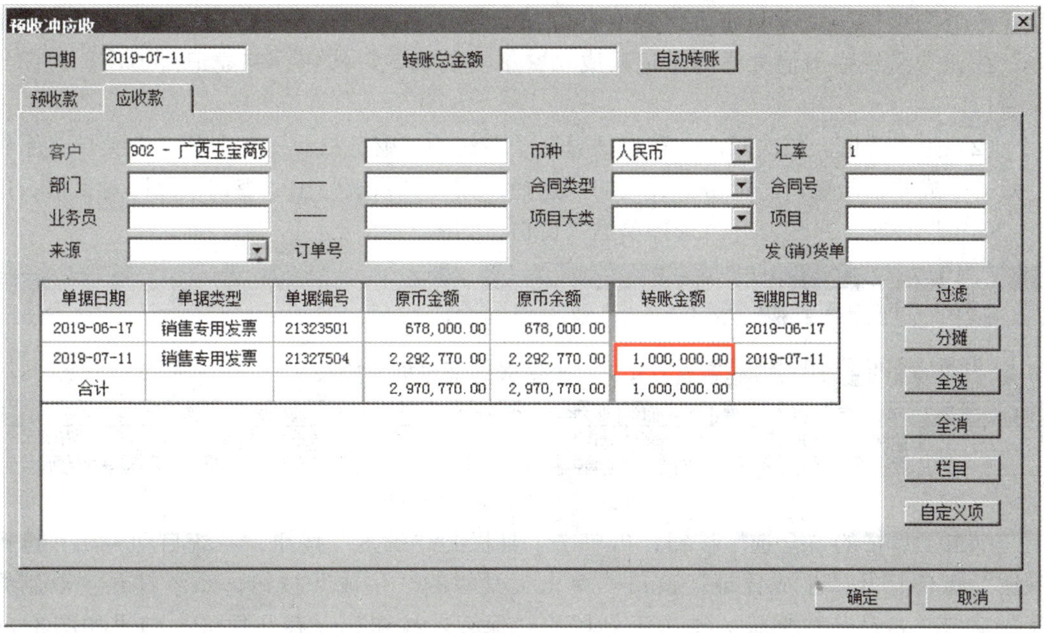

207——————————— 项目3 一般销售业务

图3-83 预收冲应收——应收款

（3）单击"确定"按钮，出现"是否立即制单"对话框，单击"是"，生成记账凭证，结果如图3-84所示。关闭当前窗口。

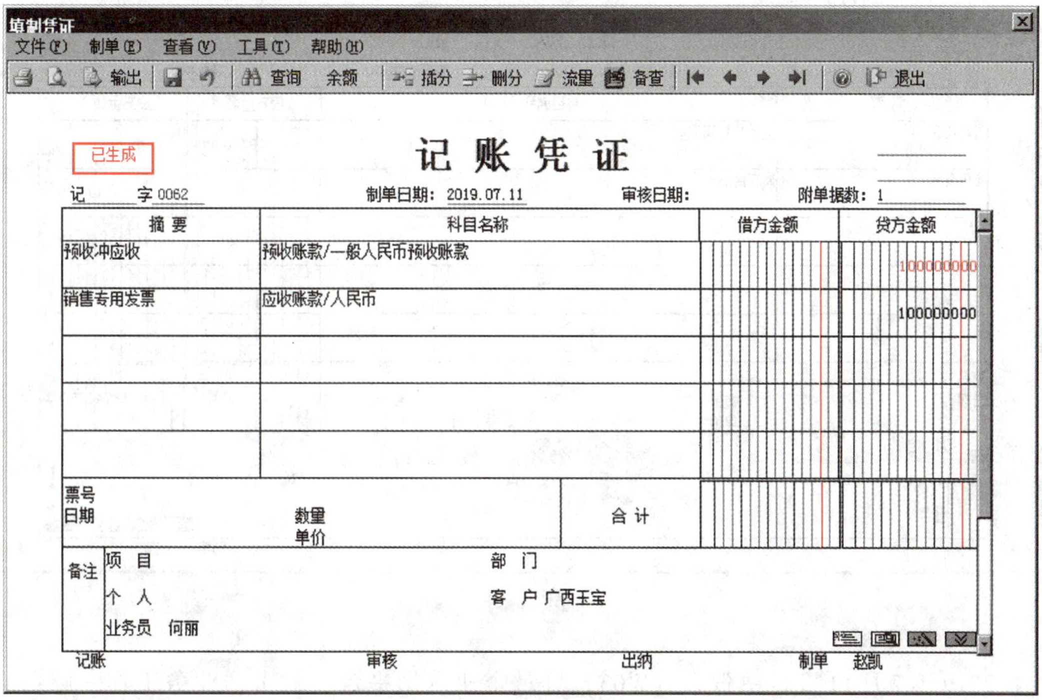

图3-84 记账凭证

11．正常单据记账并生成凭证

（1）正常单据记账。在供应链的"存货核算"子系统，依次双击"业务核算→正常单据记账"菜单，系统打开"查询条件选择"窗口，直接单击其"确定"按钮，系统打开"未记账单据一览表"窗口。选中21327504号发票的4行记录，再单击工具栏的"记账"按钮，系统弹出信息框提示记账成功，单击"确定"按钮，完成记账工作。关闭当前窗口。

（2）生成凭证。依次双击"存货核算"子系统的"财务核算→生成凭证"菜单，系统打开"生成凭证"窗口。单击工具栏的"选择"按钮，系统弹出"查询条件"对话框，单击"确定"按钮，系统打开"选择单据"窗口，如图3-85所示。

选择	记账日期	单据日期	单据类型	单据号	仓库	收发类别	记账人	部门	业务类型	计价方式	摘要	客户
	2019-07-11	2019-07-11	专用发票	21327504	服装仓	销货出库	赵凯	销售部	普通销售	先进先出法	专用发票	广西玉宝商贸有限公司
	2019-07-11	2019-07-11	专用发票	21327504	手表仓	销货出库	赵凯	销售部	普通销售	先进先出法	专用发票	广西玉宝商贸有限公司

图3-85　未生成凭证单据一览表

单击工具栏的"全选"按钮，再单击工具栏的"确定"按钮，系统自动关闭"选择单据"窗口打开"生成凭证"窗口。单击工具栏的"生成"按钮，系统打开"填制凭证"窗口并自动生成凭证。单击工具栏的"保存"按钮，保存此凭证，结果如图3-86所示。

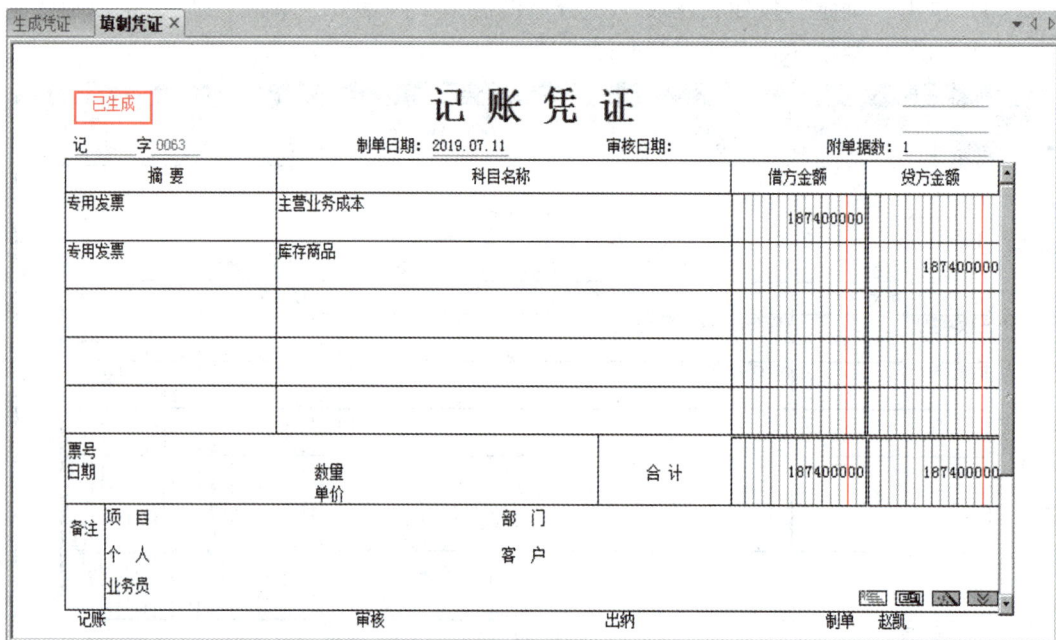

图3-86　记账凭证

12. 填制银行承兑汇票

2019年7月11日，由贺青（W03）登录企业应用平台。双击"业务工作→财务会计→应收款管理→票据管理"菜单，打开"查询条件选择"对话框，单击"确定"按钮，系统弹出"票据管理"窗口。单击"增加"按钮，系统打开"应收票据"窗口，根据图3-68输入银行承兑汇票信息，录入完毕单击"保存"按钮，结果如图3-87所示。

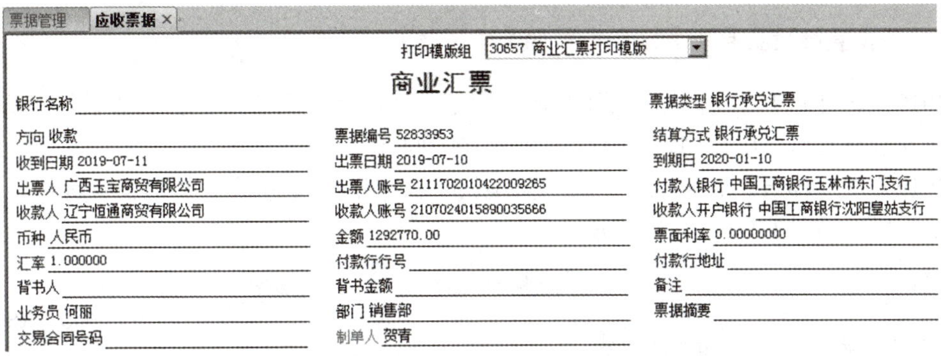
票据管理 | 应收票据

打印模版组 30657 商业汇票打印模版

商业汇票

银行名称		票据类型 银行承兑汇票
方向 收款	票据编号 52833953	结算方式 银行承兑汇票
收到日期 2019-07-11	出票日期 2019-07-10	到期日 2020-01-10
出票人 广西玉宝商贸有限公司	出票人账号 2111702010422009265	付款人银行 中国工商银行玉林市东门支行
收款人 辽宁恒通商贸有限公司	收款人账号 2107024015890035666	收款人开户银行 中国工商银行沈阳皇姑支行
币种 人民币	金额 1292770.00	票面利率 0.00000000
汇率 1.000000	付款行行号	付款行地址
背书人	背书金额	备注
业务员 何丽	部门 销售部	票据摘要
交易合同号码	制单人 贺青	

图3-87　商业汇票

13. 审核收款单、核销，合并制单

2019年7月11日，由赵凯（W02）登录企业应用平台。

（1）审核收款单。双击“业务工作→财务会计→应收款管理→收款单处理→收款单据审核”菜单，打开“收款单查询条件”对话框，单击“确定”按钮，打开“收付款单列表”窗口。单击“全选”按钮，单击“审核”按钮，单击“确定”按钮。关闭当前窗口。

（2）手工核销。双击“业务工作→财务会计→应收款管理→核销处理→手工核销”菜单，打开“核销条件”窗口，客户选择“广西玉宝”，单击“确定”按钮，打开“单据核销”窗口。输入本次结算金额，如图3-88所示，单击“保存”按钮。关闭当前窗口。

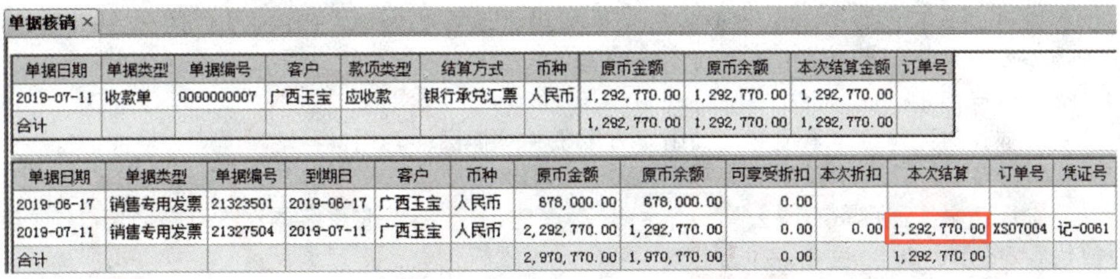
单据核销

单据日期	单据类型	单据编号	客户	款项类型	结算方式	币种	原币金额	原币余额	本次结算金额	订单号
2019-07-11	收款单	0000000007	广西玉宝	应收款	银行承兑汇票	人民币	1,292,770.00	1,292,770.00	1,292,770.00	
合计							1,292,770.00	1,292,770.00	1,292,770.00	

单据日期	单据类型	单据编号	到期日	客户	币种	原币金额	原币余额	可享受折扣	本次折扣	本次结算	订单号	凭证号
2019-06-17	销售专用发票	21323501	2019-06-17	广西玉宝	人民币	678,000.00	678,000.00	0.00				
2019-07-11	销售专用发票	21327504	2019-07-11	广西玉宝	人民币	2,292,770.00	1,292,770.00	0.00	0.00	1,292,770.00	XS07004	记-0061
合计						2,970,770.00	1,970,770.00	0.00		1,292,770.00		

图3-88　“单据核销”窗口

（3）合并制单。双击“业务工作→财务会计→应收款管理→制单处理”菜单，在“制单查询”窗口勾选“收付款单制单”“核销制单”，单击“确定”，依次单击“全选”“合并”“制单”按钮，系统生成相关的记账凭证，单击“保存”按钮，结果如图3-89所示。

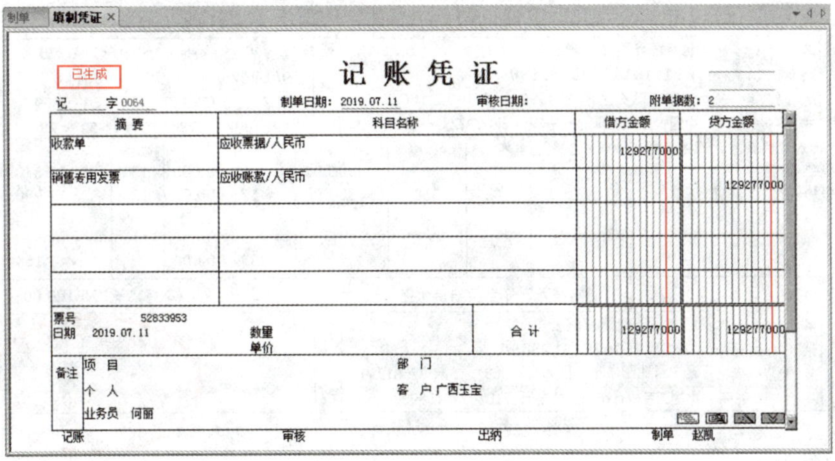
制单 | 填制凭证

已生成

记账凭证

记 字 0064　制单日期：2019.07.11　审核日期：　附单据数：2

摘要	科目名称	借方金额	贷方金额
收款单	应收票据/人民币	129277000	
销售专用发票	应收账款/人民币		129277000
票号 52833953 日期 2019.07.11	数量 单价	合计 129277000	129277000

备注　项目　部门

个人　客户 广西玉宝

业务员 何丽

记账　审核　出纳　制单 赵凯

图3-89　记账凭证

业务5 开票直接发货且卖方承担运费的分次收款业务

2019年7月11日，销售部何丽与北京汇鑫签订购销合同。当日，恒通公司开具增值税专用发票并发出全部货物，同时收取货款100 000元。

2019年7月12日，收到北京汇鑫购货尾款（选择收款）。另支付一笔销货运费。

相关凭证如图3-90至图3-96所示。

购 销 合 同

合同编号：XS07005

卖方：辽宁恒通商贸有限公司
买方：北京汇鑫百货有限公司

为保护买卖双方的合法权益，根据《中华人民共和国合同法》的有关规定，买卖双方经友好协商，一致同意签订本合同，并共同遵守合同约定。

一、货物的名称、数量及金额：

货物名称	规格型号	计量单位	数量	单价（不含税）	金额（不含税）	税率	税额
百盛男套装		套	500	398.00	199 000.00	13%	25 870.00
百盛男夹克		件	350	380.00	133 000.00	13%	17 290.00
合　计					¥332 000.00		¥43 160.00

二、合同总金额：人民币叁拾柒万伍仟壹佰陆拾元整（¥375 160.00）。

三、签订合同当日，卖方开具增值税专用发票并发出全部货物，同时收取买方部分货款100 000元，在货物验收合格后，买方以电汇方式结算剩余货款275 160元。

四、交货地点在北京汇鑫百货有限公司。

五、发运方式与运输费用承担方式：由卖方发货并承担运输费用。

卖　方：辽宁恒通商贸有限公司　　　　　买　方：北京汇鑫百货有限公司
授权代表：何丽　　　　　　　　　　　　授权代表：合再至金章
日　　期：2019年7月11日　　　　　　　日　　期：2019年7月11日

图3-90　购销合同

021001900105	辽宁增值税专用发票	№ 21327505	021001900105

此联不作报销、扣税凭证使用

开票日期：2019年7月11日

购买方　名称：北京汇鑫百货有限公司
纳税人识别号：91110113578732690A
地址、电话：北京市顺义区常庄路992号 010-86218025
开户行及账号：建设银行北京顺义常庄支行 2700322598914536398

密码区：
19979>5+<<--6/239>*2+6775
69/3-7026/9<5465>82-4/806<8
4527>935>**939>1>31614+9869
11284097465784*4617+>528<78

货物或应税劳务、服务名称	规格型号	数量	单价	金额	税率	税额
*服装*百盛男套装		套 500	398.00	199 000.00	13%	25 870.00
*服装*百盛男夹克		件 350	380.00	133 000.00	13%	17 290.00
合　计				¥332 000.00		¥43 160.00

价税合计（大写）　⊗叁拾柒万伍仟壹佰陆拾元整　（小写）¥375 160.00

销售方　名称：辽宁恒通商贸有限公司
纳税人识别号：91210105206917583A
地址、电话：辽宁省沈阳市皇姑区人民路369号 024-82681359
开户行及账号：中国工商银行沈阳皇姑支行 2107024015890035666

收款人：贺青　　复核：王钰　　开票人：赵凯　　销售方：（章）

图3-91　增值税专用发票

图 3-92　电汇收款凭证

出库单

客户：北京汇鑫　　　　　　　　　2019 年 7 月 11 日　　　　　　　　　单号：CK07009

发货仓库	存货编码	存货名称	单位	数量		单价	金额
				应发	实发		
服装仓	1104	百盛男套装	套	500	500		
服装仓	1101	百盛男夹克	件	350	350		
			合　计				

部门经理：略　　　　　会计：略　　　　　仓库：略　　　　　经办人：略

图 3-93　出库单

图 3-94　电汇收款凭证

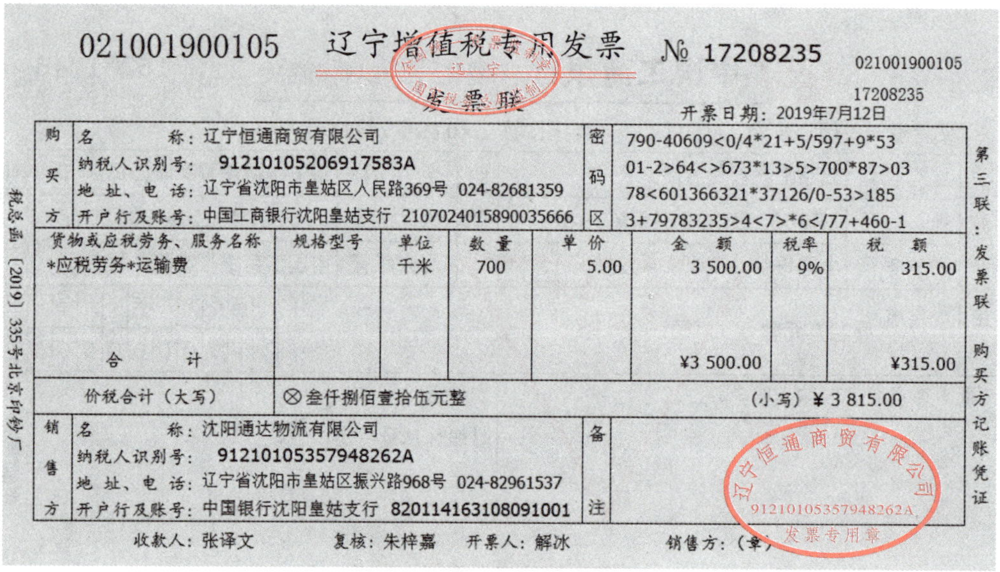

021001900105 辽宁增值税专用发票 № 17208235 021001900105 17208235

发票联

开票日期：2019年7月12日

购买方	名称：辽宁恒通商贸有限公司 纳税人识别号：91210105206917583A 地址、电话：辽宁省沈阳市皇姑区人民路369号 024-82681359 开户行及账号：中国工商银行沈阳皇姑支行 2107024015890035666					密码区	790-40609<0/4*21+5/597+9*53 01-2>64<>673*13>5>700*87>03 78<601366321*37126/0-53>185 3+79783235>4<7>*6</77+460-1	
货物或应税劳务、服务名称	规格型号	单位	数量	单价	金额	税率	税额	
*应税劳务*运输费		千米	700	5.00	3 500.00	9%	315.00	
合计					¥3 500.00		¥315.00	
价税合计（大写）	⊗叁仟捌佰壹拾伍元整				（小写）¥3 815.00			
销售方	名称：沈阳通达物流有限公司 纳税人识别号：91210105357948262A 地址、电话：辽宁省沈阳市皇姑区振兴路968号 024-82961537 开户行及账号：中国银行沈阳皇姑支行 820114163108091001					备注		

收款人：张译文 复核：朱梓嘉 开票人：解冰 销售方：（章）

税总函〔2019〕335号北京印钞厂

第三联：发票联 购买方记账凭证

辽宁恒通商贸有限公司 91210105357948262A 发票专用章

图 3-95 增值税专用发票

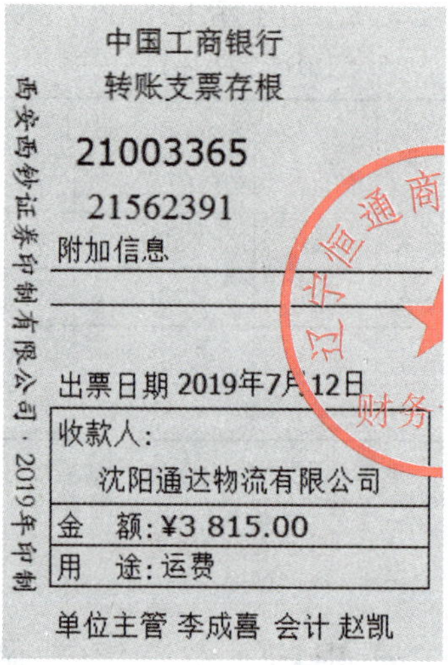

中国工商银行

转账支票存根

21003365

21562391

附加信息

出票日期 2019年7月12日

收款人：沈阳通达物流有限公司

金 额：¥3 815.00

用 途：运费

单位主管 李成喜 会计 赵凯

西安西钞证券印制有限公司·2019年印制

图 3-96 转账支票存根

【操作过程概览】

本业务的操作过程概览见表 3-6。

表 3-6 操作过程概览

序号	操作日期	操作员	系统	操作内容
1	2019-07-11	X01 刘晓明	销售管理	填制销售订单
2	2019-07-11	X01 刘晓明	销售管理	参照销售订单生成销售专用发票
3	2019-07-11	C01 李泽华	库存管理	参照发货单生成销售出库单
4	2019-07-11	W02 赵凯	应收款管理	审核发票并制单处理
5	2019-07-11	W02 赵凯	存货核算	正常单据记账并生成凭证
6	2019-07-12	W03 贺青	应收款管理	选择收款
7	2019-07-12	W02 赵凯	应收款管理	合并制单
8	2019-07-12	G01 张宏亮	采购管理	填制运费专用发票（现付）
9	2019-07-12	W02 赵凯	应付款管理	审核发票并制单处理

【具体操作过程】

1.填制销售订单

2019年7月11日，由刘晓明（X01）登录企业应用平台。依次双击"业务工作"页签中的"供应链→销售管理→销售订货→销售订单"菜单，打开"销售订单"窗口。单击工具栏的"增加"按钮，根据图3-90填制销售订单，填制完毕保存并审核，结果如图3-97所示。关闭"销售订单"窗口。

图3-97 销售订单

2.参照销售订单生成销售专用发票

（1）在"销售管理"子系统，依次双击"销售开票→销售专用发票"菜单，打开"销售专用发票"窗口。单击工具栏的"增加"按钮，执行"生单"|"参照生单"命令，打开"查询条件选择-参照订单"窗口，单击"确定"，选择XS07005号订单，单击"确定"按钮，根据图3-91，修改"发票号"为"21327505"，修改表体"仓库名称"为"服装仓"，单击"保存"按钮。

（2）单击"现结"按钮，打开"现结"窗口。根据图3-92，"结算方式"选择"电汇"，"原币金额"输入"100000"，"票据号"输入"16381746"。输入完毕单击"确定"，返回"销售专用发票"窗口。单击"复核"按钮，复核已现结的销售专用发票，如图3-98所示。

图3-98 销售专用发票

3.参照发货单生成销售出库单

2019年7月11日，由李泽华（C01）登录企业应用平台。依次双击"业务工作"页签中的"供应链→库存管理→出库业务→销售出库单"菜单，系统打开"销售出库单"窗口。执行"生单"|"销售生单"命令，打开"查询条件选择-销售发货单列表"对话框，单击"确定"按钮，打开"销售生单"窗口。选择11日北京汇鑫的"发货单"，单击工具栏的"OK确定"按钮，系统返回"销售出库单"窗口。根据图3-93修改出库单号为"CK07009"。保存并审核该出库单，结果如图3-99所示。

销售出库单 ×

销售出库单

◉ 蓝字
◯ 红字

表体排序

出库单号	CK07009	出库日期	2019-07-11	仓库	服装仓
出库类别	销售出库	业务类型	普通销售	业务号	21327505
销售部门	销售部	业务员	何丽	客户	北京汇鑫
审核日期	2019-07-11	备注			

	存货编码		存货名称	规格型号	主计量单位	数量	单价	金额
1	1104		百盛男套装		套	500.00		
2	1101		百盛男夹克		件	350.00		
3								

图3-99　销售出库单

4.审核发票并制单处理

2019年7月11日，由赵凯（W02）登录企业应用平台。双击"业务工作→财务会计→应收款管理→应收单据处理→应收单据审核"菜单，打开"应收单查询条件"对话框，勾选"包含已现结发票"，单击"确定"按钮，打开"单据处理"窗口。

双击11日北京汇鑫那一行"选择"栏右侧任意单元格，打开"销售发票"窗口。单击"审核"按钮，系统提示"是否立即制单？"，点击"是"，生成记账凭证，单击"保存"，结果如图3-100所示。关闭当前已打开窗口。

单据处理 | 销售发票 | 填制凭证 ×

记 账 凭 证

已生成

记 字 0065　　　　制单日期：2019.07.11　　　审核日期：　　　　附单据数：1

摘 要	科目名称	借方金额	贷方金额
现结	应收账款/人民币	27516000	
现结	银行存款/中国工商银行/沈阳皇姑支行	10000000	
现结	主营业务收入		33200000
现结	应交税费/应交增值税/销项税额		4316000
票号 日期	数量 单价	合 计	37516000	37516000

备注　项 目　　　　　　部 门
　　　个 人　　　　　　客 户 北京汇鑫
　　　业务员 何丽

记账　　　　　　审核　　　　　　出纳　　　　　　制单 赵凯

图3-100　记账凭证

5.正常单据记账并生成凭证

（1）正常单据记账。在供应链的"存货核算"子系统，依次双击"业务核算→正常单据记账"菜单，系统打开"查询条件选择"窗口，直接单击其"确定"按钮，系统打开"未记账单据一览表"窗口。单击工具栏的"全选"按钮，以选中21327505号发票的两行记录，使其显示"Y"字样，此时单击工具栏的"记账"按钮，系统弹出信息框提示记账成功，单击其"确定"按钮，完成记账工作。关闭当前窗口。

（2）生成凭证。依次双击"存货核算"子系统的"财务核算→生成凭证"菜单，系统打开"生成凭证"窗口。单击工具栏的"选择"按钮，系统弹出"查询条件"对话框，单击"确定"按钮，系统打开"选择单据"窗口。单击工具栏的"全选"按钮，以选中21327505号发票，再单击工具栏的"确定"按钮，系统自动关闭"选择单据"窗口返回"生成凭证"窗口。单击工具栏的"生成"按钮，系统打开"填制凭证"窗口并自动生成凭证。单击工具栏的"保存"按钮，保存此凭证，结果如图3-101所示。

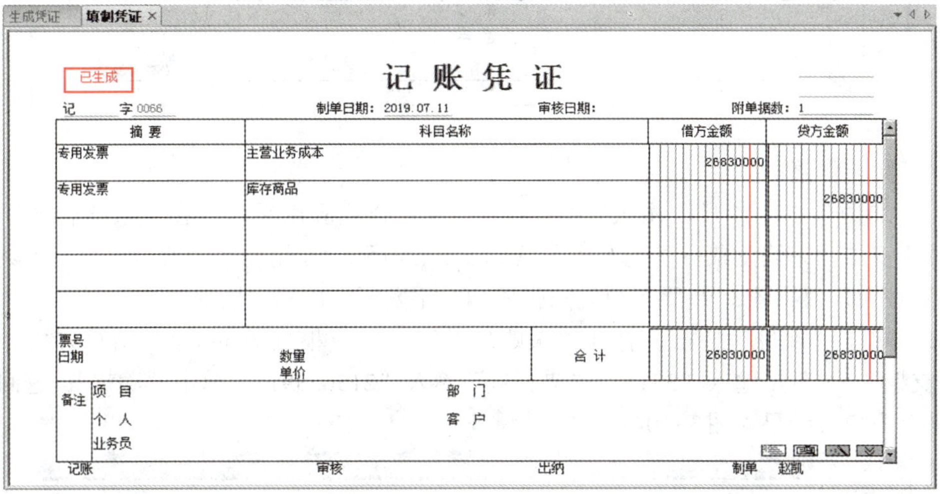

图 3-101　记账凭证

6.选择收款

2019年7月12日，由贺青（W03）登录企业应用平台。双击"业务工作→财务会计→应收款管理→选择收款"菜单，打开"选择收款-条件"窗口。选择客户"北京汇鑫"，单击"确定"，打开"选择收款-单据"窗口，单击"全选"按钮，再单击"OK确认"按钮，弹出"选择收款-收款单"对话框。根据图3-94输入"结算方式""票据号"，结果如图3-102所示，单击"确定"按钮。

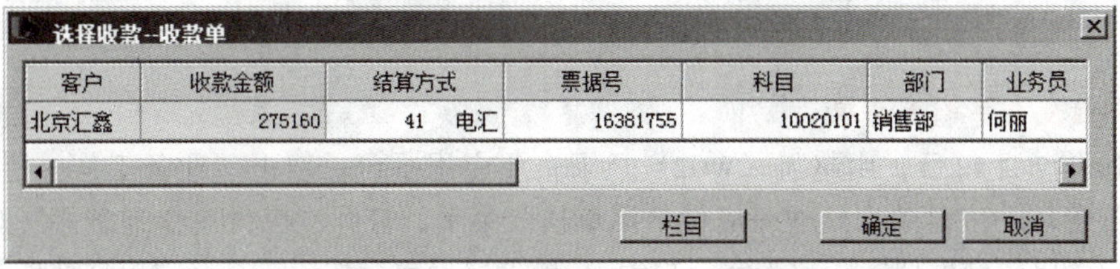

客户	收款金额	结算方式	票据号	科目	部门	业务员
北京汇鑫	275160	41　电汇	16381755	10020101	销售部	何丽

图 3-102　"选择收款-收款单"窗口

7.合并制单

2019年7月12日，由赵凯（W02）登录企业应用平台。双击"业务工作→财务会计→应收款管理→制单处理"菜单，打开"制单查询"窗口，勾选"收付款单制单""核销制单"，单击"确定"，打开"制单"窗口。单击"合并"按钮，再单击"制单"，系统生成相关的记账凭证，单击"保存"按钮，结果如图3-103所示。

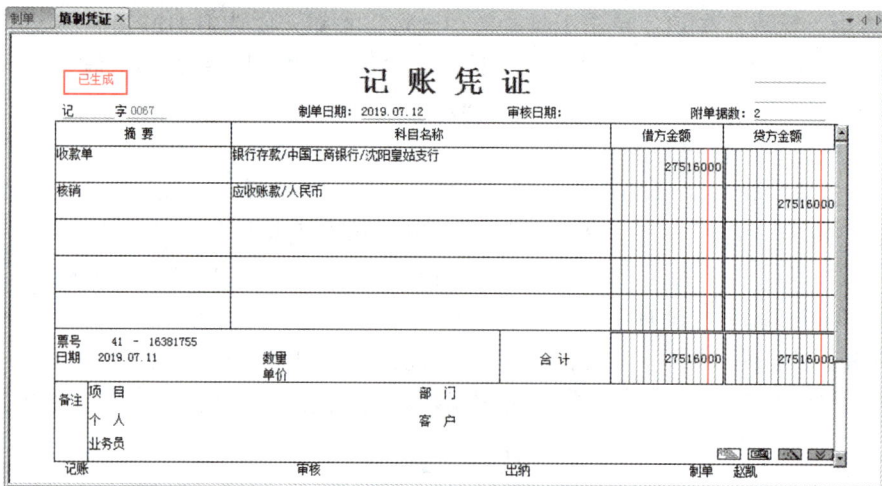

图3-103 记账凭证

8.填制运费专用发票（现付）

（1）2019年7月12日，由张宏亮（G01）登录企业应用平台。在"采购管理"子系统，依次双击"采购发票→采购专用发票"菜单，打开"专用发票"窗口。单击工具栏的"增加"按钮，根据图3-95手工填制一张采购专用发票，填制完毕保存该发票。

（2）单击"现付"按钮，打开"采购现付"窗口。根据图3-96，"结算方式"选择"转账支票""金额"输入"3815"，"票据号"输入"21562391"。单击"确定"，返回"专用发票"窗口，结果如图3-104所示。

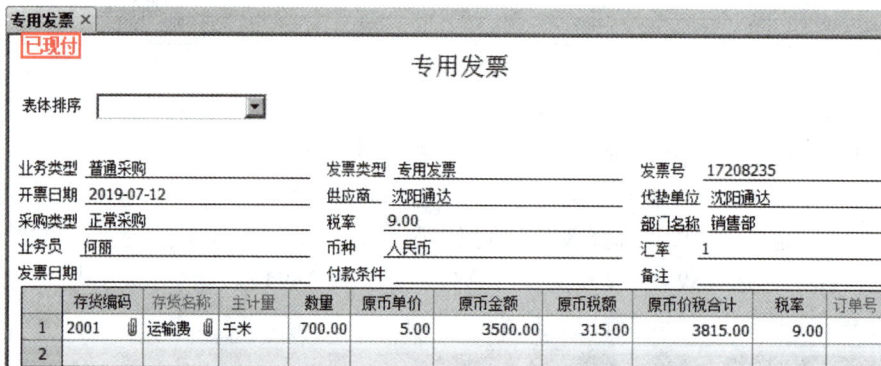

图3-104 采购专用发票

9.审核发票并制单处理

2019年7月12日，由赵凯（W02）登录企业应用平台。双击"业务工作→财务会计→应付款管理→应付单据处理→应付单据审核"菜单，打开"应付单查询条件"对话框，勾选"包含已现结发票"和"未完全报销"，单击"确定"按钮，打开"单据处理"窗口。

双击12日沈阳通达那一行"选择"栏右侧任意单元格，打开"采购发票"窗口。单击"审核"按钮，系统提示"是否立即制单？"，点击"是"，生成记账凭证。将记账凭证第1行的会计科目改为"销售费用/运输费"。单击"保存",结果如图3-105所示。

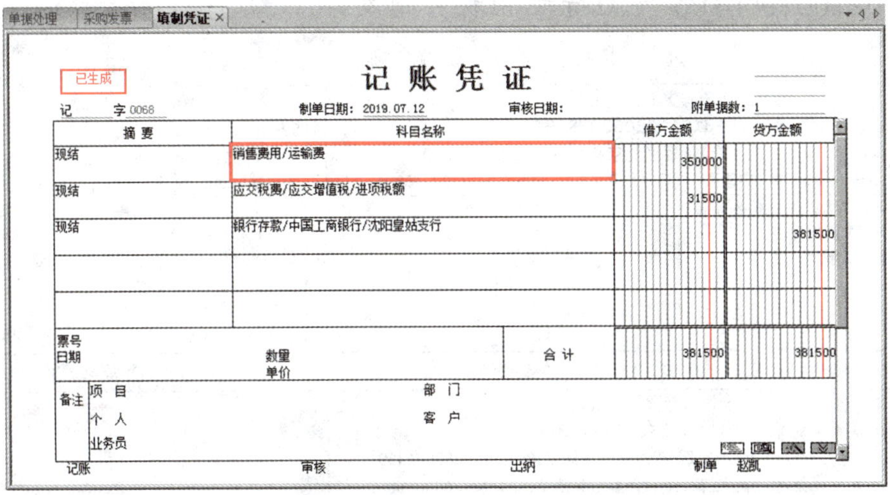

图 3-105 记账凭证

业务6 先开票的分批出库与分次收款业务

2019年7月11日,销售部刘晓明与上海乐淘签订购销合同。当日,恒通公司开具增值税专用发票并发出第一批货物,同时收取30%货款。

2019年7月12日,我公司发出第二批货物。

相关凭证如图3-106至图3-110所示。

购销合同

合同编号:XS07006

卖方:辽宁恒通商贸有限公司
买方:上海乐淘贸易有限公司

为保护买卖双方的合法权益,根据《中华人民共和国合同法》的有关规定,买卖双方经友好协商,一致同意签订本合同,并共同遵守合同约定。

一、货物的名称、数量及金额::

货物名称	规格型号	计量单位	数量	单价(不含税)	金额(不含税)	税率	税额
百盛男夹克		件	500	320.00	160 000.00	13%	20 800.00
嘉伟女风衣		件	500	500.00	250 000.00	13%	32 500.00
合 计					¥410 000.00		¥53 300.00

二、合同总金额:人民币肆拾陆万叁仟叁佰元整(¥463 300.00)。

三、签订合同当日卖方向买方发出第一批货物(百盛男夹克、嘉伟女风衣各200件),同时收到买方支付合同总金额的30%货款138 990元。7月12日,卖方向买方发出第二批货物(百盛男夹克、嘉伟女风衣各300件)。买方验收合格后向卖方支付剩余70%货款。结算方式:电汇。

四、交货地点:辽宁恒通商贸有限公司。

五、发运方式与运输费承担方式:由卖方发货,买方承担运输费用。

卖　　方:辽宁恒通商贸有限公司　　　　买　　方:上海乐淘贸易有限公司
授权代表:刘晓明　　　　　　　　　　　授权代表:刘乐乐
日　　期:2019年7月11日　　　　　　　日　　期:2019年7月11日

图 3-106 购销合同

辽宁增值税专用发票 № 21327506

此联不作报销、抵扣凭证使用

购买方	名　　称：上海乐淘贸易有限公司 纳税人识别号：91310112203203919A 地址、电话：上海市闵行区北京路1号 021-65431789 开户行及账号：交通银行闵行区北京路支行 8059209375023168063	021001900105 21327506 开票日期：2019年7月11日 密码区：1547296+2/7106+76/23<32>244 152<>832**/<8-94225>70>1+4* 7*>4<1*59-754496801-4269912 +2>>4/6959191-5*29883>28<82

货物或应税劳务、服务名称	规格型号	单位	数量	单价	金　额	税率	税　额
*服装*百盛男夹克		件	500	320.00	160 000.00	13%	20 800.00
*服装*嘉伟女风衣		件	500	500.00	250 000.00	13%	32 500.00
合　计					¥410 000.00		¥53 300.00

价税合计（大写）	⊗肆拾陆万叁仟叁佰元整	（小写）¥463 300.00

销售方	名　　称：辽宁恒通商贸有限公司 纳税人识别号：91210105206917583A 地址、电话：辽宁省沈阳市皇姑区人民路369号 024-82681359 开户行及账号：中国工商银行沈阳皇姑支行 2107024015890035666	备注

收款人：贺青　　复核：王钰　　开票人：赵凯　　销售方：（章）

图3-107　增值税专用发票

中国工商银行　电汇凭证（收账通知）　4　56136762

☑普通　□加急　　委托日期　2019年7月11日

汇款人	全　　称	上海乐淘贸易有限公司	收款人	全　　称	辽宁恒通商贸有限公司
	账　　号	8059209375023168063		账　　号	2107024015890035666
	开户银行	交通银行闵行区北京路支行		开户银行	中国工商银行沈阳皇姑支行

金额	人民币（大写）壹拾叁万捌仟玖佰玖拾元整	亿千百十万千百十元角分 ¥1 3 8 9 9 0 0 0

此汇款已收入收款人账户。

支付密码

附加信息及用途：货款

汇入行签章　　　　　　　复核　　　记账

图3-108　电汇收款凭证

出库单

客户：上海乐淘　　　　　2019年7月11日　　　　　单号：CK07010

发货仓库	存货编码	存货名称	单位	数量		单价	金额
				应发	实发		
服装仓	1101	百盛男夹克	件	200	200		
服装仓	1151	嘉伟女风衣	件	200	200		
合　计							

部门经理：略　　　　会计：略　　　　仓库：略　　　　经办人：略

图3-109　出库单

出库单

客户：上海乐淘　　2019年7月12日　　单号：CK07011

发货仓库	存货编码	存货名称	单位	数量		单价	金额
				应发	实发		
服装仓	1101	百盛男夹克	件	300	300		
服装仓	1151	嘉伟女风衣	件	300	300		
合计							

部门经理：略　　会计：略　　仓库：略　　经办人：略

图3-110 出库单

【操作过程概览】

本业务的操作过程概览见表3-7。

表3-7 操作过程概览

序号	操作日期	操作员	系统	操作内容
1	2019-07-11	X01 刘晓明	销售管理	填制销售订单
2	2019-07-11	X01 刘晓明	销售管理	参照销售订单生成销售专用发票
3	2019-07-11	C01 李泽华	库存管理	参照发货单批量生成第一张销售出库单
4	2019-07-11	W02 赵凯	应收款管理	审核发票并制单处理
5	2019-07-11	W02 赵凯	存货核算	正常单据记账并生成凭证
6	2019-07-12	C01 李泽华	库存管理	参照发货单批量生成第二张销售出库单

【具体操作过程】

1.填制销售订单

先开票的分批出库与分次收款业务

2019年7月11日，由刘晓明（X01）登录企业应用平台。依次双击“业务工作”页签中的“供应链→销售管理→销售订货→销售订单”菜单，打开“销售订单”窗口。单击工具栏的“增加”按钮，根据图3-106填制销售订单，填制完毕保存并审核该销售订单，结果如图3-111所示。关闭“销售订单”窗口。

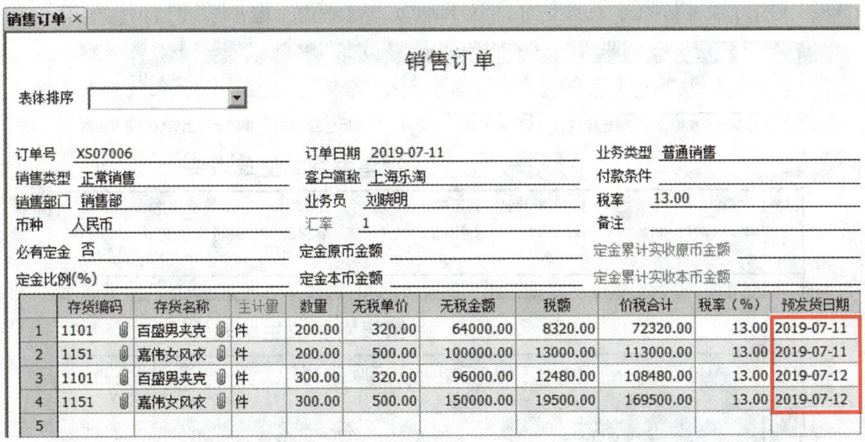

	存货编码	存货名称	主计量	数量	无税单价	无税金额	税额	价税合计	税率（%）	预发货日期
1	1101	百盛男夹克	件	200.00	320.00	64000.00	8320.00	72320.00	13.00	2019-07-11
2	1151	嘉伟女风衣	件	200.00	500.00	100000.00	13000.00	113000.00	13.00	2019-07-11
3	1101	百盛男夹克	件	300.00	320.00	96000.00	12480.00	108480.00	13.00	2019-07-12
4	1151	嘉伟女风衣	件	300.00	500.00	150000.00	19500.00	169500.00	13.00	2019-07-12
5										

图3-111 销售订单

2.参照销售订单生成销售专用发票

（1）在“销售管理”子系统，依次双击“销售开票→销售专用发票”菜单，打开“销

售专用发票"窗口。单击工具栏的"增加"按钮，执行"生单"|"参照订单"命令，打开"查询条件选择–参照订单"窗口，单击"确定"，选择XS07006号订单，单击"OK确定"按钮，返回"销售专用发票"窗口。根据图3-107修改"发票号"为"21327506"，修改表体"仓库名称"为"服装仓"，单击"保存"按钮。

（2）单击"现结"按钮，打开"现结"窗口。根据图3-108，"结算方式"选择"电汇"，"原币金额"输入"138990"，"票据号"输入"56136762"。输入完毕，单击"确定"按钮，返回"销售专用发票"窗口。单击工具栏的"复核"，结果如图3-112所示。

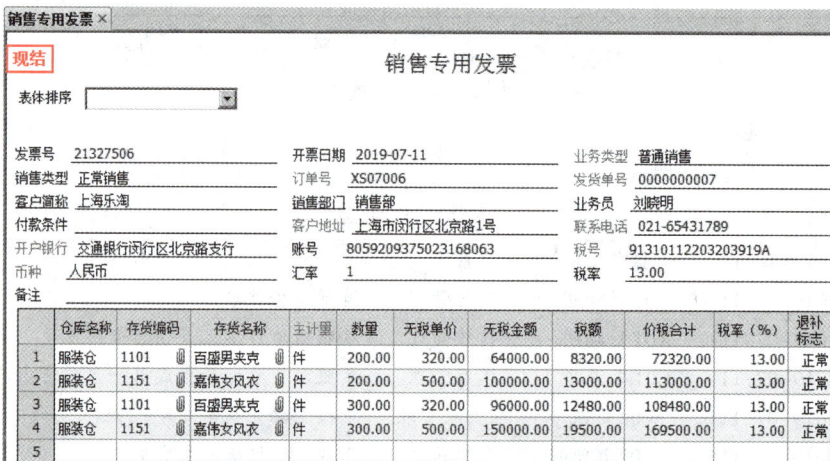

图3-112　销售专用发票

3.参照发货单批量生成第一张销售出库单

（1）2019年7月11日，由李泽华（C01）登录企业应用平台。依次双击"业务工作"页签中的"供应链→库存管理→出库业务→销售出库单"菜单，系统打开"销售出库单"窗口。执行"生单"|"销售生单（批量）"命令，打开"查询条件选择–销售发货单列表"对话框，单击"确定"按钮，系统打开"销售生单"窗口。

窗口上方选择11日上海乐淘的发货单所对应的"选择"栏，窗口下方选择前两行，结果如图3-113所示。再单击工具栏的"OK确定"按钮，返回"销售出库单"窗口。

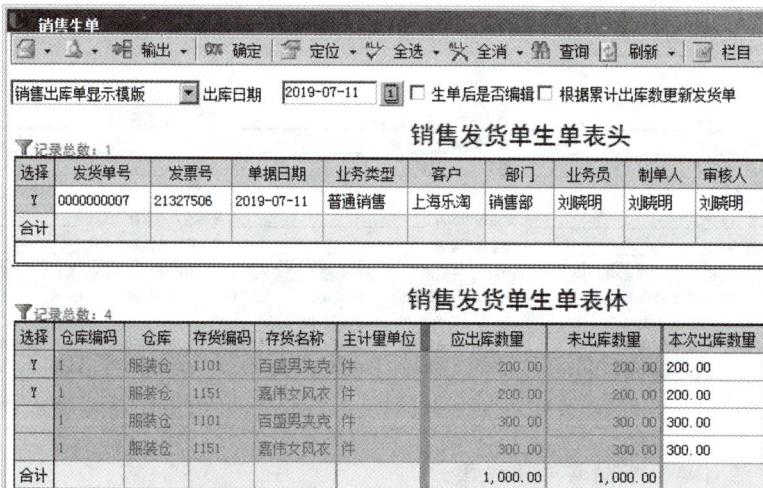

图3-113　"销售生单"窗口

（2）单击“修改”按钮，根据图3-109，出库单表头“出库单号”为“CK07010”，保存并审核该销售出库单，结果如图3-114所示。

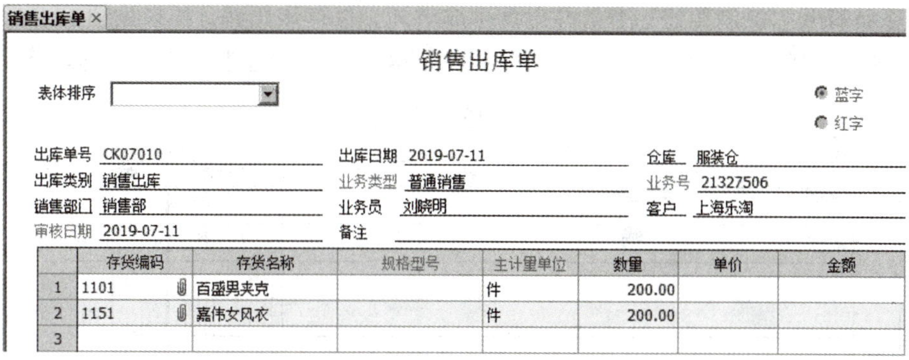

销售出库单

表体排序　　蓝字　红字

出库单号 CK07010　出库日期 2019-07-11　仓库 服装仓
出库类别 销售出库　业务类型 普通销售　业务号 21327506
销售部门 销售部　业务员 刘晓明　客户 上海乐淘
审核日期 2019-07-11　备注

	存货编码	存货名称	规格型号	主计量单位	数量	单价	金额
1	1101	百盛男夹克		件	200.00		
2	1151	嘉伟女风衣		件	200.00		
3							

图3-114　销售出库单

4.审核发票并制单处理

2019年7月11日，由赵凯（W02）登录企业应用平台。双击“业务工作→财务会计→应收款管理→应收单据处理→应收单据审核”菜单，打开“应收单查询条件”对话框，勾选“包含已现结发票”，单击“确定”按钮，打开“单据处理”窗口。双击11日上海乐淘那一行“选择”栏右侧任意单元格，打开“销售发票”窗口。单击“审核”按钮，系统提示“是否立即制单?”，点击“是”，生成记账凭证，结果如图3-115所示。关闭当前已打开窗口。

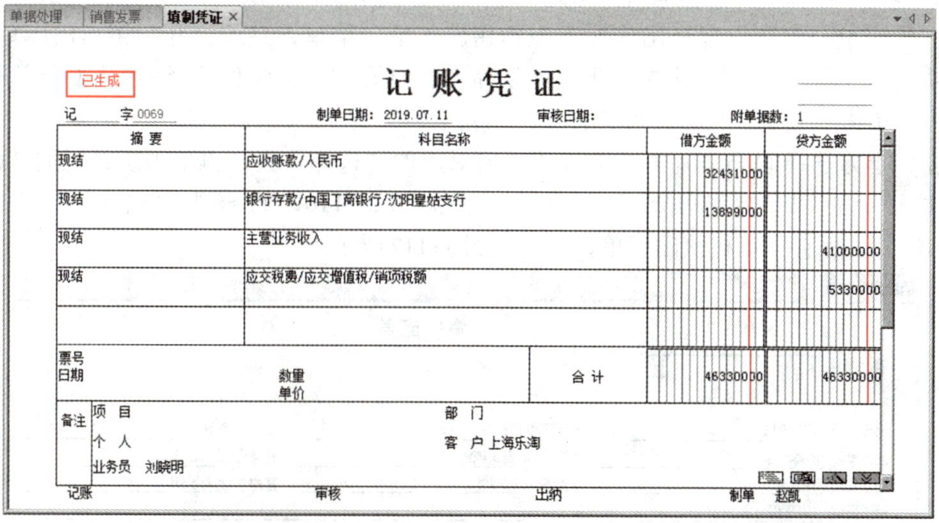

已生成

记账凭证

记 字 0069　制单日期：2019.07.11　审核日期：　附单据数：1

摘要	科目名称	借方金额	贷方金额
现结	应收账款/人民币	32431000	
现结	银行存款/中国工商银行/沈阳皇姑支行	13899000	
现结	主营业务收入		41000000
现结	应交税费/应交增值税/销项税额		5330000
票号 日期	数量 单价 合计	46330000	46330000

备注　项目　部门
个人　客户 上海乐淘
业务员 刘晓明

记账　审核　出纳　制单 赵凯

图3-115　记账凭证

5.正常单据记账并生成凭证

（1）正常单据记账。在供应链的“存货核算”子系统，依次双击“业务核算→正常单据记账”菜单，系统打开“查询条件选择”窗口，单击“确定”按钮，系统打开“未记账单据一览表”窗口。单击工具栏的“全选”按钮，以选中21327506号发票的4行记录，使其显示“Y”字样，此时单击工具栏的“记账”按钮，系统弹出信息框提示记账成功，单击其“确定”按钮，完成记账工作。关闭当前窗口。

（2）生成凭证。依次执行“存货核算”子系统的“财务核算→生成凭证”命令，系统打开“生成凭证”窗口。单击工具栏的“选择”按钮，系统弹出“查询条件”对话框，单击"确定"按钮，系统打开"选择单据"窗口。单击工具栏的"全选"按钮，以选中21327506号发票，再单击"确定"按钮，打开"生成凭证"窗口。单击工具栏的"生成"按钮，系统打开"填制凭证"窗口并自动生成凭证。保存该凭证，结果如图3-116所示。

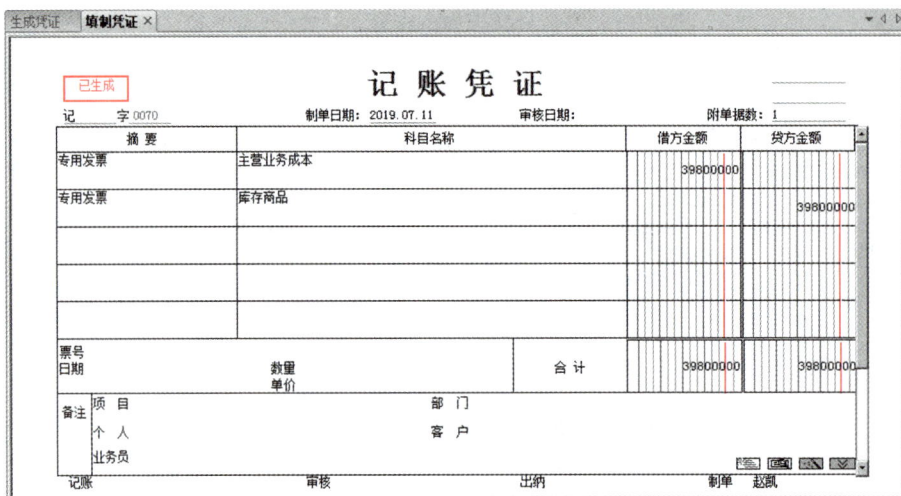

图3-116　记账凭证

6.参照发货单批量生成第二张销售出库单

2019年7月12日，由李泽华（C01）登录企业应用平台。依次双击"业务工作"页签中的"供应链→库存管理→出库业务→销售出库单"菜单，系统打开"销售出库单"窗口。执行"生单"|"销售生单（批量）"命令，打开"查询条件选择-销售发货单列表"对话框，单击"确定"按钮，系统打开"销售生单"窗口。

窗口上方选择11日上海乐淘的发货单所对应的"选择"栏，再单击工具栏的"OK确定"按钮，返回"销售出库单"窗口。根据图3-110，将表头"出库单号"改为"CK07011"。保存并审核该出库单，结果如图3-117所示。

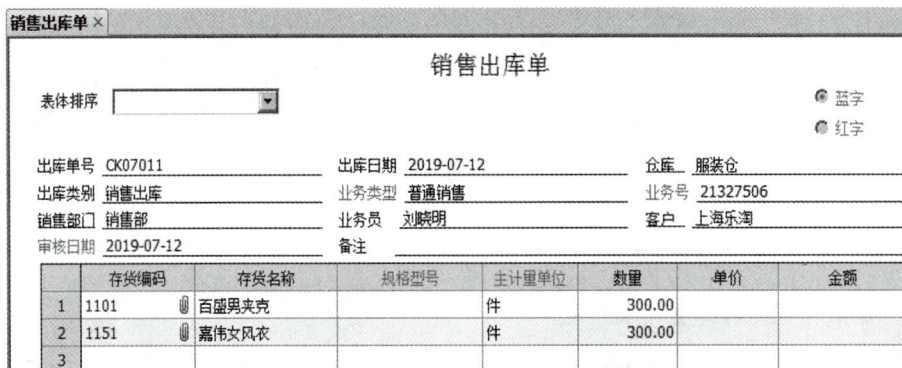

图3-117　销售出库单

业务7　现金折扣业务

2019年7月12日，销售部刘晓明与广州华丰签订购销合同。当日，恒通公司开具增值税专用发票并发出全部货物。

2019年7月15日，收到广州华丰购货款，根据合同结算。（选择收款）

相关凭证如图3-118至图3-122所示。

购销合同

合同编号：XS07007

卖方：辽宁恒通商贸有限公司

买方：广州华丰超市有限公司

为保护买卖双方的合法权益，根据《中华人民共和国合同法》的有关规定，买卖双方经友好协商，一致同意签订本合同，并共同遵守合同约定。

一、货物的名称、数量及金额：

货物名称	规格型号	计量单位	数量	单价（不含税）	金额（不含税）	税率	税额
恒久女表		只	500	3 880.00	1 940 000.00	13%	252 200.00
嘉伟女风衣		件	800	555.00	444 000.00	13%	57 720.00
合 计					¥2 384 000.00		¥309 920.00

二、合同总金额：人民币贰佰陆拾玖万叁仟玖佰贰拾元整（¥2 693 920.00）。

三、签订合同当日，卖方开具增值税专用发票并发出全部商品。信用条件：3/10，1.5/20，n/30（按不含税价款计算）。结算方式：电汇。

四、交货地点：辽宁恒通商贸有限公司。

五、发运方式与运输费用承担方式：由卖方发货，买方承担运输费用。

卖 方：辽宁恒通商贸有限公司　　　　买 方：广州华丰超市有限公司

授权代表：刘晓明　　　　授权代表：李 桐

日 期：2019年7月12日　　　　日 期：2019年7月12日

图3-118 购销合同

021001900105　**辽宁增值税专用发票**　№ 21327507　021001900105 21327507

此联不作报销、扣税凭证使用

开票日期：2019年7月12日

购买方	名称：广州华丰超市有限公司 纳税人识别号：91440100613815327A 地址、电话：广东省广州市北市区向阳路108号 020-52396012 开户行及账号：中国工商银行广州向阳支行 2692006083025562331	密码区	+9/6734/7>-65-911>61804*>51 73081<+63<6182>*>7720661021 22639-82900>11+66<8147608/8 *69<+>*<>6-*9864385139/96*1

货物或应税劳务、服务名称	规格型号	单位	数量	单价	金额	税率	税额
*服装*嘉伟女风衣		件	800	555.00	444 000.00	13%	57 720.00
*手表*恒久女表		只	500	3 880.00	1 940 000.00	13%	252 200.00
合 计					¥2 384 000.00		¥309 920.00
价税合计（大写）	⊗贰佰陆拾玖万叁仟玖佰贰拾元整				（小写）¥2 693 920.00		

销售方	名称：辽宁恒通商贸有限公司 纳税人识别号：91210105206917583A 地址、电话：辽宁省沈阳市皇姑区人民路369号 024-82681359 开户行及账号：中国工商银行沈阳皇姑支行 2107024015890035666	备注	

收款人：贺青　复核：王钰　开票人：赵凯　销售方：（章）

税总函〔2019〕335号北京印钞厂

第一联：记账联 销售方记账凭证

图3-119 增值税专用发票

出库单

客户：广州华丰　　2019年7月12日　　单号：CK07012

发货仓库	存货编码	存货名称	单位	数量		单价	金额
				应发	实发		
服装仓	1151	嘉伟女风衣	件	800	800		
合计							

部门经理：略　　会计：略　　仓库：略　　经办人：略

图3-120　出库单

出库单

客户：广州华丰　　2019年7月12日　　单号：CK07013

发货仓库	存货编码	存货名称	单位	数量		单价	金额
				应发	实发		
手表仓	1251	恒久女表	只	500	500		
合计							

部门经理：略　　会计：略　　仓库：略　　经办人：略

图3-121　出库单

中国工商银行　电汇凭证（收账通知）　4　96707302

☑普通　☐加急　　委托日期　2019年7月15日

汇款人	全称	广州华丰超市有限公司	收款人	全称	辽宁恒通商贸有限公司
	账号	2692006083025562331		账号	2107024015890035666
	开户银行	中国工商银行广州向阳支行		开户银行	中国工商银行沈阳皇姑支行
金额	人民币（大写）	贰佰陆拾贰万贰仟肆佰元整		亿千百十万千百十元角分	¥262240000
此汇款已收入收款人账户。 汇入行签章			支付密码 附加信息及用途：货款 复核　记账		

此联为开户行给收款人的收账通知

中国工商银行沈阳皇姑支行 2019.07.15 转讫 (8)

图3-122　电汇收款凭证

【操作过程概览】

本业务的操作过程概览见表3-8。

表3-8　　　　　　　　　　　　　　操作过程概览

序号	操作日期	操作员	系统	操作内容
1	2019-07-12	X01 刘晓明	销售管理	填制销售订单
2	2019-07-12	X01 刘晓明	销售管理	参照销售订单生成销售专用发票
3	2019-07-12	C01 李泽华	库存管理	批量生成销售出库单
4	2019-07-12	W02 赵凯	应收款管理	审核发票并制单处理
5	2019-07-12	W02 赵凯	存货核算	正常单据记账并生成凭证
6	2019-07-15	W03 贺青	应收款管理	选择收款
7	2019-07-15	W02 赵凯	应收款管理	合并制单

【具体操作过程】

1.填制销售订单

2019年7月12日，由刘晓明（X01）登录企业应用平台。依次双击"业务工作"页签中的"供应链→销售管理→销售订货→销售订单"菜单，打开"销售订单"窗口。单击工具栏的"增加"按钮，根据图3-118填制销售订单。填制完毕保存并审核该销售订单，如图3-123所示。关闭"销售订单"窗口。

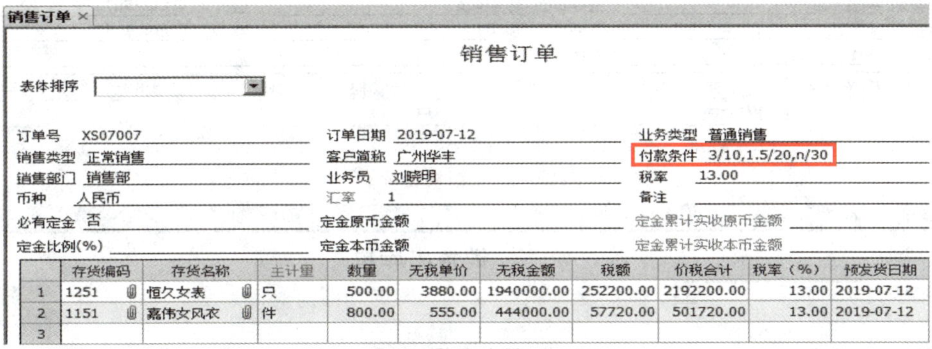

图3-123　销售订单

2.参照销售订单生成销售专用发票

在"销售管理"子系统，依次双击"销售开票→销售专用发票"菜单，打开"销售专用发票"窗口。单击工具栏的"增加"按钮，执行"生单"|"参照订单"命令，打开"查询条件选择–参照订单"窗口，打开"参照生单"窗口。选择XS07007号订单，单击"OK确定"，返回"销售专用发票"窗口。根据图3-119修改"发票号"为"21327507"，修改表体"仓库名称"第1行为"手表仓"，第2行为"服装仓"。保存并复核该发票，结果如图3-124所示。

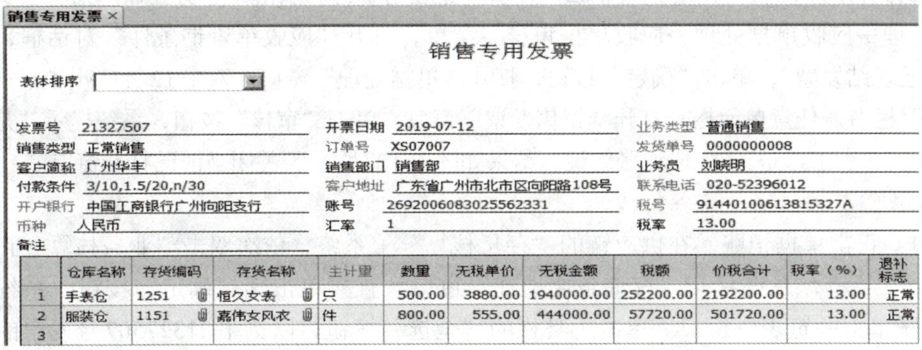

图3-124　销售专用发票

3.批量生成销售出库单

2019年7月12日，由李泽华（C01）登录企业应用平台。依次双击"业务工作"页签中的"供应链→库存管理→出库业务→销售出库单"菜单，系统打开"销售出库单"窗口。执行"生单"｜"销售生单（批量）"命令，打开"查询条件选择-销售发货单列表"对话框，单击"确定"按钮，系统打开"销售生单"窗口。双击12日广州华丰的发货单所对应的"选择"栏，再单击工具栏的"OK确定"按钮，系统提示"生单成功！"并返回"销售出库单"窗口。

单击"修改"按钮，根据图3-121，修改"手表仓"出库单号为"CK07013"，保存并审核该出库单，结果如图3-125所示。单击" ◀ 上张"按钮，再单击"修改"，根据图3-120，修改"服装仓"出库单号为"CK07012"，保存并审核该出库单，结果如图3-126所示。

| 销售出库单 × | | | | | | | |

销售出库单

◉ 蓝字
◎ 红字

表体排序 ▢

出库单号 CK07013　　　　出库日期 2019-07-12　　　　仓库 手表仓
出库类别 销售出库　　　业务类型 普通销售　　　　业务号 21327507
销售部门 销售部　　　　业务员 刘晓明　　　　　客户 广州华丰
审核日期 2019-07-12　　　备注

	存货编码	存货名称	规格型号	主计量单位	数量	单价	金额
1	1251	恒久女表		只	500.00		
2							

图3-125　销售出库单

| 销售出库单 × | | | | | | | |

销售出库单

◉ 蓝字
◎ 红字

表体排序 ▢

出库单号 CK07012　　　　出库日期 2019-07-12　　　　仓库 服装仓
出库类别 销售出库　　　业务类型 普通销售　　　　业务号 21327507
销售部门 销售部　　　　业务员 刘晓明　　　　　客户 广州华丰
审核日期 2019-07-12　　　备注

	存货编码	存货名称	规格型号	主计量单位	数量	单价	金额
1	1151	嘉伟女风衣		件	800.00		
2							

图3-126　销售出库单

4.审核发票并制单处理

2019年7月12日，由赵凯（W02）登录企业应用平台。双击"业务工作→财务会计→应收款管理→应收单据处理→应收单据审核"菜单，打开"应收单查询条件"对话框，勾选"包含已现结发票"，单击"确定"按钮，打开"单据处理"窗口。双击12日广州华丰那一行"选择"栏右侧任意单元格，打开"销售发票"窗口。单击"审核"按钮，系统提示"是否立即制单？"，点击"是"，生成记账凭证，结果如图3-127所示。关闭当前已打开窗口。

5.正常单据记账并生成凭证

（1）正常单据记账。在供应链的"存货核算"子系统，依次双击"业务核算→正常单据记账"菜单，系统打开"查询条件选择"窗口，直接单击其"确定"按钮，系统打开"未记账单据一览表"窗口。单击工具栏的"全选"按钮，以选中21327507号发票的两行记录，再单击工具栏的"记账"按钮，弹出"记账成功"对话框，单击"确定"按钮，完成记账工作。关闭当前窗口。

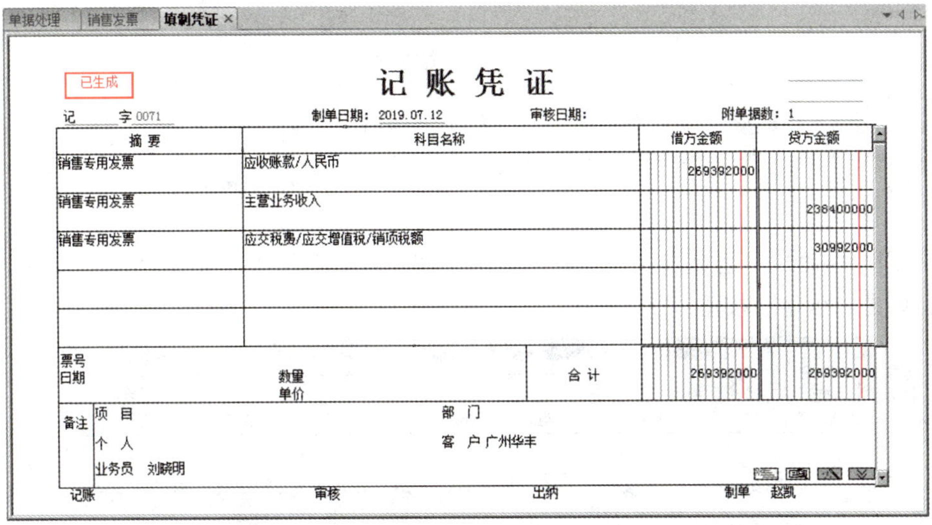

单据处理 | 销售发票 | 填制凭证

已生成

记账凭证

记　字 0071　制单日期：2019.07.12　审核日期：　附单据数：1

摘要	科目名称	借方金额	贷方金额
销售专用发票	应收账款/人民币	269392000	
销售专用发票	主营业务收入		238400000
销售专用发票	应交税费/应交增值税/销项税额		30992000
票号 日期　数量 单价	合计	269392000	269392000

备注　项目　部门
个人　客户 广州华丰
业务员 刘晓明

记账　审核　出纳　制单 赵凯

图3-127　记账凭证

（2）生成凭证。依次双击“存货核算”子系统的“财务核算→生成凭证”菜单，系统打开“生成凭证”窗口。单击工具栏的“选择”按钮，系统弹出“查询条件”对话框，单击“确定”按钮，系统打开“选择单据”窗口。单击工具栏的“全选”按钮，以选中21327507号发票的两行记录，再单击“确定”按钮，打开“生成凭证”窗口。单击工具栏的“生成”按钮，系统打开“填制凭证”窗口并自动生成凭证。保存该凭证，结果如图3-128所示。

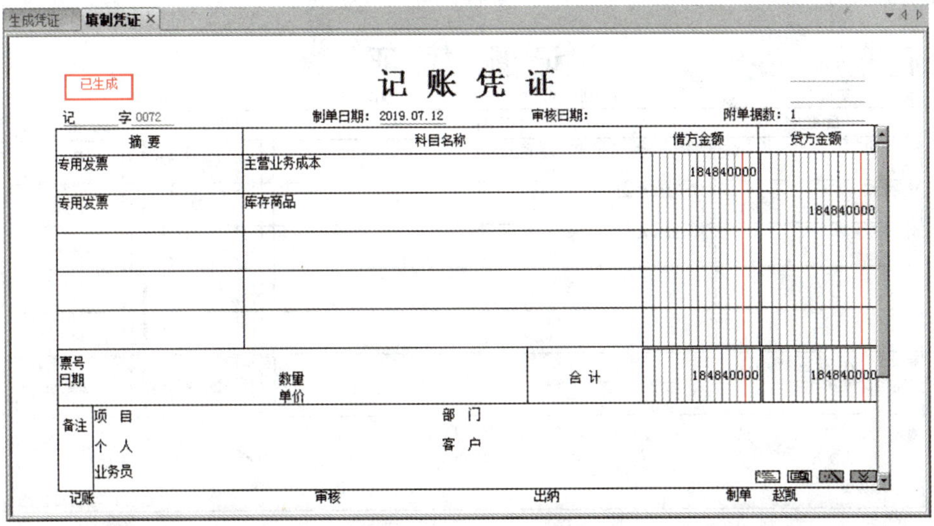

生成凭证 | 填制凭证

已生成

记账凭证

记　字 0072　制单日期：2019.07.12　审核日期：　附单据数：1

摘要	科目名称	借方金额	贷方金额
专用发票	主营业务成本	184840000	
专用发票	库存商品		184840000
票号 日期　数量 单价	合计	184840000	184840000

备注　项目　部门
个人　客户
业务员

记账　审核　出纳　制单 赵凯

图3-128　记账凭证

6.选择收款

2019年7月15日，由贺青（W03）登录企业应用平台。双击“业务工作→财务会计→应收款管理→选择收款”菜单，打开“选择收款-条件”窗口。选择客户“广州华丰”，单击“确定”，打开“选择收款-单据”窗口。在销售专用发票的“本次折扣”栏输入“71520”，“收款金额”栏输入“2622400”，如图3-129所示，再单击“OK确认”按钮，弹出"选择收款-收款单"对话框。

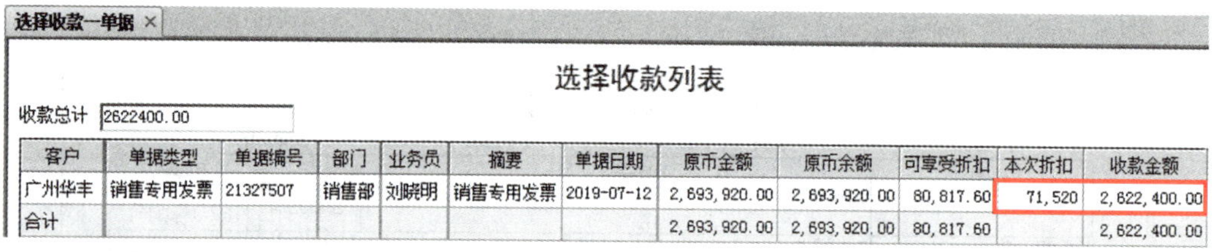

图3-129　选择收款列表

根据图3-122,"结算方式"选择"电汇","票据号"输入"96707302",如图3-130所示,单击"确定"按钮。

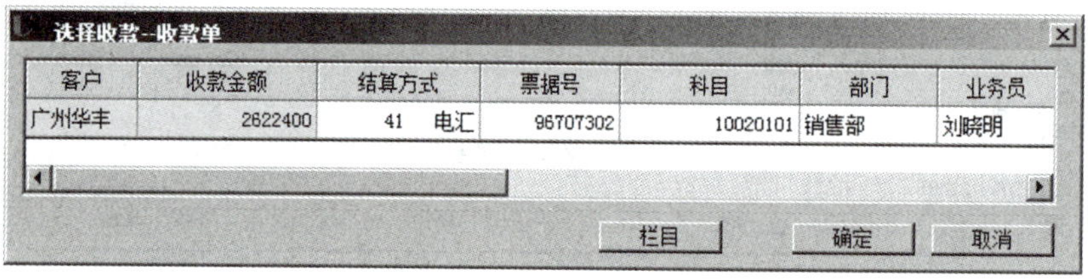

图3-130　"选择收款-收款单"窗口

7.合并制单

2019年7月15日,由赵凯（W02）登录企业应用平台。双击"业务工作→财务会计→应收款管理→制单处理"菜单,弹出"制单查询"窗口。选择"收付款单制单""核销制单",单击"确定",打开"制单"窗口。单击"合并"按钮,再单击"制单",系统生成相关的记账凭证,单击"保存"按钮,结果如图3-131所示。

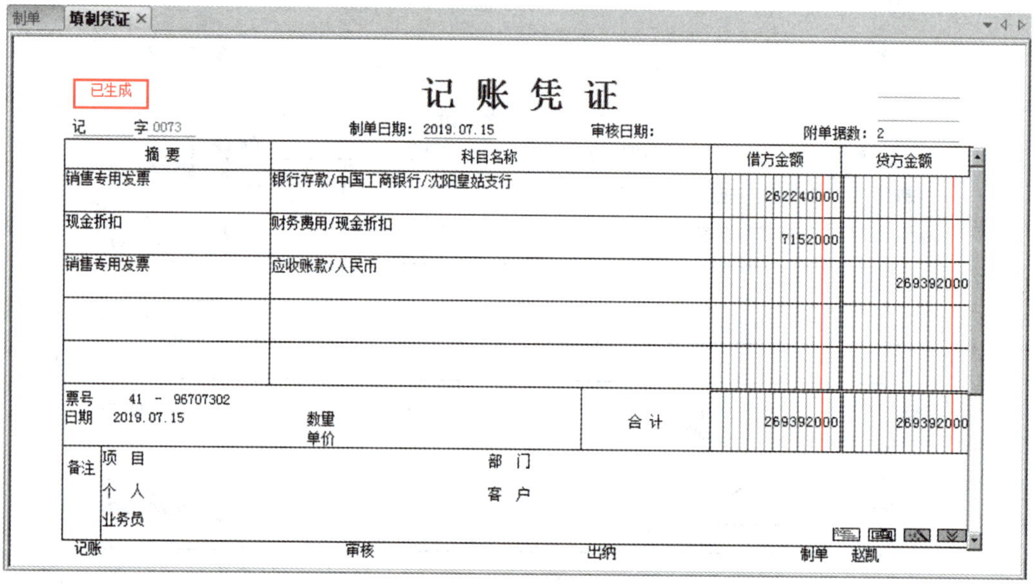

图3-131　记账凭证

业务8　外币销售业务

2019年7月12日,销售部刘晓明与大福贸易（中国）有限公司签订购销合同。当日,恒通公司开具发票并发出全部货物。当日美元汇率1:6.45。不考虑出口退税。

相关凭证如图3-132至图3-134所示。

购销合同

合同编号：XS07008

卖方：辽宁恒通商贸有限公司

买方：大福贸易（中国）有限公司

为保护买卖双方的合法权益，根据《中华人民共和国合同法》的有关规定，买卖双方经友好协商，一致同意签订本合同，并共同遵守合同约定。

一、货物的名称、数量及金额：

货物名称	规格型号	计量单位	数量	美元单价（不含税）	金额（不含税）	税率	税额
嘉伟羽绒服		件	500	$600.00	$300 000.00		
合计					$300 000.00		

二、合同总金额：美元叁拾万元整（$300 000.00）。

三、签订合同当日，卖方开具增值税专用发票，并发出全部货物。买方于7月底前支付货款。结算方式：电汇。

四、交货地点：辽宁恒通商贸有限公司。

五、发运方式与运输费用承担方式：由卖方发货，买方承担运输费用。

卖　　方：辽宁恒通商贸有限公司　　　　买　　方：大福贸易（中国）有限公司

授权代表：刘晓明　　　　　　　　　　　授权代表：李福星

日　　期：2019年7月12日　　　　　　　日　　期：2019年7月12日

图3-132　购销合同

021001900105　　**辽宁增值税专用发票**　　№ 21327508　　021001900105 21327508

此联不作报销、扣税凭证使用　　开票日期：2019年7月12日

购买方	名称：大福贸易(中国)有限公司 纳税人识别号：91220106558728329A 地址、电话：吉林省长春市绿园区大顺路1206号 0431-3819395 开户行及账号：中国建设银行长春绿园支行 2798372568980102952			密码区	4608+0>56>4>49>755/790-<*31 80*81875658<3161>6/891+711< 132518235-0/<63>933112*5173 3<-2>915>577-27+0*0/1*257+*	

货物或应税劳务、服务名称	规格型号	单位	数量	单价	金额	税率	税额
*服装*嘉伟羽绒服		件	500	3 870.00	1 935 000.00		
合　　计					¥1 935 000.00		
价税合计（大写）	⊗壹佰玖拾叁万伍仟元整				（小写）¥1 935 000.00		

销售方	名称：辽宁恒通商贸有限公司 纳税人识别号：91210105206917583A 地址、电话：辽宁省沈阳市皇姑区人民路369号 024-82681359 开户行及账号：中国工商银行沈阳皇姑支行 2107024015890035666	备注	结算金额：$300 000.00 折算汇率1:6.45

收款人：贺青　　复核：王钰　　开票人：赵凯　　销售方：（章）

税总函〔2019〕335号北京印钞厂

第一联：记账联　销售方记账凭证

图3-133　增值税专用发票

出库单

客户：大福贸易　　　　　2019年7月12日　　　　　单号：CK07014

发货仓库	存货编码	存货名称	单位	数量		单价	金额
				应发	实发		
服装仓	1153	嘉伟羽绒服	件	500	500		
合　计							

部门经理：略　　　　会计：略　　　　仓库：略　　　　经办人：略

图3-134　出库单

【操作过程概览】

本业务的操作过程概览见表3-9。

表3-9　　　　　　　　　　　　操作过程概览

序号	操作日期	操作员	系统	操作内容
1	2019-07-12	X01刘晓明	销售管理	填制销售订单
2	2019-07-12	X01刘晓明	销售管理	参照销售订单生成销售专用发票
3	2019-07-12	C01李泽华	库存管理	参照发货单生成销售出库单
4	2019-07-12	W02赵凯	应收款管理	审核发票并制单处理
5	2019-07-12	W02赵凯	存货核算	正常单据记账并生成凭证

【具体操作过程】

1.填制销售订单

2019年7月12日，由刘晓明（X01）登录企业应用平台。依次双击"业务工作"页签中的"供应链→销售管理→销售订货→销售订单"菜单，打开"销售订单"窗口。单击工具栏的"增加"按钮，修改"订单号"为"XS07008"，"销售类型"为"正常销售"，"币种"为"美元"，"汇率"为"6.45"，根据图3-132填制销售订单。填制完毕保存并审核该订单，结果如图3-135所示。关闭"销售订单"窗口。

外币销售业务

销售订单

表体排序								

订单号　XS07008　　　　订单日期　2019-07-12　　　　业务类型　普通销售
销售类型　正常销售　　　客户简称　大福贸易　　　　付款条件
销售部门　销售部　　　　业务员　刘晓明　　　　　　税率　0.00
币种　美元　　　　　　　汇率　6.45000　　　　　　备注
必有定金　否　　　　　　定金原币金额　　　　　　　定金累计实收原币金额
定金比例(%)　　　　　　定金本币金额　　　　　　　定金累计实收本币金额

	存货编码	存货名称	主计量	数量	无税单价	无税金额	税额	价税合计	税率（%）	预发货日期
1	1153	嘉伟羽绒服	件	500.00	600.00	300000.00	0.00	300000.00	0.00	2019-07-12
2										

图3-135　销售订单

2.参照销售订单生成销售专用发票

在"销售管理"子系统，依次双击"销售开票→销售专用发票"菜单，打开"销售专用发票"窗口。单击工具栏的"增加"按钮，执行"生单"|"参照订单"命令，打开"查询条件选择-参照订单"窗口，单击"确定"，打开"参照生单"窗口。选择XS07008号销售订单，单击"确定"按钮，返回"销售专用发票"窗口。根据图3-133修改"发票号"为"21327508"，"汇率"为"6.45"，修改表体"仓库名称"为"服装仓"。保存并复

核该销售发票，结果如图 3-136 所示。

图 3-136　销售专用发票

3.参照发货单生成销售出库单

2019 年 7 月 12 日，由李泽华（C01）登录企业应用平台。依次双击"业务工作"页签中的"供应链→库存管理→出库业务→销售出库单"菜单，系统打开"销售出库单"窗口。执行"生单"|"销售生单"命令，打开"查询条件选择-销售发货单列表"对话框，单击"确定"按钮，打开"销售生单"窗口。选择 12 日大福贸易的发货单，单击工具栏的"OK 确定"按钮，系统返回"销售出库单"窗口。根据图 3-134 修改"出库单号"为"CK07014"，其他项默认。保存并审核该出库单，结果如图 3-137 所示。

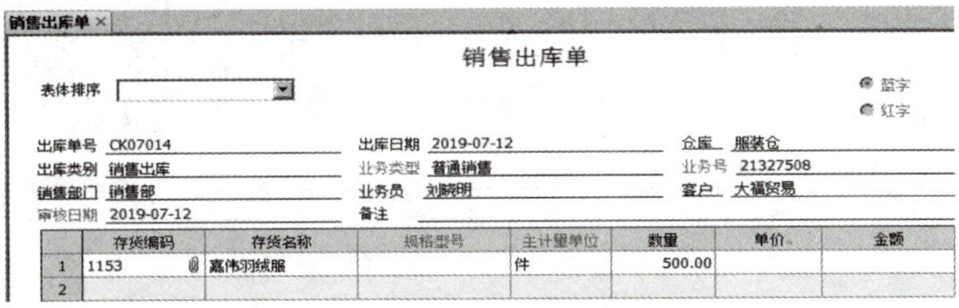

图 3-137　销售出库单

4.审核发票并制单处理

2019 年 7 月 12 日，由赵凯（W02）登录企业应用平台。双击"业务工作→财务会计→应收款管理→应收单据处理→应收单据审核"菜单，打开"应收单查询条件"对话框，单击"确定"按钮，打开"单据处理"窗口。双击 12 日大福贸易那一行"选择"栏右侧任意单元格，打开"销售发票"窗口。单击"审核"按钮，系统提示"是否立即制单？"，点击"是"，生成记账凭证，结果如图 3-138 所示。关闭当前已打开窗口。

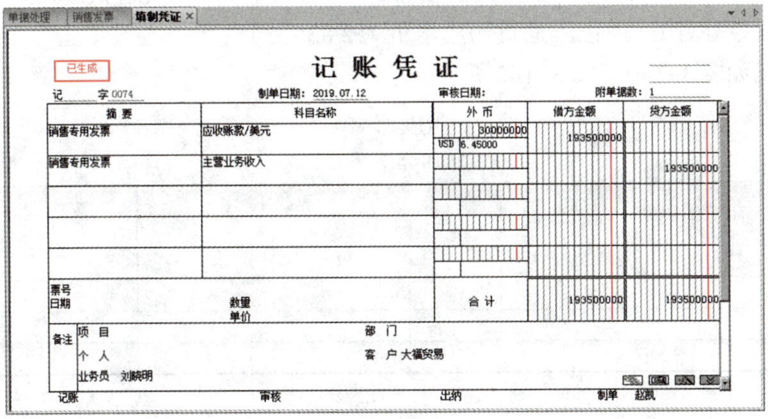

图 3-138　记账凭证

5.正常单据记账并生成凭证

（1）正常单据记账。在供应链的"存货核算"子系统，依次双击"业务核算→正常单据记账"菜单，系统打开"查询条件选择"窗口，单击"确定"按钮，系统打开"未记账单据一览表"窗口。单击工具栏的"全选"按钮，以选中21327508号发票，单击工具栏的"记账"按钮，系统提示记账成功，单击"确定"按钮，完成记账工作。关闭当前窗口。

（2）生成凭证。依次双击"存货核算"子系统的"财务核算→生成凭证"菜单，系统打开"生成凭证"窗口。单击工具栏的"选择"按钮，系统弹出"查询条件"对话框，单击"确定"按钮，系统打开"选择单据"窗口。单击工具栏的"全选"按钮，以选中21327508号发票，再单击"确定"按钮，打开"生成凭证"窗口。单击工具栏的"生成"按钮，系统打开"填制凭证"窗口并自动生成凭证。保存该凭证，结果如图3-139所示。

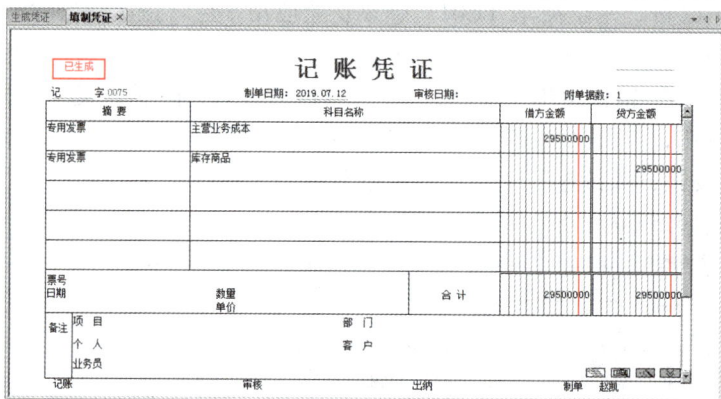

图3-139　记账凭证

任务2　　　　销售退货业务

业务1　先发货后开票的退货业务

2019年7月13日，根据XS07001号合同卖给上海乐淘的货物中有30只博伦男表出现质量问题。经协商我公司同意退货，并于当日收到货物。

2019年7月14日，我公司开具红字增值税专用发票并办理了退款。（退货款要求通过应收系统付款单处理）（注：所退货物成本价为2 835元）

相关凭证如图3-140至图3-142所示。

出库单

客户：上海乐淘　　　　　　　　2019年7月13日　　　　　　　　单号：CK07015

发货仓库	存货编码	存货名称	单位	数量		单价	金额
				应发	实发		
手表仓	1202	博伦男表	只	-30	-30		
合　计							

部门经理：略　　　　会计：略　　　　仓库：略　　　　经办人：略

图3-140　出库单

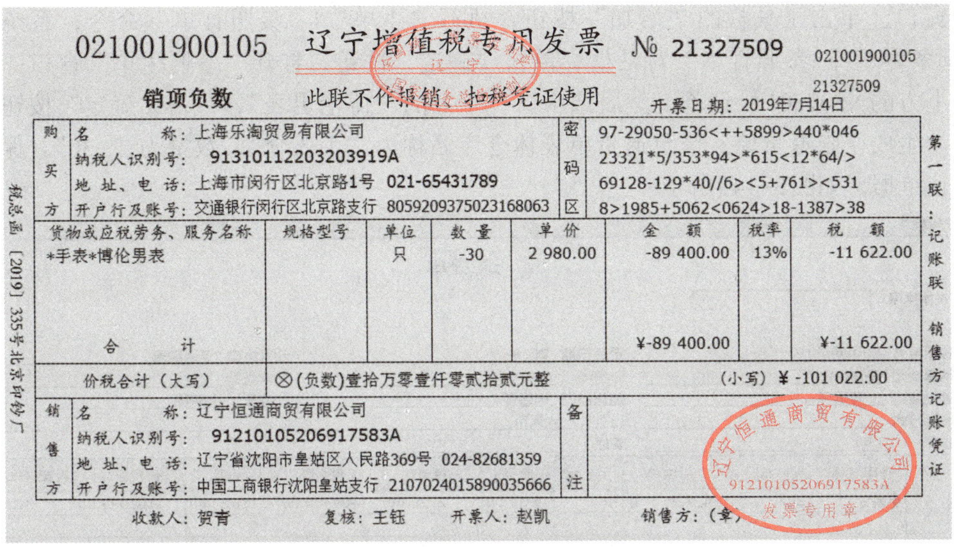

021001900105 辽宁增值税专用发票 № 21327509 021001900105 21327509

销项负数 此联不作报销、扣税凭证使用 开票日期：2019年7月14日

购买方	名称：上海乐淘贸易有限公司 纳税人识别号：91310112203203919A 地址、电话：上海市闵行区北京路1号 021-65431789 开户行及账号：交通银行闵行区北京路支行 8059209375023168063	密码区	97-29050-536<++5899>440*046 23321*5/353*94>*615<12*64/> 69128-129*40//6><5+761><531 8>1985+5062<0624>18-1387>38

货物或应税劳务、服务名称	规格型号	单位	数量	单价	金额	税率	税额
*手表*博伦男表		只	-30	2 980.00	-89 400.00	13%	-11 622.00
合计					¥-89 400.00		¥-11 622.00
价税合计（大写）	⊗(负数)壹拾万零壹仟零贰拾贰元整				（小写）¥ -101 022.00		

销售方	名称：辽宁恒通商贸有限公司 纳税人识别号：91210105206917583A 地址、电话：辽宁省沈阳市皇姑区人民路369号 024-82681359 开户行及账号：中国工商银行沈阳皇姑支行 2107024015890035666	备注	

收款人：贺青 复核：王钰 开票人：赵凯 销售方：（章）

税总函〔2019〕335号北京印钞厂

第一联：记账联 销售方记账凭证

图3-141 红字增值税专用发票

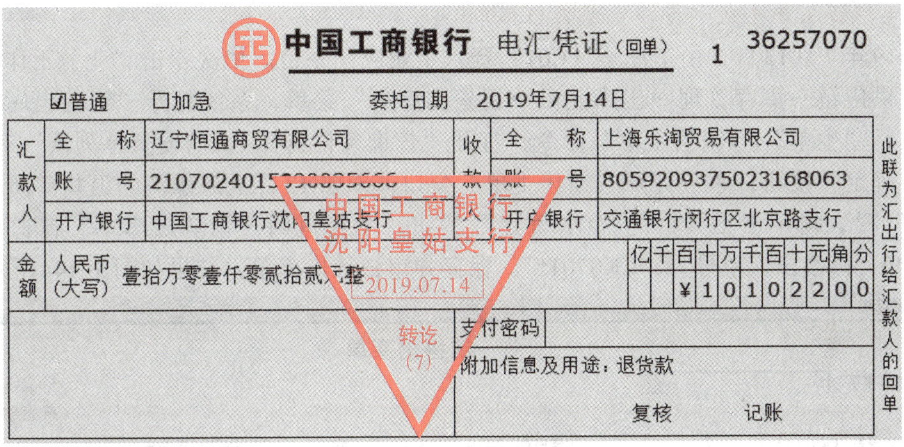

中国工商银行 电汇凭证（回单） 1 36257070

☑普通 ☐加急 委托日期 2019年7月14日

汇款人	全称	辽宁恒通商贸有限公司	收款人	全称	上海乐淘贸易有限公司
	账号	2107024015890035666		账号	8059209375023168063
	开户银行	中国工商银行沈阳皇姑支行		开户银行	交通银行闵行区北京路支行
金额	人民币（大写）	壹拾万零壹仟零贰拾贰元整		亿千百十万千百十元角分	¥10102200

支付密码

附加信息及用途：退货款

复核 记账

此联为汇出行给汇款人的回单

中国工商银行沈阳皇姑支行 2019.07.14 转讫（7）

图3-142 电汇付款凭证

【操作过程概览】

本业务的操作过程概览见表3-10。

表3-10 操作过程概览

序号	操作日期	操作员	系统	操作内容
1	2019-07-13	X01 刘晓明	销售管理	参照销售订单生成退货单
2	2019-07-13	C01 李泽华	库存管理	参照退货单生成（负数）销售出库单
3	2019-07-14	X01 刘晓明	销售管理	参照退货单生成红字销售专用发票
4	2019-07-14	W02 赵凯	应收款管理	审核发票并制单处理
5	2019-07-14	W02 赵凯	存货核算	正常单据记账并生成凭证
6	2019-07-14	W03 贺青	应收款管理	填制应收系统付款单
7	2019-07-14	W02 赵凯	应收款管理	审核付款单、核销，合并制单

【具体操作过程】

1. 参照销售订单生成退货单

先发货后开票的退货业务

2019年7月13日，由刘晓明（X01）登录企业应用平台。依次双击“业务工作”页签中的“供应链→销售管理→销售发货→退货单”菜单，打开“退货

单”窗口。单击工具栏的“增加”按钮，执行“生单”|“参照订单”命令，系统弹出“查询条件选择-参照订单”对话框，单击“确定”按钮，打开“参照生单”窗口。选中窗口上方的XS07001号订单，然后选中窗口下方的“博伦男表”，单击“确定”按钮，系统自动生成一张退货单。修改退货单表体仓库名称为“手表仓”，数量为“-30”。保存并审核该单据，如图3-143所示。

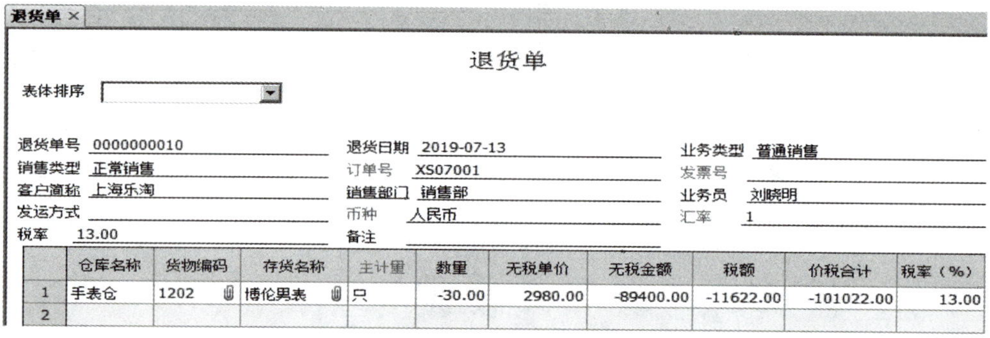

退货单 ×

退货单

表体排序

退货单号 0000000010　退货日期 2019-07-13　业务类型 普通销售
销售类型 正常销售　订单号 XS07001　发票号
客户简称 上海乐淘　销售部门 销售部　业务员 刘晓明
发运方式　币种 人民币　汇率 1
税率 13.00　备注

	仓库名称	货物编码	存货名称	主计量	数量	无税单价	无税金额	税额	价税合计	税率（%）
1	手表仓	1202	博伦男表	只	-30.00	2980.00	-89400.00	-11622.00	-101022.00	13.00
2										

图3-143　退货单

2.参照退货单生成（负数）销售出库单

2019年7月13日，由李泽华（C01）登录企业应用平台。依次双击“业务工作”页签中的“供应链→库存管理→出库业务→销售出库单”菜单，系统打开“销售出库单”窗口。执行“生单”|“销售生单”命令，打开“查询条件选择-销售发货单列表”对话框，单击“确定”按钮，系统打开“销售生单”窗口。双击13日上海乐淘的退货单所对应的“选择”栏，再单击工具栏的“OK确定”按钮，系统返回“销售出库单”窗口。根据图3-140，修改出库单号为“CK07015”。保存并审核该出库单，结果如图3-144所示。

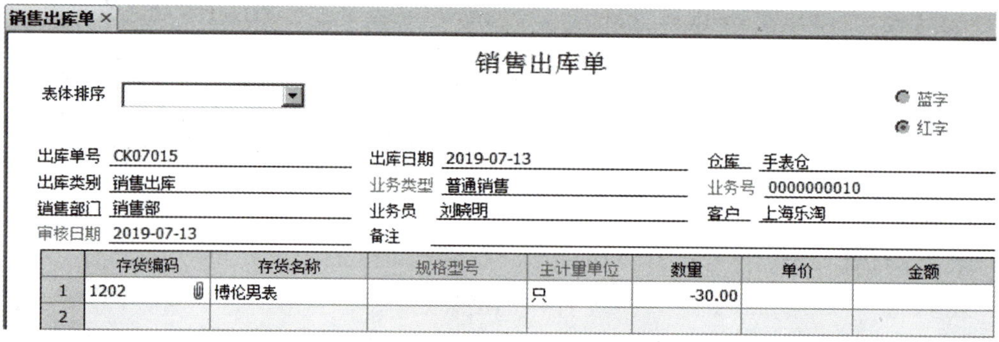

销售出库单 ×

销售出库单

表体排序　　蓝字　红字

出库单号 CK07015　出库日期 2019-07-13　仓库 手表仓
出库类别 销售出库　业务类型 普通销售　业务号 0000000010
销售部门 销售部　业务员 刘晓明　客户 上海乐淘
审核日期 2019-07-13　备注

	存货编码	存货名称	规格型号	主计量单位	数量	单价	金额
1	1202	博伦男表		只	-30.00		
2							

图3-144　销售出库单

3.参照退货单生成红字销售专用发票

（1）2019年7月14日，由刘晓明（X01）登录企业应用平台。在“销售管理”子系统，依次双击“销售开票→红字专用销售发票”菜单，打开“销售专用发票”窗口。单击工具栏的“增加”按钮，执行“生单”|“参照发货单”命令，打开“查询条件选择-发票参照发货单”窗口，将该窗口的“发货单类型”改为“红字记录”，如图3-145所示，单击“确定”，打开“参照生单”窗口。

（2）在“参照生单”窗口，选择13日上海乐淘的发货单，单击“OK确定”按钮，系统自动生成一张红字销售发票。根据图3-141，修改发票表头项目“发票号”为“21327509”。保存并复核该销售发票，结果如图3-146所示。

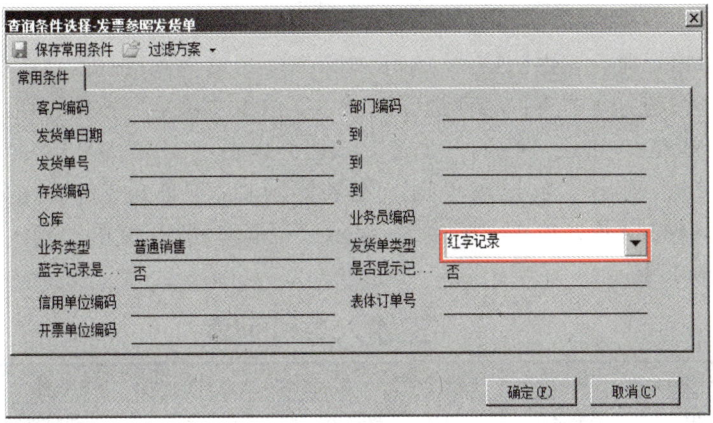

图3-145 "查询条件选择-发票参照发货单"窗口

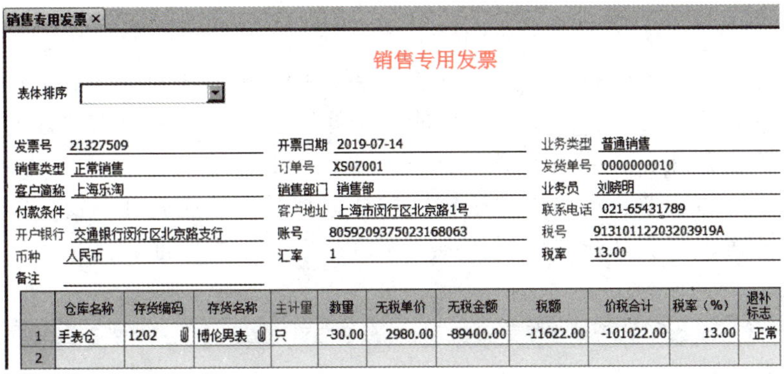

图3-146 红字销售专用发票

4.审核发票并制单处理

2019年7月14日，由赵凯（W02）登录企业应用平台。双击"业务工作→财务会计→应收款管理→应收单据处理→应收单据审核"菜单，打开"应收单查询条件"对话框，单击"确定"按钮，打开"单据处理"窗口。双击14日上海乐淘那一行"选择"栏右侧任意单元格，打开"销售发票"窗口。单击"审核"按钮，系统提示"是否立即制单？"，点击"是"，生成记账凭证，结果如图3-147所示。关闭当前已打开窗口。

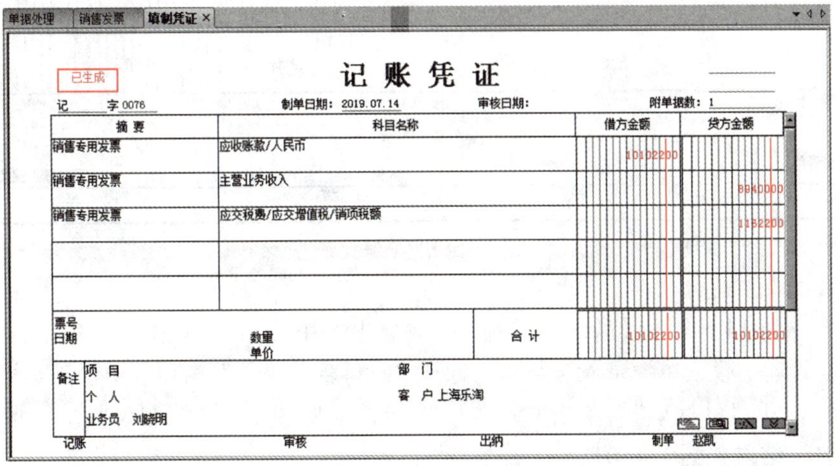

图3-147 记账凭证

5.正常单据记账并生成凭证

（1）正常单据记账。在供应链的"存货核算"子系统，依次双击"业务核算→正常单据记账"菜单，系统打开"查询条件选择"窗口，单击"确定"按钮，系统打开"未记账单据一览表"窗口。单击工具栏的"全选"按钮，以选中21327509号发票，单击工具栏的"记账"按钮，弹出"未记账单据一览表"窗口，"博伦男表"的"单价"输入"2835"，如图3-148所示，单击"确定"，提示"记账成功"，单击"确定"，完成记账工作。关闭当前窗口。

手工输入单价列表

记录总数：1

选择	存货编码	存货名称	规格型号	部门编码	仓库编码	仓库名称	单价
Y	1202	博伦男表			2	手表仓	2,835.00
小计							

图3-148　手工输入单价列表

（2）生成凭证。依次双击"存货核算"子系统的"财务核算→生成凭证"菜单，系统打开"生成凭证"窗口。单击工具栏的"选择"按钮，系统弹出"查询条件"对话框，单击"确定"按钮，系统打开"选择单据"窗口。单击工具栏的"全选"按钮，以选中21327509号发票，再单击"确定"按钮，打开"生成凭证"窗口。单击工具栏的"生成"按钮，系统打开"填制凭证"窗口并自动生成凭证。保存该凭证，结果如图3-149所示。

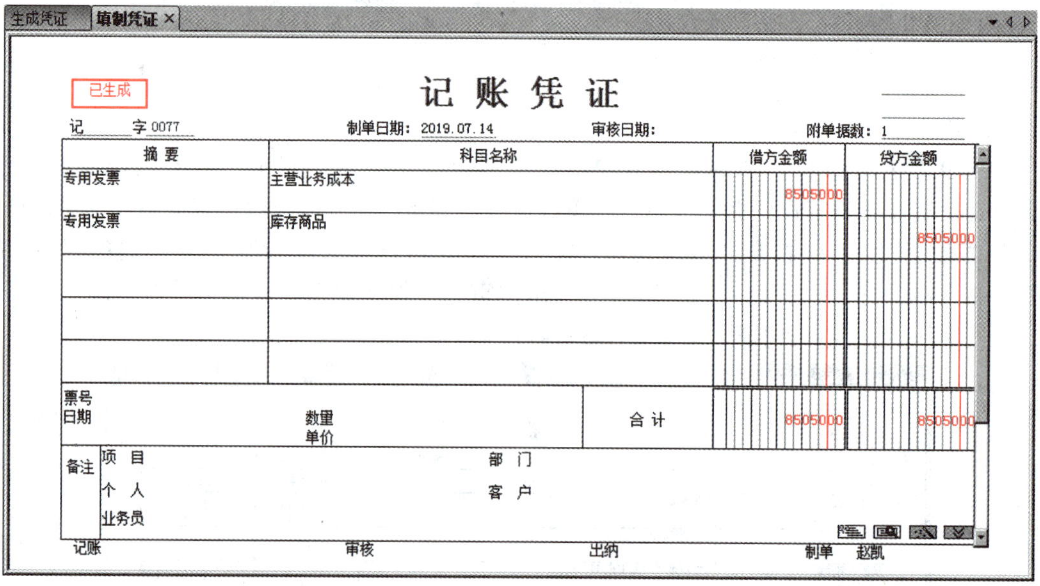

图3-149　记账凭证

6.填制应收系统付款单

2019年7月14日，由贺青（W03）登录企业应用平台。双击"业务工作→财务会计→应收款管理→收款单据录入"菜单，打开"收付款单录入"窗口。单击工具栏上的"切换"按钮，打开"付款单"，单击"增加"按钮，根据图3-142填制付款单。填制完毕保存该付款单，结果如图3-150所示。

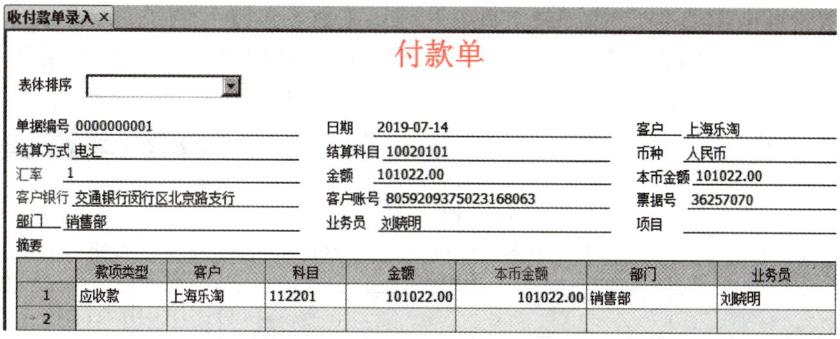

图 3-150 应收系统付款单

7.审核付款单、核销，合并制单

2019 年 7 月 14 日，由赵凯（W02）登录企业应用平台。

（1）审核付款单。双击"业务工作→财务会计→应收款管理→收款单据处理→收款单据审核"菜单，打开"收款单查询条件"对话框，单击"确定"按钮，打开"收款单列表"窗口。单击"全选"按钮，以选中 14 日上海乐淘的付款单，单击"审核"按钮。关闭该窗口。

（2）手工核销。双击应收款管理子系统中的"核销处理→手工核销"菜单，打开"核销条件"对话框，选择客户"上海乐淘"，再点击该窗口的"收付款单"选项卡，"单据类型"选择"付款单"，如图 3-151 所示。单击"确定"，打开"单据核销"窗口。

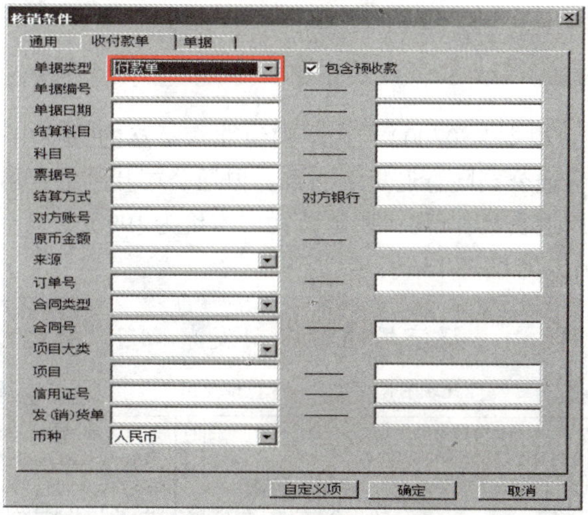

图 3-151 "核销条件"窗口

在"单据核销"窗口，在销售专用发票的"本次结算"栏输入"101022"，如图 3-152 所示，单击"保存"按钮。关闭当前窗口。

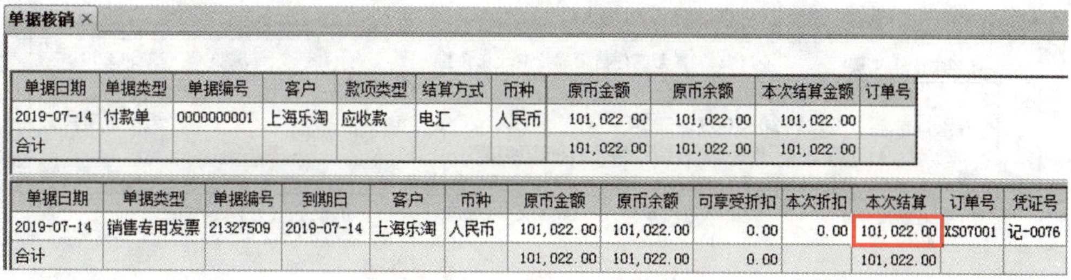

单据日期	单据类型	单据编号	客户	款项类型	结算方式	币种	原币金额	原币余额	本次结算金额	订单号
2019-07-14	付款单	0000000001	上海乐淘	应收款	电汇	人民币	101,022.00	101,022.00	101,022.00	
合计							101,022.00	101,022.00	101,022.00	

单据日期	单据类型	单据编号	到期日	客户	币种	原币金额	原币余额	可享受折扣	本次折扣	本次结算	订单号	凭证号
2019-07-14	销售专用发票	21327509	2019-07-14	上海乐淘	人民币	101,022.00	101,022.00	0.00	0.00	101,022.00	XS07001	记-0076
合计						101,022.00	101,022.00	0.00		101,022.00		

图 3-152 "单据核销"窗口

（3）双击应收款管理子系统中"制单处理"菜单，打开"制单查询"对话框，勾选"收付款单制单""核销制单"，单击"确定"，打开"制单"窗口。依次单击"全选""合并""制单"，系统生成相关的记账凭证，单击"保存"按钮，结果如图 3-153 所示。

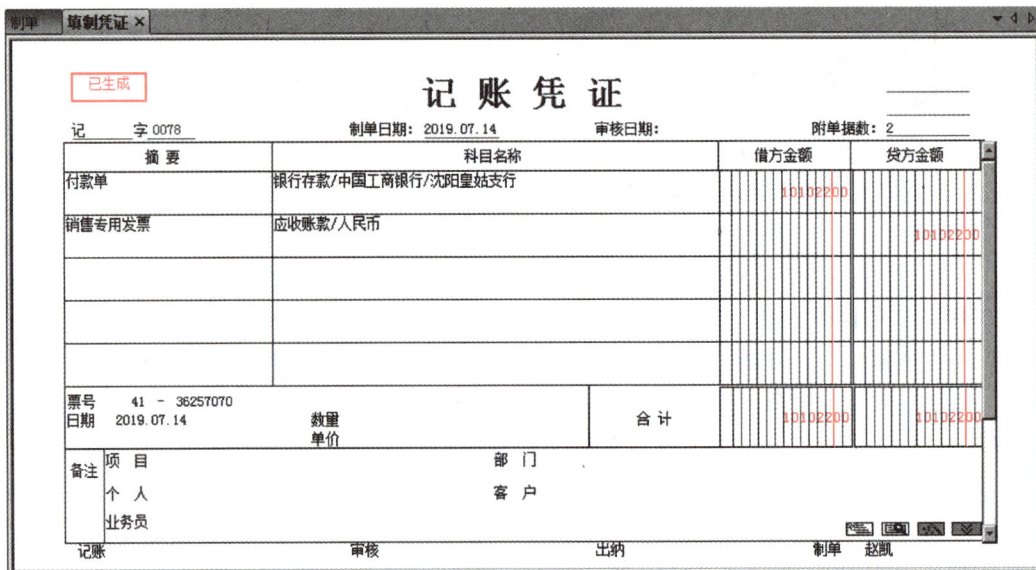

图 3-153　记账凭证

业务2 开票直接发货的退货业务

2019 年 7 月 14 日，根据 XS07002 号合同卖给北京汇鑫的货物中有 50 件百盛休闲裤出现质量问题。经协商恒通公司同意退货。当日，恒通公司开具红字增值税专用发票，支付了退货款，同日收到所退货物。（注：所退货物成本价为 199 元）

相关凭证如图 3-154 至图 3-156 所示。

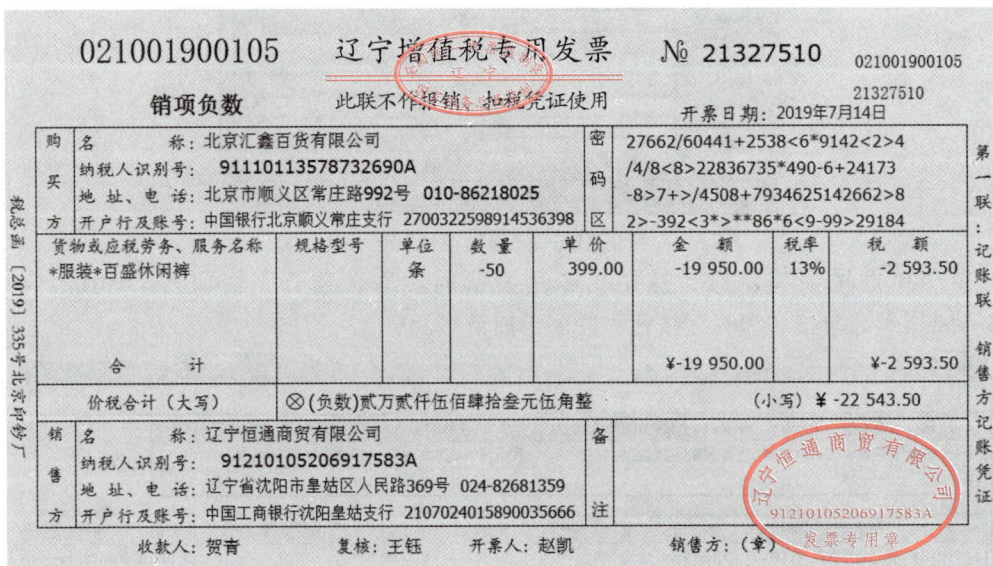

图 3-154　红字增值税专用发票

中国工商银行 电汇凭证（回单） 1 36257071

☑普通 □加急 委托日期 2019年7月14日

汇款人	全 称	辽宁恒通商贸有限公司	收款人	全 称	北京汇鑫百货有限公司
	账 号	2107024015890035666		账 号	2700322598914536398
	开户银行	中国工商银行沈阳皇姑支行		开户银行	中国银行北京顺义常庄支行

金额 人民币（大写）贰万贰仟伍佰肆拾叁元伍角整 ¥22543 50

支付密码

附加信息及用途：退货款

汇入行签章 复核 记账

此联为汇出行给汇款人的回单

中国工商银行 阳皇姑支行 2019-07-11 转讫

图3-155 电汇付款凭证

出 库 单

客户：北京汇鑫　　　　　2019年7月14日　　　　　单号：CK07016

发货仓库	存货编码	存货名称	单位	数量 应发	数量 实发	单价	金额
服装仓	1102	百盛休闲裤	条	-50	-50		
合 计							

部门经理：略　　　会计：略　　　仓库：略　　　经办人：略

图3-156 出库单

【操作过程概览】

本业务的操作过程概览见表3-11。

表3-11　　　　　操作过程概览

序号	操作日期	操作员	系统	操作内容
1	2019-07-14	X01刘晓明	销售管理	参照销售订单生成红字销售专用发票
2	2019-07-14	C01李泽华	库存管理	参照退货单生成（负数）销售出库单
3	2019-07-14	W02赵凯	应收款管理	审核发票并制单处理
4	2019-07-14	W02赵凯	存货核算	正常单据记账并生成凭证

【具体操作过程】

1. 参照销售订单生成红字销售专用发票

（1）2019年7月14日，由刘晓明（X01）登录企业应用平台。在"销售管理"子系统，依次双击"销售开票→红字专用销售发票"菜单，打开"销售专用发票"窗口。单击工具栏的"增加"按钮，执行"生单"丨"参照订单"命令，打开"查询条件选择-参照订单"窗口，单击"确定"，系统弹出"参照生单"窗口。选中窗口上方的XS07002号订单，窗口下方只选中"百盛休闲裤"，单击"OK确定"按钮，系统自动生成一张红字销售专用发票。根据图3-154，将表头"发票号"修改"21327510"，表体数量修改为“-50”，“仓库名称”选择“服装仓”，单击“保存”按钮。

（2）在“销售专用发票”窗口，单击“现结”按钮，打开“现结”窗口。根据图3-155，“结算方式”选择“电汇”，“原币金额”输入“-22543.5”，“票据号”输入“36257071”。输入完毕单击“确定”，返回“销售专用发票”窗口。单击“复核”，结果如图3-157所示。

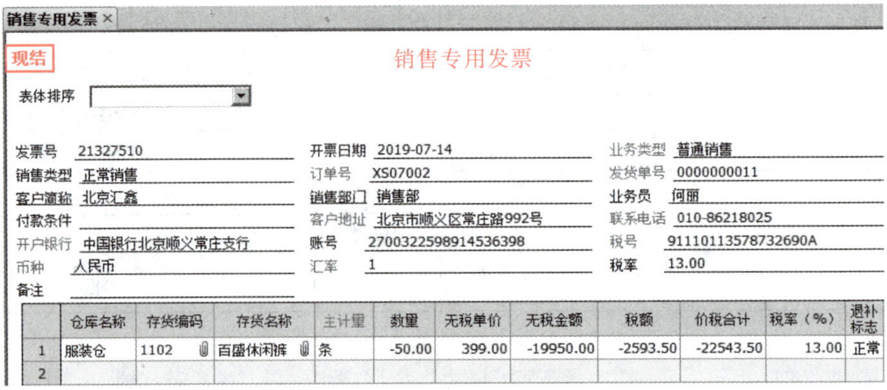

销售专用发票 ×

现结

销售专用发票

表体排序

发票号 21327510　开票日期 2019-07-14　业务类型 普通销售

销售类型 正常销售　订单号 XS07002　发货单号 0000000011

客户简称 北京汇鑫　销售部门 销售部　业务员 何丽

付款条件　客户地址 北京市顺义区常庄路992号　联系电话 010-86218025

开户银行 中国银行北京顺义常庄支行　账号 2700322598914536398　税号 91110113578732690A

币种 人民币　汇率 1　税率 13.00

备注

	仓库名称	存货编码	存货名称	主计量	数量	无税单价	无税金额	税额	价税合计	税率（%）	退补标志
1	服装仓	1102	百盛休闲裤	条	-50.00	399.00	-19950.00	-2593.50	-22543.50	13.00	正常
2											

图3-157　红字销售专用发票

【提示】

开票直接发货模式的销售退货业务中，红字销售专用发票复核后，系统自动生成已审核的退货单。

2. 参照退货单生成（负数）销售出库单

2019年7月14日，由李泽华（C01）登录企业应用平台。依次双击“业务工作”页签中的“供应链→库存管理→出库业务→销售出库单”菜单，系统打开“销售出库单”窗口。执行“生单”|“销售生单”命令，打开“查询条件选择-销售发货单列表”对话框，单击“确定”按钮，系统打开“销售生单”窗口。双击14日北京汇鑫的退货单所对应的“选择”栏，再单击工具栏的“OK确定”按钮，系统返回“销售出库单”窗口。根据图3-156，修改“出库单号”为“CK07016”。保存并审核该单据，结果如图3-158所示。

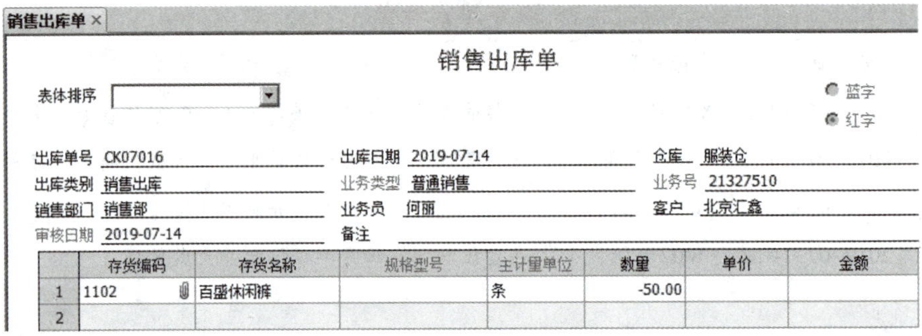

销售出库单 ×

销售出库单

表体排序　◎蓝字　◉红字

出库单号 CK07016　出库日期 2019-07-14　仓库 服装仓

出库类别 销售出库　业务类型 普通销售　业务号 21327510

销售部门 销售部　业务员 何丽　客户 北京汇鑫

审核日期 2019-07-14　备注

	存货编码	存货名称	规格型号	主计量单位	数量	单价	金额
1	1102	百盛休闲裤		条	-50.00		
2							

图3-158　销售出库单

3. 审核发票并制单处理

2019年7月14日，由赵凯（W02）登录企业应用平台。双击“业务工作→财务会计→应收款管理→应收单据处理→应收单据审核”菜单，打开“应收单查询条件”对话框，勾选“包含已现结发票”，单击“确定”按钮，打开“单据处理”窗口。双击14日北京汇鑫那一行“选择”栏右侧任意单元格，打开“销售发票”窗口。单击“审核”按钮，系统提示“是否立即制单?”，点击“是”，生成记账凭证，结果如图3-159所示。关闭当前已打开窗口。

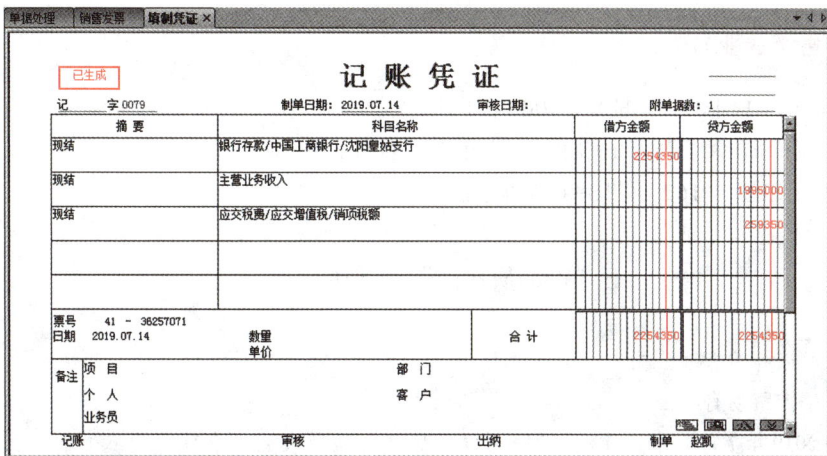

图 3-159　记账凭证

4. 正常单据记账并生成凭证

（1）正常单据记账。在供应链的"存货核算"子系统，依次双击"业务核算→正常单据记账"菜单，打开"查询条件选择"窗口，单击"确定"按钮，系统打开"未记账单据一览表"窗口。单击工具栏的"全选"按钮，以选中 21327510 号发票，此时单击工具栏的"记账"按钮，弹出"未记账单据一览表"窗口，"百盛休闲裤"的"单价"输入"199"，如图 3-160 所示，单击"确定"，弹出"记账成功"，单击"确定"，完成记账工作。关闭该窗口。

手工输入单价列表

选择	存货编码	存货名称	规格型号	部门编码	仓库编码	仓库名称	单价
Y	1102	百盛休闲裤			1	服装仓	199.00
小计							

图 3-160　手工输入单价列表

（2）生成凭证。依次双击"存货核算"子系统的"财务核算→生成凭证"菜单，系统打开"生成凭证"窗口。单击工具栏的"选择"按钮，系统弹出"查询条件"对话框，单击"确定"按钮，系统打开"选择单据"窗口。单击工具栏的"全选"按钮，以选中 21327510 号发票，再单击"确定"按钮，打开"生成凭证"窗口。单击工具栏的"生成"按钮，系统打开"填制凭证"窗口并自动生成凭证。保存该凭证，结果如图 3-161 所示。

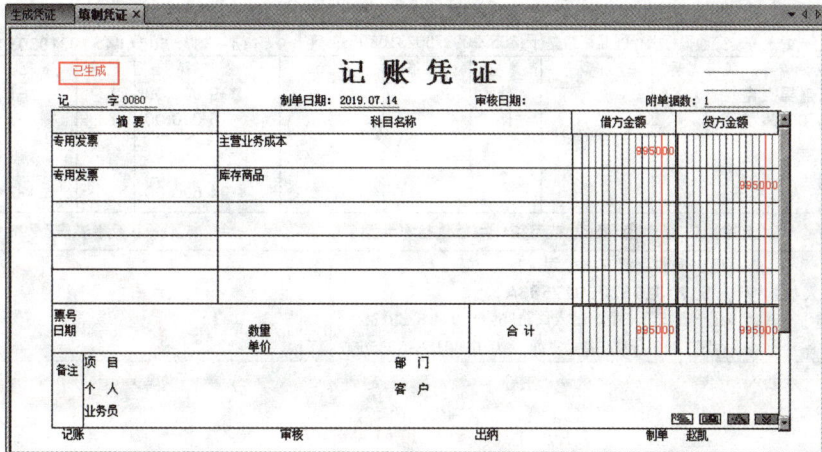

图 3-161　记账凭证

业务3 销售折让业务

2019年7月14日，根据XS07006合同向上海乐淘发出的第二批货物存在质量问题，经协商，恒通公司给予对方10%的销售折让。当日，收到上海乐淘尾款。

相关凭证如图3-162至图3-164所示。

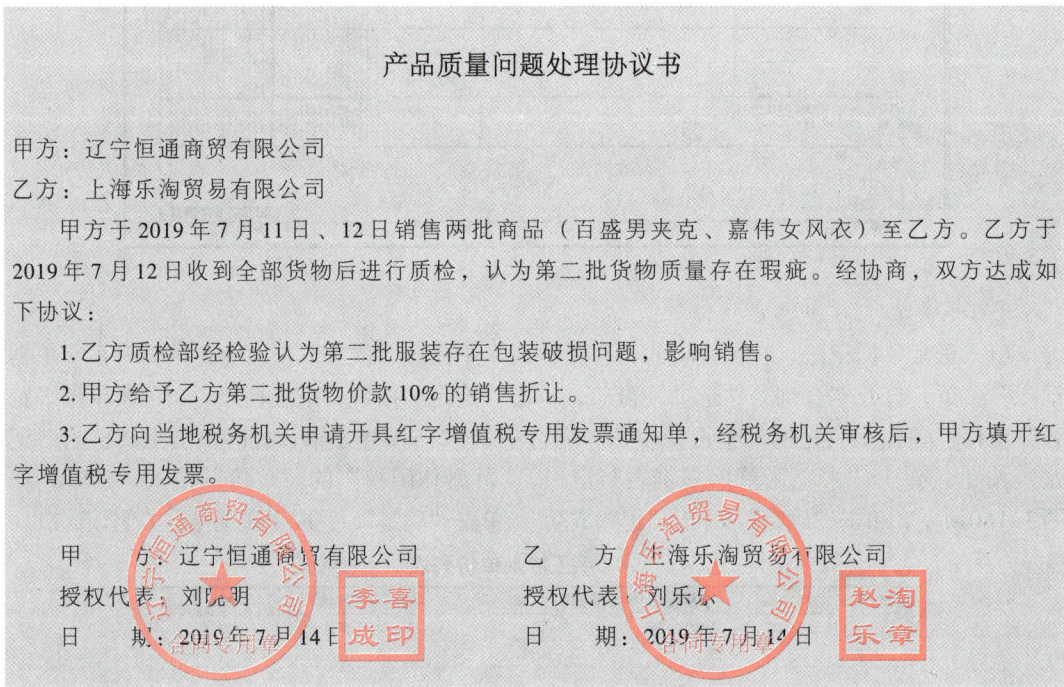

产品质量问题处理协议书

甲方：辽宁恒通商贸有限公司

乙方：上海乐淘贸易有限公司

甲方于2019年7月11日、12日销售两批商品（百盛男夹克、嘉伟女风衣）至乙方。乙方于2019年7月12日收到全部货物后进行质检，认为第二批货物质量存在瑕疵。经协商，双方达成如下协议：

1. 乙方质检部经检验认为第二批服装存在包装破损问题，影响销售。

2. 甲方给予乙方第二批货物价款10%的销售折让。

3. 乙方向当地税务机关申请开具红字增值税专用发票通知单，经税务机关审核后，甲方填开红字增值税专用发票。

甲　　方：辽宁恒通商贸有限公司　　　　　　　乙　　方：上海乐淘贸易有限公司

授权代表：刘晓明　　　　　　　　　　　　　　授权代表：刘乐乐

日　　期：2019年7月14日　　　　　　　　　　日　　期：2019年7月14日

图3-162　产品质量问题处理协议书

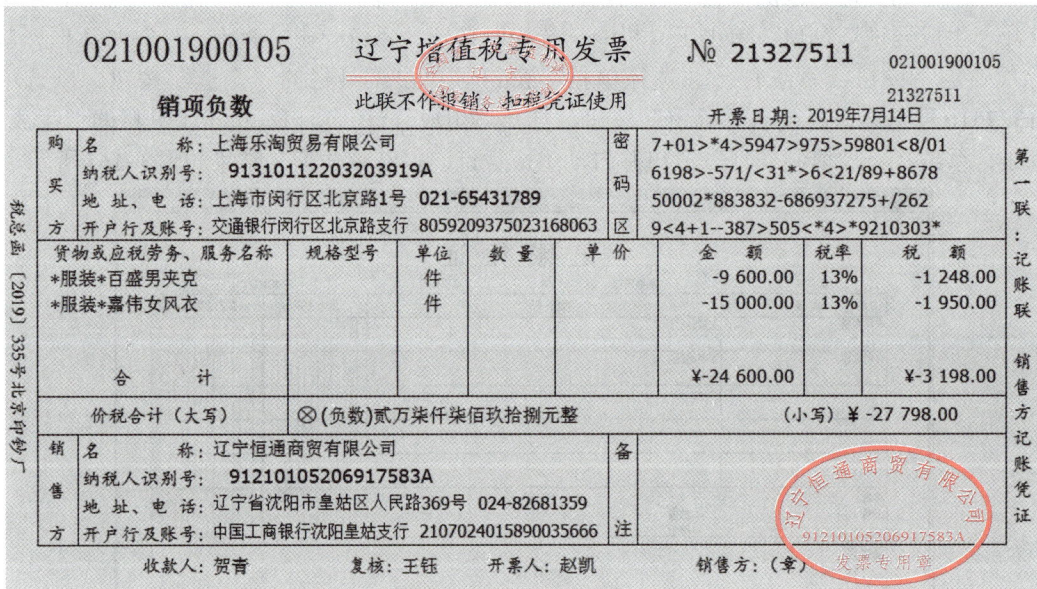

图3-163　红字增值税专用发票

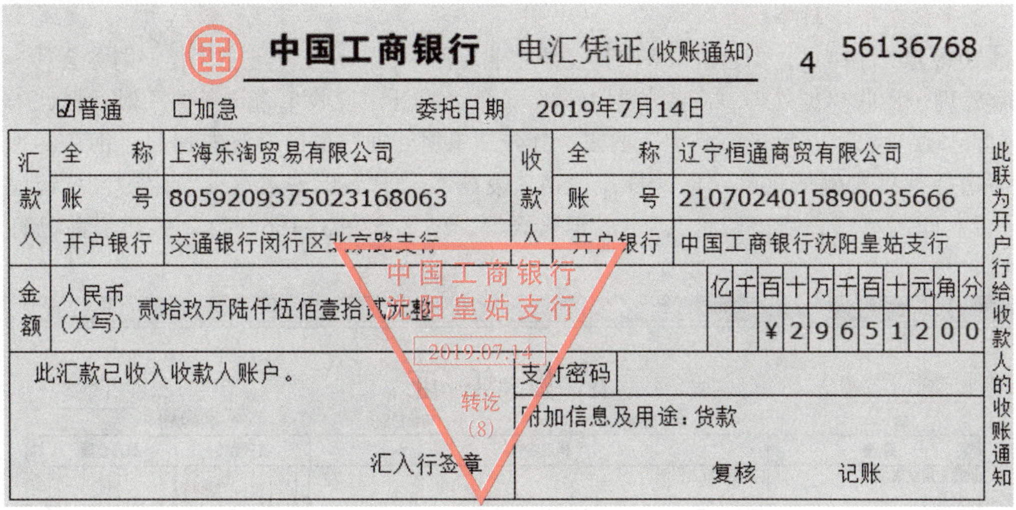

图 3-164　电汇收款凭证

【操作过程概览】

本业务的操作过程概览见表 3-12。

表 3-12　　　　　　　　　　操作过程概览

序号	操作日期	操作员	系统	操作内容
1	2019-07-14	X01刘晓明	销售管理	参照销售订单生成红字销售专用发票
2	2019-07-14	W02赵凯	应收款管理	审核发票并制单处理
3	2019-07-14	W02赵凯	应收款管理	红票对冲
4	2019-07-14	W03贺青	应收款管理	选择收款
5	2019-07-14	W02赵凯	应收款管理	合并制单

【具体操作过程】

1.参照销售订单生成红字销售专用发票

2019 年 7 月 14 日，由刘晓明（X01）登录企业应用平台。在"销售管理"子系统，依次双击"销售开票→红字专用销售发票"菜单，打开"销售专用发票"窗口。单击工具栏的"增加"按钮，参照 XS07006 号销售订单生成红字销售专用发票，根据图 3-163 填写表头"发票号"为"21327511"，填制完毕保存并复核该红字发票，结果如图 3-165 所示。

图 3-165　红字销售专用发票

2.审核发票并制单处理

2019年7月14日，由赵凯（W02）登录企业应用平台。双击"业务工作→财务会计→应收款管理→应收单据处理→应收单据审核"菜单，打开"应收单查询条件"对话框，勾选"包含已现结发票"，单击"确定"按钮，打开"单据处理"窗口。双击14日上海乐淘那一行"选择"栏右侧任意单元格，打开"销售发票"窗口。单击"审核"按钮，系统提示"是否立即制单?"，点击"是"，生成记账凭证，结果如图 3-166 所示。关闭当前已打开窗口。

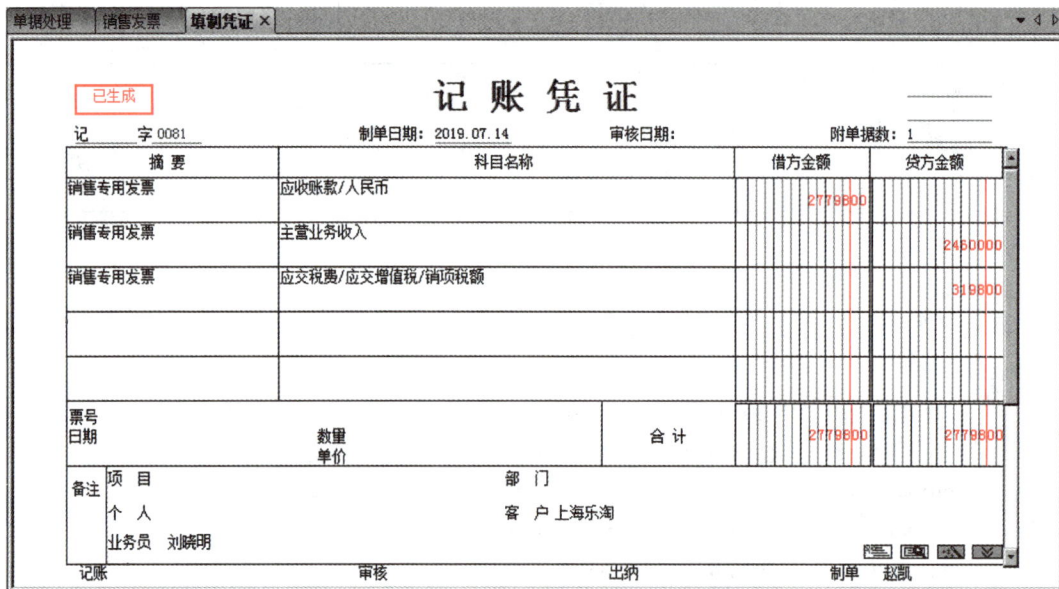

图 3-166　记账凭证

【提示】

虽然此业务不涉及退货，但是红字销售发票复核后仍生成了一张已审核的退货单。

3.红票对冲

依次双击"业务工作"页签中的"财务会计→应收款管理→转账→红票对冲→手工对冲"菜单，系统打开"红票对冲条件"窗口，客户选择"上海乐淘"，单击"确定"，打开"红票对冲"窗口。

在 21327506 号销售专用发票的"对冲金额"栏输入"27798"，如图 3-167 所示，单击"保存"，系统提示"是否立即制单?"，单击"是"，系统自动生成一张记账凭证，单击"保存"，结果如图 3-168 所示。

单据日期	单据类型	单据编号	客户	币种	原币金额	原币余额	对冲金额	部门	业务员	合同名称
2019-07-14	销售专用发票	21327511	上海乐淘	人民币	27,798.00	27,798.00	27,798.00	销售部	刘晓明	
合计					27,798.00	27,798.00	27,798.00			

单据日期	单据类型	单据编号	客户	币种	原币金额	原币余额	对冲金额	部门	业务员	合同名称
2019-07-11	销售专用发票	21327506	上海乐淘	人民币	463,300.00	324,310.00	27,798.00	销售部	刘晓明	
合计					463,300.00	324,310.00	27,798.00			

图 3-167　"红票对冲"窗口

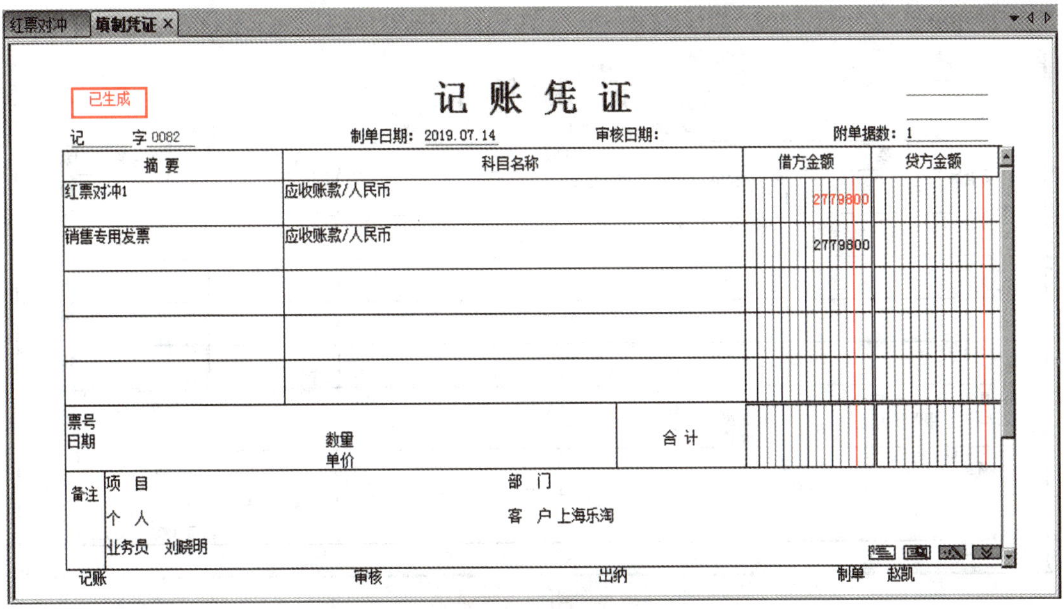

图 3-168 记账凭证

4.选择收款

2019 年 7 月 14 日,由贺青(W03)登录企业应用平台。双击"业务工作→财务会计→应收款管理→选择收款"菜单,打开"选择收款-条件"窗口,选择客户"上海乐淘",单击"确定",打开"选择收款-单据"窗口。单击"全选"按钮,再单击"OK确认"按钮,弹出"选择收款-收款单"对话框。根据图 3-164,"结算方式"选择"电汇","票据号"输入"56136768",如图 3-169 所示。单击"确定"按钮。

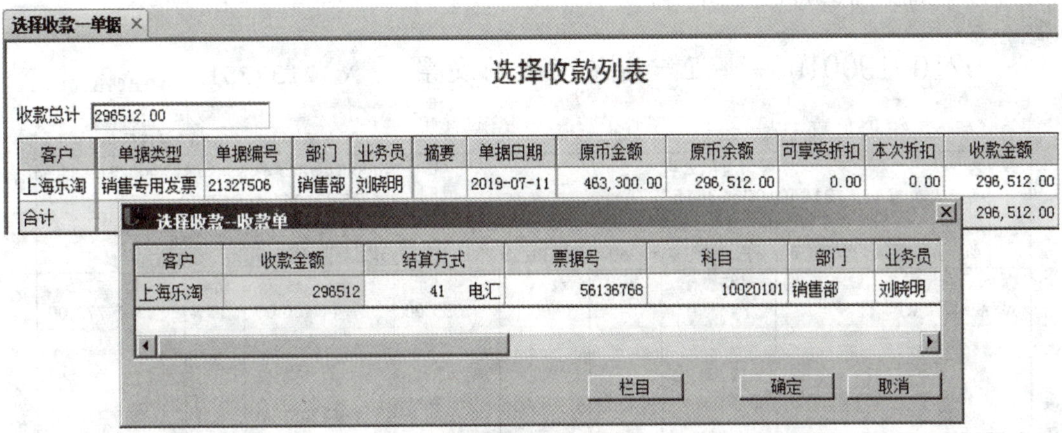

图 3-169 选择收款

5.合并制单

2019 年 7 月 14 日,由赵凯(W02)登录企业应用平台。双击"业务工作→财务会计→应收款管理→制单处理"菜单,打开"制单查询"对话框,勾选"收付款单制单""核销制单",单击"确定",打开"制单"窗口。单击"合并"按钮,再单击"制单",系统生成相关的记账凭证,单击"保存"按钮,结果如图 3-170 所示。

制单 | 填制凭证 ×

已生成

记 账 凭 证

记 字 0083 制单日期：2019.07.14 审核日期： 附单据数：2

摘 要	科目名称	借方金额	贷方金额
收款单	银行存款/中国工商银行/沈阳皇姑支行	29651200	
核销	应收账款/人民币		29651200
票号 41 - 56136768 日期 2019.07.14	数量 单价 合 计	29651200	29651200

备注 项 目 部 门

个 人 客 户

业务员

记账 审核 出纳 制单 赵凯

图3-170 记账凭证

业务4 带信用条件的退货业务

2019年7月15日，根据XS07007号合同卖给广州华丰的货物中有80件嘉伟女风衣出现质量问题。经协商恒通公司同意退货。当日，恒通公司开具红字发票并支付了退货款，同日收到所退货物。（退货款要求通过应收系统付款单处理）（注：所退货物成本价为498元）

相关凭证如图3-171至图3-173所示。

021001900105 辽宁增值税专用发票 № 21327512 021001900105

销项负数 此联不作报销、扣税凭证使用 21327512

开票日期：2019年7月15日

购买方	名 称：广州华丰超市有限公司 纳税人识别号：91440100613815327A 地 址、电 话：广东省广州市北市区向阳路108号 020-52396012 开户行及账号：中国工商银行广州向阳支行 2692006083025562331	密码区	768585<>88>4<854</8+7993/5+ 295/65<2104*-19843679<>3729 7->7-13492*2964>4/*250+4470 228>6*29*>24*>8813467670+1-

货物或应税劳务、服务名称	规格型号	单位	数量	单价	金额	税率	税额
*服装*嘉伟女风衣		件	-80	555.00	-44 400.00	13%	-5 772.00
合 计					¥-44 400.00		¥-5 772.00
价税合计（大写）	⊗(负数)伍万零壹佰柒拾贰元整				（小写）¥ -50 172.00		

销售方	名 称：辽宁恒通商贸有限公司 纳税人识别号：91210105206917583A 地 址、电 话：辽宁省沈阳市皇姑区人民路369号 024-82681359 开户行及账号：中国工商银行沈阳皇姑支行 2107024015890035666	备注	辽宁恒通商贸有限公司 91210105206917583A 发票专用章

收款人：贺青 复核：王钰 开票人：赵凯 销售方：（章）

税总函〔2019〕335号北京印钞厂

第一联：记账联 销售方记账凭证

图3-171 红字增值税专用发票

出库单

客户：广州华丰　　　　　　　　　2019年7月15日　　　　　　　　　单号：CK07017

发货仓库	存货编码	存货名称	单位	应发	实发	单价	金额
服装仓	1151	嘉伟女风衣	件	-80	-80		
合　计							

部门经理：略　　　　会计：略　　　　仓库：略　　　　经办人：略

图3-172　出库单

中国工商银行 电汇凭证（回单）　1　36257072

☑普通　□加急　　　委托日期　2019年7月15日

汇款人	全称	辽宁恒通商贸有限公司	收款人	全称	广州华丰超市有限公司
	账号	2107024015890035666		账号	2692006083025562331
	开户银行	中国工商银行沈阳皇姑支行		开户银行	中国工商银行广州向阳支行

金额 人民币（大写）肆万捌仟捌佰肆拾元整　　￥4884000

附加信息及用途：退货款

此联为汇出行给汇款人的回单

复核　　记账

图3-173　电汇付款凭证

【操作过程概览】

本业务的操作过程概览见表3-13。

表3-13　　　　　操作过程概览

序号	操作日期	操作员	系统	操作内容
1	2019-07-15	X01刘晓明	销售管理	参照销售订单生成红字销售专用发票
2	2019-07-15	C01李泽华	库存管理	参照退货单生成（负数）销售出库单
3	2019-07-15	W02赵凯	应收款管理	审核发票并制单处理
4	2019-07-15	W02赵凯	存货核算	正常单据记账并生成凭证
5	2019-07-15	W03贺青	应收款管理	填制应收系统付款单
6	2019-07-15	W02赵凯	应收款管理	审核付款单、核销，合并制单

【具体操作过程】

1.参照销售订单生成红字销售专用发票

2019年7月15日，由刘晓明（X01）登录企业应用平台。在"销售管理"子系统，依次双击"销售开票→红字专用销售发票"菜单，打开"销售专用发票"窗口。单击工具栏的"增加"按钮，执行"生单"|"参照订单"命令，打开"查询条件选

择–参照订单"窗口，单击"确定"，系统弹出"参照生单"窗口。窗口上方选择XS07007号订单，窗口下方只选择"嘉伟女风衣"，单击"OK确定"按钮，系统自动生成一张红字销售专用发票。根据图3-171，修改红字销售专用发票表头"发票号"为"21327512"，表体数量为"-80"，"仓库名称"为"服装仓"。保存并复核该红字发票，结果如图3-174所示。

销售专业发票

	仓库名称	存货编码	存货名称	主计量	数量	无税单价	无税金额	税额	价税合计	税率（%）	退补标志
1	服装仓	1151	嘉伟女风衣	件	-80.00	555.00	-44400.00	-5772.00	-50172.00	13.00	正常

发票号 21327512　开票日期 2019-07-15　业务类型 普通销售
销售类型 正常销售　订单号 XS07007　发货单号
客户简称 广州华丰　销售部门 销售部　业务员 刘晓明
付款条件 3/10,1.5/20,n/30　客户地址 广东省广州市北市区向阳路108号　联系电话 020-52396012
开户银行 中国工商银行广州向阳支行　账号 2692006083025562331　税号 91440100613815327A
币种 人民币　汇率 1　税率 13.00

图3-174　红字销售专用发票

2.参照退货单生成（负数）销售出库单

2019年7月15日，由李泽华（C01）登录企业应用平台。依次双击"业务工作"页签中的"供应链→库存管理→出库业务→销售出库单"菜单，系统打开"销售出库单"窗口。执行"生单"|"销售生单"命令，打开"查询条件选择-销售发货单列表"对话框，单击"确定"按钮，系统打开"销售生单"窗口。双击15日广州华丰的发货单所对应的"选择"栏，再单击工具栏的"OK确定"按钮，系统返回"销售出库单"窗口。根据图3-172，修改出库单号为"CK07017"。保存并审核该出库单，结果如图3-175所示。

销售出库单

	存货编码	存货名称	规格型号	主计量单位	数量	单价	金额
1	1151	嘉伟女风衣		件	-80.00		
2							

出库单号 CK07017　出库日期 2019-07-15　仓库 服装仓
出库类别 销售出库　业务类型 普通销售　业务号 21327512
销售部门 销售部　业务员 刘晓明　客户 广州华丰
审核日期 2019-07-15　备注

图3-175　（负数）销售出库单

3.审核发票并制单处理

2019年7月15日，由赵凯（W02）在企业应用平台。双击"业务工作→财务会计→应收款管理→应收单据处理→应收单据审核"菜单，打开"应收单查询条件"对话框，勾选"包含已现结发票"，单击"确定"按钮，打开"单据处理"窗口。双击15日广州华丰那一行"选择"栏右侧任意单元格，打开"销售发票"窗口。单击"审核"按钮，系统提示"是否立即制单？"，点击"是"，生成记账凭证，结果如图3-176所示。关闭当前已打开窗口。

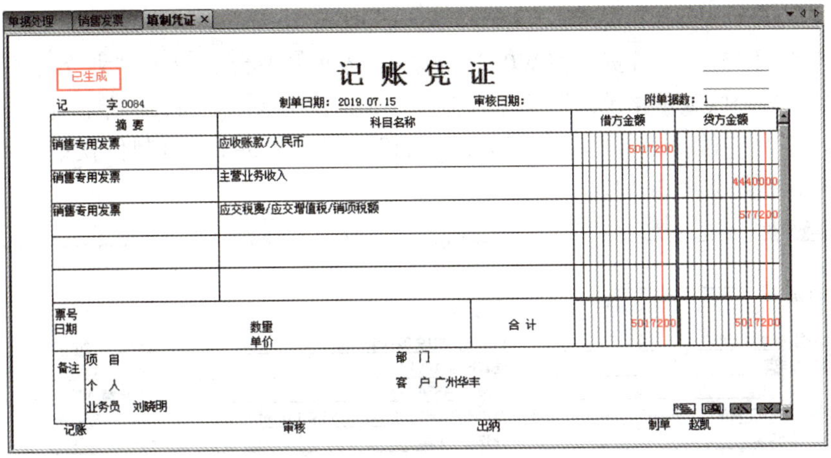

图3-176 记账凭证

4.正常单据记账并生成凭证

（1）正常单据记账。在供应链的“存货核算”子系统，依次双击“业务核算→正常单据记账”菜单，系统打开“查询条件选择”窗口，单击“确定”按钮，系统打开“未记账单据一览表”窗口。单击工具栏的“全选”按钮，以选中21327512号发票，此时单击工具栏的“记账”按钮，弹出“未记账单据一览表”窗口，百盛休闲裤“单价”输入“498”，如图3-177所示，单击“确定”，提示“记账成功”，单击“确定”，完成记账工作。关闭当前窗口。

手工输入单价列表

记录总数：1

选择	存货编码	存货名称	规格型号	部门编码	仓库编码	仓库名称	单价
Y	1151	嘉伟女风衣			1	服装仓	498.00
小计							

图3-177 手工输入单价列表

（2）生成凭证。依次双击“存货核算”子系统的“财务核算→生成凭证”菜单，系统打开“生成凭证”窗口。单击工具栏的“选择”按钮，系统弹出“查询条件”对话框，单击“确定”按钮，系统打开“选择单据”窗口。单击工具栏的“全选”按钮，以选中21327512号发票，再单击“确定”按钮，打开“生成凭证”窗口。单击工具栏的“生成”按钮，系统打开“填制凭证”窗口并自动生成凭证。保存该凭证，结果如图3-178所示。

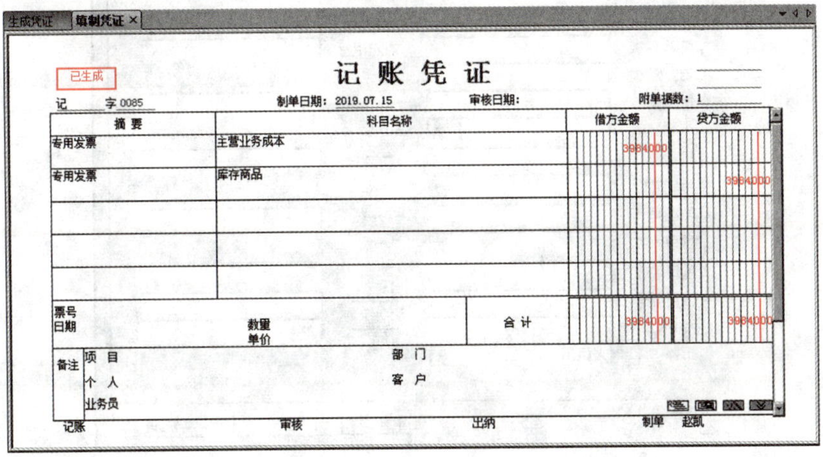

图3-178 记账凭证

5.填制应收系统付款单

2019年7月15日，由贺青（W03）登录企业应用平台。双击"业务工作→财务会计→应收款管理→收款单录入"菜单，打开"收付款单录入"窗口。单击工具栏上的"切换"按钮，打开"付款单"。单击"增加"按钮，根据图3-173填制付款单，填制完毕保存该付款单，结果如图3-179所示。

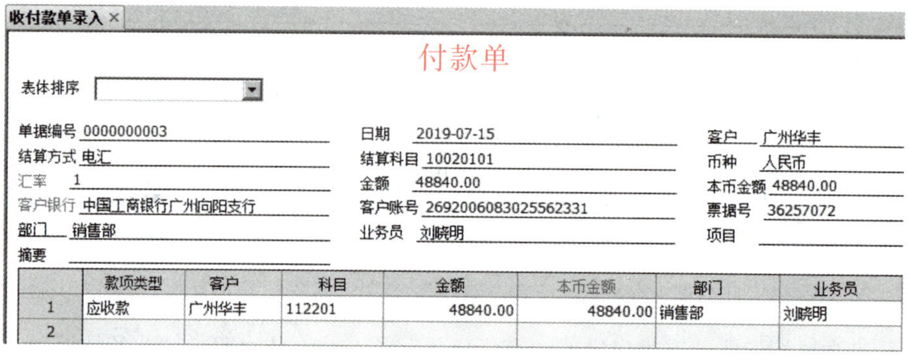

图3-179 应收系统付款单

6.审核付款单、核销，合并制单

2019年7月15日，由赵凯（W02）登录企业应用平台。

（1）审核付款单。双击"业务工作→财务会计→应收款管理→收款单据处理→收款单据审核"菜单，打开"收款单查询条件"对话框，单击"确定"按钮，打开"收付款单列表"窗口，单击"全选"按钮，再单击"审核"按钮。关闭当前窗口。

（2）手工核销。双击应收款管理子系统中的"核销处理→手工核销"菜单，打开"核销条件"对话框，选择客户"广州华丰"，再点击该窗口的"收付款单"选项卡，"单据类型"选择"付款单"，如图3-180所示。单击"确定"，打开"单据核销"窗口。

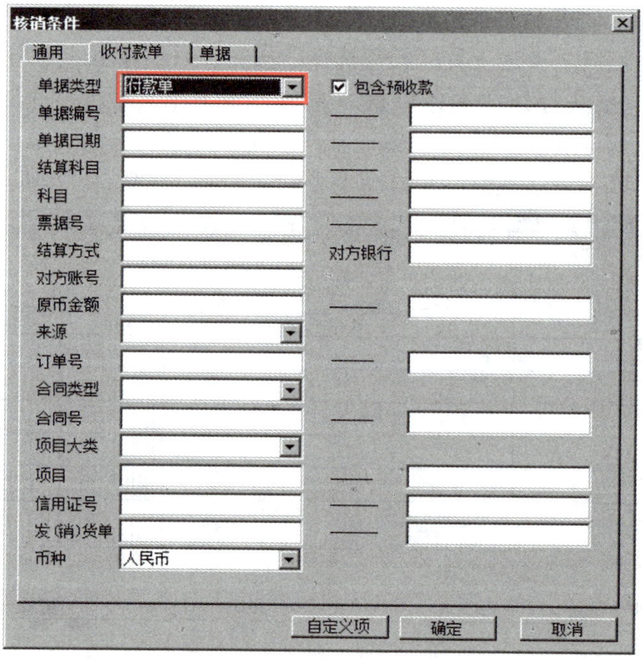

图3-180 "核销条件"窗口

在"单据核销"窗口，销售专用发票的"本次折扣"栏输入"1332"，"本次结算"栏输入"48840"，如图3-181所示，单击"保存"按钮。

单据日期	单据类型	单据编号	客户	款项类型	结算方式	币种	原币金额	原币余额	本次结算金额	订单号
2019-07-15	付款单	0000000003	广州华丰	应收款	电汇	人民币	48,840.00	48,840.00	48,840.00	
合计							48,840.00	48,840.00	48,840.00	

单据日期	单据类型	单据编号	到期日	客户	币种	原币金额	原币余额	可享受折扣	本次折扣	本次结算	订单号	凭证号
2019-07-15	销售专用发票	21327512	2019-08-14	广州华丰	人民币	50,172.00	50,172.00	1,505.16	1,332.00	48,840.00	XS07007	记-0084
合计						50,172.00	50,172.00	1,505.16	1,332.00	48,840.00		

图3-181 "单据核销"窗口

（3）双击应收款管理子系统中的"制单处理"菜单，打开"制单查询"对话框，勾选"收付款单制单""核销制单"，单击"确定"，打开"制单"窗口。依次单击"全选""合并""制单"，系统生成相关的记账凭证，单击"保存"按钮，结果如图3-182所示。

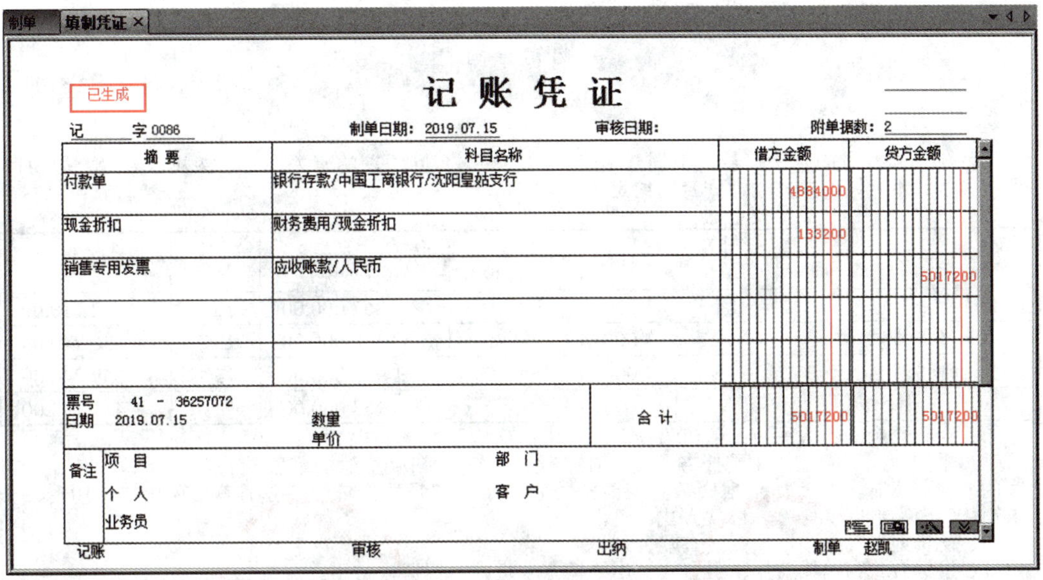

图3-182 记账凭证

【复习思考题】

1.简述先发货后开票模式与开票直接发货模式的区别与联系。

2.试对教材中涉及的几种收款方式进行比较。

3.试分析销售赠品业务的处理思路。

4.简述销售过程中发生运输费用的处理思路。

5.如何正确使用发货签回单。

6.简述应收单据与收款单据的区别与联系。

7.请问销售订单有几种生成方式？

8.简述销售定金的转出方式。

项目4 特殊业务类型业务

任务1 代销业务

业务1 受托代销——视同买断方式

一、收到受托代销货物

2019年7月15日，采购部张宏亮与山东顺达皮具有限公司（简称山东顺达）签订代销合同。当日收到代销商品。

相关凭证如图4-1至图4-2所示。

购销合同

合同编号：ST07001

委托方：山东顺达皮具有限公司
受托方：辽宁恒通商贸有限公司

为保护买卖双方的合法权益，根据《中华人民共和国合同法》的有关规定，买卖双方经友好协商，一致同意签订本合同，并共同遵守合同约定。

一、货物的名称、数量及金额：

货物名称	规格型号	计量单位	数量	单价（不含税）	金额（不含税）	税率	税额
顺达女士箱包		个	1 500	578.00	867 000.00	13%	112 710.00
顺达男士箱包		个	1 000	298.00	298 000.00	13%	38 740.00
顺达情侣箱包		对	2 000	999.00	1 998 000.00	13%	259 740.00
合　计					¥3 163 000.00		¥411 190.00

二、合同总金额：人民币叁佰伍拾柒万肆仟壹佰玖拾元整（¥3 574 190.00）。
三、采用视同买断方式由委托方委托受托方代销货物，实际售价由受托方自定，实际售价与合同价之间的差额归受托方所有。根据代销商品销售情况，每月17日双方依照结算清单结算货款。10月31日前未销售完商品退回委托方。付款方式：电汇。
四、交货地点：辽宁恒通商贸有限公司。
五、发运方式及运输费用承担方式：由委托方发货并承担运输费用。

委　托　方：山东顺达皮具有限公司　　委　托　方：辽宁恒通商贸有限公司
授权代表：李建国　　　　　　　　　　　受权代表：张宏亮
日　　期：2019年7月15日　　　　　　日　　期：2019年7月15日

图4-1　视同买断方式代销合同

入库单

供应商：山东顺达　　　　　　　　　2019年7月15日　　　　　　　　单号：RK07020

验收仓库	存货编码	存货名称	单位	数量 应收	数量 实收	单价	金额
皮具仓	1301	顺达女士箱包	个	1 500	1 500		
皮具仓	1302	顺达男士箱包	个	1 000	1 000		
皮具仓	1303	顺达情侣箱包	对	2 000	2 000		
合　计							

部门经理：略　　　　会计：略　　　　仓库：略　　　　经办人：略

图4-2　入库单

【操作过程概览】

本业务的操作过程概览见表4-1。

表4-1　　　　　　　　　　　　　　　　　操作过程概览

序号	操作日期	操作员	系统	操作内容
1	2019-07-15	G01张宏亮	采购管理	填制（受托代销）采购订单
2	2019-07-15	G01张宏亮	采购管理	参照（受托代销）采购订单生成到货单
3	2019-07-15	C01李泽华	库存管理	参照到货单生成采购入库单
4	2019-07-15	W02赵凯	存货核算	正常单据记账并生成凭证

【具体操作过程】

1.填制（受托代销）采购订单

2019年7月15日，由张宏亮（G01）登录企业应用平台。依次双击"业务工作"页签中的"供应链→采购管理→采购订货→采购订单"菜单，打开"采购订单"窗口。单击工具栏的"增加"按钮，将表头项目"业务类型"改为"受托代销"。根据图4-1填制采购订单，填制完毕保存并审核该订单，结果如图4-3所示。关闭并退出"采购订单"窗口。

图4-3　（受托代销）采购订单

2.参照（受托代销）采购订单生成到货单

（1）在"采购管理"子系统，双击"采购到货→到货单"菜单，打开"到货单"窗口。单击工具栏的"增加"按钮，将到货单表头的业务类型改为"受托代销"，再执行工具栏的"生单"|"采购订单"命令，打开"查询条件选择-采购订单列表过滤"对话框，单击"确定"按钮，系统弹出"拷贝并执行"窗口。双击"到货单拷贝订单表头列表"中订单号"ST07001"最左侧的"选择"单元格，以选中该订单，如图4-4所示。单击"OK确定"按钮。系统返回"到货单"窗口，生成一张到货单。

图4-4　"拷贝并执行"窗口

（2）保存并审核该到货单，结果如图4-5所示。关闭并退出该窗口。

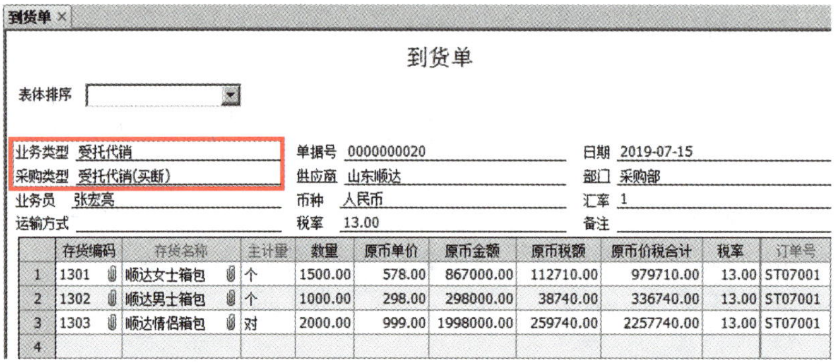

图4-5　（受托代销）到货单

3.参照到货单生成采购入库单

2019年7月15日，由李泽华（C01）登录企业应用平台。依次双击"业务工作"页签中的"供应链→库存管理→入库业务→采购入库单"菜单，系统打开"采购入库单"窗口。执行"生单"|"采购到货单（蓝字）"命令，打开"查询条件选择-采购到货单列表"对话框，单击"确定"按钮，系统打开"到货单生单列表"窗口。双击15日山东顺达的到货单所对应的"选择"栏（即上一步骤完成的到货单），再单击工具栏的"OK确定"按钮，系统返回"采购入库单"窗口。根据图4-2修改采购入库单表头项目"入库单号"为"RK07020"，"仓库"选择为"皮具仓"，其他项默认。保存并审核采购入库单，结果如图4-6所示。

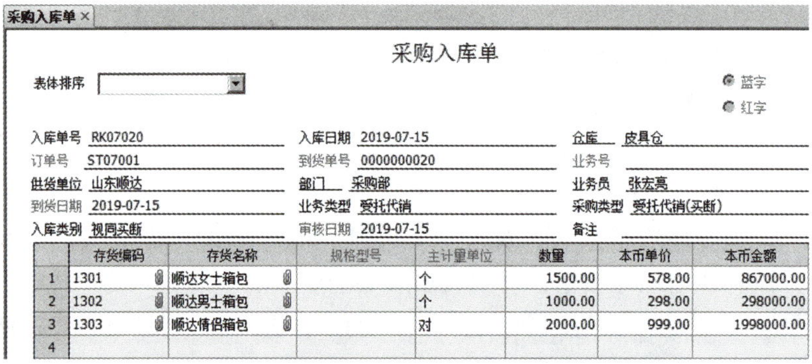

图4-6　采购入库单

4.正常单据记账并生成凭证

2019年7月15日，由赵凯（W02）登录企业应用平台。

（1）正常单据记账。在供应链的"存货核算"子系统，依次双击"业务核算→正常单据记账"菜单，系统打开"查询条件选择"窗口，直接单击"确定"按钮，系统打开"未记账单据一览表"窗口。双击RK07020号采购入库单的"选择"栏，使其显示"Y"字样，此时单击工具栏的"记账"按钮，系统弹出信息框提示记账成功，单击其"确定"按钮，完成记账工作。关闭当前窗口。

（2）生成凭证。依次双击"存货核算"系统的"财务核算→生成凭证"菜单，系统打开"生成凭证"窗口。单击工具栏的"选择"按钮，系统弹出"查询条件"对话框，单击"确定"按钮，系统打开"选择单据"窗口，如图4-7所示。

图4-7 未生成凭证单据一览表

单击工具栏的"全选"按钮，以选中已记账的采购入库单，再单击工具栏的"确定"按钮，系统自动关闭"选择单据"窗口返回"生成凭证"窗口。单击工具栏的"生成"按钮，系统打开"填制凭证"窗口并自动生成凭证。单击工具栏的"保存"按钮，如图4-8所示。

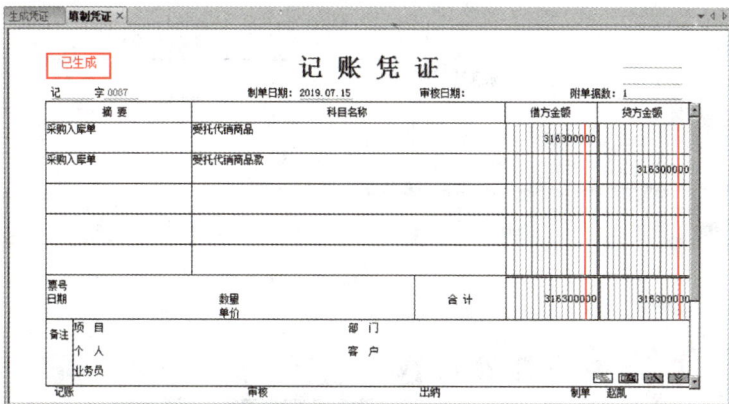

图4-8 记账凭证

二、销售受托代销货物

2019年7月16日，销售部刘晓明与上海乐淘签订购销合同。当日，恒通公司开具发票并发出全部货物，同时收到货款。

相关凭证如图4-9至图4-12所示。

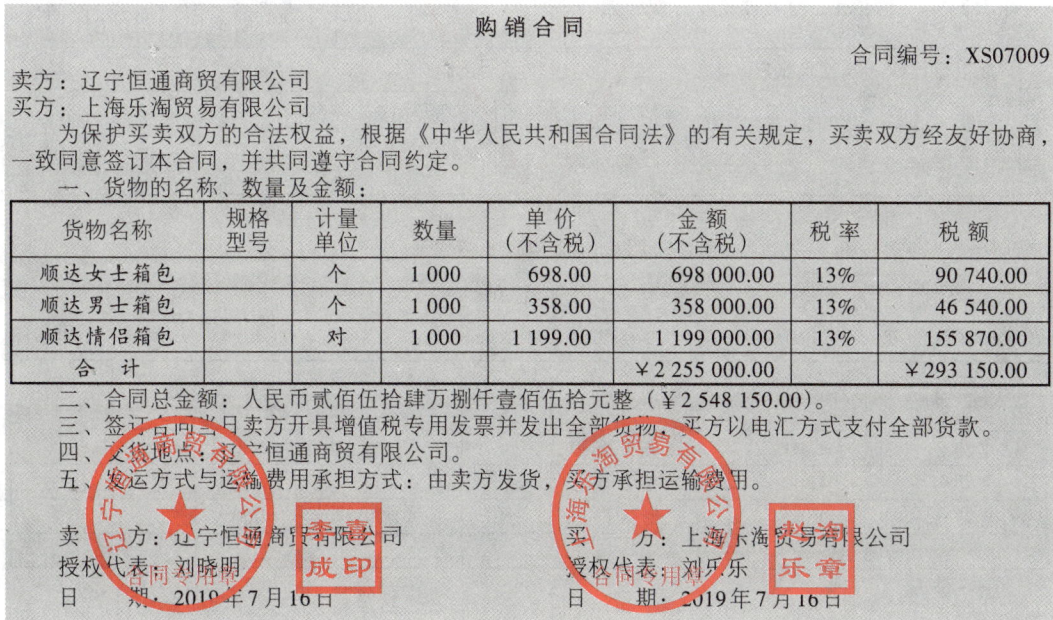

购销合同

合同编号：XS07009

卖方：辽宁恒通商贸有限公司
买方：上海乐淘贸易有限公司

为保护买卖双方的合法权益，根据《中华人民共和国合同法》的有关规定，买卖双方经友好协商，一致同意签订本合同，并共同遵守合同约定。

一、货物的名称、数量及金额：

货物名称	规格型号	计量单位	数量	单价（不含税）	金额（不含税）	税率	税额
顺达女士箱包		个	1 000	698.00	698 000.00	13%	90 740.00
顺达男士箱包		个	1 000	358.00	358 000.00	13%	46 540.00
顺达情侣箱包		对	1 000	1 199.00	1 199 000.00	13%	155 870.00
合 计					￥2 255 000.00		￥293 150.00

二、合同总金额：人民币贰佰伍拾肆万捌仟壹佰伍拾元整（￥2 548 150.00）。
三、签订合同当日卖方开具增值税专用发票并发出全部货物，买方以电汇方式支付全部货款。
四、交货地点：辽宁恒通商贸有限公司。
五、发运方式与运输费用承担方式：由卖方发货，买方承担运输费用。

卖 方：辽宁恒通商贸有限公司　　　　买 方：上海乐淘贸易有限公司
授权代表：刘晓明　　　　　　　　　　授权代表：刘乐乐
日 期：2019年7月16日　　　　　　　日 期：2019年7月16日

图4-9 购销合同

辽宁增值税专用发票

021001900105 № 21327513 021001900105
21327513

此联不作报销、抵扣税凭证使用

开票日期：2019年7月16日

货物或应税劳务、服务名称	规格型号	单位	数量	单价	金额	税率	税额
*皮具*顺达女士箱包		个	1 000	698.00	698 000.00	13%	90 740.00
*皮具*顺达男士箱包		个	1 000	358.00	358 000.00	13%	46 540.00
*皮具*顺达情侣箱包		对	1 000	1 199.00	1 199 000.00	13%	155 870.00
合　计					¥2 255 000.00		¥293 150.00

购买方 名称：上海乐淘贸易有限公司
纳税人识别号：91310112203203919A
地址、电话：上海市闵行区北京路1号 021-65431789
开户行及账号：交通银行闵行区北京路支行 8059209375023168063

密码区：007177091149399107/-160015>2+67<>653443-*86>950/42017/6>8<*6>6/31-18-+>586*21+02000*3*141451>4551<+*987*<4>3<

价税合计（大写）⊗贰佰伍拾肆万捌仟壹佰伍拾元整　（小写）¥2 548 150.00

销售方 名称：辽宁恒通商贸有限公司
纳税人识别号：91210105206917583A
地址、电话：辽宁省沈阳市皇姑区人民路369号 024-82681359
开户行及账号：中国工商银行沈阳皇姑支行 2107024015890035666

收款人：贺青　复核：王钰　开票人：赵凯　销售方：（章）

图4-10　增值税专用发票

中国工商银行 电汇凭证（收账通知）

4　56136785

☑普通　☐加急　委托日期　2019年7月16日

汇款人 全称：上海乐淘贸易有限公司
账号：8059209375023168063
开户银行：交通银行闵行区北京路支行

收款人 全称：辽宁恒通商贸有限公司
账号：2107024015890035666
开户银行：中国工商银行沈阳皇姑支行

金额 人民币（大写）贰佰伍拾肆万捌仟壹佰伍拾元整　¥254815000

此汇款已收入收款人账户。

支付密码
附加信息及用途：货款

汇入行签章　复核　记账

图4-11　电汇收款凭证

出库单

客户：上海乐淘　　　2019年7月16日　　　单号：CK07018

发货仓库	存货编码	存货名称	单位	数量应发	数量实发	单价	金额
皮具仓	1301	顺达女士箱包	个	1 000	1 000		
皮具仓	1302	顺达男士箱包	个	1 000	1 000		
皮具仓	1303	顺达情侣箱包	对	1 000	1 000		
合　计							

部门经理：略　　会计：略　　仓库：略　　经办人：略

图4-12　出库单

【操作过程概览】

本业务的操作过程概览见表4-2。

表 4-2　　　　　　　　　　　　　操作过程概览

序号	操作日期	操作员	系统	操作内容
1	2019-07-16	X01 刘晓明	销售管理	填制销售订单
2	2019-07-16	X01 刘晓明	销售管理	参照销售订单生成销售专用发票
3	2019-07-16	C01 李泽华	库存管理	参照发货单生成销售出库单
4	2019-07-16	W02 赵凯	应收款管理	审核发票并制单处理
5	2019-07-16	W02 赵凯	存货核算	正常单据记账并生成凭证

【具体操作过程】

1. 填制销售订单

2019 年 7 月 16 日，由刘晓明（X01）登录企业应用平台。依次双击"业务工作"页签中的"供应链→销售管理→销售订货→销售订单"菜单，打开"销售订单"窗口。单击工具栏的"增加"按钮，根据图4-9填制销售订单。填制完毕保存并审核销售订单，结果如图4-13所示。关闭并退出"销售订单"窗口。

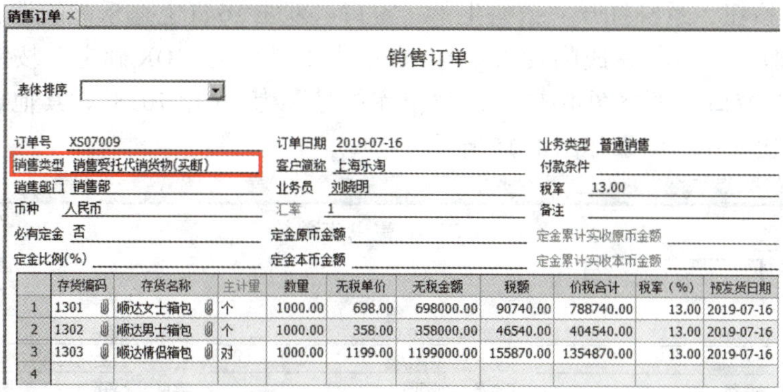

图 4-13　销售订单

2. 参照销售订单生成销售专用发票

（1）依次双击"业务工作"页签中的"供应链→销售管理→销售发票→销售专用发票"菜单，系统打开"销售专用发票"窗口。单击工具栏的"增加"按钮，再执行工具栏的"生单"|"参照订单"命令，打开"查询条件选择-参照订单"对话框，单击"确定"按钮，系统打开"参照生单"窗口。双击XS07009号订单所对应的"选择"栏，然后单击工具栏的"OK确定"按钮，返回"销售专用发票"窗口。根据图4-10修改表头项目"发票号"为"21327513"，表体三行存货的"仓库名称"均选"皮具仓"，其他项默认。保存该发票。

（2）现结。单击工具栏的"现结"按钮，打开"现结"窗口。根据图4-11，"结算方式"选择"电汇"，"原币金额"输入"2548150"，"票据号"输入"56136785"。输入完毕单击"确定"按钮，返回"销售专用发票"窗口。单击"复核"按钮，结果如图4-14所示。

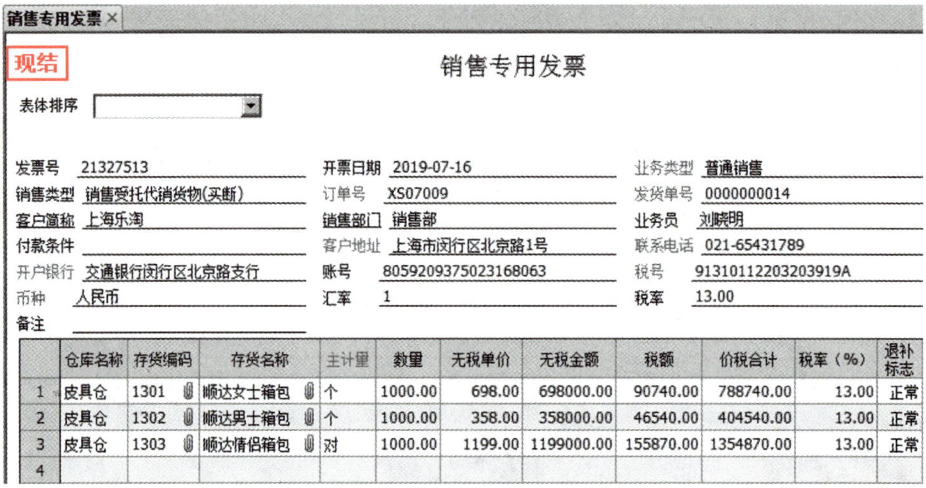

图4-14 销售专用发票

3.参照发货单生成销售出库单

2019年7月16日，由李泽华（C01）登录企业应用平台。依次双击"业务工作"页签中的"供应链→库存管理→出库业务→销售出库单"菜单，系统打开"销售出库单"窗口。执行"生单"|"销售生单"命令，打开"查询条件选择–销售发货单列表"对话框，单击"确定"按钮，系统打开"销售生单"窗口。双击16日上海乐淘的发货单所对应的"选择"栏（即上一步骤完成的发货单），再单击工具栏的"OK确定"按钮，系统返回"销售出库单"窗口。根据图4-12修改"出库单号"为"CK07018"，其他项默认。保存并审核该销售出库单，结果如图4-15所示。

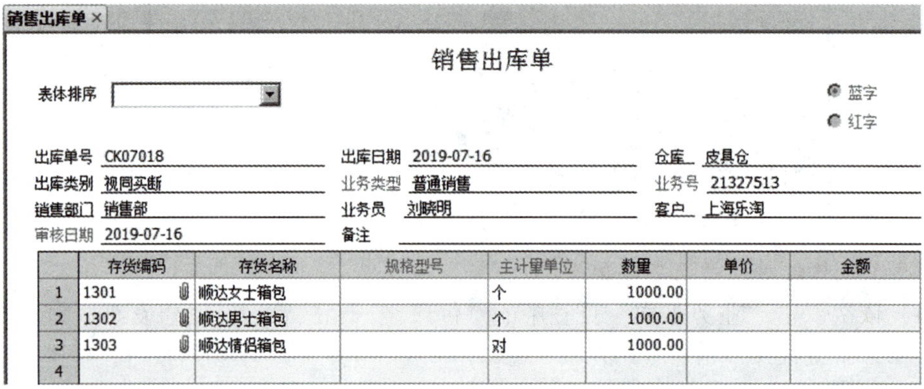

图4-15 销售出库单

4.审核发票并制单处理

2019年7月16日，由赵凯（W02）登录企业应用平台。双击"业务工作→财务会计→应收款管理→应收单据处理→应收单据审核"菜单，打开"应收单查询条件"对话框，勾选"包含已现结发票"，单击"确定"按钮，打开"单据处理"窗口。双击16日上海乐淘那一行"选择"栏右侧任意单元格，打开"销售发票"窗口。单击"审核"按钮，系统提示"是否立即制单?"，点击"是"，生成记账凭证，结果如图4-16所示。关闭当前已打开窗口。

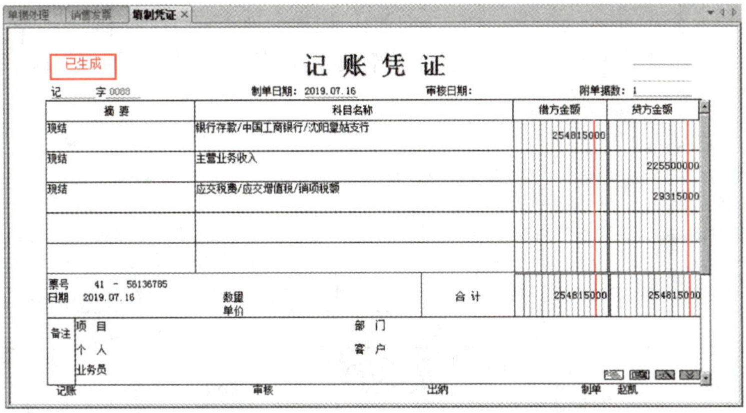

图 4-16　记账凭证

5.正常单据记账并生成凭证

（1）正常单据记账。在供应链的"存货核算"子系统，双击"业务核算→正常单据记账"菜单，打开"查询条件选择"窗口，直接单击其"确定"按钮，系统打开"未记账单据一览表"窗口。双击21327513号发票最右侧的"选择"栏，使其显示"Y"字样，此时单击工具栏的"记账"按钮，系统弹出信息框提示记账成功，单击其"确定"按钮，完成记账工作。退出该窗口。

（2）生成凭证。依次双击"存货核算"子系统的"财务核算→生成凭证"菜单，系统打开"生成凭证"窗口。单击工具栏的"选择"按钮，系统弹出"查询条件"对话框，单击"确定"按钮，系统打开"选择单据"窗口，如图4-17所示。

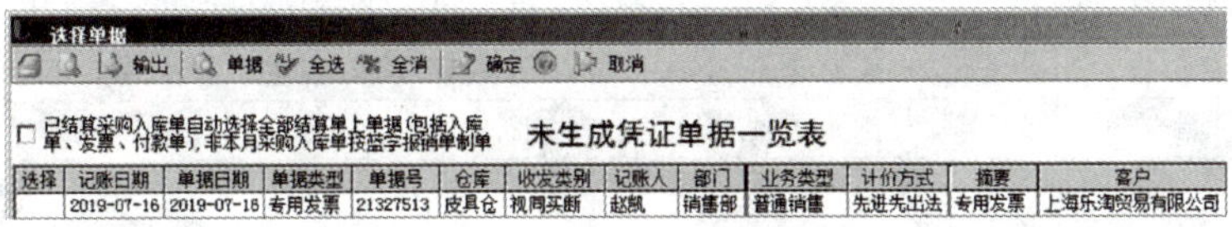

图 4-17　未生成凭证单据一览表

单击工具栏的"全选"按钮，再单击工具栏的"确定"按钮，系统自动关闭"选择单据"窗口打开"生成凭证"窗口。单击工具栏的"生成"按钮，系统打开"填制凭证"窗口并自动生成凭证。单击工具栏的"保存"按钮，保存此凭证，如图4-18所示。关闭并退出窗口。

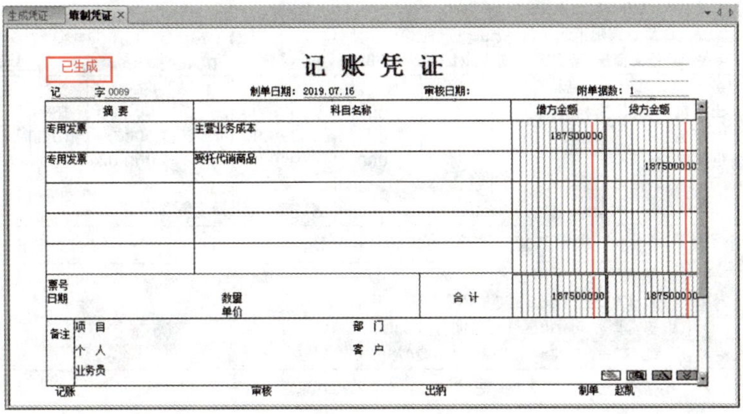

图 4-18　记账凭证

三、与委托方办理结算

2019年7月17日，采购部张宏亮根据本月代销货物销售情况与山东顺达办理代销结算。

相关凭证如图4-19至图4-21所示。

商品代销清单

日期：2019年7月17日　　　　　　　　No 0000000001

委托方	山东顺达皮具有限公司				受托方	辽宁恒通商贸有限公司			
账号	6800328250237723819				账号	2107024015890035666			
开户银行	中国工商银行青岛崂山支行				开户银行	中国工商银行沈阳皇姑支行			
代销货物	代销货物名称	规格型号	计量单位	数量	单价（不含税）	金额	税率	税额	
	顺达女士箱包		个	1 500	578.00	867 000.00	13%	112 710.00	
	顺达男士箱包		个	1 000	298.00	298 000.00	13%	38 740.00	
	顺达情侣箱包		对	2 000	999.00	1 998 000.00	13%	259 740.00	
价税合计	大写：人民币叁佰伍拾柒万肆仟壹佰玖拾元整						小写：￥3 574 190.00		
代销方式	视同买断								
代销款结算时间	根据代销货物销售情况于每月17日结算。								
代销款结算方式	电汇								
本月代销货物销售情况	代销货物名称	规格型号	计量单位	数量	单价（不含税）	金额	税率	税额	
	顺达女士箱包		个	1 000	598.00	598 000.00	13%	77 740.00	
	顺达男士箱包		个	1 000	328.00	328 000.00	13%	42 640.00	
	顺达情侣箱包		对	1 000	999.00	999 000.00	13%	129 870.00	
价税合计	大写：人民币贰佰壹拾柒万伍仟贰佰伍拾元整						小写：￥2 175 250.00		
本月代销款结算金额	大写：人民币贰佰壹拾柒万伍仟贰佰伍拾元整						小写：￥2 175 250.00		
主管：略		审核：略		制单：略			受托方盖章		

图4-19　商品代销清单

037001900105　　**山东增值税专用发票**　　№ 51036357　　037001900105
51036357

发票联

开票日期：2019年7月17日

购买方	名　称：	辽宁恒通商贸有限公司			密码区	-163>5260*721/<50003+95*0<4 9/<>692*+<447-1791*1-599>21 4-923835>36/658>27<29>02674 8*0644954>*441811+42289/3+>
	纳税人识别号：	91210105206917583A				
	地址、电话：	辽宁省沈阳市皇姑区人民路369号 024-82681359				
	开户行及账号：	中国工商银行沈阳皇姑支行 2107024015890035666				

货物或应税劳务、服务名称	规格型号	单位	数量	单价	金　额	税率	税　额
*皮具*顺达女士箱包		个	1 000	598.00	598 000.00	13%	77 740.00
*皮具*顺达男士箱包		个	1 000	328.00	328 000.00	13%	42 640.00
*皮具*顺达情侣箱包		对	1 000	999.00	999 000.00	13%	129 870.00
合　计					￥1 925 000.00		￥250 250.00

价税合计（大写）	⊗ 贰佰壹拾柒万伍仟贰佰伍拾元整		（小写）￥2 175 250.00

销售方	名　称：	山东顺达皮具有限公司	备注
	纳税人识别号：	91370212386932857A	
	地址、电话：	山东省青岛市崂山区李沧路90号 0536-5328912	
	开户行及账号：	中国工商银行青岛崂山支行 6800328250237723819	

收款人：孙靖媛　　复核：陈诗　　开票人：刘思雨　　销售方：（章）

图4-20　增值税专用发票

图 4-21 电汇付款凭证

【操作过程概览】

本业务的操作过程概览见表4-3。

表 4-3 操作过程概览

序号	操作日期	操作员	系统	操作内容
1	2019-07-17	G01张宏亮	采购管理	填制受托代销结算单
2	2019-07-17	W02赵凯	应付款管理	审核发票并制单处理
3	2019-07-17	W02赵凯	存货核算	结算成本处理
4	2019-07-17	W02赵凯	存货核算	生成凭证

【具体操作过程】

1. 填制受托代销结算单

（1）2019 年 7 月 17 日，由张宏亮（G01）登录企业应用平台。依次双击"业务工作"页签中的"供应链→采购管理→采购结算→受托代销结算"菜单，系统打开"查询条件选择-受托结算选单过滤"窗口。该窗口的"供应商编码"选"301山东顺达"，单击"确定"按钮，打开"受托代销结算"窗口。

（2）在"受托代销结算"窗口，"发票号"填入"51036357"，业务员选择"张宏亮"，采购类型选"02受托代销（买断）"。单击工具栏的"全选"按钮，在窗口下方的"受托代销结算选单列表"中，将"顺达女士箱包"的"结算数量"修改为"1000"，"原币无税单价"修改为"598"；将"顺达男士箱包"的"原币无税单价"修改为"328"；将"顺达情侣箱包"的"结算数量"修改为"1000"，结果如图 4-22 所示。单击工具栏的"结算"按钮，系统提示"结算完成！"，单击"确定"按钮。关闭"受托代销结算"窗口。

（3）依次双击"业务工作"页签中的"供应链→采购管理→采购发票→采购专用发票"菜单，打开"专用发票"窗口。单击工具栏的"末张"按钮，找到受托代销结算生成的51036357号专用发票。单击工具栏的"现付"按钮，打开"采购现付"窗口。根据图 4-21，"结算方式"选择"电汇"，"原币金额"输入"2175250"，"票据号"输入"36257073"。输入完毕单击"确定"按钮，返回"专用发票"窗口，结果如图 4-23 所示。

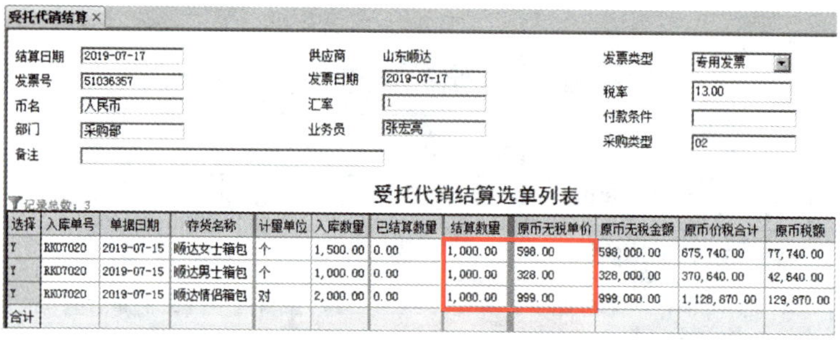
受托代销结算

结算日期 2019-07-17　供应商 山东顺达　发票类型 专用发票
发票号 51036357　发票日期 2019-07-17　税率 13.00
币名 人民币　汇率 1　付款条件
部门 采购部　业务员 张宏亮　采购类型 02
备注

受托代销结算选单列表

记录总数：3

选择	入库单号	单据日期	存货名称	计量单位	入库数量	已结算数量	结算数量	原币无税单价	原币无税金额	原币价税合计	原币税额
Y	RK07020	2019-07-15	顺达女士箱包	个	1,500.00	0.00	1,000.00	598.00	598,000.00	675,740.00	77,740.00
Y	RK07020	2019-07-15	顺达男士箱包	个	1,000.00	0.00	1,000.00	328.00	328,000.00	370,640.00	42,640.00
Y	RK07020	2019-07-15	顺达情侣箱包	对	2,000.00	0.00	1,000.00	999.00	999,000.00	1,128,870.00	129,870.00
合计											

图4-22　“受托代销结算”窗口

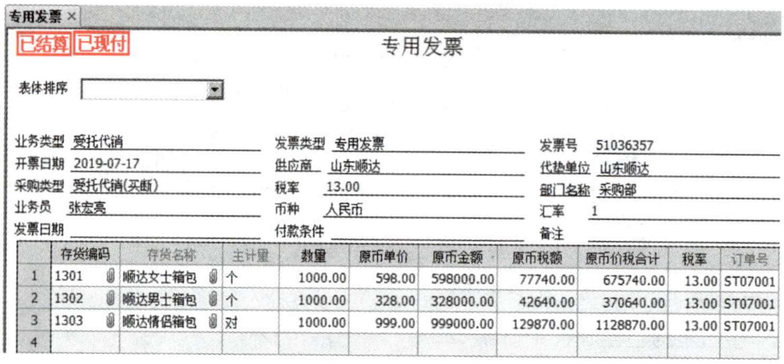
专用发票

已结算 已现付

专用发票

表体排序

业务类型 受托代销　发票类型 专用发票　发票号 51036357
开票日期 2019-07-17　供应商 山东顺达　代垫单位 山东顺达
采购类型 受托代销(买断)　税率 13.00　部门名称 采购部
业务员 张宏亮　币种 人民币　汇率 1
发票日期　付款条件　备注

	存货编码	存货名称	主计量	数量	原币单价	原币金额	原币税额	原币价税合计	税率	订单号
1	1301	顺达女士箱包	个	1000.00	598.00	598000.00	77740.00	675740.00	13.00	ST07001
2	1302	顺达男士箱包	个	1000.00	328.00	328000.00	42640.00	370640.00	13.00	ST07001
3	1303	顺达情侣箱包	对	1000.00	999.00	999000.00	129870.00	1128870.00	13.00	ST07001
4										

图4-23　采购专用发票

2. 审核发票并制单处理

2019年7月17日，由赵凯（W02）登录企业应用平台。双击“业务工作→财务会计→应付款管理→应付单据处理→应付单据审核”菜单，打开“应付单查询条件”对话框，勾选“包含已现结发票”，单击“确定”按钮，打开“单据处理”窗口。双击17日山东顺达那一行“选择”栏右侧任意单元格，打开“采购发票”窗口。单击“审核”按钮，系统提示“是否立即制单？”，点击“是”，生成记账凭证，结果如图4-24所示。关闭当前已打开窗口。

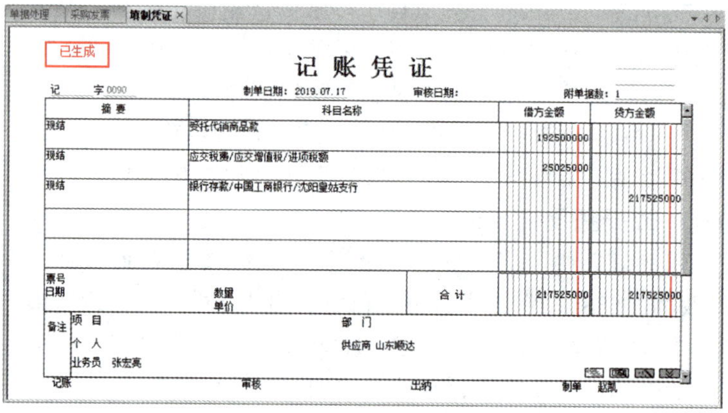
单据处理　采购发票　填制凭证

已生成

记 账 凭 证

记　字 0090　制单日期：2019.07.17　审核日期：　附单据数：1

摘要	科目名称	借方金额	贷方金额
现结	受托代销商品款	192500000	
现结	应交税费/应交增值税/进项税额	25025000	
现结	银行存款/中国工商银行/沈阳皇姑支行		217525000
票号 日期　数量 单价	合计	217525000	217525000

备注　项目　部门
个人　供应商 山东顺达
业务员 张宏亮

记账　审核　出纳　制单 赵凯

图4-24　记账凭证

3. 结算成本处理

（1）依次双击“业务工作”页签中的“供应链→存货核算→业务核算→结算成本处理”菜单，系统弹出“暂估处理查询”窗口，勾选“皮具仓”，再单击“确定”按钮，系统打开“结算成本处理”窗口，如图4-25所示。

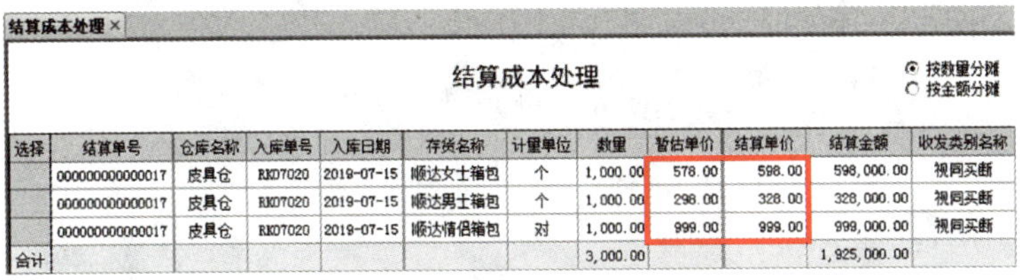

结算成本处理

◉ 按数量分摊
○ 按金额分摊

选择	结算单号	仓库名称	入库单号	入库日期	存货名称	计量单位	数量	暂估单价	结算单价	结算金额	收发类别名称
	00000000000000017	皮具仓	RKD7020	2019-07-15	顺达女士箱包	个	1,000.00	578.00	598.00	598,000.00	视同买断
	00000000000000017	皮具仓	RKD7020	2019-07-15	顺达男士箱包	个	1,000.00	298.00	328.00	328,000.00	视同买断
	00000000000000017	皮具仓	RKD7020	2019-07-15	顺达情侣箱包	对	1,000.00	999.00	999.00	999,000.00	视同买断
合计							3,000.00			1,925,000.00	

图4-25 结算成本处理

（2）单击工具栏的“全选”按钮，再单击工具栏的“暂估”按钮，系统提示“暂估处理完成”。单击“确定”按钮。关闭当前窗口。系统根据三行存货信息自动生成三张入库调整单。由于顺达女士箱包和顺达男士箱包的暂估单价与结算单价不一致，所以还需制单处理。

4.生成凭证

依次双击“存货核算”系统的“财务核算→生成凭证”菜单，系统打开“生成凭证”窗口。单击工具栏的“选择”按钮，系统弹出“查询条件”对话框，单击“确定”按钮，系统打开“选择单据”窗口，如图4-26所示。

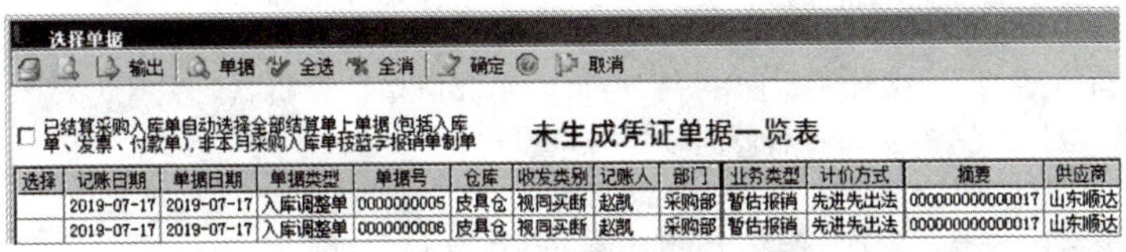

选择单据

输出 单据 全选 全消 确定 取消

☐ 已结算采购入库单自动选择全部结算单上单据(包括入库单、发票、付款单)，非本月采购入库单按蓝字报销单制单

未生成凭证单据一览表

选择	记账日期	单据日期	单据类型	单据号	仓库	收发类别	记账人	部门	业务类型	计价方式	摘要	供应商
	2019-07-17	2019-07-17	入库调整单	0000000005	皮具仓	视同买断	赵凯	采购部	暂估报销	先进先出法	00000000000000017	山东顺达
	2019-07-17	2019-07-17	入库调整单	0000000006	皮具仓	视同买断	赵凯	采购部	暂估报销	先进先出法	00000000000000017	山东顺达

图4-26 未生成凭证单据一览表

单击工具栏的“全选”按钮，再单击工具栏的“确定”按钮，系统自动关闭“选择单据”窗口返回“生成凭证”窗口。单击工具栏的“合成”按钮，系统打开“填制凭证”窗口并自动生成凭证。单击工具栏的“保存”按钮，保存此凭证，如图4-27所示。关闭并退出窗口。

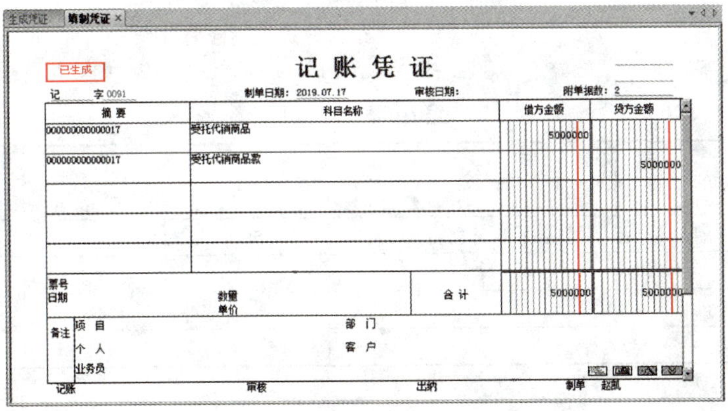

生成凭证 填制凭证

已生成

记账凭证

记 字 0091 制单日期：2019.07.17 审核日期： 附单据数：2

摘要	科目名称	借方金额	贷方金额
00000000000000017	受托代销商品	5000000	
00000000000000017	受托代销商品款		5000000
票号 日期	数量 单价 合计	5000000	5000000

备注 项目 部门 个人 客户 业务员

记账 审核 出纳 制单 赵凯

图4-27 记账凭证

【提示】

如果委托方和受托方之间的协议明确标明，受托方在取得代销商品后，无论是否能够卖出、是否获利，均与委托方无关，那么委托方和受托方之间的代销商品交易，与委托方直接销售商品给受托方没有实质区别。此时，双方按普通商品交易处理。

业务2 受托代销——收取手续费方式

一、收到受托代销货物

2019年7月17日，采购部徐辉与天津惠阳签订代销合同。当日收到代销商品。

相关凭证如图4-28和图4-29所示。

购销合同

合同编号：ST07002

委托方：天津惠阳商贸有限公司
受托方：辽宁恒通商贸有限公司

为保护买卖双方的合法权益，根据《中华人民共和国合同法》的有关规定，买卖双方经友好协商，一致同意签订本合同，并共同遵守合同约定。

一、货物的名称、数量及金额：

货物名称	规格型号	计量单位	数量	单价（不含税）	金额（不含税）	税率	税额
顺达情侣箱包		对	500	999.00	499 500.00	13%	64 935.00
合　计					¥499 500.00		¥64 935.00

二、合同总金额：人民币伍拾陆万肆仟肆佰叁拾伍元整（￥564 435.00）。

三、采用支付手续费方式由委托方委托受托方销售货物，代销货物的售价只能按照合同约定的价格销售。根据代销商品销售情况，本月18日双方依照结算清单结算货款，受托方按不含税售价的10%向委托方收取手续费。未销售完的商品退回委托方。

四、交货地点：辽宁恒通商贸有限公司。

五、发运方式与运输费用承担方式：由委托方发货并承担运输费用。

委　托　方：天津惠阳商贸有限公司　　　　受　托　方：辽宁恒通商贸有限公司
授权代表：张　进　　　　　　　　　　　　授权代表：徐　辉
日　　　期：2019年7月17日　　　　　　　　日　　　期：2019年7月17日

图4-28　收取手续费方式代销合同

入库单

供应商：天津惠阳　　　　　　2019年7月17日　　　　　　单号：RK07021

验收仓库	存货编码	存货名称	单位	数量		单价	金额
				应收	实收		
皮具仓	1303	顺达情侣箱包	对	500	500		
合　计							

部门经理：略　　　　会计：略　　　　仓库：略　　　　经办人：略

图4-29　入库单

【操作过程概览】

本业务的操作过程概览见表4-4。

表4-4　　　　　　　　　　　操作过程概览

序号	操作日期	操作员	系统	操作内容
1	2019-07-17	G01张宏亮	采购管理	填制（受托代销）采购订单
2	2019-07-17	G01张宏亮	采购管理	参照（受托代销）采购订单生成到货单
3	2019-07-17	C01李泽华	库存管理	参照到货单生成采购入库单
4	2019-07-17	W02赵凯	存货核算	正常单据记账并生成凭证

【具体操作过程】

1.填制（受托代销）采购订单

2019年7月17日，由张宏亮（G01）登录企业应用平台。依次双击"业务工作"页签中的"供应链→采购管理→采购订货→采购订单"菜单，打开"采购订单"窗口。单击工具栏的"增加"按钮，根据图4-28填制（受托代销）采购订单。填制完毕保存并审核该采购订单，结果如图4-30所示。关闭"采购订单"窗口。

图4-30　（受托代销）采购订单

2.参照（受托代销）采购订单生成到货单

在"采购管理"子系统，双击"采购到货→到货单"菜单，打开"到货单"窗口。单击工具栏的"增加"按钮，将到货单表头项目"业务类型"改为"受托代销"，再执行工具栏的"生单"|"采购订单"命令，打开"查询条件选择-采购订单列表过滤"对话框，单击"确定"按钮，系统弹出"拷贝并执行"窗口。双击ST07002号订单最左侧的"选择"单元格，以选中该订单，单击"OK确定"按钮，系统返回"到货单"窗口，生成一张到货单。保存并审核该到货单，结果如图4-31所示。

图4-31　（受托代销）到货单

3.参照到货单生成采购入库单

2019年7月17日，由李泽华（C01）登录企业应用平台。依次双击"业务工作"页签中的"供应链→库存管理→入库业务→采购入库单"菜单，系统打开"采购入库单"窗口。执行"生单"|"采购到货单（蓝字）"命令，打开"查询条件选择-采购到货单列表"对话框，单击"确定"按钮，系统打开"到货单生单列表"窗口。双击17日天津惠阳的到货单所对应的"选择"栏（即上一步骤完成的到货单），再单击工具栏的"OK确定"按钮，系统返回"采购入库单"窗口。

根据图4-29修改采购入库单表头中的"入库单号"为"RK07021"，"仓库"选择"皮具仓"，其他项默认，保存并审核该入库单，结果如图4-32所示。

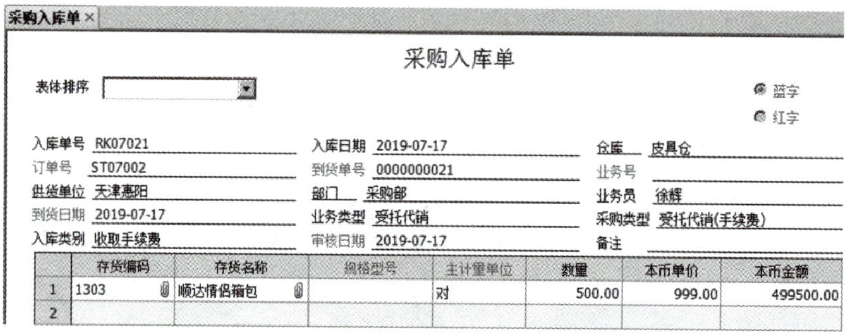
采购入库单 ×

采购入库单

表体排序

蓝字
红字

入库单号 RK07021　入库日期 2019-07-17　仓库 皮具仓
订单号 ST07002　到货单号 0000000021　业务号
供货单位 天津惠阳　部门 采购部　业务员 徐辉
到货日期 2019-07-17　业务类型 受托代销　采购类型 受托代销(手续费)
入库类别 收取手续费　审核日期 2019-07-17　备注

	存货编码	存货名称	规格型号	主计量单位	数量	本币单价	本币金额
1	1303	顺达情侣箱包		对	500.00	999.00	499500.00
2							

图 4-32　采购入库单

4.正常单据记账并生成凭证

2019年7月17日，由赵凯（W02）登录企业应用平台。

（1）正常单据记账。在供应链的“存货核算”子系统，依次双击“业务核算→正常单据记账”菜单，系统打开“查询条件选择”窗口，单击“确定”按钮，系统打开“未记账单据一览表”窗口。双击RK07021号入库单最左侧的“选择”栏，使其显示“Y”字样，此时单击工具栏的“记账”按钮，系统弹出信息框提示记账成功，单击其“确定”按钮，完成记账工作。关闭该窗口。

（2）生成凭证。依次双击“存货核算”系统的“财务核算→生成凭证”菜单，系统打开“生成凭证”窗口。单击工具栏的“选择”按钮，系统弹出“查询条件”对话框，单击“确定”按钮，系统打开“选择单据”窗口，如图4-33所示。

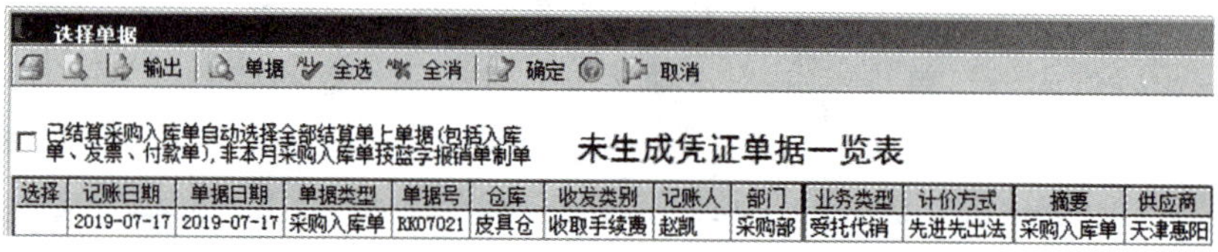
选择单据

输出　单据　全选　全消　确定　取消

已结算采购入库单自动选择全部结算单上单据(包括入库单、发票、付款单),非本月采购入库单按蓝字报销单制单

未生成凭证单据一览表

选择	记账日期	单据日期	单据类型	单据号	仓库	收发类别	记账人	部门	业务类型	计价方式	摘要	供应商
	2019-07-17	2019-07-17	采购入库单	RK07021	皮具仓	收取手续费	赵凯	采购部	受托代销	先进先出法	采购入库单	天津惠阳

图 4-33　未生成凭证单据一览表

单击工具栏的“全选”按钮，以选中已记账的采购入库单，再单击工具栏的“确定”按钮，系统自动关闭“选择单据”窗口返回“生成凭证”窗口。单击工具栏的“生成”按钮，系统打开“填制凭证”窗口并自动生成凭证。单击工具栏的“保存”按钮，保存此凭证，结果如图4-34所示。关闭该窗口。

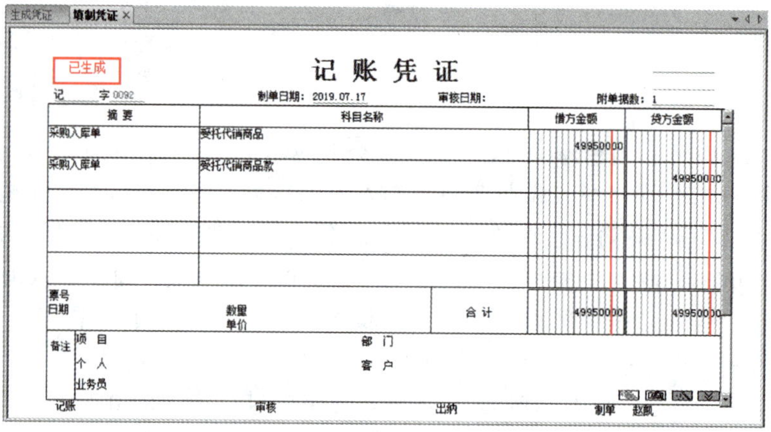
生成凭证　填制凭证 ×

已生成

记 账 凭 证

记　字 0092　制单日期：2019.07.17　审核日期：　附单据数：1

摘要	科目名称	借方金额	贷方金额
采购入库单	受托代销商品	49950000	
采购入库单	受托代销商品款		49950000
票号 日期	数量 单价 合计	49950000	49950000

备注　项目　部门
个人　客户
业务员

记账　审核　出纳　制单 赵凯

图 4-34　记账凭证

二、销售受托代销货物

2019 年 7 月 17 日，销售部何丽与北京汇鑫签订购销合同。当日，恒通公司开具发票并发出全部货物，同时收到货款。

相关凭证如图 4-35 至图 4-38 所示。

购 销 合 同

合同编号：XS07010

卖方：辽宁恒通商贸有限公司
买方：北京汇鑫百货有限公司

为保护买卖双方的合法权益，根据《中华人民共和国合同法》的有关规定，买卖双方经友好协商，一致同意签订本合同，并共同遵守合同约定。

一、货物的名称、数量及金额：

货物名称	规格型号	计量单位	数量	单价（不含税）	金额（不含税）	税率	税额
顺达情侣箱包		对	400	999.00	399 600.00	13%	51 948.00
合　计					￥399 600.00		￥51 948.00

二、合同总金额：人民币肆拾伍万壹仟伍佰肆拾捌元整（￥451 548.00）。
三、签订合同当日卖方开具增值税专用发票并发出全部货物，买方以电汇方式支付全部货款。
四、交货地点：辽宁恒通商贸有限公司。
五、发运方式与运输费用承担方式：由卖方发货，买方承担运输费用。

卖　方：辽宁恒通商贸有限公司　　　　　买　方：北京汇鑫百货有限公司
授权代表：何　丽　　　　　　　　　　　授权代表：王金
日　期：2019 年 7 月 17 日　　　　　　日　期：2019 年 7 月 17 日

图 4-35　购销合同

021001900105　　辽宁增值税专用发票　　№ 21327514　　021001900105
此联不作退销扣税凭证使用　　　　　　　　　　　　21327514
　　　　　　　　　　　　　　　　　　　　开票日期：2019 年 7 月 17 日

购买方	名　称：北京汇鑫百货有限公司 纳税人识别号：9111 0113 5787 3269 0A 地址、电话：北京市顺义区常庄路992号 010-86218025 开户行及账号：中国银行北京顺义常庄支行 2700322598914536398	密码区	1631>*2671128-+-33/1>4/15<3 >698><9*>-5272382/<9+7*5+63 824432>*6</98*5648854744786 51703+260-5>89597<*597>3341

货物或应税劳务、服务名称	规格型号	单位	数量	单价	金额	税率	税额
*皮具*顺达情侣箱包		对	400	999.00	399 600.00	13%	51 948.00
合　计					￥399 600.00		￥51 948.00

价税合计（大写）　⊗肆拾伍万壹仟伍佰肆拾捌元整　（小写）￥451 548.00

销售方	名　称：辽宁恒通商贸有限公司 纳税人识别号：9121 0105 2069 1758 3A 地址、电话：辽宁省沈阳市皇姑区人民路369号 024-82681359 开户行及账号：中国工商银行沈阳皇姑支行 2107024015890035666	备注	

收款人：贺青　　复核：王钰　　开票人：赵凯　　销售方：（章）

第一联：记账联　销售方记账凭证

税总函〔2019〕335号北京印钞厂

图 4-36　增值税专用发票

图4-37 电汇收款凭证

出库单

客户：北京汇鑫　　　　　　　2019年7月17日　　　　　　　单号：CK07019

发货仓库	存货编码	存货名称	单位	数量		单价	金额
				应发	实发		
皮具仓	1303	顺达情侣箱包	对	400	400		
合　计							

部门经理：略　　　　会计：略　　　　仓库：略　　　　经办人：略

图4-38 出库单

【操作过程概览】

本业务的操作过程概览见表4-5。

表4-5　　　　　　　　　　　　　操作过程概览

序号	操作日期	操作员	系统	操作内容
1	2019-07-17	X01刘晓明	销售管理	填制销售订单
2	2019-07-17	X01刘晓明	销售管理	参照销售订单生成销售专用发票
3	2019-07-17	C01李泽华	库存管理	参照发货单生成销售出库
4	2019-07-17	W02赵凯	应收款管理	审核发票并制单处理
5	2019-07-17	W02赵凯	存货核算	正常单据记账并生成凭证

【具体操作过程】

1.填制销售订单

2019年7月17日，由刘晓明（X01）登录企业应用平台。依次双击"业务工作"页签中的"供应链→销售管理→销售订货→销售订单"菜单，打开"销售订单"窗口。单击工具栏的"增加"按钮，根据图4-35填制销售订单。填制完毕保存并审核该销售订单，结果如图4-39所示。关闭"销售订单"窗口。

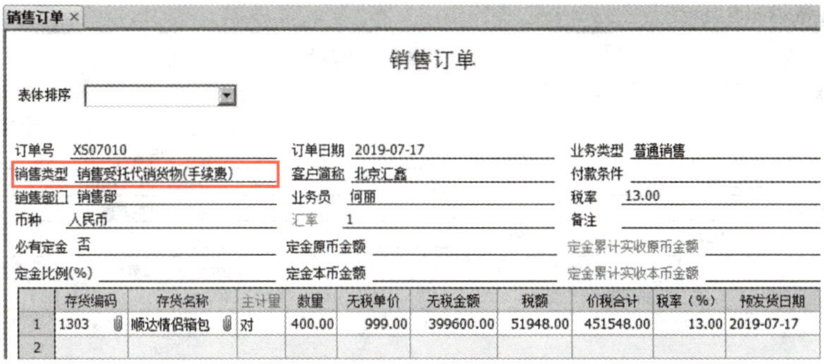
销售订单 ×

销售订单

表体排序

订单号 XS07010 | 订单日期 2019-07-17 | 业务类型 普通销售
销售类型 销售受托代销货物(手续费) | 客户简称 北京汇鑫 | 付款条件
销售部门 销售部 | 业务员 何丽 | 税率 13.00
币种 人民币 | 汇率 1 | 备注
必有定金 否 | 定金原币金额 | 定金累计实收原币金额
定金比例(%) | 定金本币金额 | 定金累计实收本币金额

	存货编码	存货名称	主计量	数量	无税单价	无税金额	税额	价税合计	税率（%）	预发货日期
1	1303	顺达情侣箱包	对	400.00	999.00	399600.00	51948.00	451548.00	13.00	2019-07-17
2										

图4-39 销售订单

2.参照销售订单生成销售专用发票

（1）依次双击“业务工作”页签中的“供应链→销售管理→销售发票→销售专用发票”菜单，系统打开“销售专用发票”窗口。单击工具栏的“增加”按钮，再执行工具栏的“生单”|“参照订单”命令，打开“查询条件选择-参照订单”对话框，单击“确定”按钮，系统打开“参照生单”窗口。双击XS07010号订单所对应的“选择”栏，再单击工具栏的“OK确定”按钮，返回“销售专用发票”窗口。

根据图4-36修改表头项目“发票号”为“21327514”，表体第1行的“仓库名称”选择“皮具仓”，其他项默认。单击工具栏的“保存”按钮，保存该发票。

（2）现结。单击工具栏的“现结”按钮，打开“现结”窗口。根据图4-37，“结算方式”选择“电汇”，“原币金额”输入“451548”，“票据号”输入“16381757”。输入完毕单击“确定”按钮，返回“销售专用发票”窗口。单击工具栏的“复核”按钮，结果如图4-40所示。

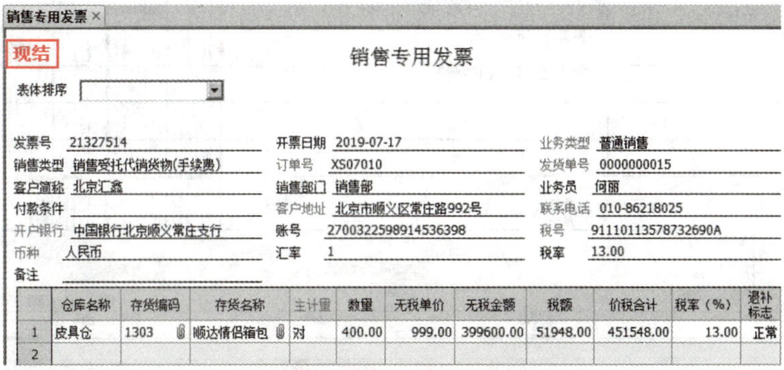
销售专用发票 ×

现结

销售专用发票

表体排序

发票号 21327514 | 开票日期 2019-07-17 | 业务类型 普通销售
销售类型 销售受托代销货物(手续费) | 订单号 XS07010 | 发货单号 0000000015
客户简称 北京汇鑫 | 销售部门 销售部 | 业务员 何丽
付款条件 | 客户地址 北京市顺义区常庄路992号 | 联系电话 010-86218025
开户银行 中国银行北京顺义常庄支行 | 账号 2700322598914536398 | 税号 91110113578732690A
币种 人民币 | 汇率 1 | 税率 13.00
备注

	仓库名称	存货编码	存货名称	主计量	数量	无税单价	无税金额	税额	价税合计	税率（%）	退补标志
1	皮具仓	1303	顺达情侣箱包	对	400.00	999.00	399600.00	51948.00	451548.00	13.00	正常
2											

图4-40 销售专用发票

3.参照发货单生成销售出库单

2019年7月17日，由李泽华（C01）登录企业应用平台。依次双击“业务工作”页签中的“供应链→库存管理→出库业务→销售出库单”菜单，系统打开“销售出库单”窗口。执行“生单”|“销售生单”命令，打开“查询条件选择-销售发货单列表”对话框，单击“确定”按钮，系统打开“销售生单”窗口。双击17日北京汇鑫的发货单所对应的“选择”栏（即上一步骤完成的发货单），再单击工具栏的“OK确定”按钮，系统返回“销售出库单”窗口。根据图4-38，修改“出库单号”为“CK07019”，其他项默认。保存并审核该出库单，结果如图4-41所示。

图 4-41　销售出库单

4.审核发票并制单处理

2019 年 7 月 17 日，由赵凯（W02）登录企业应用平台。双击"业务工作→财务会计→应收款管理→应收单据处理→应收单据审核"菜单，打开"应收单查询条件"对话框，勾选"包含已现结发票"，单击"确定"按钮，打开"单据处理"窗口。双击 17 日北京汇鑫那一行"选择"栏右侧任意单元格，打开"销售发票"窗口。单击"审核"按钮，系统提示"是否立即制单？"，点击"是"，生成记账凭证。单击凭证会计分录的第 2 行任意位置，按"Ctrl+s"组合键，调出"辅助项"对话框，该对话框的"供应商"选择"天津惠阳"，单击"确定"，返回"填制凭证"窗口。单击"保存"按钮，结果如图 4-42 所示。关闭当前已打开窗口。

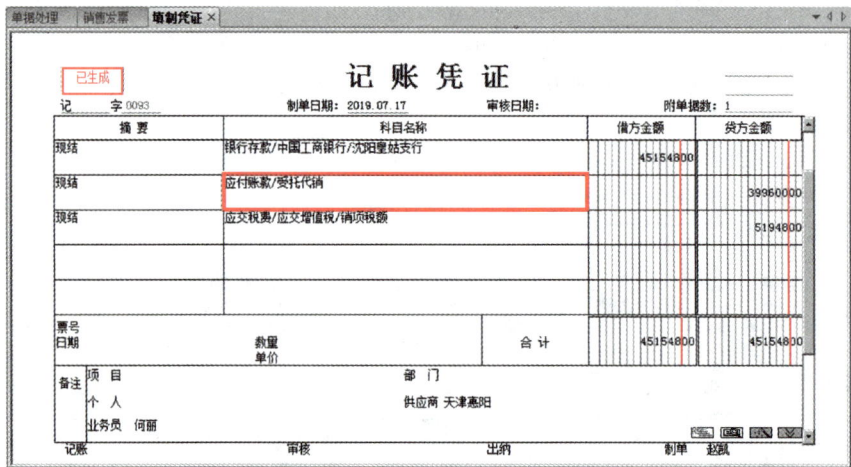

图 4-42　记账凭证

5.正常单据记账并生成凭证

（1）正常单据记账。在供应链的"存货核算"子系统，依次双击"业务核算→正常单据记账"菜单，系统打开"查询条件选择"窗口，直接单击"确定"按钮，系统打开"未记账单据一览表"窗口。双击 21327514 号发票的"选择"栏，使其显示"Y"字样，此时单击工具栏的"记账"按钮，系统弹出信息框提示记账成功，单击其"确定"按钮，完成记账工作。关闭该窗口。

（2）生成凭证。依次双击"存货核算"子系统的"财务核算→生成凭证"菜单，系统打开"生成凭证"窗口。单击工具栏的"选择"按钮，系统弹出"查询条件"对话框，单击"确定"按钮，系统打开"选择单据"窗口，如图 4-43 所示。

图 4-43 未生成凭证单据一览表

单击工具栏的"全选"按钮，再单击工具栏的"确定"按钮，系统自动关闭"选择单据"窗口返回"生成凭证"窗口。单击工具栏的"生成"按钮，系统打开"填制凭证"窗口并自动生成凭证。单击凭证中会计分录的第 1 行任意位置，按"Ctrl+s"组合键，调出"辅助项"对话框，在该对话框的"供应商"处选择"天津惠阳"，单击"确定"按钮，返回"填制凭证"窗口。单击工具栏的"保存"按钮，保存该凭证，结果如图 4-44 所示。

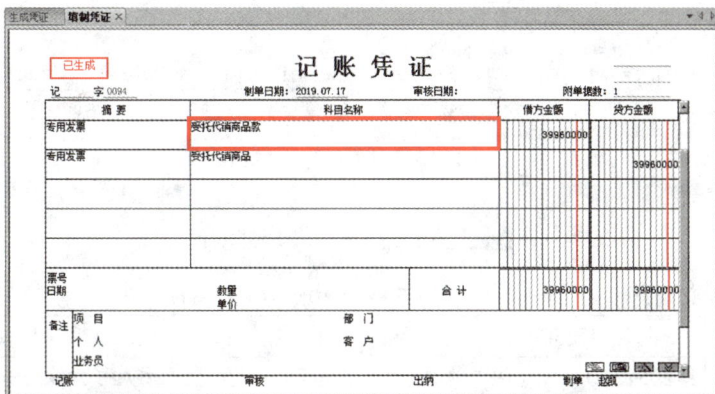

图 4-44 记账凭证

三、与委托方办理结算

2019 年 7 月 18 日，采购部徐辉根据本月代销货物销售情况与天津惠阳办理代销结算。当日将未销售完的商品退回。（代销手续费要求通过应付系统负向应付单处理）

相关凭证如图 4-45 至图 4-49 所示。

商品代销清单

日期：2019 年 7 月 18 日   No 0000000002

委 托 方		天津惠阳商贸有限公司			受 托 方		辽宁恒通商贸有限公司			
账 号		2806725046208670931			账 号		2107024015890035666			
开户银行		中国农业银行天津南开支行			开户银行		中国工商银行沈阳皇姑支行			
代销货物	代销货物名称	规格型号	计量单位	数量	单价（不含税）		金额	税率	税额	
	顺达情侣箱包		对	500	999.00		499 500.00	13%	64 935.00	
	价税合计	大写：人民币伍拾陆万肆仟肆佰叁拾伍元整					小写：￥564 435.00			
代销方式		收取手续费								
代销款结算时间		根据代销货物销售情况于每月 18 日结算								
代销款结算方式		电汇								
本月代销货物销售情况	代销货物名称	规格型号	计量单位	数量	单价（不含税）		金额	税率	税额	
	顺达情侣箱包		对	400	999.00		399 600.00	13%	51 948.00	
	价税合计	大写：人民币肆拾伍万壹仟伍佰肆拾捌元整					小写：￥451 548.00			
本月代销款结算金额		大写：人民币肆拾伍万壹仟伍佰肆拾捌元整					小写：￥451 548.00			
主管：略		审核：略			制单：略		受托方盖章			

图 4-45 商品代销清单

012001900105　　天津增值税专用发票　　№ 32307959　　012001900105
　　　　　　　　　发票联　　　　　　　　　　　　　　　　　　　　　　32307959

开票日期：2019年7月18日

购买方	名　称：	辽宁恒通商贸有限公司				密码区	15<58256*-886>+3937>7334776 26538819/58*93<-18*5402>>7- 1/-4758+*5>>617<8/710570870 +/*708<73>1902>+8239878*<33
	纳税人识别号：	91210105206917583A					
	地址、电话：	辽宁省沈阳市皇姑区人民路369号 024-82681359					
	开户行及账号：	中国工商银行沈阳皇姑支行 2107024015890035666					

货物或应税劳务、服务名称	规格型号	单位	数量	单价	金　额	税率	税　额
*皮具*顺达情侣箱包		对	400	999.00	399 600.00	13%	51 948.00
合　计					¥399 600.00		¥51 948.00

价税合计（大写）　　⊗肆拾伍万壹仟伍佰肆拾捌元整　　　　　　（小写）¥ 451 548.00

销售方	名　称：	天津惠阳商贸有限公司	备注
	纳税人识别号：	91120104572036908A	
	地址、电话：	天津市南开区中华路三段88号 022-81329367	
	开户行及账号：	中国农业银行天津南开支行 2806725046208670931	

收款人：许嘉麒　　复核：胡婉莹　　开票人：李丹　　　销售方：（章）

图 4-46　增值税专用发票

中国工商银行　　电汇凭证（回单）　　1　　36257074

☑普通　　□加急　　　委托日期　2019年7月18日

汇款人	全　　称	辽宁恒通商贸有限公司	收款人	全　　称	天津惠阳商贸有限公司
	账　　号	2107024015890035666		账　　号	2806725046208670931
	开户银行	中国工商银行沈阳皇姑支行		开户银行	中国农业银行天津南开支行

金额	人民币（大写）	肆拾万零玖仟壹佰玖拾元肆角整	亿	千	百	十	万	千	百	十	元	角	分
						¥	4	0	9	1	9	0	4	0

支付密码

附加信息及用途：货款

复核　　　记账

此联为汇出行给汇款人的回单

图 4-47　电汇付款凭证

021001900105　　辽宁增值税专用发票　　№ 21327515　　021001900105
　　　　此联不作报销 抵税凭证使用　　　　　　　　　　　　21327515

开票日期：2019年7月18日

购买方	名　称：	天津惠阳商贸有限公司				密码区	>8>589118><3/8*9358011/3<71 995204979>7944*54/-483-744> 4+<74086976>88<492834+74108 81>1-*+8/*24464<8*86-9+05>*
	纳税人识别号：	91120104572036908A					
	地址、电话：	天津市南开区中华路三段88号 022-81329367					
	开户行及账号：	中国农业银行天津南开支行 2806725046208670931					

货物或应税劳务、服务名称	规格型号	单位	数量	单价	金　额	税率	税　额
*应税劳务*代销手续费		次	1	39 960.00	39 960.00	6%	2 397.60
合　计					¥39 960.00		¥2 397.60

价税合计（大写）　　⊗肆万贰仟叁佰伍拾柒元陆角整　　　　　　（小写）¥42 357.60

销售方	名　称：	辽宁恒通商贸有限公司	备注
	纳税人识别号：	91210105206917583A	
	地址、电话：	辽宁省沈阳市皇姑区人民路369号 024-82681359	
	开户行及账号：	中国工商银行沈阳皇姑支行 2107024015890035666	

收款人：贺青　　复核：王钰　　开票人：赵凯　　　销售方：（章）

图 4-48　增值税专用发票

入库单

供应商：天津惠阳　　　　　　2019年7月18日　　　　　　单号：RK07022

验收仓库	存货编码	存货名称	单位	数量		单价	金额
				应收	实收		
皮具仓	1303	顺达情侣箱包	对	-100	-100		
合　计							

部门经理：略　　　　会计：略　　　　仓库：略　　　　经办人：略

图4-49　入库单

【操作过程概览】

本业务的操作过程概览见表4-6。

表4-6　　　　　　　　　　　　操作过程概览

序号	操作日期	操作员	系统	操作内容
1	2019-07-18	G01张宏亮	采购管理	填制受托代销结算单
2	2019-07-18	W02赵凯	应付款管理	审核发票并制单处理
3	2019-07-18	W02赵凯	存货核算	结算成本处理
4	2019-07-18	W02赵凯	应付款管理	填制负向应付单（受托代销手续费），审核并制单
5	2019-07-18	W02赵凯	应付款管理	红票对冲
6	2019-07-18	G01张宏亮	采购管理	参照（受托代销）采购订单生成采购退货单
7	2019-07-18	C01李泽华	库存管理	参照采购退货单生成（负数）采购入库单
8	2019-07-18	W02赵凯	存货核算	正常单据记账并生成凭证

【具体操作过程】

1.填制受托代销结算单

（1）2019年7月18日，由张宏亮（G01）登录企业应用平台。依次双击"业务工作"页签中的"供应链→采购管理→采购结算→受托代销结算"菜单，系统打开"查询条件选择-受托结算选单过滤"窗口。在该窗口的"供应商编码"处选"901"（天津惠阳），单击"确定"按钮，打开"受托代销结算"窗口。

（2）填制受托代销结算单。在"受托代销结算"窗口，发票号填入"32307959"，业务员选择"徐辉"，采购类型选"03"（受托代销（手续费））。在窗口下方的"受托代销结算选单列表"中，双击选中顺达情侣箱包的"选择"栏，将"结算数量"修改为"400"，如图4-50所示。单击工具栏的"结算"按钮，系统提示"结算完成！"，单击"确定"按钮。关闭"受托代销结算"窗口。

图4-50　"受托代销结算"窗口

（3）依次双击"业务工作"页签中的"供应链→采购管理→采购发票→采购专用发票"菜单，打开"专用发票"窗口。单击工具栏的"➡末张"按钮，找到受托代销结算生成的 32307959 号专用发票。单击工具栏的"现付"按钮，打开"采购现付"窗口。根据图 4-47，"结算方式"选择"电汇"，"原币金额"输入"409190.4"，"票据号"输入"36257074"。输入完毕单击"确定"按钮，返回"专用发票"窗口，结果如图 4-51 所示。

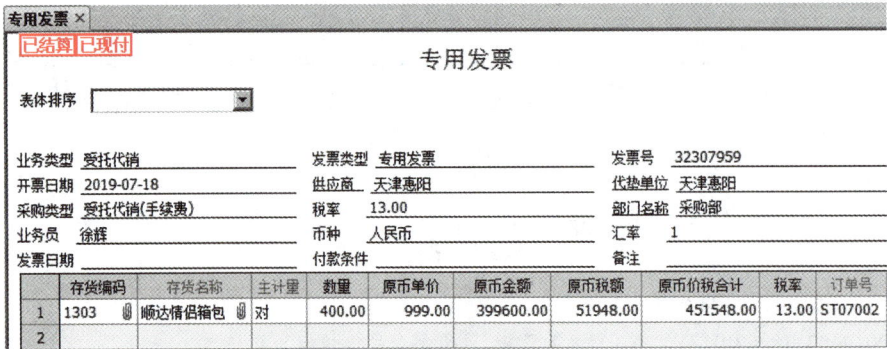

图 4-51 采购专用发票

2.审核发票并制单处理

2019 年 7 月 18 日，由赵凯（W02）登录企业应用平台。依次双击"业务工作"页签中的"财务会计→应付款管理→应付单据处理→应付单据审核"菜单，系统打开"应付单查询条件"窗口，勾选"包含已现结发票"，单击"确定"按钮，打开"单据处理"窗口。双击 32307959 号发票"选择"栏右侧任意单元格，打开"采购发票"窗口，单击工具栏的"审核"按钮，系统提示"是否立即制单？"，单击"是"，系统自动打开"填制凭证"窗口，单击工具栏的"保存"按钮，结果如图 4-52 所示。关闭当前已打开窗口。

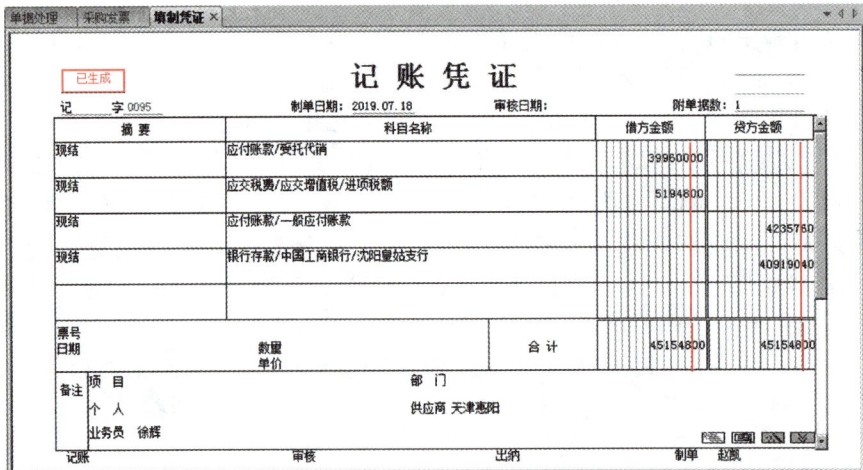

图 4-52 记账凭证

3.结算成本处理

（1）依次双击"业务工作"页签中的"供应链→存货核算→业务核算→结算成本处理"菜单，系统弹出"暂估处理查询"窗口，"仓库"勾选"皮具仓"，再单击"确定"按钮，系统打开"结算成本处理"窗口，如图4-53所示。

选择	结算单号	仓库名称	入库单号	入库日期	存货名称	计量单位	数量	暂估单价	结算单价	结算金额	收发类别名称
	000000000000018	皮具仓	RK07021	2019-07-17	顺达情侣箱包	对	400.00	999.00	999.00	399,600.00	收取手续费
合计							400.00			399,600.00	

图4-53　结算成本处理

（2）双击工具栏的"全选"按钮，再单击工具栏的"暂估"按钮，系统提示"暂估处理完成"，单击"确定"按钮。关闭"结算成本处理"窗口。

4.填制负向的应付单（受托代销手续费），审核并制单

（1）依次双击"业务工作"页签中的"财务会计→应付款管理→应付单据处理→应付单据录入"菜单，系统弹出"单据类别"窗口，将其他应付单的"方向"改为"负向"，如图4-54所示。单击"确定"按钮，打开"应付单"窗口。

图4-54　"单据类别"窗口

（2）单击"增加"按钮，红字应付单表头的"供应商"选择"天津惠阳"，"金额"输入"42357.6"，"业务员"选择"徐辉"。

将表体第1行的"方向"改为贷方，"科目"选择"605101"，"金额"修改为"39960"；将表体第2行的"方向"改为贷方，"科目"选择"22210106"，"金额"输入"2397.6"。输入完毕单击工具栏的"保存"按钮，结果如图4-55所示。

应付单

表体排序　＿＿＿＿＿＿＿

单据编号　0000000001　　　　单据日期　2019-07-18　　　　供应商　天津惠阳
科目　220201　　　　　　　　币种　人民币　　　　　　　　汇率　1
金额　42357.60　　　　　　　本币金额　42357.60　　　　　数量　0.00
部门　采购部　　　　　　　　业务员　徐辉　　　　　　　　项目
付款条件　　　　　　　　　　摘要

	方向	科目	币种	汇率	金额	本币金额	部门	业务员	项目	摘要
1	贷	605101	人民币	1.00000000	39960.00	39960.00	采购部	徐辉		
2	贷	22210106	人民币	1.00000000	2397.60	2397.60	采购部	徐辉		
3										

图4-55　负向的其他应付单

单击工具栏的"审核"按钮，系统提示"是否立即制单？"，单击"是"，系统自动打开"填制凭证"窗口，单击"保存"按钮，结果如图4-56所示。关闭当前已打开窗口。

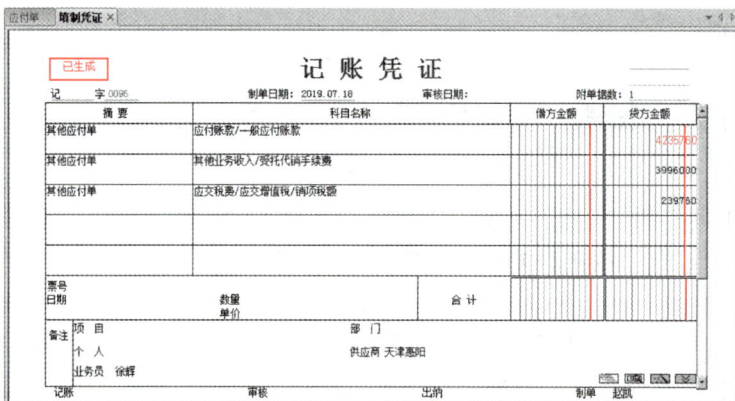

图 4-56　记账凭证

5.红票对冲

在"应付款管理"系统，依次双击"转账→红票对冲→手工对冲"菜单，打开"红票对冲条件"对话框。在"供应商"处选择"天津惠阳"，单击"确定"按钮，打开"红票对冲"窗口。在窗口下方32307959号发票的"对冲金额"栏输入"42357.6"，结果如图4-57所示。

单据日期	单据类型	单据编号	供应商	币种	原币金额	原币余额	对冲金额
2019-07-18	其他应付单	0000000001	天津惠阳	人民币	42,357.60	42,357.60	42,357.60
合计					42,357.60	42,357.60	42,357.60

单据日期	单据类型	单据编号	供应商	币种	原币金额	原币余额	对冲金额
2019-06-15	采购专用发票	14035890	天津惠阳	人民币	66,274,500.00	66,274,500.00	
2019-07-18	采购专用发票	32307959	天津惠阳	人民币	451,548.00	42,357.60	42,357.60
合计					66,726,048.00	66,316,857.60	42,357.60

图 4-57　"红票对冲"窗口

单击工具栏的"保存"按钮，系统提示"是否立即制单?"，单击"是"，系统自动打开"填制凭证"窗口，单击工具栏的"保存"按钮，结果如图4-58所示。

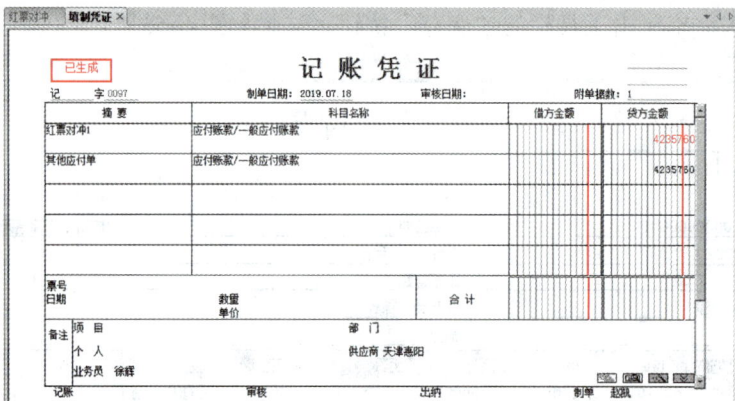

图 4-58　记账凭证

6.参照（受托代销）采购订单生成采购退货单

2019年7月18日，由张宏亮（G01）登录企业应用平台。在"采购管理"子系统，双

击“采购到货→采购退货单”菜单，打开“采购退货单”窗口。单击“增加”，表头“业务类型”选择“受托代销”，再执行工具栏的“生单”|“采购订单”命令，打开“查询条件选择-采购订单列表过滤”对话框，“订单号”栏选择“ST07002”，单击“确定”按钮，系统弹出“拷贝并执行”窗口。

单击工具栏的“全选”按钮，再单击“OK确定”按钮，系统生成一张采购退货单并返回“采购退货单”窗口。将顺达情侣箱包的“数量”改为“-100”，保存并审核该采购退货单，结果如图4-59所示。

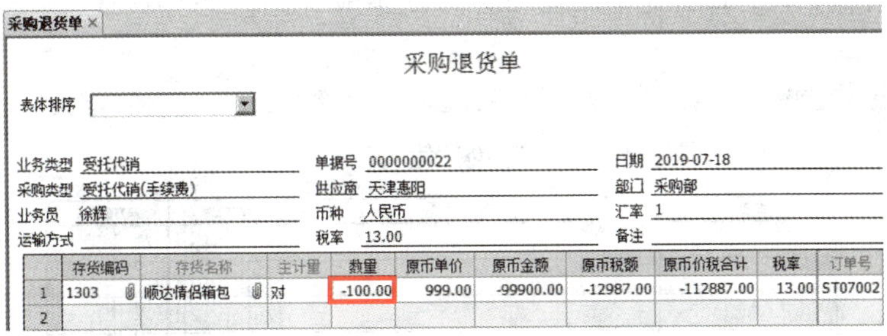

采购退货单 ×

采购退货单

表体排序

业务类型 受托代销　单据号 0000000022　日期 2019-07-18
采购类型 受托代销(手续费)　供应商 天津惠阳　部门 采购部
业务员 徐辉　币种 人民币　汇率 1
运输方式　税率 13.00　备注

	存货编码	存货名称	主计量	数量	原币单价	原币金额	原币税额	原币价税合计	税率	订单号
1	1303	顺达情侣箱包	对	-100.00	999.00	-99900.00	-12987.00	-112887.00	13.00	ST07002
2										

图4-59　采购退货单

7.参照采购退货单生成（负数）采购入库单

2019年7月18日，由李泽华（C01）登录企业应用平台。依次双击“业务工作”页签中的“供应链→库存管理→入库业务→采购入库单”菜单，系统打开“采购入库单”窗口。执行“生单”|“采购到货单（红字）”命令，打开“查询条件选择-采购到货单列表”对话框，单击“确定”按钮，系统打开“到货单生单列表”窗口。选中18日天津惠阳的退货单，再单击“OK确定”按钮，系统返回“采购入库单”窗口。根据图4-49，修改采购入库单表头中的“入库单号”为“RK07022”，“仓库”选择“皮具仓”，其他项默认。保存并审核该入库单，结果如图4-60所示。

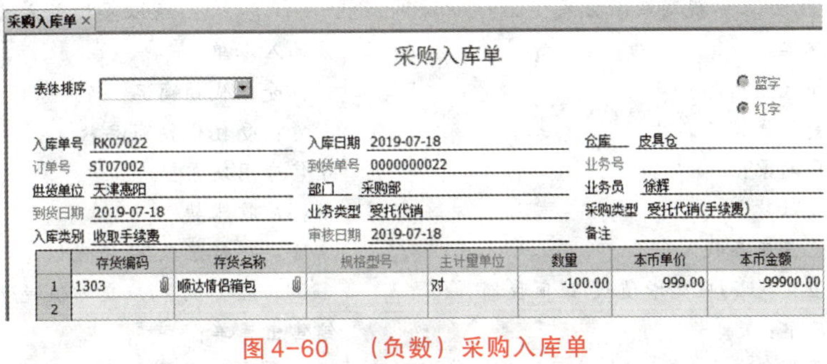

采购入库单 ×

采购入库单

表体排序　蓝字　红字

入库单号 RK07022　入库日期 2019-07-18　仓库 皮具仓
订单号 ST07002　到货单号 0000000022　业务号
供货单位 天津惠阳　部门 采购部　业务员 徐辉
到货日期 2019-07-18　业务类型 受托代销　采购类型 受托代销(手续费)
入库类别 收取手续费　审核日期 2019-07-18　备注

	存货编码	存货名称	规格型号	主计量单位	数量	本币单价	本币金额
1	1303	顺达情侣箱包		对	-100.00	999.00	-99900.00
2							

图4-60　（负数）采购入库单

8.正常单据记账并生成凭证

2019年7月18日，由赵凯（W02）登录企业应用平台。

（1）正常单据记账。在供应链的“存货核算”子系统，依次双击“业务核算→正常单据记账”菜单，打开“查询条件选择”窗口，单击“确定”按钮，系统打开“未记账单据一览表”窗口。选中RK07022号入库单并对其进行记账。记账完毕关闭该窗口。

（2）生成凭证。依次双击“存货核算”子系统的“财务核算→生成凭证”菜单，系统打开“生成凭证”窗口。单击“选择”按钮，系统弹出“查询条件”对话框，单击“确定”按钮，系统打开“选择单据”窗口，如图4-61所示。

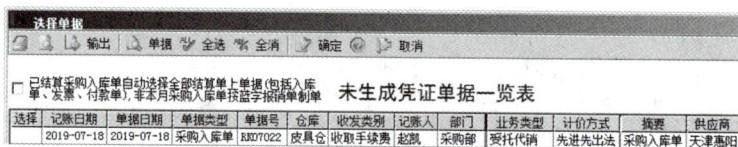

图4-61　未生成凭证单据一览表

单击工具栏的"全选"按钮，以选中已记账的RK07022号采购入库单，再单击"确定"按钮，系统自动关闭"选择单据"窗口返回"生成凭证"窗口，单击工具栏的"生成"按钮，系统打开"填制凭证"窗口并自动生成凭证。保存该凭证，结果如图4-62所示。

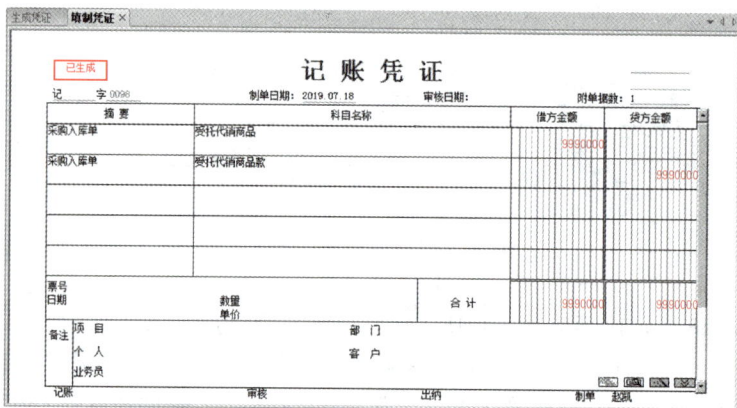

图4-62　记账凭证

【提示】

1.两种代销方式的总结见表4-7。

表4-7　　　　　　　　　　　　　　　受托代销总结

系统	视同买断方式	收取手续费方式
存货	采购入库单： 借：受托代销商品 　　贷：受托代销商品款	采购入库单： 借：受托代销商品 　　贷：受托代销商品款
应收	销售专用发票： 借：应收账款 　　贷：主营业务收入 　　　　应交税费/应交增值税/销项税额	销售专用发票： 借：应收账款 　　贷：应付账款/受托代销 　　　　应交税费/应交增值税/销项税额
存货	销售出库单： 借：主营业务成本 　　贷：受托代销商品	销售出库单： 借：受托代销商品款 　　贷：受托代销商品
应付	采购专用发票： 借：受托代销商品款 　　应交税费/应交增值税/进项税额 　　贷：应付账款/一般应付款	采购专用发票： 借：应付账款/受托代销 　　应交税费/应交增值税/进项税额 　　贷：应付账款/一般应付账款
应付		代销手续费： 借：应付账款/一般应付账款 　　贷：其他业务收入 　　　　应交税费/应交增值税/销项税额

2.关于受托代销手续费，除了填制负向的其他应付单，还可通过以下方法处理：

①填制销售专用发票。该发票审核并制单后，进行应收冲应付（或应付冲应收）处理。

②填制其他应收单。该应收单审核并制单后，进行应收冲应付（或应付冲应收）处理。

业务3 委托代销——视同买断方式

一、发出委托代销货物

2019年7月18日，销售部何丽与沈阳喜来签订代销合同。当日发出代销商品。

相关凭证如图4-63和图4-64所示。

购 销 合 同

合同编号：WT07001

委托方：辽宁恒通商贸有限公司

受托方：沈阳喜来商贸有限公司

为保护买卖双方的合法权益，根据《中华人民共和国合同法》的有关规定，买卖双方经友好协商，一致同意签订本合同，并共同遵守合同约定。

一、货物的名称、数量及金额：

货物名称	规格型号	计量单位	数量	单价（不含税）	金 额（不含税）	税率	税 额
博伦情侣表		对	200	7 800.00	1 560 000.00	13%	202 800.00
恒久情侣表		对	300	9 800.00	2 940 000.00	13%	382 200.00
合 计					¥4 500 000.00		¥585 000.00

二、合同总金额：人民币伍佰零捌万伍仟元整（￥5 085 000.00）。

三、采用视同买断方式由委托方委托受托方代销货物，实际售价由受托方自定，实际售价与合同价之间的差额归受托方所有。根据代销商品销售情况，本月19日双方依照结算清单结算货款，未销售完的商品退回委托方。付款方式：电汇。

四、交货地点：辽宁恒通商贸有限公司。

五、发运方式与运输费用承担方式：由委托方发货，受托方承担运输费用。

委 托 方：辽宁恒通商贸有限公司　　　　　　　受 托 方：沈阳喜来商贸有限公司

授权代表：何　丽　　　　　　　　　　　　　　授权代表：王秋林

日　　期：2019年7月18日　　　　　　　　　　日　　期：2019年7月18日

图4-63 视同买断方式代销合同

出 库 单

客户：沈阳喜来　　　　　　　2019年7月18日　　　　　　　单号：CK07020

发货仓库	存货编码	存货名称	单位	数量		单价	金额
				应发	实发		
手表仓	1203	博伦情侣表	对	200	200		
手表仓	1253	恒久情侣表	对	300	300		
合 计							

部门经理：略　　　　　会计：略　　　　　仓库：略　　　　　经办人：略

图4-64 出库单

【操作过程概览】

本业务的操作过程概览见表4-8。

表4-8　　　　　　　　　　　　操作过程概览

序号	操作日期	操作员	系统	操作内容
1	2019-07-18	X01刘晓明	销售管理	填制（委托代销）销售订单
2	2019-07-18	X01刘晓明	销售管理	参照（委托代销）销售订单生成委托代销发货单
3	2019-07-18	C01李泽华	库存管理	参照委托代销发货单生成销售出库单
4	2019-07-18	W02赵凯	存货核算	发出商品记账并生成凭证

【具体操作过程】

1.填制（委托代销）销售订单

2019年7月18日，由刘晓明（X01）登录企业应用平台。依次双击"业务工作"页签中的"供应链→销售管理→销售订货→销售订单"菜单，打开"销售订单"窗口。单击工具栏的"增加"按钮，根据图4-63填制销售订单，注意订单表头项目"业务类型"为"委托代销"。填制完毕保存并审核该订单，结果如图4-65所示。关闭并退出"销售订单"窗口。

图4-65　（委托代销）销售订单

2.参照（委托代销）销售订单生成委托代销发货单

在"销售管理"子系统，依次双击"委托代销→委托代销发货单"菜单，打开"委托代销发货单"窗口。单击工具栏的"增加"按钮，单击"订单"按钮，打开"查询条件选择-参照订单"窗口，单击"确定"按钮。在"参照生单"窗口，双击上窗格中WT07001号订单"选择"单元格，再单击"OK确定"按钮，系统返回"委托代销发货单"窗口。发货单表体第1行、第2行的"仓库名称"选择"手表仓"。保存并审核该发货单，如图4-66所示。

图4-66　委托代销发货单

3.参照委托代销发货单生成销售出库单

2019年7月18日，由李泽华（C01）登录企业应用平台。依次双击"业务工作"页签中的"供应链→库存管理→出库业务→销售出库单"菜单，系统打开"销售出库单"窗口。执行"生单"|"销售生单"命令，打开"查询条件选择-销售发货单列表"对话框，单击"确定"按钮，系统打开"销售生单"窗口。双击18日沈阳喜来的发货单所对应的"选择"栏（即上一步骤完成的发货单），再单击工具栏的"OK确定"按钮，系统返回"销售出库单"窗口。

根据图4-64，修改"出库单号"为"CK07020"，其他项默认。保存并审核该出库单，结果如图4-67所示。关闭并退出该窗口。

销售出库单

表体排序　　　　　　　　　　　　　　　　　　　　　　　　　　　　　　⊙ 蓝字　　⊙ 红字

出库单号	CK07020	出库日期	2019-07-18	仓库	手表仓
出库类别	委托代销出库	业务类型	委托代销	业务号	0000000001
销售部门	销售部	业务员	何丽	客户	沈阳喜来
审核日期	2019-07-18	备注			

	存货编码	存货名称	规格型号	主计量单位	数量	单价	金额
1	1203	博伦情侣表		对	200.00		
2	1253	恒久情侣表		对	300.00		
3							

图4-67　销售出库单

4.发出商品记账并生成凭证

2019年7月18日，由赵凯（W02）登录企业应用平台。

（1）发出商品记账。在供应链的"存货核算"系统，依次双击"业务核算→发出商品记账"菜单，系统打开"查询条件选择"窗口，直接单击"确定"按钮，系统打开"未记账单据一览表"窗口。单击工具栏的"全选"按钮，再单击"记账"按钮，系统弹出信息框提示记账成功，单击"确定"按钮，完成记账工作。关闭该窗口。

（2）生成凭证。依次双击"存货核算"子系统的"财务核算→生成凭证"菜单，系统打开"生成凭证"窗口。单击工具栏的"选择"按钮，系统弹出"查询条件"对话框，单击"确定"按钮，系统打开"选择单据"窗口，如图4-68所示。

图4-68　未生成凭证单据一览表

单击工具栏的"全选"按钮，再单击工具栏的"确定"按钮，系统自动关闭"选择单据"窗口打开"生成凭证"窗口。单击工具栏的"生成"按钮，系统打开"填制凭证"窗口并自动生成凭证。单击工具栏的"保存"按钮，保存此凭证，如图4-69所示。关闭并退出窗口。

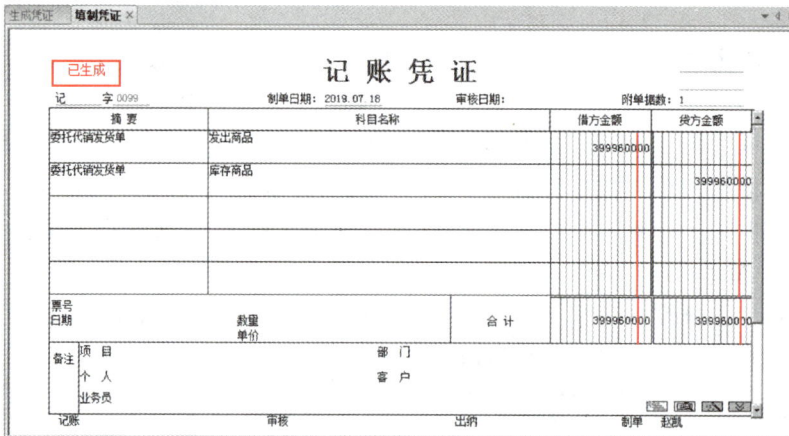

图4-69 记账凭证

二、与受托方办理结算

2019年7月19日，沈阳喜来根据本月代销货物销售情况与恒通公司办理代销结算。业务员何丽。当日收到对方退回的未销售完商品。（注：所退货物成本价为8888元）

相关凭证如图4-70至图4-73所示。

商品代销清单

日期：2019年7月19日　　　　　　　　　　　No 0000000001

	委托方	辽宁恒通商贸有限公司			受托方		沈阳喜来商贸有限公司		
	账号	2107024015890035666			账号		5830626920062662115		
	开户银行	中国工商银行沈阳皇姑支行			开户银行		中国农业银行沈阳万春支行		
代销货物	代销货物名称	规格型号	计量单位	数量	单价(不含税)	金额	税率	税额	
	博伦情侣表		对	200	7 800.00	1 560 000.00	13%	202 800.00	
	恒久情侣表		对	300	9 800.00	2 940 000.00	13%	382 200.00	
	价税合计	大写：人民币伍佰零捌万伍仟元整				小写：￥5 085 000.00			
	代销方式	视同买断							
	代销款结算时间	根据代销货物销售情况于每月19日结算							
	代销款结算方式	电汇							
本月代销货物销售情况	代销货物名称	规格型号	计量单位	数量	单价(不含税)	金额	税率	税额	
	博伦情侣表		对	200	7 800.00	1 560 000.00	13%	202 800.00	
	恒久情侣表		对	200	9 800.00	1 960 000.00	13%	254 800.00	
	价税合计	大写：人民币叁佰玖拾柒万柒仟陆佰元整				小写：￥3 977 600.00			
本月代销款结算金额		大写：人民币叁佰玖拾柒万柒仟陆佰元整				小写：￥3 977 600.00			

主管：略　　　审核：略　　　制单：略　　　受托方盖章：

图4-70 商品代销清单

021001900105 辽宁增值税专用发票 № 21327516

021001900105
21327516

此联不作报销 扣税凭证使用

开票日期：2019年7月19日

购买方	名　　　称：沈阳喜来商贸有限公司 纳税人识别号：91210103282819034A 地址、电话：辽宁省沈阳市沈河区万春路66号 024-65507283 开户行及账号：中国农业银行沈阳万春支行 5830626920062662115	密码区	*26780+5>3>349>8*8<05223237 +1408<85201*50>436675/-3*33 *<628+862-568239-42*<3205>+ 0<81/510>97-11393>4/725/19>

货物或应税劳务、服务名称	规格型号	单位	数量	单价	金额	税率	税额
*手表*博伦情侣表		对	200	7 800.00	1 560 000.00	13%	202 800.00
*手表*恒久情侣表		只	200	9 800.00	1 960 000.00	13%	254 800.00
合　　计					¥3 520 000.00		¥457 600.00

价税合计（大写）	⊗叁佰玖拾柒万柒仟陆佰元整	（小写）¥3 977 600.00

销售方	名　　　称：辽宁恒通商贸有限公司 纳税人识别号：91210105206917583A 地址、电话：辽宁省沈阳市皇姑区人民路369号 024-82681359 开户行及账号：中国工商银行沈阳皇姑支行 2107024015890035666	备注	

收款人：贺青　　复核：王钰　　开票人：赵凯　　销售方：（章）

图4-71　增值税专用发票

中国工商银行 电汇凭证（收账通知） 4 76911882

☑普通 □加急　　委托日期 2019年7月19日

汇款人	全　称	沈阳喜来商贸有限公司	收款人	全　称	辽宁恒通商贸有限公司	
	账　号	5830626920062662115		账　号	2107024015890035666	
	开户银行	中国农业银行沈阳万春支行		开户银行	中国工商银行沈阳皇姑支行	

金额	人民币（大写）	叁佰玖拾柒万柒仟陆佰元整	亿千百十万千百十元角分
			¥ 3 9 7 7 6 0 0 0 0

此汇款已收入收款人账户。

汇入行签章　　　　　　附加信息及用途：货款

复核　　记账

图4-72　电汇收款凭证

出 库 单

客户：沈阳喜来　　　　　2019年7月19日　　　　　单号：CK07021

发货仓库	存货编码	存货名称	单位	数量		单价	金额
				应发	实发		
手表仓	1253	恒久情侣表	对	−100	−100		
合　计							

部门经理：略　　　　会计：略　　　　仓库：略　　　　经办人：略

图4-73　出库单

【操作过程概览】

本业务的操作过程概览见表4-9。

表4-9 操作过程概览

序号	操作日期	操作员	系统	操作内容
1	2019-07-19	X01刘晓明	销售管理	参照委托代销发货单生成委托代销结算单
2	2019-07-19	W02赵凯	应收款管理	审核发票并制单处理
3	2019-07-19	W02赵凯	存货核算	发出商品记账并生成凭证
4	2019-07-19	X01刘晓明	销售管理	参照委托代销发货单生成委托代销退货单
5	2019-07-19	C01李泽华	库存管理	参照委托代销退货单生成（负数）销售出库单
6	2019-07-19	W02赵凯	存货核算	发出商品记账并生成凭证

【具体操作过程】

1.参照委托代销发货单生成委托代销结算单

2019年7月19日，由刘晓明（X01）登录企业应用平台。

（1）依次双击"业务工作"页签中的"供应链→销售管理→委托代销→委托代销结算单"菜单，打开"委托代销结算单"窗口。单击工具栏的"增加"按钮，系统弹出"查询条件选择–委托结算参照发货单"窗口，单击"确定"按钮，系统弹出"参照生单"窗口。双击上窗格中18日沈阳喜来发货单所在行的"选择"单元格，单击"OK确定"按钮，系统返回"委托代销结算单"窗口。

（2）根据图4-70、图4-71，在"委托代销结算"窗口，发票号填入"21327516"。将"恒久情侣表"的"数量"修改为"200"，单击工具栏的"保存"按钮，再单击"审核"按钮，系统弹出"请选择发票类型"对话框，单击"确定"按钮，委托代销结算单填制完毕，结果如图4-74所示。关闭"委托代销结算单"窗口。

图4-74 委托代销结算单

（3）依次双击"业务工作"页签中的"供应链→销售管理→销售开票→销售专用发票"菜单，打开"销售专用发票"窗口。单击工具栏的"末张"按钮，找到委托代销结算生成的21327516号专用发票。单击工具栏的"现结"按钮，打开"现结"窗口。根据图4-72，"结算方式"选择"电汇"，"原币金额"输入"3977600"，"票据号"输入"76911882"。输入完毕单击"确定"按钮，返回"销售专用发票"窗口，单击"复核"按钮，结果如图4-75所示。

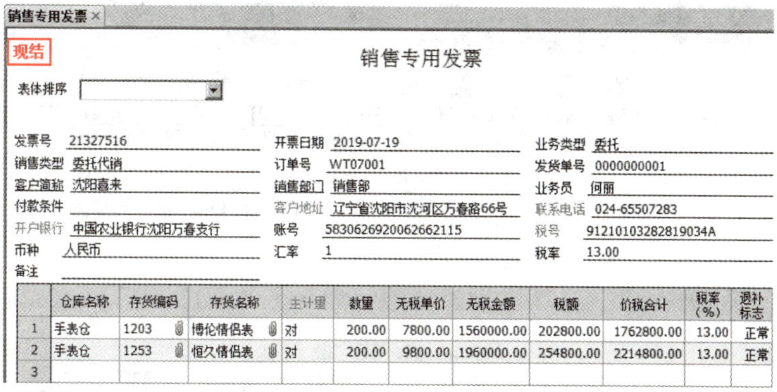

销售专用发票

现结

表体排序

发票号 21327516 开票日期 2019-07-19 业务类型 委托

销售类型 委托代销 订单号 WT07001 发货单号 0000000001

客户简称 沈阳喜来 销售部门 销售部 业务员 何丽

付款条件 客户地址 辽宁省沈阳市沈河区万春路66号 联系电话 024-65507283

开户银行 中国农业银行沈阳万春支行 账号 5830626920062662115 税号 91210103282819034A

币种 人民币 汇率 1 税率 13.00

备注

	仓库名称	存货编码	存货名称	主计量	数量	无税单价	无税金额	税额	价税合计	税率(%)	退补标志
1	手表仓	1203	博伦情侣表	对	200.00	7800.00	1560000.00	202800.00	1762800.00	13.00	正常
2	手表仓	1253	恒久情侣表	对	200.00	9800.00	1960000.00	254800.00	2214800.00	13.00	正常
3											

图4-75 销售专用发票

2.审核发票并制单处理

2019年7月19日，由赵凯（W02）登录企业应用平台。双击“业务工作→财务会计→应收款管理→应收单据处理→应收单据审核”菜单，打开“应收单查询条件”对话框，勾选“包含已现结发票”，单击“确定”按钮，打开“单据处理”窗口。

双击19日沈阳喜来那一行“选择”栏右侧任意单元格，打开“销售发票”窗口。单击“审核”按钮，系统提示“是否立即制单?”，点击“是”，生成记账凭证，单击工具栏的“保存”按钮，结果如图4-76所示。关闭当前已打开窗口。

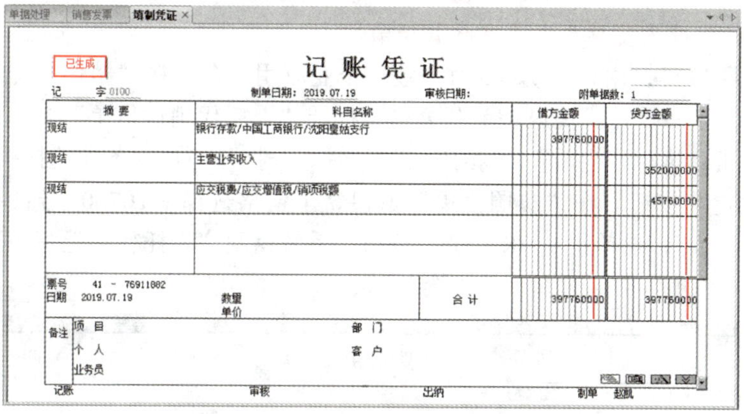

记 账 凭 证

已生成

记 字 0100 制单日期：2019.07.19 审核日期： 附单据数：1

摘要	科目名称	借方金额	贷方金额
现结	银行存款/中国工商银行/沈阳皇姑支行	397760000	
现结	主营业务收入		352000000
现结	应交税费/应交增值税/销项税额		45760000
票号 41 - 76911882 日期 2019.07.19 数量 单价	合计	397760000	397760000

备注 项目 部门

个人 客户

业务员

记账 审核 出纳 制单 赵凯

图4-76 记账凭证

3.发出商品记账并生成凭证

（1）在供应链的“存货核算”系统中，依次双击“业务核算→发出商品记账”菜单，系统打开“查询条件选择”窗口，直接单击其“确定”按钮，系统打开“未记账单据一览表”窗口。单击工具栏的“全选”按钮，以选中21327516号发票的两行记录，此时单击工具栏的“记账”按钮，系统提示记账成功，单击“确定”，完成记账工作。关闭当前窗口。

（2）依次双击“存货核算”系统的“财务核算→生成凭证”菜单，系统打开“生成凭证”窗口。单击工具栏的“选择”按钮，系统弹出“查询条件”对话框，单击“确定”按钮，系统打开“选择单据”窗口，如图4-77所示。

单击工具栏的“全选”按钮，以选中21327516号发票，再单击工具栏的“确定”按钮，系统自动关闭“选择单据”窗口打开“生成凭证”窗口。单击工具栏的“生成”按

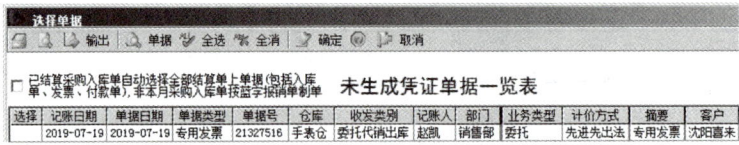

图4-77　未生成凭证单据一览表

钮，系统打开"填制凭证"窗口并自动生成凭证。单击工具栏的"保存"按钮，保存该凭证，结果如图4-78所示。关闭并退出窗口。

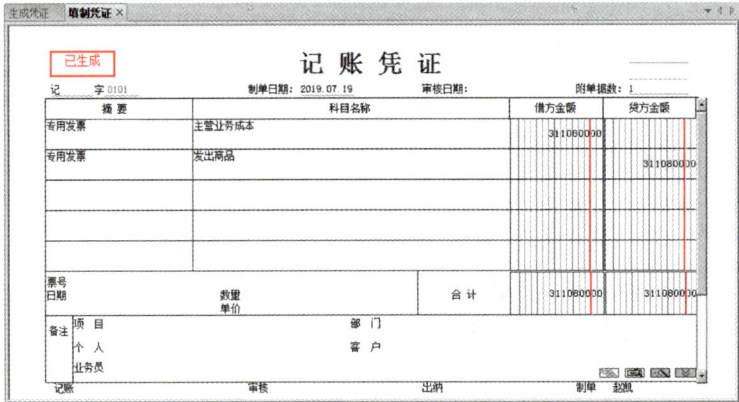

图4-78　记账凭证

4.参照委托代销发货单生成委托代销退货单

2019年7月19日，由刘晓明（X01）登录企业应用平台。在"销售管理"子系统，依次双击"委托代销→委托代销退货单"菜单，打开"委托代销退货单"窗口。单击工具栏的"增加"按钮，执行"生单"|"参照订单"命令，打开"查询条件选择-参照订单"窗口，单击"确定"按钮。在"参照生单"窗口，上窗格选择WT07001号订单，下窗格只选择"恒久情侣表"，再单击"OK确定"按钮，系统返回"委托代销退货单"窗口。退货单表体第1行"仓库名称"选择"手表仓"。保存并审核退货单，结果如图4-79所示。

图4-79　委托代销退货单

5.参照委托代销退货单生成（负数）销售出库单

2019年7月19日，由李泽华（C01）登录企业应用平台。依次双击"业务工作"页签中的"供应链→库存管理→出库业务→销售出库单"菜单，系统打开"销售出库单"窗口。执行"生单"|"销售生单"命令，打开"查询条件选择-销售发货单列表"对话框，单击"确定"按钮，系统打开"销售生单"窗口。双击19日沈阳喜来的退货单所对应的"选择"栏（即上一步骤完成的退货单），再单击工具栏的"OK确定"按钮，系统返回

"销售出库单"窗口。

根据图4-73，修改"出库单号"为"CK07021"，将表体"数量"修改为"-100"，其他项默认。保存并审核该出库单，结果如图4-80所示。关闭并退出该窗口。

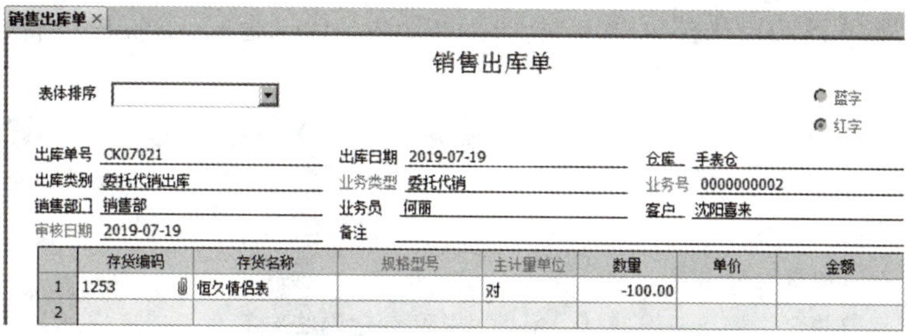

图4-80 （负数）销售出库单

6.发出商品记账并生成凭证

2019年7月19日，由赵凯（W02）登录企业应用平台。

（1）发出商品记账。在供应链的"存货核算"系统，依次双击"业务核算→发出商品记账"菜单，系统打开"查询条件选择"窗口，直接单击"确定"按钮，系统打开"未记账单据一览表"窗口。单击工具栏的"全选"按钮，再单击"记账"按钮，系统弹出"未记账单据一览表"窗口，"恒久情侣表"的"单价"输入"8888"，单击"确定"，弹出"记账成功"对话框，单击"确定"按钮，完成记账工作。关闭该窗口。

（2）生成凭证。依次双击"存货核算"子系统的"财务核算→生成凭证"菜单，系统打开"生成凭证"窗口。单击工具栏的"选择"按钮，系统弹出"查询条件"对话框，单击"确定"按钮，系统打开"选择单据"窗口，如图4-81所示。

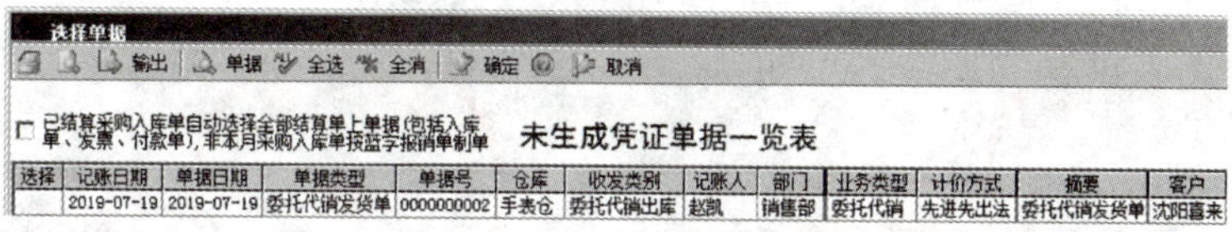

图4-81 未生成凭证单据一览表

单击工具栏的"全选"按钮，再单击工具栏的"确定"按钮，系统自动关闭"选择单据"窗口打开"生成凭证"窗口。单击工具栏的"生成"按钮，系统打开"填制凭证"窗口并自动生成凭证。单击工具栏的"保存"按钮，保存该凭证，如图4-82所示。

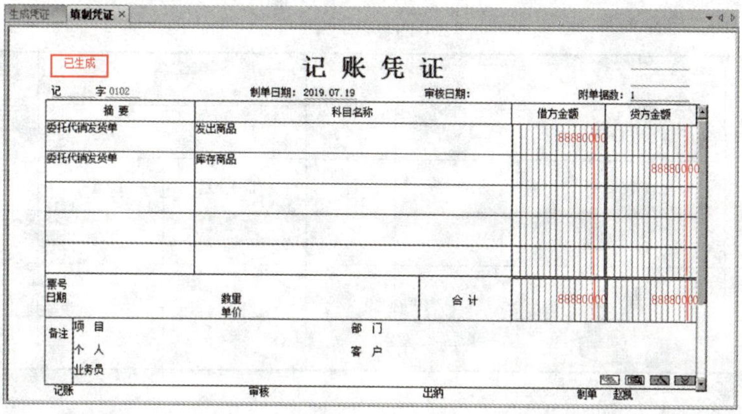

图4-82 记账凭证

业务4 委托代销——收取手续费方式

一、发出委托代销货物

2019年7月19日，销售部刘晓明与沈阳金泰签订代销合同。当日发出代销商品。

相关凭证如图4-83至图4-84所示。

购销合同

合同编号：WT07002

委托方：辽宁恒通商贸有限公司

受托方：沈阳金泰商贸有限公司

为保护买卖双方的合法权益，根据《中华人民共和国合同法》的有关规定，买卖双方经友好协商，一致同意签订本合同，并共同遵守合同约定。

一、货物的名称、数量及金额：

货物名称	规格型号	计量单位	数量	单价（不含税）	金额（不含税）	税率	税额
百盛男夹克		件	1 000	598.00	598 000.00	13%	77 740.00
合计					￥598 000.00		￥77 740.00

二、合同总金额：人民币陆拾柒万伍仟柒佰肆拾元整（￥675 740.00）。

三、采用支付手续费方式由委托方委托受托方销售货物，代销货物的售价只能按照合同约定的价格销售。根据代销商品销售情况，每月20日双方依照结算清单结算货款，受托方按不含税售价的10%向委托方收取手续费。

四、交货地点：辽宁恒通商贸有限公司。

五、发运方式高运输费用承担方式：由委托方发货，受托方承担运输费用。

委 托 方：辽宁恒通商贸有限公司　　　　　　　受 托 方：沈阳金泰商贸有限公司

授权代表：刘晓明　　　　　　　　　　　　　　授权代表：刘春雨

日　　期：2019年7月19日　　　　　　　　　　日　　期：2019年7月19日

图4-83　收取手续费方式代销合同

出库单

客户：沈阳金泰　　　　　　　　　　2019年7月19日　　　　　　　　　　单号：CK07022

发货仓库	存货编码	存货名称	单位	数量		单价	金额
				应发	实发		
服装仓	1101	百盛男夹克	件	1 000	1 000		
合计							

部门经理：略　　　　　会计：略　　　　　仓库：略　　　　　经办人：略

图4-84　出库单

【操作过程概览】

本业务的操作过程概览见表4-10。

表4-10 操作过程概览

序号	操作日期	操作员	系统	操作内容
1	2019-07-19	X01刘晓明	销售管理	填制（委托代销）销售订单
2	2019-07-19	X01刘晓明	销售管理	参照（委托代销）销售订单生成委托代销发货单
3	2019-07-19	C01李泽华	库存管理	参照委托代销发货单生成销售出库单
4	2019-07-19	W02赵凯	存货核算	发出商品记账并生成凭证

【具体操作过程】

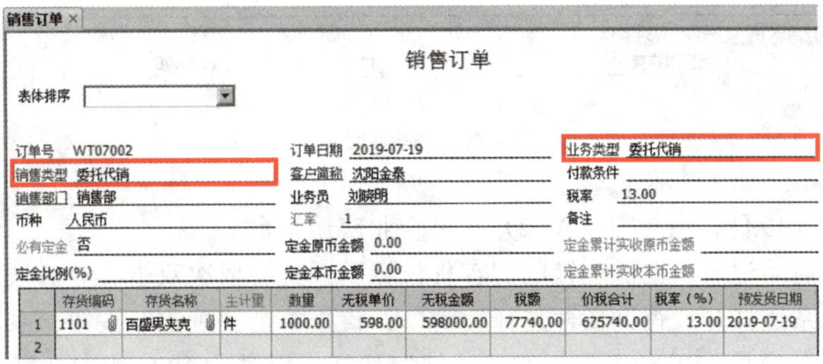

1. 填制（委托代销）销售订单

2019年7月19日，由刘晓明（X01）登录企业应用平台。依次双击"业务工作"页签中的"供应链→销售管理→销售订货→销售订单"菜单，打开"销售订单"窗口。单击工具栏的"增加"按钮，根据图4-83填制销售订单。注意订单表头项目"业务类型"为"委托代销"。填制完毕保存并审核销售订单，结果如图4-85所示。关闭并退出"销售订单"窗口。

图4-85 （委托代销）销售订单

2. 参照（委托代销）销售订单生成委托代销发货单

在"销售管理"子系统，依次双击"委托代销→委托代销发货单"菜单，打开"委托代销发货单"窗口。单击工具栏的"增加"按钮，单击"订单"按钮，打开"查询条件选择-参照订单"窗口，单击"确定"按钮。在"参照生单"窗口，双击上窗格中WT07002号销售订单所在行的"选择"单元格，再单击工具栏的"OK确定"按钮，系统返回"委托代销发货单"窗口。发货单表体第1行的"仓库名称"选择"服装仓"。保存并审核该发货单，结果如图4-86所示。

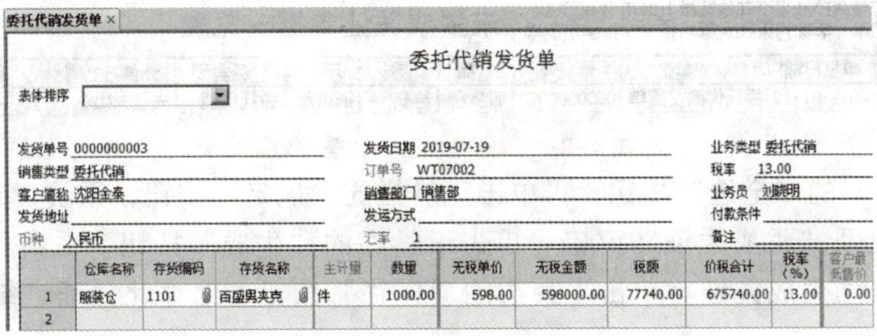

图4-86 委托代销发货单

3.参照委托代销发货单生成销售出库单

2019年7月19日，由李泽华（C01）登录企业应用平台。依次双击“业务工作”页签中的“供应链→库存管理→出库业务→销售出库单”菜单，系统打开“销售出库单”窗口。执行“生单”|“销售生单”命令，打开“查询条件选择-销售发货单列表”对话框，单击“确定”按钮，系统打开“销售生单”窗口。双击19日沈阳金泰的发货单所对应的“选择”栏（即上一步骤完成的发货单），再单击工具栏的“OK确定”按钮，系统返回“销售出库单”窗口。

根据图4-84，修改“出库单号”为“CK07022”，其他项默认。保存并审核该出库单，结果如图4-87所示。

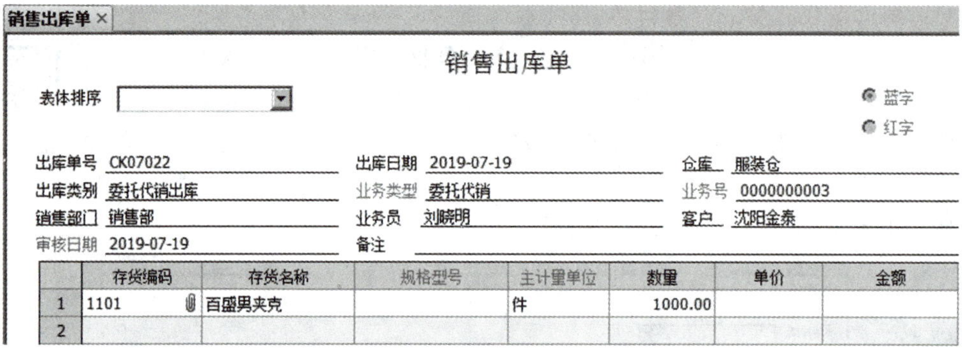

	存货编码	存货名称	规格型号	主计量单位	数量	单价	金额
1	1101	百盛男夹克		件	1000.00		
2							

图4-87　销售出库单

4.发出商品记账并生成凭证

2019年7月19日，由赵凯（W02）登录企业应用平台。

（1）发出商品记账。在供应链的“存货核算”系统，依次双击“业务核算→发出商品记账”菜单，系统打开“查询条件选择”窗口，直接单击“确定”按钮，系统打开“未记账单据一览表”窗口。单击工具栏的“全选”按钮，以选中19日沈阳金泰的发货单，此时单击工具栏的“记账”按钮，系统弹出信息框提示记账成功，单击其“确定”按钮，完成发出商品记账工作。关闭该窗口。

（2）生成凭证。依次双击“存货核算”系统的“财务核算→生成凭证”菜单，系统打开“生成凭证”窗口。单击工具栏的“选择”按钮，系统弹出“查询条件”对话框，单击“确定”按钮，系统打开“选择单据”窗口，如图4-88所示。

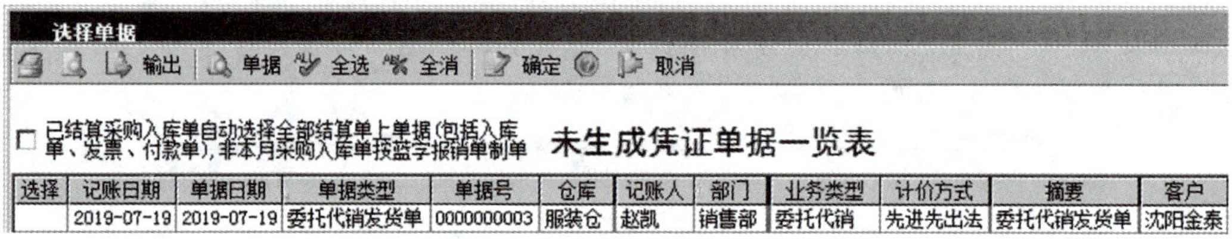

选择	记账日期	单据日期	单据类型	单据号	仓库	记账人	部门	业务类型	计价方式	摘要	客户
	2019-07-19	2019-07-19	委托代销发货单	0000000003	服装仓	赵凯	销售部	委托代销	先进先出法	委托代销发货单	沈阳金泰

图4-88　未生成凭证单据一览表

单击工具栏的“全选”按钮，再单击工具栏的“确定”按钮，系统自动关闭“选择单据”窗口返回“生成凭证”窗口。单击工具栏的“生成”按钮，系统打开“填制凭证”窗口并自动生成凭证。单击工具栏的“保存”按钮，保存此凭证，结果如图4-89所示。

已生成

记 账 凭 证

记　字 0103　　制单日期：2019.07.19　　审核日期：　　附单据数：1

摘要	科目名称	借方金额	贷方金额
委托代销发货单	发出商品	29800000	
委托代销发货单	库存商品		29800000
票号 日期	数量 单价	合计 29800000	29800000

备注　项目　　部门
　　　个人　　客户
　　　业务员

记账　　审核　　出纳　　制单　赵凯

图4-89　记账凭证

二、与受托方办理结算

2019年7月20日，沈阳金泰根据本月代销货物销售情况与恒通公司办理代销结算。业务员刘晓明。（代销手续费要求通过应收系统负向应收单处理）

相关凭证如图4-90至图4-93所示。

商品代销清单

日期：2019年7月20日　　№ 0000000002

委托方	辽宁恒通商贸有限公司				受托方	沈阳金泰商贸有限公司		
账号	2107024015890035666				账号	58306115806269927622		
开户银行	中国工商银行沈阳皇姑支行				开户银行	中国农业银行沈阳百花支行		
代销货物	代销货物名称	规格型号	计量单位	数量	单价（不含税）	金额	税率	税额
	百盛男夹克		件	1 000	598.00	598 000.00	13%	77 740.00
	价税合计	大写：人民币陆拾柒万伍仟柒佰肆拾元整　　小写：¥675 740.00						
代销方式		收取手续费						
代销款结算时间		根据代销货物销售情况于每月20日结算						
代销款结算方式		电汇						
本月代销货物销售情况	代销货物名称	规格型号	计量单位	数量	单价（不含税）	金额	税率	税额
	百盛男夹克		件	1 000	598.00	598 000.00	13%	95 680.00
	价税合计	大写：人民币陆拾柒万伍仟柒佰肆拾元整　　小写：¥675 740.00						
本月代销款结算金额		大写：人民币陆拾柒万伍仟柒佰肆拾元整　　小写：¥675 740.00						

主管：略　　审核：略　　制单：略　　受托方盖章：沈阳金泰商贸有限公司 合同专用章

图4-90　商品代销清单

图4-91　增值税专用发票

图4-92　电汇收款凭证

图4-93　增值税专用发票

【操作过程概览】

本业务的操作过程概览见表4-11。

表 4-11 操作过程概览

序号	操作日期	操作员	系统	操作内容
1	2019-07-20	X01刘晓明	销售管理	参照委托代销发货单生成委托代销结算单
2	2019-07-20	W02赵凯	应收款管理	审核发票并制单处理
3	2019-07-20	W02赵凯	存货核算	发出商品记账并生成凭证
4	2019-07-20	W02赵凯	应收款管理	填制负向应收单（委托代销手续费），审核并制单
5	2019-07-20	W02赵凯	应收款管理	红票对冲

【具体操作过程】

1.参照委托代销发货单生成委托代销结算单

2019年7月20日，由刘晓明（X01）登录企业应用平台。

（1）依次双击"业务工作"页签中的"供应链→销售管理→委托代销→委托代销结算单"菜单，打开"委托代销结算单"窗口。单击工具栏的"增加"按钮，系统弹出"查询条件选择-委托结算参照发货单"窗口，单击"确定"按钮，系统弹出"参照生单"窗口。双击上窗格中19日沈阳金泰发货单所在行的"选择"单元格，单击"OK确定"按钮，系统返回"委托代销结算单"窗口。

（2）根据图4-90、图4-91，在"委托代销结算"窗口，"发票号"填入"21327517"，单击工具栏的"保存"按钮，再单击"审核"按钮，系统弹出"请选择发票类型"对话框，单击"确定"按钮，委托代销结算单填制完毕，如图4-94所示。关闭"委托代销结算单"窗口。

图 4-94 委托代销结算单

（3）依次双击"业务工作"页签中的"供应链→销售管理→销售开票→销售专用发票"菜单，打开"销售专用发票"窗口。单击工具栏的"➡末张"按钮，找到委托代销结算生成的21327517号专用发票。单击工具栏的"现结"按钮，打开"现结"对话框。根据图4-92，"结算方式"选择"电汇"，"原币金额"输入"612352"，"票据号"输入"59601036"。输入完毕单击"确定"按钮，返回"销售专用发票"窗口，单击"复核"按钮，结果如图4-95所示。

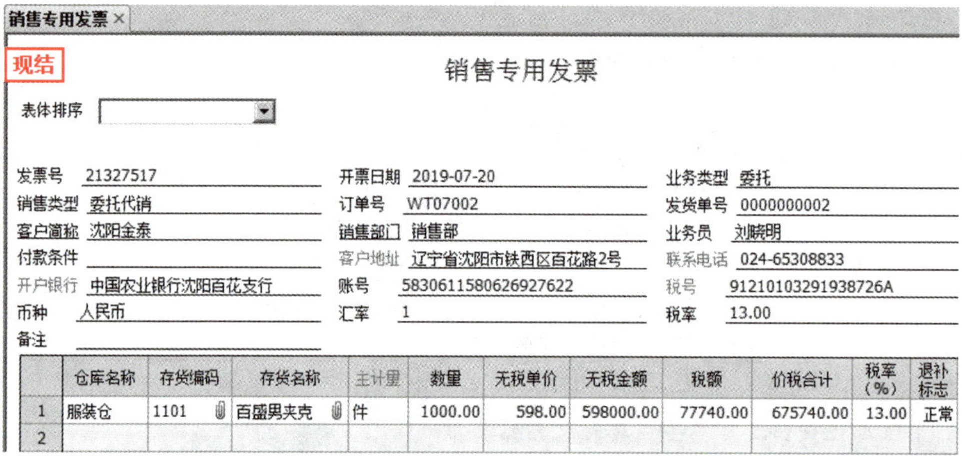
销售专用发票 ×

现结

销售专用发票

表体排序

发票号	21327517	开票日期	2019-07-20	业务类型	委托
销售类型	委托代销	订单号	WT07002	发货单号	0000000002
客户简称	沈阳金泰	销售部门	销售部	业务员	刘晓明
付款条件		客户地址	辽宁省沈阳市铁西区百花路2号	联系电话	024-65308833
开户银行	中国农业银行沈阳百花支行	账号	5830611580626927622	税号	91210103291938726A
币种	人民币	汇率	1	税率	13.00
备注					

	仓库名称	存货编码	存货名称	主计量	数量	无税单价	无税金额	税额	价税合计	税率（%）	退补标志
1	服装仓	1101	百盛男夹克	件	1000.00	598.00	598000.00	77740.00	675740.00	13.00	正常
2											

图4-95　销售专用发票

2.审核发票并制单处理

2019年7月20日，由赵凯（W02）登录企业应用平台。依次双击“业务工作”页签中的“财务会计→应收款管理→应收单据处理→应收单据审核”菜单，系统打开“应收单查询条件”窗口，勾选“包含已现结发票”，单击“确定”按钮，打开“单据处理”窗口。双击21327517号发票“选择”栏右侧任意单元格，打开“销售发票”窗口，单击工具栏的“审核”按钮，系统提示“是否立即制单?”，单击“是”，系统自动打开“填制凭证”窗口，单击工具栏的“保存”按钮，结果如图4-96所示。关闭当前已打开窗口。

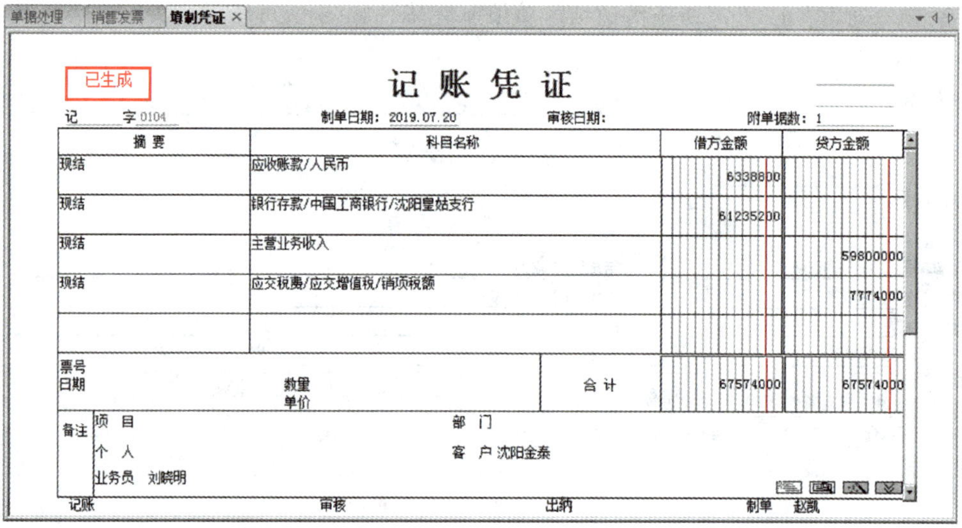
单据处理　销售发票　填制凭证 ×

已生成

记 账 凭 证

记　字 0104　制单日期：2019.07.20　审核日期：　附单据数：1

摘要	科目名称	借方金额	贷方金额
现结	应收账款/人民币	6338800	
现结	银行存款/中国工商银行/沈阳皇姑支行	61235200	
现结	主营业务收入		59800000
现结	应交税费/应交增值税/销项税额		7774000
票号 日期　数量 单价	合计	67574000	67574000

备注　项目　部门

个人　客户 沈阳金泰

业务员 刘晓明

记账　审核　出纳　制单 赵凯

图4-96　记账凭证

3.发出商品记账并生成凭证

（1）发出商品记账。在供应链的“存货核算”系统中，依次双击“业务核算→发出商品记账”菜单，系统打开“查询条件选择”窗口，直接单击“确定”按钮，系统打开“未记账单据一览表”窗口。双击21327517号销售发票的“选择”栏，再单击工具栏的“记账”按钮，系统弹出信息框提示记账成功，单击其“确定”按钮，完成记账工作。关闭该窗口。

（2）生成凭证。依次双击"存货核算"系统的"财务核算→生成凭证"菜单，系统打开"生成凭证"窗口。单击工具栏的"选择"按钮，系统弹出"查询条件"对话框，单击"确定"按钮，系统打开"选择单据"窗口，如图4-97所示。

图4-97　未生成凭证单据一览表

单击工具栏的"全选"按钮，再单击"确定"按钮，系统自动关闭"选择单据"窗口打开"生成凭证"窗口。单击工具栏的"生成"按钮，系统打开"填制凭证"窗口并自动生成凭证。单击"保存"按钮，结果如图4-98所示。关闭当前窗口。

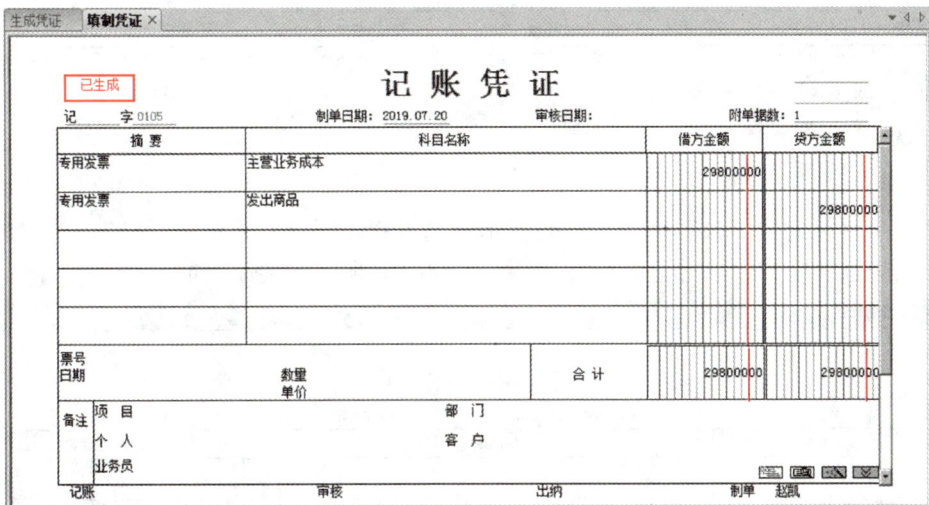

图4-98　记账凭证

4. 填制负向的应收单（委托代销手续费），审核并制单

（1）依次双击"业务工作"页签中的"财务会计→应收款管理→应收单据处理→应收单据录入"菜单，系统弹出"单据类别"对话框，将其他应收单的"方向"改为"负向"，如图4-99所示，单击"确定"按钮，打开"应收单"窗口。

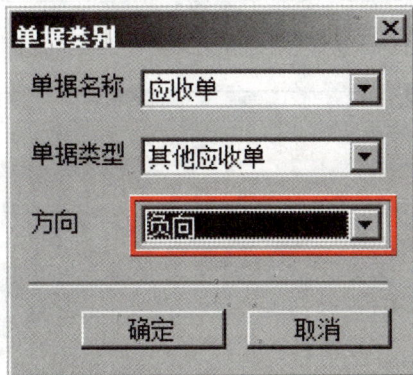

图4-99　"单据类别"窗口

（2）单击"增加"按钮，填制红字应收单。表头"客户"选择"沈阳金泰"，"金额"输入"63388"，"业务员"选择"刘晓明"。单击表体第1行，将"方向"改为借方，"科目"选择"660109"，"金额"改为"59800"；单击表体第2行，将"方向"改为借方，"科目"选择"22210101"，"金额"改为"3588"。输入完毕单击"保存"按钮，如图4-100所示。

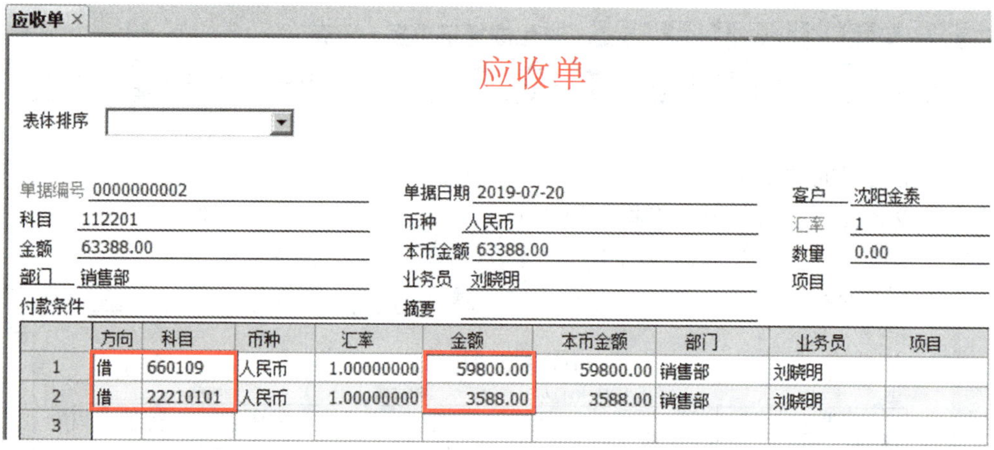

图4-100　负向的其他应收单

单击工具栏的"审核"按钮，系统提示"是否立即制单?"，单击"是"，系统自动打开"填制凭证"窗口，单击"保存"，结果如图4-101所示。关闭当前窗口。

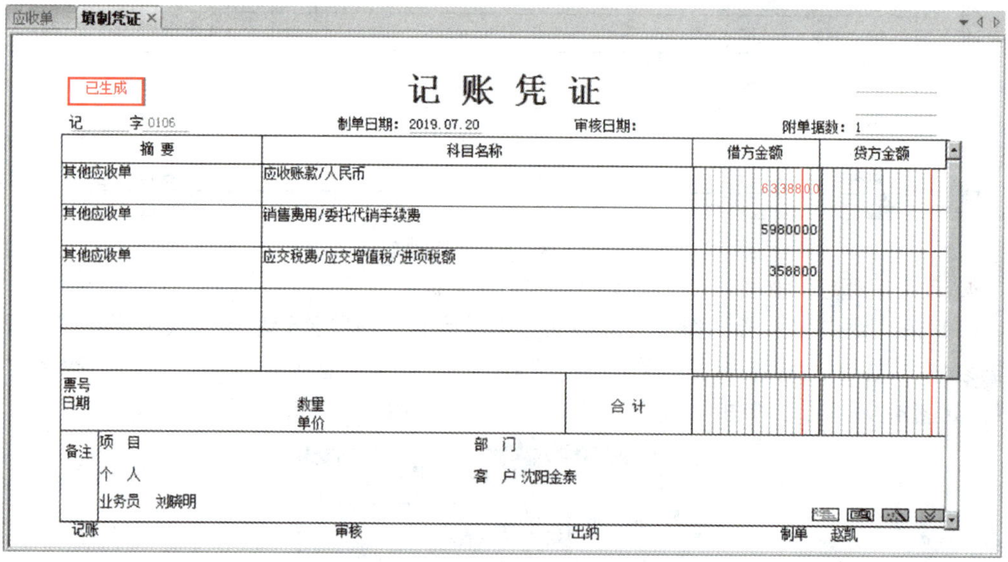

图4-101　记账凭证

5.红票对冲

在"应收款管理"系统，依次双击"转账→红票对冲→手工对冲"菜单，打开"红票对冲条件"对话框，"客户"选择"沈阳金泰"，单击"确定"按钮，打开"红票对冲"窗口。在窗口下方21327517号发票的"对冲金额"中输入"63388"，结果如图4-102所示。

红票对冲

单据日期	单据类型	单据编号	客户	币种	原币金额	原币余额	对冲金额	部门	业务员	合同名称
2019-07-20	其他应收单	0000000002	沈阳金泰	人民币	63，388.00	63，388.00	63，388.00	销售部	刘晓明	
合计					63，388.00	63，388.00	63，388.00			

单据日期	单据类型	单据编号	客户	币种	原币金额	原币余额	对冲金额	部门	业务员	合同名称
2019-07-20	销售专用发票	21327517	沈阳金泰	人民币	675,740.00	63,388.00	63,388.00	销售部	刘晓明	
合计					675,740.00	63,388.00	63,388.00			

图4-102 “红票对冲”窗口

单击工具栏的“保存”按钮，系统提示“是否立即制单?”，单击“是”按钮，系统自动打开“填制凭证”窗口，单击工具栏的“保存”按钮，结果如图4-103所示。

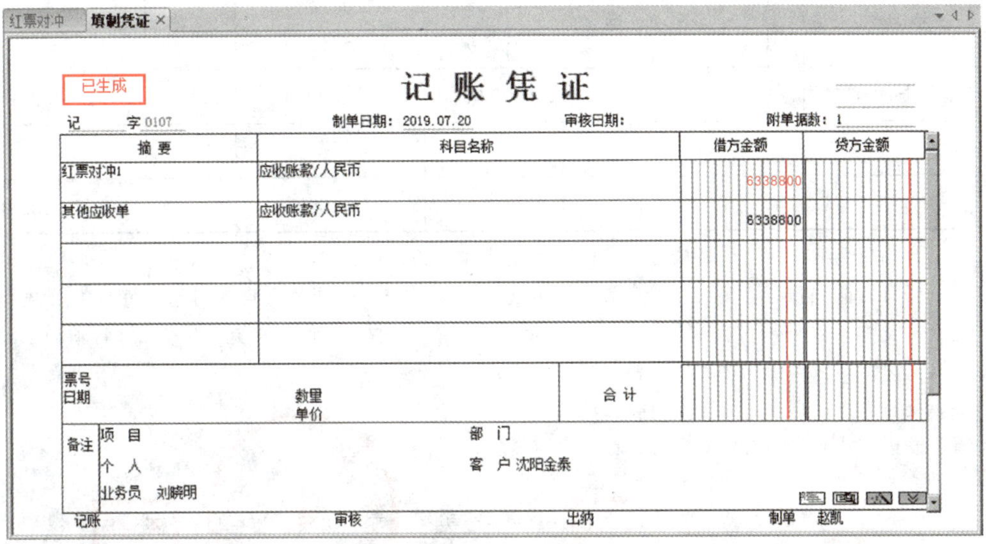

图4-103 记账凭证

【提示】

关于委托代销手续费，除了填制负向的其他应收单，还可通过以下方法处理：

①比照销售过程发生的运输费，到采购管理系统填制采购专用发票。该发票审核并制单后，进行应付冲应收（或应收冲应付）处理。该方法的弊端是导致采购系统“结算选单”窗口（图2-32）存在大量不能结算的发票。

②到销售管理系统填制销售费用支出单，“支出金额”填价税合计金额。该支出单生成其他应付单，到应付系统将该应付单的表体拆分成“销售费用/委托代销手续费”和“应交税费/应交增值税/进项税额”两行。该应付单审核并制单后，进行应付冲应收（或应收冲应付）处理。

任务2 其他业务类型业务

业务1 分期收款业务

2019年7月20日，销售部何丽与北京汇鑫签订分期收款销售合同。(不具有融资性质）当日发出全部货物。

2019年7月21日，收到北京汇鑫支付的第一期货款。

相关凭证如图4-104至图4-107所示。

购 销 合 同

合同编号：FQ07001

卖方：辽宁恒通商贸有限公司

买方：北京汇鑫百货有限公司

为保护买卖双方的合法权益，根据《中华人民共和国合同法》的有关规定，买卖双方经友好协商，一致同意签订本合同，并共同遵守合同约定。

一、货物的名称、数量及金额：

货物名称	规格型号	计量单位	数量	单价（不含税）	金额（不含税）	税率	税额
百盛牛仔裤		条	600	300.00	180 000.00	13%	23 400.00
合　计					￥180 000.00		￥23 400.00

二、合同总金额：人民币贰拾万零叁仟肆佰元整（￥203 400.00）。

三、签订合同当日，卖方发出全部商品。买方分期向卖方支付货款。自本月起，每月21日支付货款，分三期支付，逾期未付，视为买方违约。至付清所有合同款项前，卖方按买方未付款项与合同总价款的比例保留对合同标的物的所有权。

四、交货地点：辽宁恒通商贸有限公司。

五、发运方式与运输费用承担方式：由卖方发货，买方承担运输费用。

卖　方：辽宁恒通商贸有限公司　　　　买　方：北京汇鑫百货有限公司

授权代表：何丽　　　　　　　　　　　授权代表：王三金

日　期：2019年7月20日　　　　　　日　期：2019年7月20日

图 4-104　购销合同

出 库 单

客户：北京汇鑫　　　　　　2019年7月20日　　　　　　单号：CK07023

发货仓库	存货编码	存货名称	单位	应发	实发	单价	金额
服装仓	1103	百盛牛仔裤	条	600	600		
合　计							

部门经理：略　　　会计：略　　　仓库：略　　　经办人：略

图 4-105　出库单

021001900105 辽宁增值税普通发票 № 21327518 021001900105 21327518

此联不作报销、扣税凭证使用

开票日期：2019年7月21日

购买方	名称：北京汇鑫百货有限公司 纳税人识别号：91110113578732690A 地址、电话：北京市顺义区常庄路992号 010-86218025 开户行及账号：中国银行北京顺义常庄支行 2700322598914536398			密码区	10622193*1/711>/68*5*225>58 <691*-6/>0866400->788>52+>/ 22<696676707<685831083+54-> 9251<20*>95797+1807-<7+05*6		
货物或应税劳务、服务名称	规格型号	单位	数量	单价	金额	税率	税额
*服装*百盛牛仔裤		条	200	300.00	60 000.00	13%	7 800.00
合计					¥60 000.00		¥7 800.00
价税合计（大写）	⊗陆万柒仟捌佰元整				（小写）¥67 800.00		
销售方	名称：辽宁恒通商贸有限公司 纳税人识别号：91210105206917583A 地址、电话：辽宁省沈阳市皇姑区人民路369号 024-82681359 开户行及账号：中国工商银行沈阳皇姑支行 2107024015890035666			备注			

收款人：贺青 复核：王钰 开票人：赵凯 销售方：（章）

税总函〔2019〕335号北京印钞厂

第一联：记账联 销售方记账凭证

图4-106 增值税专用发票

中国工商银行 电汇凭证（收账通知） 4 16381762

☑普通 □加急 委托日期 2019年7月21日

汇款人	全称	北京汇鑫百货有限公司	收款人	全称	辽宁恒通商贸有限公司
	账号	2700322598914536398		账号	2107024015890035666
	开户银行	中国银行北京顺义常义庄支行		开户银行	中国工商银行沈阳皇姑支行
金额	人民币（大写）	陆万柒仟捌佰元整		亿千百十万千百十元角分	¥6780000
此汇款已收入收款人账户。 汇入行签章			支付密码 附加信息及用途：货款 复核 记账		

此联为开户行给收款人的收账通知

中国工商银行 沈阳皇姑支行 2019.07.21 转讫

图4-107 电汇收款凭证

【操作过程概览】

本业务的操作过程概览见表4-12。

表4-12 操作过程概览

序号	操作日期	操作员	系统	操作内容
1	2019-07-20	X01 刘晓明	销售管理	填制（分期收款）销售订单
2	2019-07-20	X01 刘晓明	销售管理	参照（分期收款）销售订单生成发货单
3	2019-07-20	C01 李泽华	库存管理	参照发货单生成销售出库单
4	2019-07-20	W02 赵凯	存货核算	发出商品记账并生成凭证
5	2019-07-21	X01 刘晓明	销售管理	参照发货单生成销售专用发票
6	2019-07-21	W02 赵凯	应收款管理	审核发票并制单处理
7	2019-07-21	W02 赵凯	存货核算	发出商品记账并生成凭证

【具体操作过程】

1.填制（分期收款）销售订单

2019年7月20日，由刘晓明（X01）登录企业应用平台。依次双击"业务工作"页签中的"供应链→销售管理→销售订货→销售订单"菜单，打开"销售订单"窗口。单击工具栏的"增加"按钮，根据图4-104填制销售订单。注意表头项目"业务类型"应为"分期收款"。填制完毕保存并审核订单，结果如图4-108所示。关闭"销售订单"窗口。

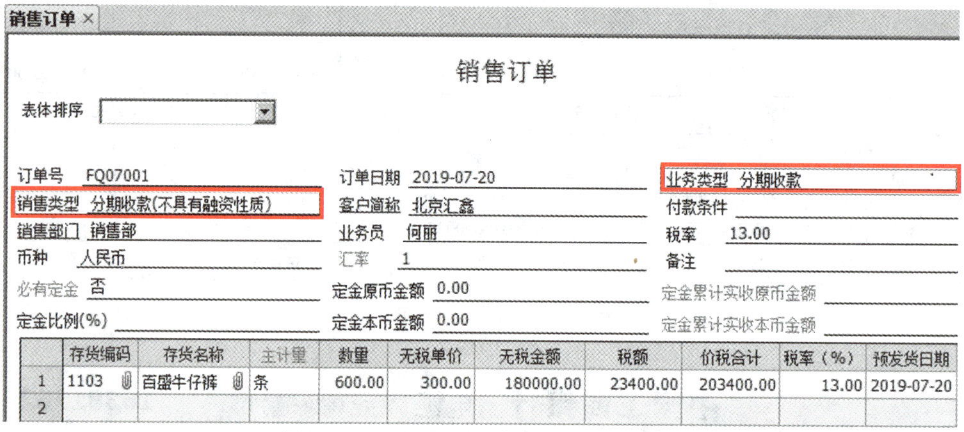

图4-108 （分期收款）销售订单

2.参照（分期收款）销售订单生成发货单

在"销售管理"子系统，依次双击"销售发货→发货单"菜单，打开"发货单"窗口。单击工具栏的"增加"按钮，将表头的"业务类型"改为"分期收款"，单击"订单"按钮，打开"查询条件选择-参照订单"窗口，单击"确定"按钮。在"参照生单"窗口，双击上窗格中FQ07001号订单所在行的"选择"单元格，再单击工具栏的"OK确定"按钮，系统返回"发货单"窗口。发货单表体第1行"仓库名称"选择"服装仓"。保存并审核该发货单，结果如图4-109所示。

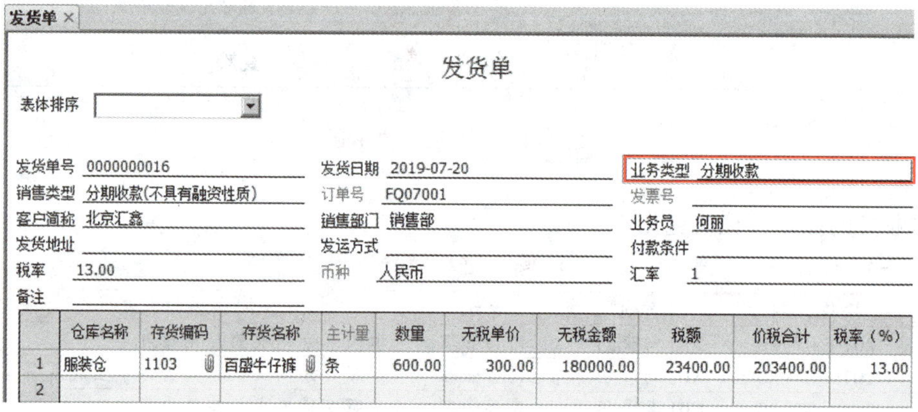

图4-109 （分期收款）发货单

3.参照发货单生成销售出库单

2019年7月20日，由李泽华（C01）登录企业应用平台。依次双击"业务工作"页签中的"供应链→库存管理→出库业务→销售出库单"菜单，系统打开"销售出库单"窗

口。执行"生单"|"销售生单"命令，打开"查询条件选择-销售发货单列表"对话框，单击"确定"按钮，系统打开"销售生单"窗口。双击 20 日北京汇鑫的发货单所对应的"选择"栏（即上一步骤完成的发货单），再单击工具栏的"OK 确定"按钮，系统返回"销售出库单"窗口。根据图 4-105 修改出库单号为"CK07023"，其他项默认。保存并审核该出库单，结果如图 4-110 所示。

销售出库单

表体排序

⦿ 蓝字
○ 红字

出库单号 CK07023　　　出库日期 2019-07-20　　　仓库 服装仓
出库类别 不具有融资性质　业务类型 分期收款　　　业务号 0000000016
销售部门 销售部　　　　　业务员 何丽　　　　　　客户 北京汇鑫
审核日期 2019-07-20　　　备注

	存货编码	存货名称	规格型号	主计量单位	数量	单价	金额
1	1103	百盛牛仔裤		条	600.00		
2							

图 4-110　销售出库单

4. 发出商品记账并生成凭证

2019 年 7 月 20 日，由赵凯（W02）登录企业应用平台。

（1）发出商品记账。在供应链的"存货核算"系统，依次双击"业务核算→发出商品记账"菜单，系统打开"查询条件选择"窗口，直接单击"确定"按钮，系统打开"未记账单据一览表"窗口。双击 20 日北京汇鑫发货单的"选择"栏，此时单击工具栏的"记账"按钮，系统弹出信息框提示记账成功，单击其"确定"按钮，完成记账工作。关闭该窗口。

（2）生成凭证。依次双击"存货核算"子系统的"财务核算→生成凭证"菜单，系统打开"生成凭证"窗口。单击工具栏的"选择"按钮，系统弹出"查询条件"对话框，单击"确定"按钮，系统打开"选择单据"窗口，如图 4-111 所示。

选择单据
输出　单据　全选　全消　确定　取消

未生成凭证单据一览表

□已结算采购入库单自动选择全部结算单上单据(包据入库单、发票、付款单,非本月采购入库单按蓝字报销单制单)

选择	记账日期	单据日期	单据类型	单据号	仓库	收发类别	记账人	部门	业务类型	计价方式	摘要	客户
	2019-07-20	2019-07-20	发货单	0000000016	服装仓	不具有融资性质	赵凯	销售部	分期收款	先进先出法	发货单	北京汇鑫

图 4-111　未生成凭证单据一览表

单击工具栏的"全选"按钮，再单击工具栏的"确定"按钮，系统自动关闭"选择单据"窗口返回"生成凭证"窗口。单击工具栏的"生成"按钮，系统打开"填制凭证"窗口并自动生成凭证。单击工具栏的"保存"按钮，保存此凭证，如图 4-112 所示。

5. 参照发货单生成销售专用发票

2019 年 7 月 21 日，由刘晓明（X01）登录企业应用平台。

（1）依次双击"业务工作"页签中的"供应链→销售管理→销售发票→销售专用发票"菜单，系统打开"销售专用发票"窗口。单击工具栏的"增加"按钮，将销售专用发票表头项目"业务类型"改为"分期收款"，再执行工具栏的"生单"|"参照发货单"命令，打开"查询条件选择-发票参照发货单"对话框，单击"确定"按钮，系统打开"参照生单"窗口。双击 20 日北京汇鑫的发货单所对应的"选择"栏，结果如图 4-113 所示，然后单击工具栏的"OK 确定"按钮，返回"销售专用发票"窗口。

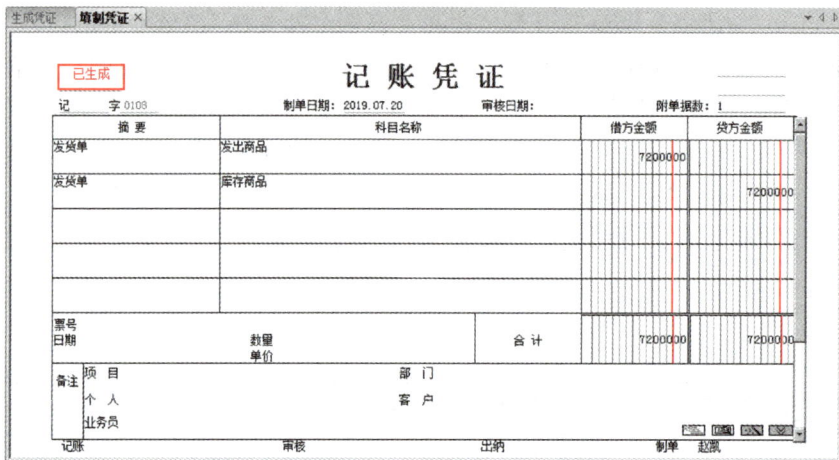

图4-112　记账凭证

图4-113　"参照生单"窗口

根据图4-106修改表头项目"发票号"为"21327518"，将表体项目"数量"改为"200"，其他项默认。单击工具栏的"保存"按钮，保存该单据。

（2）现结。单击工具栏的"现结"按钮，打开"现结"窗口。根据图4-107，"结算方式"选择"电汇"，"原币金额"输入"67800"，"票据号"输入"16381762"。输入完毕单击"确定"按钮，返回"销售专用发票"窗口。单击"复核"按钮，结果如图4-114所示。

图4-114　销售专用发票

6.审核发票并制单处理

2019年7月21日，由赵凯（W02）登录企业应用平台。依次双击"业务工作"页签中的"财务会计→应收款管理→应收单据处理→应收单据审核"菜单，系统打开"应收单查询条件"窗口，勾选"包含已现结发票"，单击"确定"按钮，打开"单据处理"窗口。双击21327518号发票"选择"栏右侧的任意单元格，打开"销售发票"窗口，单击工具栏的"审核"按钮，系统提示"是否立即制单？"，单击"是"，系统自动打开"填制凭证"窗口，单击工具栏的"保存"按钮，结果如图4-115所示。关闭当前已打开窗口。

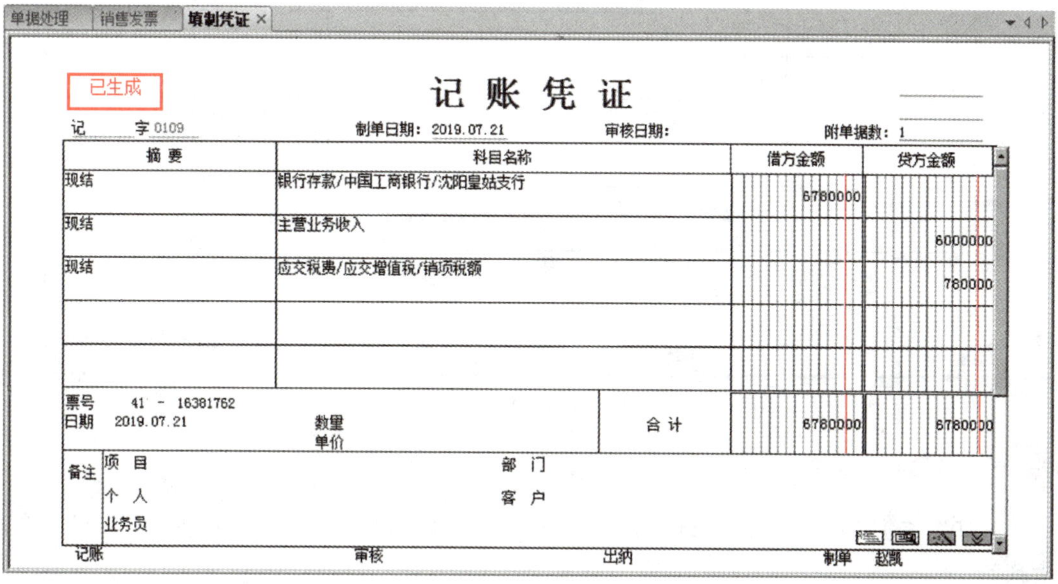

图4-115 记账凭证

7.发出商品记账并生成凭证

（1）发出商品记账。在供应链的"存货核算"子系统，依次双击"业务核算→发出商品记账"菜单，系统打开"查询条件选择"窗口，直接单击其"确定"按钮，系统打开"未记账单据一览表"窗口。双击21327518号专用发票的"选择"栏，此时单击工具栏的"记账"按钮，系统提示记账成功，单击"确定"按钮，完成记账工作。关闭当前窗口。

（2）生成凭证。依次双击"存货核算"子系统的"财务核算→生成凭证"菜单，打开"生成凭证"窗口。单击工具栏的"选择"按钮，系统弹出"查询条件"对话框，单击"确定"按钮，系统打开"选择单据"窗口，如图4-116所示。

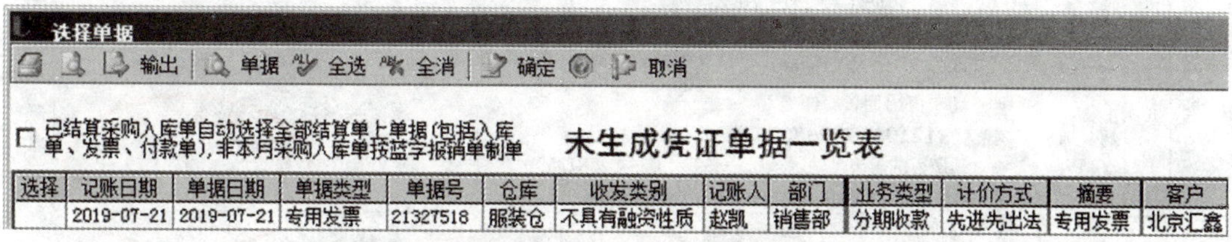

图4-116 未生成凭证单据一览表

单击工具栏的"全选"按钮，再单击工具栏的"确定"按钮，系统自动关闭"选择单据"窗口返回"生成凭证"窗口。单击工具栏的"生成"按钮，系统打开"填制凭证"窗口并自动生成凭证。单击工具栏的"保存"按钮，保存此凭证，如图4-117所示。

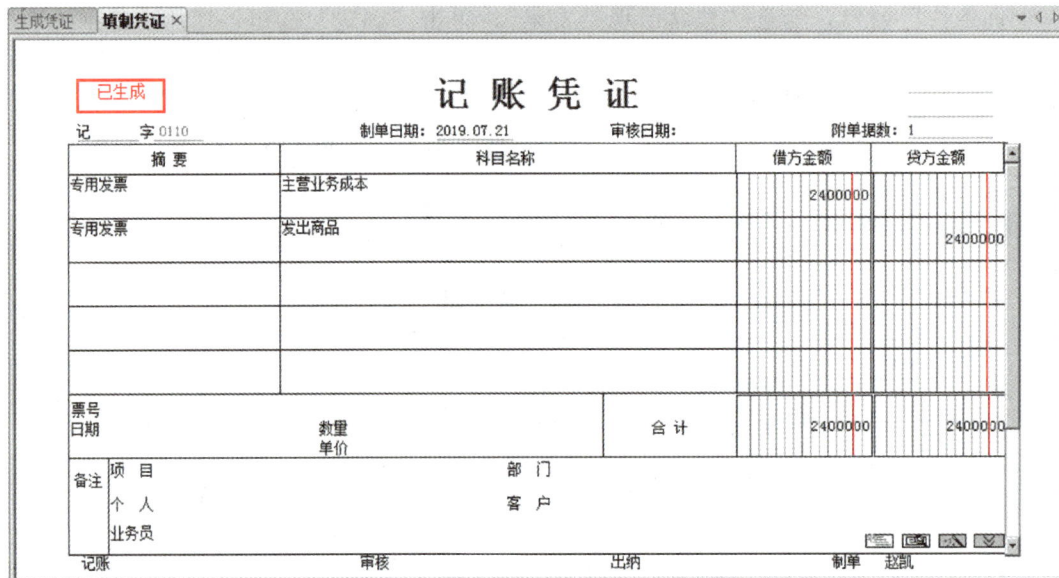

图4-117 记账凭证

业务2 零售日报业务

2019年7月21日，销售部何丽交来当日门市部（客户统一名称：零散客户）零售货款。

相关凭证如图4-118至图4-121所示。

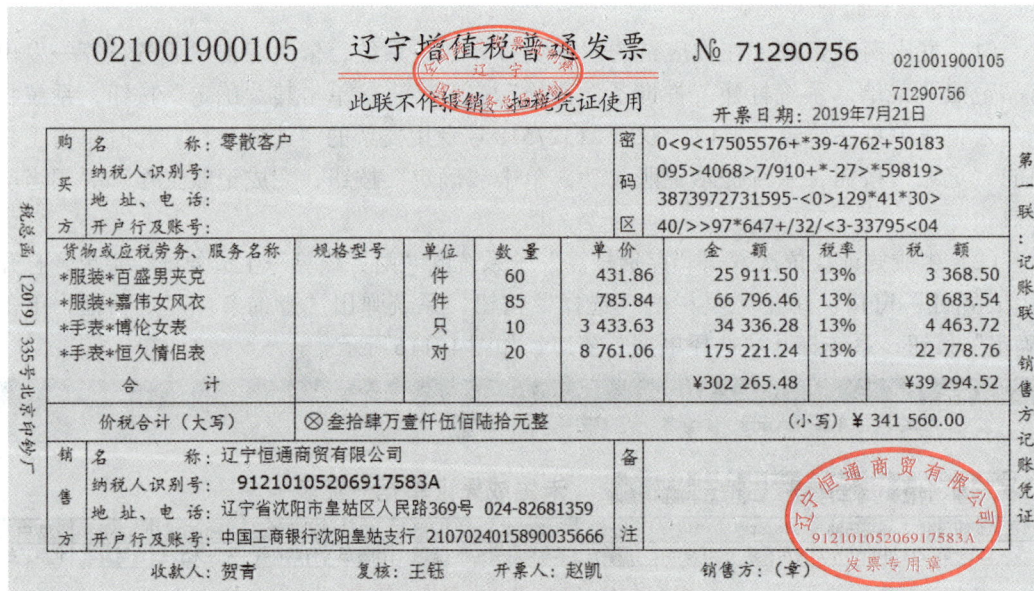

图4-118 增值税普通发票

收　据

2019 年 7 月 21 日　　　　　　　　　　　　No 45362532

交款单位（人）　零散客户	收款方式　现金	第二联：记账联

人民币合计（大写）　叁拾肆万壹仟伍佰陆拾元整

（小写）　￥341 560.00

现金收讫

交款事由　零售日报款

会计：赵凯　　　　　　出纳：贺青　　　　　　复核：王钰

图 4-119　收据

出库单

客户：零散客户　　　　　　2019 年 7 月 21 日　　　　　　单号：CK07024

发货仓库	存货编码	存货名称	单位	数量		单价	金额
				应发	实发		
服装仓	1101	百盛男夹克	件	60	60		
服装仓	1105	嘉伟女风衣	件	85	85		
合　计							

部门经理：略　　　会计：略　　　仓库：略　　　经办人：略

图 4-120　出库单

出库单

客户：零散客户　　　　　　2019 年 7 月 21 日　　　　　　单号：CK07025

发货仓库	存货编码	存货名称	单位	数量		单价	金额
				应发	实发		
手表仓	1201	博伦女表	只	10	10		
手表仓	1253	恒久情侣表	对	20	20		
合　计							

部门经理：略　　　会计：略　　　仓库：略　　　经办人：略

图 4-121　出库单

【操作过程概览】

本业务的操作过程概览见表4-13。

表 4-13　　　　　　　　　操作过程概览

序号	操作日期	操作员	系统	操作内容
1	2019-07-21	X01 刘晓明	销售管理	填制零售日报
2	2019-07-21	C01 李泽华	库存管理	参照发货单批量生成销售出库单
3	2019-07-21	W02 赵凯	应收款管理	审核销售零售日报并制单处理
4	2019-07-21	W02 赵凯	存货核算	正常单据记账并生成凭证

【具体操作过程】

1.填制零售日报

2019年7月21日，由刘晓明（X01）登录企业应用平台。

（1）依次双击"业务工作"页签中的"供应链→销售管理→零售日报→零售日报"菜单，打开"零售日报"窗口。单击工具栏的"增加"按钮。根据图4-118填制零售日报，填制完毕保存该日报。

（2）现结。单击工具栏的"现结"按钮，打开"现结"窗口。根据图4-119，"结算方式"选择"现金"，"原币金额"输入"341560"，"票据号"输入"45362532"。输入完毕单击"确定"按钮，返回"零售日报"窗口，单击"复核"按钮，结果如图4-122所示。零售日报复核后自动生成已审核的发货单。

零售日报

	仓库名称	存货编码	存货名称	主计量	数量	含税单价	无税金额	税额	价税合计	税率（%）	客户最低售价
1	服装仓	1101	百盛男夹克	件	60.00	488.00	25911.50	3368.50	29280.00	13.00	0.00
2	服装仓	1151	嘉伟女风衣	件	85.00	888.00	66796.46	8683.54	75480.00	13.00	0.00
3	手表仓	1201	博伦女表	只	10.00	3880.00	34336.28	4463.72	38800.00	13.00	0.00
4	手表仓	1253	恒久情侣表	对	20.00	9900.00	175221.24	22778.76	198000.00	13.00	0.00
5											

日报号 71290756　　日报日期 2019-07-21　　销售类型 正常销售
客户简称 零散客户　　销售部门 销售部　　业务员 何丽
客户地址　　税率 13.00　　备注

图4-122　零售日报

2.参照发货单批量生成销售出库单

2019年7月21日，由李泽华（C01）登录企业应用平台。依次双击"业务工作"页签中的"供应链→库存管理→出库业务→销售出库单"菜单，系统打开"销售出库单"窗口。执行"生单"|"销售生单（批量）"命令，打开"查询条件选择-销售发货单列表"对话框，单击"确定"按钮，系统打开"销售生单"窗口。双击21日零散客户的发货单所对应的"选择"栏（即上一步骤完成的发货单），如图4-123所示。再单击"OK确定"按钮，系统提示"生单成功!"，单击"确定"按钮，返回"销售出库单"窗口。

销售发货单生单表头

选择	发货单号	发票号	单据日期	业务类型	客户	部门	业务员	制单人	审核人
Y	0000000017	71290756	2019-07-21	普通销售	零散客户	销售部	何丽	刘晓明	刘晓明
合计									

销售发货单生单表体

选择	仓库编码	仓库	存货编码	存货名称	主计量单位	应出库数量	未出库数量	本次出库数量
Y	1	服装仓	1101	百盛男夹克	件	60.00	60.00	60.00
Y	1	服装仓	1151	嘉伟女风衣	件	85.00	85.00	85.00
Y	2	手表仓	1201	博伦女表	只	10.00	10.00	10.00
Y	2	手表仓	1253	恒久情侣表	对	20.00	20.00	20.00
合计						175.00	175.00	

图4-123　"销售生单"窗口

单击"修改"按钮，根据图4-121将手表仓的出库单号修改为"CK07025"。保存并审核该出库单，结果如图4-124所示。

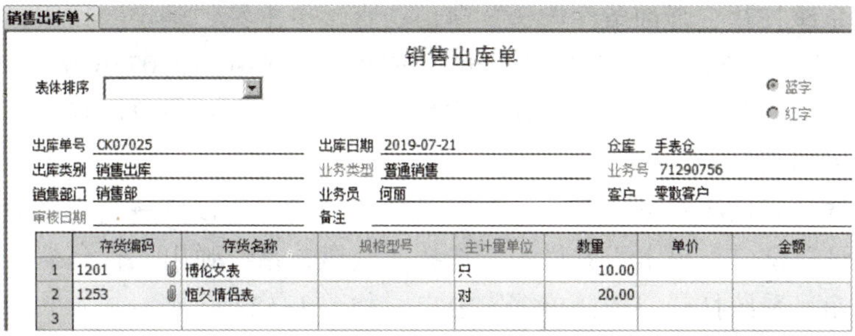

图4-124 销售出库单

单击工具栏的"◀上张"按钮，单击"修改"按钮，根据图4-120将服装仓的出库单号修改为"CK07024"。保存并审核该出库单，结果如图4-125所示。

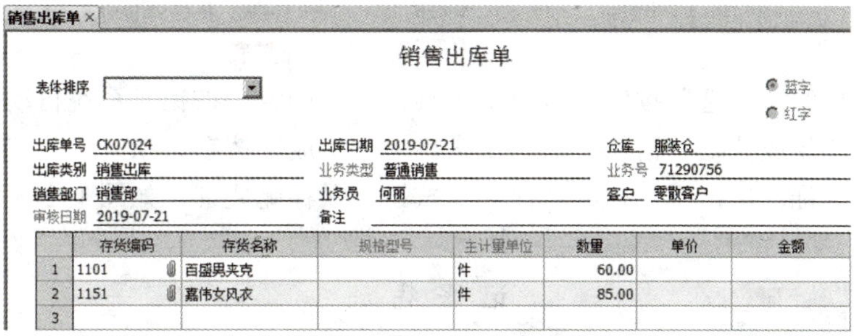

图4-125 销售出库单

3.审核销售零售日报并制单处理

2019年7月21日，由赵凯（W02）登录企业应用平台。依次双击"业务工作"页签中的"财务会计→应收款管理→应收单据处理→应收单据审核"菜单，系统打开"应收单查询条件"窗口，勾选"包含已现结发票"，单击"确定"按钮，打开"单据处理"窗口。

双击71290756号零售日报"选择"栏右侧任意单元格，打开"销售发票"窗口，单击工具栏的"审核"按钮，系统提示"是否立即制单？"，单击"是"，系统自动打开"填制凭证"窗口，单击工具栏的"保存"按钮，结果如图4-126所示。关闭当前已打开窗口。

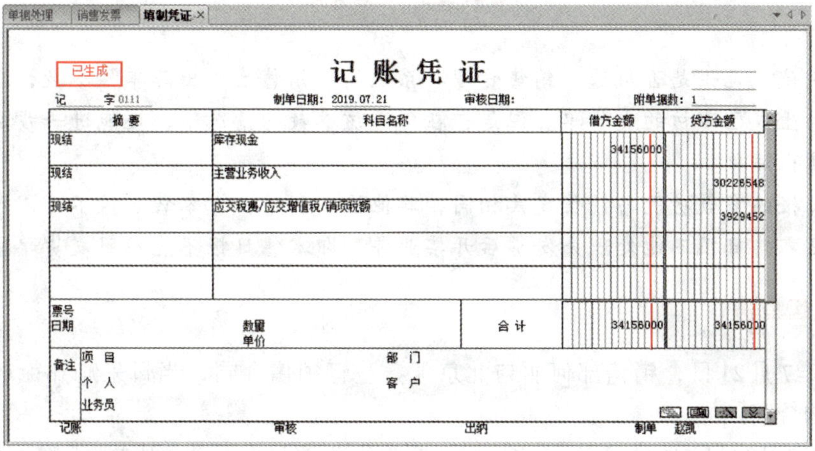

图4-126 记账凭证

4.正常单据记账并生成凭证

（1）正常单据记账。在供应链的"存货核算"系统，依次双击"业务核算→正常单据记账"菜单，系统打开"查询条件选择"窗口，直接单击其"确定"按钮，打开"未记账单据一览表"窗口。单击工具栏的"全选"按钮，以选中71290756号发票的四行记录，再单击工具栏的"记账"按钮，系统弹出信息框提示记账成功，单击其"确定"按钮，完成记账工作。关闭该窗口。

（2）生成凭证。依次双击"存货核算"子系统的"财务核算→生成凭证"菜单，系统打开"生成凭证"窗口。单击工具栏的"选择"按钮，系统弹出"查询条件"对话框，单击"确定"按钮，系统打开"选择单据"窗口，如图4-127所示。

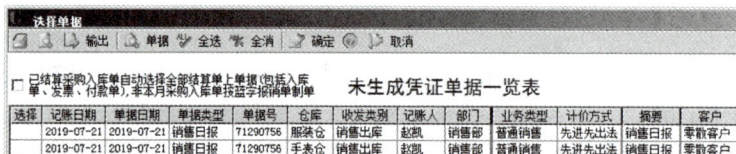

图4-127　未生成凭证单据一览表

单击工具栏的"全选"按钮，再单击工具栏的"确定"按钮，系统自动关闭"选择单据"窗口打开"生成凭证"窗口。单击工具栏的"生成"按钮，系统打开"填制凭证"窗口并自动生成凭证。单击工具栏的"保存"按钮，保存此凭证，如图4-128所示。

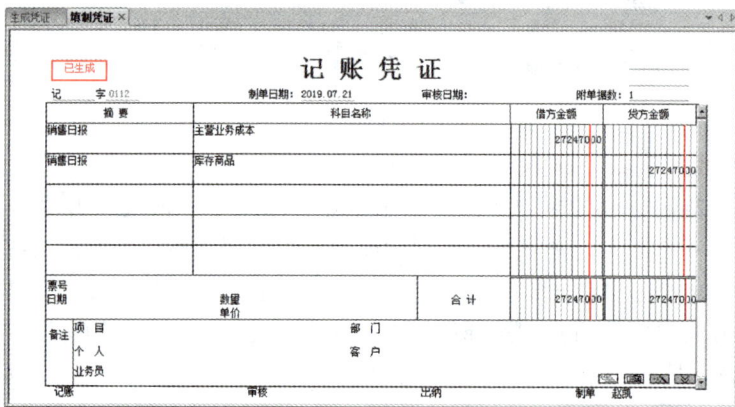

图4-128　记账凭证

【提示】

根据测试，无论是否勾选"销售管理"系统的"销售生成出库单"参数，零售日报复核后均自动生成已审核的发货单。但是，在勾选该参数的情况下，还能进一步自动生成未审核的销售出库单。

零售日报的多数功能与销售发票相同，其他区别如下：①零售日报不可以参照销售订单生成。②零售日报不能处理先发货后开票业务，即零售日报不能参照发货单录入。

业务3 直运业务

2019年7月21日，销售部何丽与北京汇鑫签订销售合同，当日采购部徐辉与天津惠阳签订采购合同。

2019年7月22日，收到北京汇鑫货款（选择收款），当日与天津惠阳结清货款（选择付款）。

相关凭证如图4-129至图4-134所示。

购 销 合 同

合同编号：ZX07001

卖方：辽宁恒通商贸有限公司
买方：北京汇鑫百货有限公司

为保护买卖双方的合法权益，根据《中华人民共和国合同法》的有关规定，买卖双方经友好协商，一致同意签订本合同，并共同遵守合同约定。

一、货物的名称、数量及金额：

货物名称	规格型号	计量单位	数量	单价（不含税）	金额（不含税）	税率	税额
百盛男夹克		件	500	598.00	299 000.00	13%	38 870.00
嘉伟男风衣		件	600	999.00	599 400.00	13%	77 922.00
合 计					¥898 400.00		¥116 792.00

二、合同总金额：人民币壹佰零壹万伍仟壹佰玖拾贰元整（￥1 015 192.00）。

三、签订合同当日，卖方发出全部商品并开具增值税专用发票。买方验收合格后于月底前向卖方支付货款。

四、交货地点：天津市南开区中华路三段88号。

五、发运方式与运输费用承担方式：由卖方发货，买方承担运输费用。

卖　方：辽宁恒通商贸有限公司　　　　买　方：北京汇鑫百货有限公司
授权代表：何 丽　　　　　　　　　　授权代表：王云金
日　　期：2019年7月21日　　　　　日　　期：2019年7月21日

图 4-129　购销合同

购 销 合 同

合同编号：ZC07001

卖方：天津惠阳商贸有限公司
买方：辽宁恒通商贸有限公司

为保护买卖双方的合法权益，根据《中华人民共和国合同法》的有关规定，买卖双方经友好协商，一致同意签订本合同，并共同遵守合同约定。

一、货物的名称、数量及金额：

货物名称	规格型号	计量单位	数量	单价（不含税）	金额（不含税）	税率	税额
百盛男夹克		件	500	318.00	159 000.00	13%	20 670.00
嘉伟男风衣		件	600	658.00	394 800.00	13%	51 324.00
合 计					¥553 800.00		¥71 994.00

二、合同总金额：人民币陆拾贰万伍仟柒佰玖拾肆元整（￥625 794.00）。

三、签订合同当日，卖方发出全部商品并开具增值税专用发票。买方验收合格后于月底前向卖方支付货款。

四、交货地点：天津市南开区中华路三段88号。

五、发运方式与运输费用承担方式：由卖方发货，买方承担运输费用。

卖　方：天津惠阳商贸有限公司　　　　买　方：辽宁恒通商贸有限公司
授权代表：张 进　　　　　　　　　　授权代表：徐 辉
日　　期：2019年7月21日　　　　　日　　期：2019年7月21日

图 4-130　购销合同

图 4-131 增值税专用发票

021001900105　辽宁增值税专用发票　№ 21327519　021001900105
　　　　　　　　　　　　　　　　　　　　　　　　　　　　21327519

此联不作报销、扣税凭证使用

开票日期：2019年7月21日

购买方	名称	北京汇鑫百货有限公司				密码区	*95*6*52+1**0-6<301<5862288 787/9-6/<36690-5663><71*1/2 682752>8953335+08<2703>544> 7->127/30>5943294725>+>+069			
	纳税人识别号	9111 0113578732690A								
	地址、电话	北京市顺义区常庄路992号 010-86218025								
	开户行及账号	中国银行北京顺义常庄支行 2700322598914536398								

货物或应税劳务、服务名称	规格型号	单位	数量	单价	金额	税率	税额
*服装*百盛男夹克		件	500	598.00	299 000.00	13%	38 870.00
*服装*嘉伟男风衣		件	600	999.00	599 400.00	13%	77 922.00
合　计					¥898 400.00		¥116 792.00

价税合计（大写）	⊗壹佰零壹万伍仟壹佰玖拾贰元整	（小写）¥ 1 015 192.00

销售方	名称	辽宁恒通商贸有限公司	备注
	纳税人识别号	912101 05206917583A	
	地址、电话	辽宁省沈阳市皇姑区人民路369号 024-82681359	
	开户行及账号	中国工商银行沈阳皇姑支行 2107024015890035666	

收款人：贺青　　复核：王钰　　开票人：赵凯　　销售方：（章）

图 4-131　增值税专用发票

012001900105　天津增值税专用发票　№ 32307967　012001900105
　　　　　　　　　　　　　发票联　　　　　　　　　　32307967

开票日期：2019年7月21日

购买方	名称	辽宁恒通商贸有限公司				密码区	918836+84758/30070*4-79<4<9 0968>719>1/5*23>2>769**9+68 >/1056<9-+>1541279126-72963 <>503<+65*4-0058/45897>4*90			
	纳税人识别号	912101 05206917583A								
	地址、电话	辽宁省沈阳市皇姑区人民路369号 024-82681359								
	开户行及账号	中国工商银行沈阳皇姑支行 2107024015890035666								

货物或应税劳务、服务名称	规格型号	单位	数量	单价	金额	税率	税额
*服装*百盛男夹克		件	500	318.00	159 000.00	13%	20 670.00
*服装*嘉伟男风衣		件	600	658.00	394 800.00	13%	51 324.00
合　计					¥553 800.00		¥71 994.00

价税合计（大写）	⊗陆拾贰万伍仟柒佰玖拾肆元整	（小写）¥ 625 794.00

销售方	名称	天津惠阳商贸有限公司	备注
	纳税人识别号	911201 04572036908A	
	地址、电话	天津市南开区中华路三段88号 022-81329367	
	开户行及账号	中国农业银行天津南开支行 2806725046208670931	

收款人：许嘉麒　　复核：胡婉萱　　开票人：李丹　　销售方：（章）

图 4-132　增值税专用发票

中国工商银行　电汇凭证（收账通知）　4　16381769

☑普通　□加急　　委托日期　2019年7月22日

汇款人	全称	北京汇鑫百货有限公司	收款人	全称	辽宁恒通商贸有限公司
	账号	2700322598914536398		账号	2107024015890035666
	开户银行	中国银行北京顺义常庄支行		开户银行	中国工商银行沈阳皇姑支行

金额	人民币（大写）壹佰零壹万伍仟壹佰玖拾贰元整	亿 千 百 十 万 千 百 十 元 角 分 ¥ 1 0 1 5 1 9 2 0 0

此汇款已收入收款人账户。

支付密码

附加信息及用途：货款

汇入行签章　　　复核　　　记账

图 4-133　电汇收款回单

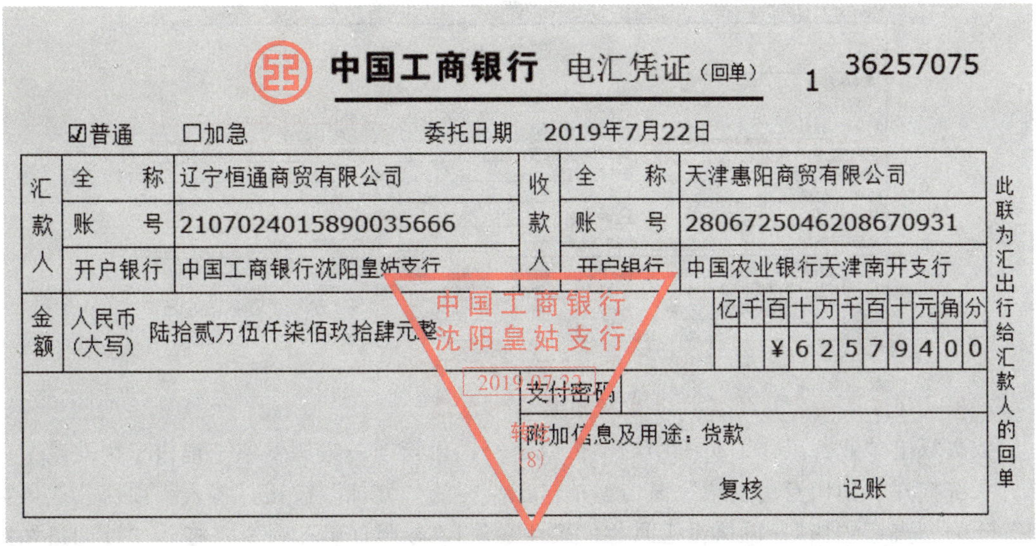

图4-134 电汇付款凭证

【操作过程概览】

本业务的操作过程概览见表4-14。

表4-14 操作过程概览

序号	操作日期	操作员	系统	操作内容
1	2019-07-21	X01刘晓明	销售管理	填制（直运销售）销售订单
2	2019-07-21	X01刘晓明	销售管理	参照（直运销售）销售订单生成销售专用发票
3	2019-07-21	G01张宏亮	采购管理	参照（直运销售）销售订单生成（直运采购）采购订单
4	2019-07-21	G01张宏亮	采购管理	参照（直运采购）采购订单生成采购专用发票
5	2019-07-21	W02赵凯	应收款管理	审核直运销售发票并制单处理
6	2019-07-21	W02赵凯	应付款管理	审核直运采购发票并制单处理
7	2019-07-21	W02赵凯	存货核算	直运销售记账并生成凭证
8	2019-07-22	W03贺青	应收款管理	选择收款
9	2019-07-22	W03贺青	应付款管理	选择付款
10	2019-07-22	W02赵凯	应收款管理	收款合并制单
11	2019-07-22	W02赵凯	应付款管理	付款合并制单

【具体操作过程】

1.填制（直运销售）销售订单

2019年7月21日，由刘晓明（X01）登录企业应用平台。依次双击"业务工作"页签中的"供应链→销售管理→销售订货→销售订单"菜单，打开"销售订单"窗口。单击工具栏的"增加"按钮，根据图4-129填制销售订单。注意订单表头项目"业务类型"应为"直运销售"。填制完毕保存并审核销售订单，结果如图4-135所示。关闭"销售订单"窗口。

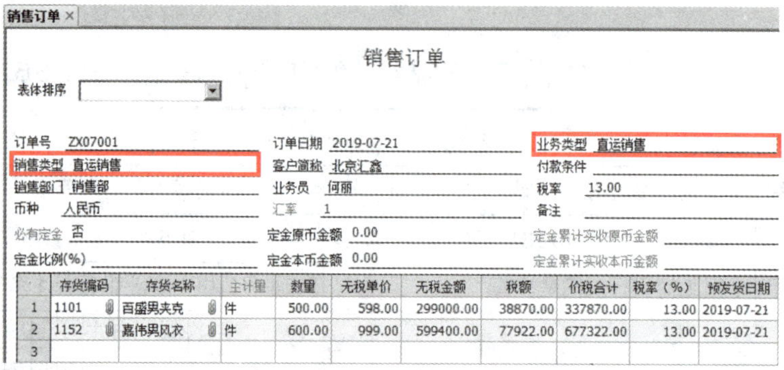

销售订单 ×

销售订单

表体排序

订单号 ZX07001　订单日期 2019-07-21　业务类型 直运销售
销售类型 直运销售　客户简称 北京汇鑫　付款条件
销售部门 销售部　业务员 何丽　税率 13.00
币种 人民币　汇率 1　备注
必有定金 否　定金原币金额 0.00　定金累计实收原币金额
定金比例(%)　定金本币金额 0.00　定金累计实收本币金额

	存货编码	存货名称	主计量	数量	无税单价	无税金额	税额	价税合计	税率（%）	预发货日期
1	1101	百盛男夹克	件	500.00	598.00	299000.00	38870.00	337870.00	13.00	2019-07-21
2	1152	嘉伟男风衣	件	600.00	999.00	599400.00	77922.00	677322.00	13.00	2019-07-21
3										

图4-135　（直运销售）销售订单

2.参照（直运销售）销售订单生成销售专用发票

依次双击“业务工作”页签中的“供应链→销售管理→销售发票→销售专用发票”菜单，系统打开“销售专用发票”窗口。单击工具栏的“增加”按钮，将表头项目“业务类型”改为“直运销售”，再执行工具栏的“生单”|“参照订单”命令，打开“查询条件选择-参照订单”对话框，单击“确定”按钮，系统打开“参照生单”窗口。双击ZX07001号订单最左侧的“选择”栏，结果如图4-136所示，然后单击工具栏的“OK确定”按钮，返回“销售专用发票”窗口。根据图4-131，修改表头项目“发票号”为“21327519”。保存并复核销售专用发票，结果如图4-137所示。

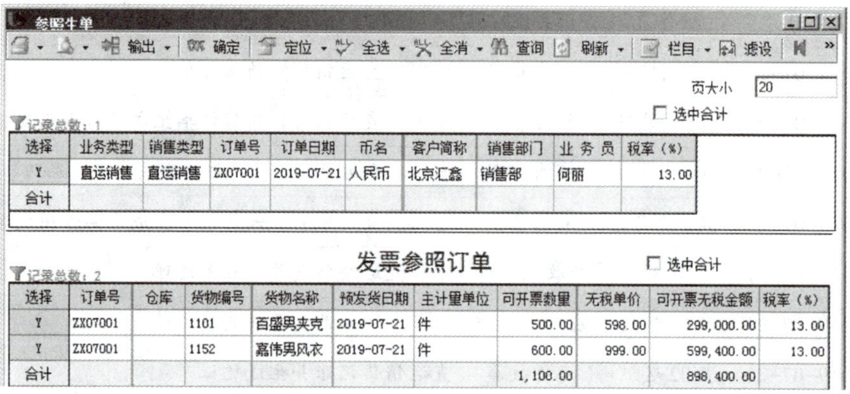

参照生单

输出　确定　定位　全选　全消　查询　刷新　栏目　滤设

页大小 20

记录总数：1　选中合计

选择	业务类型	销售类型	订单号	订单日期	币名	客户简称	销售部门	业务员	税率（%）
Y	直运销售	直运销售	ZX07001	2019-07-21	人民币	北京汇鑫	销售部	何丽	13.00
合计									

发票参照订单

记录总数：2　选中合计

选择	订单号	仓库	货物编号	货物名称	预发货日期	主计量单位	可开票数量	无税单价	可开票无税金额	税率（%）
Y	ZX07001		1101	百盛男夹克	2019-07-21	件	500.00	598.00	299,000.00	13.00
Y	ZX07001		1152	嘉伟男风衣	2019-07-21	件	600.00	999.00	599,400.00	13.00
合计							1,100.00		898,400.00	

图4-136　“参照生单”窗口

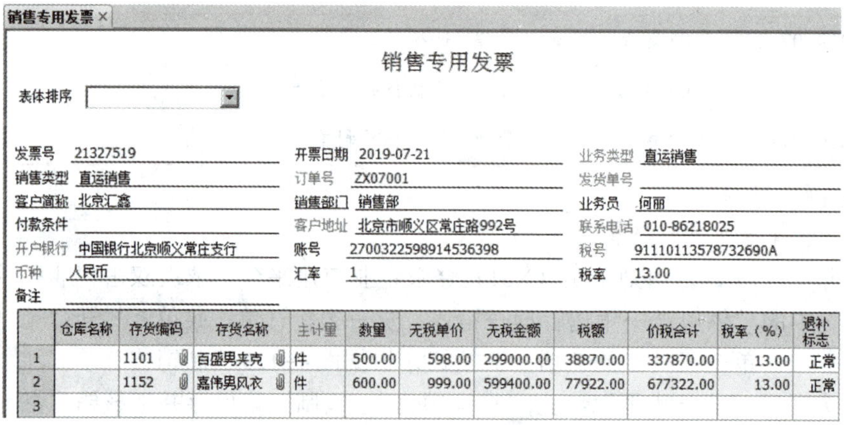

销售专用发票 ×

销售专用发票

表体排序

发票号 21327519　开票日期 2019-07-21　业务类型 直运销售
销售类型 直运销售　订单号 ZX07001　发货单号
客户简称 北京汇鑫　销售部门 销售部　业务员 何丽
付款条件　客户地址 北京市顺义区常庄路992号　联系电话 010-86218025
开户银行 中国银行北京顺义常庄支行　账号 2700322598914536398　税号 91110113578732690A
币种 人民币　汇率 1　税率 13.00
备注

	仓库名称	存货编码	存货名称	主计量	数量	无税单价	无税金额	税额	价税合计	税率（%）	退补标志
1		1101	百盛男夹克	件	500.00	598.00	299000.00	38870.00	337870.00	13.00	正常
2		1152	嘉伟男风衣	件	600.00	999.00	599400.00	77922.00	677322.00	13.00	正常
3											

图4-137　销售专用发票

3.参照（直运销售）销售订单生成（直运采购）采购订单

2019年7月21日，由张宏亮（G01）登录企业应用平台。

（1）依次双击"业务工作"页签中的"供应链→采购管理→采购订货→采购订单"菜单，打开"采购订单"窗口。单击工具栏的"增加"按钮，将"业务类型"改为"直运采购"，执行工具栏的"生单"|"销售订单"命令，系统弹出"查询条件选择–销售订单列表过滤"窗口，单击"确定"按钮，系统打开"拷贝并执行"窗口，如图4–138所示。双击窗口上方"ZX07001"左侧的"选择"单元格，在单击"OK确定"按钮，系统返回"采购订单"窗口。

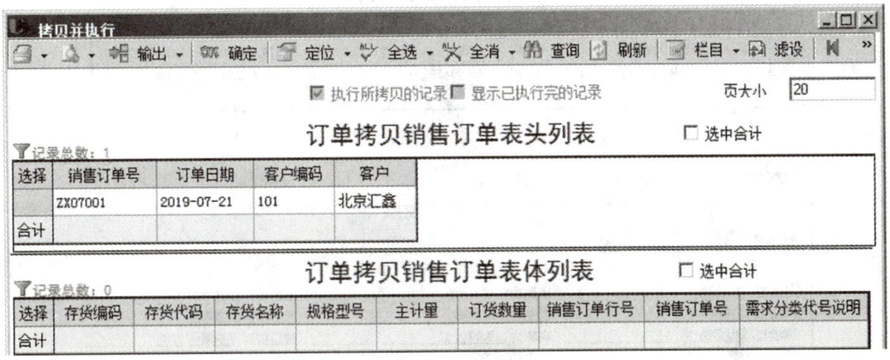

图4-138　"拷贝并执行"窗口

（2）根据图4–130修改采购订单表头的"订单编号"为"ZC07001"，"采购类型"为"直运采购"，"供应商"为"天津惠阳"，"部门"为"采购部"，"业务员"为"徐辉"，其他项默认。表体中"百盛男夹克"的"原币单价"输入"318"，"嘉伟男风衣"的"原币单价"输入"658"，其他项默认。输入完毕单击"保存"，再单击"审核"，如图4–139所示。关闭当前窗口。

图4-139　（直运采购）采购订单

4.参照（直运采购）采购订单生成采购专用发票

依次双击"业务工作"页签中的"供应链→采购管理→采购发票→专用采购发票"菜单，系统打开"专用发票"窗口。单击工具栏的"增加"按钮，将专用发票表头项目"业务类型"改为"直运采购"，再执行工具栏的"生单"|"采购订单"命令，打开"查询条件选择–采购订单列表过滤"对话框，单击"确定"按钮，系统打开"拷贝并执行"窗口。双击ZC07001号订单所对应的"选择"栏，结果如图4–140所示，然后单击工具栏的"OK确定"按钮，返回"专用发票"窗口。根据图4–132修改表头项目"发票号"为

"32307967"，单击工具栏的"保存"按钮，完成采购专用发票处理，结果如图4-141所示。

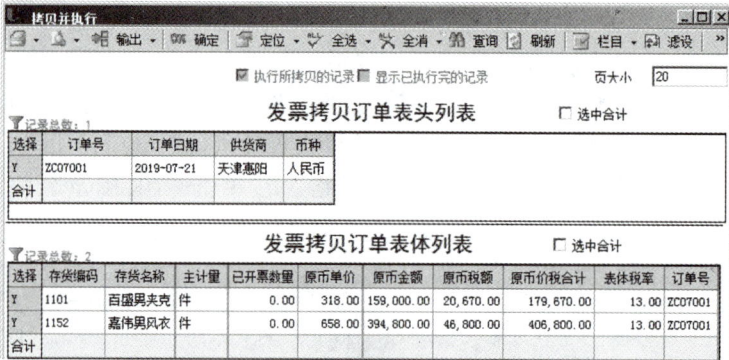

图4-140 "拷贝并执行"窗口

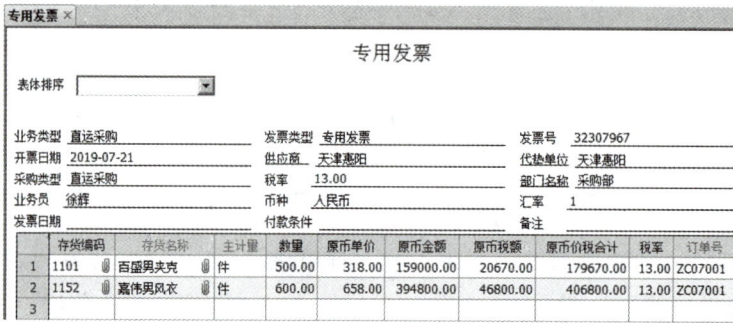

图4-141 采购专用发票

5.审核直运销售发票并制单处理

2019年7月21日，由赵凯（W02）登录企业应用平台。依次双击"业务工作"页签中的"财务会计→应收款管理→应收单据处理→应收单据审核"菜单，系统打开"应收单查询条件"窗口，单击"确定"按钮，打开"单据处理"窗口。

双击21327519号发票"选择"栏右侧任意单元格，打开"销售发票"窗口，单击工具栏的"审核"按钮，系统提示"是否立即制单？"，单击"是"按钮，系统自动打开"填制凭证"窗口。单击工具栏的"保存"按钮，结果如图4-142所示。关闭当前已打开窗口。

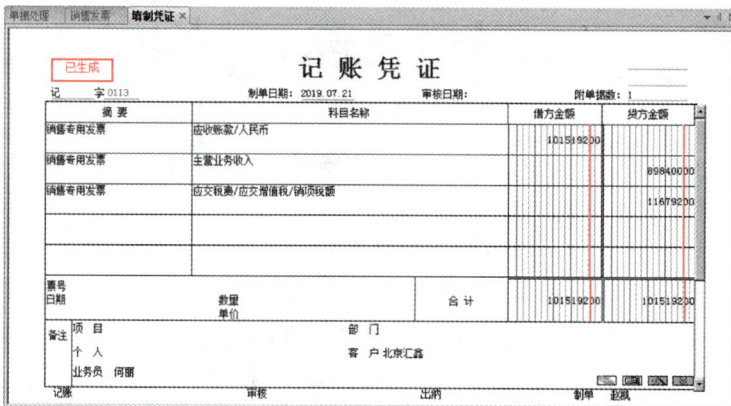

图4-142 记账凭证

6.审核直运采购发票并制单处理

依次双击"业务工作"页签中的"财务会计→应付款管理→应付单据处理→应付单据审核"菜单，系统打开"应付单查询条件"窗口，单击"确定"按钮，打开"单据处理"窗口。双击32307967号发票"选择"栏右侧任意单元格，打开"采购发票"窗口，单击工具栏的"审核"按钮，系统提示"是否立即制单?"，单击"是"按钮，系统自动打开"填制凭证"窗口，单击工具栏的"保存"按钮。结果如图4-143所示。关闭当前已打开窗口。

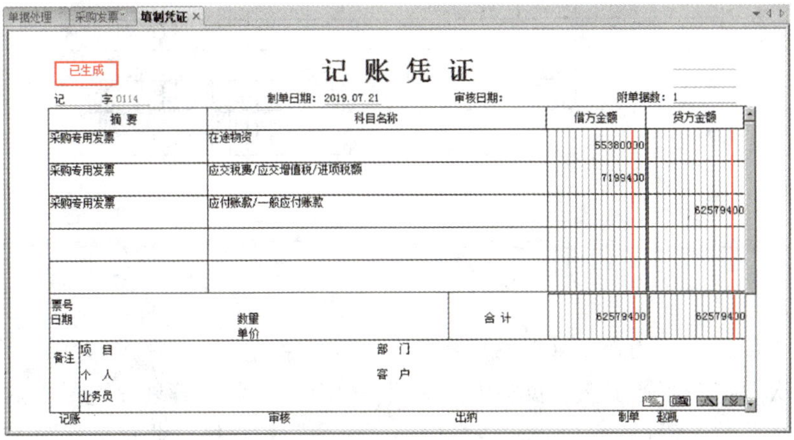

图4-143　记账凭证

7.直运销售记账并生成凭证

（1）直运销售记账。在供应链的"存货核算"子系统，依次双击"业务核算→直运销售记账"菜单，系统打开"直运采购发票核算查询条件"窗口，单击"确定"按钮，系统打开"未记账单据一览表"窗口，如图4-144所示。单击工具栏的"全选"按钮，再单击工具栏的"记账"按钮，系统提示记账成功，单击"确定"，完成记账工作。关闭当前窗口。

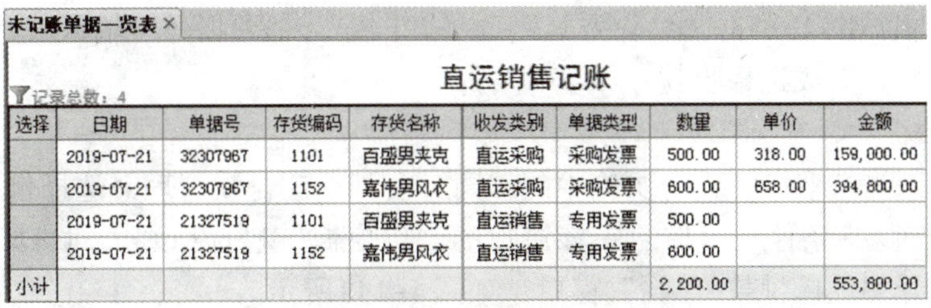

直运销售记账

选择	日期	单据号	存货编码	存货名称	收发类别	单据类型	数量	单价	金额
	2019-07-21	32307967	1101	百盛男夹克	直运采购	采购发票	500.00	318.00	159,000.00
	2019-07-21	32307967	1152	嘉伟男风衣	直运采购	采购发票	600.00	658.00	394,800.00
	2019-07-21	21327519	1101	百盛男夹克	直运销售	专用发票	500.00		
	2019-07-21	21327519	1152	嘉伟男风衣	直运销售	专用发票	600.00		
小计							2,200.00		553,800.00

图4-144　直运销售记账

（2）生成凭证。依次双击"存货核算"子系统的"财务核算→生成凭证"菜单，系统打开"生成凭证"窗口。单击工具栏的"选择"按钮，系统弹出"查询条件"对话框，单击"确定"按钮，系统打开"选择单据"窗口，如图4-145所示。

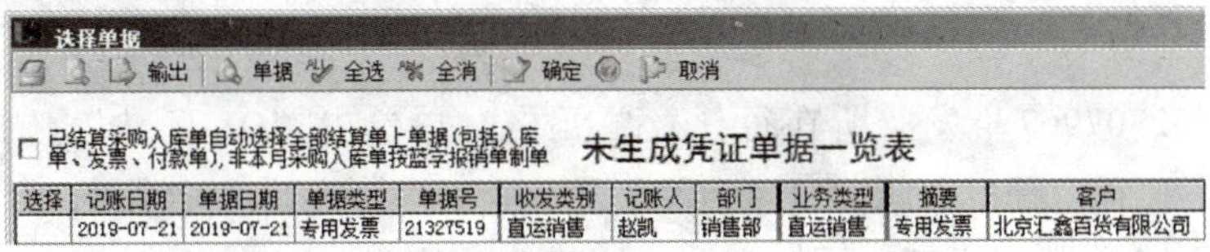

图4-145　未生成凭证单据一览表

单击工具栏的"全选"按钮，再单击工具栏的"确定"按钮，系统自动关闭"选择单据"窗口打开"生成凭证"窗口。单击工具栏的"生成"按钮，系统打开"填制凭证"窗口并自动生成凭证。单击工具栏的"保存"按钮，结果如图4-146所示。

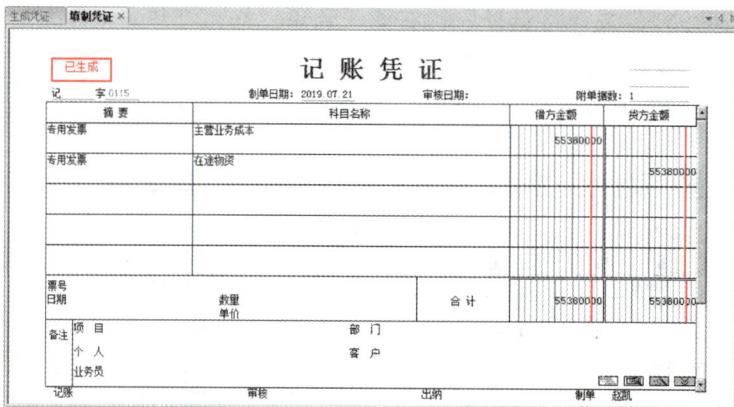

图4-146 记账凭证

8.选择收款

2019年7月22日，由贺青（W03）登录企业应用平台。

（1）依次双击"业务工作"页签中的"财务会计→应收款管理→选择收款"菜单，系统打开"选择收款-条件"窗口。在该窗口的"客户"栏选择"北京汇鑫"，单击"确定"按钮，打开"选择收款-单据"窗口，如图4-147所示。

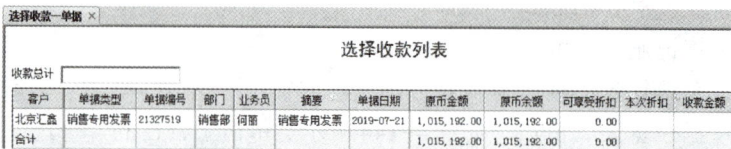

图4-147 选择收款列表

（2）单击工具栏的"全选"按钮，再单击"OK确认"按钮，系统弹出"选择收款-收款单"窗口。根据图4-133，"结算方式"选择"电汇"，"票据号"输入"16381769"。单击"确定"按钮，完成选择收款。

9.选择付款

（1）依次双击"业务工作"页签中的"财务会计→应付款管理→选择付款"菜单，系统打开"选择付款-条件"窗口。在该窗口的"供应商"栏选择"天津惠阳"，单击"确定"按钮，打开"选择付款-单据"窗口，如图4-148所示。

图4-148 选择付款列表

（2）双击32307967号发票所在行任意单元格，再单击"OK确认"按钮，系统弹出"选择付款-付款单"窗口。根据图4-134，"结算方式"选择"电汇"，"票据号"输入"36257075"。输入完毕单击"确定"按钮，完成选择付款。

10.收款合并制单

2019年7月22日，由赵凯（W02）登录企业应用平台。

（1）依次双击“业务工作”页签中的“财务会计→应收款管理→制单处理”菜单，系统打开“制单查询”窗口，勾选“收付款单制单”“核销制单”，单击“确定”按钮，打开“制单”窗口，如图4-149所示。

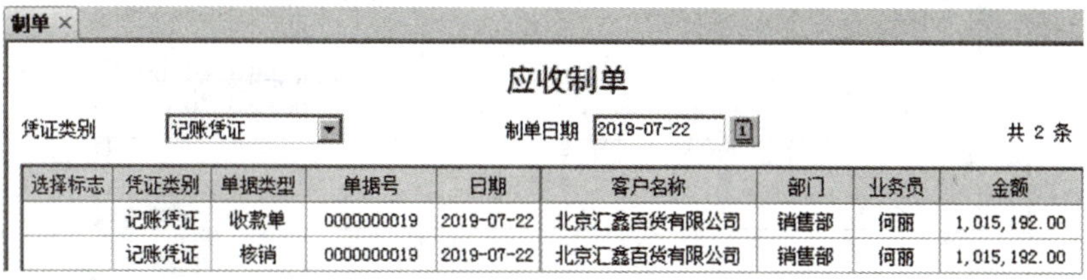

应收制单

凭证类别 记账凭证　制单日期 2019-07-22　共 2 条

选择标志	凭证类别	单据类型	单据号	日期	客户名称	部门	业务员	金额
	记账凭证	收款单	0000000019	2019-07-22	北京汇鑫百货有限公司	销售部	何丽	1,015,192.00
	记账凭证	核销	0000000019	2019-07-22	北京汇鑫百货有限公司	销售部	何丽	1,015,192.00

图4-149　应收制单

（2）单击工具栏的“合并”按钮，再单击“制单”按钮，系统自动打开“填制凭证”窗口，单击工具栏的“保存”按钮，结果如图4-150所示。关闭当前已打开窗口。

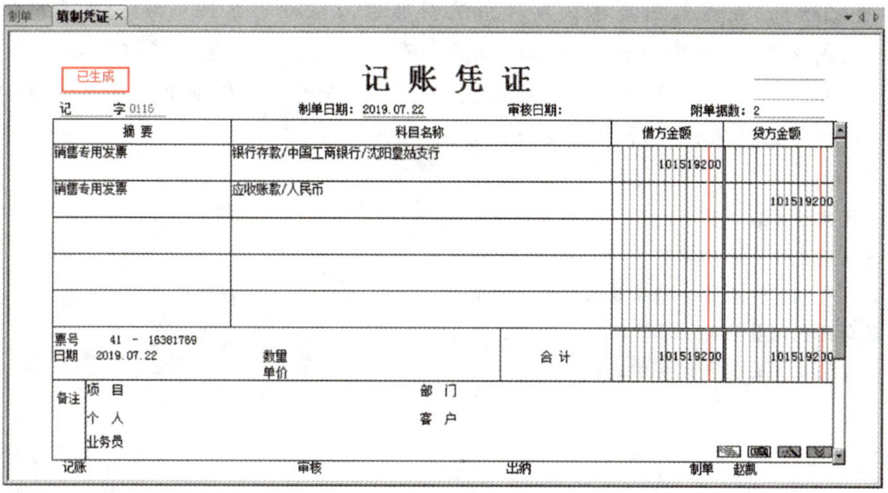

图4-150　记账凭证

11.付款合并制单

（1）依次双击“业务工作”页签中的“财务会计→应付款管理→制单处理”菜单，系统打开“制单查询”窗口，勾选“收付款单制单”“核销制单”，单击“确定”按钮，打开“制单”窗口，如图4-151所示。

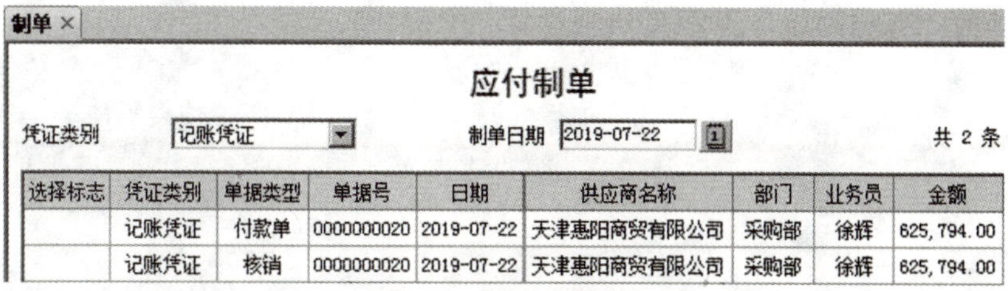

应付制单

凭证类别 记账凭证　制单日期 2019-07-22　共 2 条

选择标志	凭证类别	单据类型	单据号	日期	供应商名称	部门	业务员	金额
	记账凭证	付款单	0000000020	2019-07-22	天津惠阳商贸有限公司	采购部	徐辉	625,794.00
	记账凭证	核销	0000000020	2019-07-22	天津惠阳商贸有限公司	采购部	徐辉	625,794.00

图4-151　应付制单

（2）单击工具栏的“合并”按钮，再单击“制单”按钮，系统自动打开“填制凭证”窗口，单击工具栏的“保存”按钮，结果如图4-152所示。

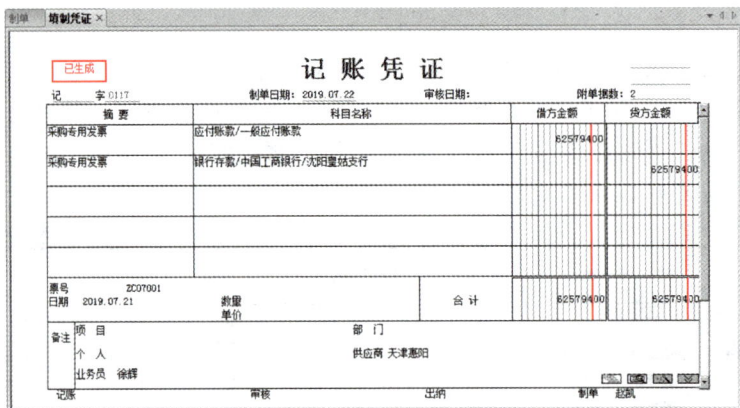

图4-152　记账凭证

【提示】

根据测试，直运采购发票即使在应付款管理系统不审核、制单，在存货核算系统也能"直运销售记账"。直运采购发票在应付系统制单后，在存货系统仍须"直运销售记账"，但不能"生成凭证"。删除应付系统的凭证后，存货系统则能"生成凭证"。

总结：采购发票只能选择在应付款系统或存货系统之一进行制单。那么，我们在制作题库的时候该凭证的系统来源不应设为评分点。

【复习思考题】

1.受托代销结算后为何要进行结算成本处理？

2.简述代销手续费的处理方式。

3.试述具有融资性质的分期收款业务的处理流程。

4.已销受托代销货物发生质量问题而退货，应如何处理？

5.简述直运业务的信息化处理流程。

项目 5　特殊购销类型业务

任务 1　债务重组与非货币性资产交换

业务 1　债务重组

2018 年 1 月 21 日，我公司与广西玉宝协商进行债务重组。该应收账款已计提 3 390 元减值准备。业务员刘晓明。

相关凭证如图 5-1 和图 5-2 所示。

债务重组协议

甲方（债权人）：辽宁恒通商贸有限公司

乙方（债务人）：广西玉宝商贸有限公司

截至 2019 年 7 月 21 日，乙方共欠甲方货款人民币陆拾柒万捌仟元整（¥678 000.00）。鉴于乙方目前已无法持续经营，经友好协商甲乙双方达成如下协议：

1. 乙方于 2019 年 7 月 21 日前一次性支付人民币陆拾伍万元整（¥650 000.00），甲方免除乙方剩余欠款人民币贰万捌仟元整（¥28 000.00）。

2. 甲方承诺对其放弃的债权享有独立、合法、完全的处分权。在乙方按照本协议约定的期限和数额偿还本息后，甲乙双方的债权债务关系同时终止。

3. 本合同自各方授权代表签字并加盖公章后生效。

甲方（盖章）：辽宁恒通商贸有限公司　　乙方（盖章）：广西玉宝商贸有限公司

授权代表（签字）：李成喜　　授权代表（签字）：李玉宝

日期：2019 年 7 月 21 日　　日期：2019 年 7 月 21 日

图 5-1　债务重组协议

中国工商银行　电汇凭证（收账通知）　4　39649658

☑普通　☐加急　　委托日期　2019年7月21日

汇款人	全　称	广西玉宝商贸有限公司	收款人	全　称	辽宁恒通商贸有限公司
	账　号	21117020104220092655		账　号	21070240158900356666
	开户银行	中国工商银行玉林市东门支行		开户银行	中国工商银行沈阳皇姑支行
金额	人民币（大写）	陆拾伍万元整		亿千百十万千百十元角分	¥ 6 5 0 0 0 0 0 0
此汇款已收入收款人账户。 汇入行签章			支付密码 附加信息及用途：货款 复核　记账		

此联为开户行给收款人的收账通知

图 5-2　电汇收款凭证

【操作过程概览】

本业务的操作过程概览见表5-1。

表5-1 操作过程概览

序号	操作日期	操作员	系统	操作内容
1	2019-07-21	W02赵凯	应收款管理	坏账发生
2	2019-07-21	W03贺青	应收款管理	填制两张收款单
3	2019-07-21	W02赵凯	应收款管理	审核收款单、核销，合并制单

【具体操作过程】

1.坏账发生

（1）2019年7月21日，由赵凯（W02）登录企业应用平台。依次双击"业务工作"页签中的"财务会计→应收款管理→坏账发生"菜单，系统打开"坏账发生"窗口，在窗口的"客户"栏选择"广西玉宝"，单击"确定"按钮，打开"发生坏账损失"窗口，如图5-3所示。

图5-3 坏账发生单据明细

（2）在广西玉宝的"本次发生坏账金额"栏输入"3390"，单击工具栏的"OK确认"按钮，系统提示"是否立即制单"，单击"是"按钮，系统自动打开"填制凭证"窗口，单击工具栏的"保存"按钮，结果如图5-4所示。

图5-4 记账凭证

2.填制两张收款单

2019年7月21日，由贺青（W03）登录企业应用平台。依次双击“业务工作”页签中的“财务会计→应收款管理→收款单据处理→收款单据录入”菜单，打开“收付款单录入”窗口。单击“增加”，根据图5-2填制收款单，填制完毕保存该收款单，结果如图5-5所示。

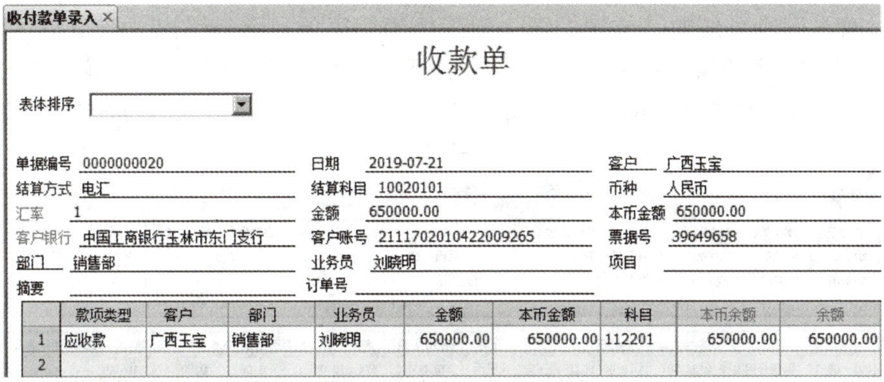
收付款单录入
收款单
表体排序
单据编号 0000000020　日期 2019-07-21　客户 广西玉宝
结算方式 电汇　结算科目 10020101　币种 人民币
汇率 1　金额 650000.00　本币金额 650000.00
客户银行 中国工商银行玉林市东门支行　客户账号 2111702010422009265　票据号 39649658
部门 销售部　业务员 刘晓明　项目
摘要　订单号

	款项类型	客户	部门	业务员	金额	本币金额	科目	本币余额	余额
1	应收款	广西玉宝	销售部	刘晓明	650000.00	650000.00	112201	650000.00	650000.00
2									

图5-5　收款单

在“收付款单录入”窗口，单击工具栏的“复制”按钮，系统复制出一张新的收款单，将表头的“结算方式”改为“其他”，“结算科目”改为“671101”，表头和表体的“金额”均改为“24610”，保存该收款单，结果如图5-6所示。

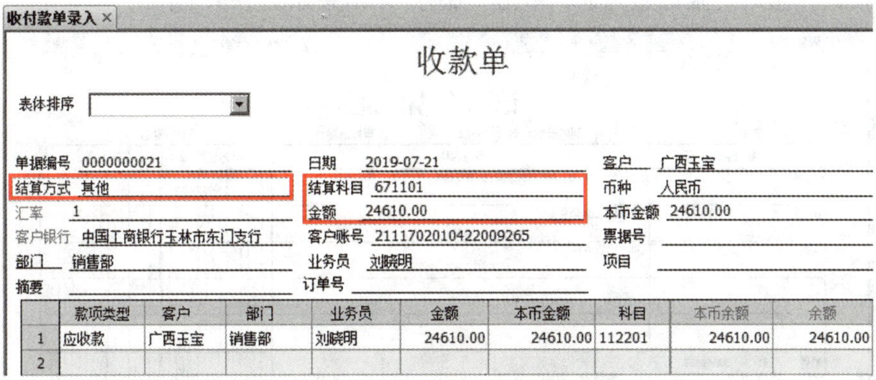
收付款单录入
收款单
表体排序
单据编号 0000000021　日期 2019-07-21　客户 广西玉宝
结算方式 其他　结算科目 671101　币种 人民币
汇率 1　金额 24610.00　本币金额 24610.00
客户银行 中国工商银行玉林市东门支行　客户账号 2111702010422009265　票据号
部门 销售部　业务员 刘晓明　项目
摘要　订单号

	款项类型	客户	部门	业务员	金额	本币金额	科目	本币余额	余额
1	应收款	广西玉宝	销售部	刘晓明	24610.00	24610.00	112201	24610.00	24610.00
2									

图5-6　（虚拟）收款单

【提示】

该收款金额24 610元为债务重组损失，计算过程为：678 000-650 000-3 390=24 610（元）。

3.审核收款单、核销，合并制单

2019年7月21日，由赵凯（W02）登录企业应用平台。

（1）依次双击“业务工作”页签中的“财务会计→应收款管理→收款单据处理→收款单据审核”菜单，打开“收款单查询条件”窗口，单击“确定”，打开“收付款单列表”窗口，如图5-7所示。单击工具栏的“全选”按钮，再单击“审核”按钮。关闭该窗口。

收付款单列表 ×

收付款单列表

记录总数：2

选择	审核人	单据日期	单据类型	单据编号	客户名称	部门	业务员	结算方式	票据号	币种	原币金额	本币金额
		2019-07-21	收款单	0000000020	广西玉宝商贸有限公司	销售部	刘晓明	电汇	39649658	人民币	650,000.00	650,000.00
		2019-07-21	收款单	0000000021	广西玉宝商贸有限公司	销售部	刘晓明	其他		人民币	24,610.00	24,610.00
合计											674,610.00	674,610.00

图 5-7　收付款单列表

（2）双击应收系统的“核销处理→手工核销”菜单，系统弹出“核销条件”窗口，“客户”选择“广西玉宝”后单击“确定”，打开“单据核销”窗口。在该窗口下方专用发票的“本次结算”栏录入“674610”，如图5-8所示。单击“保存”，完成核销处理。关闭该窗口。

单据核销 ×

单据日期	单据类型	单据编号	客户	款项类型	结算方式	币种	原币金额	原币余额	本次结算金额	订单号
2019-07-21	收款单	0000000020	广西玉宝	应收款	电汇	人民币	650,000.00	650,000.00	650,000.00	
2019-07-21	收款单	0000000021	广西玉宝	应收款	其他	人民币	24,610.00	24,610.00	24,610.00	
合计							674,610.00	674,610.00	674,610.00	

单据日期	单据类型	单据编号	到期日	客户	币种	原币金额	原币余额	可享受折扣	本次折扣	本次结算	订单号	凭证号
2019-06-17	销售专用发票	21323501	2019-06-17	广西玉宝	人民币	678,000.00	674,610.00	0.00	0.00	674,610.00		
合计						678,000.00	674,610.00	0.00		674,610.00		

图 5-8　“单据核销”窗口

（3）合并制单。双击应收系统的“制单处理”菜单，打开“单据查询”窗口，勾选“收付款单制单”“核销制单”，单击“确定”，打开“制单”窗口。单击工具栏的“合并”“制单”按钮，生成一张记账凭证，单击“保存”，结果如图5-9所示。

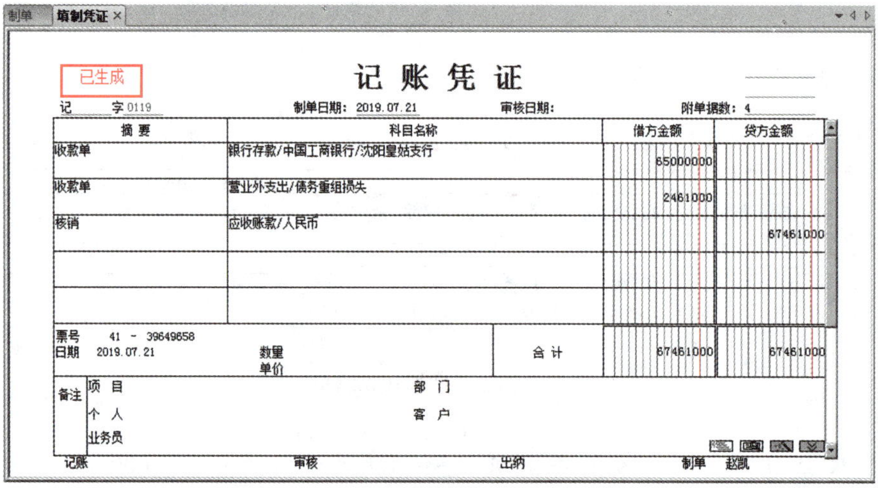
制单　填制凭证 ×

已生成

记账凭证

记　字 0119　　制单日期：2019.07.21　　审核日期：　　附单据数：4

摘要	科目名称	借方金额	贷方金额
收款单	银行存款/中国工商银行/沈阳皇姑支行	65000000	
收款单	营业外支出/债务重组损失	2461000	
核销	应收账款/人民币		67461000
票号 41 - 39649658　日期 2019.07.21　数量　单价	合计	67461000	67461000

备注　项目　部门　个人　客户　业务员

记账　审核　出纳　制单 赵凯

图 5-9　记账凭证

业务 2　非货币性资产交换

2019年7月21日，我公司与湖南百盛达成资产置换协议，以我公司所持股票与对方存货进行置换。（业务员张宏亮）（换出股票填制负向应付单，收到补价填制应付系统收款单）

相关凭证如图5-10至图5-13所示。

资产置换协议

协议编号：ZH07001

甲方：辽宁恒通商贸有限公司　　　　　　　乙方：湖南百盛服装有限公司
住址：辽宁省沈阳市皇姑区人民路369号　　住址：湖南省长沙市开福区林夕路100号

甲乙双方经协商一致达成如下资产置换协议：

1. 置换标的

甲方换出资产：8万股股票。股票名称为京东方，股票代码为000725。

乙方换出资产：

货物名称	规格型号	计量单位	数量	单价（不含税）	金额（不含税）	税率	税额
百盛男夹克		件	400	298.00	119 200.00	13%	15 496.00
百盛休闲裤		条	500	199.00	99 500.00	13%	12 935.00
合　计					¥218 700.00		¥28 431.00

2. 置换范围和方式

甲乙双方聘请资产评估机构以2019年7月21日为资产置换评估基准日进行评估，甲方换出资产的公允价值为260 000.00元，乙方换出资产评估价值为218 700.00元（不含税）。本次资产置换以评估结果为依据作价。本次资产置换补价部分12 869.00元由乙方向甲方支付现金。

3. 置换的生效

置换自置换的生效日起正式生效，置换的生效日期为本协议签署后。虽然置换行为在协议签署后才实施，置换的生效有追溯性。

甲　方：辽宁恒通商贸有限公司　　　　　　乙　方：湖南百盛服装有限公司
授权代表：张宏亮　　　　　　　　　　　　授权代表：王志广
日　　期：2019年7月21日　　　　　　　　日　　期：2019年7月21日

图 5-10　资产置换协议

入　库　单

供应商：湖南百盛　　　　　　　　2019年7月21日　　　　　　　　单号：RK07023

验收仓库	存货编码	存货名称	单位	数量		单价	金额
				应收	实收		
服装仓	1101	百盛男夹克	件	400	400		
服装仓	1102	百盛休闲裤	条	500	500		
合　计							

部门经理：略　　　　会计：略　　　　仓库：略　　　　经办人：略

图 5-11　入库单

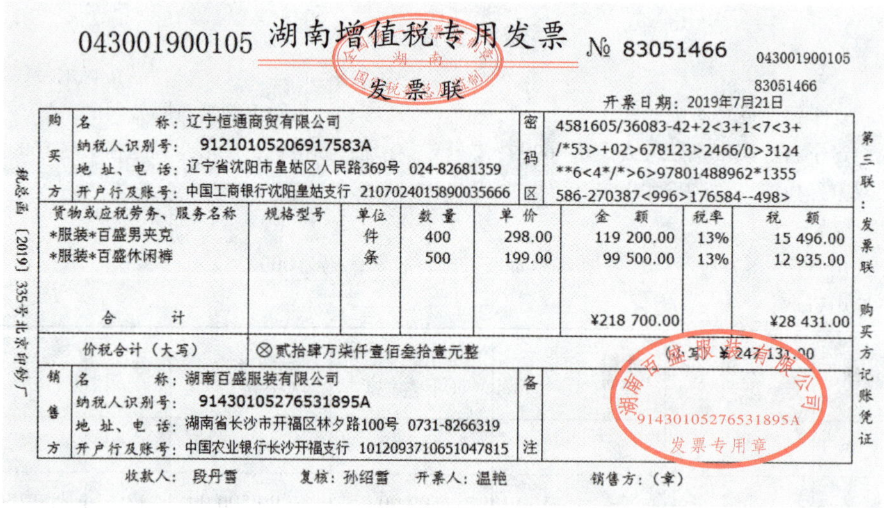
043001900105 湖南增值税专用发票 № 83051466

043001900105
83051466

发票联

开票日期：2019年7月21日

购买方	名称：辽宁恒通商贸有限公司 纳税人识别号：91210105206917583A 地址、电话：辽宁省沈阳市皇姑区人民路369号 024-82681359 开户行及账号：中国工商银行沈阳皇姑支行 2107024015890035666	密码区	4581605/36083-42+2<3+1<7<3+ /*53>+02>678123>2466/0>3124 **6<4*/*>6>97801488962*1355 586-270387<996>176584--498>

货物或应税劳务、服务名称	规格型号	单位	数量	单价	金额	税率	税额
*服装*百盛男夹克		件	400	298.00	119 200.00	13%	15 496.00
*服装*百盛休闲裤		条	500	199.00	99 500.00	13%	12 935.00
合计					¥218 700.00		¥28 431.00
价税合计（大写）	⊗贰拾肆万柒仟壹佰叁拾壹元整				（小写）¥247 131.00		

销售方	名称：湖南百盛服装有限公司 纳税人识别号：91430105276531895A 地址、电话：湖南省长沙市开福区林夕路100号 0731-8266319 开户行及账号：中国农业银行长沙开福支行 1012093710651047815	备注	

收款人：段丹雪　复核：孙绍雪　开票人：温艳　销售方：（章）

第三联：发票联　购买方记账凭证

税总函〔2019〕335号北京印钞厂

湖南百盛服装有限公司 91430105276531895A 发票专用章

图5-12　增值税专用发票

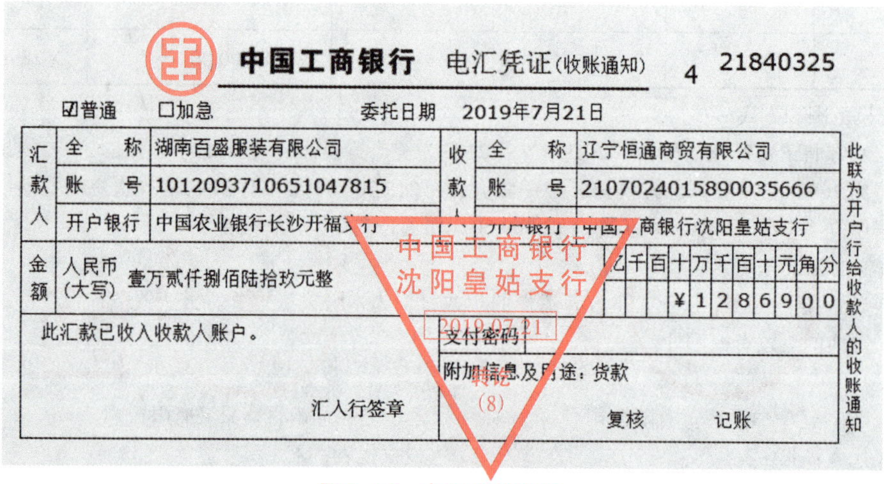
中国工商银行　电汇凭证（收账通知）　4　21840325

☑普通　☐加急　委托日期　2019年7月21日

汇款人		收款人	
全称	湖南百盛服装有限公司	全称	辽宁恒通商贸有限公司
账号	1012093710651047815	账号	2107024015890035666
开户银行	中国农业银行长沙开福支行	开户银行	中国工商银行沈阳皇姑支行
金额	人民币（大写）壹万贰仟捌佰陆拾玖元整	亿千百十万千百十元角分	¥1286900

此汇款已收入收款人账户。　汇入行签章

支付密码

附加信息及用途：货款

复核　记账

此联为开户行给收款人的收账通知

中国工商银行沈阳皇姑支行 2019.07.21 转讫 (8)

图5-13　电汇收款凭证

【操作过程概览】

本业务的操作过程概览见表5-2。

表5-2　操作过程概览

序号	操作日期	操作员	系统	操作内容
1	2019-07-21	G01张宏亮	采购管理	填制采购订单
2	2019-07-21	G01张宏亮	采购管理	参照采购订单生成到货单
3	2019-07-21	C01李泽华	库存管理	参照到货单生成采购入库单
4	2019-07-21	G01张宏亮	采购管理	参照采购入库单生成采购专用发票
5	2019-07-21	W02赵凯	应付款管理	审核发票并制单处理
6	2019-07-21	W02赵凯	存货核算	正常单据记账并生成凭证
7	2019-07-21	W02赵凯	应付款管理	填制负向应付单，审核并制单
8	2019-07-21	W02赵凯	应付款管理	红票对冲
9	2019-07-21	W03贺青	应付款管理	填制应付系统收款单
10	2019-07-21	W02赵凯	应付款管理	审核收款单、核销处理，合并制单

【具体操作过程】

1.填制采购订单

非货币性资产交换

2019年7月21日，由张宏亮（G01）登录企业应用平台。依次双击“业务工作”页签中的“供应链→采购管理→采购订货→采购订单”菜单，打开“采购订单”窗口。单击工具栏的“增加”按钮，根据图5-10填制采购订单，填制完毕保存并审核该采购订单，结果如图5-14所示。关闭“采购订单”窗口。

采购订单 ×

采购订单

表体排序

业务类型 普通采购　　订单日期 2019-07-21　　订单编号 ZH07001

采购类型 非货币性资产交换　　供应商 湖南百盛　　部门 采购部

业务员 张宏亮　　税率 13.00　　付款条件

币种 人民币　　汇率 1　　备注

	存货编码	存货名称	主计量	数量	原币单价	原币金额	原币税额	原币价税合计	税率	计划到货日期
1	1101	百盛男夹克	件	400.00	298.00	119200.00	15496.00	134696.00	13.00	2019-07-21
2	1102	百盛休闲裤	条	500.00	199.00	99500.00	12935.00	112435.00	13.00	2019-07-21
3										

图5-14　采购订单

2.参照采购订单生成到货单

在“采购管理”子系统，双击“采购到货→到货单”菜单，打开“到货单”窗口。单击工具栏的“增加”按钮，再执行工具栏的“生单”|“采购订单”命令，打开“查询条件选择-采购订单列表过滤”对话框，单击“确定”按钮，系统弹出“拷贝并执行”窗口。双击ZH07001号订单最左侧的“选择”单元格，再单击“OK确定”按钮，系统返回“到货单”窗口，生成一张到货单。保存并审核该到货单，结果如图5-15所示。关闭该窗口。

到货单 ×

到货单

表体排序

业务类型 普通采购　　单据号 0000000023　　日期 2019-07-21

采购类型 非货币性资产交换　　供应商 湖南百盛　　部门 采购部

业务员 张宏亮　　币种 人民币　　汇率 1

运输方式　　税率 13.00　　备注

	存货编码	存货名称	主计量	数量	原币单价	原币金额	原币税额	原币价税合计	税率	订单号
1	1101	百盛男夹克	件	400.00	298.00	119200.00	15496.00	134696.00	13.00	ZH07001
2	1102	百盛休闲裤	条	500.00	199.00	99500.00	12935.00	112435.00	13.00	ZH07001
3										

图5-15　到货单

3.参照到货单生成采购入库单

2019年7月21日，由李泽华（C01）登录企业应用平台。依次双击“业务工作”页签中的“供应链→库存管理→入库业务→采购入库单”菜单，系统打开“采购入库单”窗口。参照上一步生成的到货单生成一张采购入库单，根据图5-11修改表头项目“入库单号”为“RK07023”，“仓库”选择“服装仓”。保存并审核该采购入库单，结果如图5-16所示。

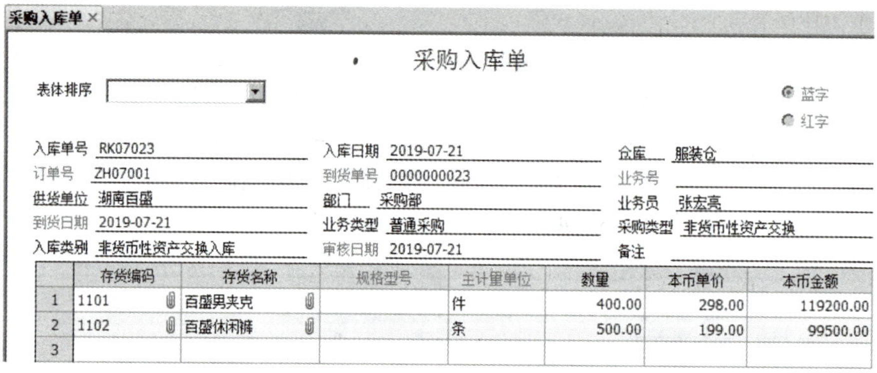

采购入库单 ×

采购入库单

表体排序

蓝字
红字

入库单号 RK07023　入库日期 2019-07-21　仓库 服装仓
订单号 ZH07001　到货单号 0000000023　业务号
供货单位 湖南百盛　部门 采购部　业务员 张宏亮
到货日期 2019-07-21　业务类型 普通采购　采购类型 非货币性资产交换
入库类别 非货币性资产交换入库　审核日期 2019-07-21　备注

	存货编码	存货名称	规格型号	主计量单位	数量	本币单价	本币金额
1	1101	百盛男夹克		件	400.00	298.00	119200.00
2	1102	百盛休闲裤		条	500.00	199.00	99500.00
3							

图5-16　采购入库单

4. 参照采购入库单生成采购专用发票

2019年7月21日，由张宏亮（G01）登录企业应用平台。依次双击“业务工作”页签中的“供应链→采购管理→采购发票→采购专用发票”菜单，打开“专用发票”窗口。参照上一步的RK07023号采购入库单生成一张采购专用发票。根据图5-12修改表头“发票号”为“83051466”。单击工具栏的“保存”按钮，再单击“结算”按钮，结果如图5-17所示。

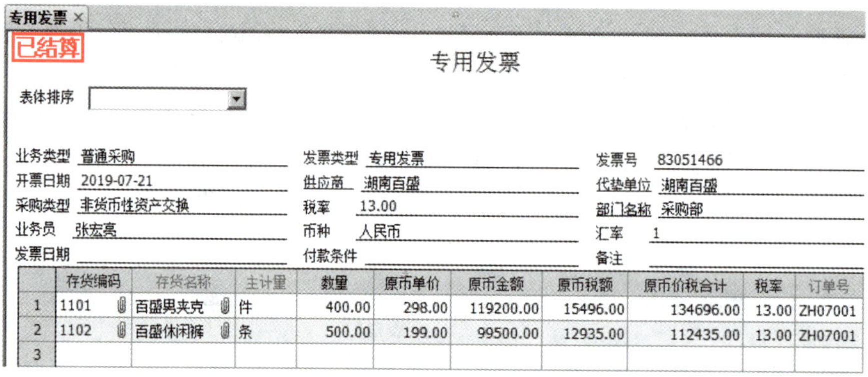

专用发票 ×

已结算

专用发票

表体排序

业务类型 普通采购　发票类型 专用发票　发票号 83051466
开票日期 2019-07-21　供应商 湖南百盛　代垫单位 湖南百盛
采购类型 非货币性资产交换　税率 13.00　部门名称 采购部
业务员 张宏亮　币种 人民币　汇率 1
发票日期　付款条件　备注

	存货编码	存货名称	主计量	数量	原币单价	原币金额	原币税额	原币价税合计	税率	订单号
1	1101	百盛男夹克	件	400.00	298.00	119200.00	15496.00	134696.00	13.00	ZH07001
2	1102	百盛休闲裤	条	500.00	199.00	99500.00	12935.00	112435.00	13.00	ZH07001
3										

图5-17　采购专用发票

5. 审核发票并制单处理

2019年7月21日，由赵凯（W02）登录企业应用平台。依次双击“业务工作”页签中的“财务会计→应付款管理→应付单据处理→应付单据审核”菜单，打开“应付单查询条件”窗口，单击“确定”按钮，打开“单据处理”窗口。双击83051466号发票“选择”栏右侧任意单元格，打开“采购发票”窗口。单击“审核”按钮，系统提示“是否立即制单?”，单击“是”，系统打开“填制凭证”窗口并自动生成记账凭证。单击“保存”按钮，结果如图5-18所示。关闭当前已打开窗口。

6. 正常单据记账并生成凭证

（1）正常单据记账。在供应链的“存货核算”子系统，依次双击“业务核算→正常单据记账”菜单，系统打开“查询条件选择”窗口，直接单击“确定”按钮，系统打开“未记账单据一览表”窗口。双击RK07023号入库单的“选择”栏，单击工具栏的“记账”按钮，完成记账工作。关闭当前窗口。

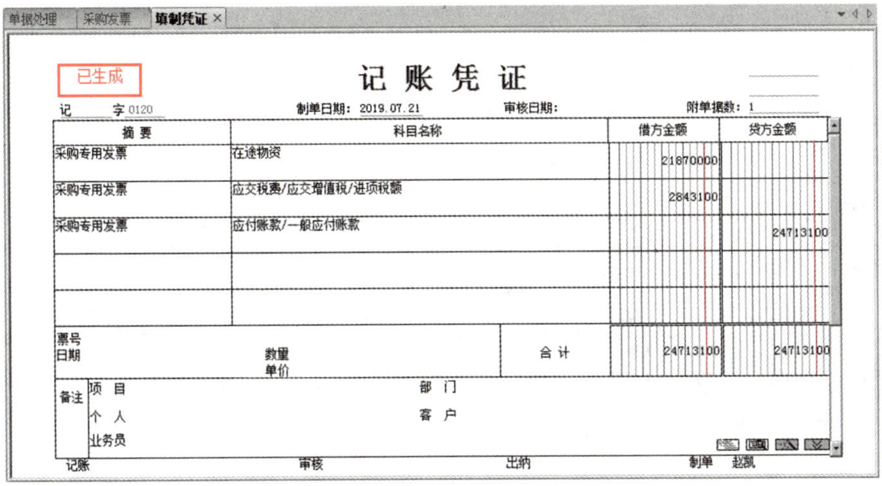

图 5-18　记账凭证

（2）生成凭证。双击"存货核算"子系统的"财务核算→生成凭证"菜单，打开"生成凭证"窗口。单击工具栏的"选择"按钮，系统弹出"查询条件"对话框，单击"确定"按钮，系统打开"选择单据"窗口。单击工具栏的"全选"按钮，选中已记账的RK07023 号采购入库单，再单击工具栏的"确定"按钮，系统自动关闭"选择单据"窗口返回"生成凭证"窗口。单击工具栏的"生成"按钮，系统打开"填制凭证"窗口并自动生成凭证。单击工具栏的"保存"按钮，保存该凭证，如图 5-19 所示。关闭当前窗口。

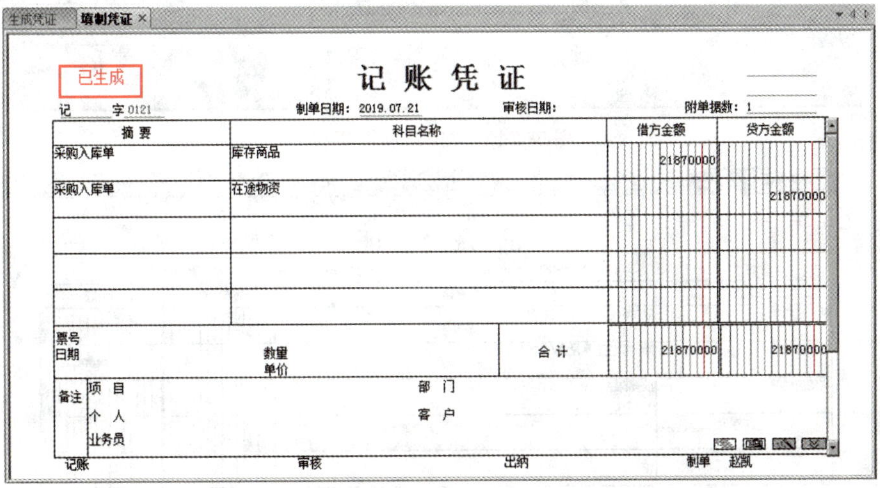

图 5-19　记账凭证

7. 填制负向应付单，审核并制单

（1）填制负向应付单。2019 年 7 月 21 日，由赵凯（W02）登录企业应用平台。依次双击"业务工作"页签中的"财务会计→应付款管理→应付单据处理→应付单据录入"菜单，系统打开"单据类别"对话框，将应付单的"方向"改为"负向"，单击"确定"，打开"应付单"窗口。单击工具栏的"增加"按钮，根据图 5-10 填制负向的其他应付单，填制完毕保存该应付单，结果如图 5-20 所示。

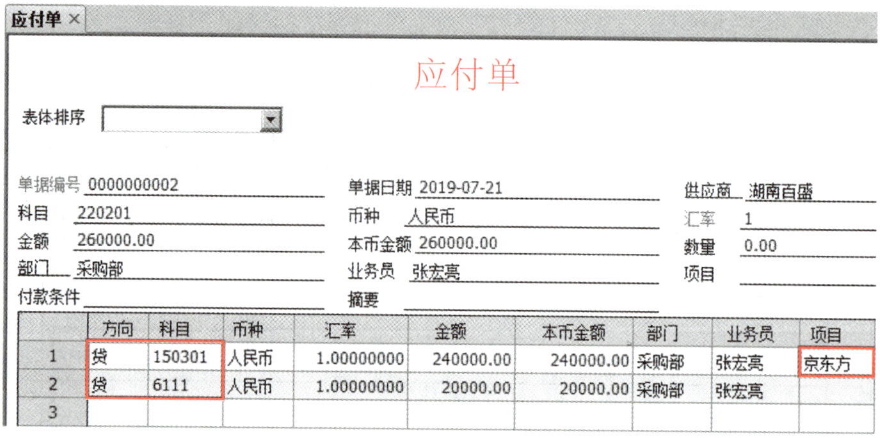

图5-20 负向的其他应付单

（2）单击工具栏的"审核"按钮，系统提示"是否立即制单?"窗口，单击"是"，自动生成记账凭证，调出记账凭证第2行的"辅助项"对话框，如图5-21所示。在该对话框的"数量"栏填入"80000"，"单价"栏填入"3"。单击"保存"按钮，系统提示"凭证赤字提示"对话框，单击"继续"按钮，结果如图5-22所示。关闭当前已打开窗口。

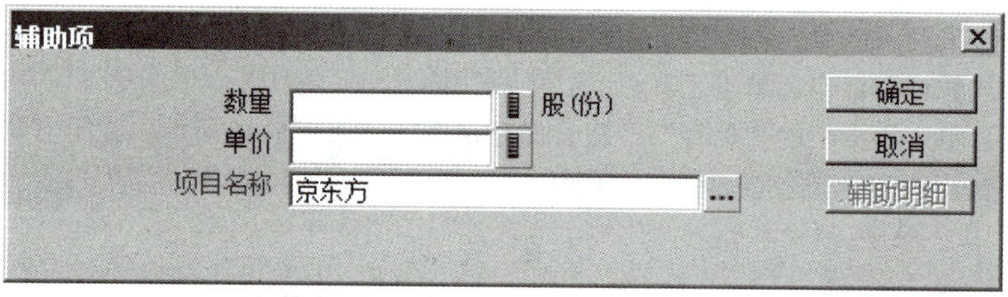

图5-21 "辅助项"窗口

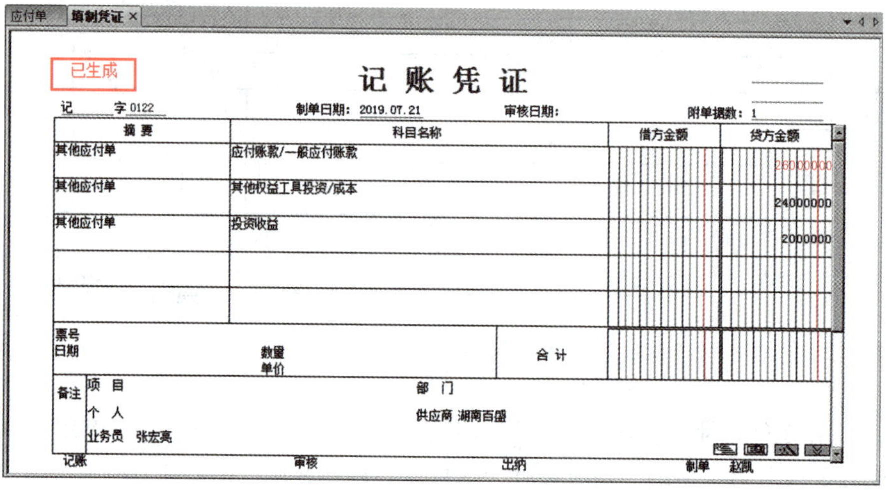

图5-22 记账凭证

8.红票对冲

双击"应付款管理→转账→红票对冲→手工对冲"菜单，系统弹出"红票对冲条件"对话框，该窗口的"供应商"栏选择"湖南百盛"，单击"确定"按钮，打开"红票对冲"

窗口，在窗口上、下方的"对冲金额"栏输入"247131"。单击"保存"按钮，系统提示"是否立即制单？"，单击"是"，系统自动生成记账凭证，单击"保存"按钮，系统提示"凭证赤字提示"对话框，单击"继续"按钮，结果如图5-23所示。

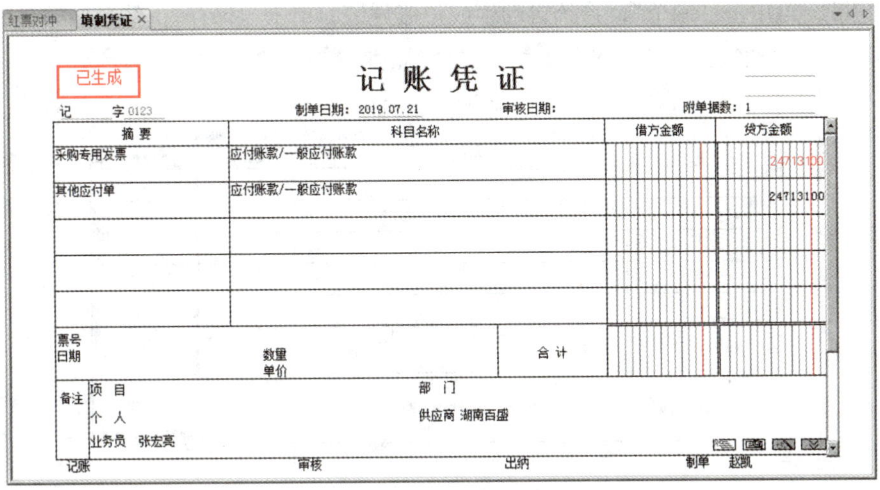

图5-23 记账凭证

9.填制应付系统收款单

2019年7月21日，由贺青（W03）身份登录企业应用平台。依次双击"业务工作"页签中的"财务会计→应付款管理→付款单据处理→付款单据录入"菜单，系统打开"收付款单录入"窗口。单击工具栏的"切换"按钮，再单击"增加"按钮，根据图5-13填制一张收款单，填制完毕保存该收款单，结果如图5-24所示。

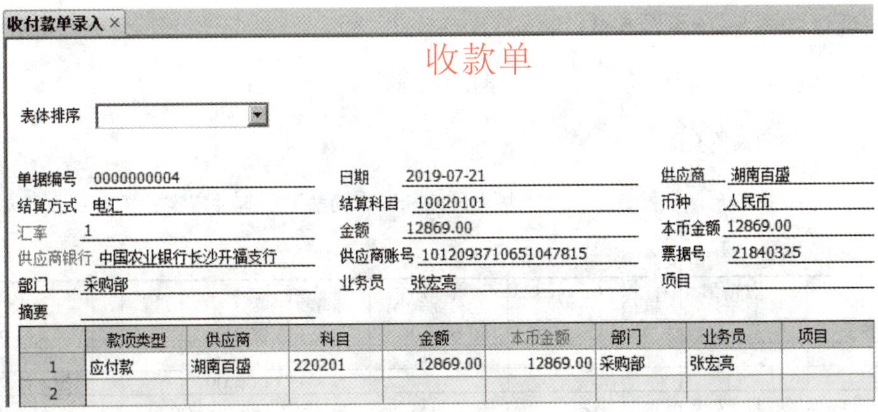

图5-24 应付系统收款单

10.审核收款单、核销处理，合并制单

（1）2019年7月21日，由赵凯（W02）登录企业应用平台。依次双击"业务工作"页签中的"财务会计→应付款管理→付款单据处理→付款单据审核"菜单，打开"付款单查询条件"窗口，单击"确定"，打开"收付款单列表"窗口。双击湖南百盛"选择"栏右侧的任意单元格，打开"收付款单录入"窗口。单击"审核"，系统提示"是否立即制单？"，单击"否"，再单击"核销"，系统弹出"核销条件"对话框，单击"确定"，打开"单据核销"窗口。在该窗口下方的"本次结算"处输入"12869"，单击"保存"，完成核

销操作。关闭当前窗口。

（2）依次双击"业务工作"页签中的"财务会计→应付款管理→制单处理"菜单，打开"制单查询"窗口，勾选"收付款单制单""核销制单"，单击"确定"，打开"制单"窗口，单击"合并"，再单击"制单"，系统自动生成记账凭证，单击"保存"，结果如图5-25所示。

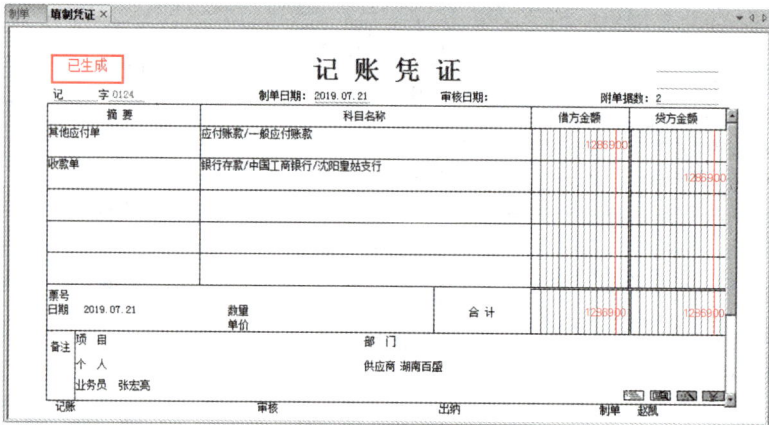

图5-25　记账凭证

任务2　其他购销类型业务

业务1　以旧换新

2019年7月22日，销售部刘晓明与沈阳金泰签订以旧换新销售合同。

相关凭证如图5-26至图5-31所示。

购销合同

合同编号：TX07001

卖方：辽宁恒通商贸有限公司

买方：沈阳金泰商贸有限公司

为保护买卖双方的合法权益，根据《中华人民共和国合同法》的有关规定，买卖双方经友好协商，一致同意签订本合同，并共同遵守合同约定。

一、货物的名称、数量及金额：

货物名称	规格型号	计量单位	数量	单价（不含税）	金额（不含税）	税率	税额
恒久男表		只	500	6 666.00	3 333 000.00	13%	433 290.00
合　计					¥3 333 000.00		¥433 290.00

二、合同总金额：人民币叁佰柒拾陆万陆仟贰佰玖拾元整（¥3 766 290.00）。

三、以旧换新销售条件：若买方提供同品牌旧手表，每只可作价800元，买方交差价即可换回所换购的同品牌同数量全新产品。签订合同当日，卖方即向买方发货并收回同品牌旧手表，买方当日支付货款。付款结算方式：转账支票。

四、交货地点：辽宁恒通商贸有限公司。

五、发运方式与运输费用承担方式：由卖方发货，买方承担运输费用。

卖　方：辽宁恒通商贸有限公司　　　　买　方：沈阳金泰商贸有限公司

授权代表：刘晓明　　　　　　　　　　授权代表：刘春雨

日　期：2019年7月22日　　　　　　日　期：2019年7月22日

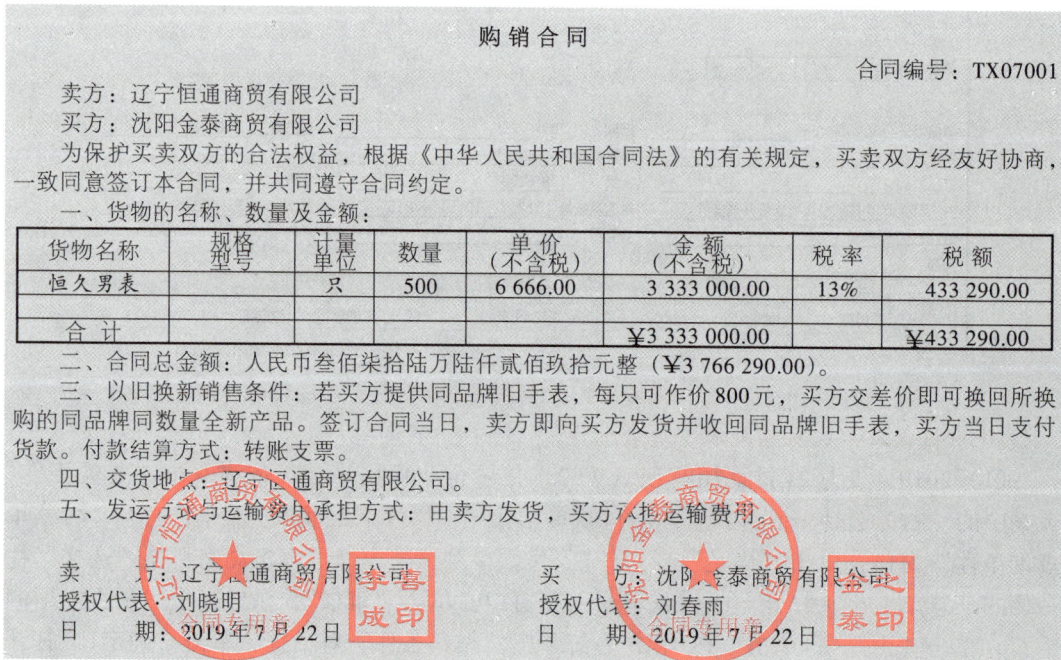

图5-26　购销合同

辽宁增值税专用发票

021001900105　　№ 21327520　　021001900105 21327520

此联不作报销、扣税凭证使用

开票日期：2019年7月22日

购买方	名　　称：沈阳金泰商贸有限公司 纳税人识别号：91210103291938726A 地址、电话：辽宁省沈阳市铁西区百花路2号 024-65308833 开户行及账号：中国农业银行沈阳百花支行 5830611580626927622			密码区	626<8/6-71331090*46468>85-5 2459>4<5<880+0/1>20185->4/1 14450813364+>*9*+0>>98-*364 43079+19*09<*40<7>5936/6841		
货物或应税劳务、服务名称	规格型号	单位	数量	单价	金额	税率	税额
*手表*恒久男表		只	500	6 666.00	3 333 000.00	13%	433 290.00
合　　计					¥3 333 000.00		¥433 290.00
价税合计（大写）	⊗叁佰柒拾陆万陆仟贰佰玖拾元整				（小写）¥3 766 290.00		
销售方	名　　称：辽宁恒通商贸有限公司 纳税人识别号：91210105206917583A 地址、电话：辽宁省沈阳市皇姑区人民路369号 024-82681359 开户行及账号：中国工商银行沈阳皇姑支行 2107024015890035666			备注			

收款人：贺青　　复核：王钰　　开票人：赵凯　　销售方：（章）

税总函〔2019〕335号北京印钞厂

第一联：记账联 销售方记账凭证

辽宁恒通商贸有限公司 91210105206917583A 发票专用章

图5-27　增值税专用发票

中国工商银行　进　账　单（收账通知）　3

2019年7月22日

出票人	全　　称	沈阳金泰商贸有限公司	收款人	全　　称	辽宁恒通商贸有限公司
	账　　号	5830611580626927622		账　　号	2107024015890035666
	开户银行	中国农业银行沈阳百花支行		开户银行	中国工商银行沈阳皇姑支行
金额	人民币（大写）	叁佰叁拾壹万肆仟贰佰玖拾元整		亿千百十万千百十元角分	¥331429000
票据种类	转账支票	票据张数	1		
票据号码	36248309				
	复核　　记账			收款人开户银行签章	

此联是银行交给收款人的收账通知

中国工商银行沈阳皇姑支行 2019.07.22 转讫 (8)

图5-28　进账单

出库单

客户：沈阳金泰　　2019年7月22日　　单号：CK07026

发货仓库	存货编码	存货名称	单位	数量 应发	数量 实发	单价	金额
手表仓	1252	恒久男表	只	500	500		
合计							

部门经理：略　　会计：略　　仓库：略　　经办人：略

图5-29　出库单

入库单

供应商：沈阳金泰　　2019年7月22日　　单号：RK07024

验收仓库	存货编码	存货名称	单位	数量		单价	金额
				应收	实收		
废旧品仓	1252	恒久男表	只	500	500		
合计							

部门经理：略　　会计：略　　仓库：略　　经办人：略

图5-30　入库单

021001900105　辽宁增值税专用发票　№ 18733213　021001900105　18733213

发票联

开票日期：2019年7月22日

购买方	名称：辽宁恒通商贸有限公司 纳税人识别号：91210105206917583A 地址、电话：辽宁省沈阳市皇姑区人民路369号 024-82681359 开户行及账号：中国工商银行沈阳皇姑支行 2107024015890035666	密码区	++37+30655*5>0*-<1/09740789 493>8+1/26170864*-<1/711<56 >4505366/6467>24>468*<3*->8 70062015*1>53263-84791622<>

货物或应税劳务、服务名称	规格型号	单位	数量	单价	金额	税率	税额
*手表*恒久男表		只	500	800.00	400 000.00	13%	52 000.00
合计					¥400 000.00		¥52 000.00
价税合计（大写）	⊗肆拾伍万贰仟元整				（小写）¥452 000.00		

销售方	名称：沈阳金泰商贸有限公司 纳税人识别号：91210103291938726A 地址、电话：辽宁省沈阳市铁西区百花路2号 024-65308833 开户行及账号：中国农业银行沈阳百花支行 583061158062692 7622	备注	

收款人：于亚娟　　复核：许阳阳　　开票人：吴佳倩　　销售方：（章）

税总函〔2019〕335号北京印钞厂

第三联：发票联　购买方记账凭证

图5-31　增值税专用发票

【操作过程概览】

本业务的操作过程概览见表5-3。

表5-3　操作过程概览

序号	操作日期	操作员	系统	操作内容
1	2019-07-22	X01 刘晓明	销售管理	填制销售订单
2	2019-07-22	X01 刘晓明	销售管理	参照销售订单生成销售专用发票
3	2019-07-22	C01 李泽华	库存管理	参照发货单生成销售出库单
4	2019-07-22	W02 赵凯	应收款管理	审核发票并制单处理
5	2019-07-22	W02 赵凯	存货核算	正常单据记账并生成凭证
6	2019-07-22	G01 张宏亮	采购管理	填制采购订单
7	2019-07-22	G01 张宏亮	采购管理	参照采购订单生成到货单
8	2019-07-22	C01 李泽华	库存管理	参照到货单生成采购入库单
9	2019-07-22	G01 张宏亮	采购管理	参照采购入库单生成采购专用发票
10	2019-07-22	W02 赵凯	应付款管理	审核发票并制单处理
11	2019-07-22	W02 赵凯	存货核算	正常单据记账并生成凭证
12	2019-07-22	W02 赵凯	应付款管理	应付冲应收

【具体操作过程】

以旧换新

1.填制销售订单

2019年7月22日，由刘晓明（X01）登录企业应用平台。依次双击“业务工作”页签中的“供应链→销售管理→销售订货→销售订单”菜单，打开“销售订单”窗口。单击工具栏的“增加”按钮，根据图5-26填制销售订单，填制完毕保存并审核该销售订单，结果如图5-32所示。关闭“销售订单”窗口。

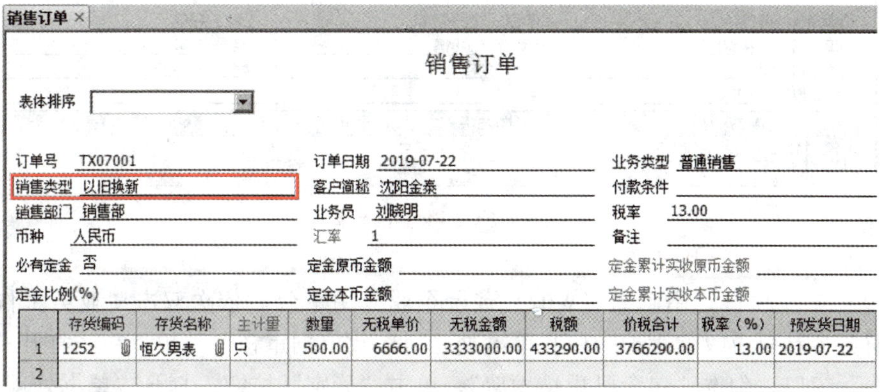
销售订单 ×

销售订单

表体排序

订单号	TX07001	订单日期	2019-07-22	业务类型	普通销售
销售类型	以旧换新	客户简称	沈阳金泰	付款条件	
销售部门	销售部	业务员	刘晓明	税率	13.00
币种	人民币	汇率	1	备注	
必有定金	否	定金原币金额		定金累计实收原币金额	
定金比例(%)		定金本币金额		定金累计实收本币金额	

	存货编码	存货名称	主计量	数量	无税单价	无税金额	税额	价税合计	税率（%）	预发货日期
1	1252	恒久男表	只	500.00	6666.00	3333000.00	433290.00	3766290.00	13.00	2019-07-22
2										

图5-32 销售订单

2.参照销售订单生成销售专用发票

（1）生成销售专用发票。依次双击“业务工作”页签中的“供应链→销售管理→销售发票→销售专用发票”菜单，系统打开“销售专用发票”窗口。单击工具栏的“增加”按钮，参照上一步的TX07001号订单生成一张销售专用发票，根据图5-27修改发票表头项目“发票号”为“21327520”，表体第1行单元格“仓库名称”选择“手表仓”，单击“保存”，结果如图5-33所示。

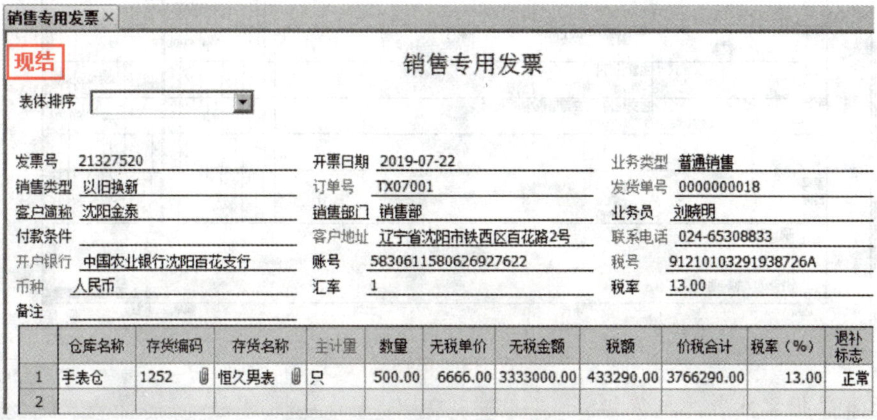
销售专用发票 ×

现结

销售专用发票

表体排序

发票号	21327520	开票日期	2019-07-22	业务类型	普通销售
销售类型	以旧换新	订单号	TX07001	发货单号	0000000018
客户简称	沈阳金泰	销售部门	销售部	业务员	刘晓明
付款条件		客户地址	辽宁省沈阳市铁西区百花路2号	联系电话	024-65308833
开户银行	中国农业银行沈阳百花支行	账号	5830611580626927622	税号	91210103291938726A
币种	人民币	汇率	1	税率	13.00
备注					

	仓库名称	存货编码	存货名称	主计量	数量	无税单价	无税金额	税额	价税合计	税率（%）	退补标志
1	手表仓	1252	恒久男表	只	500.00	6666.00	3333000.00	433290.00	3766290.00	13.00	正常
2											

图5-33 销售专用发票

（2）现结、复核。单击工具栏的“现结”按钮，打开“现结”窗口。根据图5-28输入“结算方式”“原币金额”“票据号”这三项信息。录入完毕单击“确定”，完成现结并返回发票窗口，单击“复核”，完成发票处理。

3.参照发货单生成销售出库单

2019年7月22日，由李泽华（C01）登录企业应用平台。依次双击“业务工作”页签中的"供应链→库存管理→出库业务→销售出库单"菜单，系统打开"销售出库单"窗口。参照上一步自动生成的发货单生成一张销售出库单，根据图5-29将出库单表头的"出库单号"改为"CK07026"。保存并审核该销售出库单，结果如图5-34所示。

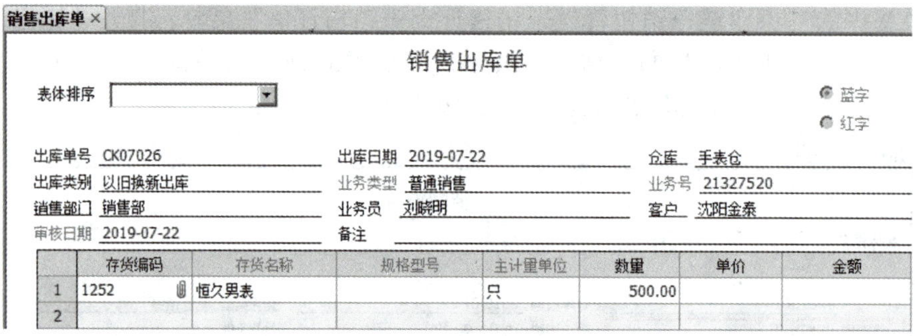

图5-34　销售出库单

4.审核发票并制单处理

2019年7月22日，由赵凯（W02）登录企业应用平台。依次双击"业务工作"页签中的"财务会计→应收款管理→应收单据处理→应收单据审核"菜单，系统打开"应收单查询条件"窗口，勾选"包含已现结发票"，单击"确定"按钮，打开"单据处理"窗口。双击21327520号发票"选择"栏右侧任意单元格，打开"销售发票"窗口，单击"审核"，系统提示"是否立即制单？"，单击"是"，系统自动打开"填制凭证"窗口并自动生成记账凭证，单击"保存"按钮，结果如图5-35所示。关闭当前已打开窗口。

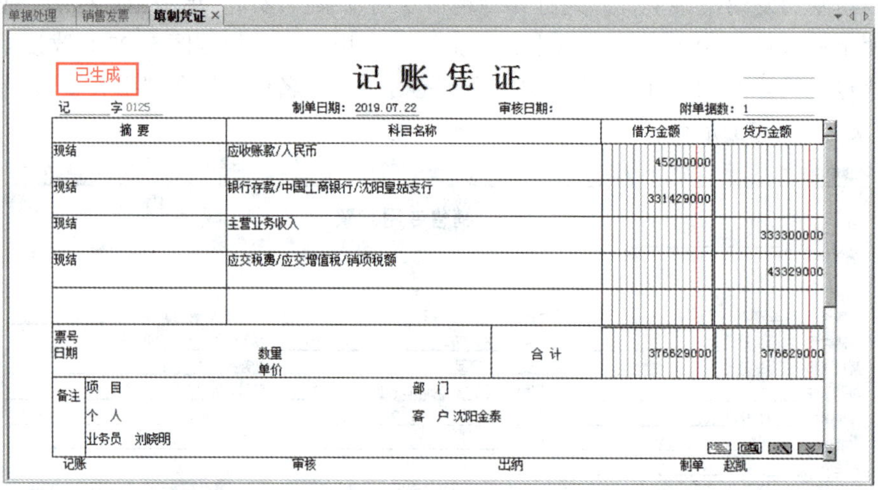

图5-35　记账凭证

5.正常单据记账并生成凭证

（1）正常单据记账。在供应链的"存货核算"子系统，依次双击"业务核算→正常单据记账"菜单，系统打开"查询条件选择"窗口，直接单击"确定"按钮，系统打开"未记账单据一览表"窗口，如图5-36所示。对21327520号专用发票进行正常单据记账。记账完毕关闭该窗口。

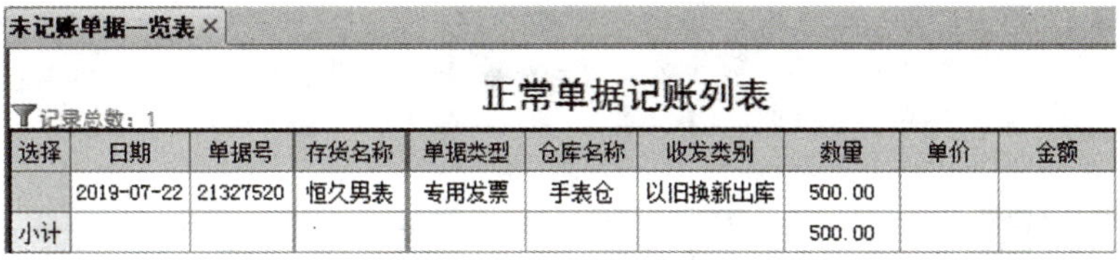
未记账单据一览表 ×

正常单据记账列表

记录总数：1

选择	日期	单据号	存货名称	单据类型	仓库名称	收发类别	数量	单价	金额
	2019-07-22	21327520	恒久男表	专用发票	手表仓	以旧换新出库	500.00		
小计							500.00		

图5-36 正常单据记账列表

（2）生成凭证。依次双击“存货核算”子系统的“财务核算→生成凭证”菜单，系统打开“生成凭证”窗口。将已记账的21327520号发票生成记账凭证并保存，如图5-37所示。

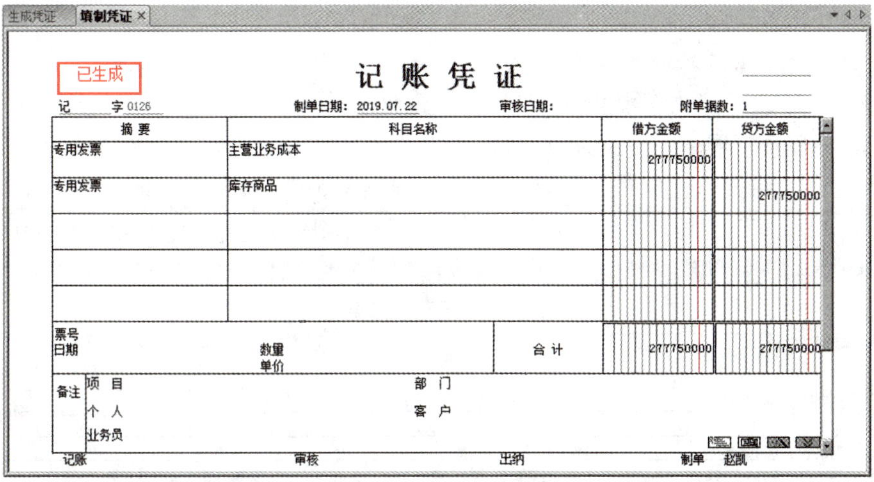
生成凭证 填制凭证 ×

已生成

记账凭证

记 字 0126 制单日期：2019.07.22 审核日期： 附单据数：1

摘要	科目名称	借方金额	贷方金额
专用发票	主营业务成本	277750000	
专用发票	库存商品		277750000
票号 日期	数量 单价 合计	277750000	277750000

备注 项目 部门

个人 客户

业务员

记账 审核 出纳 制单 赵凯

图5-37 记账凭证

6.填制采购订单

2019年7月22日，由张宏亮（G01）登录企业应用平台。依次双击“业务工作”页签中的“供应链→采购管理→采购订货→采购订单”菜单，打开“采购订单”窗口。单击工具栏的“增加”按钮，根据图5-26填制采购订单，填制完毕保存并审核该订单，结果如图5-38所示。关闭“采购订单”窗口。

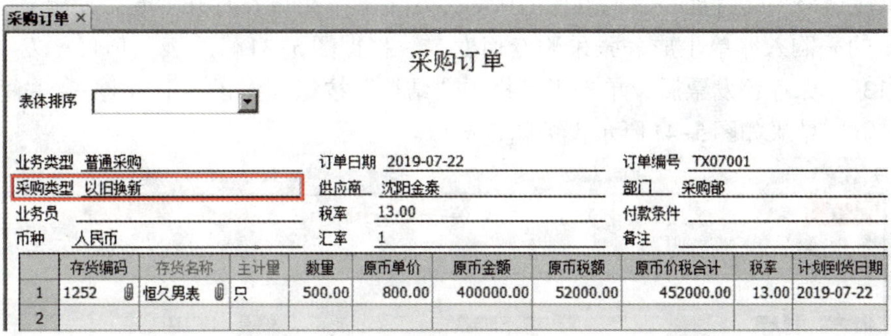
采购订单 ×

采购订单

表体排序

业务类型 普通采购 订单日期 2019-07-22 订单编号 TX07001

采购类型 以旧换新 供应商 沈阳金泰 部门 采购部

业务员 税率 13.00 付款条件

币种 人民币 汇率 1 备注

	存货编码	存货名称	主计量	数量	原币单价	原币金额	原币税额	原币价税合计	税率	计划到货日期
1	1252	恒久男表	只	500.00	800.00	400000.00	52000.00	452000.00	13.00	2019-07-22
2										

图5-38 采购订单

7.参照采购订单生成到货单

在“采购管理”子系统，双击“采购到货→到货单”菜单，打开“到货单”窗口。单击工具栏的“增加”按钮，参照上一步的采购订单生成一张到货单。保存并审核该到货单，结果如图5-39所示。

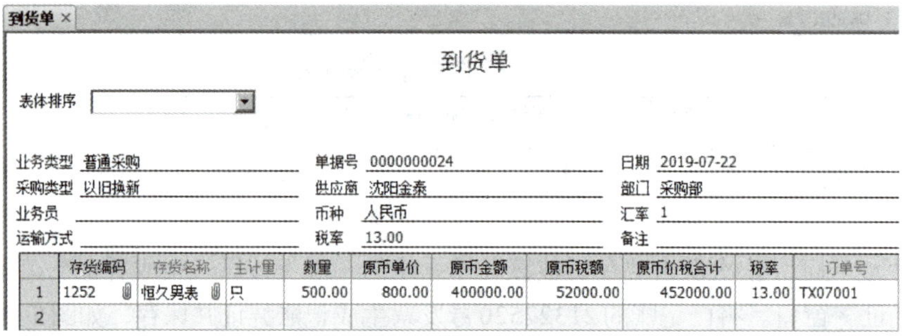

到货单 ×

到货单

表体排序

业务类型 普通采购　单据号 0000000024　日期 2019-07-22

采购类型 以旧换新　供应商 沈阳金泰　部门 采购部

业务员　币种 人民币　汇率 1

运输方式　税率 13.00　备注

	存货编码	存货名称	主计量	数量	原币单价	原币金额	原币税额	原币价税合计	税率	订单号
1	1252	恒久男表	只	500.00	800.00	400000.00	52000.00	452000.00	13.00	TX07001
2										

图5-39　到货单

8.参照到货单生成采购入库单

2019年7月22日，由李泽华（C01）登录企业应用平台。依次双击“业务工作”页签中的“供应链→库存管理→入库业务→采购入库单”菜单，系统打开“采购入库单”窗口。参照上一步生成的到货单生成一张采购入库单，根据图5-30修改表头项目“入库单号”为“RK07024”，“仓库”选择“废旧品仓”。保存并审核该采购入库单，结果如图5-40所示。

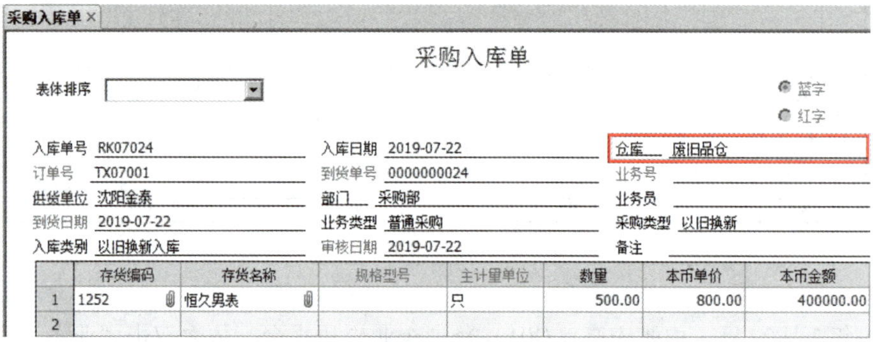

采购入库单 ×

采购入库单

表体排序　蓝字　红字

入库单号 RK07024　入库日期 2019-07-22　仓库 废旧品仓

订单号 TX07001　到货单号 0000000024　业务号

供货单位 沈阳金泰　部门 采购部　业务员

到货日期 2019-07-22　业务类型 普通采购　采购类型 以旧换新

入库类别 以旧换新入库　审核日期 2019-07-22　备注

	存货编码	存货名称	规格型号	主计量单位	数量	本币单价	本币金额
1	1252	恒久男表		只	500.00	800.00	400000.00
2							

图5-40　采购入库单

9.参照采购入库单生成采购专用发票

2019年7月22日，由张宏亮（G01）登录企业应用平台。依次双击“业务工作”页签中的“供应链→采购管理→采购发票→采购专用发票”菜单，打开“专用发票”窗口。参照上一步的采购入库单生成一张采购专用发票。根据图5-31修改表头项目“发票号”为“18733213”。保存该发票后，单击工具栏的“结算”按钮，将该发票与上一步的采购入库单直接结算，结果如图5-41所示。关闭该窗口。

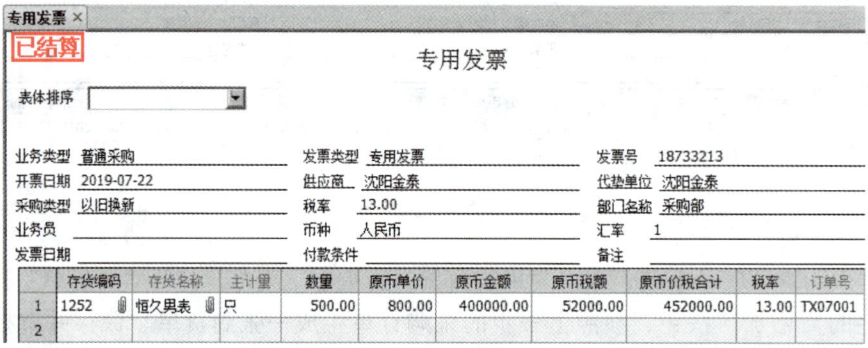

专用发票 ×

已结算

专用发票

表体排序

业务类型 普通采购　发票类型 专用发票　发票号 18733213

开票日期 2019-07-22　供应商 沈阳金泰　代垫单位 沈阳金泰

采购类型 以旧换新　税率 13.00　部门名称 采购部

业务员　币种 人民币　汇率 1

发票日期　付款条件　备注

	存货编码	存货名称	主计量	数量	原币单价	原币金额	原币税额	原币价税合计	税率	订单号
1	1252	恒久男表	只	500.00	800.00	400000.00	52000.00	452000.00	13.00	TX07001
2										

图5-41　采购专用发票

10. 审核发票并制单处理

2019年7月22日，由赵凯（W02）登录企业应用平台。依次双击“业务工作”页签中的“财务会计→应付款管理→应付单据处理→应付单据审核”菜单，系统打开“应付单查询条件”窗口，单击“确定”按钮，打开“单据处理”窗口。双击18733213号发票“选择”栏右侧任意单元格，打开“采购发票”窗口，审核该发票并直接制单，结果如图5-42所示。关闭当前已打开窗口。

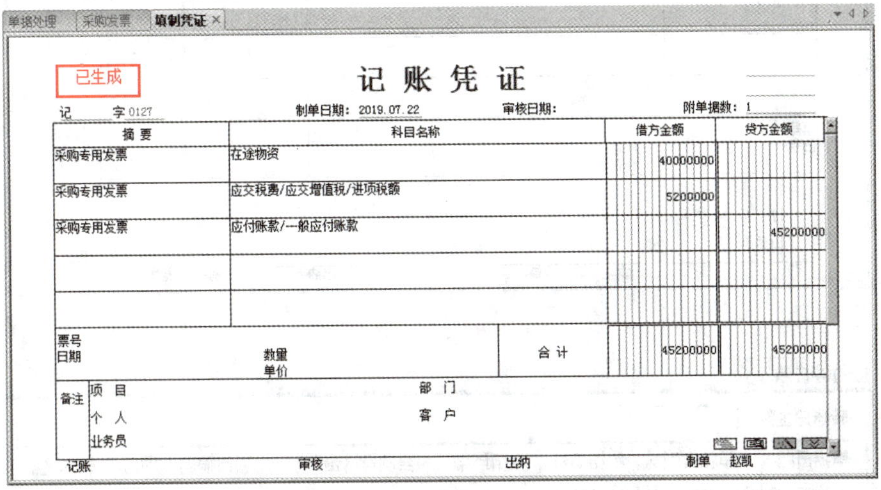

单据处理 | 采购发票 | 填制凭证

已生成

记 账 凭 证

记 字 0127　制单日期：2019.07.22　审核日期：　附单据数：1

摘要	科目名称	借方金额	贷方金额
采购专用发票	在途物资	40000000	
采购专用发票	应交税费/应交增值税/进项税额	5200000	
采购专用发票	应付账款/一般应付账款		45200000
票号 日期	数量 单价 合计	45200000	45200000

备注　项目　部门　个人　客户　业务员

记账　审核　出纳　制单 赵凯

图5-42　记账凭证

11. 正常单据记账并生成凭证

（1）正常单据记账。在供应链的“存货核算”子系统，依次双击“业务核算→正常单据记账”菜单，系统打开“查询条件选择”窗口，直接单击其“确定”按钮，系统打开“未记账单据一览表”窗口，如图5-43所示。对RK07024号入库单进行正常单据记账。记账完毕关闭该窗口。

未记账单据一览表

正常单据记账列表

记录总数：1

选择	日期	单据号	存货编码	存货名称	单据类型	仓库名称	收发类别	数量	单价	金额
	2019-07-22	RK07024	1252	恒久男表	采购入库单	废旧品仓	以旧换新入库	500.00	800.00	400,000.00
小计								500.00		400,000.00

图5-43　正常单据记账列表

（2）生成凭证。依次双击“存货核算”子系统的“财务核算→生成凭证”菜单，系统打开“生成凭证”窗口。把上一步正常单据记账的RK07024号入库单生成记账凭证并保存，结果如图5-44所示。关闭该窗口。

12. 应付冲应收

在“应付款管理”系统，依次双击“转账→应付冲应收”菜单，打开“应付冲应收”对话框。该窗口的“供应商”栏选择“沈阳金泰”，单击“确定”按钮，打开“应付冲应收”窗口。在窗口上、下方的“转账金额”栏输入“452000”，结果如图5-45所示。

单击工具栏的“保存”按钮，系统提示“是否立即制单？”，单击“是”按钮，系统自动打开“填制凭证”窗口，单击工具栏的“保存”按钮，结果如图5-46所示。

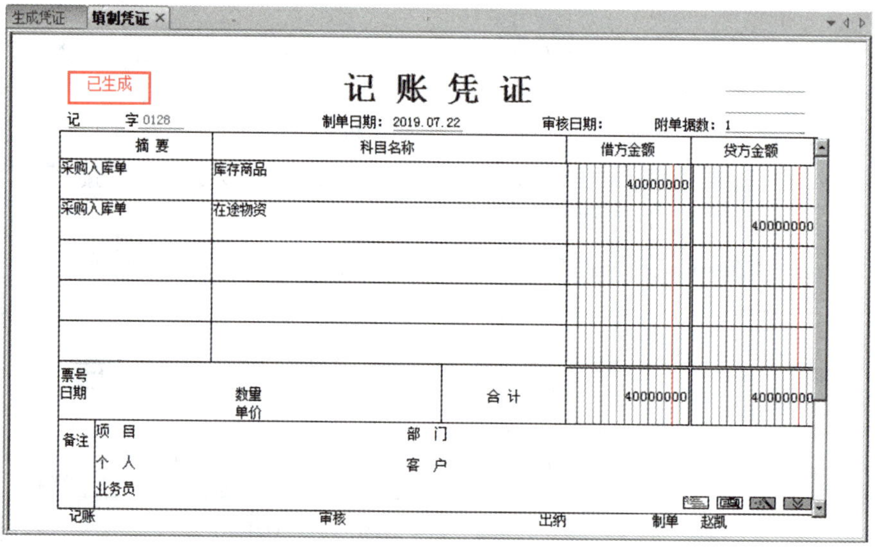

图 5-44　记账凭证

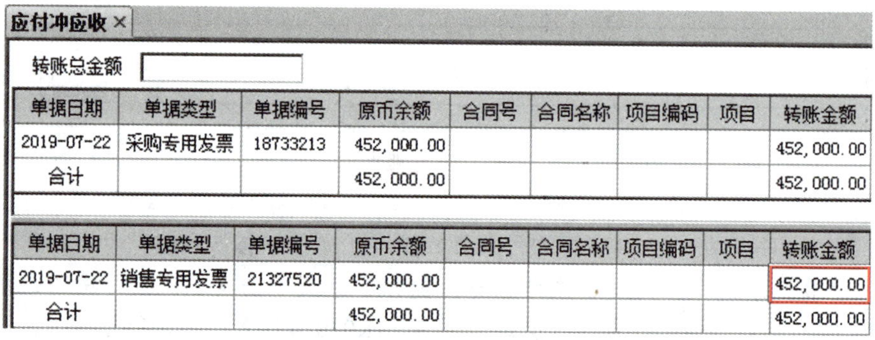
应付冲应收

转账总金额

单据日期	单据类型	单据编号	原币余额	合同号	合同名称	项目编码	项目	转账金额
2019-07-22	采购专用发票	18733213	452,000.00					452,000.00
合计			452,000.00					452,000.00

单据日期	单据类型	单据编号	原币余额	合同号	合同名称	项目编码	项目	转账金额
2019-07-22	销售专用发票	21327520	452,000.00					452,000.00
合计			452,000.00					452,000.00

图 5-45　“应付冲应收”窗口

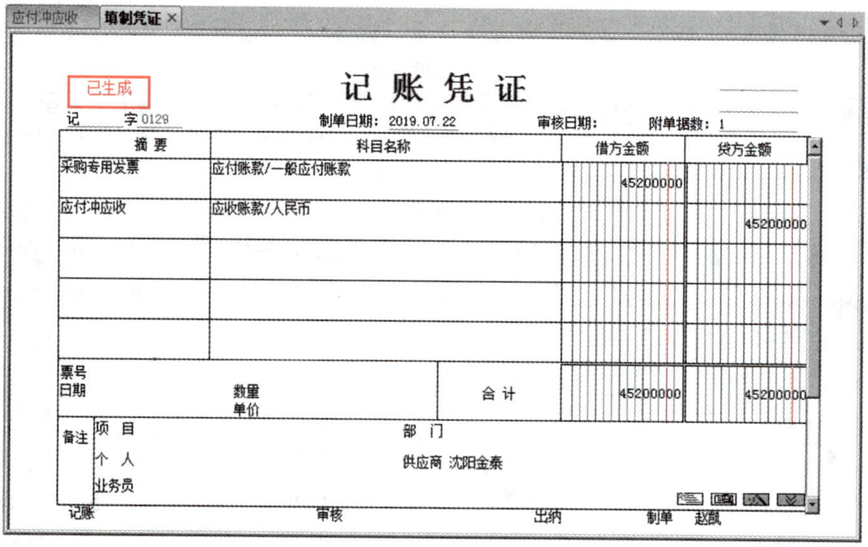

图 5-46　记账凭证

业务2 售后回购

2019年7月23日，销售部刘晓明与沈阳金泰签订售后回购销售合同。

相关凭证如图5-47至图5-50所示。

购销合同

合同编号：TX07002

卖方：辽宁恒通商贸有限公司
买方：沈阳金泰商贸有限公司

为保护买卖双方的合法权益，根据《中华人民共和国合同法》的有关规定，买卖双方经友好协商，一致同意签订本合同，并共同遵守合同约定。

一、货物的名称、数量及金额：

货物名称	规格型号	计量单位	数量	单价（不含税）	金额（不含税）	税率	税额
百盛男套装		套	2 000	500.00	1 000 000.00	13%	130 000.00
合计					￥1 000 000.00		￥130 000.00

二、合同总金额：人民币壹佰壹拾叁万元整（￥1 130 000.00）。

三、签订合同当日，卖方发出全部货物，买方向卖方以转账支票方式支付1 130 000元。卖方于5个月后以1 100 000.00元的价格（不含税）将所售商品购回。

四、交货地点：辽宁恒通商贸有限公司。

五、发货方式与运输费用承担方式：由卖方发货，买方承担运输费用

卖　方：辽宁恒通商贸有限公司
授权代表：刘晓明
日　　期：2019年7月23日

买　方：沈阳金泰商贸有限公司
授权代表：刘春雨
日　　期：2019年7月23日

图5-47　购销合同

辽宁增值税专用发票

021001900105　　　№ 21327521　　　021001900105
21327521

此联不作报销、扣税凭证使用

开票日期：2019年7月23日

购买方	名　称：沈阳金泰商贸有限公司 纳税人识别号：91210103291938726A 地址、电话：辽宁省沈阳市铁西区百花路2号 024-65308833 开户行及账号：中国农业银行沈阳百花支行 5830611580626927622	密码区	292>82<2<3<+-2477457*>05>74 -/82275/82*37267>/>27263121 430/0*6+*8106-408<6*218><+0 8+74-3927524540*7>78794153>

货物或应税劳务、服务名称	规格型号	单位	数量	单价	金额	税率	税额
*服装*百盛男套装		套	2 000	500.00	1 000 000.00	13%	130 000.00
合　计					￥1 000 000.00		￥130 000.00

价税合计（大写）　⊗壹佰壹拾叁万元整　　　（小写）￥1 130 000.00

销售方	名　称：辽宁恒通商贸有限公司 纳税人识别号：91210105206917583A 地址、电话：辽宁省沈阳市皇姑区人民路369号 024-82681359 开户行及账号：中国工商银行沈阳皇姑支行 2107024015890035666	备注	

收款人：贺青　　复核：王钰　　开票人：赵凯　　销售方：（章）

图5-48　增值税专用发票

图 5-49　进账单

图 5-50　出库单

【操作过程概览】

本业务的操作过程概览见表 5-4。

表 5-4　　　　　　　　　　　操作过程概览

序号	操作日期	操作员	系统	操作内容
1	2019-07-23	X01 刘晓明	销售管理	填制销售订单
2	2019-07-23	X01 刘晓明	销售管理	参照销售订单生成销售专用发票
3	2019-07-23	C01 李泽华	库存管理	参照发货单生成销售出库单
4	2019-07-23	W02 赵凯	应收款管理	审核发票并制单处理
5	2019-07-23	W02 赵凯	存货核算	正常单据记账并生成凭证
6	2019-07-23	W02 赵凯	总账	填制凭证——计提利息费用

【具体操作过程】

1. 填制销售订单

2019 年 7 月 23 日，由刘晓明（X01）登录企业应用平台。依次双击"业务工作"页签中的"供应链→销售管理→销售订货→销售订单"菜单，打开"销

售订单”窗口。单击工具栏的“增加”按钮，根据图5-47填制销售订单，结果如图5-51所示。单击“保存”，再单击“审核”。关闭“销售订单”窗口。

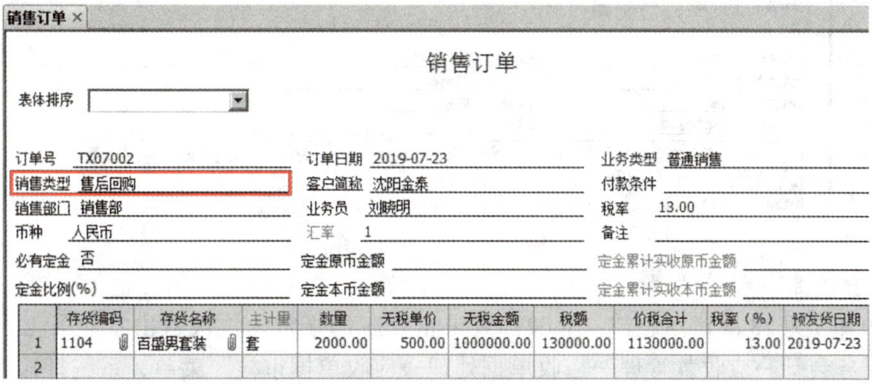

销售订单 ×

销售订单

表体排序

订单号 TX07002　订单日期 2019-07-23　业务类型 普通销售

销售类型 售后回购　客户简称 沈阳金泰　付款条件

销售部门 销售部　业务员 刘晓明　税率 13.00

币种 人民币　汇率 1　备注

必有定金 否　定金原币金额　定金累计实收原币金额

定金比例(%)　定金本币金额　定金累计实收本币金额

	存货编码	存货名称	主计量	数量	无税单价	无税金额	税额	价税合计	税率（%）	预发货日期
1	1104	百盛男套装	套	2000.00	500.00	1000000.00	130000.00	1130000.00	13.00	2019-07-23
2										

图5-51　销售订单

2.参照销售订单生成销售专用发票

（1）依次双击“业务工作”页签中的“供应链→销售管理→销售发票→销售专用发票”菜单，系统打开“销售专用发票”窗口。单击工具栏的“增加”按钮，参照上一步的销售订单生成一张销售专用发票，根据图5-48，修改发票表头项目“发票号”为“21327521”，表体第1行“仓库名称”选择“服装仓”，单击“保存”，结果如图5-52所示。

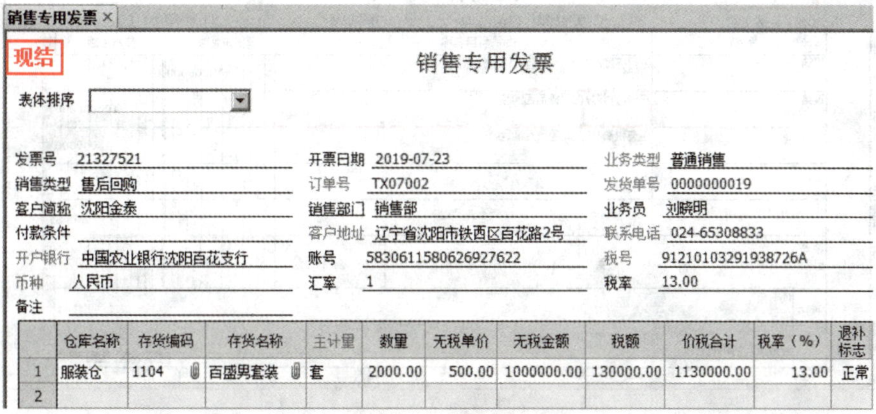

销售专用发票 ×

现结

销售专用发票

表体排序

发票号 21327521　开票日期 2019-07-23　业务类型 普通销售

销售类型 售后回购　订单号 TX07002　发货单号 0000000019

客户简称 沈阳金泰　销售部门 销售部　业务员 刘晓明

付款条件　客户地址 辽宁省沈阳市铁西区百花路2号　联系电话 024-65308833

开户银行 中国农业银行沈阳百花支行　账号 5830611580626927622　税号 91210103291938726A

币种 人民币　汇率 1　税率 13.00

备注

	仓库名称	存货编码	存货名称	主计量	数量	无税单价	无税金额	税额	价税合计	税率（%）	退补标志
1	服装仓	1104	百盛男套装	套	2000.00	500.00	1000000.00	130000.00	1130000.00	13.00	正常
2											

图5-52　销售专用发票

（2）现结、复核。单击工具栏的“现结”按钮，打开“现结”窗口。根据图5-49，录入该对话框的“结算方式”“原币金额”“票据号”这三项信息。单击“确定”，完成现结并返回发票窗口，单击“复核”，完成销售发票处理。

3.参照发货单生成销售出库单

2019年7月23日，由李泽华（C01）登录企业应用平台。依次双击“业务工作”页签中的“供应链→库存管理→出库业务→销售出库单”菜单，系统打开“销售出库单”窗口。参照上一步自动生成的发货单生成一张销售出库单，根据图5-50将出库单表头项目“出库单号”改为“CK07027”。保存并审核该出库单，结果如图5-53所示。

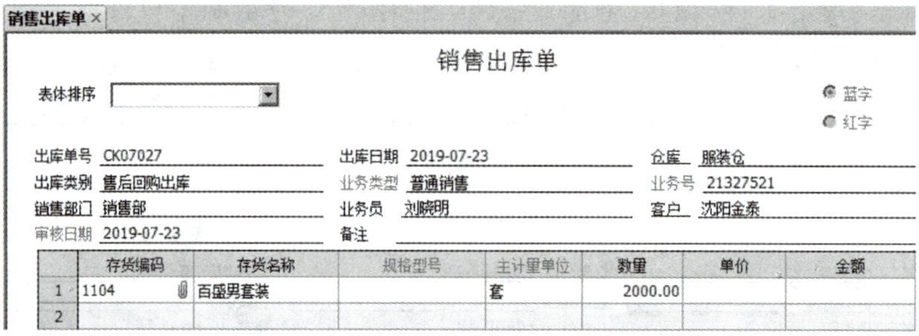

图5-53 销售出库单

4.审核发票并制单处理

2019年7月23日，由赵凯（W02）登录企业应用平台。依次双击"业务工作"页签中的"财务会计→应收款管理→应收单据处理→应收单据审核"菜单，系统打开"应收单查询条件"窗口，勾选"包含已现结发票"，单击"确定"按钮，打开"单据处理"窗口。双击21327521号销售发票"选择"栏右侧任意单元格，打开"销售发票"窗口，单击"审核"，系统提示"是否立即制单?"，单击"是"，系统自动打开"填制凭证"窗口。

调出所生成凭证的第2行的"辅助项"对话框，"供应商"选择"沈阳金泰"，单击"确定"。单击"保存"，结果如图5-54所示。关闭当前已打开窗口。

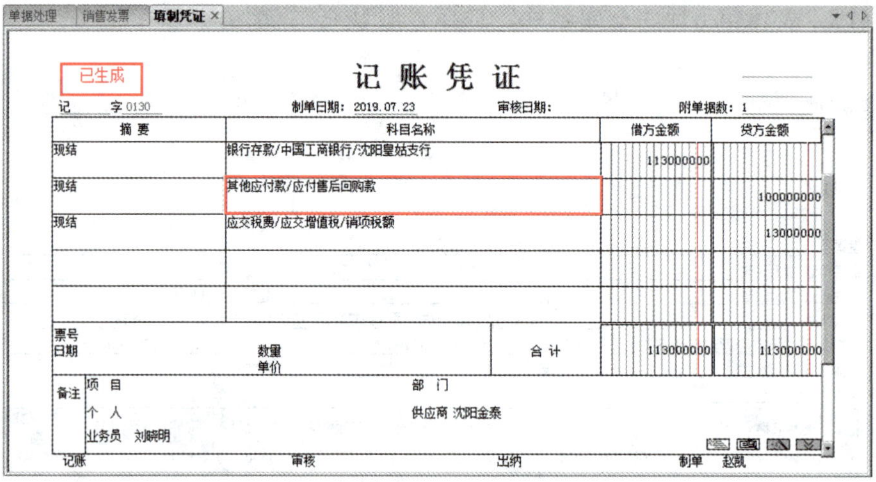

图5-54 记账凭证

5.正常单据记账并生成凭证

（1）正常单据记账。在供应链的"存货核算"子系统，依次双击"业务核算→正常单据记账"菜单，系统打开"查询条件选择"窗口，直接单击其"确定"按钮，系统打开"未记账单据一览表"窗口，如图5-55所示。对21327521号发票进行正常单据记账。记账完毕关闭该窗口。

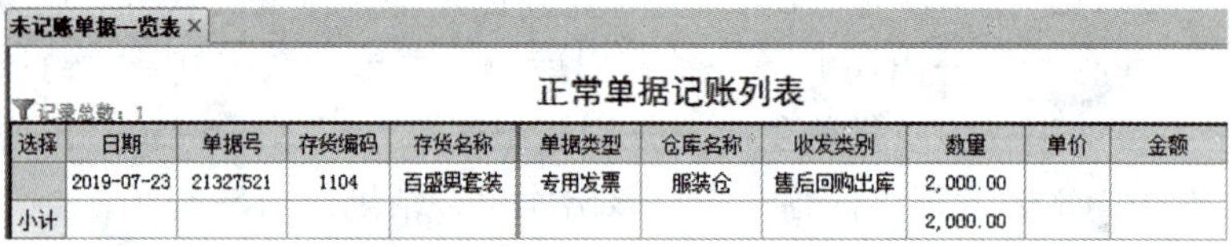

图5-55 正常单据记账列表

（2）生成凭证。依次双击“存货核算”子系统的“财务核算→生成凭证”菜单，系统打开“生成凭证”窗口。把上一步正常单据记账的21327521号发票生成记账凭证并保存，结果如图5-56所示。关闭当前已打开窗口。

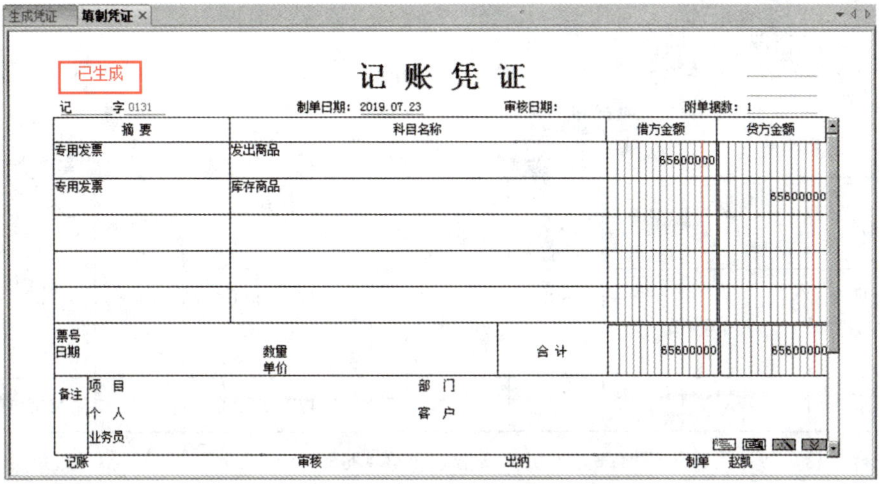

生成凭证 填制凭证

已生成

记账凭证

记 字 0131 制单日期：2019.07.23 审核日期： 附单据数：1

摘要	科目名称	借方金额	贷方金额
专用发票	发出商品	65600000	
专用发票	库存商品		65600000
票号 日期	数量 单价 合计	65600000	65600000

备注 项目 部门 个人 客户 业务员

记账 审核 出纳 制单 赵凯

图5-56 记账凭证

6.填制凭证——计提利息费用

依次双击“业务工作”页签中的“财务会计→总账→凭证→填制凭证”菜单，系统打开“填制凭证”窗口，单击“增加”，填制一张计提本月利息费用的记账凭证，如图5-57所示。

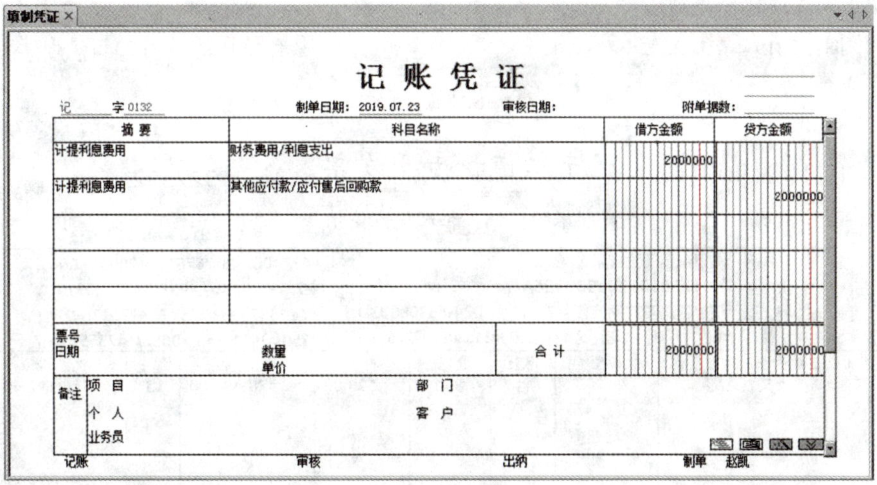

填制凭证

记账凭证

记 字 0132 制单日期：2019.07.23 审核日期： 附单据数：

摘要	科目名称	借方金额	贷方金额
计提利息费用	财务费用/利息支出	2000000	
计提利息费用	其他应付款/应付售后回购款		2000000
票号 日期	数量 单价 合计	2000000	2000000

备注 项目 部门 个人 客户 业务员

记账 审核 出纳 制单 赵凯

图5-57 记账凭证

【提示】

若售后回购业务合同约定“全部商品不发出”，则直接在总账系统填制凭证即可。

业务3 附退回条件销售

2019年7月23日，销售部刘晓明与沈阳金泰签订销售合同。（无法估计退货率）

相关凭证如图5-58至图5-61所示。

购销合同

合同编号：TX07003

卖方：辽宁恒通商贸有限公司

买方：沈阳金泰商贸有限公司

为保护买卖双方的合法权益，根据《中华人民共和国合同法》的有关规定，买卖双方经友好协商，一致同意签订本合同，并共同遵守合同约定。

一、货物的名称、数量及金额：

货物名称	规格型号	计量单位	数量	单价（不含税）	金额（不含税）	税率	税额
嘉伟女风衣		件	800	598.00	478 400.00	13%	62 192.00
合计					¥478 400.00		¥62 192.00

二、合同总金额：人民币伍拾肆万零伍佰玖拾贰元整（¥540 592.00）。

三、签订合同当日卖方发出全部商品，买方支付全部货款。8月23日前，买方有权退货。

四、交货地点：辽宁恒通商贸有限公司。

五、发运方式与运输费用承担方式：由卖方发货，买方承担运输费用。

卖　　方：辽宁恒通商贸有限公司

授权代表：刘晓明

日　　期：2019年7月23日

买　　方：沈阳金泰商贸有限公司

授权代表：刘春雨

日　　期：2019年7月23日

图5-58　购销合同

辽宁增值税专用发票

021001900105

№ 21327522

021001900105

21327522

此联不作报销、扣税凭证使用

开票日期：2019年7月23日

购买方	名　　称：沈阳金泰商贸有限公司 纳税人识别号：91210103291938726A 地址、电话：辽宁省沈阳市铁西区百花路2号 024-65308833 开户行及账号：中国农业银行沈阳百花支行 5830611580626927622	密码区	468*4087<8-7678*95120945<99 +9*9+5/9*8>/>957/3+*1035219 >622457833<39577>4275136-97 9250<29*>>>1>0658/-<73551+-

货物或应税劳务、服务名称	规格型号	单位	数量	单价	金额	税率	税额
*服装*嘉伟女风衣		件	800	598.00	478 400.00	13%	62 192.00
合计					¥478 400.00		¥62 192.00

价税合计（大写）	⊗伍拾肆万零伍佰玖拾贰元整	（小写）¥540 592.00

销售方	名　　称：辽宁恒通商贸有限公司 纳税人识别号：91210105206917583A 地址、电话：辽宁省沈阳市皇姑区人民路369号 024-82681359 开户行及账号：中国工商银行沈阳皇姑支行 2107024015890035666	备注	

收款人：贺青　　复核：王钰　　开票人：赵凯　　销售方：（章）

第一联：记账联　销售方记账凭证

规总局〔2019〕335号北京印钞厂

图5-59　增值税专用发票

图5-60 进账单

图5-61 出库单

【操作过程概览】

本业务的操作过程概览见表5-5。

表5-5 操作过程概览

序号	操作日期	操作员	系统	操作内容
1	2019-07-23	X01 刘晓明	销售管理	填制销售订单
2	2019-07-23	X01 刘晓明	销售管理	参照销售订单生成销售专用发票
3	2019-07-23	C01 李泽华	库存管理	参照发货单生成销售出库单
4	2019-07-23	W02 赵凯	应收款管理	审核发票并制单处理
5	2019-07-23	W02 赵凯	存货核算	正常单据记账并生成凭证

【具体操作过程】

1.填制销售订单

2019年7月23日，由刘晓明（X01）登录企业应用平台。依次双击"业务工作"页签中的"供应链→销售管理→销售订货→销售订单"菜单，打开"销售订单"窗口。单击工具栏的"增加"按钮，根据图5-58填制销售订单，填制完毕保存并审核该订单，结果如图5-62所示。关闭"销售订单"窗口。

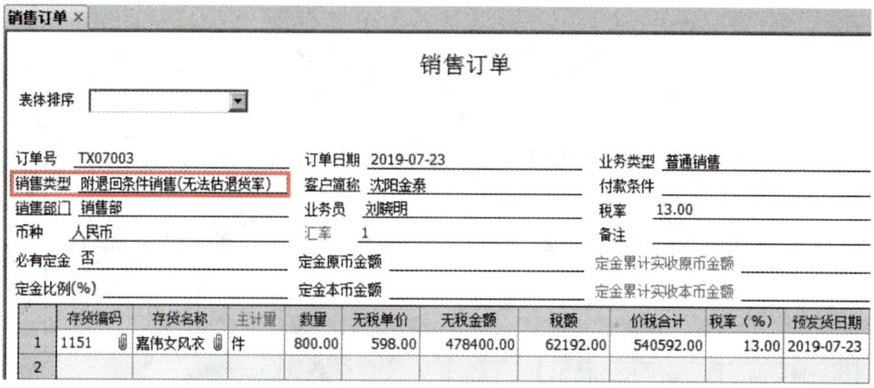

图5-62 销售订单

2.参照销售订单生成销售专用发票

（1）生成销售专用发票。依次双击"业务工作"页签中的"供应链→销售管理→销售发票→销售专用发票"菜单，系统打开"销售专用发票"窗口。单击工具栏的"增加"按钮，参照上一步的销售订单生成一张销售专用发票，根据图5-59，修改发票表头项目"发票号"为"21327522"，表体第1行单元格"仓库名称"选择"服装仓"，单击"保存"，如图5-63所示。

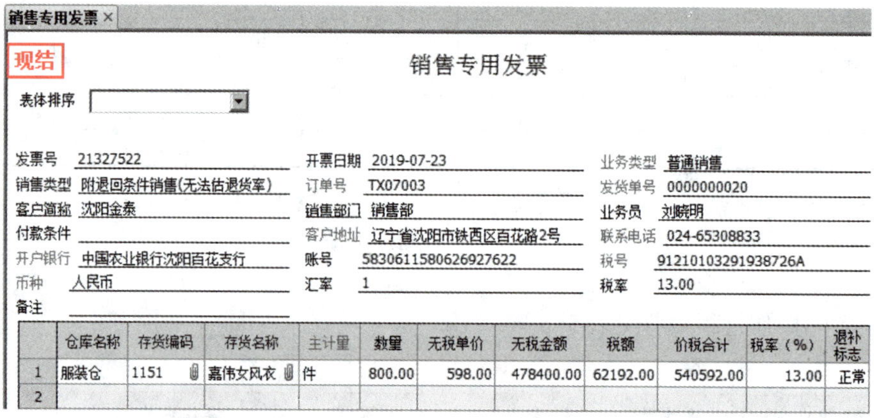

图5-63 销售专用发票

（2）现结、复核。单击工具栏的"现结"按钮，打开"现结"窗口。根据图5-60，录入该对话框的"结算方式""原币金额""票据号"这三项信息。单击"确定"，完成现结并返回发票窗口，单击"复核"。

3.参照发货单生成销售出库单

2019年7月23日，由李泽华（C01）登录企业应用平台。依次双击"业务工作"页签中的"供应链→库存管理→出库业务→销售出库单"菜单，系统打开"销售出库单"窗口。参照上一步自动生成的发货单生成一张销售出库单，根据图5-61，将销售出库单表头项目"出库单号"改为"CK07028"。保存并审核该出库单，结果如图5-64所示。

4.审核发票并制单处理

2019年7月23日，由赵凯（W02）登录企业应用平台。依次双击"业务工作"页签中的"财务会计→应收款管理→应收单据处理→应收单据审核"菜单，系统打开"应收单

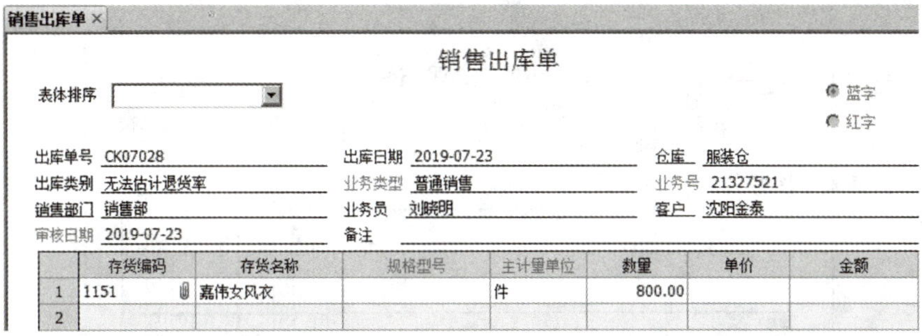
销售出库单×

销售出库单

表体排序　　　　◉蓝字　○红字

出库单号 CK07028　出库日期 2019-07-23　仓库 服装仓
出库类别 无法估计退货率　业务类型 普通销售　业务号 21327521
销售部门 销售部　业务员 刘晓明　客户 沈阳金泰
审核日期 2019-07-23　备注

	存货编码	存货名称	规格型号	主计量单位	数量	单价	金额
1	1151	嘉伟女风衣		件	800.00		
2							

图5-64　销售出库单

查询条件”窗口，勾选“包含已现结发票”，单击“确定”按钮，打开“单据处理”窗口。双击21327522号发票“选择”栏右侧任意单元格，打开“销售发票”窗口，单击“审核”，系统提示“是否立即制单?”，单击“是”，系统自动打开“填制凭证”窗口。单击“保存”，结果如图5-65所示。关闭当前已打开窗口。

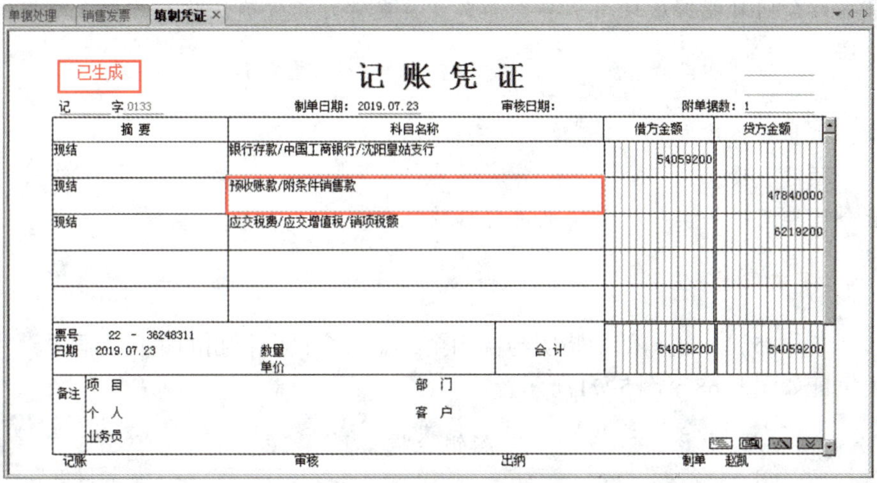
单据处理　销售发票　填制凭证×

已生成

记 账 凭 证

记　字 0133　制单日期：2019.07.23　审核日期：　附单据数：1

摘要	科目名称	借方金额	贷方金额
现结	银行存款/中国工商银行/沈阳皇姑支行	54059200	
现结	预收账款/附条件销售款		47840000
现结	应交税费/应交增值税/销项税额		6219200
票号 22 - 36248311 日期 2019.07.23	数量 单价 合计	54059200	54059200

备注　项目　部门
个人　客户
业务员
记账　审核　出纳　制单 赵凯

图5-65　记账凭证

5. 正常单据记账并生成凭证

（1）正常单据记账。在供应链的“存货核算”子系统，依次双击“业务核算→正常单据记账”菜单，系统打开“查询条件选择”窗口，直接单击其“确定”按钮，系统打开“未记账单据一览表”窗口，如图5-66所示。对21327522号专用发票进行正常单据记账。记账完毕关闭该窗口。

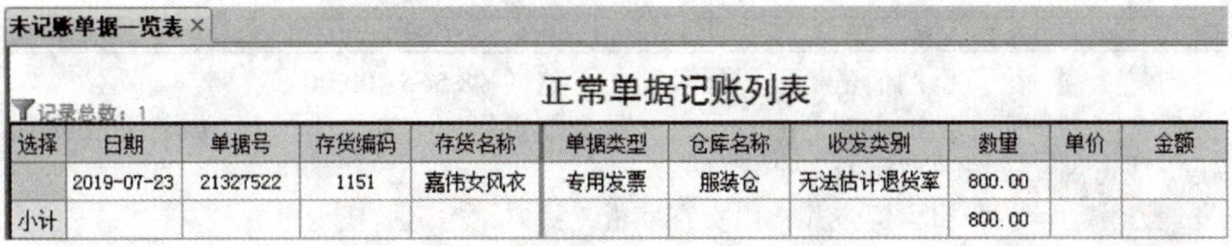
未记账单据一览表×

正常单据记账列表

记录总数：1

选择	日期	单据号	存货编码	存货名称	单据类型	仓库名称	收发类别	数量	单价	金额
	2019-07-23	21327522	1151	嘉伟女风衣	专用发票	服装仓	无法估计退货率	800.00		
小计								800.00		

图5-66　正常单据记账列表

（2）生成凭证。依次双击“存货核算”子系统的“财务核算→生成凭证”菜单，系统打开“生成凭证”窗口。把上一步正常单据记账的21327522号专用发票生成记账凭证并保存，结果如图5-67所示。

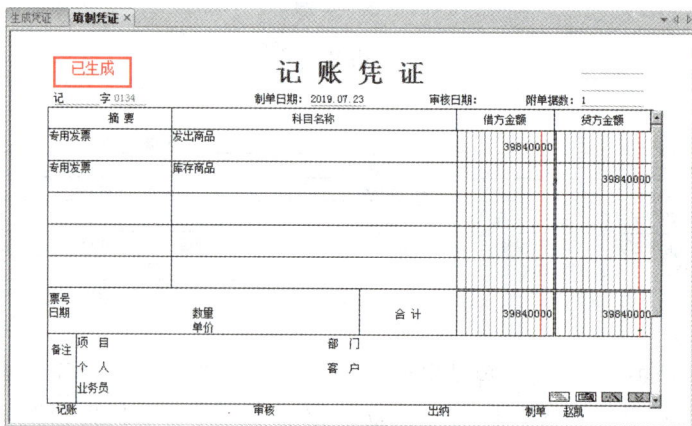

图 5-67　记账凭证

【提示】

如果签订合同时能够估计退货率，那么开票发货时正常确认收入，期末根据退货率进行如下处理：

借：主营业务收入

　贷：主营业务成本

　　　预计负债

以后会计期间根据实际退货情况进行后续处理。

业务4　商业折扣销售

2019年7月25日，销售部刘晓明与沈阳金泰签订含商业折扣的销售合同。

相关凭证如图5-68至图5-71所示。

购销合同

合同编号：TX07004

卖方：辽宁恒通商贸有限公司

买方：沈阳金泰商贸有限公司

为保护买卖双方的合法权益，根据《中华人民共和国合同法》的有关规定，买卖双方经友好协商，一致同意签订本合同，并共同遵守合同约定。

一、货物的名称、数量及金额：

货物名称	规格型号	计量单位	数量	单价（不含税）	金额（不含税）	税率	税额
嘉伟男风衣		件	10 000	758.00	7 580 000.00	13%	985 400.00
合　计					¥7 580 000.00		¥985 400.00

二、合同总金额：人民币捌佰伍拾陆万伍仟肆佰元整（¥8 565 400.00）。

三、签订合同当日卖方发出全部商品，买方支付全部货款。卖方给予买方10%的价格折扣。

四、交货地点：辽宁恒通商贸有限公司。

五、发运方式与运输费用承担方式：由卖方发货，买方承担运输费用。

卖　　方：辽宁恒通商贸有限公司

授权代表：刘晓明

日　　期：2019年7月25日

买　　方：沈阳金泰商贸有限公司

授权代表：刘春阳

日　　期：2019年7月25日

图 5-68　购销合同

021001900105　辽宁增值税专用发票　№ 21327523　021001900105　21327523

此联不作报销、扣税凭证使用　　开票日期：2019年7月25日

购买方	名　　称：沈阳金泰商贸有限公司 纳税人识别号：91210103291938726A 地 址、电 话：辽宁省沈阳市铁西区百花路2号 024-65308833 开户行及账号：中国农业银行沈阳百花支行 5830611580626927622				密码区	>3+9995819*98*6/04-6146>6<2 85676<539>4-841-5<-8+9>7/56 244732787224*+3<584894>6*88 66<*465/49759680346+>4*>/6>		
货物或应税劳务、服务名称	规格型号	单位	数量	单价	金额	税率	税额	
*服装*嘉伟男风衣		件	10 000	758.00	7 580 000.00	13%	985 400.00	
*折扣(10%)					-758 000.00	13%	-98 540.00	
合　　计					¥6 822 000.00		¥886 860.00	
价税合计（大写）	⊗柒佰柒拾万零捌仟捌佰陆拾元整				（小写）¥7 708 860.00			
销售方	名　　称：辽宁恒通商贸有限公司 纳税人识别号：91210105206917583A 地 址、电 话：辽宁省沈阳市皇姑区人民路369号 024-82681359 开户行及账号：中国工商银行沈阳皇姑支行 2107024015890035666				备注			

收款人：贺青　　复核：王钰　　开票人：赵凯　　销售方：（章）

税总函〔2019〕335号北京印钞厂

第一联：记账联　销售方记账凭证

图5-69　增值税专用发票

中国工商银行　进账单（收账通知）　3

2019年7月25日

出票人	全　　称	沈阳金泰商贸有限公司	收款人	全　　称	辽宁恒通商贸有限公司
	账　　号	5830611580626927622		账　　号	2107024015890035666
	开户银行	中国农业银行沈阳百花支行		开户银行	中国工商银行沈阳皇姑支行
金额	人民币（大写）	柒佰柒拾万零捌仟捌佰陆拾元整			¥770886000
票据种类	转账支票	票据张数 1			
票据号码	36248312				
复核　记账			收款人开户银行签章		

中国工商银行沈阳皇姑支行 2019.07.25 转讫 (8)

此联是银行交给收款人的收账通知

图5-70　进账单

出库单

客户：沈阳金泰　　2019年7月25日　　单号：CK07029

发货仓库	存货编码	存货名称	单位	数量		单价	金额
				应发	实发		
服装仓	1152	嘉伟男风衣	件	10 000	10 000		
合　计							

部门经理：略　　会计：略　　仓库：略　　经办人：略

图5-71　出库单

【操作过程概览】

本业务的操作过程概览见表5-6。

表5-6   操作过程概览

序号	操作日期	操作员	系统	操作内容
1	2019-07-25	X01刘晓明	销售管理	填制销售订单
2	2019-07-25	X01刘晓明	销售管理	参照销售订单生成销售专用发票
3	2019-07-25	C01李泽华	库存管理	参照发货单生成销售出库单
4	2019-07-25	W02赵凯	应收款管理	审核发票并制单处理
5	2019-07-25	W02赵凯	存货核算	正常单据记账并生成凭证

【具体操作过程】

1. 填制销售订单

2019年7月25日，由刘晓明（X01）登录企业应用平台。依次双击"业务工作"页签中的"供应链→销售管理→销售订货→销售订单"菜单，打开"销售订单"窗口。单击工具栏的"增加"按钮，根据图5-68，填制销售订单，在输入表体"无税单价"时，先输入"758"，再右键单击该行，调出如图5-72所示的对话框，选择"总额分摊商业折扣"，打开"总额分摊商业折扣"窗口，该窗口的"折扣率"栏输入"90"，单击"确认"，返回销售订单窗口。保存并审核销售订单，结果如图5-73所示。关闭"销售订单"窗口。

图5-72   "总额分摊商业折扣"窗口

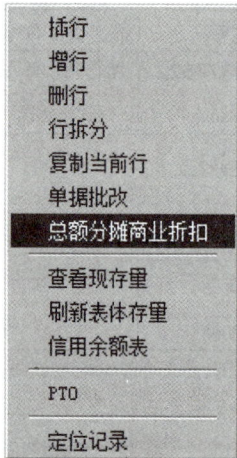

图5-73   销售订单

2.参照销售订单生成销售专用发票

（1）生成销售专用发票。依次双击“业务工作”页签中的“供应链→销售管理→销售发票→销售专用发票”菜单，系统打开“销售专用发票”窗口。单击“增加”按钮，参照上一步的销售订单生成一张销售专用发票，根据图5-69修改发票表头项目“发票号”为“21327523”，表体第1行单元格“仓库名称”选择“服装仓”，单击“保存”，结果如图5-74所示。

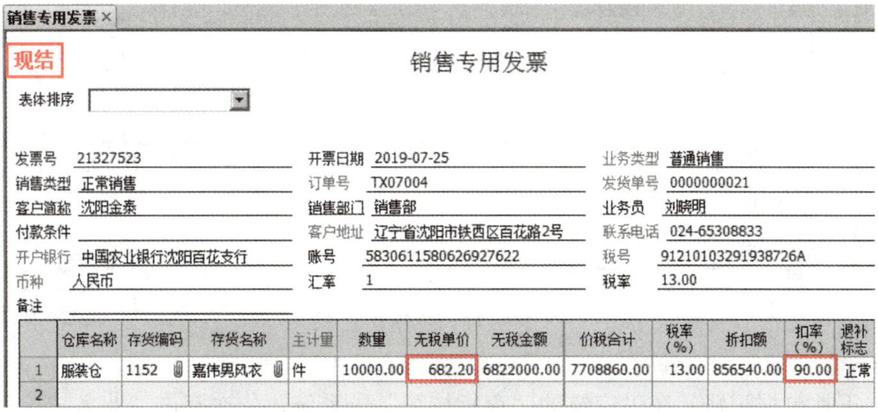

销售专用发票×

现结

销售专用发票

表体排序

发票号 21327523　开票日期 2019-07-25　业务类型 普通销售

销售类型 正常销售　订单号 TX07004　发货单号 0000000021

客户简称 沈阳金泰　销售部门 销售部　业务员 刘晓明

付款条件　客户地址 辽宁省沈阳市铁西区百花路2号　联系电话 024-65308833

开户银行 中国农业银行沈阳百花支行　账号 5830611580626927622　税号 91210103291938726A

币种 人民币　汇率 1　税率 13.00

备注

	仓库名称	存货编码	存货名称	主计量	数量	无税单价	无税金额	价税合计	税率（%）	折扣额	扣率（%）	退补标志
1	服装仓	1152	嘉伟男风衣	件	10000.00	682.20	6822000.00	7708860.00	13.00	856540.00	90.00	正常
2												

图5-74　销售专用发票

（2）现结、复核。单击工具栏的“现结”按钮，打开“现结”窗口。根据图5-70，录入该对话框的“结算方式”“原币金额”“票据号”这三项信息。单击“确定”，完成现结并返回发票窗口，单击“复核”。

3.参照发货单生成销售出库单

2019年7月25日，由李泽华（C01）登录企业应用平台。依次双击“业务工作”页签中的“供应链→库存管理→出库业务→销售出库单”菜单，系统打开“销售出库单”窗口。参照上一步自动生成的发货单生成一张销售出库单，根据图5-71将销售出库单表头的“出库单号”改为“CK07029”。保存并审核该出库单，结果如图5-75所示。

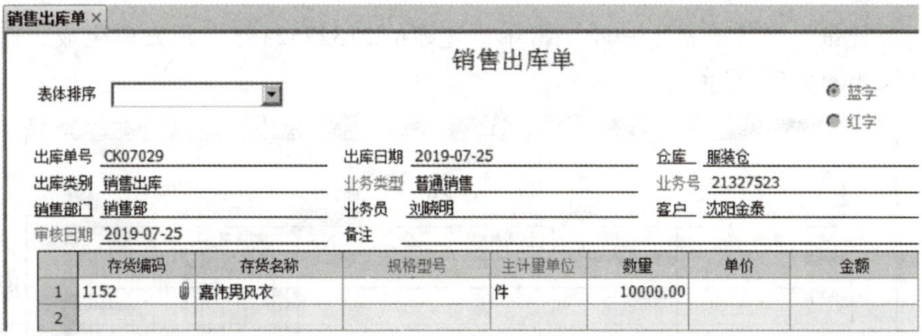

销售出库单×

销售出库单

表体排序　◉蓝字　○红字

出库单号 CK07029　出库日期 2019-07-25　仓库 服装仓

出库类别 销售出库　业务类型 普通销售　业务号 21327523

销售部门 销售部　业务员 刘晓明　客户 沈阳金泰

审核日期 2019-07-25　备注

	存货编码	存货名称	规格型号	主计量单位	数量	单价	金额
1	1152	嘉伟男风衣		件	10000.00		
2							

图5-75　销售出库单

4.审核发票并制单处理

2019年7月25日，由赵凯（W02）登录企业应用平台。依次双击“业务工作”页签中的“财务会计→应收款管理→应收单据处理→应收单据审核”菜单，系统打开“应收单查询条件”窗口，勾选“包含已现结发票”，单击“确定”按钮，打开“单据处理”窗口。双击21327523号销售专用发票“选择”栏右侧任意单元格，打开“销售发票”窗口，单击“审核”，系统提示“是否立即制单?”，单击“是”，系统打开“填制凭证”窗口并自动生成记账凭证。单击"保存"按钮，结果如图5-76所示。关闭当前已打开窗口。

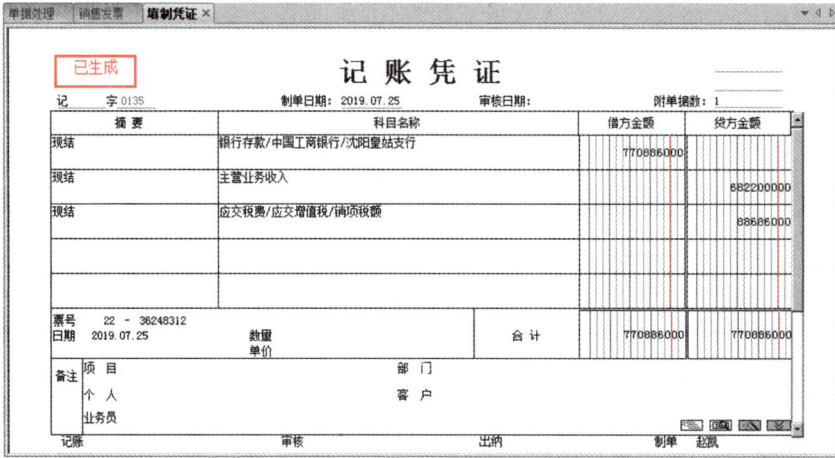

图5-76　记账凭证

5.正常单据记账并生成凭证

（1）正常单据记账。在供应链的"存货核算"子系统，依次双击"业务核算→正常单据记账"菜单，系统打开"查询条件选择"窗口，直接单击其"确定"按钮，系统打开"未记账单据一览表"窗口，如图5-77所示。对21327523号专用发票进行正常单据记账。记账完毕关闭该窗口。

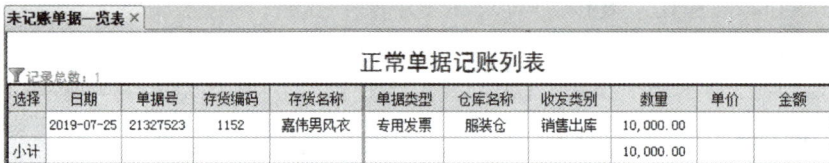

图5-77　正常单据记账列表

（2）生成凭证。依次双击"存货核算"子系统的"财务核算→生成凭证"菜单；系统打开"生成凭证"窗口。把上一步正常单据记账的21327523号专用发票生成记账凭证并保存，结果如图5-78所示。

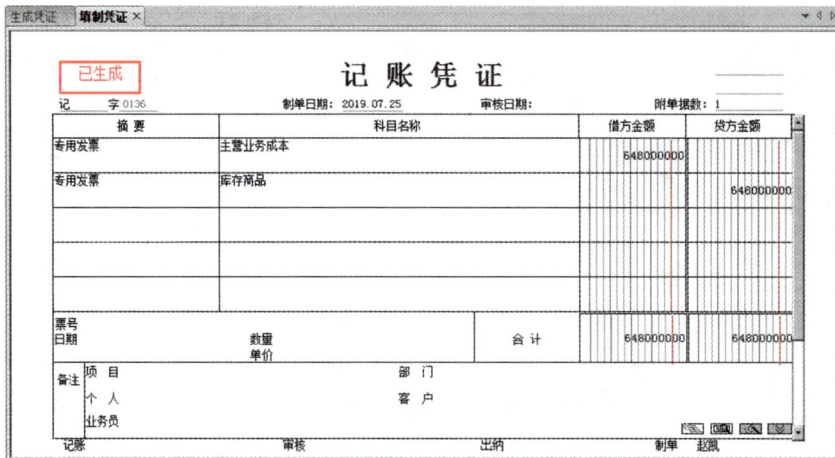

图5-78　记账凭证

业务5 非货币性福利

2019年7月27日，为庆祝公司实现上半年营业目标，公司购入一批华为mate20手机作为福利发放给公司员工。

相关凭证如图5-79至图5-81所示。

员工福利发放登记表

2019年7月27日

部门	姓名	商品名称	数量	领取人签名	发放人签名
总经理办公室	李成喜	Mate20	1	李成喜	李泽华
财务部	王钰	Mate20	1	王钰	李泽华
财务部	赵凯	Mate20	1	赵凯	李泽华
财务部	贺青	Mate20	1	贺青	李泽华
销售部	刘晓明	Mate20	1	刘晓明	李泽华
销售部	何丽	Mate20	1	何丽	李泽华
采购部	张宏亮	Mate20	1	张宏亮	李泽华
采购部	徐辉	Mate20	1	徐辉	李泽华
仓储部	李泽华	Mate20	1	李泽华	李泽华
合计			9	—	—

图5-79 员工福利发放登记表

012001900105 天津增值税专用发票 № 32307975

012001900105

32307975

发票联

开票日期：2019年7月27日

购买方
名称：辽宁恒通商贸有限公司
纳税人识别号：91210105206917583A
地址、电话：辽宁省沈阳市皇姑区人民路369号 024-82681359
开户行及账号：中国工商银行沈阳皇姑支行 2107024015890035666

密码区
09+>*2<*6312<60509*3/40-->7
5+*098604212/568<913<84-0>>
+474786*225>0123>5359*79381
791/->248>20/<6175577+84475

货物或应税劳务、服务名称	规格型号	单位	数量	单价	金额	税率	税额
*手机*华为mate20		部	9	6 000.00	54 000.00	13%	7 020.00
合计					¥54 000.00		¥7 020.00
价税合计（大写）	⊗陆万壹仟零贰拾元整				（小写）¥61 020.00		

销售方
名称：天津惠阳商贸有限公司
纳税人识别号：91120104572036908A
地址、电话：天津市南开区中华路三段88号 022-81329367
开户行及账号：中国农业银行天津南开支行 2806725046208670931

备注

收款人：许嘉麒 复核：胡婉营 开票人：李丹 销售方：（章）

税总函［2019］335号北京印钞厂

第三联：发票联 购买方记账凭证

图5-80 增值税专用发票

图5-81　转账支票存根

【操作过程概览】

本业务的操作过程概览见表5-7。

表5-7　　　　　　　　　　　　　操作过程概览

序号	操作日期	操作员	系统	操作内容
1	2019-07-27	W02赵凯	总账	填制凭证——计提非货币性福利
2	2019-07-27	W02赵凯	总账	填制凭证——购入手机发给职工

【具体操作过程】

1.填制凭证——计提非货币性福利

2019年7月27日，由赵凯（W02）登录企业应用平台。依次双击"业务工作"页签中的"财务会计→总账→凭证→填制凭证"菜单，系统打开"填制凭证"窗口，单击"增加"，填制一张计提非货币性福利的记账凭证，保存该凭证，结果如图5-82所示。

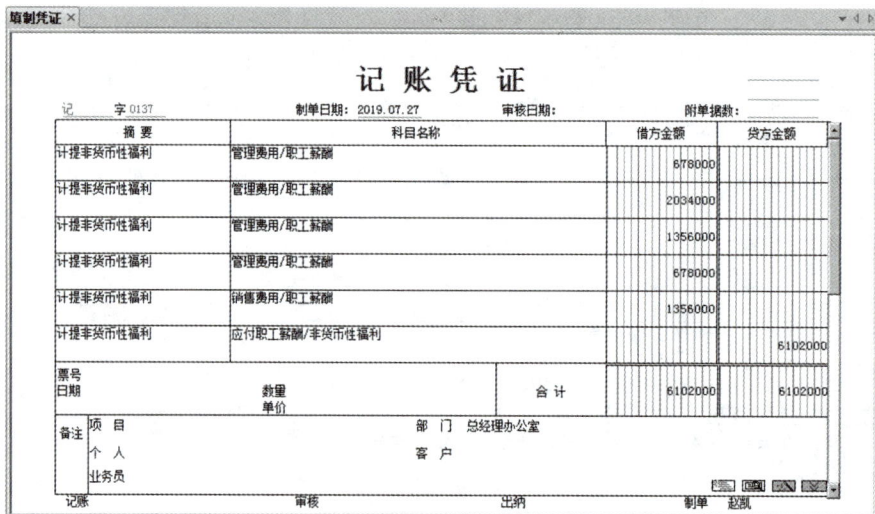

图5-82　记账凭证

2.填制凭证——购入手机发给职工

在总账系统填制一张购入手机发放给职工的记账凭证，保存该凭证，结果如图5-83所示。关闭该窗口。

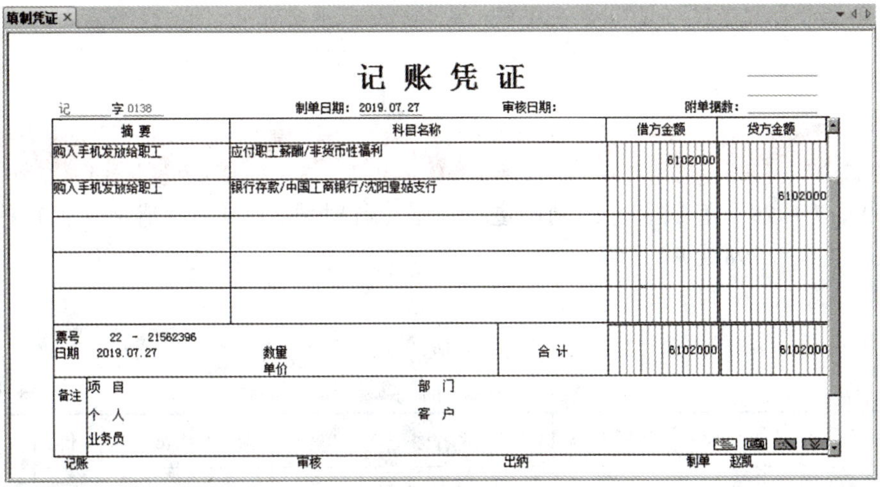

图5-83 记账凭证

【复习思考题】

1.结合任务1的业务2，试分析不同债务重组方式下的信息化处理流程。

2.结合任务1的业务2，如果我公司换出固定资产，应如何进行处理？

3.结合任务2的业务2，假设8月23日对方退回200件，应如何进行处理？

4.试比较商业折扣、现金折扣与销售折让的销售业务。

5.如果拿已入库的外购存货发放职工福利，应如何进行处理？

项目6　库存与存货系统业务

任务1　　内部调拨

2019年7月29日，服装仓因漏雨进行修缮，临时将5 000件百盛男夹克转移至手表仓。（注：成本价298元）

相关凭证如图6-1所示。

调拨单

2019年7月29日　　　　　　　　　　　　　　　　　单号：DB07001

转出仓库	转入仓库	存货编码	存货名称	单位	调拨数量	单价	金额
服装仓	手表仓	1101	百盛男夹克	件	5 000		
合　计							

部门经理：略　　　　会计：略　　　　仓库：略　　　　经办人：略

图6-1　调拨单

【操作过程概览】

本业务的操作过程概览见表6-1。

表6-1　　　　　　　　　　　操作过程概览

序号	操作日期	操作员	系统	操作内容
1	2019-07-29	C01李泽华	库存管理	填制调拨单
2	2019-07-29	C01李泽华	库存管理	审核其他出库单和其他入库单
3	2019-07-29	W02赵凯	存货核算	特殊单据记账
4	2019-07-29	W02赵凯	存货核算	生成凭证（调拨单制单）

【具体操作过程】

1.填制调拨单

2019年7月29日，由李泽华（C01）登录企业应用平台。依次双击"业务工作"页签中的"供应链→库存管理→调拨业务→调拨单"菜单，系统打开"调拨单"窗口。单击"增加"，调拨单表头"单据号"输入"DB07001"，转出部门和转入部门均选择"仓储部"，"转出仓库"选择"服装仓"，"转入仓库"选择"手表仓"，出库类别选择"内部调拨出库"，入库类别选择"内部调拨入库"。

根据图 6-1，调拨单表体"存货编码"输入"1101"，"数量"输入"5000"，"单价"输入"298"。录入完毕保存并审核该调拨单，结果如图 6-2 所示。关闭"调拨单"窗口。调拨单审核后自动生成其他出库单、其他入库单。

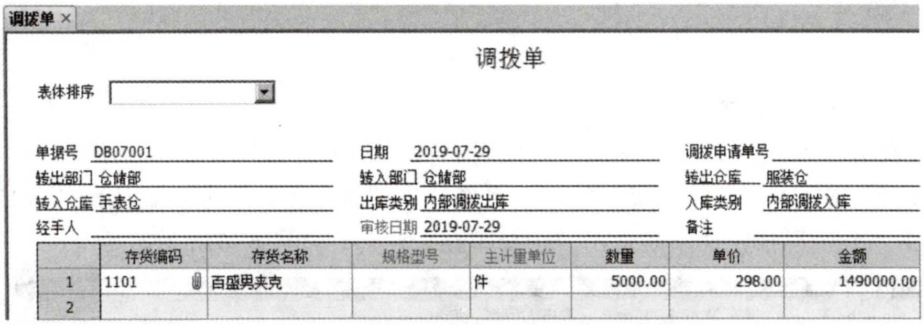

图 6-2　调拨单

2.审核其他出库单和其他入库单

依次双击"业务工作"页签中的"供应链→库存管理→入库业务→其他入库单"菜单，系统打开"其他入库单"窗口。单击工具栏的"➡末张"按钮，找到根据调拨单生成的其他入库单，单击"审核"，结果如图 6-3 所示。关闭该窗口。

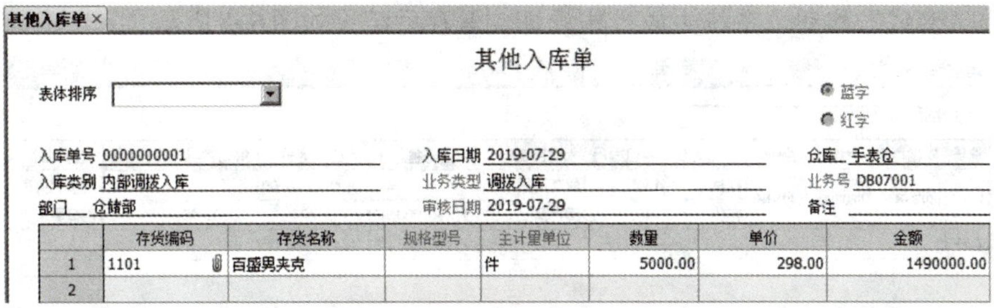

图 6-3　其他入库单

按此方法到"库存管理→出库业务→其他出库单"中找到并审核根据调拨单生成的其他出库单，结果如图 6-4 所示。关闭该窗口。

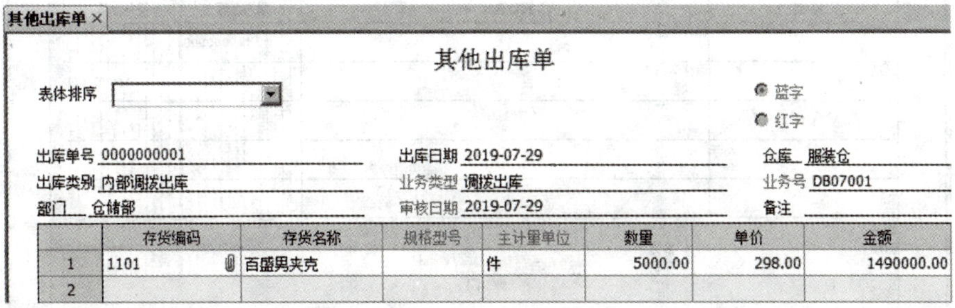

图 6-4　其他出库单

3.特殊单据记账

2019 年 7 月 29 日，由赵凯（W02）登录企业应用平台。在供应链的"存货核算"子系统，依次双击"业务核算→特殊单据记账"菜单，系统打开"特殊单据记账条件"窗口，直接单击其"确定"按钮，系统打开"未记账单据一览表"窗口，如图 6-5 所示。对上一步的 DB07001 号调拨单进行特殊单据记账。记账完毕关闭该窗口。

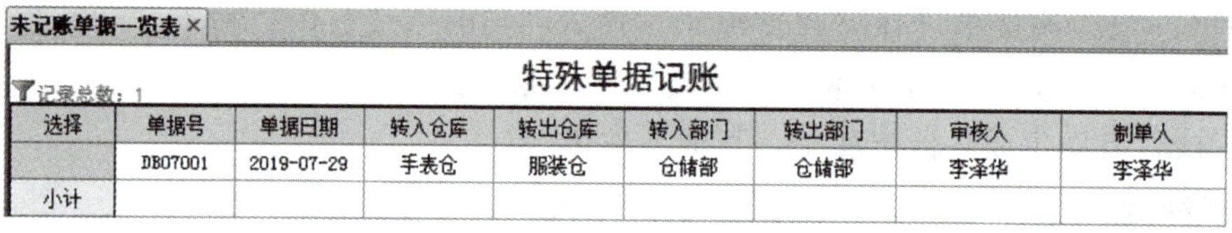
未记账单据一览表 ×

特殊单据记账

记录总数：1

选择	单据号	单据日期	转入仓库	转出仓库	转入部门	转出部门	审核人	制单人
	DB07001	2019-07-29	手表仓	服装仓	仓储部	仓储部	李泽华	李泽华
小计								

图6-5　特殊单据记账列表

4.生成凭证（调拨单制单）

依次双击“存货核算”子系统的“财务核算→生成凭证”菜单，系统打开“生成凭证”窗口。单击工具栏的“选择”按钮，系统弹出“查询条件”窗口，选择“（12）调拨单”，单击“确定”按钮，系统弹出“选择单据”窗口，如图6-6所示。

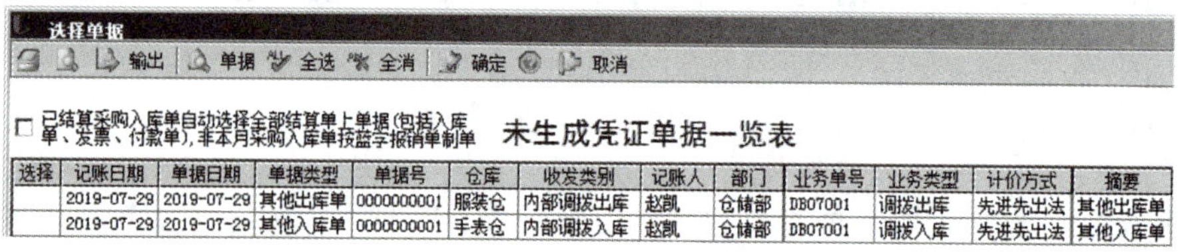

未生成凭证单据一览表

选择	记账日期	单据日期	单据类型	单据号	仓库	收发类别	记账人	部门	业务单号	业务类型	计价方式	摘要
	2019-07-29	2019-07-29	其他出库单	0000000001	服装仓	内部调拨出库	赵凯	仓储部	DB07001	调拨出库	先进先出法	其他出库单
	2019-07-29	2019-07-29	其他入库单	0000000001	手表仓	内部调拨入库	赵凯	仓储部	DB07001	调拨入库	先进先出法	其他入库单

图6-6　未生成凭证单据一览表

单击“全选”按钮，再单击“确定”按钮，系统返回“生成凭证”窗口，如图6-7所示。单击“合成”按钮，系统生成记账凭证，保存后结果如图6-8所示。

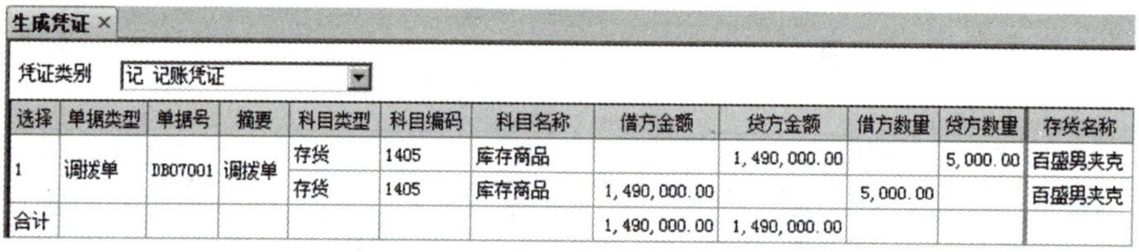
生成凭证 ×

凭证类别：记 记账凭证

选择	单据类型	单据号	摘要	科目类型	科目编码	科目名称	借方金额	贷方金额	借方数量	贷方数量	存货名称
1	调拨单	DB07001	调拨单	存货	1405	库存商品		1,490,000.00		5,000.00	百盛男夹克
				存货	1405	库存商品	1,490,000.00		5,000.00		百盛男夹克
合计							1,490,000.00	1,490,000.00			

图6-7　“生成凭证”窗口

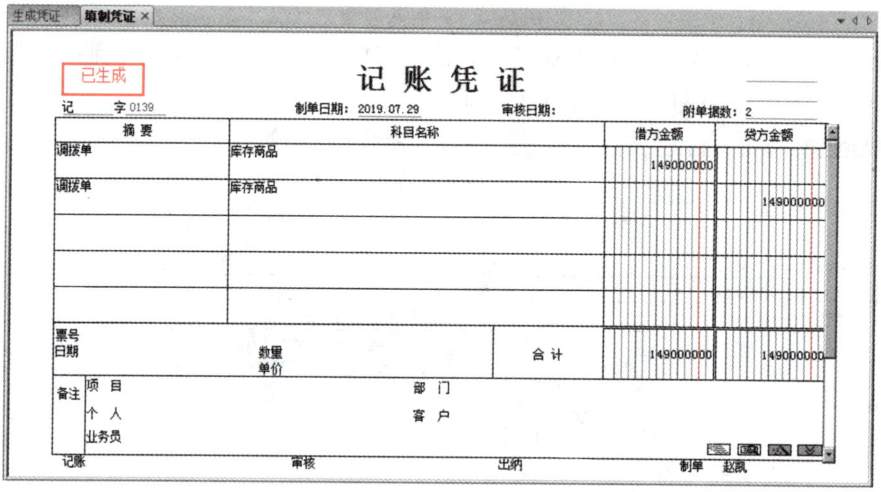

图6-8　记账凭证

任务2　存货盘点

2019年7月31日，按仓库对存货进行盘点，根据盘点单编制库存商品实存账存对比表。

相关凭证如图6-9所示。

库存商品实存账存对比表

盘点日期：2019年7月31日

盘点单位：仓储部各仓库　　　　　　　　　　　　　　　　　　　　　单位：元

商品名称	单位	账面结存数量	实际盘存数量	升溢/损耗			升溢/损耗原因
				数量	单价	金额	
嘉伟女风衣	件	15 245	15 235	-10	499.33	-4 993.30	仓储工作人员失职
嘉伟男风衣	件	10 750	10 755	5	638.60	3 193.00	收发计量差错
合计						-1 800.30	

单位主管：李成喜　　会计：赵凯　　复核：张宏亮　　监盘：王钰　　物资负责人：李泽华

图6-9　实存账存对比表

【操作过程概览】

本业务的操作过程概览见表6-2。

表6-2　　　　　　　　　　　操作过程概览

序号	操作日期	操作员	系统	操作内容
1	2019-07-31	C01李泽华	库存管理	填制盘点单
2	2019-07-31	C01李泽华	库存管理	审核其他出库单和其他入库单
3	2019-07-31	W02赵凯	存货核算	正常单据记账并生成凭证
4	2019-07-31	W02赵凯	存货核算	盘点结果处理

【具体操作过程】

1.填制盘点单

2019年7月31日，由李泽华（C01）登录企业应用平台。依次双击"业务工作"页签中的"供应链→库存管理→盘点单"菜单，系统打开"盘点单"窗口。单击"增加"，盘点单表头的"盘点仓库"选择"服装仓"，出库类别选择"盘亏出库"，入库类别选择"盘盈入库"。单击工具栏的"盘库"，系统提示"盘库将删除未保存的所有记录，是否继续？"，单击"是"，自动打开"盘点方式"窗口，单击"确认"，返回"盘点单"窗口。

根据图6-9将嘉伟女风衣的"盘点数量"改为"15235"，将嘉伟男风衣的"盘点数量"改为"10755"。保存并审核该盘点单，结果如图6-10所示。关闭"盘点单"窗口。普通仓库盘点的盘点单审核时，根据盘点单生成其他出库单、其他入库单。

2.审核其他出库单和其他入库单

依次双击"业务工作"页签中的"供应链→库存管理→入库业务→其他入库单"菜单，系统打开"其他入库单"窗口。单击工具栏的"➡末张"按钮，找到盘盈的其他入库单，单击"审核"，结果如图6-11所示。关闭该窗口。

盘点单 ×

盘点单

表体排序 [ ]　　　◉ 普通仓库盘点　○ 倒冲仓库盘点

盘点会计期间 ______　盘点单号 0000000001　盘点日期 2019-07-31

账面日期 2019-07-31　盘点仓库 服装仓　出库类别 盘亏出库

入库类别 盘盈入库　部门 ______　经手人 ______

备注 ______

	存货编码	存货名称	主计量单位	账面数量	单价	账面金额	盘点数量	盘亏数量	盘亏金额	原因
1	1101	百盛男夹克	件	2390.00	298.00	712220.00	2390.00	0.00		
2	1102	百盛休闲裤	条	15550.00	200.61	3119550.00	15550.00	0.00		
3	1103	百盛牛仔裤	条	8145.00	121.53	989900.00	8145.00	0.00		
4	1104	百盛男套装	套	17600.00	324.57	5712500.00	17600.00	0.00		
5	1151	嘉伟女风衣	件	15245.00	499.33	7612210.00	15235.00	-10.00	-4993.30	仓储人员工作失职
6	1152	嘉伟男风衣	件	10750.00	638.60	6865000.00	10755.00	5.00	3193.00	收发计量差错
7	1153	嘉伟羽绒服	件	10153.00	598.74	6078980.00	10153.00	0.00		
8										

图6-10　盘点单

其他入库单 ×

其他入库单

表体排序 [ ]　　　◉ 蓝字　○ 红字

入库单号 0000000002　入库日期 2019-07-31　仓库 服装仓

入库类别 盘盈入库　业务类型 盘盈入库　业务号 0000000001

部门 ______　审核日期 ______　备注 ______

	存货编码	存货名称	规格型号	主计量单位	数量	单价	金额
1	1152	嘉伟男风衣		件	5.00	638.60	3193.00
2							

图6-11　其他入库单

按此方法到“库存管理→出库业务→其他出库单”中找到并审核根据盘点表生成的其他出库单，结果如图6-12所示。关闭该窗口。

其他出库单 ×

其他出库单

表体排序 [ ]　　　◉ 蓝字　○ 红字

出库单号 0000000002　出库日期 2019-07-31　仓库 服装仓

出库类别 盘亏出库　业务类型 盘亏出库　业务号 0000000001

部门 ______　审核日期 2019-07-31　备注 ______

	存货编码	存货名称	规格型号	主计量单位	数量	单价	金额
1	1151	嘉伟女风衣		件	10.00	499.33	4993.30
2							

图6-12　其他出库单

3.正常单据记账并生成凭证

（1）正常单据记账。2019年7月31日，由赵凯（W02）登录企业应用平台。在供应链的“存货核算”子系统，依次双击“业务核算→正常单据记账”菜单，系统打开“查询条件选择”窗口，直接单击其“确定”按钮，系统打开“未记账单据一览表”窗口，如图6-13所示。对上一步的其他出库单、其他入库单进行正常单据记账。记账完毕关闭该窗口。

未记账单据一览表 ×

正常单据记账列表

记录总数：2

选择	日期	单据号	存货编码	存货名称	单据类型	仓库名称	收发类别	数量	单价	金额
	2019-07-31	0000000002	1152	嘉伟男风衣	其他入库单	服装仓	盘盈入库	5.00	638.60	3,193.00
	2019-07-31	0000000002	1151	嘉伟女风衣	其他出库单	服装仓	盘亏出库	10.00	499.33	4,993.30
小计								15.00		8,186.30

图6-13　正常单据记账列表

（2）生成凭证。依次双击“存货核算”子系统的“财务核算→生成凭证”菜单，系统打开“生成凭证”窗口。把上一步正常单据记账的其他出库单、其他入库单生成记账凭证，其中其他出库单所生成的凭证须在贷方手工补充录入会计分录“应交税费/应交增值税/进项税额转出”。保存两张记账凭证，结果如图6-14、图6-15所示。关闭当前已打开窗口。

生成凭证　填制凭证 ×

已生成

记账凭证

记　字 0140　　制单日期：2019.07.31　　审核日期：　　附单据数：1

摘要	科目名称	借方金额	贷方金额
其他入库单	库存商品	319300	
其他入库单	待处理财产损溢/待处理流动资产损溢		319300
票号 日期	数量 单价 / 合计	319300	319300

备注　项目　部门　个人　客户　业务员

记账　审核　出纳　制单　赵凯

图6-14　记账凭证

生成凭证　填制凭证 ×

已生成

记账凭证

记　字 0141　　制单日期：2019.07.31　　审核日期：　　附单据数：1

摘要	科目名称	借方金额	贷方金额
其他出库单	待处理财产损溢/待处理流动资产损溢	564243	
其他出库单	库存商品		499330
其他出库单	应交税费/应交增值税/进项税额转出		64913
票号 日期	数量 单价 / 合计	564243	564243

备注　项目　部门　个人　客户　业务员

记账　审核　出纳　制单　赵凯

图6-15　记账凭证

4. 盘点结果处理

根据图6-9，在总账系统填制两张记账凭证，对盘点结果进行处理，结果如图6-16、图6-17所示。

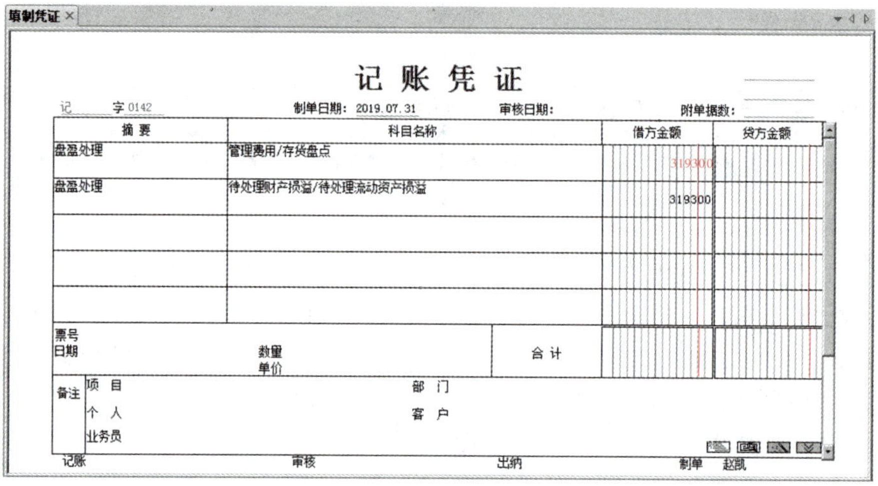

填制凭证

记 账 凭 证

记 字 0142　　制单日期：2019.07.31　　审核日期：　　附单据数：

摘要	科目名称	借方金额	贷方金额
盘盈处理	管理费用/存货盘点	319300	
盘盈处理	待处理财产损溢/待处理流动资产损溢		319300

票号　日期　　数量　单价　　合计

备注　项 目　　部 门

个 人　　客 户

业务员

记账　审核　出纳　制单 赵凯

图 6-16　记账凭证

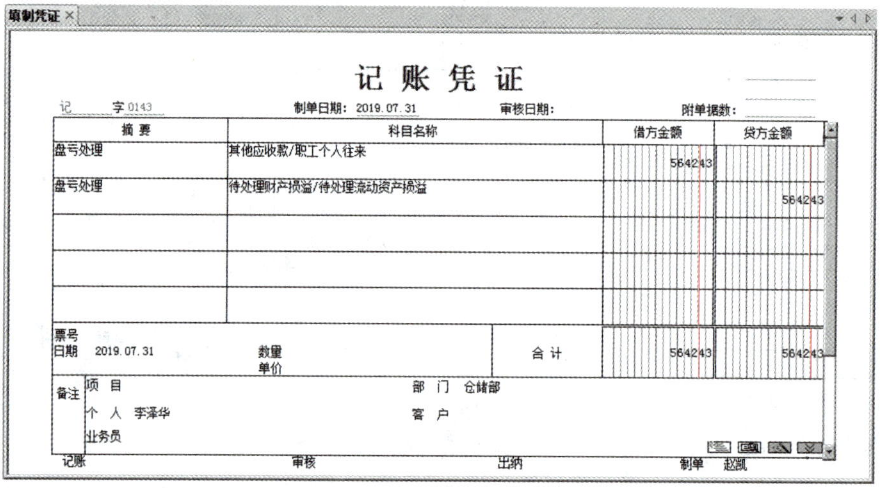

填制凭证

记 账 凭 证

记 字 0143　　制单日期：2019.07.31　　审核日期：　　附单据数：

摘要	科目名称	借方金额	贷方金额
盘亏处理	其他应收款/职工个人往来	564243	
盘亏处理	待处理财产损溢/待处理流动资产损溢		564243

票号　日期 2019.07.31　　数量　单价　　合计　564243　564243

备注　项 目　　部 门 仓储部

个 人 李泽华　　客 户

业务员

记账　审核　出纳　制单 赵凯

图 6-17　记账凭证

任务 3　计提存货跌价准备

2019年7月31日，接销售部通知，部分库存商品期末可变现净值低于成本，按要求计提存货跌价准备。

相关凭证如图6-18所示。

销售部通知

经全面清查，由于市场物价异动，下列商品期末预计可变现净值的单价如下：

存货编码	商品名称	成本价	可变现净值单价
1102	百盛休闲裤	200.61	115.00
1153	嘉伟羽绒服	598.74	450.00

销售部：刘晓明

图 6-18　销售部通知

【操作过程概览】

本业务的操作过程概览见表6-3。

表6-3 操作过程概览

序号	操作日期	操作员	系统	操作内容
1	2019-07-31	W02赵凯	存货核算	计提跌价准备
2	2019-07-31	W02赵凯	存货核算	跌价准备制单

【具体操作过程】

计提存货跌价准备

1.计提跌价准备

2019年7月31日，由赵凯（W02）登录企业应用平台。依次双击“业务工作”页签中的“供应链→存货核算→跌价准备→计提跌价准备”菜单，系统打开“计提跌价处理单”窗口。单击“增加”，表头项目“部门”选择“仓储部”。根据图6-18，表体选择“百盛休闲裤”和“嘉伟羽绒服”，前者的“可变现价格”输入“115”，后者的“可变现价格”输入“450”。输入完毕保存并审核该处理单，结果如图6-19所示。关闭该窗口。

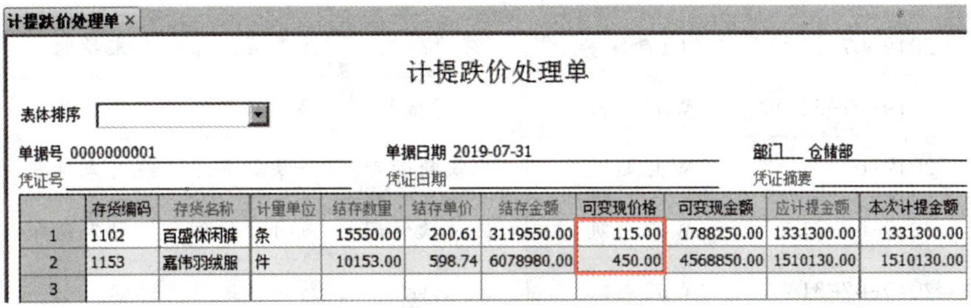

	存货编码	存货名称	计量单位	结存数量	结存单价	结存金额	可变现价格	可变现金额	应计提金额	本次计提金额
1	1102	百盛休闲裤	条	15550.00	200.61	3119550.00	115.00	1788250.00	1331300.00	1331300.00
2	1153	嘉伟羽绒服	件	10153.00	598.74	6078980.00	450.00	4568850.00	1510130.00	1510130.00
3										

图6-19 计提跌价处理单

2.跌价准备制单

双击存货核算系统的“跌价准备→跌价准备制单”菜单，系统打开“生成凭证”窗口。单击“选择”，系统弹出“查询条件”窗口，单击“确定”，打开“选择单据”窗口，单击“全选”，再单击“确定”，系统自动关闭“选择单据”窗口打开“生成凭证”窗口。单击工具栏的“生成”按钮，系统打开“填制凭证”窗口并自动生成凭证。单击工具栏的“保存”按钮，保存该凭证，结果如图6-20所示。关闭该窗口。

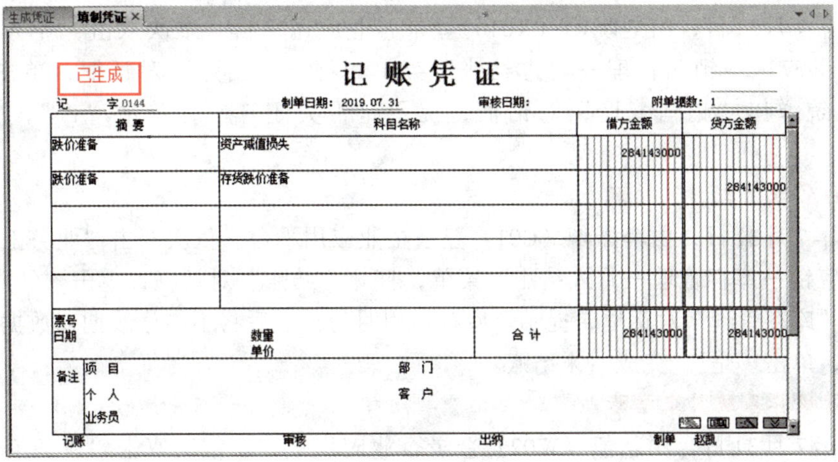

图6-20 记账凭证

任务4　　　　　　　　　　期末处理

业务1 月末结账

2019年7月31日，对采购管理、销售管理、库存管理、存货核算、应收款管理、应付款管理以及总账等七个子系统进行月末结账。

【操作过程概览】

本业务的操作过程概览见表6-4。

表6-4　　　　　　　　　　　　操作过程概览

序号	操作日期	操作员	系统	操作内容
1	2019-07-31	G01张宏亮	采购管理	采购管理系统月末结账
2	2019-07-31	X01刘晓明	销售管理	销售管理系统月末结账
3	2019-07-31	C01李泽华	库存管理	库存管理系统月末结账
4	2019-07-31	W02赵凯	存货核算	存货核算系统月末结账
5	2019-07-31	W02赵凯	应收款管理	应收款管理系统月末结账
6	2019-07-31	W02赵凯	应付款管理	应付款管理系统月末结账
7	2019-07-31	W02赵凯	总账	总账系统月末结账

【具体操作过程】

1.采购管理系统月末结账

2019年7月31日，由张宏亮（G01）登录企业应用平台。依次双击"业务工作"页签中的"供应链→采购管理→月末结账"菜单，打开"结账"对话框，单击"结账"按钮，系统弹出"月末结账"对话框，提示是否关闭订单，单击"否"，完成月末结账。

2.销售管理系统月末结账

2019年7月31日，由刘晓明（X01）登录企业应用平台。依次双击"业务工作"页签中的"供应链→销售管理→月末结账"菜单，打开"结账"对话框，单击"结账"按钮，系统弹出"销售管理"对话框，提示是否关闭订单，单击"否"，完成月末结账。

3.库存管理系统月末结账

2019年7月31日，由李泽华（C01）登录企业应用平台。依次双击"业务工作"页签中的"供应链→库存管理→月末结账"菜单，打开"结账"对话框，单击"结账"按钮，系统弹出"库存管理"对话框，提示"库存启用月份结账后将不能修改期初数据，是否继续结账?"，单击"是"，完成月末结账。

4.存货核算系统月末结账

2019年7月31日，由赵凯（W02）登录企业应用平台。依次双击"业务工作"页签中的"供应链→存货核算→业务核算→期末处理"菜单，打开"期末处理-7月"对话框，单击"确定"按钮，系统提示"期末处理完毕！"对话框，单击"确定"。

双击存货核算系统的"业务核算→月末结账"菜单，打开"结账"对话框，单击"结账"，系统提示"月末结账完成！"

5.应收款管理系统月末结账

依次双击"业务工作"页签中的"财务会计→应收款管理→期末处理→月末结账"菜单，打开"月末处理"对话框，双击 7 月份的"结账标志"栏，单击"下一步"，单击"完成"，系统提示"7月份结账成功"。

6.应付款管理系统月末结账

依次双击"业务工作"页签中的"财务会计→应付款管理→期末处理→月末结账"菜单，打开"月末处理"对话框，双击 7 月份的"结账标志"栏，单击"下一步"，单击"完成"，系统提示"7月份结账成功"。

7.总账系统月末结账

依次双击"业务工作"页签中的"财务会计→总账→期末→结账"菜单，进行总账月末结账。结账前须完成记账凭证的出纳签字、审核、记账以及期间损益结转等工作。

业务 2　账表查询

查询2019年7月份百盛男套装的存货明细账。

【操作过程概览】

本业务的操作过程概览见表6-5。

表 6-5　　　　　　　　　　　　　操作过程概览

序号	操作日期	操作员	系统	操作内容
1	2019-07-31	W02赵凯	存货核算	账表查询

【具体操作过程】

2019年7月31日，由赵凯（W02）登录企业应用平台。依次双击"业务工作"页签中的"供应链→存货核算→账表→明细账"菜单，打开"明细账查询"对话框，"仓库"选择"服装仓"，商品编码选择"1104"（百盛男套装），单击"确定"，结果如图6-21所示。

明细账

仓库：(1)服装仓
商品：(1104)百盛男套装　　　　　　　　　　　规格型号：
计量单位：套　　　　　　　　　　　　　　　　存货代码：
最高存量：　　　　　　　最低存量：　　　　　　安全库存量：

记账日期	2019年 月	日	凭证号	凭证摘要	收发类别	收入 数量	单价	金额	发出 数量	单价	金额	结存 数量	单价	金额
				期初结存								20,000.00	328.00	6,560,000.00
2019-07-03	7	3	记 18	采购入库单	采购入库	100.00	325.00	32,500.00				20,100.00	327.99	6,592,500.00
2019-07-09	7	9	记 48	红字回冲单	采购入库	-20,000.00	328.00	-6,560,000.00				100.00	325.00	32,500.00
2019-07-09	7	9	记 49	蓝字回冲单	采购入库	20,000.00	325.00	6,500,000.00				20,100.00	325.00	6,532,500.00
2019-07-11	7	11	记 66	专用发票	销售出库				500.00	328.00	164,000.00	19,600.00	324.92	6,368,500.00
2019-07-23	7	23	记 131	专用发票	售后回购出库				2,000.00	328.00	656,000.00	17,600.00	324.57	5,712,500.00
				7月合计		100.00		-27,500.00	2,500.00		820,000.00	17,600.00	324.57	5,712,500.00
				本年累计		100.00		-27,500.00	2,500.00		820,000.00			

图 6-21　百盛男套装存货明细账

【复习思考题】

1.试比较内部调拨与销售调拨。

2.简述转销已销商品跌价准备的信息化处理流程。

3.试比较现金盘点、存货盘点及固定资产盘点的信息化处理流程。

4.除内部调拨业务,还有哪些业务需使用特殊单据记账?

5.简述存货核算系统中"期末处理"功能的重要作用。

参考文献

[1] 甄阜铭，刘媛媛.会计信息系统——ERP基础［M］.大连：东北财经大学出版社，2018.

[2] 毛华扬.会计信息系统原理与应用——基于用友ERP-U8V10.1版［M］.北京：中国人民大学出版社，2018.

[3] 陈旭，张志恒.会计信息化［M］.北京：电子工业出版社，2011.

[4] 王海林，吴沁红，杜长任.会计信息系统：面向财务业务一体化［M］.3版.北京：电子工业出版社，2017.

[5] 袁凤林.会计信息化教程［M］.北京：经济管理出版社，2017.

[6] 赵建新，宋郁，周宏.新编用友ERP供应链管理系统实验教程［M］.北京：清华大学出版社，2009.

[7] 刘春梅，王新玲.会计信息化实训教程［M］.北京：清华大学出版社，2015.

[8] 李吉梅，李康.场景式企业供应链应用高级教程（用友ERP-U8 V10.1）［M］.北京：清华大学出版社，2016.

[9] 张莉莉.企业财务业务一体化实训教程［M］.北京：清华大学出版社，2014.

[10] 牛永芹，刘大斌，曹芳林.ERP供应链管理系统实训教程［M］.3版.北京：高等教育出版社，2017.

[11] 张瑞君，蒋砚章.会计信息系统［M］.7版.北京：中国人民大学出版社，2015.

[12] 李爱红.ERP财务供应链一体化实训教程（用友U8V10.1）［M］.北京：高等教育出版社，2016.

[13] 孙一玲，李煦.电算会计与供应链分层实训［M］.上海：立信会计出版社，2015.

[14] 王新玲，殷云飞.用友U8（V10.1）财务业务一体化应用［M］.2版.北京：人民邮电出版社，2019.

[15] 梁毅炜，方倩，宋建琦.会计信息系统实训——供应链篇（用友U8V10.1）［M］.北京：电子工业出版社，2017.

[16] 杜素音.用友ERP供应链管理系统实训教程（U8 V10.1版）［M］.北京：清华大学出版社，2018.

[17] 王先鹿，丁淑芹.会计信息系统［M］.大连：东北财经大学出版社，2017.

[18] 王珠强.会计电算化——用友ERP-U8 V10.1版［M］.北京：人民邮电出版社，2015.

[19] 陆群，王凯，李艳.会计电算化项目化教程［M］.上海：上海交通大学出版社，2016.

［20］中国注册会计师协会.会计［M］.北京：中国财政经济出版社，2018.

［21］中国注册会计师协会.税法［M］.北京：中国财政经济出版社，2018.

［22］谢歆.委托代销在用友 ERP-U8.72 软件中的实现［J］.科技展望，2014（15）.

［23］谢歆，郭小芬.非货币性资产交换在用友 ERP-U8V10.1 软件中的实现探讨［J］.经济技术协作信息，2015（13）.

［24］宋红尔.非货币性资产交换在用友 U8.72 软件中的实现［J］.中国管理信息化，2015（13）.

［25］刘秀艳.用友 ERP-U8 V10.1 环境下固定资产与存货交换业务处理［J］.中外企业家，2015（22）.

［26］郭小芬，谢歆.特殊销售业务在用友 ERP-U8 V10.1 软件中的实现探讨［J］.商，2015（34）.

［27］郭小芬.债务重组在用友 ERP-U8.72 财务软件中的实现［J］.中国乡镇企业会计，2014（9）.

［28］谢歆，郭小芬.用友 U8.72 管理系统受托代销业务处理探讨［J］.中国电子商务，2014（21）.

［29］宋红尔，吴爽.销售定金在用友 U8 V10.1 软件中的信息化处理流程［J］.中国管理信息化，2016（9）.

［30］宋红尔，吴爽.用友 U8 先发货后开票模式与开票直接发货模式比较研究［J］.财会学习，2016（20）.

［31］郭小芬.外币业务在用友 ERP-U8V10.1 软件中的处理探讨——以 2015 年全国职业院校技能大赛样题为例［J］.经济管理（全文版），2016（6）.

［32］全国职业院校技能大赛网.2015 年全国职业院校技能大赛赛项正式赛题（高职组）［EB／OL］.［2015-07-24］.http://www.chinaskills-jsw.org/content.jsp?id=ff8080814ead5a97015217ebf68a08c6&classid=ff8080814ead5a97015217ea88d208a8.

［33］全国职业院校技能大赛网.2016 年全国职业院校技能大赛高职组赛项正式赛卷［EB/OL］.［2016-05-17］.http://www.chinaskills-jsw.org/content.jsp?id=ff80808154109a6c0154c009934b04eb&classid=ff8080814ead5a97015217ea88d208a8.

［34］全国职业院校技能大赛网.2017 年全国职业院校技能大赛高职组赛项正式赛卷［EB/OL］.［2017-05-26］.http://www.chinaskills-jsw.org/content.jsp?id=ff8080815bf9bc00015c483769e20107&classid=ff8080814ead5a97015217ea88d208a8.

［35］全国职业院校技能大赛网.2018 年全国职业院校技能大赛高职组赛项正式赛卷［EB／OL］.［2018-05-26］.http://www.chinaskills-jsw.org/content.jsp?id=2c9080b46254d2d101639ef184010528&classid=ff8080814ead5a97015217ea88d208a8.